ALLAN KARDEC

O Educador e o Codificador

ZÊUS WANTUIL E FRANCISCO THIESEN

ALLAN KARDEC
O Educador e o Codificador

Organizador: Zêus Wantuil

Copyright © 2004 by
FEDERAÇÃO ESPÍRITA BRASILEIRA – FEB

4ª edição – 1ª impressão – 3,5 mil exemplares – 3/2019

ISBN 978-85-9466-281-1

Todos os direitos reservados. Nenhuma parte desta publicação pode ser reproduzida, armazenada ou transmitida, total ou parcialmente, por quaisquer métodos ou processos, sem autorização do detentor do *copyright*.

FEDERAÇÃO ESPÍRITA BRASILEIRA – FEB
Av. L2 Norte – Q. 603 – Conjunto F (SGAN)
70830-106 – Brasília (DF) – Brasil
www.febeditora.com.br
editorial@febnet.org.br
+55 61 2101 6198

Pedidos de livros à FEB
Comercial
Tel.: (61) 2101 6155/6177 – comercialfeb@febnet.org.br

Dados Internacionais de Catalogação na Publicação (CIP)
(Federação Espírita Brasileira – Biblioteca de Obras Raras)

W251a Wantuil, Zêus (Org.), 1924–2011

Allan Kardec: o educador e o codificador/ Zêus Wantuil e Francisco Thiesen; organização de Zêus Wantuil – 4. ed. – 1. imp. – Brasília: FEB, 2019.

568 p.; 23 cm

Inclui índice antroponímico

ISBN 978-85-9466-281-1

1. Kardec, Allan, 1804–1869 — Biografia. 2. Espiritismo. I. Thiesen, Francisco, 1927–1990. II. Federação Espírita Brasileira. III. Título.

CDD 920.91339
CDU 929KARDEC, A.
CDE 90.02.00

Sumário

Allan Kardec: *O Educador e O Codificador* em nova edição 9
Apresentação 11

PARTE PRIMEIRA

1 Nascimento. Progenitores 15
2 Formação escolar de Rivail. A reputação mundial do Instituto de Yverdon 19
3 As atividades no Instituto 25
4 Os primeiros dez anos do Instituto 31
5 Divulgação do método pestalozziano na França 33
6 Mestre e protetor de Rivail...37
7 Estudante em Yverdon..41
8 Agravamento das divergências internas 45
9 Iniciação de Rivail no campo do ensino. Afirmação temerária de Henri Sausse..49
10 Ascensão e queda 55
11 O pensamento religioso de Pestalozzi na formação de Rivail 59
12 De Yverdon a Paris..69
13 Revelação mirabolante 75

14	Seu primeiro livro	77
15	Esboço do Sistema Pestalozziano	87
16	Princípios enunciados e seguidos pelo discípulo	89
17	Rivail e o Magnetismo	93
18	Primeiros passos como diretor de escola	97
19	Instituições pestalozzianas em Paris	101
20	Madame Rivail	107
21	A educação é uma ciência	111
22	Rivail como tradutor. Conhecimentos gramaticais e linguísticos	115
23	Rivail e a Lei Guizot. Esforço recompensado	119
24	O amigo dos alunos	125
25	Dia e noite no trabalho	131
26	Educação e instrução	133
27	Rivail e a liberdade de ensino	135
28	A didática Rivailiana	143
29	O educador por excelência	145
30	Vasta erudição polimática	149
31	Rivail médico?	151
32	Rivail maçom?	153
33	Rivail e o teatro	157
34	No Teatro Odéon	163
35	Diplomas e recompensas	165
36	Secretário da Sociedade Frenológica de Paris?	173
37	Fertilidade pedagógica	177
38	Fim da primeira fase	183

Apêndice 185
Kardec e seu nome civil 187
Quando nasceu Kardec.. 193
Kardec teria sido médico? 195

PARTE SEGUNDA

1   A fagulha da renovação 203
2   Limiar do mundo invisível 261

PARTE TERCEIRA

1   Nos Primórdios do Movimento 321
2   Intolerância e perseguições 371

PARTE QUARTA

1   A Doutrina Espírita ou Espiritismo na obra do Codificador – o pentateuco; outros livros 439
2   Preparativos finais; continuidade da obra; *Canto do cisne*, de Allan Kardec 483
3   Missão cumprida; solenes despedidas; depois de Allan Kardec 491
4   Curiosidades 529
5   Observatórios do mundo invisível 549

Índice Antroponímico 557

Allan Kardec: *O Educador e O Codificador* em nova edição

Tudo o que falarmos ou escrevermos será ainda insuficiente para traduzir o monumental trabalho da Codificação Espírita empreendido por Allan Kardec (1804–1869).

Competente profissional da educação formal dos homens, o renomado professor Hippolyte Léon Denizard Rivail abdicou de sua reputação, construída com brilhantismo nessa área. E assumiu, no anonimato de desconhecido pseudônimo, a grandiosa responsabilidade pela materialização do Espiritismo na Terra. Realizou um hercúleo trabalho de solidariedade e tolerância, com o objetivo de promover a efetiva educação espiritual do ser humano na plenitude de sua imortalidade.

Em longo decurso que atravessou os séculos e as reencarnações, o insigne mestre foi forjado na luta do esforço próprio, na dor da renúncia e nos embates de preconceitos atrozes, para triunfar na culminância da estrada que reserva a vitória aos que perseveram até o fim.

Foram árduos e desafiadores anos que somam três lustros de absoluta dedicação ao bem, sem outro móvel senão o de intermediar a revelação da Verdade e da consolação, que haveria de esclarecer e acolher os carentes de luz espiritual nos dois planos da vida, o físico e o extrafísico.

Não obstante os inenarráveis enfrentamentos de toda ordem, material e espiritual, o ínclito missionário jamais declinou de suas responsabilidades, assumidas anteriormente na Espiritualidade Maior, as quais honrou com o auxílio indizível de sua esposa Amélie-Gabrielle Boudet, a doce Gabi, como carinhosamente era chamada.

Com acurado equilíbrio granjeado pelo bom senso, sempre ativo, Allan Kardec conseguiu concatenar passado, presente e futuro, desmistificando a ilusão do materialismo e suas nefastas consequências. Vislumbrou, em prospectiva leitura da realidade, a grandiosidade da vida pela manifestação do Espírito imortal.

Os princípios que constituem as Leis Naturais ou Divinas foram consolidados em corpo doutrinário, resgatando a pureza original da mensagem de Jesus e decodificando os seus ensinos para compreensão geral.

A iluminação individual e coletiva será obra do tempo que tudo clareia, porém, as bases fundamentais já foram enunciadas com as diretrizes estabelecidas, desde a primeira edição de O livro dos espíritos, em 1857, marco para a Humanidade.

Allan Kardec decodificou o verdadeiro Cristianismo, resgatando *da letra que mata o Espírito que vivifica*; do texto hermético, o contexto esclarecedor; e da palavra simbólica, o significado profundo. Facilitou a todos o acesso à Verdade, por intermédio da Terceira Revelação, que haverá de permanecer eternamente entre nós.

Em *Allan Kardec: o educador e o codificador*, Zêus Wantuil e Francisco Thiesen trouxeram a lume textos compilados da clássica obra *Allan Kardec*, escrita por ambos e publicada pela FEB em três volumes, nos idos de 1979–1980.

O livro constitui-se em repertório de preciosas informações sobre a vida de um homem, apresentada em duas fases distintas e complementares: a do educador Rivail e a do codificador Kardec.

A sua leitura, agora em volume único, é indispensável aos que desejam conhecer o missionário que possibilitou a consecução da promessa do Cristo entre os homens aqui na Terra — o advento do Espírito da Verdade, o Consolador prometido por Jesus, o Espiritismo.

Brasília (DF), março de 2019.
GERALDO CAMPETTI SOBRINHO
Vice-Presidente da Federação Espírita Brasileira

Apresentação

Ao ensejo do 2º Centenário de Nascimento (1804–2004) de Allan Kardec, a Federação Espírita Brasileira (FEB) oferece ao público uma reunião de textos do livro *Allan Kardec*, por ela editado em 1979–1980 e da autoria conjunta de Zêus Wantuil e Francisco Thiesen.

O objetivo da presente compilação, de iniciativa de Zêus Wantuil, é facilitar e agilizar a divulgação de tão preciosa obra em nível mundial, ensejando versões para diversos idiomas, com o que se concretizará o expresso desejo dos próprios autores de que se amplie o conhecimento da vida e da obra de Allan Kardec e, por decorrência, da Doutrina Espírita, especialmente neste ano em que se comemora o bicentenário de seu nascimento.

A obra decorrente da compactação da versão original recebe o título *Allan Kardec – o educador e o codificador* e mantém a coautoria de Zêus Wantuil e Francisco Thiesen, tendo sido dela suprimidos assuntos que, ligados especificamente aos trabalhos do Espiritismo no Brasil, pouco interesse despertariam além de nossas fronteiras.

Dentro desse mesmo espírito, foram suprimidas as páginas *Explicação ao Leitor* e *Introdução*, ambas de Francisco Thiesen, bem como organizados, devido à reformulação da obra original, novos índices analíticos e antroponímicos, ao mesmo tempo que se procedeu ao aperfeiçoamento, substituição e, mesmo, supressão de algumas de suas inúmeras ilustrações.

Um título novo — *Curiosidades* — foi aberto na Parte Quarta, composto por matérias que, conquanto não se relacionem diretamente com a vida e a obra de Allan Kardec, a elas estão, todavia, perfeitamente associadas como fruto de sua edificante influência na vida das sociedades.

Por oportuno, esclarecemos, outrossim, que a versão original do *Allan Kardec*, em três volumes, continuará a ser editada pela FEB, em toda a sua integralidade.

Nutrindo a esperança de que a publicação desta obra será bem recebida pelos estudiosos em geral, espíritas ou não, de todas as partes do mundo, por propiciar a todos um condensado conhecimento da vida e da obra de *Rivail-Kardec*, rendemos nosso preito de profunda gratidão ao eminente e venerável missionário do Alto, dessa forma sintonizando-nos com o sentimento da família espírita mundial.

Abril de 2004
Conselho Diretor Federação Espírita Brasileira

PARTE PRIMEIRA

1

Nascimento. Progenitores

Hippolyte Léon Denizard Rivail,[1] mundialmente conhecido pelo pseudônimo ALLAN KARDEC, nasceu na cidade de Lyon (França), às 19 horas do dia 3 de outubro de 1804, ou seja, no dia 11 do vindemiário do ano XIII do calendário republicano, conforme assinala o registo civil.[2]

Descendente de antiga família lionesa, católica, de nobres e dignas tradições, foram seus pais Jean-Baptiste Antoine Rivail, homem de leis, juiz, e Jeanne Louise Duhamel, residentes à rua Sala, n. 76.[3] Anna Blackwell descreve a Sra. Duhamel como uma mulher notavelmente bela, prendada, elegante e afável, a quem o filho devotava profundo afeto.[4] E salienta Joseph-Marie Quérard, no tomo XII de sua obra *La France littéraire* (1859–1864), que a mãe de Rivail era natural de Bourg (ou Bourgen-Bresse), sede do Departamento do Ain, e que devido a isso o Sr. A. Sirand, sempre tão exato em suas informações, julgou, equivocadamente, que Rivail também nascera em Bourg e daí tê-lo inscrito em sua *Bibliographie de l'Ain* (1851, in-8°).

---

1 Leia-se *Kardec e seu nome civil*, no Apêndice deste volume. Leia-se igualmente, o *Adendo esclarecedor, por Zêus Wantuil*.
2 Para dirimir qualquer dúvida, leia-se o artigo *Quando nasceu Kardec*, no Apêndice deste volume.
3 Segundo Henri Sausse [*Biografia de Allan Kardec*. Trad. Evandro Noleto Bezerra. 1. ed. Brasília: FEB, 2012. cap. *Biografia de Allan Kardec*, it. Nascimento], a casa em que H. L. D. Rivail veio à luz desapareceu quando, de 1840 a 1852, se fez o alargamento e alinhamento da rua Sala, após as inundações de 1840.
4 Apud Translator's preface. *In: The spirits' book*, by Allan Kardec, translated from the hundred and twentieth thousand by Anna Blackwell. Boston, Colby and Rich, 1875; id. ib.., London, Trubner & Co., 1875.

Conforme o assinalam os Registros de Batismo da paróquia de Saint-Denis en Bresse, Rivail foi batizado pelo padre Barthe a 15 de junho de 1805 na igreja SaintDenis de la Croix-Rousse, que na época não fazia parte de Lyon, mas se achava sob a jurisdição da diocese lionesa. Seus padrinhos foram Pierre Louis Perrin e Suzanne Gabrielle Marie Vernier, domiciliados na mesma cidade onde nascera a mãe de Rivail.

Vista de Lyon (França). Ao fundo: à dir., o rio Saône, e, à esq., a Fourviere, numa colina onde fora edificado o Fórum de Trajano. Cidade fundada em 43 a.C., com o nome *Lugdunum*. No primem plano o Teatro Romano.

Reconstituição da antiga *Lugdunum* (hoje, Lyon) por Rogatien de Nail.

O futuro Codificador do Espiritismo recebeu um nome querido e respeitado, que remonta ao século XV, e todo um passado de virtudes, de honra e de integridade. Grande número de seus antepassados se tinham distinguido na Advocacia, na Magistratura e até mesmo no trato dos problemas educacionais.

Rua Sala (Lyon, França). Local aproximado em que esteve situada a casa onde nasceu H.-L.-D. Rivail, em 1804. A foto é de setembro de 1978, vendo-se na esquina a prof. Teresinha Rey entre Lúcia Cristina de Souza Fleury e Divaldo P. Franco.

Bem cedo, o menino se revelou altamente inteligente e perspicaz observador, sempre compenetrado de seus deveres e responsabilidades, denotando franca inclinação para as ciências e para os assuntos filosóficos.

2

Formação escolar de Rivail. A reputação mundial do Instituto de Yverdon

Conforme nos conta Henri Sausse, Rivail realizou seus primeiros estudos em Lyon, sua cidade natal, sendo educado dentro de severos princípios de honradez e retidão moral. É de se presumir que a influência paterna e materna tenha sido das mais benéficas na sua infância, constituindo-se em fonte de nobres sentimentos.

Com 10 anos, seus pais o enviam a Yverdon (ou Yverdun), cidade suíça do cantão de Vaud, situada na extremidade S. O. do lago Neuchâtel e na foz do Thielle, a fim de completar e enriquecer sua bagagem escolar no célebre Instituto de Educação ali instalado, em 1805, pelo professor-filantropo Johann Heinrich Pestalozzi, cujo apostolado pedagógico já se revelara em Neuhof, Stans e Berthoud.

O Instituto de Yverdon, que funcionava no castelo construído em 1135 pelo duque de Zähringen[5] seria, durante quatro lustros, "a Belém da

---

5 Antiga residência dos bailios berneses, tornada propriedade do cantão de Vaud, havia sido vendida em 1804 à cidade de Yverdon, com a condição de que Pestalozzi aí gozasse gratuitamente, durante a sua vida, de um

Natividade escolar, Reis Magos e bons pastores de Ceca e Meca a correrem ao Presépio, a louvarem o verbo encarnado na obra do Profeta".[6]

Castelo de Yverdon (entre 1805 e 1825).

Frequentado todos os anos por grande número de estrangeiros, citado, descrito, imitado, era, numa palavra, a escola modelo da Europa. Os sábios naturalistas Humboldt, Geoffroy Sain t-Hilaire, F. Cuvier, o cientista Biot, o marquês de Dreux-Brézé, o barão de Gérando, o conde de Lasteyrie, o filósofo Maine de Biran, o duque de Broglie, o marechal Sébastiani, o ilustre pedagogo padre Grégoire Girard, a famosa escritora Mme. de Staël, o barão de Wangenheim, a grã-duquesa de Oldenburg, então rainha de Wurtemberg, o príncipe de Esterházy, a princesa de Lippe-Detmold, *lord* Brougham, *lord* de Vescy, o célebre reformador socialista Robert Owen, foram algumas, apenas algumas, das altas personalidades políticas, científicas, literárias e filantrópicas que voltaram, maravilhadas, de suas visitas ao Instituto. Louvaram o criador dessa obra revolucionária, e por ela também se interessaram, Goethe, o rei da Prússia, Frederico Guilherme III e sua esposa Luísa, o czar da Rússia, Alexandre I, o rei Carlos IV da Espanha, os reis da Baviera e de Wurtemberg, o imperador da Áustria, a futura imperatriz do Brasil, D. Leopoldina de Áustria, e muitos outros expoentes da nobreza europeia e do mundo cultural. O grande pensador e filósofo alemão Johann Gottlieb Fichte, que igualmente conheceu o Instituto,

---

local para o seu instituto de educação. Apud GUIMPS, Roger de. *Histoire de Pestalozzi, de sa pensée et de son œuvre*, p. 313.

6   COSTA, Sousa. (Academia das Ciências de Lisboa). *Pestalozzi – o mestre-escola*, Academia das Ciências de Lisboa – Separata das *Memórias* (Classe de Letras, tomo V). Lisboa, 1948, p. 5.

declarou nos seus célebres "Discursos à Nação Alemã", pronunciados no inverno de 1807–1808, que a reforma da educação devia tomar por ponto de partida o método de ensino de Pestalozzi. E acrescentava: "Do Instituto de Pestalozzi espero a salvação da Alemanha".

J.-G. Fichte (1762–1814)

Em Yverdon, o notável educador suíço reuniu em torno de si e da obra, objeto de tantas esperanças, conceituados professores vindos de várias partes, sendo que alguns deles tinham sido anteriormente seus alunos. Partilhando do entusiasmo do venerável mestre e devotados à causa sagrada do ensino, são mais citados pelos biógrafos os nomes de Hermann Krusi, Tobler, Buss, Niederer, Johannes Ramsauer, von Muralt, Johann Joseph Schmid, Barraud, Blochmann, Hoffmann, Hopf, Boniface, Konrad Näf, Mieg, Steiner, e muitos outros. Afora eles, homens de grande mérito, a maioria dos quais igualmente ensinaram no Instituto, acudiram de diferentes países para conhecer a instituição e seus professores, o plano de estudos e os processos pedagógicos da sua aplicação. Entre essas ilustres figuras, que absorveram o novo método de educação e posteriormente o disseminaram em suas terras natais, destacam-se: o grande pedagogo Fröbel, vulgarizador dos famosos "jardins de infância", que o tornaram célebre no mundo inteiro; o sábio prof. Karl Ritter, um dos fundadores da geografia científica moderna e que lecionou esta matéria em Yverdon; a amiga de Beethoven, Teresa de Brunszvik, divulgadora de Pestalozzi na Hungria;

Karl von Raumer, que escreveu mais tarde a curiosa e sábia *História da Pedagogia*; von Turk, filantropo e pedagogo, de nobre família alemã, que renunciou a honroso lugar na magistratura de Oldenburg, para vir estudar o sistema pestalozziano em Yverdon, aí se tornando mestre em sua segunda visita; Nägeli, músico e educador de Zurique, criador dos orfeões de canto popular e seu maior propagandista na Suíça alemã; o rev. Mayo e J. Greaves, dois abnegados discípulos de Pestalozzi e divulgadores do seu método na Inglaterra, o primeiro durante três anos ensinou religião aos alunos ingleses de Clendy e Yverdon; Jullien de Paris, que muito contribuiu para tornar conhecida na França a doutrina pestalozziana e outros.

Johann Heinrich Pestalozzi (1746–1827)

Foi com justiça e verdade que se lavrou no frontal do monumento erigido à memória de Pestalozzi, em Birr (cantão de Argóvia), um epitáfio que, entre outras coisas, dizia ter sido ele, em Yverdon, "o educador da Humanidade".

Línguas, raças, crenças, culturas e hábitos diferentes ali se misturavam, aprendendo as crianças e os jovens, na vivência escolar, a lição da fraternidade, da igualdade e da liberdade. De tal maneira esses ideais ficaram enraizados na alma de Rivail, que muitos anos mais tarde, relembrando-se, talvez, da grande família unida de Yverdon, ele afirmava constituírem, por si sós, "[...] o programa de toda uma ordem social que realizaria o mais absoluto progresso da Humanidade, se os princípios que eles exprimem pudessem receber integral aplicação [...]".[7]

"Nas cumeeiras de Yverdon, o Presépio de Belém volve-se, na verdade, em Monte das Oliveiras – os discípulos a receberem a boa nova, a lição do mestre, subordinada a esta máxima reguladora: saber e bondade sob a regência perpétua do bom senso".[8] Uma media de 150 alunos internos (a maioria) e externos, metade dos quais estrangeiros, isto é, não suíços, aprendiam com Pestalozzi que "o amor é o eterno fundamento da educação". Cedo, a reputação do Instituto se estendeu tão longe que atraiu para ali até mesmo jovens do Brasil e dos Estados Unidos da América.[9] Com altos e baixos, o número de estudantes diminuiria bastante nos últimos anos do Instituto.

Das crianças internas cujos pais tinham recursos, cobrava-se uma pensão anual, cerca de 720 francos em 1812, e que compreendia a alimentação, a lavagem de roupa, a instrução, a compra de cadernos e dos primeiros livros elementares. Os pais deviam fornecer cama e enxoval completo, e pagavam, ainda; por atividades e serviços extraordinários quando solicitados por eles mesmos.

---

[7] KARDEC, Allan. *Obras póstumas*. Trad. Guillon Ribeiro. 1. ed. 1. reimp. (Edição Histórica). Brasília: FEB, 2011. *Liberdade, igualdade, fraternidade*.

[8] COSTA, Sousa. *Pestalozzi – o mestre-escola*. Academia das Ciências de Lisboa – Separata das *Memórias* (Classe de Letras, tomo V). Lisboa, 1948. p. 5.

[9] POMPÉE, Pierre P. *Études sur la vie et les travaux pédagogiques de J.-H. Pestalozzi*. Paris: Librairie Charles Delagrasse, 1878. p. 104.

3

As atividades no Instituto

Aluno de Pestalozzi, de 1808 a 1817, Roger de Guimps deixou traçadas, em longa tirada, algumas de suas lembranças,[10] que mostram o ambiente saudável em que Rivail viveu por muitos anos:

> Os alunos gozavam de grande liberdade; as portas do castelo permaneciam abertas o dia todo, e sem porteiros. Podia-se sair e entrar a qualquer hora, como em toda casa de uma família simples, e as crianças quase não se prevaleciam disso. Eles tinham, em geral, dez horas de aula por dia, das seis da manhã às oito da noite, mas cada lição só durava uma hora e era seguida de pequeno intervalo, durante o qual ordinariamente se trocava de sala. Por outro lado, algumas dessas lições consistiam em ginástica ou em trabalhos manuais, como cartonagem e jardinagem. A última hora da jornada escolar, das sete às oito da noite, era dedicada ao trabalho livre; as crianças diziam: "*on travaille pour soi*", e elas podiam, a seu bel-prazer, ocupar-se de desenho ou de geografia, escrever a seus pais ou pôr em dia seus deveres.
> Os mestres mais jovens, que, em sua maioria, tinham sido alunos em Berthoud (Bergdorf), eram encarregados da vigilância durante todo o tempo em que não havia lições. Eles pernoitavam nos dormitórios, tomavam parte nas recreações dos alunos, com o mesmo prazer que estes; acompanhavam-nos ao jardim, ao banho, ao passeio, sendo

---

[10] GUIMPS, Roger de. *Histoire de Pestalozzi, de sa pensée et de son œuvre*. Lausanne: Georges Bridel Éditeur, 1874. p. 332 e seguintes.

muito estimados. Eram os únicos professores que os alunos tuteavam. Divididos em grupos, cada grupo desempenhava suas funções de três em três dias, pois que essa vigilância os ocupava de manhã à noite.

Roger de Guimps (1802–1894)

Três vezes por semana, os mestres davam conta a Pestalozzi da conduta e do trabalho dos alunos; estes, cinco a seis de cada vez, eram chamados à presença do "velho" para receber suas admoestações e exortações. Pestalozzi os levava então, um após outro, a um canto do seu gabinete de trabalho, e com eles conversava em surdina. Perguntava se tinham algo para lhe dizer, para lhe pedir; procurava assim ganhar-lhes a confiança, a fim de sondar se eles se sentiam bem, o que lhes agradava ou desagradava.

Todos os domingos, numa assembleia geral, passava-se em revista o trabalho da semana.

Castelo de Yverdon (sala de Pestalozzi)

Roger de Guimps discorreu, ainda, sobre a natação no lago Neuchâtel, às margens do qual descem as encostas do Jura cobertas de vinhedos, sobre as caminhadas pelo vasto jardim contíguo ao castelo, sobre a obrigatoriedade de exercícios militares para os alunos maiores, sobre o ensino facultativo da dança e da esgrima, sobre as ascensões às montanhas próximas, sobre a patinagem durante o inverno, sobre as festas principais do ano, inclusive a de aniversário de Pestalozzi, sobre as grandes excursões às florestas da vizinhança, a fim de realizarem estudos e colherem plantas, sobre as representações teatrais, geralmente baseadas nos feitos heroicos da história suíça da Idade Média, sobre os jogos e diversões várias, sobre a importância que Pestalozzi dava ao canto: cantava-se nos intervalos das lições, nos recreios, nos passeios. A música e o canto adquiriram ali, em 1816 e 1817, grande impulso com o notável compositor suíço Franz Xaver Schnyder von Wartensee.

Todas essas atividades, e muitas outras aqui não mencionadas, explicam a razão do renome mundial de que gozava o Instituto de Yverdon. "Não havia castigos nem recompensas. Pestalozzi não queria a emulação nem o medo. Só admitia a disciplina do dever, ou melhor, a da afeição, do amor".[11] Nas admoestações que fazia, sempre indiretas, punha tanta

---

11 COMPAYRÉ, Gabriel. *Pestalozzi y la educación elemental*. Trad., apêndice y bibliografia por Angel do Rego. Madrid: ediciones de la Lectura, 1922 [1927 na capa]. p. 56.

bondade e compreensão em suas palavras, que não raro os alunos se retiravam com lágrimas nos olhos, de sincero arrependimento. Além de receberem excelente preparo físico, intelectual e moral, os escolares eram igualmente educados para a vida em sociedade, de modo a poderem enfrentar o mundo em qualquer situação ou circunstância.

Marc-Antoine Jullien, de Paris, na segunda edição (Paris, 1842) de seu volumoso livro *Exposé de la méthode d'éducation de Pestalozzi...*, faz nas páginas 487 a 497 extenso relato do dia a dia no Instituto, entrando em pormenores realmente interessantes e curiosos, não revelados pelos demais divulgadores da obra pestalozziana. Ele assinala, ainda, que não havia férias anuais, embora os pais tivessem liberdade, durante um dos meses do outono, de terem junto deles os filhos, sem que, com isso, ficasse interrompido o curso dos estudos no Instituto.

Marc-Antoine Jullien (1775–1848)

Conforme conta Ackermann, que foi aluno de Pestalozzi em Yverdon, "o ensino ali era essencialmente *heurístico*, isto é, o aluno é conduzido a descobrir por si mesmo, tanto quanto possível por seu esforço pessoal, as coisas que estão ao alcance de sua inteligência, em vez de elas lhe serem ministradas dogmaticamente pelo método catequético". Partindo do princípio: "a intuição é a fonte de todos os nossos conhecimentos", Pestalozzi fundou sobre a intuição o edifício do ensino novo.

"A história, a literatura, todos os ramos dos conhecimentos humanos eram ensinados em Yverdon pelos homens mais notáveis", escreveu Augustin Cochin,[12] que fora alunos do estabelecimento em questão. Pierre Philibert Pompée arrola em várias passagens de sua obra biográfica muitas das matérias que os alunos aprendiam. Mas é Jullien de Paris que apresenta lista bem completa e nele nos apoiamos para acrescentar, aos que já foram aqui citados, mais estes conhecimentos lecionados no Instituto: noções gerais, porém exatas, de mineralogia, de botânica, de zoologia e de anatomia comparada; um curso abreviado de história natural; elementos de fisiologia e psicologia; lições de física experimental e de química: o estudo das línguas mortas ou antigas (principalmente grego e latim); o ensino das seguintes línguas vivas ou modernas: italiana, inglesa, francesa e alemã, sobretudo as duas últimas; o estudo geral das matemáticas, dividido em quatro seções: cálculo teórico e prático, e aritmética superior; álgebra, ou aritmética literal e universal; geometria e trigonometria; mecânica, com noções de astronomia e geografia matemática. Todas essas matérias faziam parte do ensino secundário, a que se juntava, ainda, uma tintura geral das belas-artes, aí incluído o desenho e a música. Ensinava-se, também, a geografia política e civil, a geografia geral e a história civil. Enfim, a instrução religiosa e moral. Na instrução primária, além da leitura, da escrita, do desenho, do canto e da ginástica, eram dadas noções de linguagem, elementos de cálculo mental (*calcul de tête*) e de cálculo por escrito (*calcul des chiffres*).

Afirma o *Dictionnaire de pédagogie et d'instruction primaire*, de Buisson, que no estabelecimento de Pestalozzi entravam todas as disciplinas do programa do ensino primário e secundário, inclusive línguas antigas. Na verdade, porém, a instrução ali não se limitava ao que acima está escrito; estendia-se e desdobrava-se sob diferentes ângulos e matizes. Insignes mestres, que de perto acompanharam o ensino realizado em Yverdon, afirmaram que as crianças adquiriam, num ano, mais conhecimentos reais do que em dois ou três anos pelos métodos antigos.

---

12 COCHIN, Augustin. (de l'Institut). *Pestalozzi, sa vie, ses œuvres, ses méthodes d'instruction et d'éducation.* 2. ed. Paris: Librairie Académique, 1880. p. 100.

4
Os primeiros dez anos do Instituto

Instalado em fins de 1805, o Instituto de Pestalozzi viveu bem os dois primeiros anos, com uma média de 150 alunos e muito entusiasmo geral. A paz entre os membros da alta direção ainda não havia sido tisnada pelos desentendimentos, fruto, em geral, do orgulho e da falta de humildade dos dedicados missionários do ensino.

Yverdon e o castelo que acolheu o Instituto de 1805 a 1825.

Tudo começa a modificar-se quando entre Johannes Niederer e Johann Schmid, poderosos e inestimáveis colaboradores de Pestalozzi, se declara a incompatibilidade de gênios. Esta se aprofunda em 1808. Ambos não conseguiam identificar-se entre si e com o mestre. O antagonismo ameaçou perturbar a harmonia entre os membros da grande família, mas não chegava a ter influência sobre os alunos e demais professores, alheios ao que se passava. Enquanto havia prosperidade exterior, marchava, passo a passo, no interior do estabelecimento, a cisão administrativa. Era de 165 o número de alunos em 1809, sendo 87 estrangeiros.

Agrava-se a situação em 1810. Schmid retira-se do Instituto, por não ver satisfeitas suas ideias de reformar o ensino que ali se praticava. Em 1811, Pestalozzi via-se privado do concurso de outros bons e antigos colaboradores, além de vários mestres menos notáveis. Muitos deles foram fundar, noutras cidades, escolas em que era usado o método pestalozziano. Todavia, novos mestres vieram preencher os claros, como Ramsauer, Göldi, Weilenmann, Baumgartner, Leuenzinger, Schacht, Blochmann, Ackermann, Lehmann.

Desde a saída de Schmid, era Ramsauer o braço direito de Pestalozzi na prática do ensino, como Niederer o era para a exposição de princípios. Novas matérias entram no currículo escolar, como química, grego e latim.

Com altibaixos, o Instituto vai caminhando, e quando tudo parecia normalizar-se, a posição econômica do estabelecimento se torna crítica em 1813. Os alunos-mestres, que tinham terminado seu tempo de estudo, voltavam às suas terras. Eram os chamados "alunos-mestres" jovens professores que os governos de nações próximas enviavam a Yverdon, desde 1809, para aprenderem, como alunos, o método pestalozziano e o introduzirem, ao seu regresso, nas escolas de suas respectivas pátrias. Acontecia, agora, o inesperado: o número deles, que às vezes chegava a quarenta ou mais, diminuíra sensivelmente, porque os governos não procediam à remessa de novos contingentes. Na primavera de 1813, a convocação às armas em apelo feito ao povo alemão, contra o jugo napoleônico, fez que o restante dos mestres e alunos adultos de nacionalidade alemã deixassem o Instituto. Perduraria em 1814 esse mesmo estado de coisas.

5

DIVULGAÇÃO DO MÉTODO PESTALOZZIANO NA FRANÇA

No verão de 1811, enviado pelo então ministro do Interior, conde de Montalivet, chega a Yverdon o publicista e homem público Marc-Antoine Jullien (1775–1848), mais conhecido por Jullien de Paris, membro de várias sociedades sábias. Durante dois meses estudou o método de Pestalozzi e suas aplicações, fazendo aparecer em Milão, onde suas funções de inspetor militar o haviam chamado, duas obras, ambas em 1812. Uma delas: *Esprit de la méthode d'éducation de Pestalozzi, suivie et pratiquée dans l'institut d'éducation d'Yverdun, en Suisse* impressa em dois volumes, era, com o trabalho de Daniel-Alexandre Chavannes (*Exposé de la méthode élémentaire de H. Pestalozzi, suivi d'une notice sur les travaux de cet homme célèbre, son institut et ses principaux collaborateurs*, Vevey, 1805, reeditado em 1809), mais uma publicação em francês que permitia um julgamento consciencioso do método e seu autor, tendo a 2ª edição surgido em 1842, com o título ligeiramente alterado, já referido páginas atrás.[13] A edição príncipe dessa última obra fez sensação na França – afirma P. P. Pompée –, muito contribuindo para divulgar o lar-escola de Pestalozzi, numa época em que o regime educativo ali se concentrava, para a juventude, nos liceus quase militares do Primeiro Império, e, para as crianças nos rigorosos estabelecimentos de

---

13 N.E.: Ver o cap. 3 – *As atividades no Instituto.*

ensino do Instituto dos Irmãos das Escolas Cristãs, cuja origem se deve a Jean-Baptiste de La Salle e que ainda em 1810 admitiam a pedoplegia, ou seja, punições corporais, nos alunos do curso primário.

Consagrando sua vida a escrever obras pedagógicas impregnadas de moral evangélica, várias delas coroadas pela Academia Francesa, a talentosa escritora Mme. Élisabete Guizot (1773–1827), esposa de François Guizot, mais tarde ilustre homem de Estado e historiador, leu as obras de Jullien, acima referidas, e, encantada, estampou em 1813, nos *Annales de l'éducation* (vol. V) — uma das primeiras e mais notáveis publicações periódicas da pedagogia francesa —, alguns artigos em que salientava a excelência e as vantagens do método pestalozziano, o que veio concorrer, ainda mais, para a sua maior divulgação entre os educadores franceses, tornando, por outro lado, mais bem conhecido o admirável trabalho pedagógico que se realizava no Instituto de Yverdon. Para aí convergiu, então, não pequeno número de distintas e influentes personalidades, várias das quais tiveram, posteriormente, seus nomes inscritos na história das tentativas feitas na França para propagar a instrução popular.

Lazare-N.-M. Carnot, *o grande Carnot* (1753–1823)

O ensino primário e secundário nas cidades francesas, inclusive em Paris, era muito deficiente no começo do século XIX. Havia pequeno número de escolas, entre públicas e privadas. No ano de 1815, Carnot, ministro do Interior dos Cem Dias, havia apresentado ao imperador um relatório em que destacava esta situação deplorável: "Há na França, dizia ele, dois milhões de crianças que reclamam educação primária, e, desses dois milhões, umas a recebem mui imperfeita, enquanto as demais dela se acham completamente privadas". Basta dizer que na capital francesa, em 1817, apenas 14% das crianças, entre 6 e 14 anos, frequentavam as

132 escolas então ali existentes. Os professores eram, em geral, falhos de conhecimentos e mal remunerados. As matérias de ensino, por sua natureza e número, não corres pondiam às reais necessidades. O método, entre vicioso e absurdo, não se apoiava em fundamentos pedagógicos; a disciplina escolar, ou severa demais, ou relaxadíssima, era estorvo ao desejado aproveitamento por parte dos alunos. As guerras e revoluções absorviam as minguadas verbas destinadas à instrução pública. Os governos haviam abandonado quase que à iniciativa particular, em meio a muitas dificuldades, a honra de servir à grande causa da instrução popular.

O Instituto de Yverdon ocupava-se em formar homens sãos e robustos, bons e virtuosos, dotados dos conhecimentos essenciais às relações humanas. Diz um dos discípulos de Pestalozzi que as atividades diárias no Instituto, sempre repletas, ativas e fecundas, fortificavam o corpo das crianças, exercitavam ao mesmo tempo a atenção, a observação e o julgamento, nutriam o espírito, moralizavam o coração e todos os hábitos, vivificavam a alma, penetravam a intimidade do sentimento, elevavam o pensamento, cultivavam, ampliavam, desenvolviam e mantinham em equilíbrio e harmonia todas as faculdades. Tudo isso era conseguido dentro de uma plena liberdade, sob uma dependência personificada pela razão e pela bondade. O professor limitava-se a seguir e a secundar o aluno em seu autodesenvolvimento, sem forçar-lhe a natureza própria. De certo modo, mais do que à instrução, dava-se maior atenção ao desenvolvimento das faculdades do espírito.

Informando-se do notável programa educacional que se levava a efeito em Yverdon, muitas famílias francesas, que almejavam para os filhos uma educação mais completa e aprimorada, passaram a enviá-los ao Instituto Pestalozzi.

Em pouco tempo, já havia quase tanto de alunos franceses quanto de alemães, levando a direção do Instituto a necessitar de mais professores que soubessem a língua francesa, pois frequentemente um mesmo mestre era obrigado a dar suas explicações nos dois idiomas. A Jullien de Paris foi confiada a incumbência de procurar alguns mestres na França. Daqueles que conseguiu contratar, Alexandre-Antoine Boniface era, segundo ele, o único realmente digno de ser colaborador de Pestalozzi, e acrescentava: "Entre os homens de mérito, só encontrei Boniface, que quis deixar Paris para comer em Yverdon o pão que o diabo amassou".[14]

---

14 GUIMPS, Roger de. *Histoire de Pestalozzi, de sa pensée et de son œuvre*. Lausanne: Georges Bridel Éditeur, 1874. p. 383.

6

MESTRE E PROTETOR DE RIVAIL

Mas, quem era Alexandre Boniface? É bom conhecermos algo de sua vida, pois foi elogiosamente citado por Rivail numa de suas obras. Nascido em Paris, em 1790, segundo a maioria dos biógrafos, ou em 1785, segundo outros, mais antigos, foi aluno do célebre gramático François-Urbain Domergue, tornando-se, bem jovem ainda, excelente professor (*instituteur*), gramático e escritor pedagógico. Publicou grande número de obras de ensino e educação, algumas de colaboração com Lévi-Alvarès, a quem Rivail igualmente se reuniria na preparação de dois livros. Conhecia bem o inglês. Mais tarde fez parte da comissão encarregada pela Academia Francesa da refundição de seu Dicionário.[15]

No Instituto de Yverdon, Boniface foi ao mesmo tempo discípulo e mestre, tendo lecionado de 1814 a 1817. Homem bom e simples, estimadíssimo pelo corpo docente e discente, tornou-se ali o centro de tudo que dissesse respeito a francês. Respeitado e benquisto, mantinha estreita camaradagem com os alunos, exercendo sobre eles a melhor influência. Com boa instrução básica e gosto muito puro, dava excelentes aulas de gramática e de literatura francesas, sempre ouvidas com geral agrado por todos os

---

15 Apud *Dictionnaire de biographie française*, sous la direction de M. Prevost et Roman d'Amat, fascículo XXXIV. Paris-VI. Librairie Letouzey et Ané. 1953, colunas 957 e 958.

alunos. Admirado pelo seu talento, Jullien de Paris refere-se elogiosamente a ele no *Journal d'Éducation* de 1817.

De volta a Paris, o prof. Boniface preparou durante cinco anos os materiais necessários à fundação de uma escola baseada nos princípios pestalozzianos, mas com as modificações apropriadas ao ensino na França. Surgiu, assim, em 1º de maio de 1822, instalada na rua de Touraine Saint-Germain, n. 10, *quartier* de Luxembourg, a escola de Boniface (uma "escola de primeiro grau"), que progrediu rapidamente, adquirindo excelente reputação depois de sua transferência para a rua de Tournon, n. 33, no mesmo *faubourg* Saint-Germain.[16] Ele a dirigiu até 1841, ano de seu decesso. Segundo o laureado *instituteur* Auguste Demkès, Boniface "foi um dos que mais contribuíram para melhorar o ensino primário entre os franceses".

Alexandre Boniface protegeu (*protégea*) a infância[17] de Denizard Rivail, tendo sido um dos seus primeiros mestres. Quem o afirma é o próprio Rivail, no preâmbulo ao tomo I do seu *Cours pratique et théorique d'arithmétique*,[18] obra esta que surgiu graças também ao incentivo e aos conselhos, de Boniface, havendo quem diga que Schmid, professor de matemáticas em Yverdon, igualmente o estimulara a escrevê-la.

Abrimos pequeno parêntese para informar que em artigo na *Revista Espírita* de junho de 1862,[19] com o propósito de rebater as calúnias de um abade, que escrevera tê-lo conhecido pobre em Lyon e que agora nadava em dinheiro, Allan Kardec assevera, taxativamente, que nunca habitou Lyon (*je n'ai jamais habité Lyon*). Como nasceu nessa cidade, onde foi batizado cerca de oito meses e meio depois, pelo menos nesse período Rivail ali morou. Daí a afirmativa acima só permitir, a nosso ver, uma interpretação,

---

16 Apud *Dictionnaire de pédagogie et d'instruction primaire*, publicado sob a direção de F. Buisson, agregado da Universidade, inspetor-geral do ensino primário, com o concurso de grande número de colaboradores, 1ª pt., tomo primeiro. Paris: Librairie Hachette et Cie., 1882. p. 264. Cfr. POMPÉE, Pierre P. *Études sur la vie et les travaux pédagogiques de J.-H. Pestalozzi*. p. 195, 391; COCHIN, Augustin. *Pestalozzi, sa vie, ses œuvres, ses méthodes d'instruction et d'éducation*. p. 77; e outros autores.

17 O *Dictionnaire de la langue française*, de Littré, estabelece que a "infância" vai do nascimento ao sétimo ano de vida, mas acrescenta que a linguagem usual a eleva um pouco além, até aos 13 ou 14 anos. O *Dictionnaire de l'académie* escreve: até aos 12 anos, mais ou menos. Paul Foulquié, em seu *Dictionnaire de la langue pédagogique* (1971), anota: "Infância – período da vida humana que precede à adolescência. Distinguem-se comumente: 1º) a primeira ou pequena infância (até 2 anos e meio); 2º) a segunda ou média infância (de 2 anos e meio a 7); 3º) a terceira ou última infância (de 7 a 11/12 anos), que é seguida da adolescência".

18 MOREIL, André. *La Vie et l'œuvre d'Allan Kardec*. Paris: Éditions Sperar, 1961. p. 82.

19 KARDEC, Allan. *Revista Espírita*: jornal de estudos psicológicos. jun. 1862. Assim se escreve a História!. Trad. Evandro Noleto Bezerra. 3. ed. 2. reimp. Brasília: FEB, 2009.

a de que ele, Rivail, como Codificador do Espiritismo, jamais residiu em Lyon, onde, portanto, o tal abade de forma alguma o poderia ter conhecido nessa fase de sua vida, não passando tudo de embuste engendrado pelo clérigo.

Com este parêntese, queremos inferir que tanto a "proteção" exercida por Boniface sobre a infância de Rivail, quanto a declaração de que aquele lhe fora "um dos primeiros mestres", tudo isso deve relacionar-se com o período colegial de Rivail em Yverdon, a não ser que se suponha tenha o jovem lionês recebido instrução primária, dos 6 aos 10 anos, em alguma escola parisiense onde Boniface professorava, o que contraria a opinião corrente, partilhada, em primeiro lugar, por Henri Sausse.

7

Estudante em Yverdon

Rivail teria ingressado no Instituto de Pestalozzi ainda com 10 anos, provavelmente depois da queda definitiva de Napoleão I, em 1815, hipótese mais admitida, inclusive por A. Moreil.

Alguns fatos importantes tinham, por essa época, atraído a atenção de novas famílias francesas para a obra pestalozziana e, em especial, para o que de relevante havia muito se realizava em Yverdon em prol da educação.

A lei imperial de 27 de abril de 1815, que alguns estudiosos têm como ponto de partida de tudo que se fez na França pela instrução primária, no século XIX, levou o grande Carnot, ministro do Interior, a encarregar seleto grupo de filantropos e educadores de organizar o ensino, e somente então, conforme salientou P. P. Pompée, é que se pensou em aproveitar os trabalhos e as experiências de Pestalozzi. Em 17 de junho de 1815, véspera da derrota de Napoleão em Waterloo, ficou criada a célebre "Société pour l'Instruction Élémentaire", e um de seus primeiros atos foi nomear Pestalozzi membro correspondente. Além disso, também em 1815, aparecia nas livrarias, de autoria do sábio naturalista francês Frédéric Cuvier, que retornara de sua visita a Yverdon, um "projeto" respeitante à organização do ensino nas escolas primárias, obra em que enaltecia o método de Pestalozzi, preferindo-o, mesmo, aos demais. Frédéric Cuvier, irmão do celebérrimo naturalista Georges Cuvier, desempenhara durante muitos anos, sob o Império e sob a Restauração, as funções de inspetor-geral da

Academia de Paris, e é nessa qualidade que publicou o referido projeto, considerado por muitos como o trabalho mais importante que surgiu na França sobre a instrução primária, desde o projeto de Chaptal, em 1800, até a lei de 1833.

A ressonância dessas e outras ocorrências nos meios educacionais contribuiu para levar ao Instituto de Yverdon novos alunos franceses, entre os quais o menino Denizard Rivail, cuja sede de saber estava a exigir um estabelecimento de ensino à altura do seu talento precoce e de sua atilada inteligência.

Em longa carta de Pestalozzi ao cavaleiro Sr. Rostaing, rua de Cousty, hotel e Mayence, Paris, datada de 18 de março de 1816, ele a termina com este recado: "Madame Rivail rende-vos suas homenagens e muito vos agradece pelas boas disposições com relação à pessoa que ela vos recomendou".

Anna Pestalozzi-Schulthess (1738–1815)

Essa carta ao Sr. Rostaing, que tinha dois filhos no Instituto, entrados respectivamente em 1814 e 1815, está publicada às páginas 80 e 81 do volume 10 das "Várias Cartas" de Pestalozzi, catalogada sob o n. 4.230.[20] No que diz respeito a Mme. Rivail, o autor dos comentários apresentados

---

[20] PESTALOZZI, Johann Heinrich. *Samätliche briefe*. Zehnter Band (Briefe aus den Jahren 1816 und 1817), bearbeitet von Emanuel Dejung, Mit zwei Tafeln, Orell Fussli Verlag Zurich.

na segunda parte do volume, Emanuel Dejung, declara, na página 509, que não se sabe a quem Mme. Rivail se refere no recado acima, mas informa que ela é a mãe de Hippolyte L. D. Rivail e que este "se encontrava no Instituto desde dezembro de 1815". Emanuel Dejung cita como referência bibliográfica a obra *Ernte* de H. Schönebaum, 1942, onde não há menção à data acima. O que nos causou surpresa foi a presença da mãe de H.-L.-D. Rivail em Yverdon, percebendo-se que ela privava da amizade de Pestalozzi. Segundo nos informa a confreira Teresinha Rey, era comum os pais irem a Yverdon em visita aos filhos no Instituto de Pestalozzi, filhos que, muitas vezes em regime de internato, nem chegavam a retornar ao lar para as festas de Natal e Ano-Novo.

Ainda em 1815, a 12 de dezembro, ocorria o falecimento da "mamãe Pestalozzi", como era chamada no Instituto a esposa do insigne pedagogo de Yverdon. Muito instruída, além do alemão ela sabia falar perfeitamente o francês e, por várias vezes, foi junto às crianças de língua francesa, idioma que Pestalozzi conhecia pouco e falava mal e com dificuldade, a paciente intérprete para um melhor relacionamento delas com o velho mestre.

No dia seguinte à desencarnação de Anna Pestalozzi-Schulthess, o inconsolável viúvo reuniu, de manhã cedo, na sala de culto, em volta do caixão mortuário, todos os alunos do Instituto. Ali, Rivail, embora menino ainda, pôde sentir a dor profunda de Pestalozzi, em lhe ouvindo as tristes lamentações em torno daquela separação. E certamente lhe passaram pelo espírito, dotado de invulgar precocidade, muitas interrogações para as quais só bem mais tarde teria resposta racional e convincente.

Pestalozzi, porém, não chegaria ao desespero. Ele era fervoroso crente no amor infinito de Deus. Acreditava, mesmo, numa vida após a morte. Numa carta que escreveu, naqueles dias, à sua amiga condessa Franziska Romana von Hallwyl, que procurara consolá-lo da dolorosa perda, o velho professor lhe disse, confiante: "Vossa fidelidade e vossa amizade a seguirão no outro mundo, nós a reencontraremos e juntos nos rejubilaremos com alegria".[21]

No período em que estudou no castelo de Yverdon, Rivail conviveu fraternalmente com estudantes de diferentes nações e idades, e entre os que conseguimos colher, da mesma faixa etária, estão os nomes de

---

21 *Pestalozzi et son temps*. Publiè à l'occasion du centenaire de sa mort par le Pestalozzianum et la Bibliothèque Centrale de Zurich. Édition Berichthus (Zurich), Libraire Payot & Cie. (Lausanne), 1928. p. 23.

Roger de Guimps. Jean Joseph Guinchard, Auguste Perdonnet, Henry de Cérenville, Frederico Alric, Jean-Marie Beauchatton, Adolphe Jullien, alguns dos quais vieram a ser excelentes professores e dedicados divulgadores do ensino pestalozziano.

O jovem escolar lionês, ao qual os destinos reservariam sublime missão, logo se revelou um dos discípulos mais fervorosos do insigne pedagogista suíço, já dobrado sob 70 anos de lutas, realizações e decepções. Dotado da avidez de saber e de agudo espírito observador, adquiriu desde cedo o hábito da investigação. Seu interesse, por exemplo, pela Botânica levava-o, por vezes – conforme assinalou Anna Blackwell –, a passar um dia inteiro nas montanhas próximas de Yverdon, com sacola às costas, à procura de espécimes para o seu herbário. Aliando, a tudo isso, irresistível inclinação para o estudo dos complexos problemas do ensino, Rivail cativou a simpatia e a admiração do velho mestre, deste se tornando, anos mais tarde, eficiente colaborador. Os exemplos de beneficência e amor ao próximo vividos por Pestalozzi, a quem os alunos chamavam "pai Pestalozzi", segundo afirmação de Roger de Guimps, norteariam para sempre a existência do futuro Codificador do Espiritismo. Aliás, até mesmo aquele "bom senso", que Flammarion aplicou a Kardec, foi cultivado e avigorado com as lições recebidas no Instituto de Yverdon, onde também "[…] lhe desabrocharam as ideias que mais tarde o colocariam na classe dos homens progressistas e livres-pensadores".[22]

Ali viveu Rivail – como bem disse André Moreil – "num pequeno universo humano, que o marcou para sempre, e a figura do mestre veio a ser para ele a própria imagem do chefe que dirige e educa os homens. Percebemos, então, porque a vida de Allan Kardec, que se identifica com a fundação do Espiritismo prático, não é compreensível sem a vida escolar de Denizard-Hippolyte-Léon Rivail" (*sic*).

---

22 KARDEC, Allan. *Revista Espírita*: jornal de estudos psicológicos. maio 1869. Biografia do Sr. Allan Kardec. Trad. Evandro Noleto Bezerra. 3. ed. Brasília: FEB, 2009.

8

AGRAVAMENTO DAS DIVERGÊNCIAS INTERNAS

Após essa digressão no histórico que fazíamos do Instituto de Yverdon, retomemos o fio da meada. Dizíamos que a situação administrativa do Instituto não era das melhores em 1813/14.

Em 1815, com o exílio de Napoleão Bonaparte e a consequente pacificação europeia, o Instituto tomou novo impulso, com alunos, mestres e visitantes ali afluindo em maior número, mas isso não ajudou a amenizar o agravamento de sua posição financeira. Jullien de Paris, que já havia conseguido vários mestres franceses e certo número de alunos novos para o Instituto, interviera, em fins de 1814, para evitar-lhe a falência iminente.

Na Páscoa de 1815, Schmid retorna ao Instituto, atendendo às súplicas de Pestalozzi, e em pouco tempo, com várias reformas e medidas salutares, inclusive a dispensa de alguns professores, conseguia levantar o Instituto, que na ocasião agasalhava 78 alunos.

As atitudes e os processos de Schmid descontentaram a muitos, que chegaram a manifestar-se ostensivamente. O francês Boniface e vários mestres suíços tomaram o partido de Schmid (fevereiro de 1816). Não tardou que 16 mestres, submestres e alunos-mestres, todos alemães, deixassem o Instituto. Seguiram-lhes as pegadas alguns suíços, entre eles Krusi e Ramsauer. Este se tornaria, mais tarde, preceptor dos príncipes e das princesas de Oldenburg.

Apesar disso, o Instituto ainda conservava bons mestres, como Boniface, Stern, que ensinava muito bem o latim e o grego e que foi, posteriormente, diretor do ginásio de Stuttgart, Knusert, que, retomando ali suas funções, dirigia então os exercícios militares, Hagnauer, jovem argoviano de talento, mais tarde professor na escola cantonal de Aarau, Lange, que falava bem o francês e era quem fazia o culto matinal para os alunos de língua francesa, além de outros educadores de mérito. Niederer ficou em seu posto, mas um resfriamento em suas relações com Schmid começou a tomar vulto, pois Pestalozzi se inclinara visivelmente para Schmid, em quem tinha seu homem de confiança, nada fazendo sem primeiro consultá-lo. Acontecimentos posteriores, que podiam ser superados, caso houvesse mais humildade, vieram aumentar a antiga animosidade entre os dois valorosos discípulos de Pestalozzi.

Hermann Kruse (1775–1844)

Estamos no outono de 1816. A situação no Instituto — segundo o biógrafo J. Guillaume — era satisfatória, pelo menos sob o ponto de vista econômico. Ali havia, agora, uma centena de alunos. Muitos eram ingleses. A Inglaterra, com efeito, começava a interessar-se pelo método pestalozziano. A França também fornecera bom número: Jullien de Paris levara a Yverdon, na primavera de 1816, 24 jovens franceses, entre os quais estavam dois filhos seus.[23] Quanto aos mestres, aqueles que haviam ficado após a partida de Krusi, de Ramsauer e dos alemães, e aqueles que haviam preenchido as vagas, pareciam todos devotados a

---

23 Convém esclarecer que os franceses já vinham cursando o Instituto desde os seus primeiros anos de existência. Em 1807, por exemplo, entre os alunos estrangeiros (isto é, não suíços), o maior número era constituído de franceses, 15 ao todo.

Pestalozzi. O descontentamento de Niederer ainda não exercia séria influência. O perigo financeiro imediato havia sido conjurado: as despesas do Instituto foram postas em equilíbrio com a receita.

Não demorou, porém, a surgir novo e grave incidente que veio afastar, ainda em 1816 e meados de 1817, a maior parte dos mestres e submestres do Instituto, ficando este quase inteiramente privado do pessoal de ensino. Niederer renuncia às suas funções em janeiro de 1817 e, não atendendo aos rogos de Pestalozzi, deixa o Instituto em maio do mesmo ano, após haver terminado a instrução religiosa daqueles alunos a quem se propusera preparar para a primeira comunhão no domingo de Pentecostes.

Ainda em 1817, vivamente contrariado porque Pestalozzi desfizera o acordo que em outubro firmara com Fellenberg, acordo que afastaria o velho pedagogo zuriquense da direção do Instituto, Marc-Antoine Jullien abandonou esse estabelecimento. Fê-lo juntamente com seus dois filhos, em fins do mencionado ano. Com eles, retiraram-se também, por solidariedade, todos os outros alunos franceses que Jullien havia levado, além de muitos bons mestres.

Analisando-se a correspondência trocada na época, verifica-se que Pestalozzi tivera ponderáveis razões para recuar do plano acima, idealizado por Jullien, cujas boas intenções eram, entretanto, indiscutíveis, desejoso que estava de livrar o mestre septuagenário de um fardo muito pesado para os seus ombros.

Em dezembro de 1817, mais quatro professores deixavam o Instituto, instigados contra Schmid por um amigo de Fellenberg.

Johannes Niederer (1779–1843)

O retorno de Jullien a Paris não teve maiores reflexos junto aos estudantes de outras nacionalidades e até mesmo junto àqueles franceses que haviam sido levados ao Instituto por outras vias. Entre estes últimos estava Denizard Rivail, que ali permaneceu a fim de completar seus estudos. Os lamentáveis desentendimentos entre respeitáveis e abnegados mestres pertencentes à cúpula administrativa, com toda a sua gama de desastrosas consequências para o famoso estabelecimento escolar, fatos esses impossíveis de ficarem ocultos à curiosidade dos alunos, não eram motivo bastante para que Rivail, bem assim seus colegas em geral, deixassem o Instituto. Todos eles viam em Pestalozzi a figura venerável de um verdadeiro apóstolo da educação. Por isso, continuariam a seguir-lhe os exemplos, a confiar no seu caráter ilibado, a respeitar-lhe as decisões, por estranhas e incompreensíveis que parecessem.

Johannes Ramsauer (1790–1848)

9

Iniciação de Rivail no campo do ensino. Afirmação temerária de Henri Sausse

Pelo que atrás nos foi dado observar, a saída sucessiva de tantos professores levaria, como de fato levou, o Instituto a uma situação aflitiva, nesse particular. P. P. Pompée chegou a afirmar que, à exceção de Schmid, restaram apenas três jovens professores que o próprio Pestalozzi havia educado graciosamente, com grandes sacrifícios.

Foi preciso, então — conforme assinalou J. Guillaume[24] —, transformar os submestres em mestres, e elevar à categoria de submestres alguns dos alunos mais bem dotados, a fim de serem preenchidos os claros causados por essa súbita e geral defecção.

Embora no Instituto prevalecesse o ensino simultâneo, não foi de todo desprezado o ensino mútuo,[25] máxime nos tempos difíceis, como

---
24 BUISSON, F. *Dictionnaire de pédagogie et d'instruction primaire*. 1ª pt., tomo segundo. Paris: Librairie Hachette et Cie., 1887. p. 2.336.
25 Por meio desse método, toda uma escola pode instruir-se por si, sob a vigilância de um único professor: quando este tem sob a sua responsabilidade grande número de alunos em diferentes graus de adiantamento, ele se dedica ao ensino de uma classe, enquanto os alunos auxiliares ou monitores dirigem, como mestres improvisados, os trabalhos escolares das outras. Esses monitores eram escolhidos pelo mestre dentre os

aqueles que o educandário suíço então atravessava. A par de outras vantagens desse método de ensino, Pestalozzi tinha-o, mesmo, como útil ao desenvolvimento da alma e do espírito da criança. Já no asilo de Stans, muitos anos antes, premido pelas circunstâncias, aplicara o ensino mútuo, e é ele mesmo quem o afirma em sua obra *"Como Gertrudes ensina seus filhos* (1801): "Dele me servi em Stans, numa época em que não se falava nem de Bell, nem de Lancaster". Igualmente em Berthoud o ensino mútuo foi usado por Pestalozzi, segundo informa P. P. Pompée.[26] Este modo de instrução estabelece, segundo Jullien de Paris, uma espécie de permuta, de comunicação, de relação entre as crianças, dispondo-as à moral prática, às relações sociais e às virtudes que elas deverão praticar, quando se tornarem adultas.

Mme. de Staël (1766–1817)

Madame de Staël, que esteve em 1810 no Instituto de Yverdon, consagrou uma parte do capítulo 19 da sua obra *De l'Allemagne* ao método de Pestalozzi, dizendo em certo trecho que, no referido estabelecimento, "les écoliers deviennent maîtres quand ils en savent plus que leurs camarades".

Ao que parece, ainda em fins de 1817 e até que a situação interna do Instituto se normalizasse, o eminente pedagogo voltou a empregar o método a que nos estamos referindo, combinando-o com o seu sistema educacional.

---

alunos mais adiantados e aplicados. O "ensino mútuo" ou "modo mútuo", vulgarizado pelos pedagogos ingleses Joseph Lancaster e Andrew Bell, esteve muito em voga em vários países europeus, na primeira metade do século XIX.

26 POMPÉE, Pierre P. *Études sur la vie et les travaux pédagogiques de J.-H. Pestalozzi*. Paris: Librairie Charles Delagrasse, 1878. p. 289.

Consoante alguns biógrafos,[27] Rivail, desde os 14 anos, ensinava aos seus condiscípulos menos instruídos, ou mais novos, as lições dos mestres, ensaiando-se, assim, em "colaborador" do Instituto. E como esclarece A. Boniface,[28] os chamados "colaboradores" eram recrutados entre os alunos mais adiantados. Numa carta escrita, em 1799, a um de seus amigos, sobre o orfanato de Stans, Pestalozzi detalhava:

> Logo encontrei ajuda entre meus próprios alunos, e na diferença de capacidade de cada um deles. Servia-me dos mais adiantados para fazê-los ensinar aos seus colegas o que eles mesmos sabiam. Esta distinção lhes dava prazer; excitava neles pura e louvável emulação; consolidavam o que tinham aprendido, ao repeti-lo para os outros. [...] Eu me cercava, assim, de colaboradores, os quais, conformando sua conduta com a minha, seriam, com o tempo, bem mais úteis e melhor adaptados às necessidades do estabelecimento que os "instituteurs" propriamente ditos.

Esclarece Jullien de Paris, em sua obra já aqui mencionada, que o curso completo de instrução no Instituto de Yverdon não tinha duração fixa, estendendo-se desde os 9 ou 10 anos, ou mesmo desde os 7, até os 15 ou 16 anos, intervalo de tempo julgado o mais conveniente para uma boa formação das crianças. À instrução plimária e secundária, compreendida naquele período, seguia-se, para aqueles que o quisessem, um terceiro e último grau de educação, a *educação normal* ou especial, técnica e praticamente destinada a formar bons professores e professoras na ciência mesma da educação e na arte pedagógica.

Sobram-nos razões para supor que o jovem Denizard Rivail tenha recebido essa educação especial, na qualidade de aluno da *Escola normal* do Instituto. com isso adquirindo maior lastro de experiência e conhecimentos que ele, pouco mais tarde, saberia utilizar nos seus livros didáticos e aplicar nos estabelecimentos escolares que fundaria em Paris.

---

27 KARDEC, Allan. *Revista Espírita*: jornal de estudos psicológicos. maio 1869. Discursos pronunciados junto ao túmulo – Em nome da família e dos amigos (E. Muller). Trad. Evandro Noleto Bezerra. 3. ed. Brasília: FEB, 2009.

28 *Cours élémentaire et pratique de dessin linéaire, appliqué...*, d'après les principes de Pestalozzi, suivi à Yverdun sous la direction de M. J. Ramsauer, et publié, avec des modifications, par A. Boniface, instituteur, disciple de Pestalozzi; avec un *Traité élémentaire de perspective linéaire*, par M. Choquet... 2. ed. Paris: imp. de Gratiot, 1823. p. 19 da Iª pt.. Em maio de 1819 saiu o "prospecto" dessa obra, e para este mesmo ano estava programado o aparecimento da Iª edição, em fascículos.

Qual acontecera a tantos outros educandos formados na Escola normal do Instituto, Rivail teria feito ali mesmo a sua iniciação no professorado, ainda mais, como salientou Jullien de Paris, que os professores primários do estabelecimento de Pestalozzi eram escolhidos, *em grande parte*, dentre os alunos mais adiantados

À semelhança de outros alunos de reconhecida capacidade, que em 1817/ 18 foram elevados a submestres, cremos que Rivail, pouco mais tarde, também houvesse sido convocado por Pestalozzi para desempenhar as funções de submestre. Maturidade de pensamento, alto grau de inteligência e acentuada vocação para as coisas do ensino permitiriam a ele, Rivail, assumir a responsabilidade daquele cargo. E cremos, ainda, que isso tenha acontecido em 1819, correspondendo, aliás, ao que o próprio Rivail declarou em sua *Mémoire sur l'instruction publique*. Nesta obra, lançada nos primeiros dias de março de 1831,[29] H.-L.-D. Rivail afirmava ter uma experiência pedagógica de doze anos, iniciada, assim, em 1819, antes dos 15 anos.

Impressiona a precocidade desses professores imberbes. Jovens de gabarito intelectual bem acima da média, já trazendo de encarnações passadas a aptidão inata, por assim dizer, para o desempenho de tarefas educacionais, eles realmente ajudaram a soerguer o bom nome do estabelecimento, conforme escreveu J. Guillaume.

O fato em si não era incomum nos educandários de Pestalozzi. Em diferentes oportunidades, muitos foram os alunos que o pedagogo suíço transformou em submestres, como sucedera com Ramsauer, Schmid, Steiner, Knusert, Göldi, Steinmann, Frick, Egger, Baumann, Schurr e outros. E uma boa parte deles passaram a ocupar posteriormente a posição de mestres. Johann Joseph Schmid, simples pastor tirolês, aluno dos mais distintos no instituto de educação de Berthoud, aí entrou aos 15 anos, com a instrução incompleta que uma escola de aldeia daquela época podia dar. Seus progressos foram de tal modo rápidos, sua vocação para as matemáticas se desenvolvera tão prontamente, que ao cabo de dois anos (1803) já ali lecionava aquela matéria, tornando-se mestre aos 18 anos; Johannes Ramsauer, pobre órfão saído de Appenzell, já aos

---

29 V. *Bibliographie de la France*, ou Journal Général de l'Imprimerie et de la Librairie, et de cartes géographiques, gravures — lithographies — œuvres de musique, XXe année (34e de la Collection). Paris, 1831, it. 1.044 do n. 10 (Samedi, 5 mars 1831).

12 anos ensinava, como submestre não remunerado, nas pequenas classes elementares do instituto de Berthoud, onde fora recolhido, com 10 ano, por Pestalozzi,[30] e em Yverdon veio a ser submestre remunerado aos 16 anos, passando a mestre aos 20 anos; Jacob Steiner, que seria um dos maiores matemáticos da Alemanha, fez seu primeiro aprendizado com Pestalozzi, em Berthoud, tornando-se, com 14 anos, submestre em Yverdon, de 1810 a 1817; Knusert, do cantão de Appenzell, foi aluno em 1804, e desde 1805 um dos bons submestres de Pestalozzi; Louis du Puget, de Yverdon, aluno, submestre e mestre, tendo ensinado as matemáticas durante dez anos, até 1817; diga-se o mesmo com relação a Göldi, do cantão de Saint-Gall, respectivamente submestre e mestre em Yverdon, e a tantos outros educandos de Pestalozzi.

Henri Sausse (1852–1928)

---

30 GUIMPS, Roger de. *Histoire de Pestalozzi, de sa pensée et de son œuvre*. Lausanne: Georges Bridel Éditeur, 1874. p. 265.

Na escola para crianças pobres dos dois sexos, por ele criada no ano de 1818, em Clendy, lugarejo na saída nordeste de Yverdon, bem cedo os alunos foram chamados a ensinar até pessoas adultas. E conta Roger de Guimps que em Yverdon preferia-se o ensino dado por eles ao dado pelos mestres eméritos.

Pesquisas por nós efetuadas em várias e conceituadas obras biográficas referentes a Pestalozzi levam-nos a discordar de Henri Sausse, quando este escreve que Rivail por muitas vezes substituiu o mestre na direção do Instituto de Yverdon. Na época em que Rivail ali esteve, só duas pessoas foram os braços fortes de Pestalozzi nos destinos do Instituto: Niederer e Schmid, e só elas o substituiriam em algum impedimento de força maior, podendo-se incluir, num curto período, o nome de Ramsauer, que de 1812 a 1815 exerceu as funções de secretário. Juntos, ou em separado, eles e que mandaram e se desmandaram, sob as vistas conciliatórias e, por vezes, até mesmo complacentes de Pestalozzi, que, entretanto, não largava mão de sua autoridade suprema. Não encontramos, em nenhuma circunstância, brecha que ensejasse a ascensão temporária de Rivail ao mais alto cargo no Instituto. O máximo que se pode admitir, e ainda o consideramos muito pouco provável, é ter ele administrado, no final de sua permanência em Yverdon, alguma seção daquele estabelecimento de ensino e educação, como sucedeu com De Muralt e Mieg, os quais, em determinada época e por algum tempo, foram sucessivamente encarregados por Pestalozzi da direção moral e disciplinar do Instituto.

10

ASCENSÃO E QUEDA

O ano de 1819 decorreu, para o Instituto de Pestalozzi, sob melhores auspícios. Voltara a ser próspero, debaixo da direção hábil e prudente de Schmid. A escola de Clendy, que se situava a um quarto de légua de Yverdon, com ensino gratuito mediante pensão anual paga por diversos protetores, muito elogiada por quantos a visitavam, foi transferida, em julho de 1819, para o castelo de Zähringen. Assinala J. Guillaume que pela primeira vez se reuniram no Instituto os meninos pobres e os pensionários ricos, ficando as meninas pobres instaladas em outra ala do castelo. Apesar de demonstrar os benefícios que adviriam (como advieram) dessa reunião de pobres e ricos, de meninos e meninas, no mesmo estabelecimento escolar, isto trouxe a Pestalozzi acerbas críticas, inclusive da municipalidade de Yverdon. Agora funcionavam ali duas seções: masculina e feminina. Como que se prevenindo para o futuro, Pestalozzi determinara que em cada seção certo número de alunos fossem especialmente preparados para a carreira do ensino.

O êxito do modo mútuo, que penetrara na França, em 1815, sob o patrocínio da Sociedade para a Instrução Elementar, fazia então (1819) grande ruído na Inglaterra e na França. Pestalozzi soube disso. Fez curta alusão ao método de Bell e Lancaster, explicando que em seu Instituto também os alunos mais adiantados instruíam seus camaradas mais jovens. Disse mais:

> Nosso método de ensino elementar forneceu a prova de que alunos convenientemente preparados podem desde já, como crianças, ensinar com êxito a outras crianças o que elas próprias aprenderam [...].³¹

Por ter sido muito divulgado na França, máxime durante a 2ª Restauração (1815–1830), concorrendo para suprir a falta de professores qualificados, não é improvável que Rivail igualmente o tenha utilizado em suas casas de educação. Tal método, diga-se de passagem, mantinha-se ainda em 1867, em certas escolas de Paris.

Em fins de 1820, o insigne educador suíço escrevia haver conseguido, afinal, o verdadeiro espírito de família dentro do Instituto, dizendo-se, com isso, bastante feliz. Todavia, nem todas as famílias abastadas viam com bons olhos essa mistura de crianças ricas e pobres, e, em consequência, retiraram os seus filhos. Foi isso, em parte, responsável pelos embaraços financeiros que começaram em 1821.

---

31 BUISSON, F. *Dictionnaire de pédagogie et d'instruction primaire*. 1ª pt., tomo segundo. Paris: Librairie Hachette et Cie., 1887. p. 2.345.

Os deploráveis litígios que ex-colaboradores, como Niederer, Krusi e Näf, sustentavam contra Schmid, e nos quais o velho Pestalozzi se achava em causa, só sustados em dezembro de 1823, deveriam afetar profundamente, como de fato afetaram, a própria existência do Instituto. Afora isso, corria desde 1817 escandaloso processo que Niederer moveu, em nome de sua mulher, por questões de dinheiro, contra Pestalozzi, processo que rolou sete anos, sendo afinal dado ganho de causa ao martirizado pedagogo.

Desde 1822, devido à má repercussão dessas e outras tristes ocorrências, tornadas públicas pela imprensa e por ela exageradas ou deturpadas, o número de alunos pensionários, isto é, os que pagavam pensão para estudar, comer e dormir, diminuíra bastante. Como era de esperar, a posição financeira do Instituto instabilizou-se mais e mais, entrando em decadência.

A situação piorou em 1824, e quando, no mês de outubro, os adversários de Schmid, cujos ânimos exaltados não haviam esmorecido, conseguiram do Conselho de Estado de Vaud, mediante hábil processo, a expulsão de Schmid do referido cantão, chegava-se ao fim de tudo. Numa carta escrita ao término de 1824 ou início de 1825, Pestalozzi confessava à sua irmã que o instituto de meninos praticamente não mais existia. Na verdade, segundo Roger de Guimps, apenas alguns pobres da cidade de Yverdon ali restavam. Os últimos estudantes pensionários tinham saído em fins de 1823 e princípios de 1824.

Falhadas as tentativas para revogar o decreto que expulsava Schmid, anunciou Pestalozzi a sua decisão de deixar o Instituto de Yverdon, concretizando-a, afinal, em 2 de março de 1825. Acompanhado de Schmid, partiu para Neuhof, sua propriedade na Argóvia. Aí viveria seus últimos dias, tendo desencarnado em 1827, em Brugg, para onde o haviam transportado.

11

O PENSAMENTO RELIGIOSO DE PESTALOZZI NA FORMAÇÃO DE RIVAIL

No seu Instituto de Educação, em Yverdon, cidade de cantão protestante, Pestalozzi conviveu com professores calvinistas e luteranos extremados no zelo religioso, mas, apesar disso e não obstante pertencer também à igreja reformada, ele sempre se colocou equidistante do misticismo, dos preconceitos e das paixões religiosas.

Como dava à *Bíblia*, tão fundamental para a fé protestante, apenas um valor relativo, como tinha em pouco apreço o estudo do catecismo e as instruções verbais em geral no desenvolvimento do sentimento religioso das crianças, como praticava a moral ativa e intuitiva e não a moral de cartilha, tal procedimento devia escandalizar os reformados daquele tempo. Quanto ao "mistério da Trindade", dizia não o encontrar na *Bíblia*. Admitia, sim, um Deus-Amor, Pai de todas as criaturas, e sob essa forma é que queria fosse apresentado às crianças. Jesus, a quem muitas vezes se dirigiu em deprecações, era para ele o Filho de Deus e o maior dos homens.

Talvez por causa de suas ideias próprias em matéria de religião, já em 1811 e 1812 desfechavam contra ele ataques causticantes, afirmando-se, caluniosamente, que o ensino religioso no Instituto de Yverdon era deficiente e que aos alunos se inspirava aversão ao Cristianismo, ódio às autoridades, descontentamento com o estado das instituições sociais, bem como opiniões revolucionárias.

Pestalozzi rebatia pela imprensa essas imputações maldosas e inverídicas, mas os eternos forjadores de calúnias e os invejosos e os descontentes voltavam, de vez em quando, a bater na mesma tecla, com isso alanceando o coração do velho lutador, sem, no entanto, esmorecer-lhe o ânimo. Sua linha de conduta, orientada segundo rígidos princípios éticos e morais, não o deixava desviar-se para ser agradável a esta ou àquela pessoa, a esta ou àquela facção, a esta ou àquela corrente religiosa.

J. Guillaume via em Pestalozzi "um filósofo que aceitava as formas do Cristianismo, mas permanecia estranho a seus dogmas, particularmente àqueles do pecado original, da graça e da redenção".

Outro biógrafo, Gabriel Compayré, também referiu que o mestre suíço aliava à sua fé o espírito do Cristianismo, mas não os dogmas, com isto despertando a intolerância protestante contra ele: "Não lhe perdoavam por contentar-se com uma religião natural, com um deísmo filosófico à Rousseau, com um Cristianismo racionalista".

Rivail assistiu na Suíça ao "despertamento" (*réveil*) religioso, uma espécie de revivificação da fé protestante, e seu aparecimento coincidiu com a marcha decadente do Instituto de Yverdon.

Bem cedo, esse movimento se manifestava em desacordo com a obra de Pestalozzi. Os apóstolos do "réveil" pregavam uma teologia estreita e opressiva, que quase anulava o livre-arbítrio, que arrebatava ao homem o poder de trabalhar em sua própria santificação, e, sobretudo, que não queria reconhecer na criança o germe de nenhum bom sentimento. Essa teologia não podia ser a de Pestalozzi, conforme observou Roger de Guimps. Por isso, os adeptos do "réveil" acharam que ele não era verdadeiramente cristão. Julgamento semelhante encontra-se em todas as obras publicadas sobre Pestalozzi por homens que tinham o mesmo ponto de vista religioso, tais como Blochmann, Mlle. Chavannes e J. Paroz.

Houve, entretanto, quem discordasse desse severo julgamento, como Jayet, um dos primeiros alunos entrados em Yverdon. Apesar de pastor e ardoroso apóstolo do "réveil", Jayet declarou que se era verdade que Pestalozzi ignorava ou não aceitava certos dogmas, e nem mesmo conhecia a fundo os Evangelhos, é inegável que ele "imitara o espírito do Evangelho na sua maneira de nos conduzir". *Glaube und Liebe* (fé e amor) era um pensamento que frequentemente se reproduzia em seus discursos religiosos." E Jayet acrescentava, mais adiante: "Sua disciplina era o *amor*. Quando ralhava conosco, fazia-o abraçando-nos. É pelo coração que ele ia à consciência. Com isso, preparava, sem o saber, muitas almas à disciplina do Evangelho e aos caminhos de Deus, para a salvação delas".

Na verdade, cristão ele o foi a vida toda, como o demonstram seus estabelecimentos e discursos, suas obras, lições e cartas, tudo "inspirado na fé religiosa mais constante", mas "o seu Cristianismo" — conforme acentuou o prof. Luciano Lopes[32] —, "era livre de qualquer dogma. O seu espírito era dotado de extrema tolerância para com as crenças dos outros".

Na sua juventude, foi-lhe um dos mais queridos amigos o filósofo e teólogo místico Johann Caspar Lavater, cinco anos mais velho, autor de interessantes cartas à imperatriz Maria Feodorowna, esposa do czar Paulo I da Rússia, em seis das quais expõe ideias concordes com a Doutrina Espírita, sobre o futuro reservado às almas após a morte. Esse pastor suíço, que se inclinaria ao ocultismo, distinguiu-se por uma grande tolerância e "aliou em suas obras, de maneira original, a espiritualidade pietista às tendências científicas do seu tempo", tendo sido para Pestalozzi "um conselheiro e, às vezes, um protetor".[33] Esta profunda e bela amizade entre os dois perdurou até a morte de Lavater, em 1801.

Ex-aluno de Pestalozzi, Roger de Guimps atesta que o mestre "se mostrou cristão por suas ações, por sua ardente e universal caridade, durante a vida inteira. Jamais atacou algum dos dogmas cristãos, mas não os professava de maneira clara e precisa. Ele não apreciava o dogmatismo, cuja influência receava contrária, sobretudo, ao desenvolvimento do sentimento religioso. Depois, ainda que protestante, queria igualmente estar bem com os católicos, e eis por que ele, nos livros como nos discursos, evitava tudo que pudesse suscetibilizar quaisquer confissões religiosas".

Em 25 de maio de 1817 (Festa do Pentecostes), diante de Pestalozzi, dos mestres, dos alunos e até mesmo de pessoas estranhas, Johannes Niederer, acompanhado dos professores prussianos, que ainda não haviam

---

32 LOPES, Luciano (da Academia Carioca de Letras, ex-inspetor do ensino federal, professor, por concurso, da Prefeitura do Rio de Janeiro). *Pestalozzi, o grande educador*. Rio de Janeiro: Depositário – Paulo de Azevedo & Cia., 1943. p. 139.
33 CORNAZ-BESSON, Jacqueline. *Qui êtes-vous, monsieur Pestalozzi?* Yverdon: éditions de la Thièle, 1977. p. 16 e 29.

deixado Yverdon, em vez de ater-se ao sermão religioso do dia, anunciou, em dado momento, a resolução que tomara, de se afastar do Instituto, passando a desfiar publicamente os motivos do seu descontentamento em relação a Pestalozzi e seu Instituto, com alusões descorteses e ofensivas, o que levou Pestalozzi a chamá-lo a brios.

Johann Caspar Lavater (1741–1801)

Um panfleto publicado em 1827, de autoria do prof. Eduard Biber, sob a inspiração de Niederer, revelou que este, no referido sermão, asseverara ter sido atacado no fundo do seu sentimento religioso. E Biber tece comentários, explicando que poucos dias antes Niederer declarara a Pestalozzi, pela terceira vez, que não continuaria como mestre de religião, por causa das *opiniões religiosas* de Pestalozzi e da influência que Schmid exercia sobre os alunos *nesse particular*.

Niederer, doutor em filosofia, era protestante convicto e, mais do que isto, ministro evangélico; Schmid, embora criado no catolicismo, tornara-se, como Pestalozzi, indiferente aos dogmas religiosos.

Havia, com efeito, concluiu J. Guillaume,[34] dissidência religiosa entre Pestalozzi e os antigos colaboradores que dele se separaram em 1816

---
34 BUISSON, F. *Dictionnaire de pédagogie et d'instruction primaire*. 1ª pt., tomo segundo. Paris: Librairie Hachette et Cie., 1887. p. 2.337.

e 1817: Niederer, Krusi, Ramsauer e os alemães, os quais disseram, para justificar esse êxodo, que eles afinal se tinham apercebido de que Pestalozzi não era verdadeiramente cristão(!). Ramsauer, que após deixar o Instituto se tornara um pietista fervoroso, como o foram tantos outros pedagogos alemães, lamentava, entre outras coisas, não ter recebido de Pestalozzi a sã doutrina cristã, particularmente a do pecado original. O pietismo considerava as crianças como corrompidas, maculadas do pecado original, com o que jamais concordou Pestalozzi.

Mais tarde, Niederer, que ainda continuava em luta aberta contra o velho pedagogo suíço, modificaria um pouco o seu ponto de vista, escrevendo: "De um lado, por seu caráter e espírito, Pestalozzi era profundamente religioso, ao passo que, de outro lado, suas ideias, suas concepções eram irreligiosas e anticristãs".

A verdadeira religião, dizia Pestalozzi, não é outra coisa senão a moralidade. Para ele, os exemplos, a vivência dos princípios cristãos é que teriam a força de conduzir, de modo frutificativo, a infância e a juventude ao fiel cumprimento de seus deveres individuais e coletivos.

Interessando ao mestre suíço quase que apenas o ensino moral contido nos Evangelhos, que, como diria Kardec, é livre de controvérsias e é aceito universalmente, achavam que isso é insuficiente para alguém ser cristão, tal como hoje sucede com os espíritas, que não são considerados cristãos pelas hierarquias católica e protestante pelo fato de não professarem os dogmas dessas igrejas.

A desinteligência religiosa entre Pestalozzi e ex-professores do Instituto, todos dedicadíssimos à causa da Educação, devia ter chocado o ânimo de muitos alunos, entre os quais se incluía Denizard Rivail, em cuja alma ficaria gravado para sempre o lamentável espetáculo da "despedida" de Niederer.

Individualidade positiva desde a adolescência, conforme ele mesmo frisou,[35] Rivail sempre sobrepunha a razão a qualquer afirmativa dogmática, quer científica ou religiosa. Por isso, e porque prezava a liberdade de consciência como um direito natural imprescritível, do qual decorre o direito de livre-exame em matéria de fé, já naquele tempo de estudante, e antes mesmo dos graves acontecimentos registados em 1817, o espírito do

---

35 KARDEC. Allan. *Obras póstumas*. Trad. Guillon Ribeiro. 1. ed. 1. reimp. (Edição Histórica). Brasília: FEB, 2011. *A minha primeira iniciação no Espiritismo.*

jovem lionês se identificava ao do velho mestre Pestalozzi no plano religioso e moral.

Os alunos protestantes, em maioria no Instituto, recebiam instrução religiosa protestante, extensiva, mas não obrigatória, aos alunos de outras crenças. Com o aumento do número de jovens católicos, informa P. P. Pompée que estes passaram a ter um sacerdote católico romano que lhes explicava o catecismo de Lausanne e, de acordo com o desejo dos pais, lhes completava a instrução religiosa em ensino especial. É possível que Rivail, descendente de família católica, houvesse frequentado as aulas de catolicismo, mas, à imitação de Pestalozzi, e assimilando talvez o pensamento deste, colocaria seu espírito acima das doutrinas dogmáticas e das querelas religiosas, para cingir-se à moral do Cristo. E mais tarde, na posição de Codificador da Doutrina Espírita, salientaria a magnitude da parte moral na mensagem cristã, assim se pronunciando:

> [...] É terreno onde todos os cultos podem reunir-se, estandarte sob o qual podem todos colocar-se, quaisquer que sejam suas crenças, porquanto jamais ele constituiu matéria das disputas religiosas, que sempre e por toda a parte se originaram das questões dogmáticas. [...] nele teriam as seitas encontrado sua própria condenação, visto que, na maioria, elas se agarram mais à parte mística do que à parte moral, que exige de cada um a reforma de si mesmo [...].[36]

As deploráveis ocorrências que, fruto da intolerância e do dogmatismo religioso, prejudicaram bastante o bom funcionamento do Instituto, as divergências observadas no próprio corpo discente, com alunos católicos romanos e ortodoxos, bem assim protestantes de diferentes seitas, a se desentenderem sobre a interpretação dos textos escriturísticos, sobre a validade dos dogmas e outras questões correlatas, embora, no fundo, todos formassem uma família unida pelos laços de amizade que sadio companheirismo gerara, tudo isso levou Denizard Rivail a conceber, desde os 15 anos, a ideia de uma reforma religiosa, com o propósito de conseguir a unificação das crenças. E escreve Maurice Lachâtre,[37] de quem colhemos essas informações, que por muitos anos Rivail trabalhou em silêncio nessa

---

36 KARDEC. Allan. *O evangelho segundo o espiritismo*. Trad. Guillon Ribeiro. 131. ed. 8. imp. (Edição Histórica). Brasília: FEB, 2017. *Introdução*, it. I – Objetivo desta obra.
37 LACHÂTRE, Maurice. *Nouveau dictionnaire universel*. Panthéon Litteraire et Encyclopédie Illustrée1865–1870, tomo primeiro. Paris. p. 199.

reforma, mas "lhe faltava o elemento indispensável à solução do grande problema, que só o Espiritismo lhe forneceu".

Maurice Lachâtre (1814–1900)

A partir de meados de 1855 é que Rivail começou seus estudos sérios de Espiritismo, nele encontrando, afinal, o elemento que, com eliminar algumas das dificuldades impeditivas, facilitará o entendimento entre as religiões.

Tendo verificado que os fatos e os princípios do Espiritismo se perdem na noite dos tempos, pois que deles se encontram traços nas crenças de todos os povos, em todas as religiões, na maioria dos escritores sagrados e profanos; tendo observado que a própria Doutrina que os Espíritos hoje ensinam nada tem de novo, pois que se encontra fragmentada na maioria dos filósofos da Índia, do Egito e da Grécia e toda inteira nos ensinos do Cristo; tendo chegado à conclusão de que, do ponto de vista religioso, o Espiritismo tem por base as verdades fundamentais de todas as religiões e que, como crença nos Espíritos, ele é igualmente de todas as religiões e de todos os povos — houve da parte de Rivail (Allan Kardec) a tendência para fazer do Espiritismo [que a seu ver *não é uma religião especial ou constituída*][38] como que uma ponte de ligação entre as religiões constituídas:

> [...] A Doutrina Espírita sobre o futuro [...] congraçará, como já está acontecendo, as opiniões divergentes ou flutuantes e trará gradualmente, pela força das coisas, a unidade de crenças sobre esse ponto, não já baseada em simples hipótese, mas na certeza. *A unificação feita relativamente à sorte futura das almas será o primeiro ponto de contato dos diversos cultos, um passo imenso para a tolerância religiosa em primeiro lugar e, mais tarde, para a completa fusão.*[39]

Consolidou-se com o tempo o sonho acalentado, desde a adolescência, pelo ex-discípulo de Pestalozzi, apesar de ele observar, com tristeza, a incompreensão das religiões cristãs dominantes, que repeliram com injúrias e anátemas a Doutrina Espírita, arrolando seus adeptos como hereges.

Se difícil lhe parecia, para a sua época, o cumprimento da profecia de Jesus: "um só rebanho e um único pastor", confiava, todavia, na sua concretização futura:

> [...] porque dia virá em que todas essas crenças, tão diversas na forma, mas que repousam realmente sobre um mesmo princípio fundamental — *Deus e a imortalidade da alma*, se fundirão numa grande e vasta unidade, logo que a razão triunfe dos preconceitos.[40]

Suas esperanças a respeito são renovadas em outros trechos de sua última obra, publicada em 1868:

> [...] a unidade se fará em religião, como já tende a fazer-se socialmente, politicamente, comercialmente, pela queda das barreiras que separam os povos, pela assimilação dos costumes, dos usos, da linguagem. [...]
> A fim de chegarem a esta [unidade], as religiões terão que encontrar-se num terreno neutro, se bem que comum a todas [...].
> [...]

---

[38] KARDEC, Allan. *O espiritismo na sua expressão mais simples*. Trad. Evandro Noleto Bezerra. 3. ed. 1. imp. Brasília: FEB, 2016. cap. 1.; *Revista Espírita* set. 1869. Ligeira resposta aos detratores do Espiritismo.
[39] Id. *O céu e o inferno*. Trad. Manuel Quintão. 61. ed. 5. imp. (Edição Histórica). Brasília: FEB, 2018. 1ª pt, cap. 1, it. 14.
[40] KARDEC, Allan. *A gênese*. Trad. Guillon Ribeiro. 53. ed. 4. imp. (Edição Histórica). Brasília: FEB, 2016. cap. 1, it. 8

Será ainda o progresso moral que, secundado então pelo da inteligência, confundirá os homens numa mesma crença fundada nas verdades eternas, não sujeitas a controvérsias e, em consequência, aceitáveis por todos.[41]

Como já falamos atrás, desde os bancos colegiais no Instituto de Yverdon, ao presenciar ali as divergências religiosas que desuniam abnegados e respeitáveis educadores, chegando a intolerância a criar sérios problemas até mesmo para Pestalozzi, o jovem Rivail não só aspirava à união das religiões, como já dava tratos ao cérebro na busca de uma fórmula conciliatória.

Cerca de um ano antes de sua desencarnação, conservando ainda o mesmo ideal da mocidade, ele assim escrevia:

> A unidade de crença será o laço mais forte, o fundamento mais sólido da fraternidade universal, obstada, desde todos os tempos, pelos antagonismos religiosos que dividem os povos e as famílias, que fazem sejam uns, os dissidentes, vistos, pelos outros, como inimigos a serem evitados, combatidos, exterminados, em vez de irmãos a serem amados.[42]

---

41 Id, ib. cap. 17, it. 32; cap. 18, it. 19.
42 KARDEC, Allan. *A gênese*. Trad. Guillon Ribeiro. 53. ed. 4. imp. (Edição Histórica). Brasília: FEB, 2016. cap. 18, it. 19.

12

DE YVERDON A PARIS

Não se sabe ao certo quando Rivail deixou Yverdon, de retorno à França. Conquanto Anna Blackwell tenha dito, no *Prefácio* à sua tradução inglesa de *O livro dos espíritos* (1875), que Rivail retornara a Lyon em 1824, de onde não demoraria a transferir-se para Paris, achamos, diante dos argumentos e dos fatos abaixo apresentados, que o destino do jovem Rivail, logo após a sua permanência em Yverdon, não foi Lyon, e, sim, Paris. Assim o fez porque seus pais talvez houvessem fixado residência na capital francesa, hipótese não inverossímil a se lembrar que mais tarde seus progenitores estariam domiciliados em Château-du-Loir,[43] sede de cantão do Departamento de Sarthe. Pode-se, ainda, supor que sua preferência por Paris, então o centro cultural do mundo, tenha sido a concretização de um sonho a que todo jovem instruído aspirava.

André Moreil escreve que Denizard Rivail provavelmente deixara a escola de Pestalozzi em 1819 e que teria chegado a Paris em 1820,[44] depois que se pôs em dia com a conscrição.[45] Jean Vartier pergunta o que fez Rivail entre 1818, "data presumida do fim de seu ciclo de estudos junto a Pestalozzi",[46] e 1824. Já Henri Sausse, sem entrar em maiores

---

43 SAUSSE, Henri. *Biografia de Allan Kardec*. Trad. Evandro Noleto Bezerra. 1. ed. Brasília: FEB, 2012. cap. *Biografia de Allan Kardec*, it. Casamento.
44 MOREIL, André. *La Vie et l'œuvre d'Allan Kardec*. Paris: Éditions Sperar, 1961. p. 79 e 82.
45 Id, ib. p. 81 e 99.
46 VARTIER, Jean. *Allan Kardec, la naissance du spiritisme*. Paris: Librairie Hachette, 1971. p. 27. Sobre esta obra e seu autor, leia-se em *Reformador*, órgão da Federação Espírita Brasileira, abril de 1973, o admirável

esclarecimentos, declara que Rivail veio para Paris dois anos após isentar--se do serviço militar. [47]

> ANDRÉ MOREIL
>
> LA VIE ET L'ŒUVRE D' ALLAN KARDEC
>
> *Précédées d'une*
> *Étude sur le Spiritisme*
>
> SPERAR
> 5, Rue Lamartine, 5
> PARIS
> 1961

Página de rosto do livro de André Moreil.

---

artigo de Hermínio C. de Miranda, intitulado: *Allan Kardec e o mistério de uma fidelidade secular*, artigo reproduzido no cap. 22 do livro *Reencarnação e imortalidade*, do mesmo escritor Hermínio C. Miranda, publicado pela FEB em 1976.

[47] SAUSSE, Henri Sausse. *Biografia de Allan Kardec*. Trad. Evandro Noleto Bezerra. 1. ed. Brasília: FEB, 2012. cap. *Biografia de Allan Kardec*, it. Casamento.

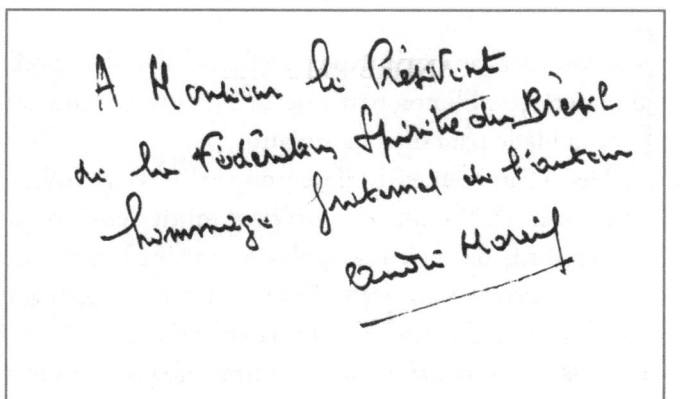

> ## LA VIE ET L'ŒUVRE
> ## D'ALLAN KARDEC

Anterrosto do exemplar S. P. 53 ofertado pelo autor ao Presidente da Federação Espírita Brasileira em 1961.

Antes de emitirmos a nossa opinião a respeito, façamos brevíssimo histórico sobre o recrutamento militar na França daqueles tempos.[48] Em 5 de setembro de 1798, ficou instituída, por lei, a conscrição, que abrangia todos os franceses de 20 anos completos até os 25 anos feitos. Abolida em 14 de junho de 1814, a conscrição reapareceu quatro anos depois, com a lei de 10 de março de 1818, que substituiu a conscrição por um novo sistema, chamado recrutamento. O marechal Gouvion-Saint-Cyr propôs uma nova maneira de recrutamento, o sorteio, sendo votada a lei de 24 de abril de 1818, da qual a de 1832 reproduziria suas principais disposições.

Os jovens de 20 anos feitos (*révolus*) eram sorteados em janeiro do ano seguinte imediato e, quando convocados a prestar o serviço militar,

---

48 *Recrutement*: tirage au sort et révision, par De Boyer de Sainte-Suzanne. Paris: Irnprimerie et Librairie administratives de Paul Dupont, 1860. Diversas páginas; *Grand dictionnaire universel du XIXe siécle*, par Pierre Larousse. Paris: Administration du *Grand dictionnaire universel*, tomo XIII, p. 799; BUISSON, F. *Dictionnaire de pédagogie et d'instruction primaire*. 1ª pt., tomo primeiro. Paris: Librairie Hachette et Cie., 1887. p. 721 etc.

podiam obter isenção ou dispensa, desde que apoiados em certos requisitos da lei.

À vista do que acabamos de expor, Denizard Rivail só podia ter sido sorteado para o serviço militar a partir de 1825, pois somente atingira, no ano precedente, a idade para o recrutamento.

Informa Henri Sausse que Rivail isentou-se do serviço militar. Cremos que ele, como *instituteur*[49] *e chef d'institution*, foi dispensado, pois a lei o permitia aos membros da instrução pública, aos institutores do 1º e 2º graus em função,[50] aos institutores adjuntos, a certos mestres de ensino livre cujas escolas preenchessem determinadas condições, bem assim aos diretores de escola (*chefs d'institution*) e a outras categorias funcionais ligadas ao ensino. Todos eles, porém, contraíam o compromisso de ficar dez anos a serviço do ensino.

É verdade, e o confirmamos logo a seguir, que Rivail estava em Paris antes da idade militar. De fato, ao menos em janeiro de 1823 ele já residia à rua da Harpa [rue *de la Harpe*] n. 117,[51] na capital francesa, para onde se teria transportado, não em 1820, como pensa Moreil, ou posteriormente a 1824, como se infere de Sausse e como pretende Anna Blackwell, mas, sim, segundo todas as probabilidades, em 1822.

Se bem que nada nos autorize a afirmá-lo categoricamente, é-nos lícito presumir que Rivail tenha permanecido no Instituto de Yverdon até 1822, talvez desempenhando ali as funções de submestre, senão, mesmo,

---

49 *Instituteur* (lat. *institutor*, deriv. de *instituere*): designação dada na França, a partir de 1792, ao mestre das escolas primárias, e que com o tempo ganhou certa elasticidade, estendendo-se também aos professores do ensino secundário. Na acepção moderna, *instituteur* (fem. *institutrice*) é aquele que ensina numa escola primária ou numa classe do primeiro grau (cf. Paul Foulquié, *Dictionnaire de la langue pédagogique*), o mesmo que mestre-escola.
Não há em outras línguas o equivalente exato de *instituteur*, que, no conceito de Dupanloup (*De l'éduc.*, II, 537), "é uma bela palavra, a mais nobre talvez de todas aquelas pelas quais se designa o homem que se devota à Educação da juventude". De modo genérico, pode-se, em português, traduzi-la simplesmente por professor. Todavia, o sábio prof. J. F. da Rocha Pombo registou no seu *Dicionário de sinônimos da língua portuguesa* (1914), p. 179, o substantivo — *institutor*, que, segundo ele, sugere não só a arte de ensinar, senão também a ideia de criar, formar o espírito do educando, atribuindo-lhe Rocha Pombo mais extensão que o termo educador.
Conquanto *institutor* ainda não expresse o conteúdo real do vocábulo francês — "instituteur", nós o empregaremos daqui para a frente.
50 Cfr. LEIF, J.; RUSTIN G. *Histoire des institutions scolaires*. Paris: Librairie Delagrave, 1954. p. 139.
51 *Bibliographie de la France*, ou Journal Général de l'Imprimerie et de la Librairie. Pillet-aîné, imprimeur-libraire, rue Christine, n. 5 (Reprinted with the permission of Cercle de la Librairie, Paris — Kraus reprint Ltd., Nendeln, Liechtenstein, 1966), douzième année (26e de la Collection), n. 5, samedi, le février 1823, p. 71 e 72, it. 558.

de mestre. De qualquer forma, o diligente discípulo de Pestalozzi estaria em Paris no ano de 1822.

Na rua da Harpa, então um dos principais eixos da vida universitária parisiense, ficava o Liceu Saint-Louis (antigo "collège d'Harcourt"), estabelecimento escolar dos mais florescentes e mais bem reputados da Universidade. Rivail encontraria, assim, naquele local, excelentes oportunidades para continuar suas atividades educacionais.

13

REVELAÇÃO MIRABOLANTE

Em fins da terceira década deste século XX, um certo Marcel Kardec — pseudônimo adotado por Louis-Henri-Ferdinand Dulier, de origem belga, nascido em 1873, filho de Victor Dulier e Catherine Jaussens, recém- falecidos àquela época, segundo a *Revue Spirite* de janeiro de 1929 —, fazendo-se passar por neto de Allan Kardec, realizou virulenta campanha contra as "mentiras do Espiritismo" e as "falsidades do Além", com espetáculos de hipnotismo e prestidigitação, dados a um público pagante nos teatros, nas salas de concerto ou nos cafés. Encorajado por sacerdotes católicos, por pastores e até mesmo rabinos, ele realizou *tournées* por algumas cidades do litoral francês, da Tunísia, da Argélia, de Marrocos e da Espanha.

Dotado de fertilíssima imaginação, tentou até refazer e "enriquecer" a biografia de Allan Kardec, sessenta anos após a desencarnação deste, articulando uma série de inverdades que os fatos desmentem e a razão repele.

Assim, por exemplo, escreveu que Rivail, entre 1820 e 1824, fora enviado por Pestalozzi à Inglaterra, à Alemanha e à Holanda para fundar escolas semelhantes à de Yverdon. E, no entanto, sobre essa fantasiosa viagem, até hoje nenhuma referência, mesmo ao de leve, foi feita pelos biógrafos de Pestalozzi e de Rivail – Kardec!

Foi na Holanda, segundo absurda história arquitetada por Dulier, que Rivail engravidou a avó dele, Dulier, abandonando-a, logo depois, ao deus-dará. Esta caluniosa "revelação", feita só em 1930, aberra de tal modo da integridade de caráter e da dignidade espartana de Allan Kardec, que até mesmo biógrafos contrários a este o defendem dessa pecha infamante. Um deles, o Sr. Jean Vartier, conquanto intérprete sutil e malicioso de Kardec e sua obra, teve, não obstante, a lealdade de considerar estranhas as revelações mirabolantes de Dulier, acolhendo-as como falsas ou apaixonadas. E fez ainda este judicioso comentário à viagem acima referida: "Tal confiança da parte do famoso pedagogo teria feito de Rivail o discípulo escolhido, mas sobre isso nenhum dos biógrafos de Pestalozzi falou. É estranho!"[52]

Desse Monsieur Dulier, que costumava apresentar-se como o *Dr. Kardec*, sem ser formado em coisa alguma, o tempo encarregou-se de sepultar-lhe a triste memória, desacreditando-lhe as mentiras e calúnias.

Dando vazão a simples instintos exibicionistas, e de conluio com forças inimigas da obra kardequiana, o Sr. Dulier ficou na vaguidão do intuito clara e meramente difamador. Nunca apareceu um documento sequer, uma testemunha viva, que confirmasse, mesmo de longe, a inquinação de sedução assacada pelo infeliz contra a honra e a probidade moral do acusado.

---

52 VARTIER, Jean. *Allan Kardec, la naissance du spiritisme*. Paris: Librairie Hachette, 1971. p. 281.

14

SEU PRIMEIRO LIVRO

Sem dúvida, chegando à capital da França, Denizard Rivail logo se pôs a exercer o magistério, aproveitando as horas vagas para traduzir obras inglesas e alemãs e para preparar o seu primeiro livro didático.

Não tardou que em 1º de fevereiro de 1823 fosse relacionado na *Bibliographie de la France*[53] *o prospecto intitulado: "COURS pratique et théorique D'ARITHMÉTIQUE, d'aprés les principes de Pestalozzi, avec des modifications", assinado por H.-L.-D. Rivail.*

Nada mais que um folheto destinado a dar o plano, a ideia, a descrição de alguma obra que ainda não fora publicada, mas que o havia de ser, o prospecto era distribuído com fins meramente publicitários. O a que nos referimos linhas atrás, in-8º, de uma folha,[54] *ou seja, de 16 páginas, foi impresso por Pillet-aîné,* na época um dos mais conhecidos livreiros-editores de Paris. Rivail abriu então em sua casa, à rua da Harpa, n. 117, uma subscrição que se encerraria em 1º de junho. Para os subscritores, a obra seria vendida ao preço de 6 francos e, para os não subscritores, 7 francos.

---

53 *Bibliographie de la France*, ou Journal Général de l'Imprimerie et de la Librairie. Pillet-aîné, imprimeur--libraire, rue Christine, n. 5 (Reprinted with the permission of Cercle de la Librairie, Paris — Kraus reprint Ltd., Nendeln, Liechtenstein, 1966), douziéme année (26e de la Collection), n. 5, samedi, le février 1823, p. 71 e 72, it. 558.

54 Folha (*feuille*, em francês), como termo de tipografia: número de páginas fixado de acordo com a diferença de formato. Folha in-quarto, aquela que tem 8 páginas; folha in-oitavo, a que tem 16 páginas; folha in--doze, a que tem 24 páginas etc. (Apud LITTRÉ, Émile. *Dictionnaire de la langue française*, tomo 3.)

DOUZIÈME ANNÉE, (26e de la Collection.) (N° 49.) SAMEDI, 6 décembre 1823.

BIBLIOGRAPHIE
DE LA FRANCE,
OU
JOURNAL GÉNÉRAL
DE L'IMPRIMERIE ET DE LA LIBRAIRIE.

Le prix de l'abonnement est de 20 fr. par an avec les *Tables*, qui sont au nombre de trois, savoir : *Table alphabétique des ouvrages*, *Table alphabétique des auteurs* et *Table systématique des ouvrages*. On souscrit à Paris, chez PILLET aîné, imprimeur-libraire, rue Christine, n° 5; et chez les principaux libraires de France et de l'étranger.
Tout ce qui est destiné à M. Beuchot doit lui être adressé, franc de port, à son domicile, rue de l'Abbaye, n. 6.

LIVRES FRANÇAIS.

5395. DESCRIPTION hydrographique et historique des marais pontins; relief du sol cadastre, détails intérieurs, etc., analyse raisonnée des principaux projets proposés pour leur dessèchement; histoire critique des travaux exécutés d'après ces projets; état actuel (au mois de septembre 1811) du sol pontin, projets ultérieurs pour son dessèchement général et complet, avec l'exposition des principes fondés sur la théorie et l'expérience, qui ont servi de base à ces projets, rédigés d'après les renseignemens recueillis sur les lieux, par l'auteur; l'examen détaillé des marais où il a séjourné et qu'il a visités et parcourus plusieurs fois, et les opérations de jaugeage, nivellement, etc., qu'il a faites pendant les années 1811 et 1812. Par M. de Prony. In-4° de 63 feuilles, plus un atlas in-folio de 2 feuilles et 39 planches. Imp. de F. Didot, à Paris. — A Paris, chez F. Didot. Prix . . . . 40—0

5396. HISTOIRE critique et littéraire des théâtres de Paris. Par A. P. Chaalons d'Argé, année 1822. In-8° de 40 feuilles 5/4. Imprim. de Hocquet, à Paris. — A Paris, chez Pollet. Prix . . . . . . 6—0
Voyez la lettre ci-dessus, page 719.

5397. PRÉCIS *historique de la guerre entre la France et l'Autriche en* 1809. Par le comte Alexandre de Laborde, membre de l'institut. In-folio de 40 feuilles, plus 40 planches. Imprim. de J. Didot l'aîné (1822), à Paris. — A Paris, chez Masson et fils. Prix de chaque vol. 120—0
Le faux-titre porte : *Voyage pittoresque en Autriche*. Tome III. Les deux premiers volumes de ce Voyage ont paru en 1821. (Voyez n. 3284 de 1821.)

5398. COURS *pratique et théorique d'arithmétique*, d'après la méthode de Pestalozzi, avec des modifications; contenant des exercices de calcul de tête pour tous les âges; un grand nombre d'applications; des questions théoriques sur les diverses parties de l'arithmétique, et qui peu-

> 722   JOURNAL DE L'IMPRIMERIE
>
> veut servir d'examen ; une table de la réduction des monnaies étrangères en monnaies françaises ; une théorie des logarithmes, etc., etc. Cuviage également propre aux instituteurs et aux mères de famille qui veulent donner à leurs enfans les premières notions de cette science, et dans lequel on n'a rien négligé de tout ce qui pouvait en rendre l'utilité plus générale. Par H. L. D. Rivail. Deux volumes in-12, ensemble de 26 feuilles, plus 3 planches. Imp. de Pillet aîné (1824), à Paris. — A Paris, chez Pillet aîné. Prix . . . . 6—0
>
> 5399. COLLECTION *des Mémoires* relatifs à l'Histoire de France depuis la fondation de la monarchie française jusqu'au 13ᵉ siècle ; avec une Introduction, des Supplémens, des Notices et des notes. Par M. Guizot. (Tome Iᵉʳ). In-8º de 31 feuilles 1/4. Imp. de Belin, à Paris. — A Paris, chez J. L. J. Brière.
> Ce volume contient une *Notice sur Grégoire de Tours*, et les livres I à VIII de ses *Mémoires*. Il ne sera mis en vente que le 15 décembre avec le second volume. Prix de la livraison des deux volumes jusqu'à la mise en vente de la seconde.   12—0
> Après cette époque.   14—0
> Voyez n. 443a.
>
> 5400. DICTIONNAIRE universel de la langue française, avec le latin et les étymologies, etc., etc., etc. Par Pierre-Claude-Victoire Boiste. Sixième édition, revue, corrigée et augmentée par l'auteur, etc., etc., etc. In-4º de 118 feuilles 1/2, plus un tableau. Imprim. de F. Didot, à Paris. — A Paris, chez Verdières. Prix . . . . 27—0
> Papier superfin. . . . . 36—0
> Pour le développement du titre, voyez le nº 5163 sous lequel a été annoncée l'édition in-8º oblong en deux parties, imprimée, déposée, mise en vente en même temps que l'in-4º sous le même titre de sixième édition.
>
> 5401. AVERTISSEMENS aux protestans, sur les lettres du ministre Jurieu. Tome II. In-8º de 33 feuilles 1/4. Imp. de P. Didot l'aîné (1823), à Paris. — A Paris, chez Delestre-Boulage.
> Le faux-titre porte : *OEuvres choisies de Bossuet*. (Tome XXI.) Ce volume est le dernier de la collection. Prix des 21 volumes, papier ordinaire.   105—0
> Id. satiné.   115—50
> Id. vélin.   200—0
>
> 5402. OEUVRES *complètes* de J. J. *Rousseau*, mises dans un nouvel ordre, avec des notes historiques et des éclaircissemens. (Tome VI.) Philosophie. *Lettres de la montagne*, précédées de la *Lettre à M. de Beaumont*. In-8º de 30 feuilles. Imp. de Gaultier Laguionie, à Paris. — A Paris, chez Dupont. Prix . . . . 5—0
> C'est la IVe livraison.
>
> 5403. OEUVRES *complètes de Machiavel*, traduites par J. V. Periès. Tomes III et IV. Deux volumes in-8º, ensemble de 58 feuilles 1/4. Imp. de Rignoux, à Paris. — A Paris, chez L. G. Michaud.
>
> 5404. DICTIONNAIRE *de médecine*, de chirurgie, de pharmacie, des sciences accessoires, et de l'art vétérinaire. Par P. H. Nysten. Quatrième édition, par M. Bricheteau. In-8º de 49 feuilles 3/4. Imprim. de Fengueray, à Paris. — A Paris, chez Brosson et Chaudé. Prix.   8—0
> Les 30 premières feuilles de ce volume, ont déjà été annoncées sous le nº 4427.
>
> 5405. SIÈCLES *de la monarchie française*. Atlas. Deuxième livraison. In-folio de 2 feuilles, plus 8 planches.
> *Idem*. Texte. Deuxième livraison. In-folio de 3 feuilles. Impr. de F. Didot, à Paris. — A Paris, chez F. Didot.
> Voyez n. 2316.
>
> 5406. DESCRIPTION de l'Egypte, ou recueil des observations et des recherches qui ont été faites en Egypte, pendant l'expédition de l'armée française. Deuxième édition, dédiée au roi. 133 à 135 livraisons,

Empenhado em seguir as pegadas do mestre Pestalozzi, cujo método permitia transmitir aos jovens estudantes uma instrução prática, racional, funcional por assim dizer, Rivail não perdeu tempo: ainda reviu e aperfeiçoou a obra, limando-a e polindo-a, antes de entregá-la à impressão definitiva.

Em 6 de dezembro de 1823, a *Bibliographie de la France*[55] registrava o aparecimento do *"COURS pratique et théorique D'ARITHMÉTIQUE d'après la méthode de Pestalozzi, avec des modifications"* — *par H.-L.-D. Rivail, disciple de Pestalozzi.*[56] Publicou essa obra a Tipografia de *Pillet-aîné*, editor da "Collection des Moeurs Françaises", rua Christine, n. 5 (Paris). Vê-se que o título da obra foi levemente alterado por Rivail: substituiu "les principes", conforme consta no prospecto, por "la méthode". Eram dois tomos, formato in-12, num total de 26 folhas (624 páginas) e mais três tábuas. Observa-se que embora ambos estampassem no frontispício[57] o ano 1824, já em dezembro de 1823 estavam à venda na Tipografia de *Pillet-aîné,* ao preço de 6 francos .

(Cliché 1)

---

55 *Bibliographie de la France*, douzième année, n. 49, 6 décembre 1823, p. 721 e 722, it. 5.398.

56 Tanto nesta quanto em todas as demais obras pedagógicas do mesmo autor, seu nome está sempre estampado abreviadamente, como se segue: H.-L.-D. Rivail, o que vem patentear, a olhos vistos, a maneira por que ele dispunha o seu nome, ou seja: Hippolyte Léon Denizard Rivail, fato para o qual o Dr. Canuto Abreu, ilustre espírita brasileiro, já chamava a atenção na revista *Metapsíquica* de 1936, p. 112, dizendo que Hippolyte aparecia ainda como prenome nos registos de batismo e de casamento, bem assim nos documentos públicos em que ele lançava o seu nome por extenso ou abreviado.

57 Os clichés impressos [1 e 2] são a reprodução de fotografias dos originais, obtidas por Zêus Wantuil quando de suas pesquisas na "Bibliothèque Nationale" de Paris, em 1951.

O *Cours d'Arithmétique* constituiu a primeira obra de cunho pedagógico e a primeira entre todas as demais dadas a público por Rivail.

O futuro Codificador do Espiritismo, com apenas 18 anos, pois que nascera em 3 de outubro de 1804, empregara esforços e talento na preparação do utilíssimo livro, assentando-o em bases pestalozzianas, mas com muitas ideias originais e práticas do próprio autor.

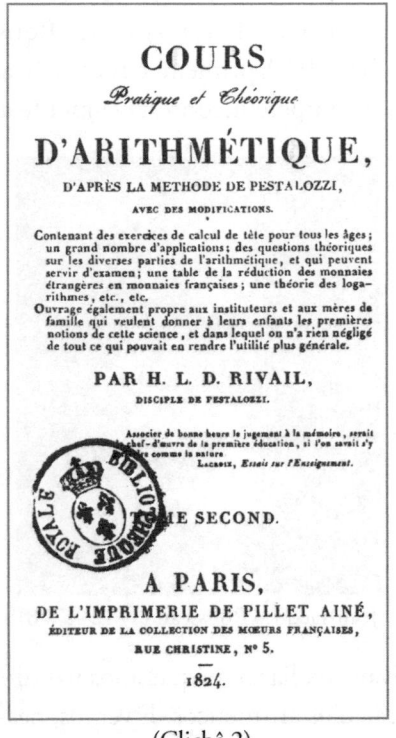

(Clichê 2)

A obra em questão era recomendada aos institutores e às mães de família que desejassem dar aos seus filhos as primeiras noções de Aritmética, e primava pela simplicidade e clareza, qualidades estas que são, aliás, o principal mérito de todas as publicações de Rivail-Kardec. O método por ele empregado desenvolve gradualmente as faculdades intelectuais do aluno. Este não se limita a reter as fórmulas pela memória; penetra-lhes a essência, por assim dizer.

Na família, e sobretudo nas mães, é que Pestalozzi colocava o verdadeiro centro da educação infantil, a pedra angular sobre a qual queria repousar todo o edifício do seu sistema de educação e de instrução: "A mãe, em sua perfeição, é o verdadeiro modelo, a imagem viva da educação. A perfeita educação, na essência de sua natureza, em seu ideal mais completo, deve ser a imagem da mãe de família". São elas, as mães, as primeiras mestras de seus filhos, e a quem também se pode encarregar da primeira instrução, embora esta parte esteja mais afeta às escolas. Rivail seguia, assim, as diretrizes do legislador da Escola Moderna, que, por sua vez, se inspirara nas seguintes palavras de Jean-Jacques Rousseau, a genial figura pedagógica do século XVIII: "A primeira educação é a que mais importa; e essa primeira educação compete incontestavelmente às mulheres".

Jean-Jacques Rousseau (1712–1778)

Era desejo de Rivail auxiliar os pequeninos nas difíceis e por vezes aborrecidas questões dos cálculos aritméticos. E vemos, nas XXVIII-192 páginas úteis do primeiro tomo, que o autor atrai docemente e com método o aluno, desde o conhecimento de que um mais um é igual a dois até as frações desenvolvidas, fazendo seguir a cada lição exercícios demonstrativos. Todas as operações são discutidas, explicadas e exemplificadas com numerosas questões.

Nesses primeiros passos, Rivail traduz, em diferentes partes e no todo, como que prenunciando os elevados rumos de sua atividade pedagógica, um espírito fecundo, pesquisador e amante da Ciência, com a sadia ambição de tudo fazer em prol da educação na França.

O educador e moralista Montaigne era, à sua época, contra a erudição como objetivo pedagógico, sustentando que a experiência da vida é que deve dar o objetivo da educação. Rivail cita-lhe a seguinte frase no frontispício do tomo primeiro: "Não se trata de ser mais sábio, porém melhor sábio" (*Il ne s'agit pas d'être plus savant, mais mieux savant*), com isto talvez querendo assentar que à criança importa menos a soma de conhecimentos que o conhecimento esclarecido e inteligente, menos o saber que o juízo consciente e são. Não seria demais acrescentar à frase acima o trecho a seguir, dos *Ensaios* de Montaigne, expressado com profundo discernimento:

> O saber, no seu verdadeiro e reto uso, é a mais nobre e mais poderosa aquisição dos homens [...]. Mas toda e qualquer ciência é perigosa àquele que não tem a ciência da bondade.

Michel Eyquem de Montaigne (1533–1592)

Longe de formar doutores mirins em aritmética, pretensão que jamais alimentou, o jovem institutor visava tão-somente a introduzir as crianças no conhecimento dessa ciência, por meio de uma instrução sólida e bem digerida, salientando-lhe, ademais, o sentido prático e utilitário.

A obra é iniciada com um "Discurso Preliminar" em que Rivail — após render carinhosa homenagem a um dos seus primeiros e mais queridos mestres, o prof. A. Boniface, do qual falamos páginas atrás, e agradecer, em seguida, as atenções do sábio físico e matemático André-marie Ampère, nascido, como ele, em Lyon, e a quem colocara a par de seus planos — explica o método de ação do professor pestalozziano e os princípios que lhe formam a base, revelando humildade e alto espírito altruístico ao declarar:

> Desejando tornar-me útil aos jovens e concorrer com todas as minhas forças para aplainar-lhes a trilha árdua dos estudos, aproveitarei, com empenho, os conselhos que de boa vontade me chegarem de pessoas que me são superiores pelo saber e pela experiência, considerando ainda que a aprovação dos homens de bem sempre me será gratíssima recompensa.

Quem assim se expressava era um moço de apenas 18 anos, mal saído dos bancos escolares, mas já vivamente interessado em libertar da ignorância, com todas as suas perniciosas consequências, a juventude de sua pátria.

Como dissemos acima, Rivail refere-se a Ampère, com reconhecimento. É bom que recordemos algo da vida desse grande matemático francês, a qual vem explicar o motivo por que o jovem idealista o procurara.

Membro do Instituto desde 1814 e, pouco depois, de todas as sociedades sábias da Europa, André-Marie Ampère foi também inspetor-geral da Universidade, de 1808 a 1836, ano de sua morte. A este último cargo estava afeto tudo que se relacionasse com o comportamento e aproveitamento de alunos e professores nos estabelecimentos de ensino em geral, da cidade de Paris.

André-Marie Ampère (1775–1836)

Professor dos mais ilustres, Ampère formou, em 1815, ao lado de muitos outros nomes brilhantes, como Choron, Jullien de Paris, o geômetra Hachette, o duque de Broglie, Jomard e outros, o primeiro conselho de administração da "Société pour l'Instruction Élémentaire", associação que se destinava, entre outras coisas, a dar à classe popular o gênero de educação intelectual e moral mais apropriado às suas necessidades e em cujos quadros figuraria, mais tarde, o nome de Rivail.

Vê-se, assim, que Ampère esteve intimamente ligado às coisas do ensino, interessando-se pela sua implantação entre os menos favorecidos. Espírito de elevados dotes morais, bem jovem ainda inventou um idioma universal com que pretendia substituir todos os idiomas então usados, declarando que assim seria possível estabelecer a paz entre as nações do globo.

Todos sabiam do amor sincero de Ampère pela Humanidade e de sua franca simpatia por todas as causas boas e justas. Talvez por isso é que Rivail não titubeara em comunicar, ao digno inspetor-geral da Universidade e respeitável membro da "Société pour l'Instruction Élémentaire", o plano relacionado com o seu *Cours d'arithmétique*, obra que procuraria transmitir, em linguagem fácil e correta, os conhecimentos primários dessa ciência.

O segundo tomo, com 396 páginas impressas, obediente à mesma e magistral orientação seguida no primeiro, trata das raízes, dos logaritmos e de outras dificuldades dos estudos que levam ao conhecimento das sutilidades da Matemática. Com grande e regular cuidado quanto ao método, à ordem e à classificação, o autor, após cada explicação de nova operação, apresenta numerosíssimos exemplos, de modo a não deixar dúvida alguma no espírito do estudante. A objetividade, que é característico no método pestalozziano, penetra a exposição de todos os assuntos, de sorte que o aluno rapidamente fica preso à disciplina, tomando, mesmo, gosto por ela. Como ele próprio acentuou no "Discurso Preliminar" ao 1º tomo, às crianças devem-se demonstrar claramente todas as verdades, princípio este que forma, por assim dizer, a base material do seu *Curso de aritmética*. O jovem institutor procurava seguir as diretrizes traçadas por Pestalozzi, que em 1808 dizia a outro grande pedagogo suíço, o padre Grégoire Girard: "Eu quero que minhas crianças só creiam naquilo que lhes possa ser demonstrado, exatamente como dois e dois são quatro".

15

Esboço do Sistema Pestalozziano

Por várias vezes temos feito referência ao método de Pestalozzi, cuja influência foi realmente benéfica à formação intelecto-moral de Rivail. Nossos leitores certamente desejam saber alguma coisa a respeito, e é justo esse desejo. Difícil é sintetizar toda a doutrina do eminente pedagogo. Vários biógrafos tentaram fazê-lo, mas sempre incompleta ou imperfeitamente.

Analisando o livro de Pestalozzi — *Como Gertrudes ensina seus filhos* (1801), H. Morf, considerado o autor de uma das melhores biografias do mestre zuriquense, sumariou-lhe assim os princípios pedagógicos:

I. A intuição é o fundamento da instrução.
II. A linguagem deve estar ligada à intuição.
III. A época de ensinar não é a de julgar e criticar.
IV. Em cada matéria, o ensino deve começar pelos elementos mais simples, e daí continuar gradualmente de acordo com o desenvolvimento da criança, isto é, por séries psicologicamente encadeadas.
V. Deve-se insistir bastante tempo em cada ponto da lição, a fim de que a criança adquira sobre ela o completo domínio e a livre disposição.
VI. O ensino deve seguir a via do desenvolvimento e jamais a da exposição dogmática.

VII. A individualidade do aluno deve ser sagrada para o educador.
VIII. O principal fim do ensino elementar não é sobrecarregar a criança de conhecimentos e talentos, mas desenvolver e intensificar as forças de sua inteligência.
IX. Ao saber é preciso aliar a ação; aos conhecimentos, o *savoir-faire*.
X. As relações entre mestre e aluno, sobretudo no que concerne à disciplina, devem ser fundadas no amor e por ele governadas.
XI. A instrução deve constituir o escopo superior da educação.

Acontece que a experiência de Pestalozzi em Berthoud, junto dos colaboradores, modificaria em alguns pontos o seu método. Ademais, novos ensaios e experiências realizados em Yverdon levariam-no a reformular conceitos, a desenvolver e desdobrar sua doutrina pedagógica. Daí a razão das dificuldades a que aludimos, o que faria um crítico dizer, com evidente exagero, que, sob o ponto de vista do método, o maior mérito de Pestalozzi foi não ter tido ele método.

O acadêmico lusitano Sousa Costa enunciou, em poucas palavras, os princípios basilares da educação pestalozziana: desenvolvimento da atenção, formação da consciência, enobrecimento do coração.

Segundo o biógrafo P. P. Pompée, Pestalozzi achava que todo bom método devia partir do conhecimento dos fatos adquiridos pela observação, pela experiência e pela analogia, para daí se extraírem, por indução, os resultados e se chegar a enunciados gerais que possam servir de base ao raciocínio, dispondo-se esses materiais com ordem, sem lacuna, harmoniosamente. Para Pestalozzi a arte da educação devia aproximar-se da natureza, e o melhor método de ensino seria aquele que dela mais se aproximasse.

16

PRINCÍPIOS ENUNCIADOS E SEGUIDOS PELO DISCÍPULO

Logo em sua primeira obra, Denizard Rivail relaciona em seis itens os princípios que lhe parecem mais adequados ao ensino à criança, fazendo-o em harmonia com o sistema pestalozziano, como era de se esperar de um discípulo do mestre suíço.

Eis os princípios[58] que o nortearam na elaboração do seu *Cours d'arithmétique*, alguns dos quais o guiariam, bem mais tarde, nos estudos e nas pesquisas espíritas e bem assim na Codificação da Doutrina:

1º) Cultivar o espírito natural de observação das crianças, dirigindo-lhes a atenção para os objetos que as cercam.
2º) Cultivar a inteligência, observando um comportamento que habilite o aluno a descobrir por si mesmo as regras.
3º) Proceder sempre do conhecido para o desconhecido, do simples para o composto.
4º) Evitar toda atitude mecânica [*mécanisme*], levando o aluno a conhecer o fim e a razão de tudo o que faz.
5º) Conduzi-lo a apalpar com os dedos e com os olhos todas as verdades. Este princípio forma, de algum modo, a base material deste curso de aritmética.

---
58 Apud MOREIL, André. *La Vie et l'œuvre d'Allan Kardec*. Paris: Éditions Sperar, 1961. p. 78.

6º) Só confiar à memória aquilo que já tenha sido apreendido pela inteligência.

Rivail parece ter dado a este último princípio atenção toda especial. No frontispício do segundo tomo da obra aqui em referência, ele chega a transcrever uma frase de "Essais sur l'enseignement en général et sur celui des mathématiques en particulier" (1805), de autoria do grande matemático francês Silvestre-François Lacroix, frase que destaca a importância, na primeira educação, da memória associada ao juízo: *"Associer de bonne heure le jugement à la mémoire, serait le chef-d'œuvre de la premiere éducation, si l'on savait s'y rendre comme la nature".*

Como bem explica a *Grande enciclopédia portuguesa e brasileira*, "a condição essencial da memória é a atenção, a ordem, a inteligência, em suma, o juízo e o espírito crítico. Portanto, devem confiar-se à memória conhecimentos claros, bem ordenados e facilmente assimiláveis".

A criança traz consigo a curiosidade inata, mas esta precisa despertada, como o reconheceu Rivail no primeiro princípio acima enunciado. Deste empenho é que nascerá a atenção, a percepção e, por fim, a memória inteligente, não a memória papagueadora e pedantesca, segundo a expressão usada por Rui Barbosa. Seguindo a orientação de Pestalozzi, o jovem discípulo recomendava a memória raciocinada, que faz uso do juízo para reter as ideias assenhoreadas pela inteligência, ao contrário da memória puramente mecânica, que apenas retém as palavras.

Como não podia deixar de ser, Rivail utilizou-se do ensino intuitivo, processo didático preconizado por Pestalozzi e segundo o qual se transmite ao educando a realização, a atualização da ideia, recorrendo-se aos exercícios de intuição sensível (educação dos sentidos), com passagem natural a atividades mentais que preludiam a intuição intelectual. "A ideia existe originariamente na criança, e a intuição sensível é somente a sua realização concreta, único meio de a ideia se tornar compreensível, porque se encontra como força modeladora que vive e atua na criança."

O ensino intuitivo se funda na substituição do verbalismo e do ensino livresco pela observação, pelas experiências, pelas representações gráficas etc., operando sobre todas as faculdades da criança. "A base da instrução elementar de Pestalozzi — afirmou Jullien de Paris — é a INTUIÇÃO, que ele considera como o fundamento geral de nossos conhecimentos e o meio mais adequado para desenvolver as forças do espírito humano, da maneira mais natural."

"A doutrina e a prática da escola ativa do nosso tempo baseiam-se nos princípios do grande educador suíço, traduzidos na máxima — o respeito pela espontaneidade da criança." Graças a esses princípios, permite-se à criança pensar a seu modo, em lugar de ser constrangida a pensar à nossa maneira, a caminhar com seus próprios pés e não com os pés do seu mestre; enfim, a criança é estimulada em sua iniciativa pessoal, desenvolvendo por si própria o gérmen que existe no íntimo de sua natureza. O método intuitivo na educação "é a criança vendo, tocando, descobrindo, não toda a ciência, mas sucessivamente tudo o que na ciência está a seu alcance".

Na primeira obra que deu conhecimento aos franceses do método de educação de Pestalozzi, seu autor, Daniel-Alexandre Chavannes, faz um estudo do significado da palavra intuição, do qual extraímos estes trechos:

> A impressão recebida pelos sentidos exteriores, e principalmente pelo da visão, comunica-se imediatamente à alma, que adquire, por esse meio, o sentimento ou a consciência do objeto. Esta representação do objeto, colhida pela alma, é chamada *intuição*. [...] Uma *instrução intuitiva* é, então, a que permite à criança tocar com o dedo e com o olho aquilo que se lhe ensina, mesmo as verdades mais intrincadas (às quais só se chega, seguindo um desenvolvimento sempre gradual, após haver partido das noções elementares mais simples). É mister, pois, que a criança possa *ver com seus olhos* — a evidência, que possa, por assim dizer, *apalpá-la*.

Os processos intuitivos da pedagogia e da didática estabeleceram a transição entre o ensino abstrato e o ensino ativo dos dias atuais, mas este, na verdade, também se baseia na intuição e na maior soma possível de experiência dos alunos. Para René Hubert[59] não há entre a doutrina intuitiva, tal como era recomendada aos institutores do começo do século XIX, e a doutrina das escolas novas outras diferenças além das que dizem respeito à inserção, entre o princípio e suas aplicações, das descobertas da psicologia experimental da criança.

Não obstante adotar o método intuitivo pestalozziano, Rivail achou de bom alvitre não abandonar de todo o ensino abstrato, que ainda estava em

---

59 HUBERT, René. *Traité de pédagogie générale*. Nova edição revista por Gaston Mialaret. Paris: Presses Universitaires de France, 1959. p. 514.

voga na maioria das escolas francesas. Inteligentemente procurou conciliá-lo com a doutrina e a prática da escola intuitiva, de maneira que os alunos não teriam dificuldade em se adaptarem exclusivamente a um ou a outro ensino.

Com o *Curso prático e teórico de aritmética*, Hippolyte Léon Denizard Rivail iniciou em França a sua grande missão patriótica e humanitária de educador e pedagogo emérito. Ali ele se afirmou como uma das maiores autoridades na aplicação do método de Pestalozzi, bastando dizer que a mencionada obra teve, até 1876, sucessivas reedições, porém, a segunda edição nada mais foi que uma nova tiragem com a mesma composição e os mesmos clichês da primeira, inclusive com o mesmo frontispício, igualmente datado de 1824, o que leva a crer que saíra a lume ainda nesse ano. O Catálogo da Biblioteca Nacional de Paris consigna o aparecimento dessa 2ª edição apenas por dois vocábulos postos entre parênteses: *estado diferente*.

Não obstante essas considerações que põem em relevo o trabalho de Rivail, H. Schönebaum,[60] profundo estudioso de Pestalozzi, fez no capítulo 7 — *Pestalozzi und das Ausland* — uma única referência a Rivail, um tanto quanto restritiva, na página 428, assim traduzida pela profª Teresinha Rey, estimada consóror residente na Suíça e a quem devemos alguns interessantes dados biográficos:

> Não houve muito sucesso na propaganda de Pestalozzi.[61] Seu aluno H. L. D. Rivail publicou, certamente encorajado por Boniface e Schmid, no ano de 1824, o *Curso prático e teórico de aritmética segundo o método de Pestalozzi, com modificações*. A obra, em dois volumes, desse jovem dotado de um amadurecimento precoce, pois contava apenas 20 anos, permaneceu completamente isolada, apesar de seu conteúdo apresentar desenvolvimentos absolutamente notáveis e dignos de consideração. Se seus livros não obtiveram todo o êxito merecido, isto decorreu, antes de mais nada, do fato de que Rivail, apesar de publicar ainda outros trabalhos de cunho didático, consagrou-se mais tarde às suas tendências espíritas e, sob o pseudônimo Allan Kardec, se tornou muito mais conhecido do que com seu nome de pedagogo.

---

60 SCHÖNEBAUM, Herbert. *Pestalozzi ernte und auslang (1810–1827)*. Werlag von Julius Beltz, Berlin-Leipzig, 1942.
61 Refere-se Schönebaum à divulgação do método pestalozziano na França.

17

Rivail e o Magnetismo

O magnetismo animal, também conhecido por mesmerismo, visto ter sido Franz Anton Mesmer, doutor pela Universidade de Viena, o seu mais célebre renovador nos tempos modernos, esteve em voga nos fins do século XVIII, adquirindo maior impulso na primeira metade do século XIX. Na França, sobretudo, sumidades médicas e ilustres prelados confirmavam a veracidade dos fenômenos magnéticos, principalmente no que diz respeito a curas psíquicas, a diagnósticos e prescrições terapêuticas fornecidos pelos sonâmbulos, com quem igualmente se observavam incontestáveis fatos de clarividência ou lucidez, de visão a distância, de visão através de corpos opacos, de previsão etc.

Ao próprio Pestalozzi não teriam passado despercebidos os relatos de extraordinárias curas conseguidas pelos "passes" dos magnetizadores. Assim é que em fins do século XVIII, numa carta endereçada ao seu filho Jakob — portador de doença rebelde aos tratamentos médicos e sujeito a acessos epilépticos desde a infância —, Pestalozzi conta-lhe um curioso sonho que tivera, por ele mesmo não aceito como simplesmente um sonho, de tão real que lhe pareceu, e no qual um médico tomou-lhe as mãos, consolou-o e deu-lhe o seguinte recado: procurasse o doente refugiar-se em Jesus e na prece, e seria aliviado, E nessa mesma carta, mais adiante, Pestalozzi lembraria ao filho:

Meu querido, venho achando que o magnetismo, do qual às vezes se abusa, tenha contribuído de certa forma, no último ano, para paralisar o teu mal. Se tens fé nesse remédio, experimenta usá-lo de novo, e que Deus fortaleça a mão que te há de servir.[62]

Jakob, porém, jamais se recuperaria completamente da doença, falecendo mais tarde, em 1801.

Franz Anton Mesmer (1733–1815)

Ao que tudo indica, a Rivail seria desconhecida a simpatia do seu mestre Pestalozzi pelo mesmerismo, só sabida de alguns poucos familiares e, talvez, de amigos mais íntimos do educador suíço.

Só depois que o jovem discípulo de Pestalozzi chegou a Paris é que teve a sua curiosidade despertada para o magnetismo animal, a que o marquês de Puységur, juntamente com d'Eslon, professor e regente da Faculdade de Medicina de Paris, e com o sábio naturalista Deleuze, haviam imprimido nova feição, ao modificarem os métodos de Mesmer, disso resultando na descoberta do sonambulismo provocado. Rivail refere-se elogiosamente a

---

62 *Pestalozzi et son temps*. Publié à l'occasion du centenaire de sa mort par le Pestalozzianum et la Bibliothèque Centrale de Zurich. Édition Berichthaus (Zurich): Librairie Payot & Cie. (Lausanne), 1928. p. 27 e 28.

esses magnetistas franceses, colocando ao lado deles os nomes de dois outros grandes vultos: o barão Du Potet e o Sr. Millet.

A iniciação de Rivail nesse novo ramo dos conhecimentos humanos deu-se aproximadamente em 1823, segundo ele próprio o afirmou.[63] E nos anos que se seguiram aplicaria parte do seu tempo, mas sem prejuízo de suas tarefas educacionais, no estudo criterioso e equilibrado, teórico e prático, de todas as fases ou graus do sonambulismo, testemunhando muitos prodígios provocados pela ação do agente magnético. Suas leituras não se circunscreveram às obras favoráveis ao magnetismo. No propósito de aquilatar o valor das objeções, leu, igualmente, conforme frisou na *Revista Espírita* de outubro de 1858, "Emprego oficial do magnetismo animal", grande número de livros contra essa ciência, escritos "por homens em evidência".

O barão Du Potet, que mais tarde seria amigo dos espíritas, tornara-se desde 1825 o chefe da escola magnética na França, tendo ido mais longe que seus predecessores na aplicação do magnetismo à terapêutica. Este justamente o lado que mais impressionou a Rivail, que com o tempo pôde inteirar-se bem da força magnética que todos os seres humanos possuem em graus diversos, vindo a ser, ele próprio, "experimentado magnetizador", segundo escreveu seu amigo pessoal e discípulo Pierre-Gaëtan Leymarie, na *Revue Spirite* de 1871. Este valoroso espírita lembraria ainda, pela *Revue Spirite* de 1886, página 631, que o mestre lionês conheceu as pesquisas do padre português José Custódio Faria (o *abbé Faria* dos franceses) e lhe rendia as devidas homenagens. O padre Faria, iniciado nas práticas do Magnetismo pelo marquês de Puységur, a quem dedicou seu livro *De la cause du somneil lucide, ou étude de la nature de l'homme* (1819), considerando-o seu mestre, foi o precursor do hipnotismo de Braid. Lecionou em liceus e academias de várias cidades francesas.

Despido dos preconceitos dominantes na época, o padre Faria pôs por terra o caráter sobrenatural com que a Igreja cercava o Magnetismo, iniciando em 1813 as suas concorridas conferências na rua de Clichy (Paris), seguidas de demonstrações práticas.

---

63 KARDEC, Allan. *Revista Espírita*: jornal de estudos pasicológicos. jun. 1858. Variedades – Os banquetes magnéticos; id., mai 1859. Refutação de um artigo do *Univers*. Id. *Le Livre des esprits*. Paris, 1857. p. 24; id. ib., seconde édition (entièrement refondue et considérablement augmentée). Paris, 1860, p. XXXVI.

A Igreja condenava o Magnetismo. Tudo provinha da ação de fluidos de origem infernal. Um teólogo francês escreveu que "o sonambulismo e o magnetismo eram sobrenaturais e diabólicos, anticristãos, anticatólicos e antimorais". O padre Faria estudou as práticas magnéticas e convenceuse da inanidade de tais interpretações. Crente e padre, não teve dúvida em afrontar as iras dos teólogos do seu tempo, para afirmar que nada havia de sobrenatural em tais fenômenos e que o sono hipnótico era, afinal, uma modalidade da sugestão.[64]

Diz Anna Blackwell, no *Prefácio* à sua tradução inglesa (1875) de *O livro dos espíritos*, que Rivail tomou parte ativa nos trabalhos da Sociedade de Magnetismo de Paris, a mais importante da França. Ele, porém, ficaria equidistante das rivalidades doutrinárias que haviam surgido entre os magnetizadores parisienses. Soube fazer amigos nessa e naquela corrente de ideias, e um deles, o magnetizador Fortier, a quem conhecia desde muito tempo, foi quem, em 1854, lhe falaria pela primeira vez das chamadas "mesas falantes".

Tendo, assim, adquirido sólidos conhecimentos de magnetismo, ciência que ele mais tarde, em diferentes ocasiões, demonstrou possuir em profundidade ao elaborar o corpo doutrinário do Espiritismo, foi capaz de perceber, logo ao início de suas observações pessoais junto às "mesas girantes e falantes", a íntima solidariedade entre Espiritismo e Magnetismo, o que o levaria a afirmar:

> [...] Dos fenômenos magnéticos, do sonambulismo e do êxtase às manifestações espíritas, não há mais que um passo; tal é sua conexão, que, por assim dizer, torna-se impossível falar de um sem falar do outro [...].[65]

---

64 *Grande enciclopédia portuguesa e brasileira*. Lisboa-Rio de Janeiro. v. 10, p. 919.
65 KARDEC, Allan. *Revista Espírita*: jornal de estudos psicológicos. mar. 1858. Magnetismo e Espiritismo. Trad. Evandro Noleto Bezerra. 5. ed. 1. imp. Brasília: FEB, 2014.

18

Primeiros passos como diretor de escola

É em meados de 1825 que Denizard Rivail começa a dirigir a "Escola de Primeiro Grau" (*École de premier degré*), primeiro estabelecimento de ensino por ele fundado em Paris, e no qual as crianças recebiam a instrução primária dita superior.

Como era costume na época, Rivail deu notícia da organização da Escola em uma brochura de oito páginas, impressa por Pillet-aîné, brochura que a *Bibliographie de la France*, de 6 de agosto de 1825, registou no item 4.380.

Não sabemos por quanto tempo a Escola de Rivail sobreviveu à forte concorrência e à animosidade das escolas congreganistas, especialmente as dos Irmãos das Escolas Cristãs, as quais, cercadas de privilégios e regalias, e mais bem providas de recursos, tudo faziam para arruinar as laicas.

Como "chef d'institution" da academia de Paris,[66] titulo que requeria, para a sua obtenção, pelo menos o bacharelato em Ciências e o

---

[66] Desde 1808, a França foi dividida, sob o ponto de vista universitário, em academias ou circunscrições acadêmicas, quase uma vintena na época. Cada uma delas tinha à testa um reitor, assistido de um ou vários inspetores de academia, de um secretário acadêmico e de um conselho acadêmico. As funções de reitor da academia de Paris eram exercidas pelo grão-mestre (ministro da Instrução Pública), autoridade suprema da Universidade.

bacharelato em Letras, Rivail podia, com a autorização do grão-mestre da Universidade, fundar escolas, pensões[67] e "instituições". O prof. Octave Gréard,[68] de quem colhemos essas informações, esclarece, ainda, que aos bacharéis em Letras só se dava o direito de ter pensão (um grau abaixo da "instituição"), e esses "maîtres-de-pension" não podiam ensinar além da quarta classe do ensino secundário livre.

Ao que parece, Rivail não foi submetido a exames para receber o certificado de capacidade (*brevet de capacité*) que a legislação francesa exigia, desde 1816, do aspirante à profissão de institutor (ou institutora) primário, público ou privado. Esta regra, entretanto, comportava várias exceções. Os diplomas de bacharel em Ciências e em Letras substituíam perfeitamente o "brevet", e mais: permitiam ao institutor ensinar em todas as classes dos estabelecimentos de ensino secundário livre. Além do "brevet" acima, exigia-se ainda do institutor, para que pudesse lecionar, um certificado de boa conduta, expedido pelos párocos e "maires" das comunas onde ele, institutor, residira nos três últimos anos.

Os certificados de capacidade correspondiam a três graus: primeiro, segundo e terceiro, ou inferior. O de primeiro grau, ou superior, só se concedia aos institutores que "em princípio conhecessem a fundo a gramática francesa e a aritmética, e que estivessem em condições de ministrar noções de geografia, de agrimensura e de outros conhecimentos úteis no ensino primário" (J. Leif et G. Rustin, *Histoire des institutions scolaires*. p. 139). O candidato era examinado pelo inspetor da academia ou por outro funcionário da instrução pública que o reitor designasse. Este é quem conferia o certificado. Em 1818 ficou estatuído que os institutores munidos do "brevet" do terceiro grau não podiam ensinar na cidade de Paris.

---

67 Pensão (sin. pensionato, internato): estabelecimento, casa de educação que recebe internos ou pensionários. Estes são alojados, alimentados e instruídos, mediante certa quantia por eles paga. Dava-se ali o ensino secundário, porém em grau inferior ao ministrado nas instituições.

68 Apud BUISSON, F. *Dictionnaire de pédagogie et d'instruction primaire*. 1ª pt., tomo segundo. Paris: Librairie Hachette et Cie., 1887. p. 1.751.

Denis Frayssinous (1765–1841)

    Por falta de dados esclarecedores, não sabemos se Rivail necessitou da autorização especial que então se fazia mister para o exercício, em tal ou qual lugar, das funções de institutor, e que desde abril de 1824, por decreto do grão-mestre da Universidade, Denis Frayssinous, bispo de Hemópolis, era outorgada, para as escolas livres, pelo bispo diocesano e não mais pelo reitor.[69] O bispo também fiscalizava ou fazia fiscalizar as escolas. Tal estado de coisas só terminaria em 1828, com o ministro Vatimesnil, retornando o reitor suas antigas funções.

---

69 LEIF, J.; RUSTIN, G. *Histoire des institutions scolaires*. Paris: Librairie Delagrave, 1954. p. 140; BUISSON, F. *Dictionnaire de pédagogie et d'instruction primaire*. 1ª pt., tomo primeiro. Paris: Librairie Hachette et Cie., 1887. p. 1064.

19

INSTITUIÇÕES PESTALOZZIANAS EM PARIS

Foi Konrad Näf, de Zurique, professor em Yverdon, o primeiro a introduzir na França, numa casa de órfãos de Paris, o sistema pestalozziano. Napoleão Bonaparte e seu ministro Talleyrand chegaram a visitar esse orfanato, a fim de conhecerem a aplicação de método tão elogiado, mas não lhe reconheceram nenhum valor, e Näf, pouco depois, partia para os Estados Unidos a convite do embaixador americano em Paris.

Maine de Biran (1766–1824)

Seguiu-se a experiência do professor suíço Jean François Barraud, que colaborou com Pestalozzi em Berthoud e Yverdon. A ele foi confiada pelo filósofo Maine de Biran, subprefeito de Bergerac (Dordonha), a direção de um estabelecimento onde se fez a aplicação da doutrina pestalozziana. Todavia, esse novo esforço isolado não encontrou a devida ressonância nos meios educacionais franceses, sobrevivendo por pouco tempo.

Somente após 1815, conforme já mui sucintamente historiamos, é que começaram a aparecer na França, vacilantes ainda, as primeiras instituições pestalozzianas propriamente ditas. P. P. Pompée seleciona dois estabelecimentos, ambos em Paris, que se destacaram na propagação dos princípios que formam a base do sistema em apreço. Menciona a escola de primeiro grau, fundada por A. Boniface em 1822, sobre a qual falamos páginas atrás, e a pensão do Sr. H. Morin, antigo institutor parisiense e autor de várias obras de ensino. Tais foram os bons resultados conseguidos por essa pensão, que em 1829 o então ministro da Instrução Pública e grão-mestre da Universidade, Vatimesnil, lhe outorgava o título de *Instituição*, com todos os privilégios concedidos aos colégios reais. Surgia, assim, a "Instituição Morin e Belèze". Há referência de que por volta de 1830 ela contou com meia dúzia de ex-professores do Instituto de Yverdon, inclusive Schmid.

Juntamente com esses dois estabelecimentos, P. P. Pompée fez figurar também a Escola ortomática (*École orthomatique*), fundada em 1829 ou 1830, em Paris, pela "Société des Méthodes d'Enseignement", que, por sua vez, funcionava desde 19 de abril de 1819, dela tendo feito parte Jomard, De Gérando, Ed. Sylvestre, Sabatier, Achille Comte e outros.[70] Destinada a Escola ao ensaio dos métodos de ensino dignos de interesse, diz P. P. Pompée não saber as consequências da experiência com o sistema pestalozziano. Ali também se davam cursos gratuitos de Física, Astronomia, Química, Geologia, História Natural, Direito, Pedagogia, Literatura, História da Música etc.

Não esqueçamos, entretanto, mencionadas por alguns autores, a "Escola de primeiro grau" e a "Instituição Rivail", ambas em Paris, fundadas pelo prof. H. L. D. Rivail e por ele dirigidas segundo o método de

---

70 POMPÉE, Pierre P. *Études sur la vie et les travaux pédagogiques de J.-H. Pestalozzi.* Paris: Librairie Charles Delagrasse, 1878. p. 195 e 196; *Annuaire des sociétés savantes de la France et de l'étranger*, publié sous les auspices du Ministère de l'Instruction Publique. — Première année, 1846, Paris, Victor Masson, 1846. p. 321.

Pestalozzi, com modificações. O primeiro educandário surgiu em 1825, e em torno dele já tecemos breves considerações. O segundo, um instituto técnico, criado em 1826,[71] à rua de Sèvres, n. 35, e modelado no extinto Instituto de Yverdon, teve uma vida longa para aquela época, adquirindo mesmo certo renome. Funcionou até 1834, sendo ministros da Instrução Pública, durante esse período, o bispo Denis Frayssinous (1824–1828) e os estadistas Henri de Vatimesnil (1828–1832) e François Guizot (1832–1836).

Rua de Sèvres, 35 (Paris). Há hoje, no local, um moderno edifício comercial.

É curioso registar que essa "Instituição" apareceu justamente no ano em que Pestalozzi manifestava, por escrito, o ardente desejo de que a França conhecesse seus princípios e suas experiências na educação e na instrução, que lhe debatessem as ideias e os trabalhos antes de os repelirem *a priori*.[72] Em sua humilde posição de discípulo, Rivail buscou corresponder da melhor forma ao apelo do mestre. Se não esteve dentro de suas possibilidades promover uma campanha de esclarecimento e propaganda do ensino pestalozziano na França, pôde, entretanto, contribuir com seu pequeno esforço, de modo prático e produtivo.

Até pelo menos 1833, o instrutor tinha, em geral, uma vida muito modesta, ou melhor, mais miserável que modesta. Seu parco salário dependia da contribuição es colar e de condições fixadas pela municipalidade.[73] Daí a maior parte dos instrutores terem outros empregos ou ocupações, com o que angariavam os recursos necessários à sobrevivência,

---

71 BALTEAU, J.; BARROUX; PREVOST. *Dictionnaire de biographie française*. Tomo segundo. Paris, 1936. Coluna 99.
72 POMPÉE, Pierre P. *Études sur la vie et les travaux pédagogiques de J.-H. Pestalozzi*. Paris: Librairie Charles Delagrasse, 1878. p. 373.
73 LEIF, J.; RUSTIN, G. *Histoire des institutions scolaires*. Paris: Librairie Delagrave, 1954. p. 142.

possibilitando-lhes continuar na obra que mais lhes falava à alma: a educação dos jovens. Vê-se, assim, quanto eles se sacrificavam a essa nobre causa, votando-lhe desinteressada dedicação.

Segundo o *Dictionnaire de pédagogie* de Buisson, a instituição (fr. *institution*) era o estabelecimento privado de educação, administrado por institutores particulares. Nele se dava o ensino secundário, em nível mais elevado que nas pensões, aproximando-se do ensino que se ministrava nos colégios comunais. Entre as matérias lecionadas nas instituições, incluíam-se os elementos e a história da Literatura francesa, com exercícios de gramática e de estilo, Geografia, História antiga e moderna, elementos de cosmografia. Rivail, entretanto; não contente com esse programa, introduzira Física e Química entre as disciplinas da sua Instituição. Ainda pretendia dar aos seus alunos conhecimentos de Anatomia e Fisiologia, adquiridos no Instituto de Yverdon, mas sua casa de ensino cerrou as portas antes disso.

Nela morou, em sintonia com a doutrina pestalozziana, o espírito de família. Rivail era mais um segundo pai que um mestre, continuando, junto aos jovens, a tarefa educativa do lar. Ao mesmo tempo que lhes ministrava as lições escolares, preparava-os para a realidade do mundo social.

Essa empresa contou com o apoio financeiro de um de seus tios, e até 1834 o prof. Rivail, ajudado posteriormente pela prof[a] Amélie-Gabrielle Boudet, com quem se consorciara em 1832, desenvolveu ali notável trabalho de aprimoramento da inteligência de centenas de educandos, aos quais ele carinhosamente chamava "meus amigos". O ilustre "discípulo de Pestalozzi" concretizava, assim, de maneira espontânea, estas diretrizes enunciadas pelo mestre:

> O amor é o eterno fundamento da educação. Por isso, a toda hora os meus pupilos devem ler no meu rosto que o meu coração está com eles, que é minha a sua ventura, que a sua alegria é a minha alegria.[74]

Consagrando-se às funções diretivas e educativas na "Instituição Rivail", o jovem Denizard ocupava as horas de lazer para preparar as aulas, para escrever sobre assuntos e problemas relacionados com a educação, para trocar ideias com seus colaboradores e amigos de magistério, num

---

[74] COSTA, Sousa. *Pestalozzi – o mestre-escola*. Academia das Ciências de Lisboa – Separata das *Memórias* (Classe de Letras, tomo V). Lisboa, 1948. p. 8.

diálogo que visava sobretudo ao aperfeiçoamento da arte de ensinar. Tal propósito, ele mesmo o expressaria desse modo: "[...] esforço-me em reformar o que me parece defeituoso, em acrescentar o que se me afigura útil, em aproveitar, em suma, das observações que faço diariamente".[75] Em verdade, ornavam-lhe a persolanlidade de professor qualidades como o amor ao estudo, o culto do saber, o destemor das ideias, a força moral para se fazer respeitado e querido.

---

75 MOREIL, André. *La Vie et l'œuvre d'Allan Kardec*. Paris: Éditions Sperar, 1961. p. 89.

20

Madame Rivail

Como dizíamos acima, a esposa de Denizard Rivail deu-lhe todo o apoio na "Instituição" fundada em 1826. Sua colaboração se estenderia pelos anos afora, e seu nome pode figurar ao lado do de Mme. Pestalozzi, mulher admirada tanto por suas excelentes qualidades e doçura de caráter, quanto pela amenidade de suas maneiras e terna solicitude para com as crianças, e que se cundou o marido por todos os meios, mormente na direção física e moral dos alunos mais jovens, necessitados de cuidados especiais. Essas duas senhoras pertencem ao número daquelas que a História regista como dedicadas e fiéis colaboradoras dos seus maridos, sem as quais talvez eles não levassem a termo as suas missões.

Madame Rivail nasceu em Thiais, comuna do departamento do Val-de-Marne (parte S. E. do antigo departamento do Sena), com registro civil aos 2 do Frimário do ano IV, segundo o Calendário Republicano francês, e que corresponde a 23 de novembro de 1795.

Filha única de Julien-Louis Boudet, proprietário e tabelião, homem portanto bem colocado na vida, e de Julie-Louise Seigneat de Lacombe, recebeu na pia batismal o nome de *Amélie-Gabrielle Boudet.*

Aliando, desde cedo, grande vivacidade e forte interesse pelos estudos, ela não foi problema para os pais, que, a par de fina educação moral, lhe proporcionaram apurados dotes intelectuais. Após cursar a escola primária, estabeleceu-se em Paris com a família, ingressando numa Escola Normal, de onde saiu diplomada em professora de 1ª classe.

Revela-nos o Dr. Canuto Abreu[76] — cujas pesquisas espíritas em Paris, principalmente nos anos de 1921 e 1922, o levaram a uma série de documentos — que a senhorinha Amélie também fora professora de Letras e Belas-Artes, trazendo de encarnações passadas a tendência inata, por assim dizer, para a poesia e o desenho. Culta e inteligente, chegou a dar à luz três obras, assim nomeadas: *Contos primaveris*, 1825; *Noções de desenho*, 1826; *O essencial em belas-artes*, 1828.

Amélie-Gabrielle Boudet (1795–1883)

Vivendo em Paris, no mundo das letras e do ensino, quis o destino que um dia a Srta. Amélie Boudet deparasse com o prof. Hippolyte Léon Denizard Rivail.

De estatura baixa, mas bem proporcionada, de olhos pardos e serenos, gentil e graciosa, vivaz nos gestos e na palavra, denunciando penetração de espírito, Amélie Boudet, aliando ainda a todos esses predicados um sorriso

---

76 "*O livro dos espíritos* e sua tradição histórica e lendária". *In: Unificação*, Jornal Espírita de São Paulo, fev. 1954.

terno e bondoso, logo se fez notar pelo circunspecto prof. Rivail, em que reconheceu, de imediato, um homem verdadeiramente superior.

Em 6 de fevereiro de 1832, firmava-se o contrato de casamento. Ela tinha nove anos a mais do que ele, mas tal era a sua jovialidade física e espiritual, que a olhos vistos aparentava a mesma idade do marido. Jamais essa diferença constituiu entrave à felicidade de ambos. É curioso lembrar que Pestalozzi igualmente se consorciara com uma mulher de boa situação financeira e sete anos mais idosa que ele. Até nisto o discípulo quis seguir o mestre ou foi apenas coincidência?

21

A EDUCAÇÃO É UMA CIÊNCIA

Em junho de 1828, assinado por H. L. D. Rivail, discípulo de Pestalozzi, saía a público o *Plan proposé pour l'amélioration de l'éducation publique*,[77] o primeiro trabalho em que o autor procura contribuir, da maneira mais elevada e racional, junto ao Parlamento francês, para que se obtivessem melhores resultados no ensino público dado às crianças, propondo, ainda, a criação de uma "Escola teórica e prática de Pedagogia", com três anos de duração, e onde "se estudaria tudo que diz respeito à arte de formar os homens".

Nas 56 páginas desse "Plano" que, na apreciação dos entendidos, "contém excelentes coisas", Rivail desenvolveu, em especial, a ideia de que a educação deve ser considerada como uma ciência.

"Pode-se" — diz ele numa passagem que lhe resume a tese — "concluir, do que foi exposto, que: 1º) a educação é uma ciência bem caracterizada; 2º) se são pouquíssimas as pessoas que a encaram sob o seu verdadeiro aspecto, isto ocorre devido à ausência de estudos especiais sobre o assunto; 3º) o atraso da educação deve ser atribuído ao fato de que há poucas pessoas em condições de apreciar ao mesmo tempo o verdadeiro objetivo da educação, o que ela é, o que poderia ser, e, por conseguinte, o que se precisaria fazer para melhorá-la. Está atualmente a educação no estado em que, há um século, se achava a química. É ela uma ciência ainda não constituída e cujas bases são ainda incertas".

---

[77] *Bibliographie de la France*, dix-septième année (31e de la Collection), samedi, 21 juin 1828, it. 3.843.

E Rivail, após outras considerações, declarava:

"Três coisas me parece de necessidade absoluta para a melhoria da educação em geral, a saber: 1º) a organização de estudos especiais relacionados com a arte da educação, ou, em outras palavras, o estabelecimento de escolas pedagógicas; 2º) a alteração do plano dos estudos clássicos; 3º) a isenção da obrigatoriedade em que se acham os 'chefs d'institution' de conduzir seus alunos aos cursos dos colégios reais, obrigação mui prejudicial, visto que os institutores ficam forçados, a seu mau grado, a se entregarem à rotina".[78]

F.-É. Buisson (1841–1932)

Por intermédio desta obra e de outras subsequentes, ficamos sabendo que, pelo menos de 1828 a 1831, Denizard Rivail residiu à rua de Vaugirard, n. 65, não nos tendo sido possível averiguar se ele ainda morava, antes de 1828, à rua da Harpa n. 117.[79]

No longo discurso que Pestalozzi pronunciou diante do corpo docente e discente do Instituto de Yverdon, em 12 de janeiro de 1818, dia do seu 72º aniversário, discurso, aliás, dos mais importantes e curiosos, no qual sua doutrina educativa e filantrópica se acha exposta com mais vivacidade

---

78 Os trechos aspeados foram extraídos do artigo *Rivail*, estampado na p. 2.617 do *Dictionnaire de pédagogie et d'instruction primaire*, de F. Buisson, 1ª pt., tomo segundo.
   Ferdinand Édouard Buisson, ilustre pedagogo, publicista e político francês, inspetor do ensino primário, ardoroso defensor da laicidade do ensino nas escolas do Estado, foi um dos fundadores da Liga dos Direitos do Homem, tendo recebido em 1927, com Ludwig Quidde, o prêmio Nobel da Paz.

79 *Bibliographie de la France*, ou Journal Général de l'Imprimerie et de la Librairie. Pillet-aîné, imprimeur-libraire, rue Christine, n. 5 (Reprinted with the permission of Cercle de la Librairie, Paris — Kraus reprint Ltd., Nendeln, Liechtenstein, 1966), douziéme année (26e de la Collection), n. 5, samedi, le février 1823, p. 71 e 72, it. 558.

e clareza, ele explica o papel do educador, que, a seu ver, deve preservar e assistir o desenvolvimento das energias saudáveis da criança, como o jardineiro preserva e assiste o crescimento da planta.

A imagem de Pestalozzi (jardineiro = professor), no discurso que comoveu todo o auditório pela grandeza d'alma estereotipada em cada trecho, ficou gravada no espírito do jovem Rivail, que dela se serviu por diversas vezes.

Ele a expõe e desenvolve no seu "Plano", a brochura que estamos superficialmente analisando, e considera importantíssimo que o instrutor, com método e amor, busque evitar que a criança tenha ocasião ou meios de praticar o mal. Segundo escreve Piaget, Pestalozzi retornara, no último período de sua vida de educador, às noções correntes de que a criança contém em si todo o adulto, aceitando, inclusive, as doutrinas do preformismo mental. O pedagogo suíço admitia que a criança, desde a mais tenra idade, possuía, em germe, a razão com os sentimentos morais. Por isso é que Rivail, como discípulo de Pestalozzi, observava, na obra em apreço, a necessidade de fazer desabrochar na criança os germes das virtudes e de reprimir os do vício, acrescentando que se podem transmitir ao educando, mediante adequada educação, as impressões próprias ao desenvolvimento das virtudes.

H. L. D. Rivail, aos 25 anos.

Rivail propunha-se aprofundar esses assuntos numa "obra completa de Pedagogia" que ele tinha o propósito de escrever. É lamentável que essa obra jamais viesse a público. Sem dúvida, a falta de tempo foi o principal empecilho à projetada aspiração de Rivail, e é pena, porque nos sobra a certeza de que tal obra seria inscrita, com altos elogios, nos anais da Pedagogia mundial.

Ainda no "Plano" de 1828, seu autor condena as punições corporais, afirmando que não é com uma vara que se pode levar a criança a amar o trabalho e a virtude. Noutro trecho, denuncia aqueles homens que, só por saberem um pouco de latim, deixam as suas aldeias e se aventuram à educação dos jovens, sem possuírem condições para isso. Frisando que os meios para levar a efeito essa educação constituem uma ciência bem definida, Rivail encarecia a necessidade de estudá-la para se ser instrutor, "do mesmo modo que se estuda Medicina para se ser médico".

Nessa mesma obra, escrita no entusiasmo dos 24 anos, ele dizia, com enaltecimento às ciências, que o estudioso destas "rirá da credulidade supersticiosa dos ignorantes... Não mais crerá em almas do outro mundo e em fantasmas. Não mais tomará fogos-fátuos por espíritos". Ignorando as Leis Naturais que regem essas aparições, aparentemente contrárias aos postulados científicos, sua razão as repelia, arrolando-as entre as crendices populares.

Vê-se, por aí, que Rivail já era, na adolescência, uma criatura positiva, confiante no valor e na eficácia da Ciência, e foi com este espírito que mais tarde investigaria o fenômeno das mesas girantes e falantes, e, de maneira racional, acabaria reconhecendo a realidade da manifestação dos Espíritos, ou seja, das almas dos chamados mortos, contrariando, ainda dentro daquela lealdade científica que sempre o caracterizou, o que escrevera no passado.

22

RIVAIL COMO TRADUTOR. CONHECIMENTOS GRAMATICAIS E LINGUÍSTICOS

O tempo do laborioso servidor da Educação também foi aplicado em traduções feitas de ou para diferentes línguas, dando Rivail preferência ao alemão, que ele sabia falar e escrever tão bem quanto o francês e que cultivara no Instituto de Yverdon. Aí, segundo informou Roger de Guimps, os alunos franceses aprendiam o alemão, e os alemães, o francês.

Fénelon (1651–1715)

Para o idioma germânico Rivail trasladou excertos de autores clássicos da França, especialmente os escritos de Fénelon (François de Salignac de la Mothe), um dos quais —*Telêmaco*— recebeu inteligentes notas e comentários do tradutor e foi posteriormente publicado, em fevereiro de 1830, para uso nos educandários.

Como pedagogo e moralista, Fénelon teve incontestáveis qualidades, sendo muito apreciado por Voltaire e Rousseau. Aliás, de algumas doutrinas deste último, que tanta influência teve sobre Pestalozzi, ele foi como que o precursor. Cristãos e livres-pensadores o admiravam.

Fénelon escreveu o belo *Traité de l'éducation des filles*, uma das obras clássicas da pedagogia francesa. Dirigiu, depois, com êxito notável, a educação do duque de Borgonha, neto de Luís XIV e herdeiro do trono, publicando, nessa época, certo número de obras didáticas e, por assim dizer, escolares: *Recueil des fables, dialogues des morts* e *Télémaque* (1699), um dos livros mais populares e mais admiráveis da literatura francesa, e no qual se mostrava partidário declarado da educação pública, ao tratar da organização da instrução.

Telêmaco, espécie de epopeia em prosa poética, verdadeiro "código de moral principesca", no dizer de Gabriel Compayré, preparava o futuro rei, transformando-lhe o caráter agressivo e vicioso e levando-o, pela ficção das inúmeras experiências de uma longa viagem, a acautelar-se contra o luxo e os prazeres excessivos, contra a lisonja, as tentações do despotismo, o espírito de conquista, a ambição e a guerra.

Certamente essa obra de Fénelon, que até hoje merece lida, ecoou fundo na alma do talentoso educador Denizard Rivail, tanto que ele a distinguiu entre as demais, publicando-lhe, em 220 páginas, "os três primeiros livros" vertidos para o alemão, e no terceiro há a confrontação dos textos francês e alemão.

É possível que *Telêmaco* tenha, em certos aspectos, aprimorado o espírito de Rivail, preparando-o para que mais tarde alçasse, condignamente, à posição de chefe de uma doutrina que viria revolucionar o pensamento religioso, filosófico e, até mesmo, científico, no que diz respeito ao ser humano integral.

* * *

"De toda a educação do espírito a gramática é a base" — assinalou Almeida Garrett, o grande escritor português. Empregar e usar as palavras — expressão material de nossas ideias — requer correção e habilidade em suas combinações e ligações. Só um estudo sistemático, científico e lógico dos casos gerais do mecanismo linguístico ou dos fenômenos linguísticos permite o conhecimento das regras que presidem à correção da linguagem escrita ou falada.

Rivail deu a sua contribuição nesse particular, e em fins de janeiro de 1831 saía a público a sua *Grammaire française classique sur un nouveau plan*, de 160 páginas, posta à venda em vários locais, inclusive na casa do autor, situada à rua Vaugirard, n. 65.

Nesse trabalho, didático sobretudo, Rivail expõe e explica os princípios e as regras da língua francesa, bem assim as leis naturais que a regulam, de acordo com o modo por que a falaram e escreveram os melhores autores clássicos e os homens mais doutos da França.

Esforçou-se ele em dar à obra clareza e concisão, pondo-a ao alcance de todas as inteligências, sem prejuízo das regras essenciais, apresentadas de maneira a se fixarem fácil e indelevelmente na memória.

Posto não seja parte integrante da gramática, Rivail acresceu-lhe breves noções acerca das origens, formação e desenvolvimento da língua francesa, e aí revelou, segundo o estudioso Dr. Canuto Abreu,[80] sólidos conhecimentos de diversas línguas mortas e vivas, firmando a sua reputação de professor emérito.

---

80 *Metapsíquica*, revista bimestral da Sociedade Metapsíquica de São Paulo, São Paulo, ago./set. 1936, p. 117.

23

RIVAIL E A LEI GUIZOT.
ESFORÇO RECOMPENSADO

Quando o "governo de julho" (1830–1840), que se caracterizou por sérios esforços em prol do desenvolvimento da instrução primária em todos os seus graus, nomeou, por decreto de 3 de fevereiro de 1831, uma Comissão encarregada de revisar a legislação sobre a instrução pública e de preparar um projeto de lei referente à organização geral do ensino, de conformidade com as disposições da Carta Constitucional, Rivail dirigiu aos membros da dita Comissão uma *Mémoire sur l'instruction publique*, de 16 páginas, na qual pedia licença para sucintamente desenvolver suas reflexões em torno do assunto, baseadas num estudo aprofundado que fizera dos diversos sistemas de educação e na sua experiência de doze anos.

Ao expor observações e ideias próprias, com a formulação de princípios orientadores, o prof. Rivail se colocava a favor da liberdade de ensino e contra o monopólio universitário, e lamentava que ainda não houvessem dado, nos estabelecimentos públicos, a devida atenção à educação moral, que, conforme diria mais tarde o Dr. Henri Marion, professor da Sorbonne e ilustre educador, deve merecer primazia no objeto global da pedagogia. Mais de trinta anos depois, em 1864, Rivail ainda destacava a importância da educação moral dada à infância, assim concluindo longo artigo de sua lavra:

[...] Um dia compreenderão que este ramo da educação tem seus princípios, suas regras, como a educação intelectual, numa palavra, que é uma verdadeira ciência [...].[81]

Na sua *Memória*, vinda a lume em fins de fevereiro ou nos primeiros dias de março de 1831, Rivail discorda da Universidade por esta monopolizar o ensino de certas matérias, reservando-o apenas aos estabelecimentos públicos. Declara que isso coloca os alunos formados pelas instituições e pensões em posição inferior aos diplomados pelo Estado, contrariando o espírito de liberdade que deveria presidir à orientação do ensino. E mui naturalmente pergunta: "De que serve ter o direito de abrir um estabelecimento, sem que nele seu diretor possa ensinar todas as matérias?".[82]

É com inteligência e tino admiráveis que Rivail apresenta, em pouco mais de uma vintena de itens, suas reflexões e ponderações relativamente ao programa e planejamento do ensino. Como ele mesmo o disse, não lhe passou pelo espírito a estulta pretensão de equiparar-se aos doutos membros da Comissão, cuidando apenas, por um dever de consciência, em trazer sua humilde colaboração a tão importante assunto, alicerçada em doze anos de estudo e experiência.

Os trabalhos realizados pela Comissão, que o governo nomeara para estudar os problemas atinentes ao ensino, deram em resultado, após exame, discussão e aprovação nas Câmaras, a lei de 28 de junho de 1833, sancionada por Luís Filipe I e que ligou para sempre o nome de Guizot, então ministro da Instrução Pública, à história do ensino na França.

F.-P.-G. Guizot (1787–1874)

---

81 KARDEC, Allan. *Revista Espírita*: jornal de estudos psicológicos. fev. 1864. Primeiras lições de moral da infância. Trad. Evandro Noleto Bezerra. 3. ed. 1. reimp. Brasília: 2009.
82 MOREIL, André. *La Vie et l'œuvre d'Allan Kardec*. Paris: Éditions Sperar, 1961. p. 87.

Considerada a "carta da instrução primária na França", a lei marcou vigorosa reação contra o estado deplorável do ensino primário desde 1789, e criou, de fato, a instrução popular, gratuita, até então olhada com indiferença pelos poderes públicos.

Ficaram estabelecidos na nova lei dois tipos de instrução primária: elementar e superior, mas o legislador concentrou seus esforços nas escolas de meninos, não se preocupando com o ensino às meninas, lacuna que a lei de 1850 procurou sanar de modo imperfeito e que só a lei de 10 de abril de 1867 preencheria de todo.

Na primeira metade do século XIX não foram facilitadas às crianças do sexo feminino as mesmas oportunidades de instrução que se concediam às do sexo masculino. A maioria das escolas públicas, máxime as comunais, não tinham cursos para as jovens, que àquele tempo, e até muito depois, estudavam separadas dos rapazes e quase sempre em estabelecimentos exclusivos para elas, lembrando-se que a "ordonnance" de 16 de fevereiro de 1816 fora taxativa nesse ponto, com proibir terminantemente as escolas mistas.

Não estava em Rivail aceitar esse estado de coisas. Casado, em 1832, com a institutora primária Amélie Boudet, que enfrentou todas as dificuldades que sua condição feminina criara, ele tinha carradas de razões para discordar dessa desigualdade de direitos. Seus esforços em favor da educação feminina não puderam ir além de um pequeno pensionato de mocinhas (*demoiselles*) que ele e sua mulher fundaram e dirigiram, na zona suburbana de Paris.[83] Muito fez em prol da instrução das jovens o prof. Lévi-Alvarès.[84] É possível que Rivail também tenha professorado nos cursos públicos que Lévi-Alvarès instituíra no Hôtel-de-Ville, cursos frequentados por moças, em certos dias da semana, e que inauguraram em Paris um regime de externato feminino que só entraria em moda após 1850.

---

83 *L'Illustration*, Journal Universel, 27e année, v. LIII, Paris, samedi, 10 avril 1869, p. 237.
84 Lévi-Alvarès (David-Eugéne), ilustre professor e pedagogista francês, nascido de pais israelitas em Bordeaux, no ano de 1794, e desencarnado em 1870.
Ainda bem jovem, criou cursos para elevar o nível de instrução das moças, seguindo um método que depois tomou o seu próprio nome. Em 1825 fundou, em Paris, um curso de educação maternal, que alcançou êxito e fama. Com o Sr. Lourmand, também instituiu, no *Hôtel-de-Ville*, em 1833, um curso normal, hebdomadário, frequentado por professoras primárias.
Deixou mais de uma centena de livros publicados, e tanto o seu filho quanto um sobrinho continuaram abnegadamente a sua obra. Membro da Academia das Ciências de Bordeaux, da Sociedade Geográfica, da Sociedade das Artes de Atenas etc. (Apud VAPEREAU, G. *Dictionnaire universel des contemporains*. 3. ed. Paris, 1865; LAROUSSE, Pierre. *Grand dictionnaire universel du XIX Siécle*. Paris, 1873; *Catalogue général des livres imprimés de la bibliothèque nationale (Auteurs)*, tomo XCVII. Paris, 1929.

Rivail e Lévi-Alvarès eram colegas e amigos, e posteriormente publicaram, em conjunto, duas obras didáticas.

O empenho de Rivail pela educação feminina não decaiu no correr do tempo. E em 1847, ao ensejo de novo projeto de lei sobre o ensino, vemo-lo apresentar sugestões num "Projeto de Reforma", de sua autoria, no qual trazia a estudo interessantes proposições acerca da organização geral do ensino, em especial nos educandários para mocinhas (*jeunes personnes*).

O referido "Projeto" foi transcrito em *Le Courrier de l'Enseignement* (Journal des Réformes et des Progres de l'Éducation), conceituado periódico parisiense cujo proprietário-gerente era o prof. A. Jullien (Adolphe Jullien?) e que aparecia três vezes por mês. É no seu número 44, de 20-30 de abril de 1848, que sai o final desse trabalho, firmado com a assinatura H.-L.-D. Rivail. Nele o autor faz referência ao seu *Mémoire sur l'instruction publique*, de 1831, quanto à necessidade, já ali proposta, de tornar obrigatório, para aspirantes a professoras de crianças, um estágio de três anos em um ou dois estabelecimentos de ensino, a fim de reunirem, com a experiência, os elementos que lhes possibilitassem dar realmente aos alunos uma boa e eficaz educação. Tanto no externato quanto no pensionato, a educação deveria ser ministrada do ponto de vista intelectual, físico, moral e religioso, como um todo, e, para se conseguirem bons resultados, as mestras teriam que estar bem preparadas, salientando Rivail, pelas suas observações, que as garantias exigidas para a carreira do ensino seriam de três naturezas: capacidade, moralidade e aptidão ou *savoir-faire*, as quais ele passa a desfiar, uma por uma, no propósito de tornar bem claro o seu pensamento a respeito.

Quando em Yverdon, Rivail teve oportunidade de tomar conhecimento do admirável trabalho desenvolvido no instituto para meninas e moças fundado por Pestalozzi, em 1806, nos Paços do Concelho daquela cidade, e onde se procurava preparar mestras da pequena infância, diretoras de educandários e futuras mães de família, obra pioneira àquela época e que sobreviveu até pelo menos 1837.[85]

As alunas desse instituto participavam, várias vezes por ano, com os alunos do Castelo, na celebração de festas e aniversários, especialmente no Natal, no Ano-Novo e na data natalícia de Pestalozzi. E acrescenta J.

---

85 *L'Institut des jeunes filles à Yverdon*, de J. Cornaz-Besson. In: Bulletin n. 13 (Automne 1988) do Centre de Documentation et de Recherche Pestalozzi, Yverdon.

Cornaz-Besson que todas as tardes o mestre de Yverdon reunia seus pupilos, de ambos os sexos, para uma meditação religiosa, após o que se fazia ouvir um coral.

É assim que as atenções do jovem Rivail foram, desde cedo, despertadas para o problema da instrução e educação das meninas e moças, e ao retornar a Paris deu também a sua contribuição ativa nesse sentido, juntamente com outros abnegados mestres e mestras que colheram na obra de Pestalozzi as bases de uma boa formação pedagógica.

André Moreil escreve que a *Memória* de 1831, a respeito da qual falamos atrás, foi coroada pela Academia Real das Ciências de Arrás, mas ele não fornece qualquer adendo esclarecedor ou comprovador.

Ora, existe uma obra bibliográfica, publicada quando Rivail ainda estava encarnado, que parece discordar da afirmativa acima. Ela regista,[86] em separado, a *Mémoire sur l'instruction publique*, já por nós comentada, e a *Mémoire sur cette question: Quel est le système d'études le plus en harmonie avec les besoins de l'époque?*, acrescentando que esta segunda trata da reforma dos estudos clássicos e é ela que foi premiada pela referida entidade cultural. Não apresenta, entretanto, datas ou algum outro dado complementar. A *Revista Espírita* de maio de 1869, no artigo Biografia do Sr. Allan Kardec, é que explica ter Rivail participado de um concurso promovido em 1831 pela Academia de Arrás, do qual saiu vencedor com a "notável memória" a que por último nos reportamos. E a confirmação disto está numa página de anúncio de obras de H. L. D. Rivail constante no *Catéchisme grammatical de la langue française* (1848).

A vitória de Rivail foi relembrada em 1834 pelo seu aluno Louis de Rouyer, em discurso de fim de ano letivo, perante colegas e professores da Instituição Rivail, fato que adiante reproduziremos.

---

86 *La France littéraire*, ou dictionnaire bibliographique, par J.-M. Quérard, tome douzième. Paris: l'Éditeur, rue des Grands-Augustins, n. 3, 1859–1864, p. 457.

24

O AMIGO DOS ALUNOS

A Instituição Rivail, a respeito da qual já tecemos algumas considerações, páginas atrás, foi criada em 1826 por Denizard Rivail, em sociedade com um de seus tios maternos, o qual entrara como financiador da empresa. Conduzido com seriedade e dedicação, o trabalho de Rivail produzia os frutos desejados. Todos os anos, uma turma de alunos bem preparados intelectual e moralmente se despedia da Instituição que funcionava à rua de Sèvres, n. 35.

Como o tio e associado tinha a paixão do jogo, por diversas vezes a Instituição correu o risco de fechar as portas por causa da frequente instabilidade em suas finanças.

Acontece que os desmandos por parte do tio chegaram a tal ponto, em jogatinas nas estações balneárias de Aachen, em fr. Aix-la-Chapelle (Alemanha) e Spa (Bélgica), com perda crescente de grandes quantias, que não houve mais por onde sustentar o estabelecimento escolar que Rivail dirigia com zelo e verdadeiro espírito missionário.

Feita a liquidação, coube 45 mil francos a cada sócio. A conselho de sua esposa, que igualmente sofrera com esse revés, associada que estava às afanosas tarefas educacionais na Instituição, Rivail confia esse dinheiro a um amigo íntimo da família, negociante, que, infeliz nos negócios, entrou em falência, deixando o pobre professor sem um níquel. Tal qual sucedera com Pestalozzi, por várias vezes ainda Rivail seria vítima de sua bondade e de seu desprendimento.

Todos os anos, ao findar o período letivo, Rivail reunia colaboradores e alunos em solene festividade. Após o discurso por ele pronunciado, na qualidade de diretor do estabelecimento (*chef d'institution*), um dos alunos, escolhido pelos colegas, fazia uma espécie de saudação gratulatória ao mestre. A solenidade terminava com a distribuição de prêmios aos primeiros colocados.

O ano de 1834 foi o último vivido pela Instituição, antes que suas portas fossem cerradas. No dia 14 de agosto, precedendo às férias escolares, Rivail prestou conta de sua gestão a todo o corpo de auxiliares, aos alunos e seus pais, como o fazia anualmente, passando, em seguida, a articular considerações em torno da educação dos jovens, seu tema favorito.

De novo se utiliza, em sintonia com o método pestalozziano, da imagem jardineiro = professor. Comparando o espírito da criança a um terreno cuja natureza o jardineiro hábil deve conhecer e estudar, a fim de semear com proveito, o prof. Rivail acrescentava, em seu discurso:[87]

> E assim como as aptidões do jardineiro não se reduzem à ciência de meter plantas na terra, também o talento do instrutor não deve limitar-se ao ensino dos rudimentos.

Bem mais tarde,[88] ele escreveria:

> [...] Para instruir a infância é preciso grande tato e muita experiência, porque é inimaginável o alcance que poderá ter uma única palavra imprudente que, como o joio, germina nessas jovens imaginações como em terra virgem.

Desenvolver a inteligência da criança, salientava ainda o prof. Rivail, e não apenas fazer que ela adquira tal ou tal ciência, num processo exclusivo de memorização ininteligente e brutal. Este, aliás, era o pensamento de Pestalozzi, e constitui a base da educação primária moderna, o fundamento da escola ativa dos nossos dias. A reação contra os exageros de sobrecarga da memória vem de longe. Plutarco sintetiza-a nesta sentença lapidar: "A alma da criança não é uma ânfora que se deve encher, mas uma chama que é preciso alimentar".

---

[87] MOREIL, André. *La Vie et l'œuvre d'Allan Kardec*. Paris: Éditions Sperar, 1961. p. 89.
[88] KARDEC, Allan. *Revista Espírita*: jornal de estudos psicológicos. jun. 1864. Algumas Refutações – Conspirações contra a fé. Trad. Evandro Noleto Bezerra. 3. ed. 1. reimp. Brasília: FEB, 2009.

O grande pedagogo alemão Fröbel, que de 1808 a 1810 travara estreita amizade com Pestalozzi, pensava de modo semelhante, e daí ter criado, em 1837, os famosos "jardins de infância" (*kindergarten*), nos quais visava a cultivar o espírito da criança como se cultiva uma planta no jardim, sem sufocá-la com excessos de conhecimentos.

Friedrich Fröbel

Ainda no seu discurso de fim de ano, Rivail expôs, em síntese, os princípios educacionais que vinha adotando, sempre corrigidos e aperfeiçoados por suas observações diárias, dizendo-se feliz quando defrontava com algum novo processo de ensino ou quando descobria novas verdades que pudessem ser utilizadas na educação. E ei-lo a confessar para a posteridade: "a educação é a obra da minha vida, e todos os meus instantes eu os dedico para meditar sobre essa matéria" (*l'éducation est l'œuvre de ma vie, et tous mes instants sont employés à méditer sur cette matière*).

O orador diz, mais além, das qualidades que o professor deve possuir, a fim de bem exercer o magistério e conseguir, dessa forma, resultados positivos junto ao educando. Assinala que o professor tem sobre os ombros uma das mais importantes e difíceis tarefas: a arte de formar homens. A violência e o temor, que então frequentemente impunham, sob forma de castigos corporais, às crianças que estudavam, não eram admitidos no ensino pestalozziano, em que predominava a força do espírito e do amor.

Dirigindo-se aos alunos, os quais tratava por "amigos", Rivail lhes faz ver as responsabilidades que também lhes tocam. Lamentando que muitas criaturas ainda continuam a viver nas trevas da ignorância, lembrou àqueles jovens o dever de renderem graças a Deus pela oportunidade que lhes fora concedida.

No discurso em pauta, consta haver a seguinte frase de Rivail, que colhemos na obra de Vartier:[89] "A fonte das qualidades se encontra nas impressões que a criança recebe ao nascer, talvez antes." (*La source des qualités se trouve dans les impressions que l'enjant reçoit à sa naissance, peut-être avant*).

Esse final — "talvez antes" — levou certos críticos a afirmarem, precipitadamente, que o pedagogo Denizard Rivail se *convencera* da reencarnação bem antes do nascimento do Espiritismo. Nada mais tendencioso! Primeiro, o vocábulo "talvez" já por si assinala a dúvida que morava no espírito do discípulo de Pestalozzi, não exprimindo, assim, nenhuma convicção. Em segundo lugar, o próprio Rivail[90] declarou, mais de uma vez, haver relutado em aceitar a teoria das vidas sucessivas que, cerca de vinte anos mais tarde, os Espíritos lhe transmitiram, tendo ele mesmo combatido-a por algum tempo, antes que a evidência dela lhe fosse demonstrada. Já em 1858, o Codificador do Espiritismo frisava:[91]

> [...] essa teoria, que estava tão longe de nosso pensamento quando os Espíritos no-la revelaram, que nos surpreendeu estranhamente, porque — confessamos humildemente — o que Platão escrevera sobre esse assunto especial nos era então totalmente desconhecido, nova evidência, entre tantas outras, de que as comunicações que nos foram dadas não refletem absolutamente a nossa opinião pessoal. [...]
> [...] a Doutrina dos Espíritos [acerca da reencarnação] nos surpreendeu profundamente; diremos mais: contrariou-nos, porquanto derrubou as nossas próprias ideias. [...]

---

89 VARTIER, Jean. *Allan Kardec, la naissance du spiritisme*. Paris: Librairie Hachette, 1971. p. 156.
90 KARDEC, Allan. *Revista Espírita*: jornal de estudos psicológicos. fev. 1862. A reencarnação na América. Trad. Evandro Noleto Bezerra. 3. ed. 2. reimp. Brasília: FEB, 2009.
91 Id. ib. set. 1858. Platão: Doutrina da escolha das provas. n. 11; nov. Pluralidade das existências corpóreas (Primeiro artigo). Trad. Evandro Noleto Bezerra. 5. ed. 1. imp. Brasília: FEB, 2014.

Impõe-se, dessa forma, outra explicação para o final do trecho acima. Professor estudioso que era, lendo tudo que dissesse respeito a assuntos pedagógicos, Rivail não desconheceria, pelo menos no que concerne à educação, as ideias de Aristóteles e Platão, os geniais filósofos-pedagogos que influenciaram várias gerações e que até hoje são incluídos nos Tratados de Pedagogia e de Psicologia.

Como Rousseau no *Emílio*, Aristóteles detalha os cuidados que importa dar à primeira infância. Ele quer, entretanto, como Platão, que se prepare a educação da criança mesmo antes do seu nascimento, prescrevendo às mães, durante a gravidez, o regime que elas devem seguir, porque, diz ele, "as crianças ressentem as impressões da mãe, tanto quanto os frutos se ressentem do solo que os nutre".[92]

"O sistema platoniano de educação[93] é um sistema de dois graus, de dois ciclos, como diríamos hoje, em que o primeiro começa com o nascimento da criança, *antes mesmo do seu nascimento*, e termina aos 20 anos [...]" (Grifos nossos). Pelo que diz Platão, não se deve esperar que a criança venha ao mundo para que sobre ela se exerça a educação. O embrião já é sensível a certas impressões; alma e corpo podem receber, nesse período, impressões duradouras. E o filósofo grego chega a dar às mulheres grávidas vários conselhos, úteis indiretamente ao nascituro.

Ao estudar a psicologia infantil, René Hubert[94] regista este pronunciamento de Minkowsky, quanto ao crescimento físico e mental do ser (*In: Encycl.* fr. 8.16, 14b):

> Não há razão séria para não julgar possível, senão provável, a existência no feto de um fundo nascente, vago e obscuro, de elementos psíquicos próprios, inconscientes ou pré-conscientes, ou, para falar como Aristóteles, de uma alma obscura, vegetativa e nutritiva no começo, sensitiva (sobretudo intero e proprioceptiva) em seguida. Não se percebe, com efeito, em que momento particular da história ontogênica do indivíduo se deva assentar o aparecimento de elementos psíquicos subjetivos. Nada, na verdade, nos obriga a colocar esse momento após o nascimento, e não antes.

De qualquer maneira, "a experiência particular adquirida pelo feto no curso de sua evolução, experiência que ele traz consigo ao vir ao mundo,

---

92 BUISSON, F. *Nouveau dictionnaire de pédagogie et d'instruction primaire*, 1911, p. 100.
93 Id. ib. p. 1.640.
94 HUBERT, René. *Traité de pédagogie générale*. Presses Universitaires de France, 1949. p. 118 e 119.

constitui uma base indelével na qual se inserirão todas as impressões ulteriores" (*In*: *Encycl. fr.*, 8. 16, 15b).

Diante do que expusemos, não se precisa pensar que Rivail se antecipara, por um fenômeno premonitório, às doutrinas de Freud, W. Green e outros, acerca das "percepções intrauterinas", e nem concluir, abruptamente, que *peut-être avant* faz alusão direta a existências anteriores e sua incidência na formação do caráter.

Rivail, com efeito, na frase aqui em estudo, não teve o mais remoto propósito de se referir à doutrina reencarnacionista. Tanto é assim — repetimos —, que quatro lustros mais tarde, quando os Espíritos lhe falaram sobre o assunto, ele se mostrou surpreso e ao mesmo tempo cauteloso, só firmando opinião favorável à pluralidade das existências após consciencioso estudo e racional exame.

Quase ao término da sua preleção na Instituição Rivail, o circunspecto diretor deixou impresso na alma daqueles adolescentes este conselho de real significado: "instruindo-vos, trabalhais em prol da vossa própria felicidade".

Depois do edificante discurso de Rivail, que ainda não tinha em mente fechar a sua Instituição, tanto assim que programara para o ano seguinte a introdução de conhecimentos de Anatomia e Fisiologia entre as matérias ali ensinadas, tomou da palavra o escolar Louis Rouyer, de 15 anos. Em sua alocução elogiou o mestre e diretor, recordando-lhe o triunfo na Academia Real das Ciências de Arrás.

Se não fora a publicação dos sucessos acima relatados, ignoraríamos talvez esse lado da atividade pedagógica de Rivail. Por essa ou aquela razão, apenas a solenidade de 1834 ficou registada numa brochura, de doze páginas, impressa em Paris, e anunciada na *Bibliographie de la France* de 23 de agosto do mesmo ano. Intitulava-se: *Discours prononcé à la distribution des prix du 14 août 1834, par M. Rivail, chef d'institution, membre de l'académie d'industrie. (Suivi d'un Discours pronounce par le jeune Louis Rouyer, âgé de quinze ans)*.

025

Dia e noite no trabalho

Os infaustos acontecimentos que levaram à bancarrota a Instituição Rivail, seguidos da perda de todo o dinheiro que coubera a Rivail na liquidação do referido estabelecimento, tudo isso não conseguiu arrastar o casal ao desânimo ou ao desalento. Possuindo esposa altamente compreensiva, resignada e corajosa, foi fácil ao professor sobrepor-se a esses infelizes sucessos. Mme. Rivail seguia os mesmos passos de Anna Schulthess, aquela que compartilhara, em diferentes ocasiões e durante quarenta e seis anos, os sonhos, as lutas e as vicissitudes de Pestalozzi.

Demonstrando firme vontade e inquebrantável energia, Rivail empregou-se como contabilista de três casas comerciais, trabalho que lhe rendia, segundo Henri Sausse, cerca de 7 mil francos por ano.

Ocupado durante o dia, destinava as noites à elaboração de novos livros de ensino, à tradução de obras inglesas e alemãs, e à preparação de todos os cursos que ele, juntamente com o prof. Lévi-Alvarès, dava a alunos de ambos os sexos no *faubourg* de Saint-Germain.

Não ficava nisto o seu incansável labor: em sua própria casa — certamente com o pensamento voltado para Pestalozzi, o grande amigo dos órfãos e do povo, e ciente de que, conforme proclamou Victor Hugo, "quem diz instrução, diz, consequentemente, luzes, humanidade, moralidade, liberdade, justiça, bem-estar e prosperidade" — organizou e ministrou, de 1835 a 1840, cursos gratuitos de Química, Física, Astronomia, Fisiologia, Anatomia

Comparada etc., "empreendimento digno de encômios em todos os tempos, principalmente numa época em que só um número muito reduzido de inteligências ousava enveredar por esse caminho". Anna Blackwell diverge dos demais biógrafos ao escrever, em 1875, que as referidas aulas, "a que assistiram mais de 500 pessoas de todos os níveis sociais, muitas das quais posteriormente se destacaram no mundo científico", tiveram início em 1830, num grande salão à rua de Sèvres, alugado a expensas do próprio Rivail. Seja como for, a essa obra filantrópica igualmente não faltou a colaboração zelosa, discreta e espontânea da Sra. Rivail, que dava ao marido todo o apoio possível para que ele pudesse desempenhar, sem tropeços de qualquer espécie, a sua tarefa educacional. Observa Jean Vartier, com certa estranheza, "a predileção desses pedagogos missionários para as matérias essencialmente científicas", distanciados da agitação literária da época.

Léopold Dauvil

De 1843 a 1848, Rivail deu também cursos públicos, bissemanais, de matemáticas e astronomia. E Léopold Dauvil, que foi um dos redatores da *Revue Spirite*, conta que os alunos e até mesmo os professores que frequentaram os referidos cursos admiravam a simplicidade das demonstrações do mestre e a facilidade de sua elocução. "Tenho entre as mãos" — acrescentava L. Dauvil[95] — "um questionário, manuscrito, de retórica (a mim ofertado por Mme. Leymarie), redigido por ele quando professava essa ciência, e que patenteia o quanto de espírito lúcido possuía aquele que nenhuma calúnia jamais pôde ferir".

---

95 KARDEC, Allan. *Revue Spirite*: journal d'études psychologiques. 47e année, octobre 1904, p. 579.

26

Educação e instrução

Comenta Augustin Cochin, um dos biógrafos de Pestalozzi, que a educação, e, por ela, a regeneração do povo, foi o pensamento constante do "Descartes da Pedagogia", a paixão mais ardente de seu espírito. No seu entender, era o remédio mais eficaz para atalhar o estado de miséria do mundo, decorrente sobretudo da nudez moral e intelectual dos homens. Pestalozzi chegara à convicção, escreveu P. P. Pompée, de que para se conseguir estancar a miséria do povo, em sua fonte, precisar-se-ia cultivar, desde a infância, as faculdades físicas, intelectuais e morais do homem, e desenvolver pela educação os bons sentimentos que Deus depositou em gérmen no coração de todos os seus filhos. "O único meio de pôr termo à desordem social, às fermentações e revoltas populares, assim como aos abusos do despotismo dos príncipes e das multidões, é enobrecer o homem" — eis como pensava sobre o assunto o famoso educador suíço, em citação feita pelo biógrafo Gabriel Compayré.

Rivail soube bem compreender essas profundas lições, conservando-as e aplicando-as durante toda a sua vida. Já no fim de sua frutuosa passagem pela Terra, dirigindo-se aos homens em geral, e aos espíritas em particular, ele demonstrou não nas ter esquecido, ao escrever:[96]

---

[96] KARDEC, Allan. *Obras póstumas*. Trad. Guillon Ribeiro. 1. ed. 1. reimp. (Edição Histórica). Brasília: FEB, 2011. *Credo espírita*, it. Preâmbulo.

> A questão social não tem, pois, por ponto de partida aforma de tal ou qual instituição; ela está toda no melhoramento moral dos indivíduos e das massas. Aí é que se acha o princípio, a verdadeira chave da felicidade do gênero humano, porque então os homens não mais cogitarão de se prejudicarem reciprocamente. Não basta se cubra de verniz a corrupção, é indispensável extirpar a corrupção.
>
> O princípio do melhoramento está na natureza das crenças, porque estas constituem o móvel das ações e modificam os sentimentos. Também está nas ideias inculcadas desde a infância e que se identificam com o Espírito; está ainda nas ideias que o desenvolvimento ulterior da inteligência e da razão pode fortalecer, nunca destruir. É pela educação, mais do que pela instrução, que se transformará a Humanidade.

Embora na linguagem escrita e falada se confundam os vocábulos educação e instrução, usando-se comumente o primeiro pelo segundo, eles se diferenciam em seus significados, e Rivail sabia disso, como é exemplo o final do trecho que acabamos de transcrever.

A respeito desses dois vocábulos, eis como se expressou A. Cochin:

> A instrução é mais especialmente a aprendizagem da ciência, a educação é a aprendizagem da vida; a instrução desenvolve e enriquece a inteligência, a educação dirige e fortifica o coração; a instrução forma o talento; a educação, o caráter. A missão da educação é mais elevada, mais difícil a sua arte.

27

Rivail e a liberdade de ensino

Constituída pela lei de 1806 e pelos decretos orgânicos de 1808, a Universidade de Paris foi posteriormente (Decreto de 15 de novembro de 1811) investida de um monopólio que pôs em suas mãos o ensino livre. As instituições e as pensões foram também colocadas diretamente sob a autoridade do grão-mestre, e eram como que satélites ou auxiliares dos colégios e liceus, havendo mal disfarçada tirania destes sobre aquelas. Nas instituições e pensões, os alunos tinham que usar o uniforme dos liceus; o ensino só podia ser dado até a quarta classe (classe de humanidades) nas cidades onde houvesse pelo menos um colégio ou liceu, ficando aquelas na obrigação de remeter seus alunos a esses estabelecimentos públicos, a fim de cursarem as classes seguintes; pagava-se à Universidade o imposto de 1/20 dovalor da pensão de cada aluno, além de um outro, pessoal, por parte do "chef d'institution", de 150 francos em Paris e de 100 francos na província; o certificado de estudos universitários era exigido para a obtenção dos graus; o programa de ensino de cada estabelecimento era submetido à aprovação do reitor e do conselho acadêmico; enfim, seria renovável, de dez em dez anos, a autorização para o funcionamento de uma pensão ou instituição. Eis, expostos de modo sucinto, alguns dos motivos que explicam a má recordação que deixou no ensino livre o regime do monopólio.

Os "maîtres-de-pension" e os "chefs d'institution" não se contentaram em protestar e em invocar os princípios de equidade e de liberdade. Mais tarde se uniram para defender seus direitos e formaram, sucessivamente, duas sociedades em Paris: a "Société d'Éducation Nationale" (1831), que abrangia todo o país, e a cujos quadros pertenceu Rivail; a "Société des Chefs d'Iinstitution" (1843), sucessora da anterior, circunscrita aos departamentos do Sena, do Seine-et-Oise e do Seine-et-Marne, embora os "chefs d'institution" dos outros departamentos pudessem ligar-se a ela como membros correspondentes. Conquanto não se conheça documento a respeito, é bem provável que Denizard Rivail igualmente tenha sido membro dessa última Sociedade, como antigo e conceituado "chef d'institution" que era.

Com palavras ponderadas e desapaixonadas, como era do seu feitio, Rivail igualmente se bateu pela liberdade de ensino, ou seja, o direito igual para todos de dar esse ensino, a interdição de todo monopólio nas mãos quer de indivíduos privilegiados, quer de corporações, quer, inclusive, do Estado. Chegou mesmo a tratar, com destemor, dessa questão na *Memória* que em 1831 dirigiu à Comissão nomeada pelo governo para preparar um projeto relativo às coisas do ensino, *Memória* que foi por nós apreciada, páginas atrás, em *Rivail e a Lei Guizot. Esforço recompensado*.

J.-B.-H. Lacordaire (1802–1861)

Justamente nessa época surgiram em Paris três grandes vultos do catolicismo liberal, Montalembert, Lamennais e Lacordaire, que empreenderam movimentada campanha contra o monopólio da Universidade, propugnando pelo princípio da liberdade de ensino. Graças a eles, graças sobretudo aos esforços das Sociedades acima citadas, conforme acentuou De Ménorval no *Dictionnaire de pédagogie* de F. Buisson, graças às manifestações dos próprios liberais e da "Société pour l'Instruction Élémentaire", contrários ao clero e à Universidade, os ideais liberais no ensino foram triunfando e os entraves impostos às instituições, desaparecendo. Já no fim da monarquia de julho, a liberdade estava quase assegurada, embora não legalmente, e a prosperidade das instituições, relaxados os laços que as faziam subordinadas aos liceus e colégios, era um fato.

Conde de Montalembert (1810–1870)

F. R. de Lamennais (1782–1854)

Nesse segundo período de sua história, o ensino livre (então oficialmente designado ensino privado) prestou relevantes serviços à causa da educação. Em Paris, o número de instituições e pensões, respectivamente de 29 e 77 em 1842, aumentou bastante, e nelas homens muito ilustres fizeram seus estudos.

Após a Revolução de 1848, o triunfo do partido clerical permitiu, àqueles que reclamavam a liberdade de ensino, realizar seu objetivo. Eleito presidente da França Luís Napoleão Bonaparte, sobrinho de Napoleão I, procurou agradar de todas as maneiras os católicos, e logo confiara ao conde de Falloux um dos chefes do ultramontanismo, a pasta da Instrução Pública e dos Cultos. O novo ministro instituiu, então, comissões para preparar novo projeto de lei sobre o ensino. Afinal, a chamada lei Falloux foi votada e aprovada em 15 de março de 1850, já na gestão do ministro De Parieu.

Mas essa lei, que parecia corresponder às aspirações do ensino livre e que deveria fortalecê-lo, só foi realmente útil às escolas eclesiásticas. Apresentada como uma lei de liberdade, ela apenas transferia um monopólio, o da Universidade, que se pretendia impugnar, para a esfera de um outro, o das congregações, que se ia instituir. O grande escritor Victor Hugo pôs, na Assembleia Legislativa, toda a sua eloquência contra a lei, dizendo que ele esperava a liberdade de ensino sob a fiscalização do Estado laico e não dos bispos e dos delegados dos bispos introduzidos nos conselhos.

Com essa lei, inaugurou-se o terceiro período, o da decadência do ensino laico, e cujo traço principal se constituiu no aumento sensível de estabelecimentos congregacionais, que receberam todo o apoio do clero e da política do Segundo Império, além de facilidades financeiras, levando os estabelecimentos laicos a fecharem suas portas. Aliás, havia muito que as escolas congregacionais tinham as laicas como rivais, em vez de aliadas, e procuravam, antes de tudo, eclipsá-las, depreciá-las e colocá-las em suspeição. A situação agora piorara, tornando-se mais opressiva para os institutores laicos, que desde algum tempo vinham sendo apontados até como agentes da revolução e da desordem. Contrariou-os bastante, máxime aos "chefs d'institution", privilégio dado aos bispos de poderem criar, em suas dioceses, estabelecimentos secundários privados, sob a responsabilidade dessas mesmas autoridades eclesiásticas, sem se subordinarem a nenhuma condição ou exigência do Estado, embora deste recebessem auxílios ou subvenções. Não se falando nas escolas primárias, de 1850 a 1852 fundaram-se, em Paris, 257 escolas secundárias católicas, e em 1854 o número de alunos das 1.081 existentes já era igual à metade do das escolas secundárias públicas (liceus).

F.-A.-P. Falloux (1811–1886)

    A nova lei de ensino chegou na ocasião a ser tachada de "iliberal, porque impunha condições à liberdade que ela própria dava, e fazia a Igreja cúmplice do monopólio, ao lhe entregar parte desse monopólio, consagrando, assim, a aliança do clero com a Universidade". Até mesmo a disposição liberal contida no artigo 3º da lei de 28 de junho de 1833 desapareceu na lei Falloux. E eram estes os seus termos: "A vontade dos pais será sempre consultada e seguida no que diz respeito à participação dos filhos na instrução religiosa".

    Com a lei de 1850, suprimiram-se vários entraves ao ensino livre, cujos mestres tiveram ampliadas suas garantias, mas o institutor tornou-se um subordinado do sacerdote: sob seus olhos vigilantes, ele recitava o catecismo, velava pela igreja e pela sacristia, numa cumulação de encargos por vezes incompatíveis com o seu modo de pensar. O pároco, como ministro do culto, tinha a fiscalização e a direção moral da escola; como delegado cantonal, podia até exercer a fiscalização e a direção pedagógicas. E de tal forma ficou constituída a administração geral do ensino primário e secundário, que, em qualquer desinteligência entre o pároco e o institutor, este quase sempre levaria a pior.

    O clero cantou vitória e, como assinalou Maurice Pellisson,[97] sobre as ruínas da antiga Universidade o que triunfava não era a liberdade, era a

---

97 *In: Nouveau dictionnaire de pédagogie et d'instruction primaire*, publicado sob a direção de F. Buisson. Paris: Librairie Hachette et Cie., 1911. p. 661.

ideia ultramontana. Resultado: as instituições e as pensões laicas entraram em declínio e grande parte sucumbiu.

Certamente em virtude dessa lei, contrária aos seus sentimentos e à sua formação liberal, é que Rivail resolveu, como tantos outros velhos e respeitáveis institutores e "chefs d'institution", afastar-se do magistério após haver dedicado a ele trinta anos de sua existência.

Ainda em 1850, cedia ao Sr. A. Pitolet, que posteriormente ocuparia em Paris o cargo de inspector de Ensino primário, a instituição conhecida pelo nome de Liceu Polimático,[98] da qual era diretor, localizada na rua de Sèvres, n. 35.[99] O ensino, ali análogo ao professado nos liceus públicos, incluía Ciências Naturais, bem como noções de Anatomia e Fisiologia.

J.-M. Quérard

O grande educador pestalozziano encerrava, assim, um tanto melancolicamente, a primeira etapa de sua existência, durante a qual — como escreveu o bibliógrafo e escritor Joseph-Marie Quérard, seu contemporâneo[100] — ele esteve "especialmente ocupado com o estudo pedagógico em todos os seus desdobramentos e sob todos os pontos de vista, inclusive

---

98 Isto é, estabelecimento de ensino secundário em que se ensinam muitas ciências. Segundo René Hubert (*Traité de pédagogie générale*), era permitido aos diretores das instituições livres de ensino secundário dar a elas a denominação de liceus ou colégios, o que foi interdito pelo decreto de 25 de fevereiro de 1860.
   Os liceus públicos, dependentes do Estado, foram criados pela lei de 1º de maio de 1802. Durante a Restauração tomaram o nome de *colégios reais*, retomando a antiga denominação em 1848. Pelos termos da lei, liceus se consegravam ao ensino das letras e das ciências. Aí estavam compreendidas as línguas antigas, a história, a retórica, a lógica, a moral e os elementos das ciências matemáticas e físicas.
99 QUERÁRD, J.-M. *La France littéraire*, ou dictionnaire bibliographique... Tomo XII – Século XIX (tomo II). Paris: l'Éditeur, 1859–1864. p. 456.
100 Id. Ibid.

em suas aplicações ao cultivo do moral, do físico e da inteligência" (*spécialement occupé de l'étude pédagogique dana tous ses développements et sous tous les points de vue, ainsi que de ses applications à la culture du moral, du physique et de l'intelligence*).

Como se não bastasse a caótica situação das instituições laicas, consequência da lei de 1850, os anos seguintes vieram acrescentar novos percalços ao ensino, vivendo os mestres em sobressalto constante, cerceados no exercício pleno de suas funções, o medo e a incerteza a lhes afligirem as almas. Tudo isso sobreveio após o golpe de Estado de Luís Napoleão Bonaparte, em 2 de dezembro de 1851, com a instauração, na França, de uma política ditatorial e clerical, ficando abolidas a liberdade de imprensa e outras liberdades públicas.

De 1851 a 1856, o novo Ministro da Instrução Pública e dos Cultos, Hippolyte Fourtoul, fez reinar na Universidade o despotismo e o terror. Quando, em fins de 1852, Luís Bonaparte avocou a si o título de imperador Napoleão III, os professores tiveram que prestar-lhe juramento de fidelidade (*serment de fidélité*). Aqueles que se recusaram a isso foram demitidos, sendo citados, entre os nomes mais famosos, Villemain, Cousin, Michelet, Quinet e outros. A espionagem policial entrou na Universidade, iniciando sistemática perseguição nos estabelecimentos escolares públicos e privados, excluídos os congregacionais, que se beneficiavam da proteção do governo imperial. Tanto quanto os professores de faculdades, os institutores eram igualmente tratados como suspeitos. Calcula-se em cerca de 800 o número daqueles que foram destituídos de suas funções, após o golpe de Estado.[101] Manifestando hostilidade ao desenvolvimento da instrução popular, o ministro Fortoul delimitou o número de alunos gratuitos nas escolas primárias, fato que também foi frontalmente de encontro aos ideais de muitos mestres, entre eles Rivail, que sempre propugnara pela maior expansão da educação popular, consentâneo, aliás, com o pensamento do seu mestre Pestalozzi.

A lei Falloux regeu o ensino primário e secundário até 1860, ano que inaugurou, no governo absolutista de Napoleão III, um período de certas liberdades e garantias parciais aos cidadãos, em regime que se tornou ainda mais liberal, de 1867 a 1870.

---

101 LEIF, J.; RUSTIN, G. *Histoire des institutions scolaires*. Paris: Librairie Delagrave, 1954. p. 172.

Como se vê de tudo o que foi exposto, não houve mais campo nem condições que permitissem ao prof. Denizard Rivail retomasse suas atividades no ensino, durante essa primeira fase do Segundo Império, que foi até 1860. De 1851 a 1854, justamente os anos mais opressivos, quando, por simples desconfiança, se dava a invasão policial de estabelecimentos escolares, a índole e o caráter de Rivail impediram-no de voltar às atividades pedagógicas. Nesse meio tempo, infausto acontecimento veio aumentar-lhe as aflições. Por volta de 1852 ou 1853, sua percepção visual diminuíra sensivelmente, a ponto de não poder ler nem escrever e de não reconhecer as pessoas às quais estendia a mão. Parecia caminhar rapidamente para a cegueira. "[...] Consultei" — narrou ele no artigo "Conferências do Sr. Trousseau, professor da Faculdade de Medicina" da *Revista Espírita* de agosto de 1862 — "as notabilidades da Ciência, entre outras o Dr. L..., professor de clínica para moléstias dos olhos. Depois de um exame muito atento e consciencioso, declarou que eu sofria de uma amaurose e que devia resignar-me. Fui ver uma sonâmbula, que me disse que não era amaurose, mas uma apoplexia nos olhos, que poderia degenerar em amaurose se não fosse tratada adequadamente. Declarou responder pela cura. Em quinze dias, disse ela, experimentareis uma discreta melhora; em um mês começareis a ver e, dentro de dois ou três meses, estareis curado [...]". Rivail sabia muito bem, como velho estudioso do Magnetismo (ver cap. 17 – *Rivail e o Magnetismo*), que o sonâmbulo, em estado de lucidez ou dupla vista, tem às vezes a faculdade de prever a evolução ou a cura de doenças ou moléstias, com o fornecimento até mesmo de prescrições médicas. E, no caso, tudo realmente se passou tal qual a sonâmbula havia predito. Assistido, sem dúvida, por Espíritos Superiores, Rivail teve a visão completa e definitivamente restabelecida, e pelos anos afora, desde a sua convocação pelo Alto até o seu desenlace, os olhos lhe foram quais janelas abertas que lhe possibilitaram erigir a monumental obra do Consolador.

Como se verá mais adiante, a partir de 1854 é que ele seria chamado, qual "vaso de eleição", a trilhar novos rumos em sua existência. De educador da juventude de sua pátria, passaria, mediante homérico trabalho missionário, a educador da Humanidade.

28

A DIDÁTICA RIVAILIANA

Razão tinha o acadêmico francês Augustin Cochin, quando declarava que "para todo homem que pensa, que ama a Humanidade, que crê em sua reforma, em seus progressos, que tem fé em Deus e em seus desígnios soberanamente bons, a educação foi sempre e é mais do que nunca a grande questão, a suprema esperança, a salvação da posteridade". Rivail fora um destes homens, e, como Pestalozzi, durante a sua existência procurou educar, educar sempre, intelectual e moralmente, objetivando a construção de um mundo melhor.

O laborioso institutor-filantropo tudo fazia para facilitar aos alunos o aprendizado das matérias que geralmente causam certo cansaço cerebral. Evitava todas as abstrações e tudo quanto pudesse criar confusão nas mentes juvenis. Com engenho e arte, arquitetava, então, métodos e processos especiais, tendo em vista obter maior rendimento do aluno, com o menor dispêndio de energias intelectuais por este último. Procurava, a todo o transe, impedir que a criança viesse a sofrer, no futuro, de lamentáveis complexos de inferioridade, ao mesmo tempo que punha por terra a ojeriza que certas disciplinas escolares inspiram nos estudantes.

Aceitando o professor como simples mediador na obra educativa, reconhecia no aluno um colaborador nessa mesma obra, incentivando-lhe a iniciativa pessoal e a atividade espontânea.

Rivail dirigiu críticas ao método pelo qual se aprendia a História, em que se dava demasiada importância a datas, a filiações e a fatos políticos, salientando que o verdadeiro objeto da História deve ser "o estudo dos usos e costumes, do progresso artístico e científico das diversas épocas". A fim de obter melhor aproveitamento dos alunos, chegou a inventar habilidoso método de calcular, bem como um quadro mnemônico da História da França, que facilmente permitia memorizar as datas e os sucessos mais relevantes, inclusive as descobertas que ilustraram cada época.

Por essas e outras iniciativas em prol da educação, Rivail bem poderia subscrever, como dele, este pronunciamento de um dos seus mais queridos mestres, A. Boniface:[102]

> É o próprio amor pela minha pátria, é a filantropia mesma que me dirigem e me sustêm na afanosa, porém gloriosa, carreira a que me votei inteiramente. *Amo a infância, e quero viver com ela e por ela.* Apresentar às crianças os elementos das ciências sob uma forma menos árida, desenvolver-lhes as aptidões intelectuais, habituando-as a fazer continuamente uso da razão e do discernimento, a fazer que amem o estudo por seus próprios atrativos, e a verdade pelo prazer que encontram em descobri-la por si mesmas; enfim, esclarecer-lhes o espírito, formando-lhes o coração: tal será o escopo a que tenderão todos os meus esforços.

---

102 BONIFACE, A. *Cours élémentaire et pratique de dessin linéaire, d'apres....* Paris, 1823. p. IX.

29

O EDUCADOR POR EXCELÊNCIA

Não faltaram a Rivail oportunidades para demonstrar suas reais qualidades de emérito educador. Assim, por exemplo, todas as vezes que se falava em alterar a lei de ensino, ele saía a campo para expor suas ideias, seus planos e projetos, levado apenas pelo interesse de servir à obra da educação.

N.-A. Salvandy (1795–1856)

Em 1847, o ministro da Instrução Pública, Achille Salvandy, apresentou às Câmaras vários projetos de lei relacionados com o ensino, sendo que dois deles dispunham acerca do ensino primário e da liberdade de ensino em matéria de instrução secundária, mas a Revolução de fevereiro de 1848, que inaugurou a Segunda República, abortou a quase totalidade.

Foi com o propósito de colaborar junto a um desses malogrados projetos de lei que Rivail publicaria, em 1847, um opúsculo com algumas sugestões suas, intitulado *Projet de réforme concernant les examens et les maisons d'éducation des jeunes personnes*[...] Em suas páginas, ele sugeria medidas concretas relativamente à organização e orientação do ensino, medidas que, no seu entender, trariam melhoras sensíveis à redação de livros escolares.

O "Projeto" de Rivail trata ainda de vários temas que dizem respeito à formação do estudante e do próprio institutor, e propõe, afinal, modificações na adoção das obras clássicas pela Universidade.

Na acepção aqui usada, "obras clássicas" ou "livros clássicos" eram assim chamados os compêndios escolares que o Conselho da Universidade escolhia e adotava para o ensino nas escolas dos diversos graus. Já em 1808, o decreto imperial de 17 de março prescrevia as atribuições do Conselho nesse sentido, e esse texto fez lei na questão dos livros escolares em todos os regimes que se sucederam, de 1808 até a lei de 1850. As obras novas que fossem propostas para uso dos alunos nos estabelecimentos de instrução eram, após examinadas pelo Conselho, admitidas ou rejeitadas. Mais tarde, fez-se a publicação quinquenal dos livros adotados no ensino, mas logo essa medida caiu em esquecimento. Salvandy, em 1845, retomou a questão, decidindo pela publicação anual das obras destinadas às três ordens de ensino: primário, secundário e superior. A portaria que tratou do assunto concluía assim: "essas obras serão as únicas de que se poderá fazer uso nos estabelecimentos colocados sob a autoridade ou fiscalização da Universidade".

Como vimos linhas atrás, ciente dos novos projetos de lei apresentados pelo ministro Salvandy em 1847, Rivail achou também oportuno sugerir reformas nas disposições relativas à adoção dos livros clássicos pela Universidade, assentando-as no seu *Projet de réforme* como uma espécie de suplemento.

Tanto esta brochura, quanto duas outras subsequentes, do mesmo autor, revelam que ele esteve residindo, pelo menos em 1847 e 1848, à rua Mauconseil, n. 18.

Ainda em 1847, sob o patrocínio do referido ministro da Instrução Pública, inaugurava-se em Paris a primeira Escola Normal Maternal, destinada a formar professoras de escolas maternais, estabelecimentos então conhecidos por *salles d'asile*. Foi convidada a dirigir a novel Escola a Srta. Marie Pape-Carpantier, discípula e continuadora das doutrinas de Fröbel e Pestalozzi, e que já se destacava como notável educadora e pedagogista francesa. Comparticipou nesse trabalho Mme. René Caillé, viúva do célebre viajante e explorador René Caillé, falecido em 1838. Esta senhora também devotou toda a sua existência à educação das crianças, por quem foi muito amada, tendo deixado nos Departamentos do Haut-Rhin e do Bas-Rhin uma obra imperecível. Pela *Revue Spirite* de 1870, ficamos sabendo que Rivail fora amicíssimo de Mme. René Caillé, unindo-os uma amizade de muitos anos, fortalecida posteriormente pelos ideais espíritas que ambos compartilharam.

Marie Pape-Carpantier (1815–1878)

Em meados de julho de 1848 aparecia à venda o *Catéchisme grammatical de la langue française*, de 108 páginas, destinado às crianças do primeiro ciclo primário. Clareza e simplicidade são os principais méritos desta obra. H. L. D. Rivail evidencia mais uma vez o seu admirável espírito didático quanto à transmissão de conhecimentos.

É curioso registar que o "*Catecismo*" foi impresso na cidade de Sévres (*arrondissement* de Versalhes), a 2 km S. W. de Paris. É possível que Rivail assim tenha procedido em virtude das condições adversas criadas com a revolução operária que ensanguentou, em junho de 1848, a cidade de Paris, onde ele habitualmente mandava imprimir seus livros. De fato, talvez tenha sido este o motivo, pois não há outra obra dele, antes ou depois do "*Catecismo*", publicada fora da capital francesa.

Respectivamente em 26 de janeiro e 13 de abril de 1850, a *Bibliographie de la France* estampava em suas páginas o aparecimento de *Dictées du premier âge* e *Dictées du second âge*, ambos para uso nos estudos primários e como introdução aos *Dictées normales des examens*, obra também sua, publicada em 1849.

No tomo XII de *La France littéraire*, ou dictionnaire bibliographique, de J.-M. Quérard, seguem-se, após a citação dos *Dictées du second âge*, estes comentários:

> Os exercícios se distinguem por uma gradação extremamente metódica, mas sem dúvida o que não será menos apreciada é a utilização dos ditados da segunda idade em proveito de uma ciência difícil de ser tratada de maneira seguida nos primeiros estudos, e que será, por esse meio, aprendida sem esforço e sem que seja preciso consagrar-lhe um tempo especial. A *Mitologia*, com efeito, é tão necessária para a inteligência da antiguidade quanto para a dos monumentos, dos objetos de arte que maravilham constantemente os nossos olhos, e das alusões sem-número que ela fornece à poesia e até mesmo à linguagem ordinária. Encarada sob esse ponto de vista e pelo que diz respeito às consequências morais e religiosas que dela se possam tirar, a Mitologia, tratada com a *simplicidade* devida, torna-se atraente e instrutiva ao mesmo tempo.

30

Vasta erudição polimática

Aplicando todos os seus esforços no desenvolvimento das virtualidades intelectivas e morais da juventude, não lhe pode ser contraditada a formação de humanista cristão.

De cultura vasta e multifária, verdadeiro polimata, Rivail ensinou, com exceção da Sociologia (e Rivail seria dentro do Espiritismo um sociólogo por excelência), todas as chamadas ciências fundamentais de Auguste Comte, seu contemporâneo. Ensinou, também, como pedagogo de incontestável autoridade, Lógica e Retórica, além de outras matérias que arrolamos no decorrer deste trabalho, por exemplo a Anatomia Comparada ou Comparativa e a Fisiologia.

Poliglota, conhecia bem o alemão, sua língua adotiva, o inglês, o holandês, assim como eram sólidos seus conhecimentos do latim e do grego, do gaulês e de algumas línguas novilatinas, nas quais se exprimia corretamente.

Por serem reais os valores do desenho no desenvolvimento da faculdade de percepção, sendo, no dizer de Jullien de Paris, "uma espécie de língua universal", Pestalozzi dava ao desenho, em sentido mais amplo, um lugar muito importante no seu sistema educacional e teve em Ramsauer um excelente professor de perspectiva e desenho linear. Esta última disciplina, pelo seu lado positivo na educação das crianças, foi introduzida no ensino das escolas primárias da França, graças aos primeiros esforços de Boniface e Rivail,[103] que tornaram conhecidos em Paris os modelos de Ramsauer, com numeras modificações.

Enfileirando-se entre os melhores gramáticos franceses da época, como Boniface, Chapsal, Lemaire, Lefranc, Lévi-Alvarès e outros, são extensos os seus conhecimentos de linguística e gramática, qual o provam algumas obras de sua autoria. Na *Revista Espírita* de julho de 1861, "Variedades – Os Espíritos e a gramática", ele refuta, com citações de respeitados escritores, uma crítica feita a certa construção usada pelos Espíritos, encaminhando o crítico à leitura da regra que se encontra na gramática de Boniface e na *Grammaire normale des examens* (1849), da qual foi coautor, juntamente com Lévi-Alvarès.

Rivail recomendou o desenho geométrico, a leitura ponderada, os exercícios práticos de redação, e considerou útil o estudo e o exercício da música vocal. Aliás, o canto desempenhou importante papel no Instituto de Yverdon, conforme já tivemos ocasião de referir.

---

103 GUIMPS, Roger de. *Histoire de Pestalozzi, de sa pensée et de son œuvre*. Lausanne: Georges Bridel Éditeur, 1874. p. 374.

31

RIVAIL MÉDICO?

Quem primeiro declarou publicamente que Rivail fez o curso completo de Medicina foi P.-G. Leymarie, seu sucessor na direção da *Revue Spirite*, e esta declaração data de vinte anos aproximados após o decesso de Rivail.

O biógrafo H. Sausse deu mais ênfase ao pronunciamento de Leymarie, em quem se apoiou, chegando a escrever que Rivail era "Doutor em Medicina", grau obtido com brilhante defesa de tese. Nesse ponto, Gabriel Delanne, Léopold Dauvil, Charles Richet e outros ilustres estudiosos do Espiritismo na França simplesmente seguiram as pegadas de Sausse.

Não obstante os depoimentos acima, pairam sérias dúvidas sobre o assunto em pauta.

Albert L. Caillet, por exemplo, que diz ter pessoalmente pesquisado essa delicada questão, frisa em sua obra *Manuel bibliographique des sciences psychiques ou occultes*, que, embora Rivail tivesse "conhecimentos médicos incontestáveis", ele não se doutorara em Medicina, asserção esta partilhada por outros pesquisadores, inclusive André Moreil, cujo pronunciamento a respeito está assim expresso: "Que o jovem Rivail teve boa cultura humanista e grande desejo de instruir-se, não há dúvida. As 'humanidades' bem como as 'ciências' o interessavam de igual modo. [...] Mas daí a afirmar que ele estudou Medicina e defendeu tese, isso nos parece duvidoso" (*La Vie et l'œuvre d'Allan Kardec*, p. 80).

Como já o esclareceu o artigo — *Kardec teria sido médico?*, publicado em *Reformador* de março de 1958,[104] não apareceu, até hoje, nenhum documento que pelo menos prove haver Rivail frequentado, como aluno ou mesmo como ouvinte, alguma Faculdade de Medicina, não existindo em seus escritos nenhuma nota ou referência que possa dirimir a questão. Jamais, em lugar algum, Rivail-Kardec se disse formado em Medicina, jamais antecedeu ao seu nome o título de Doutor. Apenas lembraria, mais tarde (*Revista Espírita* de junho de 1859, O músculo estalante), haver realizado "estudos pessoais de Anatomia", acrescentando ter tido *a honra* de ensinar não só essa matéria, como também ciências físicas e naturais.

Seja como for, uma coisa é certa: ele veio a ser um dos maiores "médicos da alma" no século passado, abrindo novos horizontes à compreensão do complexo mente-corpo e suas inter-relações no espaço e no tempo. Sabendo que o fator psíquico-emocional participa de todas as enfermidades, pôs ao alcance das criaturas humanas o remédio que efetivamente cura, pelas vidas sucessivas afora, os males físicos e espirituais.

---

[104] Veja-se transcrição no *Apêndice* deste volume.

32

Rivail maçom?

Querem alguns biógrafos que Rivail pertenceu à franco-maçonaria, "ainda que nenhum traço de sua iniciação tenha sido descoberto", conforme ressalvou Jean Vartier. Tudo porque na sua obra espírita se encontram termos e expressões maçônicas, como "grande Arquiteto" (que é imitação de Platão), e, mais amiúde, "tolerância", "liberdade", "igualdade", "solidariedade" etc.

Consideramos, assim, bastante insuficientes essas alegações, e mais: se na França daquela época todo mundo era maçom,[105] logicamente se achavam muito disseminadas a linguagem e as ideias maçônicas. E Rivail, como é natural e compreensível, poderia ou deveria ter sofrido a influência do pensamento maçônico.

Parece que a primeira pessoa a maçonizar Rivail teria sido Mme. Claude Varèze, em sua obra *Les Grands illuminés* (Paris, 1948), e foi mais longe: afirmou que ele se iniciara na maçonaria martinista por intermédio do lionês Jean-Baptiste Willermoz (1730–1824), discípulo do fundador Martinès de Pasqually (1727–1774). Este místico, filho de gentil-homem francês de origem portuguesa, nascido em Grenoble, teve também outros seguidores ilustres, como Louis-Claude de Saint-Martin. Nas lojas martinesistas, os maçons altamente graduados se punham em comunicação com os seres invisíveis, que, no entender deles, não eram senão os chamados anjos das igrejas.

---

[105] MOREIL, André. *La Vie et l'œuvre d'Allan Kardec*. Paris: Éditions Sperar, 1961. p. 95.

Willermoz mantivera correspondência epistolar com Pasqually, Joseph de Maistre, Saint-Germain, Cagliostro, Savalette de Lange e outros notáveis místicos e ocultistas da época. Segundo René Le Forestier,[106] Willermoz "foi um desses magnetizadores espiritualistas que acreditaram encontrar no sonambulismo provocado o meio de comunicação com o mundo suprassensível". Realizavam-se nas lojas martinistas e willermozistas, em salas convenientemente preparadas, verdadeiras sessões espíritas, nas quais manifestações físicas e inteligentes do Além coroavam as reuniões dos irmãos "eleitos".

L.-C. de Saint-Martin (1743–1803)

Em razão, talvez, de tudo o que expomos é que Mme. Claude Varèze se adiantara em estabelecer uma ligação entre Rivail e Willermoz, ligação que Jean Vartier contraria frontalmente, demonstrando a sua inaceitabilidade[107] e reconhecendo na autora excesso de imaginação. Todavia, Vartier não acha improvável que Rivail tenha tido formação maçônica, e pergunta se ele não teria sido obscuro irmão de uma loja ao mesmo tempo deísta e iluminista,[108] ressaltando, no entanto, como o faz A. Moreil, que o ilustre

---
106 LE FORESTIER, René. *La Franc-maçonnerie templière et occultiste aux XVIIIe et XIXe siécles*. Publié par Antoine Faivre (Aubier-Montaigne, Paris VIe, et Éditions Nauwelaerts, Louvain), 1970. p. 277.
107 VARTIER, Jean. *Allan Kardec, la naissance du spiritisme*. Paris: Librairie Hachette, 1971. p. 114 a 116 e 151
108 Id, ib. p. 35.

pedagogo francês renunciara aos formalismos e simbolismos e a todo o aspecto ritual e secreto da maçonaria.

Recentemente, o fascículo 58 da coleção *As grandes religiões*, publicada por Abril Cultural S. A., de São Paulo, registou na margem da página 916 que Rivail, antes de vir a ser o Codificador do Espiritismo, pertencera à Grande Loja Escocesa de Paris. O ilustre confrade Dr. Canuto Abreu investigou o assunto e foi informado de que o autor daquela nota é o prof. Dr. G. Mândelo, da Universidade de Turim (Itália), especialista em história de religiões e seitas. O referido fascículo chegou a estampar, em página inteira, os paramentos maçônicos que Rivail teria usado (?), fotografados, segundo a mesma publicação, na Sociedade dos Direitos Humanos, de Paris.

A nosso ver, porém, e escudados na longa e afanosa pesquisa que fizemos, inclusive nas coleções da *Revue Spirite*, apenas existiu, entre Rivail e maçonaria, afinidade de princípios e ideais, sem jamais haver ele ingressado em loja alguma. É certo que sempre viu com simpatia a franco-maçonaria, mas isto não implica nem prova qualquer adesão oficial da parte dele.

Amigos maçons, alguns íntimos, ele os teve, antes e depois de codificar a Doutrina Espírita. A *Revue Spirite* de 1881, p. 101, cita, por exemplo, o nome de J. P. Mazaroz, autor de várias obras sobre a franco-maçonaria e cuja grande preocupação fora a reivindicação dos direitos do trabalhador.

Em 25 de fevereiro de 1864, estando presentes na Sociedade Espírita de Paris vários maçons estrangeiros (inclusive maçons espíritas), Rivail (Kardec) pergunta aos Espíritos acerca da cooperação que o Espiritismo pode encontrar na franco-maçonaria. Em três mensagens recebidas por médiuns diferentes, foi-lhe respondido que a Doutrina Espírita pode perfeitamente vincular-se às das grandes lojas do Oriente, e vice-versa, exatamente porque o Espiritismo realiza todas as aspirações generosas e caritativas da maçonaria, porque ele sanciona as crenças por ela professadas, fornecendo provas insofismáveis da imortalidade da alma, e, afinal, porque ele conduz a Humanidade ao mesmo fim que ela (maçonaria) se propõe: a união, a paz, a fraternidade universal, pela fé em Deus e no porvir.[109]

---

109 KARDEC, Allan. *Revista Espírita*: jornal de estudos psicológicos. abr. 1864. Instruções dos Espíritos – O Espiritismo e a franco-maçonaria.

Na verdade, as relações entre espíritas e maçons sempre foram as melhores possíveis, tanto assim que, em 1889, a abertura do Congresso Espírita e Espiritualista Internacional, em Paris, se deu precisamente no salão de festas do Grande Oriente da França, onde Jules Lermina foi empossado como presidente desse Congresso.

33

RIVAIL E O TEATRO

Houve em Paris — esclarecem dicionários e enciclopédias franceses — vários teatros com o nome de "Délassements-Comiques". O primeiro, construído em 1785, no *boulevard du Temple*, esquina do *faubourg du Temple*, funcionou com esse nome até 1804, com períodos de interrupção por vezes longos.

Em 1815, a célebre Mme. Saqui reabriu um dos teatros abandonados do *boulevard du Temple*, com espetáculos de acrobacia e de pantomimas-arlequinadas. Por volta de 1830, ela o passou às mãos de Dorsay, que ali representou o drama e o *vaudeville*[110] até 1840. Em 1841, Ferdinand Laloue e Edmond Triquery reconstruíram inteiramente o teatro, situado no *boulevard du Temple*, e reabriram a sala de espetáculos a 6 de outubro de 1841, sob o título renovado de "Théâtre des Délassements-Comiques". A sala, elegante e de bom gosto, podia conter cerca de 1.200 pessoas. Ali se representavam dramas, comédias, *vaudevilles*, de preferência mágicas[111] e revistas.

A F. Laloue sucederam, como diretores, Ducré (1842), Lajariette e, depois, Raimbeau, que se arruinou e teve que fechar o teatro em 1848. Émile Taigny, antigo ator do "Vaudeville", reabriu-o em 1849, mantendo-o em boas condições de funcionamento por algum tempo. Cedeu-o, em 1853, a um dentista

---

110 Só na atualidade, e no sentido antigo da designação, o *vaudeville* desceu a gênero de café-concerto ou de sala de variedades, com obras desprovidas de categoria artística e, muitas vezes, de duvidoso conteúdo moral. (Apud *Grande enciclopédia portuguesa e brasileira*, v. 34.)

111 Mágica (*féerie*, em francês): peça teatral considerada de grande espetáculo e que, em geral baseada sobre um tema maravilhoso, se presta, na sua exibição, a fantasiosas transformações cênicas, a rápidas mutações de cenários e imprevistos mecanismos. (*Grande enciclopédia portuguesa e brasileira*, v. 15.)

chamado Jamet. Com a morte deste, o teatro foi dirigido por Hiltbrunner e, em seguida, por Léon Sari, que introduziu as "pièces à femmes" no repertório. Quando, em 1862, se processou a demolição do *boulevard du Temple*, o prédio onde funcionava o referido teatro desapareceu. Sari instalou o "Délassements--Comiques" à rua de Provence, onde cedo deixou de existir.

Théâtre des "Délassements-Comiques"

Em 1864 surgiu o "Théâtre des Nouveautés", cujo nome foi, pouco depois, mudado para "Théâtre des Délassements-Comiques". Teve existência efêmera. Em 1866, no *boulevard du Prince-Eugène* (posteriormente, Voltaire), construiu-se uma nova sala com o mesmo nome "Délassements-Comiques", a qual se incendiou em 1871.

A razão deste breve histórico em torno do mencionado teatro está no fato de que Rivail teria exercido ali as funções de "contrôleur".[112] Esta informação partiu do jornalista René du Merzer, que escrevia em *L'Illustration*, famoso hebdomadário parisiense,[113] e ela ganharia foros de verdade inconcussa na boca de céticos e adversários do Espiritismo. Dentre eles, lembramos o nome do Dr. Joseph Grasset, ilustre professor de Clínica Médica na Universidade de Montpellier, o qual, na nova edição (1904) de sua obra *Le Spiritisme devant la science*, prefaciada por Pierre Janet, ao citar, na página 77, informação colhida em Jules Bois — de que Rivail, antes de se interessar pelas manifestações dos

---

[112] Segundo os melhores dicionários da língua francesa, *contrôleur* é o funcionário encarregado de uma inspeção, de uma verificação administrativa; inspetor, verificador. O *contrôleur* do teatro é mais especificamente a pessoa que, geralmente postada à entrada, fiscaliza bilhetes e contramarcas, estas são fornecidas pelo próprio *contrôleur*. Poderíamos, em português, traduzir o vocábulo francês por fiscal ou inspetor, como se faria para "*contrôleur des douanes*", "*c. des contributions*", "*c. d'autobus*", "*c. des wagons-lits*", "*c. des chemins-de-fer*" etc.

[113] *L'Illustration*, Journal Universel. Paris, 27e année, v. LIII, samedi, 10 avril 1869, p. 237.

Espíritos, fora guardalivros no jornal *L'Univers* —, não se esqueceu de também apresentá-lo como "vendedor de senhas" (*vendeur de contremarques*).

Era evidente o propósito do Dr. Grasset em depreciar a figura do Codificador do Espiritismo, e isto a Sra. Marina Leymarie, voz autorizada no meio espírita francês, não deixaria passar em brancas nuvens. Pela *Revue Spirite* de 1904, que então dirigia, ela manifestou na página 55 a sua repulsa, afirmando ser inteiramente falsa a última qualificação dada a Rivail, e acrescentou que este tinha sido por várias vezes, entre 1830 e 1858, membro de júri e que, sem dúvida, não escolheriam "vendedores de contramarcas" para desempenhar a função de jurados.

Num depoimento prestado perante a Justiça, em 1875,[114] por Pierre-Gaëtan Leymarie, que conheceu Kardec desde 1858, frequentando-lhe até mesmo as sessões espíritas, há o desmentido formal aos que caluniosamente repetem que Rivail vendia contramarcas em teatros parisienses. Leymarie afirma peremptoriamente que isto é "um erro", e explica o que de fato sucedera na época: Rivail confiara a certo amigo, diretor de um teatro, parte de seus recursos. Prejuízos consideráveis havidos com o teatro deixaram o professor em apuros, obrigando-o a aceitar um emprego de guarda-livros nesse mesmo teatro. Emprego de guarda-livros, e não de *contrôleur*, como o dissera René du Merzer.

Pierre-Gaëtan Leymarie (1827–1901)

---

114 *Procès des spirites*, édité par Madame P.-G. Leymarie, Paris, à la Librairie Spirite, 1875, p. 10. Esta obra foi reimpressa em 1976, em reprodução fotomecânica, pela Federação Espírita Brasileira, que igualmente publicou, em livro, um resumo em português — *Processo dos espíritas* — feito por Hermínio C. Miranda.

Prevendo o que mais tarde ainda assacariam contra a memória de Rivail-Kardec, P.-G. Leymarie finalizava aquele seu depoimento com estas palavras incisivas: "Ele sempre ganhou a vida muito honestamente" (*Il a toujours gagné très-honnêtement sa vie*).

Ao que tudo indica, inclusive pelas próprias palavras de René du Merzer, Rivail teria trabalhado para o "Théâtre des Délassements-Comiques" após 1850. Seu voluntário afastamento do magistério também o deixara, nessa época, com uma fonte de renda a menos.

O modesto emprego de guarda-livros seria, assim, um "bico" ou biscate para equilibrar, provisoriamente, suas despesas, até que conseguisse coisa melhor, o que efetivamente aconteceu, como veremos adiante. É preciso lembrar que Rivail já ultrapassava a casa dos 45 anos.

Foram, assim, suas relações com gente de teatro que, de certa forma, o ajudaram naquela aflitiva contingência. Pelo menos, desde 1845 existia tal relacionamento. Sabemos que a 22 de dezembro de 1845 era apresentada em *première*, no "Théâtre des DélassementsComiques", uma comédia-vaudeville, em um ato de 13 cenas, de autoria de N. Gallois[115] e H. Rivail. Intitulava-se *Une passion de salon* e foi divulgada em folheto de 16 páginas. Tivemos oportunidade de ter entre as mãos esta brochura, editada em Le Mans, pela tipografia de Julien, Lanier et Cie., s. d., e se acha registada no tomo CLII, p. 758, do *Catalogue général des livres imprimés de la bibliothèque nationale*. Essa curta incursão de Rivail nos domínios da arte teatral, talvez a primeira e única, não lhe modificara, em coisa alguma, a vida normal de professor, e, por um lustro ainda, ele continuaria a dedicar-se às atividades pedagógicas, com a publicação de novas e importantes obras nesse particular.

Esclarece René du Merzer, com algumas pitadas de ironia, que Rivail esteve pouco tempo no "Théâtre des Délassements-Comiques", de onde saiu para trabalhar na livraria religiosa de Pélagaud e nos escritórios de *L'Univers*, influente folha católica fundada em 1836, e que tinha então como redator-chefe o talentoso jornalista Louis Veuillot. Estes dois empregos, de guarda-livros, Rivail os teria ocupado por volta de 1853, pois, segundo o mesmo informante, "era a época em que as mesas girantes faziam girar as cabeças, em Paris". E ao iniciar seus estudos sérios de Espiritismo,

---

115 Trata-se de Léonard Joseph Urbain Napoléon Gallois (1789–1851), publicista, jornalista e historiador francês, autor de algumas peças teatrais e de várias obras sobre a história política e militar da França.

nas sessões com as Srtas. Baudin, em 1855, Rivail ainda tinha aqueles mesmos empregos, como se pode depreender do articulista de *L'Illustration*, conservando-os pelo menos até o final de 1857, consoante declaração do próprio Rivail,[116] que voltaria ao assunto na *Revista Espírita* de junho de 1865, "Relatório da caixa do Espiritismo": posteriormente a 1857, ele se limitara apenas a "um modesto emprego", que abandonaria quando os trabalhos da Doutrina Espírita absorveram todo o seu tempo.

Assoalhado pelos detratores do Espiritismo, consta também que Rivail fora diretor do "Théâtre des FoliesMarigny", sem, contudo, mencionarem a época. Henri Sausse (*Biografia de Allan Kardec*) refere-se, de leve, a esse episódio, escrevendo que um dramaturgo altamente despeitado fez Rivail passar por diretor de um teatro de mulheres (*théâtre à femmes*).

Não se levando em conta a evidente malícia do dramaturgo, o "Théâtre des FoliesMarigny", um dos menores e dos mais elegantes de Paris, situado na avenida dos Champs-Élysées, *carré* Marigny, só bem mais tarde é que poderia ser chamado prosaicamente de "teatro de mulheres", e nessa ocasião Rivail já estava empenhado em coisas muito mais importantes para a Humanidade.

Esse teatro, a princípio um simples pavilhão, foi construído por um prestidigitador chamado Lacaze, pouco tempo depois da Revolução de 1848, segundo o *Grand dictionnaire universel du XIXe siècle*, ou por volta de 1850, conforme escreve P. A. Touchard.[117] Espetáculos de fantasmagoria, de prestidigitação e de física recreativa (*physique amusante*) eram ali exibidos. Com o passar do tempo o movimento caiu, e a sala ficaria desocupada. Em 1855, Jacques Offenbach transformou a sala Lacaze em teatrículo lírico, com o nome de "Bouffes-Parisiens". Fechado em 1856, Deburau (filho) reabriu-o em 1858, e surgiu, assim, o Teatro Deburau, onde era representada a pantomima e a opereta. De mãos em mãos, fechando e reabrindo, só em 1862 (1864?) essa casa, sob a direção de Montrouge, ganhou o seu nome definitivo de "Théâtre des Folies-Marigny", nome que ela conservou até 1869. Aí se levava à cena o vaudeville e a opereta, não faltando, nos últimos anos, as revistas e as "piéces à femmes".

---

116 KARDEC, Allan. *Obras póstumas*. Trad. Guillon Ribeiro. 1. ed. 1. reimp. (Edição Histórica). Brasília: FEB, 2011. A *Revista Espírita*.
117 TOUCHARD, Pierre Aimé. *Grandes heures de théâtre à Paris*. Paris: Librairie Académique Perrin, 1965. p. 391.

Se Denizard Rivail exerceu alguma função ou cargo nesse teatro, não o foi como diretor ou gerente, e sua passagem por ali poderia ter-se dado na sala Lacaze, quando o respeitável discípulo de Pestalozzi não mais se dedicava a trabalhos pedagógicos. Mesmo que se considerasse fora de toda a dúvida a participação ativa de Rivail no "Théâtre des Folies-Marigny" ou em qualquer outro, isto não lhe terá alterado um til sequer no caráter e na reta conduta. E ante as insinuações maldosas de alguns antiespíritas, tecidas em torno do caso, André Moreil chegou a comentar, com muito acerto: "Como se esse episódio; sem significação alguma para a formação intelectual e humana de Denizard Rivail, tivesse a mínima importância na fundação do espiritismo científico".

Da mesma forma que muitos outros fatos ligados à vida de Rivail, também aqui, no que diz respeito às relações dele com o teatro, os dados informativos são raros e obscuros.

34

NO TEATRO ODÉON

Logo no limiar dos seus estudos espíritas, Rivail conheceu aquele que seria um dos mais famosos dramaturgos franceses, Victorien Sardou.[118] O encontro entre os dois se deu na casa do Sr. Roustan, situada na rua Tiquetonne, n. 14, onde a Srta. Japhet recebia excelentes comunicações mediúnicas.

Sardou tornou-se grande amigo de Rivail e, pouco mais tarde, revelava-se como médium, de que deram mostra os desenhos estampados na *Revista Espírita* de 1858. Não é improvável que, por intermédio de Sardou, as relações do professor com gente de teatro se ampliassem. Isso em nada desprestigiaria nem desmereceria o caráter adamantino do futuro Codificador do Espiritismo, que permanece impoluto pelos tempos afora.

Desde a sua primeira mocidade, Rivail apreciava os espetáculos teatrais nos quais houvesse o espírito filosófico e moral. Em 1862 relembrou o enredo de curiosa peça a que assistira, em Paris, cerca de quarenta anos atrás, ou seja, por volta de 1822.[119] Em apenas um ato, a peça se intitulava *Les Éphémères* e fora representada no célebre *Théâtre Odéon*, de Paris. Esta casa de espetáculos teve suas origens em 1782, quando começou a funcionar sob o nome de Teatro Francês (*Théâtre-Français*). Só em 1797 recebeu

---

118 WANTUIL, Zêus. *As mesas girantes e o espiritismo*. 5. ed. Brasília: FEB, 2007.
119 KARDEC, Allan. *Revista Espírita*: jornal de estudos psicológicos. jul. 1862. O ponto de vista. Quanto à presença de Rivail na capital francesa, em 1822, releia-se o cap. 12 – *De Yverdon a Paris*, deste volume.

a denominação de *Théâtre Odéon*, Dois incêndios o consumiram nos anos de 1799 e 1818, voltando a reabrir em 1819.

Embora Rivail houvesse assistido à referida peça em tão recuado tempo, não na esqueceu jamais, pois retrata, segundo ele, "o quadro da vida humana visto do alto". "A cena se passa no país dos Efêmeros, cujos habitantes só vivem 24 horas. No espaço de um ato, vemo-los passar do berço à adolescência, à mocidade, à maturidade, à velhice, à decrepitude e à morte." Nesse meio tempo se realizam todos os atos da vida, em prodigiosa rapidez, o que não impede a eclosão de intrigas, de ambições desmedidas e da inveja, com todas as suas consequências desastrosas. Com essa peça, explica Rivail, o espectador é levado a refletir sobre a incompreensão e a tolice daqueles habitantes que tanto mal faziam entre si em tão pouco tempo de vida, em vez de procurarem viver felizes, em harmonia e paz, sem os antagonismos gerados pelo egoísmo e pelo orgulho.

Théâtre Odéon

35

Diplomas e recompensas

Vez por outra, Rivail apunha ao seu nome alguns dos títulos que lhe ilustraram a carreira magisterial. No *Plan proposé pour l'amélioration…*, de 1828, ele apenas lembra sua condição de "membro de várias sociedades sábias" sem, contudo, nomeá-las. Em seu "*Discours prononcé à la distribution des prix du 14 août 1834*, declara-se "membro da academia de indústria" (*académie d'industrie*). É, entretanto, no *Projet de réforme concernant les examens…*, publicado em 1847, que Rivail alinha maior número de títulos: "membro da Academia Real das Ciências de Arrás, do Instituto Histórico, da Sociedade das Ciências Naturais de França etc".

Fundada por Jean Meyer em 1923, à rua Copernic, n. 8, em Paris, a "Maison des Spirites" conservava em seus arquivos, além de relíquias, retratos e preciosos documentos referentes a Kardec e a outros ilustres espíritas franceses, um dossiê com os títulos (diplomas e recompensas) outorgados ao prof. Rivail. Este dossiê e boa parte do acervo desapareceram, pilhados pelos nazistas durante a ocupação alemã, na Segunda Guerra Mundial.[120]

Membro efetivo e correspondente de muitas associações culturais e de caráter econômico, *sociedades sábias*[121] em sua maioria, Rivail evidenciou

---

[120] KARDEC, Allan. *Revue Spirite*: journal d'études psychologiques. 1954, p. 167 e 168.
[121] *Sociétés savantes* — eram assim chamadas as associações livremente formadas, mas aprovadas pela administração prefeitoral, muitas delas posteriormente reconhecidas de utilidade pública, e que tinham por mira levar adiante tais e tais estudos, desenvolver tais e tais ciências, favorecer tais e tais artes, fomentar tais e tais indústrias, objetivos geralmente indicados pelo próprio título da sociedade ou determinados pelos seus estatutos.

o interesse que tinha pelos mais variados assuntos que dizem respeito ao progresso de uma nação. Nas referidas sociedades, todos os membros, exceto os honorários, pagavam uma cota, mensal ou anual, estipulada pelos estatutos.

Maison des Spirites (Rua Copernic, n. 8, Paris)

Relacionamos, a seguir, os principais diplomas que lhe foram concedidos no decorrer de sua existência como institutor e "chef d'institution" da academia de Paris:

1. Diploma de membro residente da Sociedade Gramatical (Société Grammaticale), concedido em 1829. Foi fundada, em Paris, por François-Urbain Domergue, notável professor e gramático francês, membro do Instituto desde a sua organização, em 1795.

Em 1793, todas as antigas academias haviam sido extintas. Formaram-se, então, várias sociedades científicas e literárias, compostas de estudiosos, de ilustres filantropos e de alguns ex-acadêmicos. É assim que surgiu, em 27 de outubro 1807, a Academia Gramatical. Colegas e ex-alunos de Domergue, "chefs d'institution" a maioria, bem assim filólogos de reconhecido saber, uniram-se a ele naquela empresa. Domergue presidiu-a até 1810, ano do seu decesso.

Em 1816, Luís XVIII restabelece o nome de academia para as diversas classes do Instituto. Os membros da Academia Gramatical resolveram, de comum acordo, abandonar esse título, substituindo-o pelo título mais modesto de "Sociedade Gramatical". Pelo artigo primeiro do seu regulamento, ela se ocupava da gramática geral e da gramática particular, e se dedicava principalmente a resolver as dificuldades da língua francesa. Ao *Journal de la Langue Française*, redigido por Domergue, e que veiculava as atividades da Sociedade, sucedeu o *Journal Grammatical*. A este seguiram-se, depois, outros periódicos. Em 1830, uma comissão da Sociedade foi recebida pelo rei Luís Filipe, que mostrava interesse pelos trabalhos ali realizados. Com reais serviços prestados ao ensino, a Sociedade Gramatical existia ainda em 1846,[122] ano em que era seu presidente o prof. Lévi-Alvarès, cujas ligações com Rivail já foram por nós comentadas.2. Diploma de "membro" da Sociedade para a Instrução Elementar (Société pour l'Instruction Élémentaire), expedido em 1847, quando era secretário-geral Lázaro Hipólito Carnot, presidente em 1848. Em 16 de junho de 1815, por iniciativa de Lasteyrie, Alexandre de Laborde, o abade Gaultier, De Gérando, Jean-Baptiste Say, Jomard e outros, realizou-se em Paris a primeira assembleia geral da Sociedade para a melhoria do ensino elementar, cuja fundação definitiva se deu no dia seguinte. As sessões de 18 de junho e 14 de julho foram consagradas à formação da Sociedade, que teve por primeiro presidente De Gérando.

A Sociedade prestou assinalados serviços à causa da educação popular, tendo contado entre seus membros as mais destacadas personalidades, francesas e estrangeiras, ligadas à instrução e à educação, inclusive Pestalozzi, membro correspondente. De acordo com os seus estatutos, a Sociedade também se propunha fundar escolas, editar obras de ensino, conceder medalhas e prêmios. Tinha como órgão o *Journal d'Éducation Populaire*. Era favorável ao ensino primário obrigatório, que teve em Jomard um ardoroso propagandista. Este homem de ciência foi, durante quarenta e sete anos, uma das mais vivas personificações da referida Sociedade.

3. Diploma de membro fundador da Sociedade de Previdência dos Diretores de Instituições e Pensões de Paris (Société de Prévoyance des Chefs d'Institution et des Maîtres-de-pension de Paris). Constituída

---

[122] *Annuaire des sociétés savantes de la France et de l'étranger*, publié sous les auspices du Ministére de l'Instruction Publique. Premiére année, 1846. Paris, Victor Masson, 1846. p. 235.

em 1829 por 41 diretores de instituições e pensionatos da capital francesa, entre os quais figuravam, além de Rivail, os nomes de Pelassy de l'Ousle, Massin, Barbet, Bourdon, Chastagner, Landry, De Lanneau, Loriol, Muron, Favard, Dupras, Jubé e outros, a Sociedade destinava-se a socorrer os membros dessa classe, quando estivessem necessitados financeiramente, quer por velhice, quer por doença ou outra infelicidade momentânea.

4. Diploma da Sociedade de Educação Nacional (Société d'Éducation Nationale), constituída por diretores de instituições e pensões de toda a França e até mesmo das colônias. Abraçou um campo de atividades muito vasto. Organizada em 1º de janeiro de 1831, em substituição à Sociedade de Previdência de Paris. Cessou de existir em 1843, mas logo renasceu, nesse mesmo ano, com o nome de "Société des Chefs d'Institution", que ganhou existência oficial em 1847.

5. Diploma do Instituto de Línguas (Institut des Langues), fundado em 1837, com sede em Paris. Presidente: conde Le Peletier d'Aunay, que em 1834 foi vice-presidente da Terceira Classe (*História das línguas e das literaturas*) do Instituto Histórico, no qual, ainda em 1846, continuava como membro residente (*membre résidant*). Existiram, na mesma época, três condes com o nome de família *Le Peletier d'Aunay*, conforme o regista o tomo XCV do Catálogo Geral da Biblioteca Nacional, de Paris. Não sabemos qual deles fundou o "Institut des Langues".

6. Diploma da Sociedade das Ciências Naturais de França (Socíété des Sciences Naturelles de France), em 1835, quando presidente o sábio naturalista Geoffroy SaintHilaire.

7. Diploma de membro correspondente da Sociedade Real de Emulação, de Agricultura, Ciências, Letras e Artes do Departamento do Ain (Société Royale d'Émulation, d'Agriculture, Sciences, Lettres et Arts du Département de l'Ain), outorgado a Rivail em 1828. Estabelecida em Bourg, e uma das mais antigas da França, a referida Sociedade foi reconstituída em 1801 por decreto consular, quando então tomou o título e o caráter de Sociedade departamental. Reconhecida por decreto de Luís Filipe, em 18 de outubro de 1829, ela passou a gozar das prerrogativas associadas ao título de "Sociedade Real".

Os estudos dessa entidade abrangiam as ciências, as letras e as artes, mais especialmente a agricultura, sem descurar as questões de utilidade pública e local. Possuía museu, biblioteca e uma fazenda experimental.[123]

8. Diploma de membro da Sociedade Promotora da Indústria Nacional (Société d'Encouragement pour l'Industrie Nationale), fundada em Paris, em 1789, e reorganizada em 1802 por vários homens de ciência e filantropos, como Berthollet, Brillat-Savarin, Delessert, Chaptal, De Gérando, de Lasteyrie, Montmorency, Joseph Montgolfier, Jomard e outros. Reconhecida de utilidade pública pelo decreto real (*ordonnance royale*) de 21 de abril de 1824.

Contribuindo para fomentar todos os ramos da indústria francesa, com a distribuição de prêmios aos melhores trabalhos escritos, a Sociedade contou em seu seio a elite dos espíritos esclarecidos e liberais do Primeiro Império. Durante cerca de três quartos de século, ligou o seu nome a quase todas as conquistas industriais de que a França se enriqueceu. Publicava um "Boletim" mensal, que acompanhou *pari passu* toda a existência da Sociedade.

9. Diploma de membro titular da Sociedade Francesa de Estatística Universal (Société Française de Statistique Universelle), criada em Paris, aos 22 de novembro de 1829, com o concurso de ilustres figuras da época e dos homens mais recomendáveis. Foi seu principal fundador o economista francês César Moreau, notável estatístico, vice-cônsul em Londres, sob a Restauração, membro da Sociedade Real de Londres, do Instituto da Grã-Bretanha, da Sociedade de Geografia de Paris, do Instituto Histórico etc.

Desde a sua origem, a Sociedade fora aprovada pelo Ministério, e, depois de 1830, pelo rei Luís Filipe, que dela se tornou protetor. Segundo os estatutos, o fim da Sociedade era contribuir para o progresso da estatística geral, que, em suas vastas aplicações, abarca todos os ramos dos conhecimentos humanos. Estimulava os estudos estatísticos por meio de prêmios e medalhas, publicando num Boletim os trabalhos considerados mais importantes.

10. Diploma de membro titular da Academia da Indústria Agrícola, Manufatureira e Comercial (Académie de l'Industrie Agricole, Manufacturière et Commerciale), da qual César Moreau foi um dos principais fundadores. Desde o seu estabelecimento, em Paris, aos 26 de

---

123 *Annuaire des sociétés savantes de la France et de l'étranger*, publié sous les auspices du Ministére de l'Instruction Publique. Premiére année, 1846. Paris: Victor Masson, 1846. p. 363.

dezembro de 1830,[124] foi honrada com a proteção do rei e a aprovação do Ministério. O objetivo da Academia era favorecer a agricultura, as manufaturas e o comércio, promovendo, acima de tudo, os interesses industriais do país. Realizou exposições anuais, muito concorridas, na *orangerie* do palácio das Tulherias.[125] Tinha suas publicações mensais e uma vez por ano concedia prêmios aos industriais que mais se destacassem. A Sociedade era abreviadamente conhecida por "Académie de l'industrie". Embora uma das obras de Rivail, já por nós mencionada, escreva "académie d'industrie", o certo é mesmo "Académie de l'industrie", conforme o regista *La France littéraire*, de J.-M. Quérard, nos tomos VIII (1836) e XII (1859–64), respectivamente nas páginas 57 e 456.

11. Diploma de membro titular do Instituto Histórico (Institut Historique), fundado em Paris, a 24 de dezembro de 1833, e autorizado pela portaria do ministro do Interior, de 6 de abril de 1834. Efetuou a sua primeira sessão geral em 23 de março de 1834, sob a presidência de Joseph François Michaud, da Academia Francesa. O Instituto aplicava-se a promover, orientar e difundir os estudos históricos na França e no estrangeiro, sob os mais diferentes aspectos, abrangendo, nas suas seis classes, todas as facetas da atividade humana que têm conexão com a ciência histórica. Foi seu órgão de imprensa o *Journal de l'Institut Historique*. Publicava também o *Investigateur*, folha mensal.

Na relação dos membros componentes do Instituto, datada de 31 de dezembro de 1834, entre os nomes mais representativos da cultura francesa, bem assim alguns do estrangeiro, inclusive do Brasil, já figurava o de H. L. D. Rivail como membro titular da Quarta Classe (História das Ciências Físicas e Matemáticas), cujo presidente era então o cel. Bory de Saint-Vincent, da Academia de Ciências, tendo por vice-presidente J. Bouillaud, da Academia de Medicina, professor na Faculdade.[126] Eram titulares, segundo os estatutos, os associados que residiam em Paris e cooperavam nos trabalhos do Instituto.

---

124 *La France littéraire*, ou..., por J.-M. Quérard, tomo sexto. Paris, 1834. p. 295; *La Littérature française contemporaine*, tomo V. Paris, 1854, por Félix Bourquelot e Alfred Maury, p. 460.
125 *Annuaire des sociétés savantes de la France et de l'étranger*, publié sous les auspices du Ministére de l'Instruction Publique. Première année, 1846. Paris: Victor Masson, 1846. p. 257.
126 *Journal de l'Institut Historique*, tome premier, première année, Paris, à l'Administration de l'Institut Historique, 1834, p. 319.

Em 1845, último ano que nos foi possível apurar, Rivail continuava como membro da mesma classe, então transformada em Terceira e com designação mais extensa: História das Ciências Físicas, Matemáticas, Sociais e Filosófica.[127] Nessa mesma época, Lévi-Alvarès figurava como membro da Primeira Classe (História Geral e História da França). D. Pedro II, imperador do Brasil, foi um dos membros protetores do Instituto Histórico.

12. Diploma de membro da Academia de Arrás, concedido a Rivail em 1831, pela sua vitória num concurso sobre ensino e educação, promovido pela mesma Academia. A Sra. Marina Leymarie[128] faz menção de uma medalha de ouro com que ele também fora premiado.

A referida Academia, cuja existência remonta ao ano de 1737, recebeu em 1773 o título de "Académie Royale des Belles-Lettres". O decreto da Convenção, que suprimiu todas as "sociedades sábias", atingiu igualmente a Academia Real de Arrás. Em 1817 foi restabelecida a antiga Academia, agora sob a denominação de "Société Royale d'Arras pour l'Encouragement des Sciences, des Lettres et des Arts", simplificadamente conhecida por "Société Royale d'Arras".

Em 1831, essa "société savante" do Departamento de Pas-de-Calais passou a aparecer com o título: "Académie d'Arras, Société Royale des Sciences, des Letters et des Arts", e pelo menos durante uma década (até onde nos foi possível pesquisar) as suas memórias saíram publicadas com o mesmo título acima.

A sociedade em pauta tinha por fim fomentar o cultivo das ciências, das letras e das artes, incentivar a emulação, despertar a atenção dos estudiosos para as questões que interessavam mais particularmente à França etc. Todos os anos propunha a distribuição de prêmios para questões de utilidade pública, de moral, de economia social, de história ou de arqueologia, e para peças de eloquência e de poesia. Esses prêmios consistiam em medalhas de ouro, e, se a obra digna de recompensa apresentasse defeitos, às vezes a Academia concedia ao autor apenas menção honrosa. Composta de membros residentes em número fixo, a Academia tinha ilimitado número de membros honorários e correspondentes.

---

127 *Annuaire des sociétés savantes de la France et de l'étranger*, publié sous les auspices du Ministére de l'Instruction Publique. Premiére année, 1846. Paris: Victor Masson, 1846. p. 269.
128 KARDEC, Allan. *Revue Spirite*: journal d'études psychologiques. 1904, p. 54.

36

Secretário da Sociedade Frenológica de Paris?

Segundo informa Anna Blackwell, no *Prefácio* à sua tradução inglesa de *O livro dos espíritos*, de Allan Kardec, o prof. Denizard Rivail foi por vários anos secretário da Sociedade Frenológica de Paris (Société Phrénologique de Paris). Esta "société savante" parece ter sido fundada em 1831, e se reunia na segunda e na quarta terça-feira de cada mês, na casa do Sr. Appert, no *quai* d'Orsay, n. 3. Seu vice-presidente era então o Sr. Emmanuel de Las Cases, membro da Câmara dos Deputados. Os interesses dessa sociedade estendiam-se às coisas do ensino, e tanto é verdade que em 1837 era publicada uma comunicação que ali fora feita quanto ao método de ensino usado pelo cel. Raucourt, sendo presidente, na ocasião, o prof. François Broussais, da Academia de Medicina, apaixonado seguidor da teoria de Franz Josef Gall acerca das chamadas bossas cranianas e suas relações com as faculdades intelectuais, afetivas e instintivas.

É bem possível tenha ocorrido a participação do prof. Rivail na referida sociedade, pois ele possuía suficientes conhecimentos de anatomia e fisiologia, matérias que lecionou. E mais tarde, na *Revista Espírita* de julho de 1860, "Frenologia e fisiognomonia", e abril de 1862, "Frenologia espiritualista e espírita", analisaria, com plena ciência do assunto, a teoria frenológica, precursora do estudo das localizações cerebrais, pondo em relevo a posição dos frenologistas espiritualistas (pois os havia materialistas), que associavam a alma com a morfologia cerebral, ou seja, em outros termos: os órgãos não são senão os instrumentos da manifestação das faculdades da alma, e o pensamento é atributo da alma e não do crérebro.

Homens de alto valor aceitaram a doutrina frenológica de Gall e a ela se juntariam as concepções do fisiognomista Johann Caspar Lavater. Mais tarde, Cesare Lombroso retomaria essas investigações, aplicando-as ao estudo dos loucos e dos criminosos, e criaria, assim, a Antropologia Criminal.

Modificada e afeiçoada por seus continuadores, inclusive por Broussais, acima citado, a doutrina de Gall "estabeleceu os princípios de um materialismo muito grosseiro e de um indubitável fatalismo. Virtudes e vícios dependeriam, apenas, da fatal forma craniana. Todavia, Gall, por si, não admitia tal fatalismo e materialismo. Essa foi, mesmo, uma das feições mais curiosas e discutidas do seu espírito".

Franz Josef Gall (1758–1828)

Mesmo que Rivail tenha feito parte da Sociedade Frenológica de Paris, sem dúvida não aceitava o pensamento como um produto do cérebro, conforme o demonstram estes tópicos de sua autoria.

> Das relações existentes entre o desenvolvimento do cérebro e a manifestação de certas faculdades, alguns sábios concluíram que os órgãos cerebrais são a própria fonte das faculdades [...]. Desse modo, o desenvolvimento do [...] cérebro o é pelo da faculdade. [...] Sem a faculdade o órgão não existiria ou seria apenas rudimentar [...]

Objetam com os casos [...] nos quais a influência do organismo sobre a manifestação das faculdades é incontestável [...], o órgão que servia às manifestações do pensamento estando avariado por uma causa física qualquer, o pensamento já não pode manifestar-se de maneira regular [...]. Mas nem por isso deixa de existir em sua integridade, e a prova disso está em que, se o órgão for restabelecido, volta o pensamento original [...].[129]

---

129 KARDEC, Allan. *Revista Espírita*: jornal de estudos psicológicos. abr. 1860. Frenologia e fisiognomonia. Trad. Evandro Noleto Bezerra. 3. ed. 2. reimp. Brasília: FEB, 2009.

37

Fertilidade pedagógica

Não temos a pretensão de dizer que na relação abaixo se acham todas as obras subscritas por H. L. D. Rivail, algumas das quais tiveram preto de uma dezena de edições. Não se falando de suas traduções inéditas, acreditamos que outras produções tenham sido publicadas, quiçá não inscritas em obras bibliográficas ou nos catálogos de biblioteca e de livraria. Cumpre mesmo lembrar que o Dr. S. Canuto Abreu, douto confrade de São Paulo, em seu trabalho intitulado *O livro dos espíritos e sua tradição histórica e lendária*,[130] arrolou algumas obras didáticas por nós não relacionadas,[131] das quais ele provavelmente se informara em Paris, quando de sua estada naquela cidade. André Moreil cita o *Questionnaire grammatical, littéraire et philosophique* como tendo sido escrito por Rivail "em colaboração com Lévi-Alvarès". Todavia, o que pudemos averiguar é que este *Questionnaire*, de 252 páginas in-12, publicado em 1843, está registado como de autoria exclusive de D. Lévi (Alvarès). Assim o faz, por exemplo, o tomo 97 do Catálogo da Biblioteca Nacional de Paris e o anúncio existente no princípio da obra *Cathéchisme grammatical de la langue française*, de H. L. D. Rivail (1848), no qual se informa que aquela obra é escrita

---

[130] *Unificação*, órgão da União das Sociedades Espíritas do Estado de São Paulo (USE-SP). São Paulo, fev. 1954, p. 4.

[131] Entre elas: *Aritmética do 1º grau*, 1824; *Plano de uma escola graduada, segundo o método Pestalozzi*, 1825; *Aritmética do 2º grau*, 1829; *Aritmética do 3º grau*, 1830; *Manual de geografia, para professores*, 1833; *Instrução prática para concursos públicos*, 3 vols., 1845–1847.

"segundo as melhores gramáticas, os programas universitários de literatura e de filosofia, e a gramática normal dos exames dos Srs. LÉVI e RIVAIL, por D. LÉVI- ALVARÈS, in-18". Numa outra obra de LÉVI ALVARÈS, intitulada *Nouvel abrégé méthodique de grammaire française*, há referência ao "*Catecismo grammatical* de D. RIVAIL".

Apresentamos, logo adiante, o nosso pequeno esforço, relativamente às obras de H. L. D. Rivail, compilado dos seguintes livros, entre outros:

> *La France littéraire*, ou dictionnaire bibliographique des savants, historiens et gens de lettres de la France, por J.-M. Quérard, Paris, tomo VIII (1836), p. 57 e 58; tomo XII (século XIX, tomo 2º), Paris, 1859--64, p. 456 a 458.
> *La Littérature française contemporaine* (1827–1849), continuação de *La France littéraire*, por Félix Bourquelot, tomo VI, Paris, 1857, p. 194.
> *Catalogue général de la librairie française*, pendant 25 ans (1840–1865), redigido por Otto Lorenz, Livreiro, Paris, tomo III, 1869, p. 277; tomo IV, 1871, p. 240 e 241.
> *Bibliographie de la France*, ou Journal Général de l'Imprimerie et de la Librairie [et des cartes géographiques, gravures —lithographies — œuvres de musique], Pillet-aîné, imprimeur-libraire, rue Christine, n. 5, Paris. Consultadas as coleções de 1819 a 1854.
> *Catalogue général des livres imprimés de la bibliothèque nationale (Auteurs)*, Imprimerie Nationale, Paris, MDCCCC, tomo II, colunas 319 a 327.

I) *Curso prático e teórico de aritmética* (*Cours pratique et théorique d'arithmétique*), segundo o método de Pestalozzi, com modificações, encerrando exercícios de cálculo mental (*calcul de tête*) para todas as idades; um grande número de aplicações; questões teóricas acerca das diversas partes da aritmética, e que podem fazer as vezes de exame; uma tábua de redução das moedas estrangeiras em moedas francesas; uma teoria dos logaritimos etc. Obra igualmente própria para os institutores e para as mães de família que desejem dar a seus filhos as primeiras noções dessa ciência, e na qual nada foi omitido de tudo aquilo que pudesse exprimir a utilidade mais geral. Por H.-L.-D. Rivail, discípulo de Pestalozzi. Dois volumes in-12, total de 624 p., mais 3 tábuas. Imp. de Pillet-aîné, Paris, 1824. — Em Paris, com Pillet-aîné;

II) a mesma obra, sob o título: *Curso completo teórico* e *prático de aritmética* (*Cours complet théorique et pratique d'arithmétique*), em continuação ao *Curso de cálculo mental* etc. Compreendendo perto de três mil exercícios e problemas graduados; o único que contém o método adotado no comércio e nos bancos para o cálculo dos juros. Por H.-L.-D. Rivail. Terceira edição, 1845. In-12, de 336 p. Imp. de Pillet-aîné, Paris. — Em Paris, com Pillet-aîné, rue des Grands-Augustins, n. 7; com Bachelier, com Maire-Nyon, com Roret. (A quarta edição, com o mesmo número de páginas, apareceu em maio de 1847.);

III) *Escola de primeiro grau* (*École de premier degré*), fundada e dirigida por H.-L.-D. Rivail. In-4º, de 8 p., mais a capa. Imp. de Pillet-aîné, Paris, 1825;

IV) *Plano proposto para a melhoria da educação pública* (*Plan proposé pour l'amélioration de l'éducation publique*). Por H.-L.-D. Rivail, discípulo de Pestalozzi. In-8º, de 56 p. Imp. De Tastu, Paris, 1828. — Em Paris, com Dentu, e com o autor, rue de Vaugirard, n. 65;

V) *Os três primeiros livros de Telêmaco* (*Les trais premiers livres de Télémaque*), em alemão, com a tradução literal dos dois primeiros e o texto francês e alemão do terceiro, com notas acerca das raízes das palavras etc.; para uso nas casas de educação. Por H.-L.-D. Rivail. In-12, de 220 p. Imp. de Renouard, Paris, 1830. — Em Paris, com Bobée, com Théophile Barrois, com Baudry;

VI) *Gramática francesa clássica de acordo com um novo plano* (*Grammaire française classique sur un nouveau plan*). Primeira parte, com etc. Por H.-L.-D. Rivail. In-12, de 160 p. Imp. de Ducessois, Paris, 1831. — Em Paris, com Hachette, rue Pierre-Sarrazin; com Ferra Jeune, com Pillet-aîné, com o autor, rue de Vaugirard, n. 65;

VII) *Memória sobre a instrução pública* (*Mémoire sur l'instruction publique*), dirigida aos senhores membros da Comissão encarregada de revisar a legislação universitária e de preparar um projeto de lei sobre o ensino. Por H.-L.-D. Rivail. In-4º, de 16 p., mais a capa. Imp. de Plassan, Paris, 1831. — Em Paris, com o autor, rue de Vaugirard, n. 65;

VIII) *Memória a respeito desta questão: Qual o sistema de estudos mais em harmonia com as necessidades da época?* (*Mémoire sur cette question: Quel est le système d'études le plus en harmonie avec les besoins de l'époque?*) Trata da reforma dos estudos clássicos. Premiada pela Academia de Arrás, 1831;

IX) *Discurso pronunciado por ocasião da distribuição dos prêmios, em 14 de agosto de 1834* (*Discours prononcé à la distribution des prix, du 14 août 1834*), pelo Sr. Rivail, diretor de instituição, membro da Academia de Indústria. In-4º, de 12 p., mais a capa. Imp. de Plassan, Paris. Institution Rivail, 1834. (Sobre o seu plano geral de educação. Seguido de um Discurso pronunciado pelo jovem Louis Rouyer, de 15 anos);

X) *Programa dos estudos segundo o plano de instrução de H.-L.-D. Rivail* (*Programme des études selon le plan d'instrution de H.-L.-D. Rivail*). 1º caderno. Ensino primário. Paris, 1838. In-8º. — Em Paris, com o autor;

XI) *Manual dos exames para os certificados de capacidade* (*Manuel des examens pour les brevets de capacité*). Soluções raciocinadas das questões e dos problemas de aritmética e de geometria usual, propostos nos exames do Hôtel-de-Ville e da Sorbonne. Por H.-L.-D. Rivail. In-12, de 144 p. Imp. de Pillet-aîné, Paris, 1846. — Em Paris, com Pillet-aîné, rue des Grands-Augustins, n. 7; com Bachelier, com Maire-Nyon, com Roret. Esta obra existe também sob o título: *Memento aritmético dos exames* (*Mémento arithmétique des examens*), ou Soluções etc.;

XII) *Soluções dos exercícios e problemas do "Tratado completo de aritmética" de H.-L.-D. Rivail* (*Solutions des exercices et problèmes du "Traité complet d'arithmétique" de H.-L.-D. Rivail*). In-12, de 36 p. Imp. de Pillet fils aîné, Paris, 1847. — Em Paris, com Pillet-aîné, rue des Grands-Augustins, n. 7; com Bachelier, com Maire-Nyon, com Roret, com o autor, rue Mauconseil, n. 18;

XIII) *Projeto de reforma referente aos exames e aos educandários para mocinhas* (*Projet de réforme concernant les examens et les maisons d'éducation des jeunes personnes*), seguido de uma proposição relativa à adoção das obras clássicas pela Universidade, ao ensejo do novo projeto de lei sobre o ensino. In-8º, Paris, 1847. — Em Paris, com o autor, rue Mauconseil, n. 18;

XIV) *Catecismo gramatical da língua francesa* (*Catéchisme grammatical de la langue française*), para uso nos estudos primários. Obra posta ao alcance de todas as inteligências por sua simplicidade; com um questionário segundo novas regras. Por H.-L.-D. Rivail. In-12, de 108 p. Imp. de Cerf, em Sèvres, n. 1.848. — Em Paris, com Borrani, rue des Saints-Pères, n. 7; com o autor, rue Mauconseil, n. 18;

XV) *Gramática normal dos exames* (*Grammaire normale des examens*), ou Soluções raciocinadas de todas as questões sobre a gramática francesa, propostas nos exames da Sorbonne, do Hôtel-de-Ville de Paris e de todas as academias de França, para a obtenção dos certificados e diplomas de capacidade e para a admissão nos serviços públicos, resumindo a opinião da Academia e dos diferentes gramáticos acerca dos princípios e das dificuldades da língua francesa; para uso dos candidatos e das candidatas e nos estudos secundários e superiores. Pelos Srs. Lévi-Alvarès e H.-L.-D. Rivail. In-2, de II-248 p. Paris, Borrani et Droz, 1849 (a capa traz: 1848). A 2. ed., aumentada de um índice alfabético das matérias e de grande número de regras, in-12, saiu em 1856; a 9. ed., também in-12, foi dada a lume em 1883, com X-450 p.;

XVI) *Ditados normais dos exames* (*Dictées normales des examens*) recolhidos e escolhidos nos exames da Sorbonne, do Hôtel-de-Ville de Paris, e das outras academias de França, com notas gramaticais, etimológicas, históricas e anedóticas quanto à origem e à ortografia de grande número de palavras, acompanhados, 1º de ditados especiais sobre as dificuldades ortográficas etc. Pelos Srs. Lévi-Alvarès e H.-L.-D. Rivail. In-12, de 224 p. Imp. de Crapelet, Paris, 1849.[132] — Em Paris, com Borrani et Droz, rue des Saints-Perès, n. 7 (com oito edições até 1879, sempre ampliadas);

XVII) *Ditados da primeira e da segunda idade* (*Dictées du premier et du second âge*), encerrando etc.; para uso nos estudos primários, e servindo de introdução aos *Ditados normais dos exames*. Por H.-L.-D. Rivail. *Primeira idade*. In-12, de 120 p. Imp. de Crapelet, Paris, 1850. — Em Paris, com Borrani et Droz, rue des Saints-Perès, n. 7 (a *Bibliographie de la France* registou seu aparecimento em 26 de janeiro de 1850);

XVIII) *Ditados da primeira e da segunda idade* (*Dictées du premier et du second âge*), encerrando etc.; para uso nos estudos primários, e servindo de introdução aos *Ditados normais dos exames*. Por H.-L.-D. Rivail. *Segunda idade*, com: 1º) exercícios a respeito das regras ortográficas de segunda ordem e sobre os homônimos; 2º) ditados correntes, formando um curso elementar de mitologia. In-12, de 164 p. Imp. de Crapelet, Paris, 1850. — Em Paris, com Borrani et Droz, rue des Saints-Pères, n. 7 (a *Bibliographie de la France* registou seu aparecimento em 13 de abril de 1850) — Os dois volumes dos "Ditados" tiveram novas edições, e a de 1876 recebeu a colaboração de Auguste Demkès;

XIX) *Curso de cálculo mental* (*Cours de calcul de tête*), ou Introdução ao estudo da aritmética, segundo o método de Pestalozzi, para uso das mães de família e dos institutores no ensino às criancinhas. In-12;[133]

---

132 Veja-se *Bibliographie de la France*, 17 de novembro de 1849, it. 6.401.
133 É possível que tenha saído em ou antes de 1845. Não conseguimos outros dados.

XX) *Programa dos cursos usuais de física, química, astronomia e fisiologia* (*Programme des cours usuels de physique, de chimie, d'astronomie et de physiologie*), professados pelo Sr. Rivail no Liceu Polimático;[134]

XXI) *Programa dos estudos de instrução primária* (*Programme des études d'instruction primaire*), compreendendo um questionário completo sobre cada ramo de ensino;[135]

XXII) *Tratado de aritmética* (*Traité d'arithmétique*), por H.-L.-D. Rivail, Paris, Borrani et Droz 1847, in-12.[136]

Como se vê, não foi pequeno o número de livros escolares publicados pelo insigne discípulo de Pestalozzi, os quais, sobretudo pelo seu valor prático, beneficiaram a estudantes e mestres.

Votando cérebro e coração às atividades educacionais, acreditamos que, com o talento e a capacidade que lhe sobejavam, ele teria deixado obra maior, se não fora constantemente solicitado para os problemas de subsistência material, que por várias vezes o obrigaram a desviar-se dos seus mais caros ideais.

Destinados à instrução primária, secundária e até mesmo superior, algumas de suas obras foram adotadas pela Universidade de França, em estabelecimentos públicos.

Nos planos e projetos apresentados aos membros do Parlamento, às Comissões encarregadas da reforma do ensino e à Universidade, nota-se que o autor se adiantara de muitos anos aos processos pedagógicos então em voga, aproximando-se, em diversos pontos, da "escola ativa".

---

[134] Citado por J.-M. Quérard no tomo VI de *La Littérature française contemporaine* e no tomo XII de *La France littéraire*.

[135] Id. Ibid.

[136] Mencionado por alguns autores, como Otto Lorenz e André Moreil e inscrito no *Grand dictionnaire universel du XIXe siècle*, de Pierre Larousse, tomo 16 (Primeiro Suplemento), s. d., p. 1.019, é também citado numa página de anúncio no início do livro *Catéchisme grammatical de la langue française* (1848), de H. L. D. Rivail, parecendo ser a obra arrolada no it. II, à qual seria anteposto, na 4ª edição, o título *Traité d'arithmétique*.

38

FIM DA PRIMEIRA FASE

Durante trinta anos, de 1819[137] a 1850, muitas vezes se sobrepondo às incompreensões e aos reveses, Hippolyte Léon Denizard Rivail empenhou-se de corpo e alma em instruir e educar um sem-número de crianças e jovens parisienses, segundo o método pestalozziano, com modificações, acrescido de práticas pedagógicas por ele mesmo criadas ou desenvolvidas, algumas das quais só mais tarde, no século XX, seriam retomadas e largamente difundidas por ilustres reformadores do ensino.

Esse primeiro período da Vida de Rivail foi pródigo em benefícios para a coletividade francesa, e preparou-o convenientemente para ser o homem universal, novo Cristóvão Colombo que, arrostando lutas e escolhos sem conto, patentearia ao espírito humano um outro mundo que até então vivia envolto em denso mistério: o mundo dos Espíritos.

Toda essa fase existencial de Rivail, bem como a seguinte, sofreram a influência dos ensinos colhidos no Instituto de Yverdon. "Foi nessa escola" — acentuou Henri Sausse — "que se lhe desenvolveram as ideias que mais tarde deviam fazer dele um observador atento e meticuloso, um pensador prudente e profundo." Nesse estabelecimento, em que a coação não existia, permitindo ao aluno expandir naturalmente suas forças em gérmen, Rivail aprendeu a pedagogia inteligente, não atrofiadora da mente juvenil. Ele, afinal, podia fazer suas estas palavras de Fröbel, o genial criador dos

---

137 Releia-se o cap. 9 – *Iniciação de Rivail no campo do ensino. Afirmação temerária de Henri Sausse*.

"jardins de infância": "O tempo que passei em Yverdon foi decisivo em minha vida". Daí a observação do biógrafo Jean Vartier:[138] "Pestalozzi pode ser considerado como o pai espiritual de Rivail, da mesma forma que Jean-Jacques Rousseau foi o pai espiritual de Pestalozzi".

No decorrer de sua frutuosa carreira pedagógica de institutor-filantropo, Rivail exercitou "a paciência, a abnegação, o trabalho, a observação, a força de vontade e o amor às boas causas, a fim de melhor poder desempenhar a gloriosa missão que lhe estava reservada". Diga-se, de passagem, que quase todas as realizações posteriores a 1832, ano do seu casamento, se originaram ou se fortaleceram nas palestras costumeiras entre ele e a esposa. À mulher, conforme salientou a condessa de Ségur, é que se devem principalmente as inspirações que os homens concretizam.

Antes que o Espiritismo lhe popularizasse e imortalizasse o pseudônimo Allan Kardec, já havia Rivail firmado bem alto, no conceito do povo francês e no respeito de autoridades e professores, a sua reputação de distinguido mestre da Pedagogia moderna, com o seu nome inscrito em importantes obras biobibliográficas.

---

138 VARTIER, Jean. *Allan Kardec, la naissance du spiritisme*. Paris: Librairie Hachette, 1971. p. 21.

APÊNDICE

Aqui figuram alguns artigos da autoria de Zêus Wantuil, publicados em *Reformador*, órgão da Federação Espírita Brasileira.

Todos eles se relacionam com o assunto tratado nessa Primeira parte, correspondentes às notas de rodapé 1, 2 [no cap. 1 – *Nascimento. Progenitores*] e 104 [no cap. 31 – *Rivail médico?*], tendo sofrido, na sua transcrição, pequenos retoques, corrigendas, acréscimos e supressões pela mão do próprio autor.

KARDEC E SEU NOME CIVIL

Em dezembro de 1955, *Reformador* publicava um estudo com o título —*Denisard ou Denizard?*, estudo em que demonstramos, por meio de provas de peso, que se deve escrever — *Denizard* no nome civil de Allan Kardec.

Em apoio de nossa afirmação, veio o Dr. S. Canuto Abreu numa carta datada de 22 de dezembro de 1955. Muito embora ele houvesse dado preferência à grafia Denizart, com "t" final, reconhecia que ela "*é errônea*, porque, em matéria de nomes próprios com vários derivados regionais ou tribais, a melhor regra é seguir a grafia do registro civil ou a usualmente adotada pelo dono do nome". "Tanto o registro civil [*sic*] quanto a assinatura usual do mestre" — prosseguia o Dr. Canuto em suas ponderações judiciosas — "adotaram a grafia com "z" e "d", isto é, *Denizard*. Portanto, as demais formas, embora corretas em si mesmas, não convêm ao nome próprio do prof. RIVAIL".

No tocante à ordem seguida pela firma civil de Allan Kardec, o nosso ilustre e culto confrade Dr. Canuto sempre preferiu, firmado em documentação irretorquível (*Metapsíquica*, órgão da Sociedade Metapsíquica de São Paulo, 1936, p. 112), a que procuramos defender em *Reformador* de 1955, qual seja: HIPPOLYTE LÉON DENIZARD RIVAIL.

Ultimamente vimos recebendo cartas solicitando-nos a republicação do estudo que há sete anos escrevemos para as colunas deste órgão.

Fazemo-lo agora, com alguns acréscimos que vêm corroborar as nossas conclusões, suprimindo uma que outra passagem já desnecessária ou superada.

Segue, pois, a transcrição solicitada:

DENISARD OU DENIZARD?

Insistente leitor vem há algum tempo escrevendo para a Redação deste órgão, criticando-nos o uso "indevido" de *Denizard* no nome batismal de Allan Kardec, ao mesmo tempo que diz não compreender a nossa casmurrice, já que douto confrade de seu Estado — adverte o missivista —, baseado em Dauzat, doutor no assunto, apontou, faz dois anos, a impropriedade da grafia Denizard (com z), que, ao invés, deveria ser escrito — segundo ele — com s: *Denisard.*

O assunto é, todavia, mais complexo do que parece à primeira vista. Antes de qualquer referência a Dauzat, importa fazer algumas observações preliminares:

a) Tanto a certidão de nascimento [*sic*] quanto o registro de batismo do futuro Allan Kardec inscrevem Denizard,[139] e cremos que também assim o faz o contrato de casamento.[140]

b) Por ocasião do passamento de Kardec, a *Revista Espírita* de maio de 1869 publicou um artigo da Redação intitulado — "Biografia do Sr. Allan Kardec". Aí aparece escrito, em grifo — *Léon-Hippolyte--Denizart Rivail.*

Dois grandes discípulos de Kardec — Camille Flammarion e Léon Denis — escreveram de maneira diferente o nome do mestre lionês.

O primeiro, no seu *Discours prononcé sur la tombe d'Allan Kardec*, brochura editorada em 1869, após, em nota, ao pé da página 7: "*Léon-Hippolyte-Denisart-Rivail*".

O segundo, no *Prefácio* da 4ª edição da obra de Henri Sausse citada na nota, escreveu este período, à página 8: "Remarquons que mon nom est enchâssé dans celui d'Allan Kardec qui s'appelait en réalité: Hippolyte, Léon, Denisard Rivail".

c) A velha, mas sempre consultada obra de J.-M. Quérard — *La France littéraire*, ou dictionnaire bibliographique…, Paris, tomo VIII (1836),

---

[139] SAUSSE, Henri. *Biografia de Allan Kardec.* Trad. Evandro Noleto Bezerra. 1. ed. Brasília: FEB, 2012. cap. *Biografia de Allan Kardec*, its. Nascimento, Batismo.

[140] Id, ib.it. Casamento.

página 58, registou: "Rivail (H. L. D.)"; o tomo XII (1859–1864), página 456, escreveu: "RIVAIL (Hippolyte-Léon Denizart)".

d) O famoso *Dictionnaire universel des contemporains, contenant toutes les personnes notables de la France et des pays étrangers*, de G. Vapereau, Paris, regista em sua 3ª edição (1865), inteiramente refundida e consideravelmente aumentada, páginas 31 e 32, e na 4ª edição (1870), página 30: "*Allan-Kardec* (Hippolyte-Léon-Denizard Rivail, dit)"
O pseudônimo Allan-Kardec, conforme se lê no *Prefácio* datado de 1º de dezembro de 1861, só entrou para o Dicionário de Vapereau a partir de sua 2ª edição, dada a público provavelmente entre 1861 e 1863. A quinta edição desta obra (1880) não inscreveu o nome Allan Kardec, mas a sexta edição (1893) traz, no pé da página 26, a mesma grafia que demos acima para o nome de Kardec.

e) O *Catalogue général de la librairie française*, redigido por Otto Lorenz, Livreiro, escreve no tomo I, Paris, 1867, página 27: "*Allan Kardec*, nom fantastique adopté par M. H. L. D. Rivail"; no tomo IV, Paris, 1871, página 240: RIVAIL (Léon Hippolyte Denisart); no tomo V (tome premier du *Catalogue* de 1866–1875), Paris, 1876, página 15: ALLAN KARDEC, pseudonyme de H. L. D. Rivail.

f) *Les Supercheries littéraires dévoilées*, par J.-M. Quérard, 2ª edição, consideravelmente aumentada, publicada pelos Srs. Gustave Brunet e Pierre Jannet, seguida [...], assim regista no tomo I, primeira parte (1869), a página 266: "Allan Kardec (Hipp.-Léon Denizart RIVAIL), ancien chef d'institution, à Paris [...]".

g) O *Nouveau dictionnaire universel*, por Maurice Lachâtre, s. d.,[141] Paris, tomo primeiro, página 199, regista: "*Allan Kardec* (Hippolyte--Léon-Denizard Rivail)", fazendo a seguir longa biografia do Codificador.

h) O *Grand dictionnaire universel du XIXe siècle*, por M. Pierre Larousse, Paris, tomo nono (1873), regista: "*Kardec* (Hippolyte-Léon-Denizard Rivail, plus connu sous le pseudonyme d'Allan)"

i) Faz exatamente o mesmo o *Nouveau larousse illustré* (1897–1904), publicado sob a direção de Claude Augé, tomo V.

j) O *Dictionnaire biographique et bibliographique*, por Alfred Dantès, Paris, 1875, página 26, escreve: "*Allan Kardec* (Hipp. Léon Denizard Rivail)"

k) O "*Manuel bibliographique des sciences psychiques ou occultes*", por Albert L. Caillet I. C., Paris, 1912, regista:
Tomo I, p. 28: "RIVAIL (Hippolyte-Léon-Denizard)"...

---

141 O Dicionário não traz a data de publicação, nem no primeiro nem no segundo e último tomo. Ramiz Galvão coloca-lhe o aparecimento em 1865–1870.

Tomo II, p. 487: "Hippolyte Léon Denizard Rivail"...
Tomo III, p. 407: "RIVAIL (Hippolyte-Léon-Denizard) dit *Allan Kardec*"...

l) O *Dictionnaire de biographie française*, Paris, inclui no tomo segundo (Aliénor-Antlup), 1936, sob a direção de J. Balteau (Agrégé d'Histoire), de M. Barroux (Archiviste paléographe, directeur honoraire des Archives de la Seine) e M. Prevost (Archiviste paléographe, conservateur adjoint à la Bibliothèque Nationale), com o concurso de numerosos e cultos colaboradores, inclui, como dissemos, na página 98, o pseudônimo Allan Kardec, escrevendo-lhe assim o nome, de acordo com o registro de nascimento: "Denizard, Hippolyte, Léon Rivail"...
m) O *Nouveau dictionnaire encyclopédique universel illustré*, sob a direção de Jules Trousset (3º vol.), escreve: "KARDEC (*Hippolyte-Léon--Denizard* RIVAIL)" ...
n) *La Grande encyclopédie*, por uma "Société de Savants et de Gens de Lettres" (1885–1902), escreve no volume 28: "RIVAIL. (Hippolyte--Léon-Denizard)"...
o) O tomo II (1900), coluna 319, do *Catalogue général des livres imprimés de la bibliothèque nationale*, Paris, regista assim o nome de Allan Kardec: Hippolyte-Léon-Denizard Rivail. Nas colunas seguintes, o mesmo "Catálogo", ao relacionar-lhe as obras pedagógicas, põe sempre: H. L. D. Rivail.
Apenas por essa amostra, incompleta, podem os leitores verificar haver uma quase unanimidade na maneira de se grafar a palavra principal em estudo.
Não se venha, porém, com Dauzat para se assentar que o certo é *Denisard* (com s), ainda mais que tal coisa jamais deu a entender o eminente filólogo francês, senão vejamos: Albert Dauzat, escritor, linguista, professor na *École Pratique des Hautes Études de Paris*, é autor de várias obras sobre questões linguísticas, entre elas o *Dictionnaire étymologique des noms de famille et prénoms de France*. É neste volume (ed. 1951, Paris, p. 191) que se encontra o caso em apreço. Após estudar etimologicamente o prenome *Denis*, o ilustre filólogo lhe cita os inúmeros hipocorístico,[142] conforme se segue:

"*Deniset, -ot, -eau, -on, -ard* (pejorativo), sobretudo com z: *Denizet* +,[143] *-zot* + ...; com ablação da inicial: *Niset, -sot, -sard...* e *Nizet, -ot, -ard* +".

---

142 Hipocorístico: forma familiar alterada (por abreviação, derivação etc.) do nome individual. (A. Dauzat.)
143 + sinal que indica os nomes de família difundidos. (A. Dauzat.)

Como se vê, o hipocorístico de Denis terminado com *ard* (o que nos interessa de modo especial) é *sobretudo* encontrado com *z* (Denizard), conquanto seja também vista a forma Denisard, forma esta pejorativa, no entender do autor de "*Dicionário etimológico*

CONCLUSÃO: Baseados principalmente em vários documentos, inclusive o de batismo de Allan Kardec, e bem assim em "Dauzat" e na maioria dos autores citados, continuaremos a grafar DENIZARD. E como Hippolyte aparece à frente, no registro de batismo e no de casamento, em *todas as obras pedagógicas* que publicou, na maioria dos volumes acima relacionados (vários deles impressos quando Kardec ainda estava encarnado) e nos documentos públicos, quando aí lançava — segundo o Dr. Canuto — o nome por extenso ou abreviado, deve-se, por conseguinte, colocá-lo no princípio.
Dessa forma, à vista de tudo que expusemos, nada obsta continuemos a escrever, e acreditamos que bem acertadamente:

HIPPOLYTE LÉON DENIZARD RIVAIL

Quando nasceu Kardec

Um dos nossos leitores encontrou em *O principiante espírita*,[144,145] página 7, a certidão de nascimento de Allan Kardec, datada de 12 do vindemiário do ano XIII, dando-lhe o nascimento como ocorrido às 19 horas do dia 11 do mesmo mês das vindimas. E como o *Pequeno Larousse* e o *Séguier* informam que o vindemiário começava em 22 de setembro, concluiu o nosso leitor que o nascimento se deu no dia 2 e não no dia 3 de outubro.

Além dessa conclusão, pergunta-nos o distinto confrade se foi no ano de 1803 ou em 1804, visto que o livro *Les Pionniers du Spiritisme en France*, o *Grande dicionário de Larousse*, *La Grande encyclopédie*, a *Enciclopédia Quillet* e todos os demais dicionários franceses apresentam o ano de 1803.

Quanto à pergunta, afirmamos haver um lapso dos que o apresentaram como nascido em 1803, porquanto o ano XIII do Calendário Republicano começou em setembro de 1804, logo, nascido em outubro do 13º ano Republicano, Kardec veio ao mundo em outubro de 1804.

Quanto à conclusão a que chegou o nosso leitor, de que foi em dois de outubro, pedimos licença para expor as seguintes considerações, que nos parecem suficientes para demonstrar o engano da conclusão.

---

144 Obra que a Federação Espírita Brasileira (FEB) publicava, no passado. Continha ensinos de *O que é o espiritismo* e a *Biografia de Allan Kardec* (texto de 1896), por H. Sausse. Essa coletânea, organizada pela FEB, há decênios, deixou de ser editada, sendo o trabalho de H. Sausse inserido no início de *O que é o espiritismo*.

145 N.E.: A obra *Biografia de Allan Kardec* foi editada pela FEB, em 2010, com versão integral da biografia que consta em *O que é o espiritismo*.

O ano da Primeira República francesa foi iniciado pelo mês vindemiário (época da vindima). O primeiro dia do vindemiário não começava em 22 de setembro, como ensinam aqueles dois autores, mas, sim, no equinócio de outono. Dessa forma, o vindemiário caía ora em 22, ora em 23 e às vezes em 24 de setembro, e, conforme verificamos nos quadros comparativos dos dois calendários, o dia primeiro do vindemiário do ano XIII correspondeu ao dia 23 de setembro de 1804.

Como sabemos, o primeiro ano Republicano iniciou-se em 22 de setembro de 1792, dia da Proclamação da República e, por singular coincidência, dia em que o Sol chegava ao equinócio de outono; mas também sabemos que tal Calendário, além dos 12 meses de 30 dias, tinha cinco ou seis dias chamados *sans-culottides*, formados da sobra natural de cinco dias e um quarto, do ano solar.

Foi exatamente a exigência de cálculos astronômicos para a determinação do primeiro dia do ano o motivo da revogação, em 9 de setembro de 1805, do Calendário Republicano, voltando-se ao Gregoriano em 1º de janeiro de 1806.

O assunto é realmente interessante e muito poderíamos escrever se não fora a falta de espaço com que luta o nosso órgão. Todavia, cremos que só o fato de a *Revista Espírita* (maio de 1869, Biografia do Sr. Allan Kardec) haver afirmado que o nascimento ocorrera em 3 de outubro, basta para que aceitemos esta data como verdadeira; no entanto, em vista da necessidade de este ponto ficar perfeitamente esclarecido, citaremos um documento mais claro que o registro civil, porque não obediente ao Calendário Republicano, documento esse cuja cópia foi publicada, na íntegra, na obra de Henri Sausse, prefaciada por Léon Denis.[146] Nesse documento, assinado pelos padres Barthe e Chassin, encontramos:

> Aos quinze dias do mês de junho do ano de mil oitocentos e cinco foi batizado nesta paróquia Hippolyte-Léon Denizard, nascido em Lyon em três de outubro de mil oitocentos e quatro, filho de Jean-Baptiste Antoine Rivail [...].

Aí estão, pois, os esclarecimentos que podemos oferecer.

---

146 SAUSSE, Henri. *Biografia de Allan Kardec*. Trad. Evandro Noleto Bezerra. 1. ed. Brasília: FEB, 2012. cap. *Biografia de Allan Kardec*, it. Batismo; Cfr. *Revue Spirite*, 1904, p. 689.

Kardec teria sido médico?

Henri Sausse, ilustre espírita lionês e que foi secretário da "Fédération Spirite Lyonnaise", realizou, em 31 de março de 1896, por ocasião das solenidades com que os espiritistas lioneses comemoravam o 27º aniversário da desencarnação de Kardec, realizou, dizíamos, brilhante conferência sobre a vida e a obra do homenageado, publicando-a, nesse mesmo ano, em brochura, sob o título *Biografia de Allan Kardec*. Num certo trecho do seu discurso,[147] o orador declarou, referindo-se ao Codificador:

> "Ele era bacharel em Ciências e Letras, doutor em Medicina, tendo feito todos os estudos médicos e brilhantemente defendido tese."

Ou seja, em francês:

> "Il était bachelier ès Lettres et ès Sciences, docteur en Médecine ayant fait toutes ses études médicales et présenté brillamment sa thèse."

Em 1910, Henri Sausse republicou, em nova e ampliada edição, a sua conferência de 1896. Talvez porque os leitores lhe houvessem solicitado a indicação das fontes nas quais se baseara para afirmar o que constava no trecho acima mencionado, Sausse, denunciando não haver feito nenhuma pesquisa nesse sentido, explicou, numa nota ao pé da página14:

---

[147] In: *Memória histórica do espiritismo*, p. 11, editada pela FEB em 1904, em Comemoração do Centenário natalício de Allan Kardec.

> "Ces renseignements me furent fournis par M. G. Leymarie en 1896."

Ou seja, em português:

> "Esses dados me foram fornecidos pelo Sr. G. Leymarie, em 1896."

Vamos, então, a Leymarie. A primeira vez que esse ilustre discípulo de Kardec deu notícia, pelo menos escrita, do assunto a que se refere o trecho supratranscrito, foi no Congresso Espírita Internacional de Barcelona, realizado em 1888.

A resenha completa, publicada em Madri, ainda em 1888, sob o título "Primer Congreso Internacional Espiritista", regista o discurso de Leymarie, pronunciado de improviso, e do qual extraímos esse trecho, à página 124:

> "A este tiempo, además de sus títulos de Bachiller en Ciencias y en Letras, había estudiado la medicina, el magnetismo, y poseía el alemán, el inglés y el italiano."

Um resumo das atividades desse Congresso foi publicado na língua francesa, em Paris, no ano seguinte: 1889. Vê-se, entretanto, que o discurso de Leymarie, ali incluído, recebeu redação diferente em vários trechos, inclusive no citado acima, que ficou assim redigido:

> "il (Kardec) avait fait son cours complet de Droit et de Médecine et avait été couronné par plusieurs académies."

Ou seja, em português:

> "ele (Kardec) havia feito curso completo de Direito e de Medicina, tendo sido premiado por várias academias."

Esse discurso biográfico de Allan Kardec foi, *ipsis verbis*, republicado na *Introdução* do "Compte Rendu du Congrès Spirite et Spiritualiste International", congresso realizado na capital francesa, em setembro de 1889.

De todos os discípulos diretos de Kardec, foi Leymarie o único que trouxe a público aqueles dados reveladores, sem, contudo, apresentar qualquer comprovação do que dizia. Ele o fez, não sabemos por que razão, somente após o decesso de Kardec e da esposa deste. Alexandre Delanne, E. Muller, Levent, Desliens, Flammarion, Sardou, além de outros íntimos discípulos do Codificador, jamais disseram haver Kardec recebido diploma de Medicina ou de Direito.

E. Muller, por exemplo, no discurso que pronunciou, em 1869, junto ao túmulo de Kardec, assinalou apenas:

> "C'est qu'il avait touché à toutes les sciences et qu' ayant bien approfondi, il savait transmettre aux autres ce qu'il connaissait lui-même, talent rare et toujours apprécié."

Ou seja, em português:

> "É que estivera em contato com todas as ciências, e, porque nelas se aprofundou bastante, sabia transmitir aos outros seus conhecimentos, com raro e sempre apreciado talento."

Quanto à questão de Kardec ter-se formado em Direito (conforme escreveu Leymarie), felizmente, ao que sabemos, ninguém mais repetiu tal desacerto, nem mesmo Henri Sausse.

O volume I do *Nouveau dictionnaire universel,* de Maurice Lachâtre, publicado em Paris, e quando Kardec ainda vivia entre nós, como que prevendo todas essas coisas, já declarava peremptoriamente em suas páginas:

> "Quoique fils et petit-fils d'avocats, et d'une ancienne famille qui s'est distinguée dans la magistrature et le barreau, il (Kardec) n'a point suivi cette carrière; de bonne heure il s'est voué à l'étude des sciences et de la philosophie."

Ou seja, em português:

> "Ainda que filho e neto de advogados, pertencente a uma antiga família que se distinguiu na magistratura e no foro, ele de forma alguma seguiu essa carreira; dedicou-se, desde cedo, ao estudo das ciências e da filosofia."

E a *Biografia de Allan Kardec,* publicada no número de maio de *Revista Espírita* de 1869, reafirmou o que Lachâtre assinalara, conforme este trecho:

> "Né à Lyon, le 3 octobre 1804, d'une ancienne famille qui s'est distinguée dans la magistrature et le barreau, M. Allan Kardec n'a point suivi cette carrière..."

Negando-se a Kardec a condição de advogado, não se fez, entretanto, o mesmo com a de Doutor em Medicina. Esse título continuou e continua a ser-lhe dado por quase todos os escritores espiritistas, e, confessamos, até este órgão (*Reformador*) por várias vezes o estampou em suas colunas.

Mas, faz pouco tempo, numa intensa busca que realizamos nas Bibliotecas do Rio de Janeiro, deparou-se-nos uma obra do erudito escritor e engenheiro civil Albert L. Caillet, intitulada: *Manuel bibliographique des sciences psychiques ou occultes*, a qual, no volume III (1912), página 407, regista o seguinte:

> "Rivail (Hippolyte-Léon-Denizard) dit Allan Kardec [...] bachelier ès-lettres et ès-sciences, on le dit souvent à tort *Docteur en Médecine*. D'après nos recherches personnelles à ce sujet, Allan Kardec bien qu'ayant des connaissances médicales íncontestabes, n'a *jamais été reçu Docteur en Médecine*." (Grifos do autor)

Ou seja, em português:

> "Rivail (Hippolyte Léon Denizard), dito Allan Kardec [...] bacharel em Ciências e Letras, qualificam-no frequentemente, sem razão, de *Doutor em Medicina*. Segundo as nossas pesquisas pessoais sobre esse assunto, Allan Kardec, embora possuísse conhecimentos médicos incontestáveis, *jamais se doutorou em Medicina*."

Nesse mesmo volume de Caillet, acha-se registrada, na página 487, a brochura que Henri Sausse publicou em 1896 concernente ao seu discurso biográfico sobre Allan Kardec, já atrás referido.

E a respeito dessa brochura, Caillet reproduziu breve comentário contido numa obra bibliográfica de Edmond Peneau, do qual transcreveremos esse trecho que confirma suas palavras supraestampadas:

> "C'est par erreur que l'on trouve dans cet ouvrage qu'Allan Kardec était Docteur en Médecine. Bien que fort versé dans cette Science, il n'a néanmoins jamais été officiellement reçu Docteur."

Ou seja, em português:

> "É por erro que se encontra nessa obra ter sido Allan Kardec Doutor em Medicina. Se bem que muito versado nesta Ciência, ele, entretanto, oficialmente jamais colou o grau de Doutor."

Não há dúvida de que o sábio Codificador do Espiritismo possuía vasto e aprofundado conhecimento de várias matérias, inclusive médicas, mas isso não forma base para se afirmar que ele fora médico, como também não nos é permitido afirmar que ele era astrônomo, apenas porque ensinava Astronomia.

Quanto às obras biobibliográficas publicadas quando o próprio Kardec ainda se achava encarnado, todas elas falam de sua vida, do seu trabalho como professor e pedagogo, de seus livros enfim, mas nunca trouxeram qualquer referência, mesmo indireta, que o fizesse diplomado, quer em Direito, quer em Medicina. Além de outras, podemos ainda citar estas obras: *La France littéraire*, ou dictionnaire bibliographique, de J.-M. Quérard, Paris, tomo VIII (1836), tomo Xll (1859–64); *La Littérature française contemporaine*, de Félix Bourquelot, Paris, tomo VI (1857); *Les Supercheries littéraires dévoilées*, de J.-M. Quérard, Paris, 2. ed., tomo I (1869); *Dictionaire universel des contemporains*, de G. Vapereau (ex-aluno da Escola Normal, ex-professor de Filosofia, advogado), Paris, 3. ed. (1865) etc.

Observamos, diante dos fatos aqui relacionados, que se de um lado Leymarie não apresentou nenhum documento que positivasse ter sido Allan Kardec diplomado em Medicina, do outro lado, Caillet não esclareceu que "pesquisas pessoais" realizou a fim de chegar à sua afirmativa contrária.

É certo que os outros documentos que apresentamos apoiam o pronunciamento de Caillet, mas, com sinceridade, julgamo-los ainda insuficientes.

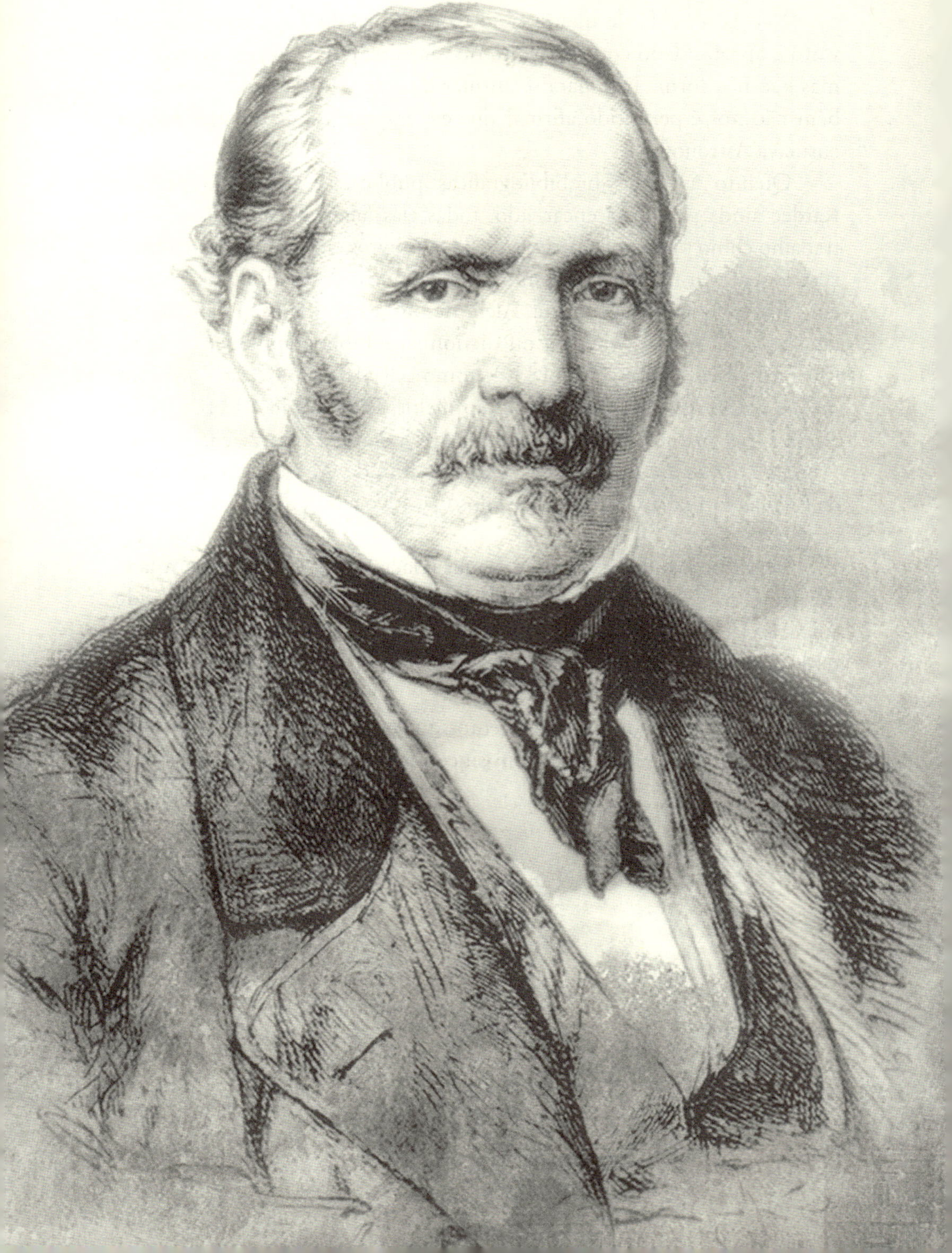

PARTE SEGUNDA

1
A FAGULHA DA RENOVAÇÃO

As insólitas manifestações de Hydesville (Estado de Nova Iorque), misteriosamente surgidas na residência das irmãs Fox, em fins da metade do século XIX, rapidamente foram tomando terreno e em pouco tempo todo o Velho Continente estava a par dos *rappings*, das mesas girantes e dançantes e de outros fenômenos inabituais. O grande ruído da América comunicou-se à Alemanha, à França, à Inglaterra, à Espanha, à Itália, à Turquia e a outros países, invadindo todas as classes sociais, da choupana ao palácio. Verdadeira época de loucura — comentavam os jornais da época. Revolução inacreditável nas leis físicas. Os objetos repentinamente pareciam ter adquirido movimento autónomo, nos pontos mais diferentes do mundo.

Experiências com as "mesas girantes", na Alemanha, em 1853.

1. Os acontecimentos de Hydesville, em 1848

Devendo citar várias vezes os sucessos de Hydesville, reproduzimos sucinto histórico das ruidosas e célebres manifestações havidas na América do Norte, da pena brilhante de Lino Teles (Ismael Gomes Braga):[148]

> Na noite de 28 de março de 1848, nas paredes de madeira do barracão de John D. Fox, começaram a soar pancadas incomodativas, perturbando o sono da família, toda ela metodista. As meninas Katherine (Katie ou Kate), de 9 anos, e Margaret, de 12 anos,[149] correram para o quarto dos pais, assustadas com os golpes fortes nas paredes e teto de seu quarto.
>
> Esse barracão, na aldeia de Hydesville, no Condado de Wayne, Estado de Nova Iorque, era construído em terreno pantanoso. Os alicerces eram de pedra e tijolos até à altura da adega e daí para cima surgiam paredes de tábuas. Seus últimos ocupantes haviam sido os Weekmans, que posteriormente também confessaram ter ouvido ali batidas na porta, passos na adega e fenômenos outros inexplicáveis.

The Fox Cottage, Wayne Country, Hydesville, N. Y., 31 de março de 1848.

> No dia 31 de março de 1848 a família Fox deitou-se mais cedo do que de costume, pois havia três noites seguidas que não podiam conciliar o sono. Foi severamente recomendado às crianças, agora dormindo no quarto dos pais, que não se referissem aos tais ruídos, mesmo que elas os ouvissem.

---

[148] *O começo da história sem-fim*, artigo republicado em *Reformador*. abr. 1978, p. 129 e 130.

[149] Há, com relação a essas idades, pequenas diferenças entre os autores, seja para menos, seja para mais. As idades que anotamos são devidas a Robert Dale Owen, e parecem ser as corretas. (Veja-se a obra *Katie Fox*, de W. G. Langworthy Taylor, 1933, p. 47 e 48.)

Nada, porém, obstou a que pouco depois as pancadas voltassem, tornando-se às vezes em verdadeiros estrondos, que faziam tremer até os móveis do quarto.

As meninas assentaram-se na cama, e o Sr. John Fox resolveu dar uma busca completa pelo interior e pelo exterior da pequena vivenda, mas nada encontraram que explicasse aquele mistério.

Kate, a filha mais jovem do casal, muito viva e já um tanto acostumada ao fenômeno, pôs-se em dado momento a imitar as pancadas, batendo com os seus dedos sobre um móvel, enquanto exclamava em direção ao ponto onde os ruídos eram mais constantes: "Vamos, *Old Splitfoot*, faça o que eu faço". Prontamente as pancadas do "desconhecido" se fizeram ouvir, em igual número, e paravam quando a menina também parava.

Margaret, brincando, disse: "Agora, faça o mesmo que eu: conte um, dois, três, quatro", e ao mesmo tempo dava pequenas pancadas com os dedos. Foi-lhe plenamente satisfeito esse pedido, deixando a todos estupefatos e medrosos.

Estava estabelecida a comunicação dos vivos com os mortos e assentada uma nova era de mais dilatadas esperanças, com a prova provada da continuidade da vida além do túmulo.

Naquela mesma noite de 31 de março várias perguntas foram feitas pelos donos da humilde casa e por alguns dos inúmeros vizinhos ali chamados, obtendo-se sempre, por meio de certo número de pancadas, respostas exatas às questões formuladas. O comunicante invisível forneceu ainda a sua história: fora um vendedor ambulante, que antigos moradores daquela casa assassinaram, havia uns cinco anos, para furtar--lhe o dinheiro que trazia; seu corpo se achava sepultado no porão, a dez pés de profundidade.

Primeira comunicação obtida em Hydesville, quando Kate Fox recebe resposta aos seus sinais. Desenho de S. Drigin.

No barracão havia residido, em 1844, o casal Bell, sem filhos, e que só tinha uma criadinha, Lucretia Pulver, que não raro dormia fora, em casa dos pais. Feito um inquérito, foi ela ouvida, pois o casal já havia desaparecido do lugar. Lembrava-se de um vendedor ambulante que certo dia aparecera no barracão, e que os patrões a mandaram dormir na casa dos pais, para que o hóspede pernoitasse no quarto dela. Pela manhã compareceu ela em casa dos patrões e soube que o vendedor partira muito cedo.

Diante do depoimento obtido pelos golpes do batedor invisível, foram feitas escavações no porão, mas era tempo de chuvas e, como a água enchia logo a fossa que se abria no terreno pantanoso, resolveram realizar a busca em época propícia. No verão, continuaram a escavação e, a cinco pés de profundidade, foram encontrados carvão, cal e alguns ossos humanos. Por ser muito incompleto o achado, os incrédulos teceram suas dúvidas sobre a verdade da revelação.

As pancadas continuavam tendo-as testemunhado várias centenas de curiosos. A pouco e pouco foram estabelecendo uma convenção para receberem respostas mais detalhadas às perguntas que se faziam aos autores invisíveis. Convencionou-se um alfabeto em que cada letra representaria determinado número de batidas: o A seria uma, o B seria duas, o C, três, e assim por diante.

As meninas Fox viajaram, e também em outras casas, onde se hospedavam, ouviam-se as tais pancadas, travavam-se novas conversações com os Espíritos, processando-se ainda outros fenômenos interessantíssimos. Notou-se que possuíam elas uma faculdade especial, e pouco depois se observou que outras pessoas eram dotadas de semelhantes faculdades: ao contato de suas mãos uma mesa se levantava, dava pancadas com os pés, e essas pancadas respondiam com inteligência a perguntas. Nomes de respeitáveis personalidades já falecidas assinavam belas mensagens anunciadoras de uma revolução no campo moral das criaturas humanas, dizendo que afinal os tempos eram chegados para que novos horizontes se descortinassem aos destinos do homem.

As irmãs Fox (Margaret, Kate e Leah), litografia de 1850.

Surgiu a época das mesas girantes que se tornou epidemia no mundo, como se pode ver da interessante obra de Zêus Wantuil, *As mesas girantes e o espiritismo*.
Foram as mesas girantes, e depois falantes, que chamaram a atenção do prof. Hippolyte Léon Denizard Rivail para os fenômenos espíritas. Depois das mesas surgiu a escrita com o lápis preso a uma cestinha de vime e, finalmente, com a mão do médium. Servindo-se desses últimos meios, Rivail elaborou a grandiosa Codificação do Espiritismo.
Outros casos de depoimentos pessoais de mortos foram registrados e alguns confirmados posteriormente. Os *rappings* e *knockings* não mais se usaram na transmissão de notícias e informações de Além-Túmulo. O barracão de John Fox envelheceu e desmoronou em parte,[150] esquecido de todos, visto que surgiram fenômenos muito mais expressivos, formas de identificação de Espíritos comunicantes muito mais convincentes que levaram os estudiosos à certeza da continuação da vida *post mortem*.
Passou meio século de esquecimento sobre Hydesville. Eis senão quando, alguns escolares da aldeia, brincando no local das ruínas do barracão, notaram que havia caído parte de uma parede interna, junto do alicerce, deixando visível um esqueleto humano quase inteiro e um baú de ferro. Reconfirmava-se, assim, a declaração do Espírito do vendedor ambulante feita havia 55 anos. O casal Bell ocultara o cadáver e o baú junto da parede da adega e construíra pelo lado interior outra parede. O fato foi consignado pelo *Boston Journal* de 23 de novembro

---

150 Em 1916, Benjamin F. Bartlett adquiriu os restos do velho barracão, reconstruindo-o na cidade de Lily Dale, N.Y., onde é conservado até os dias atuais. (Veja-se o *Grand souvenir book of the world centennial celebration of modern spiritualism*, obra publicada nos Estados Unidos, em 1948, p. 12.)

de 1904, que disse terem ficado assim desvanecidas as últimas sombras de dúvida ainda existentes.

Ao que tudo indica, o cadaver fora enterrado no centro do porão. Depois, conforme argumenta *Sir* Arthur Conan Doyle, alarmado o criminoso pela facilidade que havia em ser descoberto o crime, exumou o corpo para junto do muro. Ou porque a transferência se verificasse com muita precipitação, ou porque a luz era escassa, ficaram vestígios da inumação anterior.

Situação atual do barracão de Hydesville transferido por Benjamin Bartlett, em maio de 1916, para Uly Dale Spiritualist Camp. N.Y.

Hoje, esses ossos e o baú se acham em Lily Dale, em um museu, registrando a triste história da inferioridade humana, e recordando o nascimento de uma Nova História para a Humanidade.

Um mundo de novos fenômenos mediúnicos, que se seguiram ao episódio de Hydesville, abriu outros caminhos aos estudiosos. Allan Kardec dilatou ainda mais os conhecimentos a esse respeito, sabiamente coordenando-os para uma compreensão menos imperfeita e mais justa do todo. Posteriormente, célebres trabalhos, devidos a homens notáveis, trouxeram subsídios importantes à obra do Codificador, muitos deles incorporando-se à Codificação, pois que esta não poderia ficar estática em determinado tempo, tendo de viver e crescer sempre, confirmada e apoiada por novos fatos bem verificados e inteligentemente interpretados.

2. As "mesas girantes e dançantes"

Em 1853, a Europa inteira tinha as atenções gerais convergidas para o fenômeno das chamadas "mesas girantes e dançantes", considerado "o maior acontecimento do século" pelo Rev.ᵐᵒ padre Ventura de Raulica, então o mais ilustre representante da teologia e da filosofia católicas. Em toda palestra havia sempre uma referência às mesas fantásticas: *table volante* ou *table tournante*, para os franceses; *table-moving*, para os ingleses; *tischrueken*, para os alemães.¹⁵¹

G. Ventura de Raulica (1792–1861)

A imprensa informava e tecia largos comentários acerca das estranhas manifestações, e, a não ser o grande físico inglês Faraday, o sábio químico Chevreul, o conde de Gasparin, o marquês de Mirville, o abade Moigno, Arago, Babinet e alguns outros eminentes homens de ciência, bem poucos se importavam em descobrir-lhes as causas, em explicá-las, a maioria dos acadêmicos olhando os fenômenos com superioridade e desdém.

Um articulista da época transcrevia em "História da Semana", no periódico *L'Illustration* (14 de maio de 1853), a interessante crônica do famoso crítico e literato francês, Jules Janin:

> Toda a Europa (que digo eu, a Europa?), neste momento o mundo inteiro tem o espírito voltado para uma experiência que consiste em fazer girar uma mesa. Só se ouve falar, por toda parte, da mesa que gira; o próprio Galileu fez menos ruído no dia em que ele provou ser realmente a Terra quem girava em torno do Sol. Ide por aqui, ide por ali, nos grandes salões, nas mais humildes mansardas, no atelier do

---

151 O leitor que desejar conhecer melhor o histórico dessa época, poderá fazê-lo em *As mesas girantes e o espiritismo*, de Zêus Wantuil, 5. ed. FEB, 2007, com ilustrações e mais de trezentas páginas.

pintor, em Londres, em Paris, em Nova Iorque, em São Petersburgo — e vereis pessoas gravemente assentadas em torno de uma mesa vazia, que eles contemplam à semelhança daqueles crentes que passam a vida a olhar seus umbigos! Oh! A mesa! Ela fez tábua rasa dos nossos prazeres de todas as tardes.

Jules-Gabriel Janin (1804–1874)

Em Paris de 1853, principalmente, a recreação mais palpitante e mais original era a das "mesas girantes", havendo uma preferência quase que absoluta pelas mesas feitas de acaju.

Desenhos da época pintam os salões da alta aristocracia parisiense com a sua nota característica: senhores respeitáveis, senhoras e senhorinhas elegantes, reuniam-se em torno de mesas redondas, espalmando as mãos um pouco acima delas (formava-se uma corrente pelo contacto de todos os dedos mínimos), com o intuito de fazê-las movimentar; outro grupo tentava obter o movimento de uma bola suspensa por um fio; outro, um pouco distante, usava uma cesta munida de um lápis, sobre a qual uma dama *coquette* colocava a mão adornada de brilhantes, na esperança de conseguir algum rabisco numa ardósia; além, respeitável senhor de cavanhaque procurava movimentar uma cartola, sem tocá-la, é lógico. Nos mais diferentes locais, eram as experiências da moda. A conversa, tanto nos elegantes *boulevards* quanto nos *faubourgs* mais humildes, discorria invariavelmente acerca das mesas falantes e da guerra da Rússia contra a Turquia.[152]

---

[152] *Paris s'occupe en ce moment de deux choses: la guerre d'Orient et les tables parlantes* — assim se iniciava um artigo publicado em *L'Illustration* de 26 de novembro de 1853.

Michael Faraday (1791–1867)

Os fenômenos constituíam para a generalidade dos assistentes um passatempo como qualquer outro. Quase ninguém se aprofundava no estudo da causa de tais manifestações extraordinárias. Às vezes surgia uma que outra pretensiosa explicação, que logo era desprezada, por não poder satisfazer aos fatos observados. Por esta época, o grande físico inglês Faraday, embora afirmasse a sua convicção na realidade das mesas girantes, expôs, no jornal inglês *L'Athenaeum*, uma teoria tendenciosa, a que, entretanto, não se deu a importância que parecia desejar.

O importante semanário parisiense *L'Illustration*, de 25 de junho de 1853, informava então que uma única "pessoa" não se achava nada satisfeita com tudo isto: a Academia, "que ainda — acrescentava com certo ar de pouca esperança — está a pesquisa as causas ocultas desse fenômeno de mesas girantes". Livro que tratavam dessas mesas começaram a aparecer, atraindo leitores aos milhares, citando-se, entre outros, Roubaud, Gasparin, Mirville e outros.

À esq., os teóricos das "mesas girantes": Babinet era físico, Gasparin, político, Velpeau e Lamballe, cirurgiões. À dir., alguns investigadores do mundo de Além-Túmulo, vendo-se o próprio Kardec.

Em 24 de dezembro de 1853, *L'Illustration* registrava a seguinte nota:

> Depois que um eclesiástico, correspondente de *L'Univers*, descobriu Satã, em pessoa, numa mesa de três pés, as "mesas falantes" adquiriram uma fama sinistra que lhes valeu serem postas formalmente no *Index* por dois dos nossos prelados, os Rev.^{mos} bispos de Orléans e de Viviers.

Mas as mesas continuaram... Veio o Santo Ofício e, em 4 de agosto de 1856, condenou os fenômenos em voga, dizendo serem consequência de hipnotismo e magnetismo (já que pouca gente acreditava em peripécias do "diabo"), e tachava de hereges as pessoas por intermédio das quais eles eram produzidos.[153]

3. Da diversão aos estudos sérios

A princípio, os magnetistas e outros observadores supunham que tudo fosse consequência da ação de um fluido magnético ou elétrico ou de um outro qualquer, de propriedades desconhecidas.

---

[153] BRICOUT, J. *Dictionnaire pratique des connaissances religieuses*. t. VI. 1928, p. 443.

Partilhava do mesmo pensamento, como ele próprio o confessa em sua obra *O que é o espiritismo*,[154] o prof. Denizard Rivail, que desde os 19 anos[155] se interessava pelos estudos de "magnetismo animal" e que aceitara o fluidismo mesmeriano. Segundo ele, o "fluido magnético, que é uma espécie de eletricidade, pode perfeitamente atuar sobre os corpos inertes e fazer que eles se movam [...]",[156] e daí, naturalmente, ter também aceito esta primeira explicação para as "mesas girantes".

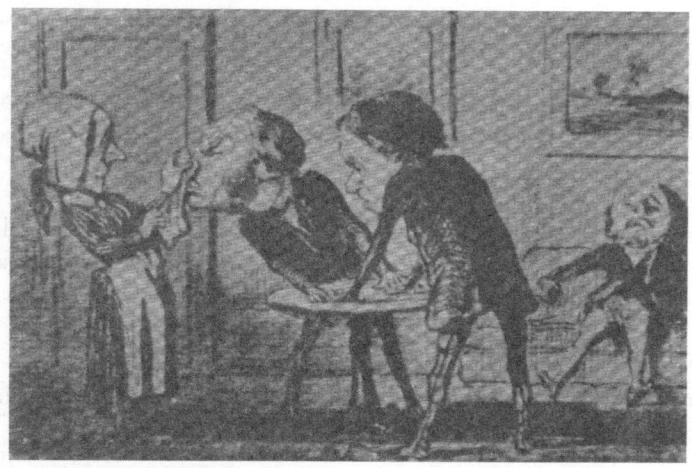

Honoré Daumier satirizou numa das suas litografias as mesas girantes; um dos magnetizadores da mesa está resfriado.

Em fins de 1854, o Sr. Fortier, magnetizador com quem Rivail mantinha relações, lhe trouxe a estranha nova: as mesas também "falavam", isto é, interrogadas, respondiam qual se fossem seres inteligentes. E mais: por um dos seus pés, ditavam até magníficas composições literárias e musicais.

Rivail, possuidor daquela lógica austera e daquele senso que abriga o espírito de entusiasmos desarrazoados e de negações *a priori*, ouviu tudo o que o amigo lhe contava e respondeu, como verdadeiro homem de razão científica: "Só acreditarei quando o vir e quando me provarem que uma mesa tem cérebro para pensar, nervos para sentir e que possa tornar-se sonâmbula. Até lá, permita que eu não veja no caso mais do que um conto da carochinha".

---

154 KARDEC, Allan. *O que é o espiritismo*. Trad. da Redação de *Reformador* em 1884. 56. ed. 1. imp. (Edição Histórica). Brasília: FEB, 2013. cap. 1, it. Falsas explicações dos fenômenos.

155 Id. *Revista Espírita*: jornal de estudos psicológicos. jun. 1858. Variedades – Os banquetes magnéticos. Trad. Evandro Noleto Bezerra. 5. ed. 1. imp. Brasília: FEB, 2014.

156 Id. *Obras póstumas*. Trad. Guillon Ribeiro. 1. ed. 1. reimp. (Edição Histórica). Brasília: FEB, 2011. *A minha primeira iniciação no Espiritismo*.

4. H. L. D. Rivail, educador, estuda os fatos

A propósito da notícia veiculada pelo Sr. Fortier, o ilustre professor faria este comentário adicional: "Eu ainda nada vira, nem observara; as experiências, realizadas em presença de pessoas honradas e dignas de fé, confirmavam a minha opinião, quanto à possibilidade do efeito puramente material; a ideia, porém, de uma mesa "falante" ainda não me entrara na mente".

Conforme assinalara a escritora inglesa Anna Blackwell, que o conheceu de perto, aquele espírito "ativo e tenaz" era "precavido até quase à friez, cético por natureza e por educação".

Aliás, cerca de trinta anos antes, quando Rivail tinha apenas 24 primaveras, sua preocupação científica e seu caráter eminentemente positivo o fariam escrever numa obra sobre a educação pública:

> Aquele que houver estudado as ciências rirá, então, da credulidade supersticiosa dos ignorantes. Não mais crerá em espectros e fantasmas. Não mais aceitará fogos-fátuos por espíritos.[157]

Foi, portanto, como racionalista estudioso, emancipado do misticismo, que ele se pôs a examinar os fatos relacionados com as "mesas falantes":

> [...] Tendo adquirido, no estudo das ciências exatas, o hábito das coisas positivas, sondei, perscrutei esta nova ciência [o Espiritismo] nos seus mais íntimos refolhos; busquei explicar-me tudo, porque não costumo aceitar ideia alguma, sem lhe conhecer o como e o porquê.[158]

Como se vê, e o disse muito bem André Moreil,[159] "entre Rivail, o educador, e Allan Kardec não há diferença alguma, nem de método, nem de rigor científico".

Em maio de 1855, convidado para assistir a uma reunião na casa da Sra. Plainemaison, à rua Grange-Batelière, n. 18, aí presenciou, pela primeira vez, o fenômeno das mesas que giravam, saltavam e corriam, "em condições tais" — depõe ele mesmo — "que não deixavam margem a qualquer dúvida". Viu, ainda, as respostas inteligentes que, por meio de pancadas, a mesa fornecia, e assistiu a alguns ensaios de escrita mediúnica numa ardósia, com o auxílio do primitivo processo da "cesta de bico" (*corbeille-toupie*)

---

[157] VARTIER, Jean. *Allan Kardec, la naissance du spiritisme*. Paris: Librairie Hachette, 1971. p. 29.
[158] KARDEC, Allan. *O que é o espiritismo*. Trad. da Redação de *Reformador* em 1884. 56. ed. 1. imp. (Edição Histórica). Brasília: FEB, 2013. cap. 1, it. Oposição da Ciência.
[159] MOREIL, André. *La Vie et l'œuvre d'Allan Kardec*. Paris: Éditions Sperar, 1961. p. 84.

descrita em *O livro dos médiuns*.¹⁶⁰ Os fatos posteriormente observados por Rivail, em 1855, com diferentes médiuns, foram de tal ordem que o perspicaz e clarividente professor sentiu que algo de momentoso se estaria passando: "Eu entrevia" — diria ele mais tarde — "naquelas aparentes futilidades, no passatempo que faziam daqueles fenômenos, qualquer coisa de sério, como que a revelação de uma nova lei, que tomei a mim investigar a fundo".¹⁶¹

Continuando a frequentar a casa da Sra. Plainemaison, efetuou observações cuidadosas, repetiu experiências, até que encontrou nas sessões da família Baudin, então residente à rua Rochechouart, o ambiente ideal para prosseguir seus estudos.

Em 1856, as sessões realizadas na casa do Sr. Baudin, então sita na rua Lamartine, atraíam seleta e numerosa assistência. Conforme escreve o próprio Allan Kardec, *O livro dos espíritos* ali fora começado e feito em grande parte. Entre os Espíritos menos sérios que ali se comunicaram, Kardec cita Frédéric Soulié, notável romancista e autor dramático, falecido em 1847, que se identificou de mil maneiras e escreveu um conto, publicado na *Revista Espírita*.

Ele se manifestou espontaneamente:

Frédéric Soulié (1800–1847)

---

160 KARDEC, Allan. *O livro dos médiuns*. Trad. Guillon Ribeiro. 81. ed. 5. imp. (Edição Histórica). Brasília: FEB, 2016. cap. 13, it. 154.
161 Id. *Obras póstumas*. Trad. Guillon Ribeiro. 1. ed. 1. reimp. (Edição Histórica). Brasília: FEB. 2011. *A minha primeira iniciação no Espiritismo*.

> [...] Sua conversação era espirituosa, fina, mordaz, coerente e e jamais desmentiu o autor das *Mémoires du diable* [...].
> A médium que lhe servia de intérprete era a Srta. Caroline B..., uma das filhas do dono da casa, do gênero exclusivamente passivo e que não tinha a menor consciência do que escrevia, podendo rir e conversar como bem lhe aprouvesse, o que fazia com prazer, enquanto sua mão se movimentava sobre o papael. Durante muito tempo o meio mecânico empregado foi a *cesta de bico* [*corbeille-toupie*]. Mais tarde a médium se serviu da psicografia direta

Estes dados informativos constam do *Prefácio* que Kardec fez para o conto de Soulié, acima referido, e que assim intitulou: "Une nuit oubliée ou la sorcière Manouza (Mille deuxième nuit des Contes arabes)".[162]

Diante de fatos que tais, pôde o prof. Rivail concluir pela origem extraterrena dos numerosos manifestantes, a revelarem a sua condição de Espíritos, de almas daqueles que já tinham vivido na Terra, identificando-se de mil maneiras.

Quando uma raça, uma arte, uma ciência, um credo preparam o seu advento, o homem extraordinário aparece personificando novas orientações dos povos ou das ideias. Anuncia-se como artista ou profeta, desentranha-as como inventor ou filósofo; empreende-as como conquistador ou estadista. Estas palavras de Ingenieros se aplicam, como uma luva ao nosso biografado.

O Consolador, consubstanciado no Espiritismo, vinha de alvorecer, e um homem extraordinário fora destinado a preparar-lhe o advento e a consolidação. Hippolyte Léon Denizard Rivail foi este homem. Observando, comparando e julgando os fatos, sempre com cuidado e perseverança, concluiu que realmente eram os Espíritos daqueles que morreram a causa inteligente dos efeitos inteligentes e deduziu as leis que regem esses fenômenos, deles extraindo admiráveis consequências filosóficas e toda uma doutrina de esperança, de consolações e de solidariedade universal.

A Terceira Revelação chegava na "hora H". O século XIX vivia a filosofia do desespero, e o nada era a "suprema libertação" que todos esperavam. O criticismo, o positivismo, o materialismo e o pessimismo reduziam a vida a simples agregação de matéria, que com a morte se extinguiria. Como justificar a vida, se o nada era o fim de tudo? Portanto, viver era um contrassenso, uma aberração da Natureza. Todos esses sistemas de filosofia negativista eram a consequência

---

[162] KARDEC, Allan. *Revista Espírita*: jornal de estudos psicológicos. nov. 1858. Uma noite esquecida ou a feiticeira Manouza. Trad. Evandro Noleto Bezerra. 5. ed. 1. imp. Brasília: FEB, 2014.

inevitável, fatal, da corrupção mesma da Igreja, "corrupção de que resultava, a um só tempo, a decadência da fé nas almas cristãs, e a reação dos espíritos independentes, interessados na obra da civilização e ávidos do conhecimento da verdade".[163]

Eis como pintou a tragédia da época o Dr. Romeu do Amaral Camargo:

> Sepultada na treva da própria cegueira, a Humanidade havia esquecido a palavra redentora do Nazareno. A imortalidade sufocava-se ao peso de um materialismo sem peias. No oceano da vida, flutuava sem leme a ideia espiritualista, batida pelo furacão da dúvida, gerada e desovada pelo negativismo já triunfante.[164]

F. R. de Lamennais (1782–1854)

Lamennais, o famoso filósofo e teólogo francês da primeira metade do século XIX, assinalava que então se vivia a praga do século, *a indiferença em matéria de religião*.[165]

No meio de todo esse caos, desse "século de tempestade e de enfraquecimento, que se faz devorar pelo ceticismo e maldiz seu mal, sem querer curá-lo",[166] ameaçado de fazer soçobrar as esperanças da Humanidade, de decretar "a morte de todas as crenças, a ruína e o desastre da civilização contemporânea", os homens puderam contemplar

---
163 BRITO, Farias. *O mundo interior*.
164 *O Revelador*, órgão da União Federativa Paulista. São Paulo, 1941. p. 74.
165 Apud *L'Illustration*, 1869, p. 237 e 238.
166 Palavras do filósofo suíço Charles Secrétan, no século XIX.

a luz de uma nova Doutrina, que despontava no horizonte, anunciando a claridade do dia.

É Kardec quem nos diz dos seus temores ante a relevância da magna revelação que a Espiritualidade vinha trazer à Terra:

> [...] Compreendi, antes de tudo, a gravidade da exploração que ia empreender; percebi, naqueles fenômenos, a chave do problema tão obscuro e tão controvertido do passado e do futuro da Humanidade, a solução que eu procurara em toda a minha vida. Era, em suma, toda uma revolução nas ideias e nas crenças; fazia-se mister, portanto, andar com a maior circunspeção e não levianamente; ser positivista e não idealista, para não me deixar iludir.[167]

Frequentando reuniões inúmeras onde, por meio da "cesta", muitas vezes se obtinham comunicações que deixavam fora de toda a dúvida a intervenção de entidades estranhas aos presentes, Rivail começou a levar para as sessões uma série de perguntas sobre problemas diversos, às quais os Espíritos comunicantes respondiam "[...] com precisão, profundeza e lógica". "[...] mais tarde" — escreveu ele depois —, "quando vi que aquilo constituía um todo e ganhava as proporções de uma doutrina, tive a ideia de publicar os ensinos recebidos, para instrução de toda a gente [...]".[168]

5. O missionário-chefe da Doutrina Espírita[169]

Em 1856, a 30 de abril, em casa do Sr. Roustan, a médium Srta. Japhet, utilizando-se da "cesta", transmitiu a Rivail a primeira revelação positiva da missão que teria de desempenhar, fato que mais adiante, em circunstâncias diferentes, seria confirmado, e com mais clareza, por outros médiuns.

É uma página emocionante da história da vida de Rivail. Humilde, sem compreender a razão de sua escolha para missionário-chefe de

---

167 KARDEC, Allan. *Obras póstumas*. Trad. 1. ed. 1. reimp. (Edição Histórica). Brasília: FEB, 2011. *A minha iniciação no Espiritismo*.
168 Id, ib.
169 N.E.: Os trechos transcritos foram retirados de *Obras póstumas*. Trad. Guillon Ribeiro. 1. ed. 1. reimp. (Edição Histórica). Brasília: FEB, 2011. *A minha iniciação no Espiritismo*.

uma doutrina que revolucionaria o pensamento científico, filosófico e religioso, pareceu duvidar. Mas o *Espírito da Verdade* lhe respondeu:

> Confirmo o que foi dito, mas recomendo-te muita discrição, se quiseres sair-te bem. Tomarás mais tarde conhecimento de coisas que te explicarão o que ora te surpreende. Não esqueças que podes triunfar, como podes falir. Neste último caso, outro te substituiria, porquanto os desígnios de Deus não assentam na cabeça de um homem. [...]

E à imitação da Virgem Maria, Rivail elevou uma prece ao Criador, nestes termos:

> Senhor! pois que te dignaste lançar os olhos sobre mim para cumprimento dos teus desígnios, faça-se a tua vontade! Está nas tuas mãos a minha vida; dispõe do teu servo. Reconheço a minha fraqueza diante de tão grande tarefa; a minha boa vontade não desfalecerá, as forças, porém, talvez me traiam. Supre a minha deficiência; dá-me as forças físicas e morais que me forem necessárias. Ampara-me nos momentos difíceis e, com o teu auxílio e dos teus celestes mensageiros, tudo envidarei para corresponder aos teus desígnios.

A tarefa agora é bem maior, de gravíssima responsabilidade e de suma relevância, visto que traria consequências de alcance mundial, para todos os tempos. O "discípulo de Pestalozzi'" aceita as funções de "missionário do Consolador".

Nunca elaborando teorias preconcebidas, sem nenhuma tendência ao espírito de sistema, e só admitindo por válida uma explicação quando ela resolvia todas as dificuldades do problema, o prof. Rivail começou a tecer com os fatos, considerados ridículos ou vulgares pela maioria, a grande obra da Terceira Revelação.

"Um dos primeiros resultados que colhi das minhas observações" — frisa ele — "nada mais sendo do que as almas dos homens, não possuíam nem a plena sabedoria, nem a ciência integral; que o saber de que dispunham se circunscrevia ao grau, que haviam alcançado, de adiantamento, e que a opinião deles só tinha o valor de uma opinião pessoal. Reconhecida desde o princípio, esta verdade me preservou do grave escolho de crer na infalibilidade dos Espíritos e me impediu de formular teorias prematuras, tendo por base o que fora dito por um ou alguns deles.

O simples fato da comunicação com os Espíritos, dissessem eles o que dissessem, provava a existência do mundo invisível ambiente. Já era um ponto essencial, um imenso campo aberto às nossas explorações, a chave de inúmeros fenômenos até então inexplicados. O segundo ponto, não menos importante, era que aquela comunicação permitia se conhecessem o estado desse mundo, seus costumes, se assim nos podemos exprimir. Vi logo que cada Espírito, em virtude da sua posição pessoal e de seus conhecimentos, me desvendava uma face daquele mundo, do mesmo modo que se chega a conhecer o estado de um país, interrogando habitantes seus de todas as classes, não podendo um só, individualmente, informar-nos de tudo".

Hippolyte Léon Denizard Rivail prosseguiu com devotamento exemplar seus estudos acerca da comunhão entre o mundo dos encarnados e o dos desencarnados. Acumulava o fruto de intenso trabalho, revendo anotações anteriormente feitas e procedendo a retificações sugeridas pelos Espíritos que o assistiam em tão nobilitante labor.

Inicialmente, o prof. Rivail esteve a ponto de abandonar as investigações, porquanto não era positivamente um entusiasta das manifestações espíritas. Premido também por preocupações de outra ordem, quase deixou de frequentar as sessões, somente não o fazendo em atenção a pedidos reiterados de um amigo havia vinte e cinco anos, o Sr. Carlotti, e de um grupo de intelectuais composto do dramaturgo Victorien Sardou e seu pai, o professor e lexicógrafo Antoine Léandre Sardou; do futuro membro da Academia Francesa, Saint-René Taillandier; do livreiro e editor da Academia, Pierre-Paul Didier; de Tiedeman-Marthèse[170] e de outros, que acompanhavam, havia cinco anos, o estudo desses fenômenos e tinham reunido 50 cadernos de comunicações diversas, obtidas principalmente por intermédio da "sonâmbula" Srta. Japhet.

---

170 Distinto filósofo holandês, segundo colhemos num discurso de P.-G. Leymarie. Primo coirmão da rainha da Holanda, certa vez representou, como "residente", o governo holandês perante a população de Java.

Victorien Sardou, aos 25 anos.

Confiando na competência e honestidade de Rivail, eles lhe delegaram a ingente tarefa de compilar, separar, comparar, condensar e coordenar as comunicações que os Espíritos lhes ditaram.

O talentoso professor leu atentamente esses cadernos, dissecou-os com aquela sua conhecida acuidade intelectual, joeirou com prudência e imparcialidade as informações vindas dos Espíritos, elegendo os ditados que pudessem formar, juntamente com outros recebidos de mais de uma dezena de médiuns psicógrafos, a obra que seria o clarim do "Consolador" prometido por Jesus. Assinala Kardec[171] que foram as Srtas. Baudin os médiuns que mais concorreram para esse trabalho, sendo quase todo o livro escrito por intermédio delas e na presença de seleta e numerosa assistência.

Infenso ao misticismo e ao fanatismo, começou ele a erigir, no *tête-à-tête* com o Além, as bases do monumental edifício doutrinário do Espiritismo.

> [...] Conduzi-me, pois, com os Espíritos, como houvera feito com os homens. Para mim, eles foram, do menor ao maior, meios de me informar e não *reveladores predestinados*.
> Tais as disposições com que empreendi meus estudos e neles prossegui sempre. Observar, comparar e julgar, essa a regra que constantemente segui.

---

[171] KARDEC, Allan. *Revista Espírita*: jornal de estudos psicológicos. jan. 1858. *O livro dos espíritos* – Apreciações diversas; nov. 1858. Uma noite esquecida ou a feiticeira Manouza.

Assistido direta e indiretamente de uma plêiade de Espíritos Superiores superintendidos pelo Espírito da Verdade, ele desenvolvia, completava e remodelava aqui e ali o seu trabalho. Pronta a obra, antes de ser entregue aos editores, os Espíritos recomendaram uma revisão completa, que foi feita com o concurso mediúnico da Srta. Japhet, em sessões particulares realizadas à rua Tiquetonne, n. 14, na casa do Sr. Roustan, em dias e horas predeterminados pelos próprios Espíritos.[172]

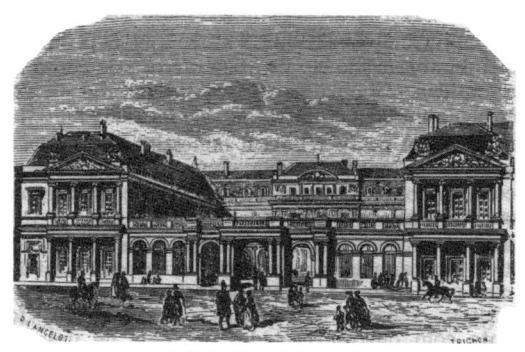

Palais-Royal (1853)

Em princípios de 1857, o livreiro E. Dentu (Palais-Royal, Galérie d'Orléans, 13 — Paris) encaminhava a primeira obra espírita de Rivail à Tipografia de Beau, em Saint-Germain-en-Laye, cidade situada 23 quilômetros a oeste de Paris, palco, em 1570, da assinatura do tratado de paz entre católicos e protesta ntes, que pôs fim à terceira guerra de religião.

Novos trabalhos de revisão e aprimoramento e a obra primeira da Codificação estava concluída. A citada tipografia começou, por sua vez, a impressão, dando-lhe o indispensável acabamento, e os editores, representados pelo livreiro Dentu, tiravam-na à praça, na cidade luz, num dia inesquecível: 18 de abril.

---

[172] KARDEC, Allan. *Revista Espírita*: jornal de estudos psicológicos. jan. 1858. *O livro dos espíritos* – Apreciações diversas; nov. 1858. Uma noite esquecida ou a feiticeira Manouza.

6. Allan Kardec — 18 de abril de 1857 — *Le Livre des esprits*

A primeira edição de *O livro dos espíritos*, cujo frontispício aqui estampamos,[173] era em formato grande, in-8º, com 176 páginas de texto, e apresentava o assunto distribuído em duas colunas. Quinhentas e uma perguntas e respectivas respostas estavam contidas nas três partes em que então se dividia a obra: "Doutrina Espírita", "Leis morais", "Esperanças e consolações". A primeira parte tem dez capítulos; a segunda, onze; e a terceira, três. Cinco páginas eram ocupadas com interessante índice alfabético das matérias, índice que nas edições seguintes foi cancelado.

173 Fotografado na "Bibliothèque Nationale", de Paris.

"No momento de publicá-lo" — diz H. Sausse[174] —, "o autor ficou muito embaraçado em resolver como o assinaria, se com o seu nome — Denizard-Hippolyte-Léon Rivail, ou com um pseudônimo. Sendo o seu nome muito conhecido do mundo científico, em virtude dos seus trabalhos anteriores, e podendo originar confusão, talvez mesmo prejudicar o êxito do empreendimento, ele adotou o partido de o assinar com o nome de *Allan Kardec*, que, segundo lhe revelou o guia, ele tivera ao tempo dos druidas".

Sausse explica, noutro lugar de sua obra, que Z..., o Espírito protetor do prof. Rivail, é quem fez a revelação acima, tendo Z... (ou Zéfiro) acrescentado que ambos viveram juntos nas Gálias, unindo-os, desde então, uma amizade que os séculos fortaleceriam ainda mais.

Foi assim que o surgimento de *O livro dos espíritos*, fruto de revelações dos invisíveis — "observadas, comparadas e julgadas" —, tornou duplamente histórica a data de 18 de abril de 1857, pois o nome Allan Kardec identificava o missionário máximo do Espiritismo, nascido no mundo dos homens com o livro divulgador da respectiva filosofia.

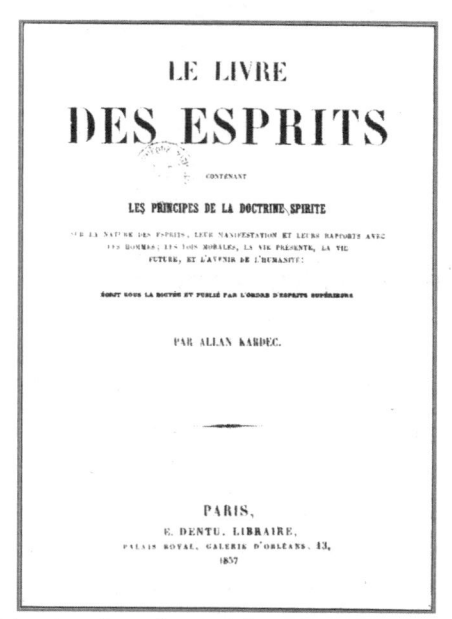

Primeira edição francesa de *O livro dos espíritos*.

---

174 SAUSSE, Henri. *Biografia de Allan Kardec*. Trad. Evandro Noleto Bezerra. 1. ed. Brasília: FEB, 2012. cap. *Biografia de Allan Kardec*, it. *O livro dos espíritos*.

A crítica malévola dos adversários do Espiritismo não deixou passar sem animadversão o pseudônimo do prof. Rivail. Já em 1857, este se preocupava em prestar esclarecimentos sobre o assunto.[175] O Dr. Sylvino Canuto Abreu, residente na cidade de São Paulo, possui em seus arquivos o rascunho, escrito pelo próprio punho do Codificador, de uma carta por ele dirigida a Tiedeman, em 27 de outubro de 1857, nos seguintes termos:

> Duas palavras ainda a propósito do pseudônimo. Direi primeiramente que neste assunto lancei mão de um artifício, uma vez que dentre 100 escritores há sempre 3/4 que não são conhecidos por seus nomes verdadeiros, com a só diferença de que a maior parte toma apelidos de pura fantasia, enquanto que o pseudônimo Allan Kardec guarda uma certa significação, podendo eu reivindicá-lo como próprio em nome da Doutrina. Digo mais: ele engloba todo um ensinamento cujo conhecimento por parte do público reservo-me o direito de protelar... Existe, aliás, um motivo que a tudo orienta: não tomei esta atitude sem consultar os Espíritos, uma vez que nada faço sem lhes ouvir a opinião. E isto o fiz por diversas vezes e por meio de diferentes médiuns, e não somente eles autorizaram esta medida, como também a aprovaram.[176]

Somente dezoito anos depois da publicação de *O livro dos espíritos* surgiria a oportunidade que os inimigos da Doutrina Espírita esperavam para atacar publicamente e sem rebuços a onomatópose do Codificador. A história desse ataque foi resumida em *Reformador* de dezembro de 1975, páginas 20 e 21, donde tiramos os seguintes trechos:

---

175 Em *Reformador* (nov. 1976, p. 331 e 333), no artigo *Rivail – o direito de ser Kardec*, antecipáramos considerações e referências sobre o pseudônimo de H.-L.-D. Rivail, aqui formuladas.

176 Esse Sr. Tiedeman, destinatário da carta, parece ser o mesmo que, à época, hesitou muito em decidir-se a apoiar Rivail, financeiramente, no empreendimento da *Revista Espírita*. Mais tarde (vide *Obras póstumas*, trad. Guillon Ribeiro, Pt. 2, Nota aos apontamentos da reunião de 15 de novembro de 1857. 1. ed. 1. reimp. (Edição Histórica). Brasília: FEB, 2011), o Codificador reconheceu fora para ele uma felicidade não ter tido quem lhe fornecesse fundos, pois, "sozinho, eu não tinha que prestar contas a ninguém, embora, pelo que respeitava ao trabalho, me fosse pesada a tarefa". A Espiritualidade Superior lhe adiantara: "Podes prescindir dele". Pôde, realmente, arcando pessoalmente com todo o ônus da empreitada.
A carta aludida, por constituir documento histórico do Espiritismo, vai transcrita, a seguir, em francês, na pt. referente ao pseudônimo:
"Deux mots encare sur le pseudonyme. Je dirai d'abord qu'en cela j'ai suivi un rusage reçu, puisque sur 100 éclivains il y en a les 3/4 qui ne sont pas connus sous leur véritable nom, avec cette différence que la plupart prennent des noms de pure fantaisie, tandis que celui d'Allan Kardec a une signification et que je puis le revendiquer comme mien au nom de la doctrine. Je dis plus: il renferme tout un enseignement que je me reserve de faire connaitre plus tard. [...] Il y a d'ailleurs une raison qui domine tout: je n'ai point pris ce parti sans consulter les Esprits, puisque je ne fais rien sans leur avis. Je l'ai fait à plusieurs reprises et par différents médiums; or, ils ont non seulement autorisé, mais approuvé cette mesure." (O manuscrito integra o rico acervo do arquivo de raridades históricas do Espiritismo, pertencente ao Dr. Canuto Abreu.)

Cinco anos após a desencarnação de Allan Kardec, a *Revue Spirite* publicou inúmeros artigos sobre fotografia de Espíritos, ilustrando-os, bem assim as notas informativas que a respeito estampava, com as fotos das pessoas que posavam para os fotógrafos (Buguet — médium — e Firman), e junto às quais apareciam amigos ou parentes desencarnados. Uma das fotografias, de Madame Allan Kardec, trazia a imagem do Codificador do Espiritismo, ostentando uma mensagem em francês, transcrita também na *Revue Spirite*. No ano seguinte — 1875 —, precisamente no dia 16 de junho, quarta-feira, instaurava-se um processo que ficaria célebre: o *Procès des Spirites* (Processo dos Espíritas), movido em Paris, pelo Ministério Público, contra Buguet, Firman e, também (e especialmente, é óbvio), Pierre-Gaëtan Leymarie. [...] O *Procès des Spirites* é algo tenebroso, autêntica peça inquisitorial, só concebível de ter existido nos distantes tempos da Idade Média. As próprias autoridades judiciais se permitiram dialogar de forma desrespeitosa com os acusados, avançando conclusões e, mesmo, desvirtuando informações, com o intuito indisfarçado de prejulgar. Nem sequer a viúva Allan Kardec, que prestou declarações como testemunha intimada a comparecer a interrogatório, teve o tratamento devido aos seus cabelos brancos, conforme protesto verbal, na hora, e escrito, que exigiu fosse exarado nos autos respectivos.[177]

Madame Allan Kardec. Uma das fotos que deram margem ao célebre "Procès des Spirites".

---

[177] O *Procès des spirites* foi editado pela FEB. Precedendo o inteiro teor do documentário, em francês, há uma *Apresentação*, em português, fartamente ilustrada e anotada, que Hermínio C. Miranda preparou (de 123 páginas), a pedido da Federação Espírita Brasileira, resumindo o livro da Sra. Marina P.-G. Leymarie. Esta última pt. foi publicada, também, separadamente.

Do mencionado interrogatório, a que foi submetida a viúva Kardec, constam as seguintes perguntas e respostas, relativas ao pseudônimo do Codificador:

> Juiz Millet: — *Afinal, em que época o Sr. Rivail adotou o nome de Allan Kardec?*
> Sra. Rivail: — *Por volta de 1850.*
> Juiz Millet: — *Onde buscou ele esse nome? Num manual de bruxaria?*
> Sra. Rivail: — *Não sei o que o Sr. pretende dizer.*
> Juiz Millet: — *Nós conhecemos as origens dos livros de seu marido; ele se valeu sobretudo de um manual de bruxaria de 1522, de um outro livro intitulado* Alberti... *e de outros.*
> Sra. Rivail: — *Todos os livros de meu marido foram criados por ele, com a ajuda de médiuns, e evocações. Não conheço nenhum dos livros a que o Sr. se refere.*
> Juiz Millet: — *Nós os conhecemos; o nome de Allan Kardec, que seu marido adotou, é o nome de uma grande floresta da Bretanha.*[178] *A Sra. erigiu a seu esposo um túmulo no Père-Lachaise e nele colocou o nome de Allan Kardec; está convencida e que ele foi tal?*
> Sra. Rivail: — *Eu creio que não se deve gracejar sobre isso. Não é agradável ver rir de tais coisas.*
> Juiz Millet: — *Nós não estimamos as pessoas que se apropriam de nomes que não lhes pertencem, escritores que pilham de obras antigas, que ludibriam o espírito público.*
> Sra. Rivail: — *Todos os literatos usam pseudônimos; meu marido nada pilhou.*
> Juiz Millet — *Foi um compilador, não um literato; um homem que fez magia negra ou branca; fique sentada!*[179]

O que a cega e irreverente malevolência dos acusadores do Codificador sempre fez questão de esquecer é que o uso de pseudônimo sempre foi, é e será comum em toda parte. Não são apenas os literatos que os utilizam; a prática também é vulgar entre os artistas e até entre os políticos. Os monarcas e os papas se dão novos nomes quando são coroados. Nas ordens religiosas católicas

---

178 O juiz incorreu em "equívoco": não sendo tão grande, a tal floresta não mereceu registro nos compêndios de Geografia nem nos dicionários e enciclopédias...
179 Eis o protesto escrito da viúva Rivail (p. 8 do apêndice ao "Procès des Spirites"):
"Declaro que o Sr. Presidente da Sétima Câmara Correcional não me deixou livre para bem desenvolver o meu pensamento, pois, em meu interrogatório, introduziu reflexões estranhas ao debate e desejou ridicularizar o Sr. Rivail, conhecido como Allan Kardec, fazendo dele um simples compilador e negando seu título de escritor. Protesto energicamente contra essa maneira de interrogar e solicito ser ouvida novamente, porque é costume na França respeitar as senhoras, sobretudo quando têm cabelos brancos. Não deveriam interromper-me e mandar assentar-me, após terem-se divertido com o que considero como inatacável, ou seja, o direito de ter feito construir um túmulo para o meu companheiro de provações, para o esposo estimável e honrado por homens do mais alto valor".

trocam-se os nomes dos que fazem votos. E as pessoas de todos os povos, em todos os países do mundo, usam corriqueiramente apelidos familiares ou sociais.

A verdade é que, ao adotar o pseudônimo Allan Kardec, o prof. Hippolyte Léon Denizard Rivail deu valioso testemunho não somente de fé, mas igualmente de humildade, pois seu nome civil era dos mais ilustres da França. Ele descendia de antiga e conceituada família, cujos membros brilharam na Advocacia e na Magistratura.

Uma pessoa com tantos méritos e nome tão ilustre não precisava ocultar-se, senão por nobres razões, por trás de um pseudônimo.

* * *

Se Allan Kardec não fora um austero sacerdote druida, teria sido talvez, no começo da Era Cristã, um daqueles jovens gauleses que, esquecidos da língua dos pais, disputavam entre si, em grego ou latim, a palma da eloquência nos chamados "*ludi miscelli*", espécie de torneios oratórios instituídos por Calígula em Lugdunum (Lyon). Esta cidade tornara-se para a Gália qual foco literário cujo brilho radiava ao longe. Sábios romanos ali fixaram residência, foram fundadas livrarias e, a exemplo de Roma, a capital das Gálias tinha, também, seus professores livres e suas escolas municipais onde se ensinavam as gramáticas grega e latina, a retórica e a poesia.

7. A data máxima do Espiritismo e a repercussão causada por *O livro dos espíritos*

"Data do aparecimento de *O livro dos espíritos*" — sentenciou o escritor e editor Maurice Lachâtre[180]—, "a verdadeira fundação do Espiritismo, que, até então, só contava com elementos esparsos, sem coordenação e cujo alcance nem toda gente pudera apreender. A partir daquele momento, a doutrina prendeu a atenção de homens sérios e tomou rápido desenvolvimento".

Que contém este luminoso livro? "Contém", conforme diz, em síntese, o frontispício da obra, "os Princípios da Doutrina Espírita sobre a imortalidade da alma, a natureza dos Espíritos e suas relações com os homens, as leis morais, a vida presente, a vida futura e o porvir da Humanidade". É

---

[180] *Nouveau dictionnaire universel*. Panthéon Littéraire et Encyclopédie Illustrée, par Maurice Lachâtre, tome premier. Paris: Librairie du Progrés, s.d. p. 199.

uma obra de filosofia, não a filosofia que se entroniza em alturas abstratas, mas aquela acessível às inteligências mais humildes.

O livro dos espíritos alcançou êxito surpreendente na França e no resto da Europa, com repercussão pelas Américas. Sancionou-o a universalidade dos ensinos dos Espíritos.

Victorien Sardou leu a obra e, antes mesmo de haver chegado ao fim da leitura, escreveu a Kardec elogiosa carta, assim formulando a sua opinião:

> É o livro mais interessante e instrutivo que já li. É impossível que ele não tenha grande repercussão: todas as grandes questões de metafísica e de moral ali estão elucidadas da maneira mais satisfatória; todos os grandes problemas ali são resolvidos, mesmo aqueles que os mais ilustres filósofos não puderam resolver. É o livro da vida, é o guia da Humanidade. Recebei, senhor, meus cumprimentos pelo modo como classificastes e coordenastes os materiais fornecidos pelos próprios Espíritos: tudo é perfeitamente metódico, tudo se encadeia bem, e vossa introdução é uma obra-prima de lógica, de discussão e de exposição.

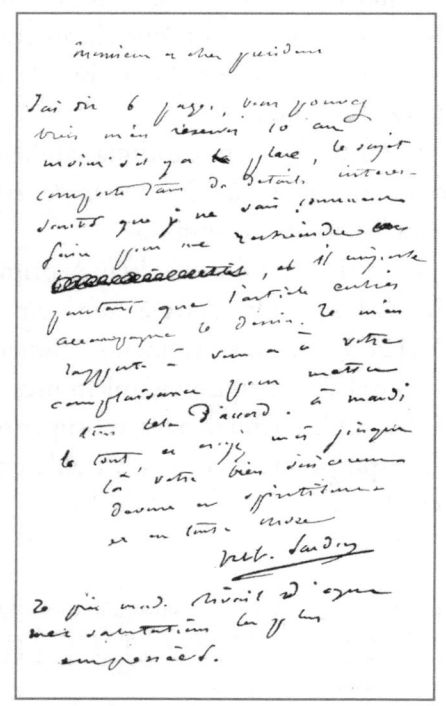

Rascunho de carta que Victorien Sardou dirigiu a H.-L.-D. Rivail (Allan Kardec), em 18 de julho de 1858.

O Sr. G. Du Chalard, num belo artigo publicado no *Courrier de Paris*, de 11 de julho de 1857, escrevia, entre outras coisas:[181]

> *O livro dos espíritos*, do Sr. Allan Kardec, é uma página nova do grande livro do infinito, e estamos persuadidos de que um marcador assinalará essa página [...] Não conhecemos absolutamente o autor, mas confessamos abertamente que ficaríamos felizes em conhecê-lo. Aquele que escreveu a introdução que inicia *O livro dos espíritos* deve ter a alma aberta a todos os sentimentos nobres. [...]
> A todos os deserdados da Terra, a todos os que caminham e caem, regando com as lágrimas o pó da estrada, diremos: Lede *O livro dos espíritos*, isso vos tornará mais fortes. Também aos felizes, aos que pelos caminhos só encontram os aplausos da multidão ou os sorrisos da fortuna, diremos: Estudai-o; ele vos tornará melhores.

O abade Leçanu, em sua *História de satanás*, assim apreciava o alcance moral desta obra: "[...] Observando-se as máximas de *O livro dos espíritos*, de Allan Kardec, faz-se o bastante para se tornar santo na Terra".[182]

"[...] Quem quer que leia esse livro meditando, como eu, encontrará tesouros inesgotáveis de consolações, pois que ele abarca todas as fases da existência [...]",[183] escrevia a Kardec, em 25 de abril de 1857, um capitão reformado, da cidade de Bordeaux.

Humilde filho do povo, de Lyon, exprimia também ao Codificador o seu reconhecimento pela publicação de *O livro dos espíritos* e falava da felicidade que esta obra lhe trouxe ao coração.

Era a vitória do espírito sobre a matéria. A primeira edição imediatamente se esgotou. A segunda, dada a lume em março de 1860, "inteiramente refundida e consideravelmente aumentada", composta de quatro partes com 1.019 perguntas, foi impressa em Paris pelos livreiros-editores Didier et Cie. Trouxe na parte superior do frontispício as palavras "Filosofia Espiritualista", as quais, desde então, nunca mais deixaram de aparecer.[184]

---

[181] KARDEC, Allan. *Revista Espírita*: jornal de estudos psicológicos. jan. 1858. *O livro dos espíritos* – Apreciações diversas. Trad. Evandro Noleto Bezerra. 5. ed. 1. imp. Brasília: FEB, 2014.
[182] DENIS, Léon. *Cristianismo e espiritismo*. 17. ed. 4. imp. Brasília: FEB, 2016. *Notas complementares*, N. 6 – Sobre as relações dos primeiros cristãos com os Espíritos.
[183] KARDEC, Allan. Op. Cit.
[184] Curiosos esclarecimentos podem ser conhecidos em "*O livro dos espíritos* na sua 2ª edição, definitiva", impresso na p. 311.

"O Espiritismo" — assinalou então Kardec — "não entoou a trombeta da publicidade; não encheu os jornais de anúncios pomposos", e, entretanto, essa segunda edição se esgotaria em quatro meses![185]

Como frisou o missionário de Lyon em várias oportunidades, *O livro dos espíritos*, quer em sua primeira, quer em sua segunda e definitiva edição, é a compilação dos ensinos ditados pelos Espíritos Superiores e publicado por ordem deles:

> [...] Nada contém que não seja a expressão do pensamento deles e que não tenha sido por eles examinado. Só a ordem e a distribuição metódica das matérias, assim como as notas e a forma de algumas partes da redação, constituem a obra daquele que recebeu a missão de os publicar.[186]

Conquanto Kardec sempre repetisse que o mérito da obra cabia todo aos Espíritos que a ditaram, não é menos verdadeiro que a ele é que coube a ingente tarefa de organizar e ordenar as perguntas (e que perguntas!) sobre os assuntos mais simples aos mais complexos, abrangendo variados ramos do conhecimento humano.

A distribuição didática das matérias encerradas no texto; a redação dos comentários às respostas dos Espíritos, os quais primam pela concisão e pela clareza com que foram expostos; a precisão com que intitula capítulos e subcapítulos; as elucidações complementares de sua autoria; as observações e anotações, as paráfrases e conclusões, sempre profundas e incisivas; e bem assim a sua notável *Introdução* — tudo isto atesta a grande cultura de Kardec, o carinho e a diligência com que ele se houve no afanoso trabalho que se comprometera a publicar. Kardec fez o que ninguém ainda havia feito: foi o primeiro a formar com os fatos observados um corpo de doutrina metódico e regular, claro e inteligível para todos, extraindo do amontoado caótico de mensagens mediúnicas os princípios fundamentais com que elaborou uma nova doutrina filosófica, de caráter científico e de consequência morais ou religiosas. Assim, é como coautor de *O livro dos espíritos*, e não como simples compilador, que o devemos apreciar. A

---

185 KARDEC, Allan. *Revista Espírita*: jornal de estudos psicológicos. dez. 1860. História do maravilhoso. Trad. Evandro Noleto Bezerra. 3. ed. 2. reimp. Brasília: FEB, 2009.
186 Id. *O livro dos espíritos*. Trad. Guillon Ribeiro. 93. ed. 2. imp. (Edição Histórica). Brasília: FEB, 2016. *Prolegômenos*.

ele, pois, cabe, com mais razão, segundo o nosso despretensioso parecer, o mérito da grandiosa obra.

É bem verdade que Allan Kardec teve precursores, notadamente Andrew Jackson Davis, nos Estados Unidos, e Louis Alphonse Cahagnet, na França. Ambos publicaram, antes e depois de Kardec, inúmeras obras sobre o intercâmbio com o Além, recolhendo os materiais que os Espíritos lhes transmitiam, mas a Allan Kardec, como bem destacou o grande espírita italiano Ernesto Volpi, "coube a glória de haver solidamente estabelecido as bases do Espiritismo".

8. Andrew Jackson Davis

Tendo já referido os fatos de Hydesville, de 1848, apresentamos agora o que em *Reformador* de abril de 1978 foi publicado a respeito de Andrew Jackson Davis, cognominado o "Pai do Espiritualismo Moderno", o "Allan Kardec americano".

> Filho de pais humildes e incultos, nasceu, em 1826, num distrito rural do Estado de Nova Iorque (EUA), às margens do rio Hudson, entre gente simples e ignorante. Era um menino pouco atilado, falto de atividade intelectual, corpo mirrado, sem nenhum traço que denunciasse a sua excepcional mediunidade futura.
>
> Tal como sucedeu com Francisco Cândido Xavier, o célebre médium brasileiro, Jackson Davis começou a ouvir, nos derradeiros anos de sua infância, vozes agradáveis e gentis, seguidas de belas clarividências, nele se desenvolvendo ao mesmo tempo os dons mediúnicos com aplicação em diagnósticos médicos.
>
> Em 6 de março de 1844, provavelmente em corpo perispirítico, foi transportado da pequena localidade de Poughkeepsie, onde morava, às montanhas de Catskill, 40 milhas distantes. Nestas montanhas encontrou dois anciães, que lhe revelaram ser seus mentores, posteriormente identificados como os Espíritos Galeno e Swedenborg. Foi este o primeiro contato que o rapazinho teve com os chamados mortos.
>
> Com o tempo, sua mediunidade ganhou novos rumos. Quando em transe, falava várias línguas, inclusive o hebraico, todas dele desconhecidas, expondo admiráveis conhecimentos de Geologia e discutindo, com rara habilidade, intrincadas questões de Arqueologia histórica e bíblica, de Mitologia, bem como temas linguísticos e sociais — apesar de nada conhecer de gramática ou de regras de linguagem e sem

quaisquer estudos literários ou científicos. De tal modo eram as respostas, que "fariam honra — segundo o Dr. George Bush, professor da Universidade de Nova Iorque — a qualquer estudante daquela idade, mesmo que, para as fornecer, tivesse consultado todas as bibliotecas da Cristandade".

Andrew Jackson Davis (1826–1910)

Sua pessoa chamou logo a atenção do Dr. Lyon, do reverendo Guilherme Fishbough e de muitos homens sérios e cultos, entre os quais sobressai o nome de Edgar Allan Poe.

Durante dois anos Davis ditou, em transe inconsciente, um livro sobre os segredos da Natureza, dado a público, em 1847, sob o título *Os princípios da natureza*. A ele Conan Doyle se referiu, dizendo ser "um dos livros mais profundos e originais de Filosofia" e conta, nos Estados Unidos, com dezenas de edições.

Fato semelhante mais tarde se passaria, aqui no Brasil, com o médium atrás citado, o qual, nascido em meio igualmente pobre e inculto, e sem conhecimentos à altura, psicografou, aos 20 anos, a notável e originalíssima obra poética *Parnaso de além-túmulo*.

Como este médium, Davis também recebeu muitos outros livros, cerca de trinta, em parte editados com o título geral de *Filosofia harmônica*, a ele transmitidos pela entidade espiritual Swedenborg. Dezenas de edições foram publicadas nos Estados Unidos, o que bem mostra o interesse que suas doutrinas reveladoras despertaram, conquistando milhares de prosélitos.

Davis não era um místico nem um religioso no sentido vulgar, e nem aceitava a revelação bíblica na sua interpretação literal. Era honrado, sério, incorruptível, amante da Verdade e sinceramente compenetrado de sua responsabilidade naqueles acontecimentos renovadores. Na sua pobreza material, jamais esqueceu a justiça e a caridade para com todos. Suas faculdades medianímicas chegaram a maior desenvolvimento depois dos 21 anos, e ele pôde então observar mais claramente o processo desencarnatório de várias pessoas, narrando-o em todas as minúcias. Suas descrições estão concordes com inúmeras outras feitas por médiuns de diferentes países, adquirindo na obra mediúnica de Francisco Cândido Xavier complementação assaz relevante.

Antes de 1856, Jackson Davis profetizou o aparecimento dos automóveis e dos veículos aéreos movidos por uma força motriz de natureza explosiva, como também as máquinas de escrever e, ao que tudo indica, as locomotivas com motores de combustão interna. É extraordinária, pasmosa mesmo, a riqueza de detalhes que acerca desses inventos futuros Davis deixou estampados em sua obra *Penetralia*, hoje centenária.

Afora isso, ele também predisse, em 1847, a manifestação ostensiva dos Espíritos com as criaturas humanas, frisando que não levaria muito tempo para que essa verdade se revelasse numa exuberante demonstração.[187],[188]

Sua obra inicial, de grande luminosidade, foi uma preparação para o aparecimento do Espiritismo, e numa de suas notas, datada a 31 de março de 1848, lê-se este significativo trecho:

"Esta madrugada um sopro fresco passou pelo meu rosto, e ouvi uma voz, suave e firme, dizer-me: 'Irmão, foi dado início a um bom trabalho; contempla a demonstração viva que surge'. Pus-me a cismar no significado de tal mensagem."

Muito longe estava ele de supor que, justamente na noite do citado dia, as irmãs Fox, em Hydesville, conversariam, por meio de batidas, com o Espírito de um morto, inaugurando o grandioso movimento espiritista mundial.

Por causa desse fato, Jackson Davis passou a ser citado por alguns escritores espíritas como "o profeta da Nova Revelação", como o fez Conan Doyle.

---

[187] Para maiores detalhes neste ponto e em outros, leia-se o capítulo 3 da obra *The history of spiritualism*, tomo primeiro. Cassell and Company, 1926, de Arthur Conan Doyle, capítulo inteiramente dedicado a Andrew Jackson Davis.

[188] N.E.: Ver a tradução da FEB: DOYLE, Arthur Conan. *A história do espiritualismo*: de Swedenborg ao início do século XX. Trad. José Carlos da Silva Silveira. 1. ed. 1. imp. Brasília: FEB, 2013. cap. 3 – *O profeta da Nova Revelação*.

À série de livros sob o título geral de *Filosofia harmônica*, livros de alto nível moral e intelectual, seguiram-se as *Revelações divinas da natureza*, cuja recepção absorveu os anos seguintes de sua vida.

Mediante suas visões espirituais do Além, deste apresentou descrição bem aproximada da que os Espíritos forneceriam em diversos países, inclusive no Brasil, aqui pela mediunidade de Francisco Cândido Xavier, nos livros do Espírito André Luiz.

Davis viu por lá uma vida semelhante à da Terra, vida a que se poderia chamar semimaterial, com gostos e objetivos adaptados às nossas naturezas, que a morte não modifica. Viu que, nesse vasto Além, o trabalho científico, o artístico, o literário e o humanitário não cessam. Viu as várias fases e graus do progresso espiritual, referindo-se às causas que retardam a evolução humana.

Andrew Jackson Davis (1826–1910)

A bem da Verdade, diga-se que os numerosos livros que ele deu a lume, de alto alcance doutrinário, diferem, em vários pontos, dos ensinos kardequianos, sem, contudo, estar com eles em contradição, salientando-se a lei das reencarnações, que Davis apresentou como não obrigatória para o progresso do Espírito, entendendo que o Espírito pode e deve progredir no Espaço, sem necessidade de reencarnar.

Jackson Davis avançou mais do que Swedenborg no levantamento dos véus que encobrem os mistérios da Vida, mas o emérito pedagogo Allan Kardec, missionário posterior, complementou-lhe e ampliou-lhe a obra, baseado nas comunicações de muitos Espíritos Superiores, sob a égide do Espírito da Verdade.

Esta justa ressalva não empana e nem desmerece a real importância dos ensinos legados pelo grande médium norte-americano, a respeito dos quais o notável crítico E. Wake Cook disse serem capazes de reorganizar o mundo.

Nas viagens que, desprendido do corpo, fez ao mundo dos Espíritos, Davis presenciou, num lugar a que chamou "Summerland", a educação harmoniosa das crianças desencarnadas, reunidas, por grupos, em grandes e belos edifícios, nos quais se lhes administrava instrução e cuidados especiais, tudo de acordo com a idade e os conhecimentos delas.

Davis ficou tão maravilhado com o sistema ali adotado e sua engenhosa organização, que buscou concretizá-lo no plano terrestre. Daí nasceu o primeiro Liceu Espiritista, por ele fundado em 25 de janeiro de 1863, em Dodsworth Hall, Broadway, Nova Iorque. Esse movimento liceano ramificou-se nos Estados Unidos e propagou-se à Inglaterra, ao Canadá, à Austrália etc.

O célebre vidente americano sofreu acusações caluniosas e críticas acerbas, contra ele assacadas pelos eternos mal-versadores da Verdade. Homem superior, a tudo se sobrepunha com tolerância evangélica e larga compreensão.

Nos últimos anos de vida, Andrew Jackson Davis dirigiu uma pequena livraria em Boston, e aos 13 de janeiro de 1910, com a idade de 84 anos, desencarnava na sua residência de Watertown, no Estado de Massachusetts, legando à Humanidade o exemplo dignificante de sua frutuosa existência.

9. Louis Alphonse Cahagnet

> "Se há *estações* para as flores, há *séculos* para as luzes."
> (Últimas palavras dos *Arcanos*, t. III)

A reprodução deste estudo, estampado em *Reformador* de junho de 1978, complementa o anterior, pois ambos se referem a precursores de Allan Kardec, na França.

Anos antes de surgirem os fenômenos tiptológicos e as mesas falantes, girantes, por meio da mediunidade das irmãs Fox, no Estado de Nova Iorque, os quais iniciaram celeremente uma verdadeira revolução nos conhecimentos do porquê de nossa existência, já Louis Alphonse

Cahagnet, conceituado magnetizador, nascido em Caen (França), em 1809, mantinha relações com os entes do Além-Túmulo por intermédio de vários pacientes em estado sonambúlico, ou de êxtase, estados provocados pela ação magnética. Desse intercâmbio surgiu, em 1847, o primeiro tomo de *Arcanes de la vie future dévoilés*, mais ou menos ao mesmo tempo que aparecia nos Estados Unidos a volumosa obra mediúnica intitulada *The principles of nature, her divine revelations and a voice to mankind*, ditada pelos Espíritos ao reverendo William Fishbough, por meio da mediunidade de Andrew Jackson Davis.

Do primeiro volume dos *Arcanos* fez-se uma tradução portuguesa, que sabemos ser muito antiga, mas não podemos precisar o nome do tradutor e o ano de sua publicação, por falta absoluta de referências nesse sentido. Nos Estados Unidos da América foi a obra em pauta vertida em inglês sob o título *Celestial telegraph*.

A 27 de novembro de 1848, Cahagnet reunia em Argenteuil (arredores de Versalhes) um grupo de 16 a 18 homens que haviam testemunhado os fatos obtidos por intermédio da sonâmbula Adèle Maginot. Propôs então fundar uma Sociedade espiritualista, sugerida, aliás, pelo Espírito Emanuel Swedenborg. Todos concordaram, e a 27 de dezembro de 1848 foi criada a primeira "Sociedade dos Magnetizadores Espiritualistas", tendo ele, nessa ocasião, enunciado as suas famosas proposições, em número de 63, todas "se encadeando umas às outras como teoremas de geometria", e muitas delas confirmadas posteriormente.

Em 29 de março de 1852 essa Sociedade continuou seus estudos sob a denominação de "Sociedade dos Estudantes Swedenborgianos", aproximando-se, mais tarde, do Espiritismo codificado por Allan Kardec.

Não obstante todo o cuidado que se deve tomar na aceitação das narrativas dos sonâmbulos, Gabriel Delanne é o primeiro a afirmar que com Cahagnet o caso é diferente, sustentando que o célebre magnetista realmente conversou com os Espíritos, identificando muitos deles. "Não são simples reprodução de imagem dos seres desaparecidos: são individualidades que conversam, se movem, vivem e afirmam categoricamente que a morte não as atingiu" — fala Delanne, confirmando o intercâmbio entre o Além e Cahagnet.

Em 1850 Cahagnet publicou *Sanctuaire du spiritualisme*, ou o Estudo da alma humana e de suas relações com o Universo, segundo o sonambulismo e o êxtase; em 1851 aparecia *Lumière des morts ou études magnétiques, philosophiques et spiritualistes*, e *Traitement des maladies*, obra esta que engloba um estudo das propriedades medicinais de 150 plantas que a extática Adèle Maginot transmitira a Cahagnet, além de uma exposição de diversos métodos de magnetização; em 1853, traduzidas do alemão, dava à luz em Paris as *Lettres odiques-magnétiques du chevalier de Reichenbach*.

Embora descendente de uma família pobre, e tendo trabalhado sucessivamente, para poder viver, como relojoeiro, torneiro de cadeiras, caixeiro de comércio, fotógrafo, conseguiu, com sua poderosa força de vontade e seu dinamismo extraordinário e sua honestidade, adquirir posição de destaque, respeitado e admirado por todos quantos com ele privavam, mesmo os inimigos.

Alphonse Cahagnet (1809–1885)

No primeiro tomo dos *Arcanos da vida futura desvendados*, o autor, numa dedicatória aos ilustres magnetizadores barão du Potet e Hébert de Garnay (este último, gerente do *Journal du Magnétisme*), declara desassombradamente num certo ponto: "Outros têm temor em revelar verdades que poderiam ofender o espírito das seitas. Se estas últimas sustentam com denodo e boa-fé os erros, quanto não devemos nós dar a conhecer a fim de esclarecê-las? Acaso devemos temer qualquer coisa quando nos é dado substituir a fé pela experiência, e quando demonstramos a todos a inefável bondade do Criador? Não, senhores, vós o sabeis após haver adquirido, como eu, provas irrefutáveis de um mundo melhor; são estas provas que se torna necessário que todos as obtenham, e a ciência, que propagais com tão corajosa perseverança, deve fornecê-las a todas as pessoas".

"Se eu não houvesse sido auxiliado pela luz divina, teria sucumbido sob tão penosa tarefa" — declara mais adiante Cahagnet.

O barão du Potet, homem que na época era um tanto cético com respeito a essas revelações do Além, mas que mais tarde foi constrangido a acreditar nelas e no mundo dos Espíritos, "por efeito de sério exame dos fatos", no próprio dizer dele, escreve então a Cahagnet longa carta de agradecimento, com alguma ironia, e termina assim: "Um filósofo cético disse: 'A alma não me parece senão fraca centelha que no instante do trespasse se dissipa nos ares.' Vós provareis — eu espero — que tal filósofo estava em erro".

De fato, assim fez Cahagnet e, "interrogando os túmulos, falando com os seres falecidos" e anotando as palestras desse maravilhoso intercâmbio, edificou a portentosa obra com cerca de mil páginas, que formaram o tomo I dos *Arcanos*, descortinando para a Humanidade desorientada uma nova pátria, cheia de vida, de atividade, onde moram os nossos mortos. Na bela introdução a esse monumental trabalho adverte o autor: "Sede prudentes, não admitais nem rejeiteis nada sem um exame maduro; aquilo que não puderdes compreender, jamais digais que não é!" E mais adiante informa: "Esta obra vos oferecerá a prova de um mundo melhor que o nosso, onde vivereis após deixardes aqui o vosso corpo, e onde um Deus infinitamente bom vos recompensará em cêntuplo as aflições que vos eram proveitosas nesta terra de dor. Vou demonstrar que vossos pais e amigos ali vos esperam com impaciência, e que podeis, embora ainda sobre este globo, entrar em comunicação com eles, falar-lhes e deles obter as informações que julgardes necessárias".

Concluindo sua introdução, disse que se sentiria muito feliz se "conseguisse firmar com outros homens essa crença que adquirira sobre a existência desse mundo de consolação, e fizesse penetrar pelo menos em algumas almas toda a felicidade que sentia, de esperanças tão doces!".

Ao tomo I dos *Arcanos*, seguiram-se os tomos II e III. "Tudo o que a ignorância, o fanatismo, a tolice, reeditaram posteriormente contra a nossa doutrina foi então despejado sobre o pobre magnetizador" — diz Gabriel Delanne. Cahagnet, porém, não esmorece. Nessa época, ele, juntamente com outros companheiros, funda, sob os auspícios da "Sociedade dos Magnetizadores Espiritualistas", o jornal *Le Magnétiseur Spiritualiste*, no qual são consignados todos os fatos maravilhosos das relações com o Além, obtidos por ele e pelos magnetistas de todo o mundo que o quisessem fazer.

Os dois primeiros volumes dos *Arcanos* contêm as descrições de experiências realizadas com oito extáticos que possuíam a faculdade de ver e conversar com os Espíritos. Adèle Maginot foi um dos mais notáveis, sendo ela a intermediária de extensa série de evocações. Mais de 150 atas foram ratificadas por testemunhas que afirmaram reconhecer os Espíritos que a sonâmbula descreveu. O abade Almignana, doutor em Direito Canônico, teólogo, assistiu com entusiasmo a várias sessões de

Cahagnet, tornando-se adepto do magnetismo e desenvolvendo, mesmo, suas possibilidades mediúnicas.

Somente no tomo III dos *Arcanos* refere-se o autor aos fenômenos espíritas que se produziam nos Estados Unidos da América, e que foram também registrados no número 162 do *Journal du Magnétisme*. Neste volume, Cahagnet, em diálogos-refutações, responde vigorosa e inteligentemente aos seus contraditores: padres, homens de ciência, materialistas etc., pondo por terra os diversos argumentos desfavoráveis ao conteúdo de sua obra. Cita ainda testemunhas merecedoras de crédito que relatam fenômenos de aparição, além de inúmeras respostas do Espírito Swedenborg a questões formuladas.

Pouco tempo depois de ter saído o primeiro tomo dos *Arcanos*, o autor foi premiado por seus denodados esforços: ele recebe várias cartas, onde os signatários expandem sua satisfação, o seu júbilo emocionado por tão gratas revelações.

Outros, entretanto, como o barão du Potet, acharam que o assunto era cedo ainda para ser tratado. Procederam tal e qual, até hoje, procedem os nossos irmãos sacerdotes católicos, mesmo os desencarnados, sempre a dizerem que o homem ainda não deve conhecer essas *profundas* questões do ser, sendo-lhe necessária a disciplina dogmática. Mas assim não pensava Cahagnet, e, hoje, nós com ele. Potet, por exemplo, escrevera: "Tratais destas questões com o avanço de vinte anos; o homem ainda não está preparado para compreendê-las", ao que Cahagnet replicou, no vol. III, dizendo: "Ah! respondemos então, por que o vemos banhar com suas lágrimas as cinzas daqueles que julga haver perdido para sempre? Em que momento da existência podemos chegar mais a propósito para dizer a esse homem: Consola-te, irmão, aquele que presumes separado de ti, para sempre, acha-se ao teu lado, a te asseverar, por meu intermédio, que ele vive, que é mais feliz do que na Terra, e que te aguarda nas esferas próximas para continuar o convívio contigo."

Qual ocorreu com as obras de Kardec, as de Cahagnet também foram batizadas pelo fogo. A leitura dos *Arcanos* foi proibida em todos os países católicos, por decisão do Tribunal Supremo e Sagrado, chamado a "Sagrada Congregação", tribunal cristícola e não *cristão*, diz Cahagnet, tribunal que — informa ainda o autor — "julgou sem nos ouvir e condenou sem outro motivo que o de prazerosamente arremessar três de nossas obras, num só dia, no fogo…"

Em 1856, um ano antes de aparecer *O livro dos espíritos*, Cahagnet fazia surgir as *Révélations d'outre-tombe*, pelos Espíritos Galileu, Hipócrates, Franklin, e outros, obra que estuda Deus, a preexistência das almas, a criação da Terra, vários problemas da Física, da Botânica, da Metafísica, da Medicina, a análise da existência do Cristo e do mundo espiritual, passando em revista as aparições e manifestações dos Espíritos, no século XIX etc.

Magie magnétique, outra publicação da autoria dele, surgida em 1857 ou 1858, trata dos fenômenos de transporte, de suspensão, das possessões, das convulsões etc.

Publica em 1858 *Étude sur l'homme*, uma brochura de 80 páginas que tece profundas considerações sobre o homem e sobre todas as faculdades da alma humana.

O nome de Cahagnet atravessa as fronteiras francesas. Em 1861, ele recebe a honrosa visita do sábio Aksakof, que buscava dilatar seus conhecimentos e seus estudos sobre o magnetismo e o psiquismo.

O número de produções aumenta. Aparecem: *Encyclopédie magnétique spiritualiste* (1854–1861); *Étude sur le matérialisme et sur le spiritualisme* (1869); *Étude sur l'âme et le libre arbitre* (1880) e várias outras, num total de 30, parecendo-nos que a última obra de Cahagnet tenha sido *Thérapeutique du magnétisme et du somnambulisme*, impressa em 1883. Realmente, Cahagnet foi um grande trabalhador, digno, sob todos os aspectos, da nossa admiração e reverência pela muita luz que, a par das críticas que sobre ele choviam, distribuiu entre muitos necessitados do espírito. "Um lutador soberbo", "que teve a glória de fazer-se o que foi: um dos pioneiros da verdade" — manifesta-se Gabriel Delanne, com ênfase. Interrogando os mortos, Cahagnet obteve respostas interessantes e reveladoras sobre diversos assuntos: noções de magnetismo, as propriedades da alma, a oração como meio de evitar os maus pensamentos, o modo por que deve ela ser proferida, as punições reservadas no Mundo Espiritual aos criminosos, as ocupações dos Espíritos, as sociedades formadas pelos Espíritos, as obsessões, descrição da separação que se faz entre a alma e o corpo no momento da morte, descrição dos Espíritos luminosos, sensações experimentadas no momento da morte, formas diversas que os Espíritos podem tomar, o inferno dos católicos (o que é), o fenômeno dos transportes, reunião dos familiares e afins no Espaço, noções sobre a loucura, suas causas, suas consequências no Mundo Espiritual, alucinações causadas pelos maus Espíritos, o livre-arbítrio, a cura pela prece, a linguagem do pensamento entre os Espíritos, a vestimenta dos Espíritos, as consequências do suicídio no Além-Túmulo, os lugares de reparação do mal etc. Dezenas de Espíritos, conhecidos e desconhecidos, se comunicaram com Cahagnet.

Embora muitas respostas sejam imperfeitas e incompletas, pois o Espiritismo apenas alvorecia, e embora a obra do magnetista de Caen não se iguale à inimitável exposição feita nos livros de Kardec, todos os espíritas devemos reverenciar a memória desse homem de fé e de coragem que foi Cahagnet.

Atualmente o Espírito André Luiz nos vem dando revelações mais claras sobre a vida no Além-Túmulo, revelações que resumidamente já estavam explanadas em 1847, nos *Arcanos* e em algumas outras obras ditadas por sonâmbulos.

Registraremos algumas das perguntas e respostas constantes no livro mencionado:

P. — Que fazem os irmãos (da sonâmbula) no céu?
R. — Eles recreiam e passeiam.
P. — Não se pode recrear e passear durante uma eternidade, sem um fim.
R. — Oh! eles fazem música, estudam ciências; ocupam-se melhor e com mais prazer que nós.
P. — Que faz ela (o Espírito da mãe da sonâmbula) no céu?
R. — Ela está com meu pai, meus irmãos, minha irmã, enfim, toda a família; ela se inquieta muito por mim, mas está muito feliz; ela lê e se sente satisfeita em ouvir meus irmãos tocar música.
P. — Há então livros no céu?
R. — Eu te rogo crê-lo, e não são eles romances como na Terra.
P. — De que falam eles?
R. — Dos mistérios de Deus, das ciências; mas não são escritos da maneira por que o são sobre a Terra, diz-me a minha mãe.

Noutra página, informa o Espírito da mãe da sonâmbula que, para o conhecimento de altos problemas, há instrutores, "que são mais amigos que mestres".

Eis agora como o Espírito de um sacerdote católico responde a algumas questões:

P. – A forma da alma que tendes é perfeitamente semelhante à do corpo em que ela habitava?
R. – Sim.
P. – Vós dormis e comeis?
R. – Dorme e come quem quer; isto não é uma necessidade como no planeta; é mais uma satisfação para aqueles que o fazem.
P. – Morais numa casa como na Terra?
R. – Eu estou numa casa; há casas nesta vida, do mesmo modo que sobre a Terra.

P. – Há também cidades e aldeias?
R. – Eu não sei como se nomeiam as cidades no Céu; basta dizer-vos que há casas. Não me ocupo do resto.
P. – Quais são as vossas ocupações ordinárias?
R. – Leio, escrevo e passo parte d meu tempo a aconselhar o bem aos indivíduos inclinados ao mal.
P. – Podeis então comunicar com eles?
R. – Sim, com os espíritos deles.

O espiritista italiano Ernesto Volpi, tendo publicado, em determinado ano, um artigo em que narrava os primeiros albores do Espiritismo no mundo, foi contraditado por alguns espíritas americanos, que disseram não ter sido Kardec o fundador do Espiritismo, porque antes dele já haviam aparecido Davis e Cahagnet.
Eis como Volpi, em junho de 1890, a isso respondia, com clareza e exatidão: "Os fundadores do Espiritismo são os Espíritos que sempre e em todos os tempos se têm manifestado. Doutro lado, é bom observar que não falei de Kardec somente, mas da Doutrina que ele compendiou. Neste ponto ele é mais completo que os precedentes, precisamente porque sua sábia capacidade coordenador pôde servir-se também dessas últimas fontes. A Davis e a Cahagnet coube a glória de terem sido os primeiros a recolher os materiais para formar a base do Espiritismo moderno, e a Allan Kardec, a glória de havê-la solidamente estabelecido." Dessa forma, fica definida aposição de Cahagnet na história do Espiritismo, lugar de pioneiro que sempre será lembrado pelo nosso coração agradecido.

* * *

A 10 de abril de 1885, com 76 anos, desencarnava em Argenteuil, o velho batalhador Cahagnet, a cujo enterro compareceram inúmeros amigos e espiritistas. A esposa, meses depois, o acompanhava.
O jornal *Phare,* dos departamentos do Seine-et-Oise e do Sena, publicou um artigo necrológico que a *Revue Spirite* de 1º de maio de 1885 transcreveu e do qual registraremos um trecho:
"Cahagnet é um exemplo raro do que pode uma firme vontade aliada a uma vasta inteligência. Ele se tornara, à força de trabalho e perseverança, um erudito, um profundo metafísico, e adquirira,

no mundo que se ocupa do Magnetismo e do Espiritismo, distinguido lugar como publicista. Suas diversas obras — e o número é grande —, traduzidas para o inglês e o alemão, valeram-lhe numerosos testemunhos de estima e simpatia. Nada mais curioso e mais interessante a esse respeito que sua volumosa correspondência com sumidades científicas e literárias de todos os países."

10. Allan Kardec, "o primeiro teórico do Espiritismo"

Henry Joly, arquivista-paleógrafo francês, Conservador-chefe das Bibliotecas e Arquivos da cidade de Lyon, Diretor da Biblioteca Central de Prêt du Rhône, Conservador da Biblioteca e dos Arquivos Municipais de Caen etc., oficial da Legião de Honra, premiado pela Academia das Ciências Morais e Políticas, com vários livros publicados, assim se referiu à primeira obra de Kardec:

> *O livro dos espíritos* oferece realmente o corpo da doutrina, exposta com uma nitidez em que se nota o antigo professor de ciências exatas, e que faz de Allan Kardec "o primeiro teórico do Espiritismo.[189]

Ao demonstrar que até mesmo Sócrates e Platão foram precursores do Espiritismo, tanto quanto da ideia cristã, Kardec explicava que as grandes ideias jamais irrompem de súbito, e as que assentam sobre a verdade sempre têm precursores que lhes preparam os caminhos. Chegado, porém, o grande momento de uma larga e ampla difusão, Deus envia à Terra o homem com a missão de resumir, coordenar e completar os elementos esparsos, de reuni-los em corpo de doutrina.

Esse homem, no Espiritismo, foi, sem dúvida, Allan Kardec. Com simplicidade e clareza inigualáveis e extraordinário espírito de síntese, ele forneceu uma visão global do mundo dos Espíritos e suas relações com os seres encarnados, determinando as Leis que regem a comunhão entre os dois planos da vida e erigindo, no trinômio passado-presente-futuro, toda a evolução do ser humano integral: alma e corpo.

---

[189] Apud *Dictionnaire de biographie française*, sous la direction de M. J. Balteau, M. Barroux et M. Prevost, avec le concours de nombreux collaborateurs, tome deuxiéme. Paris, VI, Librairie Letouzey et Ané, 1936.

Allan Kardec

E hoje, que tanto se fala em Parapsicologia, designação moderna da antiga Metapsíquica, convém lembrar que o fundador desta, Charles Richet, afirmou ser Allan Kardec "o homem que no período de 1847 a 1871 exerceu a mais penetrante influência, que traçou o sulco mais profundo na ciência metapsíquica".[190]

Foto de Charles Richet, em 6 de março de 1930, dedicada a Hubert Forestier, então diretor da *Revue Spirite* (clichê Jacques Boyer, Paris).

---

190 RICHET, Charles. *Traité de métapsychique*, deuxiéme édition refondue. Paris: Librairie Félix Alcan, 1923. p. 34.

Como se fazia necessário, Kardec criou uma terminologia apropriada às coisas da nova doutrina. Entre outros, os vocábulos *espírita*, *espiritista* e *Espiritismo* exprimiriam, sem nenhum equívoco, as ideias relativas aos Espíritos. Seu criador explica que as palavras, espiritual (*spiritual*), espiritualista (*spiritualist*) e Espiritualismo (*Spiritualism*), relacionadas pelos norte-americanos e ingleses às manifestações dos Espíritos, desde que estas surgiram ostensivamente nos Estados Unidos, eram motivo de confusão, visto que elas já tinham, de há muito, outra acepção bem determinada.

11. *O livro dos espíritos* na sua 2ª edição

> "[...] Pode-se ter muito atilamento, muita instrução mesmo, e carecer-se de bom senso. Ora, o primeiro indício de falta de bom senso está em crer alguém infalível o seu juízo."[191]

A primeira edição de *O livro dos espíritos*, entregue ao público em 18 de abril de 1857, dividia-se em três livros, com cerca de 501 perguntas de Allan Kardec e respectivas respostas de Espíritos Superiores, acrescidas de notas e comentários do Codificador.

Segundo esclarecimentos daquele que recebeu a missão de publicá-la, toda essa obra

> [...] tudo foi obtido por meio da escrita e por intermédio de vários médiuns psicógrafos. Nós mesmos preparamos as perguntas e coordenamos o conjunto da obra; as respostas são, textualmente, as que foram dadas pelos Espíritos; a maior parte delas escrita sob nossas vistas, algumas foram tomadas das comunicações que nos foram enviadas por correspondentes ou que recolhemos para estudo em toda parte onde estivemos: a esse efeito, os Espíritos parecem multiplicar aos nossos olhos os assuntos de observação.
> Os primeiros médiuns que concorreram para o nosso trabalho foram as senhoritas B..., cuja boa vontade jamais nos faltou: este livro foi escrito quase por inteiro por seu intermédio e na presença de numeroso auditório que assistia às sessões e nela tomava parte com o mais vivo interesse. [...][192]

---

[191] KARDEC, Allan. *O livro dos espíritos*. Trad. Guillon Ribeiro. 93. ed. 2. imp. (Edição Histórica). Brasília: FEB, 2016. *Introdução ao estudo da Doutrina Espírita*, it. XVII.

[192] KARDEC, Allan. *Revista Espírita*: jornal de estudos psicológicos. jan. 1858. *O livro dos espíritos* – Apreciações diversas. Trad. Evandro Noleto Bezerra. 5. ed. 1. imp. Brasília: FEB, 2014.

Parece, porém, que, afora os médiuns psicógrafos, também médiuns falantes ou psicofônicos tenham contribuído para a elaboração de *O livro dos espíritos*, ainda que em pequeníssima parte dele, conforme se depreende da Nota XVII na 1ª edição. Aí, Kardec explica que o ensinamento que os Espíritos lhe deram

> [...] foi por intermédio de vários médiuns escreventes e falantes, que difeririam inteiramente entre si de caráter, e cujos conhecimentos sobre muitas perguntas não lhes permitiam ter uma opinião preconcebida; malgrado isso, houve sempre identidade perfeita na teoria que eles transmitiram, e frequentemente um completou, com vários meses de intervalo, o pensamento expresso pelo outro. Mas com o que o autor buscou exercer uma influência real foi com o desejo e a vontade de se esclarecer, com a ordem e a sequência metódicas que ele pôs no trabalho, o que permitiu aos Espíritos darem-lhe um ensinamento completo e regular, como o faria um professor que ensinasse uma ciência, seguindo o encadeamento das ideias. [...][193]

Quando da preparação do livro, Kardec recebe do Alto esta mensagem:

> Ocupa-te com zelo e perseverança do trabalho que empreendeste com o nosso concurso; este trabalho é também nosso. Nós o reveremos juntos, a fim de que ele nada encerre que não seja a expressão do nosso pensamento e da verdade.[194]

* * *

Em 1856, Kardec começou a também frequentar as reuniões espíritas na casa do Sr. Roustan, nas quais a medium Srta. Japhet, mediante a cesta-de-bico, lhe transmitia comunicações sérias.

Concluído em grande parte *O livro dos espíritos*, Kardec resolveu então submetê-lo ao exame de outros Espíritos e com o auxílio de diferentes médiuns.[195]

> [...] Mais tarde os Espíritos recomendaram a sua completa revisão em conversas particulares para fazerem todas as adições e correções que julgaram necessárias. Essa parte essencial do trabalho foi feita com o

---

193 KARDEC, Allan. *Le Livre des esprits*, edição de 1857, p. 170.
194 Id. Ibid., p. 30.
195 Id. *Obras póstumas*. Trad. Guillon Ribeiro. 1. ed. 1. reimp. (Edição Histórica). Brasília: FEB, 2011. *Minha primeira iniciação no Espiritismo*.

concurso da senhorita Japhet,¹⁹⁶ que se prestou com a maior boa vontade e o mais completo desinteresse a todas as exigências dos Espíritos, porque eram eles que marcavam os dias e as horas para as suas lições. [...]¹⁹⁷

A 25 de março de 1856, o missionário toma conhecimento da existência do seu guia espiritual — *A Verdade* —, que o protegeria e ajudaria sempre, assistindo-o quer diretamente, por meio de médiuns, quer pelo pensamento, forma esta que se tornou, mais tarde, a única.¹⁹⁸

> A proteção desse Espírito, cuja superioridade eu então estava longe de imaginar, jamais, de fato, me faltou. A sua solicitude e a dos bons Espíritos que agiam sob suas ordens, se manifestou em todas as circunstâncias da minha vida, quer a me remover dificuldades materiais, quer a me facilitar a execução dos meus trabalhos, quer, enfim, a me preservar dos efeitos da malignidade dos meus antagonistas, que foram sempre reduzidos à impotência. [...]¹⁹⁹

Aos 17 de junho de 1856, na casa do Sr. Baudin, o *Espírito de Verdade*, após declarar que estava bem a parte já revista da obra, incumbe a Kardec, quando esta estivesse acabada, de "[...] tornar a revê-la, a fim de ampliá-la em certos pontos e abreviá-la noutros".²⁰⁰

Não se contentando com a revisão que se fazia por meio do concurso mediúnico da Srta. Japhet, o missionário, de acordo, aliás, com a recomendação dos próprios Espíritos, procede dessa maneira:

> [...] Tendo-me as circunstâncias posto em relação com outros médiuns, sempre que se apresentava ocasião eu a aproveitava para propor algumas das questões que me pareciam mais espinhosas. Foi assim que mais de dez médiuns prestaram concurso a esse trabalho. Da comparação e da fusão de todas as respostas, coordenadas, classificadas e muitas vezes remodeladas no silêncio da meditação, foi que elaborei a primeira edição de *O livro dos espíritos*, entregue à publicação em 18 de abril de 1857.²⁰¹

---

196 Rua Tiquetonne, n. 14.
197 KARDEC, Allan. *Revista Espírita*: jornal de estudos psicológicos. jan. 1858. *O livro dos espíritos* – Apreciações diversas. Trad. Evandro Noleto Bezerra. 5. ed. 1. imp. Brasília: FEB, 2014.
198 Id. *Obras póstumas*. Trad. Guillon Ribeiro. 1. ed. 1. reimp. (Edição Histórica). Brasília: FEB, 2011.
199 Id. Ibid. *A minha primeira iniciação no Espiritismo*, (9 de abril de 1856), Nota.
200 Id. Ibid. cap. *O livro dos espíritos* (17 de junho de 1856).
201 Id. Ibid. *A minha primeira iniciação no Espiritismo*.

Quase ao terminar a obra, os Espíritos lhe dizem com alegria e entusiasmo, pela médium Srta. Baudin:

> Compreendeste bem a tua missão; estamos contentes contigo. Prossegue, e não te abandonaremos jamais. Crê em Deus e avança confidante!

E como que a preparar e animar o espírito do Codificador para as árduas tarefas que se seguiriam, voltam os seus Instrutores a afirmar-lhe:

> Estaremos contigo todas as vezes que o pedires e para te auxiliar nos teus outros trabalhos, porquanto esta é apenas uma parte da missão que te está confiada e que já um de nós te revelou.[202]

* * *

No "Epílogo" da 1ª edição de *O livro dos espíritos*, Allan Kardec anunciava aos leitores o seguinte:

> O ensino dado pelos Espíritos prossegue neste momento sobre diversas partes, cuja publicação eles adiaram a fim de termos tempo para elaborá-las e completá-las. A próxima publicação, que se seguirá aos três livros contidos nesta primeira obra, compreenderá, entre outras coisas, os meios práticos pelos quais o homem pode conseguir neutralizar o egoísmo, fonte da maioria dos males que afligem a sociedade. Toca este assunto a todas as questões de sua posição no mundo e de seu destino terrestre.
>
> Nota. – Esta segunda parte será publicada por meio de subscrição, e remetida às pessoas [...].[203]

Evidentemente, Kardec não se refere, no trecho acima, à obra, também de sua autoria, que surgiu em 1858 com o título: *Instrução prática sobre as manifestações espíritas*, com a exposição completa das condições necessárias para comunicar com os Espíritos e os meios de desenvolver a faculdade mediadora nos médiuns.[204],[205]

---
202 Id. *Le Livre des esprits*, 15ème éd., 1867, p. XLII.
203 KARDEC, Allan. *Le Livre des esprits*. 1857, p. 158.
204 Na *Revista Espírita* de agosto de 1860, Kardec comunica aos leitores que esta obra, estando inteiramente esgotada, não seria mais impressa, substituída por um novo trabalho mais completo e obediente a outro plano.
205 N.E.: A FEB publicou essa obra em 2006, com tradução de Evandro Noleto Bezerra.

Esta nova obra não estuda o assunto de que fala Kardec no "Epílogo". O assunto em causa formaria, isto sim, o prosseguimento dos três livros da 1ª edição, formaria a *segunda parte* de *O livro dos espíritos*, formaria, enfim, uma publicação à parte, um segundo volume de *O livro dos espíritos*.

Tal era, então, o intento de Kardec com respeito a essa *segunda parte*, cuja publicação os Espíritos Superiores haviam por bem adiado, dando ao missionário da Codificação tempo para preparar e completar várias questões doutrinárias.

Aliás, já em 17 de junho de 1856, pela médium Srta. Baudin, o *Espírito de Verdade* informava a Kardec, ao se referir à publicação de *O livro dos espíritos*:

> [...] Por muito importante que seja esse primeiro trabalho, *ele não é, de certo modo, mais do que uma introdução*. Assumirá proporções que hoje estás longe de suspeitar. Tu mesmo compreenderás que certas partes só muito mais tarde e gradualmente poderão ser dadas a lume, à medida que as novas ideias se desenvolverem e enraizarem. Dar tudo de uma vez fora imprudente. Importa dar tempo a que a opinião se forme. [...][206]

Pelo motivo que adiante o próprio Kardec apresenta, ele desiste da ideia, bem mais fácil talvez, de criar um segundo volume de *O livro dos espíritos*. Inspirado pelo *Espírito de Verdade*, cuja ação era constante ao seu derredor[207] o mestre inicia o admirável e árduo trabalho de transformar *O livro dos espíritos* primitivo numa obra duplamente digna dos Espíritos Superiores.

E eis que em março[208] de 1860, a *Revista Espírita* anunciava a venda da 2ª edição (*inteiramente refundida e consideravelmente aumentada*) de *O livro dos espíritos*, e Allan Kardec, com sua costumeira lealdade, advertia o leitor:

---

[206] KARDEC, Allan. *Obras póstumas*. Trad. Guillon Ribeiro. 1. ed. 1. reimp. (Edição Histórica). Brasília: FEB, 2011. *A minha primeira iniciação no Espiritismo*, it. *O livro dos espíritos* (17 de junho de 1856).
[207] Id, ib. it. Meu sucessor (22 de dezembro de 1861).
[208] O Dr. Canuto Abreu mencionou o dia 18 de março de 1860, como o lançamento da 2ª edição, no trabalho que publicou em 1957 (texto em fac-símile, versão em face — Primeiro Centenário, 1957 — Companhia Editora Ismael, São Paulo, SP). Sua obra, bilíngue (páginas pares, reprodução fotomecânica da 1ª edição do original, de 1857; páginas ímpares, tradução do francês para o português), contém notas interessantes. A propósito do dia 18, teve ele a gentileza de endereçar carta a Francisco Thiesen, em 8/12/1974, respondendo a perguntas que lhe foram feitas por meio deste articulista, por ocasião de um encontro em São Paulo. Ao item 2 do lembrete deixado em seu poder ("Dia 18/3/1860, 2ª edição de *O livro dos espíritos*"), o Dr. Canuto Abreu informou o seguinte:
"R. Suponho referir-se à data encontrada no "Primeiro Livro dos Espíritos de Allan Kardec, 1857", p. VIII. Permita-me uma preliminar. Como se sabe, as edições de livros e jornais, na França, se regem por lei. Em 1860, vigorava o decreto de Napoleão, de 14 de outubro de 1811, que reza no art. 1º — La direction

AVISO SOBRE ESTA NOVA EDIÇÃO

Na primeira edição desta obra, anunciamos uma parte suplementar. Devia compor-se de todas as questões que ali não puderam entrar, ou que circunstâncias ulteriores e novos estudos nascer deveriam originar. Mas como todas se referem a alguma das partes já tratadas, e das quais são o desenvolvimento, sua publicação isolada não teria apresentado nenhuma continuidade. Preferimos aguardar a reimpressão do livro para incorporar todo o conjunto, e aproveitamos para dar à distribuição das matérias uma ordem muito mais metódica, suprimindo ao mesmo tempo tudo quanto tivesse duplo sentido. Esta reimpressão pode, pois, ser considerada como obra nova, embora não tenha os princípios sofrido nenhuma alteração, salvo pouquíssimas exceções, que são antes complementos e esclarecimentos do que verdadeiras modificações. Esta conformidade com os princípios emitidos, malgrado a diversidade das fontes em que foram hauridos, é um fato importante para o estabelecimento da ciência espírita. Prova nossa própria correspondência que comunicações em tudo idênticas, se não quanto à forma, ao menos quanto ao fundo, foram obtidas em diferentes localidades, e isso muito antes da publicação do nosso livro, o que veio confirmá-las e dar-lhes um corpo regular. Por seu lado, a História atesta que a maioria desses princípios tem sido professada pelos homens mais eminentes, dos tempos antigos e modernos, assim trazendo a sua sanção.[209]

---

del'Imprimérie et de la Librairie est autorisée à publier, à dater de ler novembre prochain, un journal dans lequel seront annoncées toutes les éditions d'ouvrages imprimés ou gravés qui seront faites à l'avenir, avec le nom des éditeurs et des auteurs, si ces derniers sont connus, le nombre d'exemplaires de chague édition et le prix de l'ouvrage. Elle y fera aussi insérer avant la publication des ouvrages, les déclarations qui auront été faites parles libraires, pour la reimpression des livres de domaine public." Obedecendo à lei e aos regulamentos da época, DIDIER ET Cie., Libraires-Éditeurs, levaram a nova edição de *O livro dos espíritos*, "entièrement refondue et considerablement augmenté", ao Ministério do Interior, em Paris, para a censura prévia e o competente registro. Isso ocorreu em 10 de março de 1860. Aprovada a obra, foi ela inscrita na *Bibliographie de la France*, ou Journal Général, sob n. 2.238, em 1860. Com todas as declarações de DIDIER, constantes de papéis impressos, na forma regulamentar. Em 1921, Paul LEYMARIE, então "éditeur" de obras espíritas e diretor da "Librairie des Sciences Psychiques", n. 42, rue Saint-Jacques, Paris, permitiu-me examinar o livro de registro de todas as obras de Allan Kardec. Esse registro, organizado inicialmente por Pierre-Gaëtan LEYMARIE, encerrava a história resumida de todas as edições espíritas dos livros de Allan Kardec, mesmo as de outros editores. Ali se encontravam as datas 10 e 18 de março de 1860 relativas à entrada e à saída da 2ª edição. Copiei. E encontrei, depois, no arquivo espírita de Allan Kardec, em pt. com Paul LEYMARIE e noutra pt. com Jean MEYER, algumas referências atinentes à mesma edição. Numa das "preces" rascunhadas pelo punho de Kardec, datada de 18 de março de 1860 (*), há um agradecimento a Deus, à "'Verdade" e aos Espíritos Instrutores por motivo do lançamento da segunda edição".

(*) Poderia aparecer nas livrarias de Paris, à época, um novo livro, em domingo (18/3/1860)?

209 KARDEC, Allan. *Revista Espírita*: jornal de estudos psicológicos. mar. 1860. À venda – *O livro dos espíritos* – Segunda edição. Trad. Evandro Noleto Bezerra. 3. ed. 2. reimp. Brasília: FEB, 2009.

Pela transcrição desse *Aviso*, que deve ser lido com redobrada atenção, fica claramente confirmado o que atrás dissemos. A *parte suplementar*, anunciada por Allan Kardec na primeira edição, nada mais é que a *segunda parte, a próxima publicação* de que fala o próprio Kardec no "*Epílogo*", e que *se seguiria aos três livros contidos na primeira obra*. Esta nova parte, que os Espíritos adiaram e que sairia em *publicação isolada*, separada, aguardou, porém, a reimpressão da obra para aí se fundir e assim formar a 2ª edição, composta agora de quatro livros, aquela que se tornou definitiva, passando a ser adotada e seguida em todo o mundo espiritista.

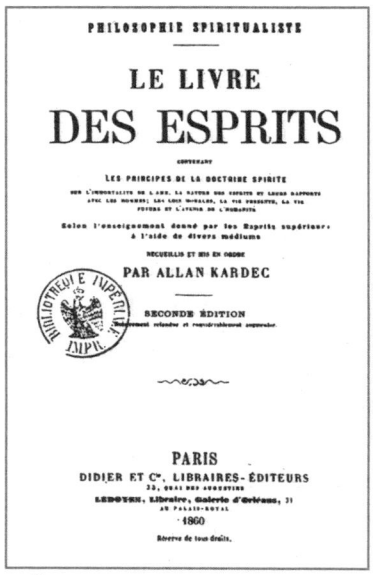

SEGUNDA EDIÇÃO FRANCESA DE *O LIVRO DOS ESPÍRITOS*.

* * *

Como frisou o missionário de Lyon em várias oportunidades, *O livro dos espíritos*, quer em sua primeira, quer em sua segunda edição, é a compilação dos ensinos ditados pelos Espíritos Superiores e publicado por ordem deles:

> [...] ele nada contém que não seja a expressão do pensamento deles e que não lhes tenha sofrido o controle. Só a ordem e a distribuição metódica das matérias, assim como as notas e a forma de algumas partes da redação constituem a obra daquele que recebeu a missão de o publicar.[210]

---

[210] Id. *Le Livre des esprits*, 1867, p. XLII; 1857, p. 30.

Portanto, é mais do que patente, em ambas as edições o papel dos Espíritos foi de amplitude e importância quase absolutas, e é Allan Kardec, ele próprio, quem declara, conforme já vimos, ter-se servido de vários médiuns ou fontes de ensinamentos.[211]

Se não podemos assegurar que ele submetera a nova edição à revisão e corrigenda dos Espíritos, igualmente nada nos autoriza a afirmar em contrário.

Permita-se-nos, entretanto, considerar não ser improvável essa revisão direta e ostensiva por parte dos guias de Kardec, apesar de este não havê-la mencionado, lembrando-nos de que na 2ª edição de *O livro dos médiuns*, "muito mais completa do que a primeira",[212] os Espíritos nela tomaram parte ativa, corrigindo-a com particular cuidado, tudo revendo, aprovando-a ou modificando-a à vontade deles.[213, 214]

Ora, se em a nova edição desta segunda obra da Codificação kardequiana os Espíritos Superiores a reviram diretamente para a reedição, por que não teriam feito o mesmo com a primeira obra?

Todavia, mesmo que assim não fora assistido pelo *Espírito de Verdade* e seus Prepostos durante toda a sua vida missionária,[215] não era ele o intérprete fiel dessas mesmas entidades, em quaisquer circunstâncias?

"[...] Nossa ação, principalmente a do *Espírito de Verdade*, é constante ao teu derredor, e tal que não a podes negar. [...]"[216]

Allan Kardec, ele próprio, sentindo, a cada passo de sua missão, esta ajuda contínua, manifesta-a aos espíritas de Bordeaux, ao tratar da elaboração da Doutrina:

> Nos trabalhos que tenho feito para alcançar o objetivo a que me propunha, sem dúvida fui ajudado pelos Espíritos, como eles próprios

---

211 Vejam-se os trechos correspondentes nas notas de rodapé: LEIF, J.; RUSTIN G. *Histoire des institutions scolaires* [cap. 12 – *De Yverdon a Paris*], e HUBERT, René. *Traité de pédagogie générale*. [cap. 16 – *Princípios enunciados e seguidos pelo discípulo*].
212 KARDEC, Allan. *O livro dos médiuns*. Trad. Guillon Ribeiro. 81. ed. 5. imp. (Edição Histórica). Brasília: FEB. 2016. *Introdução*.
213 Id. *Revista Espírita*: jornal de estudos psicológicos. nov. 1861. Bibliografia – *O livro dos médiuns*. Trad. Evandro Noleto Bezerra. 3. ed. 2. reimp. Brasília: FEB, 2010.
214 Id. *O livro dos médiuns*. Trad. Guillon Ribeiro. 81. ed. 5. imp. (Edição Histórica). Brasília: FEB, 2016. *Introdução*.
215 Id. *Obras póstumas*. Trad. Guillon Ribeiro. 1. ed. 1. reimp. (Edição Histórica). Brasília: FEB, 2011. *A minha primeira iniciação no Espiritismo*, it. Meu guia espiritual (25 de março de 1856).
216 Id. ib. it. *Imitação do Evangelho* (Paris, 14 de setembro de 1863)

já me disseram várias vezes, nenhumas sem o menor sinal exterior de medi unidade. [...]²¹⁷

Se incidentes vários se urdiram para lhe comprovar que os Espíritos Superiores tomavam parte em seus trabalhos;²¹⁸ se mereceu ser assistido, de modo todo particular, até pelo Mestre de todos nós, quando da elaboração de *O evangelho segundo o espiritismo*;²¹⁹ se — como lhe afirmou um Espírito Superior e seu companheiro de velhos tempos — o seu cérebro percebia as inspirações de mais Alto com uma facilidade de que nem ele mesmo suspeitava,²²⁰ ninguém, de boamente, poderia pontificar que, na elaboração da segunda edição de *O livro dos espíritos*, prevalecera exclusivamente o critério humano e pessoal do missionário, tanto mais que, nos *Prolegômenos* desta edição, o mestre reiterou, incisiva e bem claramente, o que já havia afirmado para a 1ª edição:

> [...] ele (*O livro dos espíritos*) nada encerra que não seja a expressão do pensamento deles (dos Espíritos Superiores) e que não lhes tenha sofrido o controle.

E se se pretendesse dizer que a Terceira Revelação impreterivelmente findara em 18 de abril de 1857, ter-se-ia que afirmar também que os acréscimos existentes na edição de 1860 estariam dentro dessa mesma Revelação, porque já antecipada e implicitamente autorizados na 1ª edição (veja-se o extrato do "Epílogo", atrás transcrito) pelos Espíritos que a Providência encarregara de "instruir e esclarecer os homens, abrindo uma Nova Era para a regeneração da Humanidade".²²¹

* * *

Ao registrar, cerca de oito meses mais tarde, os primeiros comentários escritos em torno da 1ª edição de *O livro dos espíritos*, Kardec esclarecia mais uma vez:

---

217 KARDEC, Allan. *Revista Espírita*: jornal de estudos psicológicos. nov. 1861. Reunião geral dos espíritas bordeleses – Discurso do Sr. Allan Kardec. Trad. Evandro Noleto Bezerra. 3. ed. 2. reimp. Brasília: FEB, 2010.
218 Id. *Obras póstumas*. Trad. Guillon Ribeiro. 1. ed. 1. reimp. (Edição Histórica). Brasília: FEB, 2011. *A minha primeira iniciação no Espiritismo*, it. *Imitação do Evangelho*.
219 Id. Ibid. *A minha primeira iniciação no Espiritismo*, it. *Imitação do Evangelho*.
220 Id, Ibid.
221 KARDEC, Allan. *Le Livre des esprits*. ed. 1857, p. 29.

> Esta obra, como o indica seu título, não é uma doutrina pessoal, é o resultado do ensino direto dos próprios Espíritos sobre os mistérios do mundo onde estaremos um dia e sobre todas as questões que interessam à Humanidade [...].²²²

No banquete que os espíritas lioneses ofereceram a Kardec, em 19 de setembro de 1860, o homenageado, ao agradecer as palavras carinhosas dirigidas a ele e a *O livro dos espíritos*, assim ressaltava quase ao começo do seu discusso, provavelmente se referindo à 2ª edição, já lançada havia seis meses:

> [...] *O livro dos espíritos* teve como resultado fazer ver o seu alcance filosófico [do Espiritismo]. Se esse livro tem algum mérito, seria presunção minha orgulhar-me disso, porquanto a Doutrina que encerra não é criação minha. Toda honra do bem que ele fez pertence aos sábios Espíritos que o ditaram e quiseram servir-se de mim. Posso, pois, ouvir o elogio, sem que seja ferida a minha modéstia e sem que o meu amor-próprio por isso fique exaltado. [...]²²³

Os textos dispensam qualquer comentário. Por si sós, dizem tudo.

* * *

Na edição de 1860, Kardec põe na parte superior do frontispício as palavras "Filosofia Espiritualista", de acordo, aliás, com o seu pensamento emitido no "Epílogo" da edição de 1857:

> A ciência espírita compreende duas partes: experimental uma, relativa às manifestações materiais; filosófica a outra, relativa às manifestações inteligentes. Aquele que apenas haja observado a primeira se acha na posição de quem não conhecesse a Física senão por experiências recreativas, sem haver penetrado a filosofia da ciência.²²⁴

A referida deliberação do mestre também não foi tomada à revelia dos Espíritos Superiores. Ao revés, deles já possuía, indiretamente, o sinete da aprovação, conforme se verá no trecho a seguir:

> [...] No princípio, toda a atenção se concentrou nos fenômenos materiais que, então, alimentavam a curiosidade do público; mas a

---

222 KARDEC, Allan. *Revista Espírita*: jornal de estudos psicológicos. jan. 1858. *O livro dos espíritos* – Apreciações diversas. Trad. Evandro Noleto Bezerra. 5. ed. 1. imp. Brasília: FEB, 2014.
223 Id. Ibid. Banquete oferecido pelos espíritas lioneses ao Sr. Allan Kardec – Resposta do Sr. Allan Kardec. 3. ed. 2. reimp. Brasília: FEB, 2009.
224 KARDEC, Allan. *Le Livre des esprits*, 1857, p. 158.

curiosidade não dura sempre; uma vez satisfeita, deixa de interessar, assim como a criança que abandona um brinquedo. Naquela época os Espíritos nos disseram: "Este é o primeiro período, que logo passará para ceder lugar a ideias mais elevadas; fatos novos haverão de revelar-se, marcando um novo período — o filosófico, — e em pouco tempo a doutrina crescerá, como a criança que deixa o berço. [...] Quer Deus que assim o seja e fomos encarregados de executar a sua vontade. [...]"[225]

Logo após recordar, em 1858, esses acontecimentos previstos pelos Espíritos, Kardec continua:

> [...] estamos longe das mesas girantes, que não divertem mais, porque tudo cansa; só não nos afadigamos daquilo que fala ao raciocínio, e o Espiritismo voga a plenas velas em seu segundo período. [...] Elevando-se à posição de doutrina filosófica, o Espiritismo conquistou inúmeros aderentes, mesmo entre os que não testemunharam nenhum fato material. [...][226]

Foi, portanto, ainda de comum acordo com os Espíritos Superiores que o Codificador introduziu no frontispício o vocábulo Filosofia, fornecendo, ao demais, na 2ª edição, o esclarecimento complementar seguinte:

> Como especialidade, *O livro dos espíritos* contém a Doutrina Espírita; como generalidade, prende-se à doutrina espiritualista, uma de cujas fases apresenta. Essa a razão por que traz no cabeçalho do seu título as palavras: Filosofia espiritualista.[227]

* * *

Nos *Prolegômenos* da 1ª edição, Kardec declara que este livro fora escrito "[...] para estabelecer os fundamentos da verdadeira Doutrina Espírita, isenta dos erros e dos prejuízos".[228]

Ora, que é a "verdadeira Doutrina Espírita"? Eis que o próprio mestre nos responde: "A verdadeira Doutrina Espírita está no ensino dado pelos Espíritos".[229]

---

225 Id. *Revista Espírita*: jornal de estudos psicológicos. dez. 1858. Variedades – Conclusão do ano de 1858. Trad. Evandro Noleto Bezerra. 5. ed. 1. imp. Brasília: FEB, 2014.
226 KARDEC, Allan. *Revista Espírita*: jornal de estudos psicológicos. dez. 1858. Variedades – Conclusão do ano de 1858. Trad. Evandro Noleto Bezerra. 5. ed. 1. imp. Brasília: FEB, 2014.
227 Id. *Le Livre des esprits*, 1867, p. III e IV.
228 Id, ib. 1857, p. 30.
229 Id, ib. p. 158; 1867, p. XXXIX.

Se tanto na 1ª edição quanto na 2ª *O livro dos espíritos* é o *repositório dos ensinos dos Espíritos*,[230] fica patenteado que ambas expressam a "verdadeira Doutrina Espírita".

Seja para evitar redundância, seja para expressar com precisão a parte do Espiritismo que se acha exposta em *O livro dos espíritos*, isto é, a parte filosófica.[231] Allan Kardec preferiu escrever nos *Prolegômenos* da 2ª edição o que se segue, sem dúvida com a aprovação dos seus guias:

> Este livro [...] foi escrito por ordem e sob o ditado de Espíritos Superiores, para estabelecer os fundamentos de uma filosofia racional, isenta dos prejuízos do espírito de sistema.[232]

Salientando que não é o fundador, criador ou inventor da filosofia espírita, "o discípulo fiel da verdade" reafirma em sua obra *O que é o espiritismo*, editada em 1859:

> Há entre o Espiritismo e outros sistemas filosóficos esta diferença capital: que estes últimos são todos obra de homens, mais ou menos esclarecidos, ao passo que, naquele que me atribuís, eu não tenho o mérito da invenção de um só princípio.
> Diz-se a filosofia de Platão, de Descartes, de Leibnitz; nunca se poderá dizer: a doutrina de Allan Kardec; e isto, felizmente, pois que valor pode ter um nome em assunto de tamanha gravidade?
> O Espiritismo tem auxiliares de maior preponderância, ao lado dos quais somos simples átomos.[233]

Diante dos espíritas de Bordeaux, em 1861, ele volta a sustentar que lhe coube, na elaboração da Doutrina, o papel de simples coordenador dos elementos que os bons Espíritos lhe forneceram, e acrescenta:

> [...] é tudo quanto me cabe e, assim, jamais me considerei seu criador: a honra pertence inteiramente aos Espíritos. É, pois, somente a eles que se devem dirigir os testemunhos de vossa gratidão.[234]

---

230 Id, ib. 1857, p. 29; 1867, p. XLI.
231 KARDEC, Allan. *O livro dos médiuns*. Trad. Guillon. 81. ed. 5. imp. (Edição Histórica). Brasília: FEB, 2016. *Introdução*.
232 Id. *Le Livre des esprits*, 1867, p. XLI e XLII.
233 Id. *O que é o espiritismo*. Trad. da Redação de *Reformador* em 1884. 56. ed. 1. imp. Brasília: 2013. cap. 1, it. Elementos de convicção.
234 KARDEC, Allan. *Revista Espírita*: jornal de estudos psicológicos. nov. 1861. *Reunião geral dos espíritas bordeleses*, it. Discurso do Sr. Allan Kardec. Trad. Evandro Noleto Bezerra. 3. ed. 2. reimp. Brasília: FEB, 2010;

Três anos mais tarde, falando aos espiritistas de Antuérpia, Kardec, em magistral discurso, reduz o seu lugar no advento do Espiritismo às proporções seguintes:

> [...] Nem o de inventor, nem o de criador. Vi, observei, estudei os fatos com cuidado e perseverança; coordenei-os e lhes deduzi as consequências: eis toda a parte que me cabe. [...] Em tudo isto fui simples instrumento dos pontos de vista da Providência, e dou graças a Deus e aos bons Espíritos por se terem dignado servir-se de mim. [...]235

* * *

Conservemos sempre bem alto o nome de Allan Kardec, definindo claramente e sem paralogismos o seu papel e o dos Espíritos Superiores na elaboração da Doutrina contida em *O livro dos espíritos*, desprezando as miseráveis questões de palavras para nos ocuparmos tão-somente com o que é essencial,236 tendo em vista que o que caracteriza a revelação espírita — *"[...] é o ser divina a sua origem e da iniciativa dos Espíritos, sendo a sua elaboração fruto do trabalho do homem"*.237

E esta revelação, identificada no Consolador prometido por Jesus, não findou com a publicação de *O livro dos espíritos*, e quem o diz é o próprio missionário da Codificação, em 1868, após uma série de considerações:

> A revelação fez-se assim parcialmente em diversos lugares e por uma multidão de intermediários e é dessa maneira que prossegue ainda, pois que nem tudo foi revelado. [...]238

* * *

Acreditamos desnecessário apresentar conclusões finais, visto que o leitor por si mesmo a elas facilmente chegará, meditando sobre o que expusemos.

Não temos por infalível o nosso juízo a respeito das questões aqui levantadas, de modo que o entendimento deste trabalho — alusivo à 2ª

---

235 KARDEC, Allan. *Revista Espírita*: jornal de estudos psicológicos. nov. 1864. *O Espiritismo é uma ciência positiva* – Alocução do Sr. Allan Kardec aos espíritas de Bruxelas e Antuérpia, em 1864. Trad. Evandro Noleto Bezerra. 3. ed. 1. reimp. Brasília: FEB, 2009.
236 Id. *Le Livre des esprits*, 1857, p. 31.
237 Id. *A gênese*. Trad. Guillon Ribeiro. 53. ed. 4. imp. (Edição Histórica). Brasília: FEB, 2016. cap. 1, it. 13.
238 Id. Ibid., cap. 1. it. 52.

edição de *O livro dos espíritos*, àquela que, dada a lume em março de 1860, se tornou a definitiva, com 1019[239] perguntas, em vez das 501 existentes no livro primitivo — será obra de cada um, com seu próprio discernimento.

A propósito dos 122 anos,[240] já decorridos, do advento, no mundo, do Paracleto prometido pelo Mestre Divino, poderíamos finalizar, parafraseando as expressões do Cântico de Simeão (*Lucas*, 2:34):

"Este livro vem para a ruína e a ressurreição de muitos, e para ser alvo da contradição dos homens".

---

239 A FEB, de 1974 em diante (34. ed.), incorporou às notas da tradução de Guillon Ribeiro, de *O livro dos espíritos*, uma Nota Especial n. 2, que posteriormente foi modificada para Nota da Editora (N.E.): Na 2ª impressão da 2ª edição de *O livro dos espíritos*, as questões 1012 a 1019 correspondiam às questões 1011 a 1018 da 1ª impressão da mesma edição. Esta mudança nos leva à conclusão de que era propósito do autor identificar pelo n. 1011 a questão que se segue à de n. 1010 e que antecede a de n. 1012, o que nos parece perfeitamente lógico. Todavia, esta identificação permaneceu em aberto nas demais edições francesas publicadas quando Kardec estava encarnado. Visando a dar referência objetiva à questão, estamos atribuindo a esta pergunta o n. 1011, acreditando superar, com isso, o que entendemos não passar de um simples descuido de revisão gráfica.

240 N.E.: São decorridos 162 anos.

2

LIMIAR DO MUNDO INVISÍVEL

1. Na iniciação espírita de H. L. D. Rivail

Em 1854, por duas vezes, encontrou-se Rivail com seu amigo Fortier: ficara então sabendo das mesas girantes; que podiam ser *magnetizadas*, quais as pessoas, e que, não só era possível magnetizá-las como, até mesmo, conseguir que *falassem*. Às entusiásticas e sucessivas notícias de Fortier, o prof. Rivail antepunha razoáveis raciocínios, como tudo se acha exposto em *Obras póstumas* — Segunda parte — *Minha primeira iniciação no Espiritismo*.[241] Mas, no ano seguinte, *começo de 1855*, um velho amigo seu, havia vinte e cinco anos, Sr. Carlotti, "corso de temperamento ardoroso e enérgico", de cuja "exaltação" Rivail desconfiava, falara-lhe, ao mesmo tempo que lhe contava "tantas coisas surpreendentes", na intervenção dos Espíritos nos fenômenos das mesas girantes. Foi o primeiro a tocar nesse ponto ao futuro Codificador, que, ao contrário do esperado, encheu-se de novas dúvidas, respondendo: "Veremos isso mais tarde". Pouco tempo decorrido, com efeito, ele *veria isso*. Foi em maio de 1855, com o Sr. Fortier, na casa da Sra. Plainemaison, onde se achava também o Sr. Pâtier. Na rua Grange-Batteliere, n. 18, às 20 horas

---

[241] KARDEC, Allan. *Obras póstumas*. Trad. Guillon Ribeiro. 1. ed. 1. reimp. (Edição Histórica). Brasília: FEB, 2011.

de uma terçafeira de maio, H. L. D. Rivail assistiu pela primeira vez aos fenômenos das mesas que

> [...] giravam, saltavam e corriam, em condições tais que não deixavam lugar para qualquer dúvida. [...] Eu entrevia, naquelas aparentes futilidades, no passatempo que faziam daqueles fenômenos, *qualquer coisa de sério* como que *a revelação de uma nova lei*, que *tomei a mim estudar a fundo*.
> [...] travei conhecimento com a família Baudin, que residia então à rua Rochechouart.
> [...] Os médiuns eram as duas Srtas. Baudin. [...] Aí, tive ensejo de ver comunicações contínuas e respostas a perguntas formuladas, algumas vezes, até, a perguntas mentais, que acusavam, de modo evidente, a intervenção de uma inteligência estranha. (Grifo nosso).

O Espírito Z. (*Zéfiro*) o missionário o encontrara nessa ocasião. Há revelações pessoais ligadas à intervenção dele junto a Rivail. *Obras póstumas* é fonte de valiosos pormenores, dos quais só uns poucos deveremos reproduzir. Existe, porém, na referida coletânea de escritos do mestre, um parágrafo que transcreveremos imediatamente, porque seus termos são sobremodo significativos e elucidativos deste item:

> Foi nessas reuniões que comecei os meus estudos sérios de Espiritismo, menos, ainda, por meio de revelações, do que de observações. Apliquei a essa nova ciência, como o fizera até então, o método experimental; nunca elaborei teorias preconcebidas; observava cuidadosamente, comparava, deduzia consequências; dos efeitos procurava remontar às causas, por dedução e pelo encadeamento lógico dos fatos, não admitindo por válida uma explicação, senão quando resolvia todas as dificuldades da questão. Foi assim que procedi sempre em meus trabalhos anteriores, *desde a idade de 15 a 16 anos*. Compreendi, antes de tudo, a gravidade da exploração que ia empreender; percebi, naqueles fenômenos, a chave do problema tão obscuro e tão controvertido do passado e do futuro da Humanidade, *a solução que eu procurara em toda a minha vida*. Era, em suma, toda uma revolução nas ideias e nas crenças; fazia-se mister, portanto, andar com a maior circunspeção e não levianamente; *ser positivista* e *não idealista*, para *não me deixar iludir*. (Grifo nosso).

De 1855 em diante, pelo menos, ou a contar de 1856 — no primeiro semestre —, Rivail já sabia, *por revelação mediúnica*: 1) que *Zéfiro* era seu Espírito protetor e aquela que fora, na Terra, sua mãe, o visitava "em sonhos" (11 de dezembro de 1855); 2) que seu guia espiritual se autodenominava *a Verdade* ("cuja superioridade ele estava longe de imaginar") e lhe provara o interesse pelo trabalho que escrevia e revisava, tanto que aludiu a particularidades e deu-lhe conselhos sobre a reserva a ser mantida antes da respectiva *publicação*, no que o missionário sequer pensara antes (25 de março e 9 de abril de 1856); 3) que tinha importante tarefa a desempenhar, de missionário-chefe do Espiritismo, sucessivamente objeto de comunicações (30 de abril de 1856 — primeira revelação —, 7 de maio de 1856, 12 de junho de 1856 — a plena confirmação) do Mundo Invisível; 4) que, conforme suas próprias anotações de 1º de janeiro de 1867, expressamente assumira as graves responsabilidades que lhe comunicara o *Espírito Verdade* aos 12 de junho de 1856, nesse mesmo momento tendo-se assim pronunciado:

> Espírito Verdade, agradeço os teus sábios conselhos. Aceito tudo, sem restrição e sem ideia preconcebida.
> Senhor! pois que te dignaste lançar os olhos sobre mim para cumprimento dos teus desígnios, faça-se a tua vontade! Está nas tuas mãos a minha vida; dispõe do teu servo. Reconheço a minha fraqueza diante de tão grande tarefa; a minha boa vontade não desfalecerá, as forças, porém, talvez me traiam. Supre a minha deficiência; dá-me as forças físicas e morais que me forem necessárias. Ampara-me nos momentos difíceis e, com o teu auxílio e dos teus celestes mensageiros, tudo envidarei para corresponder aos teus desígnios.

De 1855 em diante, portanto, ou a contar de 1856, o Espiritismo e o Codificador eleito pelo Alto progressivamente se identificariam numa decisiva faixa de tempo, da mesma sorte que o futuro Allan Kardec (não estamos esquecendo que tal fora seu nome em pregressa peregrinação) e H. L. D. Rivail se confundiriam paulatinamente e numa doação completa à Causa da Humanidade.

A 6 de maio do ano seguinte, dezoito dias depois de *O livro dos espíritos* haver sido lançado, uma quiromante, a Sra. de Cardone, pela via intuitiva (embora, como bem asseverou e argumentou Kardec, o pretexto da leitura das linhas da mão não encontrasse respaldo na lógica, a explicação de uma "segunda vista" — ou clarividência — fazia perfeito sentido), identifica em Kardec "a tiara espiritual". No ano imediato a referida *médium* deixou Paris, mas em 1866 — passados oito anos — o Codificador tornou a vê-la.

> [...] Lembra-se da minha predição acerca da *tiara espiritual*? Aí a tem realizada. [...] O senhor não é, de fato, o chefe da Doutrina, reconhecido pelos espíritas do mundo inteiro? [...] Em matéria de Espiritismo, haverá alguém cujo nome tenha mais autoridade do que o seu? Os títulos de sumo sacerdote, de pontífice, mesmo de papa, não lhe são dados espontaneamente? São-no, sobretudo, pelos seus adversários e por ironia, bem o sei, mas nem por isso o fato deixa de indicar de que gênero é a influência que lhe reconhecem, porque pressentem qual o papel que lhe cabe. Assim, esses títulos lhe ficarão.
> Em suma, o senhor conquistou, sem a buscar, uma posição moral que ninguém lhe pode tirar, dado que, sejam quais forem os trabalhos que se elaborem depois dos seus, ou concomitantemente com eles, o senhor será sempre o proclamado fundador da Doutrina. Logo, em realidade, está com a *tiara espiritual*, isto é, com a supremacia moral. Reconheça, portanto, que eu disse a verdade.

Kardec demonstrou à Sra. de Cardone que ela viu tudo aquilo no espírito dela mesma, pela intuição, pela inspiração, pela dupla vista. Mais tarde ele teria ocasião de dizer e repetir que jamais se considerou "fundador" da Doutrina, mas seu "iniciador". Só reivindicava um título: o de "irmão em crença"!

Falaremos, no momento próprio, da comunicação de 17 de janeiro de 1857, pela Srta. Baudin, sobre "uma nova encarnação" de Allan Kardec — a primeira notícia que tivera, a respeito.

2. Disseminação dos fenômenos e das ideias espíritas no tempo e no espaço

Vamos averiguar, agora, servindo-nos das palavras do mestre, o que pensava ele sobre a ancianidade do Espiritismo, questão que a tantos ainda confunde na atualidade. Há uma linha indelével que pode ser seguida, no curso dos quatorze anos do esforço de Kardec como iniciador e sistematizador, "*o primeiro teórico do Espiritismo*".

É claro que Kardec tinha, por observações pessoais, pleno conhecimento da antiguidade e universalidade dos ensinos dados pelos Espíritos. Entretanto, diz ele, "[...] se por toda parte encontramos traços da Doutrina

Espírita, em parte alguma a vemos completa". E conclui: "tudo indica ter sido reservado à nossa época coordenar esses fragmentos esparsos em todos os povos, a fim de chegar-se à unidade de princípios por meio de um conjunto mais completo e, sobretudo, mais geral das manifestações [...]" (*Revista Espírita*, abr. 1858, O Espiritismo entre os druidas).

> Se bem esteja o Espiritismo em a natureza e tenha sido conhecido e praticado desde a mais remota Antiguidade, é fato notório que em nenhuma outra época foi tão universalmente espalhado quanto hoje. É que outrora faziam dele um estudo misterioso, no qual o vulgo não era iniciado; conservou-se por uma tradição, que as vicissitudes da Humanidade e a ausência dos meios de transmissão enfraqueceram insensivelmente. Os fenômenos espontâneos, que vez por outra jamais deixaram de produzir-se, passaram despercebidos ou foram interpretados segundo os preconceitos ou a ignorância da época, ou, ainda, explorados em proveito dessa ou daquela crença. Estava reservado ao nosso século [XIX], em que o progresso recebe um impulso incessante, tornar clara uma ciência que, por assim dizer, somente existia em estado latente. [...]
> Aconteceu com o Espiritismo o que de início acontece com todas as coisas: os primeiros não puderam ver tudo; cada qual viu por seu lado e se apressou a transmitir suas impressões de acordo com seu ponto de vista e segundo suas ideias ou prevenções. [...]
> [...]
> [...] por se terem precipitado para explicar os fenômenos antes que vissem tudo, cada um o fez à sua maneira, buscando-lhes as causas, evidentemente, naquilo em que consistia o objeto de suas preocupações; o magnetista relacionou tudo à ação magnética, o físico à ação elétrica etc. A divergência de opinião em matéria de Espiritismo origina-se, pois, dos diferentes aspectos sob os quais é considerado. [...] (*Revista Espírita*, ago.1858, Contradições na linguagem dos Espíritos).

"A questão de prioridade, em matéria de Espiritismo é, sem a menor dúvida, uma questão secundária" — salienta o Codificador, que prossegue: "mas não é menos notável que, desde a importação dos fenômenos americanos, uma porção de fatos autênticos, ignorados do público, revelaram a produção de fenômenos semelhantes, seja na França ou em outros países da Europa, em época contemporânea ou anterior. É do nosso conhecimento que diversas pessoas se ocupavam de comunicações espíritas muito antes que se tivesse notícia das mesas girantes, e disso temos provas em datas certas [...] (*Revista Espírita*, dez. 1858, Variedades – Uma questão de prioridade a respeito do Espiritismo, Observação).

Conforme já fizemos aqui notar, Kardec sabia perfeitamente que em todos os tempos houve comunicação com os Espíritos. Constantemente ele o repetia, dizendo, ainda, que em Paris, muitos anos antes que se cogitasse dos Espíritos dos EUA, certas pessoas já se ocupavam com essas manifestações. Esclarece, porém (*Revista Espírita*, out. 1859, Sociedade Espírita no século XVIII), que antes do meado do século XIX todos aqueles que possuíam tal conhecimento, dele faziam mistério e que agora caíra no domínio público e se vulgarizara, ganhando foros de verdade incontestável.

Insiste Kardec:

> [...] já dissemos centenas de vezes, o Espiritismo é uma de suas forças, razão por que os fenômenos que dele resultam devem ter-se produzido em todos os tempos e entre todos os povos, interpretados, comentados e adaptados segundo os costumes e o grau de instrução. Jamais pretendemos que fosse uma invenção moderna. Quanto mais avançarmos, mais iremos descobrindo os traços que ele deixou por toda parte e em todas as idades. Os modernos não têm outro mérito senão o de tê-lo despojado do misticismo, do exagero e das ideias supersticiosas dos tempos de ignorância [...]. (*Revista Espírita*, out. 1859, As mesas volantes).

O Espiritismo surgiu em circunstâncias eminentemente favoráveis, como explica e demonstra Kardec, na *Revista Espírita* (out. 1863, Reação das ideias espiritualistas):

> [...] mais cedo, ter-se-ia chocado contra o materialismo todo-poderoso; em tempo mais recuado, teria sido abafado pelo fanatismo cego. Ele se apresenta no momento em que o fanatismo, morto pela incredulidade que ele mesmo provocou, não mais lhe pode impor uma barreira séria e em que se está fatigado do vazio deixado pelo materialismo; no momento em que a reação espiritualista, provocada pelos próprios excessos do materialismo, se apodera de todos os espíritos, quando se está à procura das grandes soluções que interessam o futuro da Humanidade. É, pois, neste momento que ele vem resolver esses problemas, não por hipóteses, mas por provas efetivas, dando ao Espiritismo caráter positivo, o único que convém à nossa época. [...]

Kardec sabia muita coisa que não transmitiu, limitando-se, às vezes, a simples indicações, naturalmente adstrito às condições que lhe impunham as precisas ordens que possuía e ao resguardo dos inconvenientes de romper o silêncio prudente com muitas palavras extemporâneas.

Quanta propriedade existe, por exemplo, nesta declaração formal, mas sucinta, anotada na *Revista Espírita* (maio 1864, A Escola Espírita Americana):

> "A AMÉRICA FOI, POIS, O BERÇO DO ESPIRITISMO, MAS FOI NA EUROPA QUE ELE CRESCEU E FEZ SUAS HUMANIDADES [...]".

Na *Conclusão* de *O livro dos espíritos*, ele falou em três períodos do Espiritismo, mas, anos mais tarde (*Revista Espírita*, dez. 1863), em belo estudo sobre o "Período da luta", escreveu:

> O primeiro período do Espiritismo, caracterizado pelas mesas girantes, foi o da *curiosidade*. O segundo foi o *período filosófico*, marcado pelo aparecimento de *O livro dos espíritos*. [...]
> [...] Então uma verdadeira cruzada foi dirigida contra ele, dando início ao *período de luta*, de queo auto de fé de Barcelona, de 9 de outubro de 1861, de certo modo foi o sinal. [...] Desde então, os ataques assumiram um caráter de violência inaudita. Foi dada a palavra de ordem: sermões furibundos, pastorais, anátemas, excomunhões, perseguições individuais, livros, brochuras, artigos de jornais, nada foi poupado, nem mesmo a calúnia.
> Estamos, pois, em pleno período da luta, mas este não terminou. Vendo a inutilidade dos ataques a céu aberto, vão ensaiar a guerra subterrânea, que se organiza e já começa. Uma calma aparente vai ser sentida, mas é a calma precursora da tempestade [...].

Mais adiante:

> A luta determinará uma nova fase do Espiritismo e levará ao quarto período, que será o *período religioso*; depois virá o quinto, *período intermediário*, consequência natural do precedente, e que mais tarde receberá sua denominação característica. O sexto e último período será o da *renovação social*, que abrirá a era do século XX.

* * *

Na *Revista Espírita* de agosto de 1863, Kardec anuncia o falecimento de Jean Reynaud, "homem tão recomendável pelo seu saber quanto por suas qualidades morais". Nascido em Lyon, em fevereiro de 1808, desencarnou em Paris aos 28 de junho de 1863. Ocupou importantes cargos na administração pública, cercou-se de amigos e admiradores ilustres, como Pierre Leroux, Ernest Legouvé e Carnot, e sua obra *Terre et ciel*, que mais contribuiu para a sua popularidade, colocou-o na primeira linha dos filósofos espiritualistas.

Pierre Leroux (1797–187 1)

Kardec inclui-o entre os mais eloquentes precursores do Espiritismo. Como Charles Fourier, Pierre Leroux e Louis Jourdan, Reynaud também chegou, pela simples força do raciocínio e da intuição, à teoria reencarnacionista. "A única diferença entre eles e nós" — explicou Kardec —, "é que eles encontraram a coisa por si mesmos, ao passo que a nós foi revelada pelos Espíritos". E mais adiante acentua (*Revista Espírita*, ago. 1863, Jean Reynaud e os precursores do Espiritismo):

> Entre os precursores do Espiritismo deve-se ainda colocar uma porção de escritores contemporâneos, cujas obras estão semeadas, talvez sem que disso tenha, consciência, de ideias espíritas. Volumes e mais volumes teriam de ser escritos, se se quisesse recolher as inúmeras passagens em que se faz alusão mais ou menos direta à preexistência e à sobrevivência da alma, à sua presença entre os vivos, às suas manifestações, às suas peregrinações pelos mundos progressivos, à pluralidade das existências etc. [...]

Allan Kardec reproduz na *Revista Espírita* de fevereiro de 1867 o trecho de uma carta do padre Lacordaire à Sra. Swetchine, datada de

Flavigny, 29 de junho de 1853, extraída de sua correspondência publicada em 1865.

Lacordaire confirma a realidade das mesas girantes e falantes, aceitando os Espíritos como os autores dessas manifestações, "[...] numa época em que esses fenômenos eram muito mais objeto de curiosidade do que assuntos de meditações sérias [...]" (O abade Lacordaire e as mesas girantes).

"Para ele" — escreve Kardec —, "essas manifestações *são providenciais*, devem *perturbar* e *confundir* os *incrédulos*; nelas admira a profundeza dos julgamentos de Deus [...]".

J.-B. Henri Lacordaire (1802–1861)

"Encontrados em toda parte" — enfatiza o mestre —, "os traços do Espiritismo são como as inscrições e as medalhas antigas, que atestam, através dos séculos, o movimento do espírito humano. As crenças populares, sem contradita, contêm os traços, ou melhor, os germens das ideias espíritas em todas as épocas e com todos os povos, mas misturadas a lendas supersticiosas, como o ouro das minas está misturado à ganga. Não é somente aí que se deve procurá-las, é na expressão dos sentimentos íntimos, porque é aí que muitas vezes se as encontram no estado de pureza. Se se pudesse sondar todos os arquivos do pensamento, ficar-se-ia surpresos de ver até que ponto elas estão arraigadas no coração humano, desde a vaga intuição até os princípios claramente formulados [...]" (*Revista Espírita*, set. 1868, Memórias de um marido).

3. Orientação e métodos de pesquisa, sem *parti pris*. — Credulidade e ingenuidades não tinham vez. — O fim essencial do Espiritismo. — Na ordem moral tudo tem valor filosófico. — Meticulosidade. — Desconfiar das ideias sistemáticas. — Prudência com as teorias científicas. — Periculosidade de um amigo imprudente. — A doutrina da reencarnação. — Exame crítico de comunicações na SPEE. — Teoria da incrustação da Terra. — Ciladas das teorias engenhosas de alguns Espíritos. — Examinar friamente as coisas sem estusiasmos. — Circunspeção

"[...] Dirigimos nossas investigações a tudo quanto possa esclarecer-nos — informa Allan Kardec —, "interessando-nos, de preferência, as comunicações inteligentes, fonte da filosofia espírita e cujo campo é ilimitado, às manifestações puramente materiais, de interesse apenas momentâneo" (*Revista Espírita*, jul. 1859, Sociedade Parisiense de Estudos Espíritas – Discurso de encerramento do ano social 1858–1859).

E prossegue, no mesmo número da *Revista*:

> [...] Os Espíritos são o que são e não podemos alterar a ordem das coisas. Como nem todos são perfeitos, não aceitamos suas palavras senão com reservas e jamais com a credulidade infantil. Julgamos, comparamos, tiramos consequências de nossas observações e os seus próprios erros constituem ensinamentos para nós, pois não renunciamos ao nosso discernimento.
> [...] Saibam, pois, aqueles que nos atribuem uma credulidade tão pueril, que tomamos toda opinião emitida por um Espírito como uma opinião pessoal; que não a aceitamos senão após havê-la submetido ao controle da lógica e dos meios de investigação que a própria ciência espírita nos fornece, meios que todos conheceis.

"Há duas partes no Espiritismo" — repete Kardec — "a dos fatos materiais e a de suas consequências morais. A primeira é necessária como prova da existência dos Espíritos, de modo que foi por ela que os Espíritos começaram; a segunda, dela decorrente, é a única que pode levar à transformação da

Humanidade pelo melhoramento do individual. O melhoramento é, pois, o objetivo essencial do Espiritismo. É para ele que deve tender todo espírita sério. Tendo deduzido essas consequências das instruções dos Espíritos, definimos os deveres que impõe esta crença; o primeiro deles inscrevemos na bandeira do Espiritismo: *Fora da caridade não há salvação*, máxima aclamada, em seu aparecimento, como a luz do futuro, e que logo deu a volta ao mundo, tornando-se a palavra de ligação de todos quantos veem no Espiritismo algo mais que um fato material. Por toda parte foi acolhida como o símbolo da fraternidade universal, como penhor de segurança nas relações sociais, como a aurora de uma nova era, em que devem extinguir-se os ódios e as dissensões [...]" (*Revista Espírita*, abr. 1866, O Espiritismo independente).

Sob o título *Os tempos são chegados*, Allan Kardec escreve longo artigo na *Revista Espírita* de outubro de 1866, reproduzido em sua quase totalidade em *A gênese*, capítulo 18.

Falta à referida transcrição, entre alguns outros trechos de menor importância, o que abaixo traduzimos, digno de registro, embora seu conteúdo tenha sido repetido em outros lugares da obra kardequiana. Ei-lo:

> [...] Tornando conhecidas novas Leis da Natureza, o Espiritismo dá a chave de fenômenos incompreendidos e problemas até agora insolúveis, e mata, ao mesmo tempo, a incredulidade e a superstição. Para ele não há sobrenatural nem maravilhoso; tudo se realiza no mundo em virtude de leis imutáveis. Longe de substituir um exclusivismo por outro, arvora-se como campeão absoluto da liberdade de consciência; combate o fanatismo sob todas as formas e o corta pela raiz, proclamando a salvação para todos os homens de bem, e a possibilidade, para os mais imperfeitos, de chegarem, por seus esforços, pela expiação e pela reparação, à perfeição, pois só ela conduz à suprema felicidade. Ao invés de desencorajar o fraco, encoraja-o, mostrando-lhe o fim que pode atingir.
> Não diz: *Fora do Espiritismo não há salvação*, mas, com o Cristo: *Fora da caridade não há salvação*, princípio de união, de tolerância, que congraçará os homens num sentimento comum de fraternidade, em vez de os dividir em seitas inimigas. Por este outro princípio: *Fé inabalável só o é a que pode encarar a fente a frente a razão, em todas as épocas da Humanidade*, destrói o império da fé cega, que aniquila a razão, da obediência passiva que embrutece; emancipa a inteligência do homem e levanta o seu moral.

Consequente consigo mesmo, não se impõe; diz o que é, o que quer, o que dá e espera que venham a ele livremente, voluntariamente; quer ser aceito pela razão, e não pela força. Respeita todas as crenças sinceras e não combate senão a incredulidade, o egoísmo, o orgulho e a hipocrisia, que são as chagas da sociedade e os mais sérios obstáculos ao progresso moral, mas não lança anátema em ninguém, nem mesmo aos seus inimigos, porque está convencido de que o caminho do bem está aberto aos mais imperfeitos e que, mais cedo ou mais tarde, nele entrarão. (*Revista Espírita*, out. 1866, Os tempos são chegados).

É isso essencialmente o que figura em *O evangelho segundo o espiritismo*, capítulo 15, itens 8 e 9.

"Tudo, no Espiritismo" — escreveria em 1868 —, "é assunto de estudo para o observador sério; os fatos aparentemente insignificantes têm sua causa e esta causa pode ligar-se aos mais importantes princípios. As grandes Leis da Natureza não se revelam no menor inseto, como no animal gigantesco? no grão de areia que cai, como no movimento dos astros? O botânico despreza uma flor, porque é humilde e sem brilho? Dá-se o mesmo na ordem moral, onde tudo tem o seu valor filosófico, como na ordem física tudo tem seu valor científico" (*Revista Espírita*, mar. 1868, Flageolet – Espírito mistificador; Observação).

Allan Kardec era meticuloso em suas pesquisas, e antes de aceitar um fenômeno como oriundo dos Espíritos, ele o fazia passar pelo crivo da razão, examinando-o sob todos os ângulos e tentando-o explicar, primeiro, pelas hipóteses fisiológicas. Ele pontifica que "[...] Os únicos sinais que, realmente, podem atestar a presença dos Espíritos são os sinais inteligentes [...]". Fora isso, só lhe caberá ver apenas fenômenos fisiológicos ou de óptica em todos e quaisquer gêneros de manifestações, "[...] sobretudo nos ruídos, às pancadas, aos movimentos insólitos de corpos inertes, que milhares de causas físicas podem produzir. Repetimos: enquanto um efeito não for inteligente por si mesmo, e independente da inteligência dos homens, é preciso olhá-lo duas vezes, antes de o atribuir aos Espíritos" (*Revista Espírita*, fev. 1860, Os Espíritos glóbulos).

A teoria da formação da Terra por incrustação, isto é, pela incrustação de vários corpos planetários, dada por certos Espíritos, em várias épocas, não recebe a adesão do Codificador, que a põe no rol das hipóteses pouco admissíveis. Declarando que esta teoria não era a única dada pelos Espíritos, ele comenta:

> [...] Isto nos prova que, fora da moral, que não admite duas interpretações, não se deve aceitar as teorias científicas dos Espíritos senão com as maiores reservas, porque, uma vez mais, eles não estão encarregados de nos trazer a ciência acabada; estão longe de tudo saber, sobretudo no que diz respeito ao princípio das coisas; enfim, é preciso desconfiar das ideias

sistemáticas que alguns deles procuram fazer que prevalecer, às quais não têm escrúpulo de atribuir uma origem divina [...] (*Revista Espírita*, abr. 1860, Formação da Terra – Teoria da incrustação planetária).

"[...] Assim, é" — adverte Kardec —, "sobretudo nas teorias científicas que precisa haver extrema prudência, guardando-se de dar precipitadamente como verdades sistemas por vezes mais sedutores que reais, e que, cedo ou tarde, podem receber um desmentido oficial. Que sejam apresentados como probabilidades, se forem lógicos, e como podendo servir de base para observações ulteriores, admite-se; mas seria imprudência tomá-los prematuramente como artigos de fé. Diz um provérbio: *Nada é mais perigoso do que um amigo imprudente*. Ora, é o caso dos que, no Espiritismo, se deixam levar por um zelo mais ardente que refletido" (*Revista Espírita*, jul. 1860, Exame crítico das dissertações de Charlet sobre os animais; Observação geral, 6ª proposição).

[...] temos muitos motivos para não aceitar levianamente todas as teorias dadas pelos Espíritos. Quando surge uma, limitamo-nos ao papel de observador; fazemos abstração de sua origem espírita, sem nos deixar fascinar pelo brilho de nomes pomposos; examinamo-la como se emanasse de um simples mortal, e vemos se é racional, se dá conta de tudo, se resolve todas as dificuldades. Foi assim que procedemos com a doutrina da reencarnação, que não tínhamos adotado, embora vinda dos Espíritos, senão após haver reconhecido que ela só, *só ela*, podia resolver aquilo nenhuma filosofia jamais havia resolvido, e isso abstração feita das provas materiais que diariamente são dadas, a nós e a muitos outros. [...] (*Revista Espírita*, abr. 1860, Formação da Terra – Teoria da incrustação planetária).

A começar de 1860, ficou estabelecido que certas comunicações dos Espíritos, recebidas na Sociedade Parisiense de Estudos Espíritas (SPEE), seriam submetidas a exame crítico, a fim de que os Espíritos esclarecessem e desenvolvessem os pontos aparentemente obscuros. O guia espiritual dos trabalhos, o Espírito São Luís, concordou com essa medida, considerando-a útil para que os Espíritos mistificadores não tivessem facilidade de penetração. Por diversas vezes, Kardec martelou os Espíritos comunicantes com perguntas baseadas no texto da dissertação.

Por vezes, certos críticos insinuam que o Codificador era ingênuo, que tudo aceitava de boa-fé, vibrando com qualquer manifestação que lhe contassem ou que ele visse com os próprios olhos. Nada mais falso! Quem ler a sua obra, encontrará formal desmentido a toda essa cascata de calúnias. Quando alguma revelação ou pseudorrevelação lhe era transmitida, especialmente de caráter científico, ele a punha de quarentena, guardando-se de lhe emprestar uma fé cega e irrefletida. Aliás, seguia, nada mais, nada menos, as instruções dadas tantas vezes pelos Espíritos, as quais a sua própria experiência confirmava a toda hora.

Entre os inúmeros casos que ele defrontou, há o da teoria da incrustação na formação da Terra e do estado cataléptico dos seres vivos em sua origem. Tais ideias, a que já nos referimos, haviam sido transmitidas mediunicamente ao seu amigo Sr. Jobard, de Bruxelas, que insistia pelo seu estudo e publicação. O mestre, prudente, arquiva esses trabalhos, à espera de confirmação futura, e explica (*Revista Espírita*, set. 1860, Correspondência ao Sr. Presidente da Sociedade Parisiense de Estudos Espíritas; Observação):

> [...] O Sr. Jobard, que é um homem positivo e de grande bom senso, compreenderá melhor que ninguém que esta é a melhor maneira para nos preservarmos do perigo das utopias. Certamente não seremos nós os acusados de querer ficar na retaguarda, mas queremos evitar pisar em falso e tudo quanto pudesse comprometer o crédito do Espiritismo, dando prematuramente como verdades incontestáveis o que é ainda apenas hipotético.

"Se por vezes" — diria anos depois —, "os sistemas são produtos dos cérebros humanos, sabe-se que, a tal respeito, certos Espíritos não ficam a dever. Com efeito, veem-se alguns que engedram as mais absurdas ideias com maravilhosa habilidade, encadeando-as com muita arte e delas fazendo um conjunto mais engenhoso que sólido, mas que poderia falsear a opinião de pessoas que não se dão ao trabalho de aprofundar, ou que são incapazes de o fazer pela insuficiência de seus conhecimentos. Sem dúvida as ideias falsas acabam caindo ante a experiência e a lógica inflexível, masantes disso, podem lançar a incerteza. Também é sabido, conforme sua elevação, que os Espíritos podem ter, sobre certos pontos, uma maneira de ver mais ou menos justa; que as assinaturas das comunicações nem sempre são uma garantia de autenticidade, e que os Espíritos orgulhosos procuram, às vezes, fazer passar utopias, protegidos por nomes respeitáveis, com os quais se paramentam. É, incontestavelmente, uma das principais dificuldades da ciência prática, e contra a qual muitos se chocam" (*Revista Espírita*, jan. 1862, Controle do ensino espírita).

A propósito de alguns fenômenos operados pela Srta. Godu e descritos pelo Dr. Morhéry, Kardec explica o seu silêncio:

[...] A razão disso é que não apreciamos nenhum fato com entusiasmo, examinamos friamente as coisas antes de as aceitar, pois a experiência não tem ensinado quanto devemos desconfiar de certas ilusões [...] (*Revista Espírita*, jan. 1862, Carta ao Dr. Morhéry, a propósito da Sra. Godu).

Transcreve um trecho da resposta que deu ao Dr. Morhéry, na qual se diz na impossibilidade de trazer a público os estranhos fenômenos, a não ser que tivessem confirmação de maneira irrecusável.

Aqueles críticos que de vez em quando diziam que Kardec tudo aceitava de olhos fechados encontram aqui, mais uma vez, o desmentido formal às suas caluniosas insinuações. Ele aconselhava sempre a prudência e sempre procedia, diante dos fatos, com a maior circunspeção.

4. Análise geral das mensagens recebidas. – Ciência infusa não na têm os Espíritos. – Pessoalidade e imperfeições. – Critério infalível para julgá-los. – Fraude e imitação. – Repelir dez verdades e não admitir uma única falsidade. Como viu Kardec o surgimento de fotografias de Espíritos

Allan Kardec faz em 1863 uma análise geral das comunicações mediúnicas que lhe vinham às mãos, de todas as partes. Diz então (*Revista Espírita*, maio 1863, Exame das comunicações mediúnicas que nos são enviadas) que tem mais de 3.600 examinadas e classificadas, das quais 3 mil são de uma moralidade irrepreochável. Desse número, considera publicáveis menos de trezentas, embora apenas cem sejam de mérito excepcional. Quanto aos manuscritos e trabalhos de grande fôlego, que lhe remeteram, sobre trinta só achara cinco ou seis de real valor. E ele comenta: "[...] No mundo invisível, como na Terra, não faltam escritores, mas os bons escritores são raros".

Àqueles que preconizavam a desnecessidade de comunicações com os Espíritos, porque não saíam das "banalidades da moral", Kardec dá em seis páginas (*Revista Espírita*, abr. 1866, O Espiritismo sem os Espíritos) resposta à altura, apresentando uma série de ponderações racionais. Dizendo, afinal, que as comunicações dos Espíritos fundaram o

Espiritismo, repeli-las agora "[...] é querer sapar o Espiritismo pela base, arrancar seus alicerces [...]".

"É um erro crer" — esclarece Kardec, quase ao fim de sua existência — "que os Espíritos têm a ciência infusa; seu saber, no espaço como na Terra, está subordinado ao seu grau de adiantamento, e há os que, sobre certas coisas, sabem menos que os homens. Suas comunicações estão em relação com os seus conhecimentos e, por isto mesmo, não poderiam ser infalíveis. O pensamento do Espírito pode, além disso, ser alterado pelo meio que atravessa para se manifestar.

Aos que perguntam para que servem as comunicações dos Espíritos, já que não sabem mais que os homens, responde-se, inicialmente, que servem para provar que os Espíritos existem e, por conseguinte, a imortalidade da alma; em segundo lugar, para nos ensinar onde se acham, o que são, o que fazem, e em que condições se é feliz ou desgraçado na vida futura; em terceiro lugar, para destruir os preconceitos vulgares sobre a natureza dos Espíritos e o estado das almas após a morte, coisas estas que não seriam sabidas sem as comunicações com o mundo invisível" (*Revista Espírita*, abr. 1869, Profissão de fé espírita americana).

> As comunicações dos Espíritos são opiniões pessoais, que não devem ser aceitas cegamente. O homem não deve, em nenhuma circunstância, desprezar seu próprio julgamento e seu livre-arbítrio. Seria dar prova de ignorância e de leviandade aceitar como verdades absolutas tudo quanto vem dos Espíritos; eles dizem o que sabem. Cabe a nós submeter os seus ensinamentos ao controle da lógica e da razão.

"[...] Todas as qualidades e todas as imperfeições dos Espíritos" — dissera nos primeiros anos — "revelam-se por sua linguagem e se pode, com razão aplicar-lhes o adágio de um célebre escritor: *O estilo é o homem*" (*Revista Espírita*, jul. 1858, Espíritos impostores – O falso padre Ambrósio).

> [...] O observador sério que aprofunda em todas as coisas com maturidade, paciência e perseverança, capta uma porção de matizes delicados que escapam ao observador superficial. É por meio desses detalhes íntimos que ele se inicia nos segredos dessa ciência. *A experiência ensina a conhecer os Espíritos, como ensina a conhecer os homens.* (RS, ago. 1858, Contradições na linguagem dos Espíritos; grifo nosso).

> [...] Se não quisermos ser vítimas de Espíritos levianos é preciso saber julgá-los; para isso dispomos de um critério infalível: o bom senso e a razão. [...] (*Revista Espírita*, fev. 1859, Escolhos dos médiuns).

> [...] A possibilidade de fraude e de imitação não impede a realidade dos fatos, não podendo o Espiritismo senão ganhar em desmascarar dos impostores. [...] (*Revista Espírita*, abr. 1859, Fraudes espíritas).

Allan Kardec sabia que a fraude se insinua por toda parte. Quando fazia seus estudos de Magnetismo, teve ocasião de ver pseudossonâmbulos que simulavam o sonambulismo com muita habilidade. Achava que era até possível, com destreza, dirigir a cesta e a prancheta (com as quais se obtinham comunicações escritas), dando-lhes todas as aparências de movimentos espontâneos. Portanto, não desconhecia, ao contrário do que dizem seus adversários, o que podem fazer hábeis prestidigitadores e mistificadores contumazes. Sobre o assunto, deixou inúmeros artigos em que previne os espíritas contra os subterfúgios de que eles poderiam ser vítimas por parte de pessoas interessadas em simular certos fenômenos.

Durante toda a sua existência, Kardec orientou-se por este conselho que o Espírito São Luís deu aos membros da Sociedade Parisiense de Estudos Espíritas:

> Por maior que seja a legítima confiança que inspira os Espíritos que presidem aos vossos trabalhos, há uma recomendação que nunca será por demais repetida e que deveis tê-la sempre presente em vossa mente, quando vos entregardes aos vossos estudos: pesai e amadurecei; submetei ao controle da mais severa razão a totalidade das comunicações que receberdes; não hesiteis, desde que uma resposta vos pareça duvidosa ou obscura, de demandar os esclarecimentos necessários para fixá-la. (*Revista Espírita*, set. 1859, Processos para afastar os Espíritos maus).

> [...] Melhor é repelir dez verdades do que admitir uma única falsidade, uma só teoria errônea. Efetivamente, sobre essa teoria poderíeis edificar um sistema completo, que desmoronaria ao primeiro sopro da verdade, como um monumento edificado sobre areia movediça, ao passo que, se rejeitardes hoje algumas verdades, porque

não vos são demonstradas clara e logicamente, mais tarde um fato brutal ou uma demonstração irrefutável virá afirmar-vos a sua autenticidade. (*O livro dos médiuns*, it. 230)[242]

A *Revista Espírita* de março de 1863, "Fotografia dos Espíritos", reproduz o artigo *Fotografia espectral*, publicado pelo *Courrier du Bas-Rhin*, de 3 de janeiro de 1863, no qual é relatada, *cremos que pela primeira vez na França*, a obtenção de fotografias de Espíritos, pelo Sr. William Mumler, de Boston (EUA).

Talvez por ser um fato inusitado, Kardec aconselha os espíritas a acolhê-lo com prudente reserva. "Semelhante descoberta — escreveu —, "caso fosse real, por certo teria imensas consequências e seria um dos fatos de manifestação mais notáveis [...]".

Novamente se pode observar aqui, contrastando com o que proclamam os adversários, o zelo de Kardec pela verdade, reborado nestes comentários:

> Para quem quer que conheça as propriedades do perispírito, à primeira vista a coisa não parece materialmente impossível. Hão surgidos tantas coisas extraordinárias que de nada nos deveríamos admirar. Os Espíritos anunciaram manifestações de uma nova ordem, ainda mais surpreendentes que as já vistas; a de que se cuida estaria, incontestavelmente, neste número. Mas, ainda uma vez, até uma constatação mais autêntica que o relato de um jornal, é prudente ficar em dúvida. Se a coisa for verdadeira, será vulgarizada. Seja como for, devemos nos guardar de dar credibilidade a todas as histórias maravilhosas, que os inimigos do Espiritismo se comprazem em espalhar para o tornar ridículo, bem como os que as aceitam muito facilmente. Além disso, é preciso pensar maduramente antes de atribuir aos Espíritos todos os fenômenos insólitos que se não podem explicar. Um exame atento mostra, na maioria das vezes, uma causa inteiramente material, que não tinha sido percebida. É uma recomendação expressa que fazemos em *O livro dos médiuns*.

Pelo jornal *Paris*, de 15 de janeiro de 1869, Allan Kardec fica sabendo que a médium inglesa Srta. Nichol, médium de transportes, iria a Roma a fim de submeter a exame pelo Santo Padre a sua faculdade, de

---

[242] KARDEC, Allan. *O livro dos espíritos*. Trad. Guillon Ribeiro. 81. ed. 5. imp. (Edição Histórica). Brasília: FEB, 2016.

fazer caírem chuvas de flores. Kardec diz ter assistido, em sessão íntima, havia mais de um ano, a algumas dessas experiências, e confessa que elas deixaram muito a desejar.

> [...] É verdade que somos sofrivelmente céticos em relação a certas manifestações, e um tanto exigentes quanto às condições em que se produzem, não que ponhamos dúvida a boa-fé dessa senhora: dizemos apenas que o que *vimos* não nos pareceu capaz de convencer os incrédulos. (*Revista Espírita*, mar. 1869, Variedades – Miss Nichol, medium de transporte).

Aí está o homem cônscio de sua responsabilidade, nada aceitando sem exame aprofundado e cauteloso, o que desmente, mais uma vez, nesse ponto, os adversários.

5. Fenômenos de efeitos físicos testemunhados por Kardec. – Vidência do Sr. Adrien. – Fragmento de Sonata. – Pneumatografia: experiências do livreiro Didier e comprovação, ao microscópio, do processo por ele utilizado. – Evocações de Espíritos encarnados. – Mesma mensagem em duas línguas. – Fenômeno de transporte ou trazimento

Allan Kardec acha interessantíssimo, e "um fato excepcional", a suspensão de corpos pesados, derrogando a lei da gravidade, e diz que assistiu, antes de 1858, a sessões na casa do Sr. B..., à rua Lamartine, onde testemunhou o levantamento de pesada mesa de 100kg sobre um dos seus pés, até formar um ângulo de 45°, a qual balançava com desenvoltura. Em volta da mesa estavam oito ou dez pessoas. Esses movimentos às vezes também se produziam sem contacto das mãos sobre a borda da mesa. Embora fosse difícil conseguir o isolamento total do chão, isto, contudo, se repetiu várias vezes. E ele afirma que todas essas coisas se passavam à frente de vinte ou trinta testemunhas, entre as quais havia descrentes e incrédulos (*Revista Espírita*, fev. 1858, Isolamento dos corpos pesados).

Segundo esse mesmo número da *Revista Espírita*, jul. 1858, Conversas familiares de Além-Túmulo – O tambor de Beresina), em casa de Kardec (rua dos Mártires, n. 8) fizeram-se, com a presença de outras pessoas, várias sessões com o propósito de confirmar certas manifestações. Golpes foram ouvidos na própria contextura da madeira de uma mesa, os quais, pela tiptologia alfabética, respondiam às perguntas dos assistentes. Os sons imitavam ainda a fuzilaria, o canhoneio de uma batalha, o barulho do tanoeiro e do sapateiro, o rufar de um tambor; faziam eco com admirável precisão, marcavam o ritmo de uma ária ou marcha qualquer etc.

Ocorreu igualmente o movimento de uma mesa e sua translação "*sem qualquer contato das mãos*", mantidos os assistentes afastados. As pancadas ouviram-se também em diversos móveis da sala, às vezes simultaneamente, outras como se elas se respondessem.

Kardec sempre procurava extrair ensinamentos nessas sessões de efeitos físicos, e por meio de médiuns psicógrafos fazia inúmeras perguntas aos Espíritos, cujas respostas esclareciam muitas obscuridades ou confirmavam partes essenciais da Doutrina. "Para conhecermos bem alguma coisa" — acentuou ele (*Revista Espírita*, jul. 1858, Observação) — "e dela fazermos uma ideia isenta de ilusões, é preciso dissecá-la em todos os seus aspectos, assim como o botânico não pode conhecer o reino vegetal a não ser observando desde o mais humilde criptógamo, que o musgo oculta, até o carvalho altaneiro, que se eleva nos ares".

Na Sociedade de Estudos Espíritas de Paris (SPEE), havia um jovem e extraordinário médium, de nome Adrien, vidente, escrevente, auditivo e sensitivo. De todas as suas faculdades como médium, afirma Kardec que a seu ver a mais notável e mais preciosa era a vidência. Adrien via com perfeição os Espíritos e até mesmo fatos que estavam acontecendo a grande distância, e tudo isso em estado de vigília e com a maior naturalidade. Outros curiosos característicos de sua mediunidade fizeram que o Codificador assim se pronunciasse:

> [...] colocamos o Sr. Adrien no número dos médiuns mais notáveis e na primeira fila dos que nos hão fornecido os mais preciosos elementos para o conhecimento do mundo espírita [...].

E mais adiante:

[...] sua faculdade e complacência a serviço de nossa instrução pessoal, seja na intimidade, seja nas sessões da Sociedade, seja, enfim, em visitas a diversos locais de reunião. Estivemos juntos nos teatros, bailes, passeios, hospitais, cemitérios e igrejas; assistimos a enterros, casamentos, batismos e sermões; em toda parte observamos a natureza dos Espíritos que ali vinham reunir-se; estabelecemos conversação com alguns deles, interrogando-os e aprendendo muitas coisas, que tornaremos proveitosas aos nossos leitores, porquanto nosso fim é fazer com que penetrem, como nós, nesse mundo tão novo para todos. [...] (*Revista Espírita*, dez. 1858, Sr. Adrien, médium vidente).

Um dos médiuns da Sociedade Parisiense de Estudos Espíritas, Sr. Bryon-Dorgeval, recebeu em 1859 um fragmento de sonata, pelo Espírito Mozart, o qual foi pouco depois dado a público. Vários artistas reconheceram sem hesitação o estilo de Mozart. E a peça chegou a ser executada na própria Sociedade, em 8 de abril de 1859, na presença de numerosos *experts*, pela senhorinha de Devans, distinta pianista que fora aluna de Frédéric Chopin.

Como elemento de comparação, a Srta. de Devans tocou primeiro uma sonata composta por Mozart quando encarnado. Todos foram unânimes em reconhecer, não só a perfeita identidade do gênero, mas ainda a superioridade da composição espírita (*Revista Espírita*, maio 1859, Música de Além-Túmulo).

Allan Kardec interessou-se vivamente pela *pneumatografia*, ou escrita produzida diretamente pelo Espírito, sem nenhum intermediário, tendo-a considerado um dos mais extraordinários fenômenos do Espiritismo. Conhecia-lhe o histórico, inclusive a notável obra do barão de Guldenstubbé, intitulada: *La Réalité des esprits et de leurs manifestations, démontrée par le phénomène de l'écriture directe.*

Observou Kardec que a escrita direta podia ser obtida sem a presença do lápis junto ao papel em branco. Sobre este, dobrado ou não, apareciam, ao cabo de algum tempo, os caracteres, traçados com uma substância qualquer, não fornecida ao Espírito. Esse processo foi usado, com êxito, pelo livreiro Didier, honrado membro titular da Sociedade Parisiense de Estudos Espíritas, e os resultados não deixam margem alguma a qualquer dúvida.

Conhecedor de todos os truques que podiam fraudar esse fenômeno, pôde Kardec confirmar a autenticidade das experiências de Didier, levando suas pesquisas a ponto de examinar ao microscópio os caracteres postos na folha pelo Espírito. Viu, então, que a substância de que eles são feitos, com todas as aparências de plumbagina e facilmente apagável pela borracha, "[...] não é incorparada ao papel, mas simplesmente depositada na sua superfície, de maneira irregular, sobre as suas asperezas, formando arborescências muito semelhantes às de certas cristalizações [...]". Lamentou que a pequena quantidade da substância recolhida não lhe permitira fazer-lhe a análise química, guardando, porém, a esperança de um dia consegui-lo (*Revista Espírita*, ago. 1859, Pneumatografia ou escrita direta).

Vê-se, por essa amostra, o cuidado com que Kardec examinava os fatos, a fim de descobrir os processos íntimos da sua produção.

Em 1859, realizou curiosas experiências por meio de evocações dos Espíritos de pessoas vivas, o que permitiu a ele obter informações e esclarecimentos preciosos. Para esse gênero de pesquisa, espontaneamente se ofereceram alguns membros da Sociedade Parisiense de Estudos Espíritas, entre eles o conde de R. C., o Dr. Vignal, a Srta. Indermuhle, de Berna.

Na sessão geral de 27 de julho de 1860, da SPEE, Kardec relata interessante fato por ele presenciado em sua casa, numa sessão particular. A esta assistia o Sr. Rabache, muito bom médium, e por cujo intermédio se havia comunicado espontaneamente Adam Smith, economista escocês, num café de Londres. Tendo sido Adam Smith evocado[243] por intermédio de outro médium, a Sra. Costel, ele respondeu simultaneamente por essa dama, em francês, e pelo Sr. Rabache, em inglês. Várias respostas foram de uma similitude perfeita nas duas línguas, sendo mesmo a tradução *literal* uma da outra (*Revista Espírita*, set. 1860, Boletim da Sociedade Parisiense de Estudos Espíritas).

O fenômeno de transporte, que consiste no trazimento espontâneo de um objeto pelos Espíritos, inexistente no lugar onde as pessoas se reúnem,

---

243 Sendo *O livro dos médiuns* conhecido também como Guia dos médiuns e evocadores, a questão abaixo foi formulada e respondida, em 1939, na localidade de Pedro Leopoldo (MG), no Brasil:
"369. É aconselhável a evocação direta de determinados Espíritos?
— Não somos dos que aconselham a evocação direta e pessoal, em caso algum.
Se essa evocação é passível de êxito, sua exequibilidade somente pode ser examinada no Plano Espiritual. [...] Poderíeis objetar que Allan Kardec se interessou pela evocação direta, procedendo a realizações dessa natureza, mas precisamos ponderar, no seu esforço, a tarefa excepcional do Codificador, aliada a necessidades e méritos ainda distantes da esfera de atividade dos aprendizes comuns." — Cf. XAVIER, F. C. *O consolador*. Pelo Espírito Emmanuel. 29. ed. 4. imp. Brasília: FEB, 2016.

já era, havia muito tempo, conhecido de Allan Kardec, por intermédio de relatos de terceiros. Mas, só em fevereiro de 1861, pôde ele testemunhar, bem como vários membros da SPEE, o fenômeno de transporte, obtido por meio do médium e sonâmbula Srta. V. B. Tomadas todas as precauções contra a fraude, presenciou o transporte de anel, flores e bombons. A sua curiosidade, porém, não se limitava a ver. Como sempre, ia mais longe, e, evocando os Espíritos, fazia-lhes numerosas perguntas, com o fim de aprender e esclarecer-se. No caso presente, o Codificador dirigiu 38 perguntas aos Espíritos Superiores.

6. Do magnetismo-sonambulismo e do êxtase às manifestações espíritas. – Estudos da ciência magnética pelo Sr. Ravail. – Reuniões nos aniversários natalícios de Mesmer, em Paris (uma delas relatada por Allan Kardec). – Espiritismo e magnetismo. – Distinção que Kardec fazia entre sonâmbulo e médium. – O Dr. Paul Broca e o hipnotismo (entrada do Magnetismo, rebatizado, na Academia das Ciências)

"O magnetismo preparou o caminho do Espiritismo" — assegurava Kardec —, "e o rápido progresso desta última doutrina se deve, incontestavelmente, à vulgarização das ideias sobre a primeira. Dos fenômenos magnéticos, do sonambulismo e do êxtase às manifestações espíritas não há mais que um passo; tal é sua conexão que, por assim dizer, torna-se impossível falar de um sem falar do outro [...]" (*Revista Espírita*, mar. 1858, Magnetismo e Espiritismo), Aliás, Jobard, culto espírita belga, muito considerado por Allan Kardec, chama ao Magnetismo e ao sonambulismo "primos-irmãos do Espiritismo" (*Revista Espírita*, jan. 1860, Correspondência).

O Codificador do Espiritismo afirmou em 1858 (*Revista Espírita*, jun. 1858, Variedades – Os banquetes magnéticos) que, havia trinta e cinco anos, professava a ciência magnética, tendo-se iniciado, assim, em 1823.

Foi, sobretudo o marquês de Puységur, que, modificando os métodos de Franz Anton Mesmer, verdadeiramente criou (com d'Eslon e com o sábio naturalista Deleuze, bibliotecário da Biblioteca do Jardim das Plantas) o magnetismo animal (sonambulismo provocado). Kardec a eles se refere como ilustres pioneiros (RS, mar. 1858, p. 92), que a posteridade faria justiça, colocando ao lado deles os nomes do barão Du Potet, diretor do *Journal du Magnétisme* (1845–1885), e do Sr. Millet, diretor da *Union Magnétique*.

F.-A. Mesmer (1733–1815)

Os magnetizadores dessa época tendiam principalmente para os trabalhos de cura, concentrando quase todos os esforços na diagnose e terapêutica das doenças. Mas também observaram e estudaram, nos sonâmbulos, vários fatos hoje catalogados como metapsíquicos ou parapsicológicos, quais as da ação a distância, a visão através de corpos opacos, a clarividência (ou lucidez), a previsão etc.

Ao que tudo indica, Kardec seguia a mesma orientação aceita pelo magnetismo de então, ou seja, aquela que acabamos de nos referir, muito embora entre seus adeptos houvesse naturais divergências.

Todos os anos, no dia 26 de maio, aniversário natalício de Mesmer, realizavam-se em Paris dois banquetes, com a presença da elite dos magnetizadores parisienses. Eram dois grupos rivais, com as mesmas crenças e o mesmo mestre, Mesmer, os quais, nessas solenidades, faziam reciprocamente promessas de união, nunca concretizadas.

Conta o Codificador (*Revista Espírita*, jun. 1858, Variedades – Os banquetes magnéticos) que recebera nesse ano convites para ambas as reuniões. Não podendo ir às duas, pois que se realizavam simultaneamente, ele apenas comparecera ao banquete presidido pelo Dr. Duplanty, no qual os partidários do Espiritismo não eram muitos. Com satisfação verificou que, salvo alguns versos espirituosos sobre os Espíritos, declamados por dois magnetizadores, um dos quais, o Sr. Fortier, lhe era velho amigo, tudo correu sem que a Doutrina Espírita sofresse críticas inconvenientes. Elogiou o "discurso notável" do Dr. Duplanty, que, sem se pronunciar pró ou contra o Espiritismo, observou que os fenômenos do magnetismo revelaram uma força natural até então desconhecida e que nada impedia a eclosão de outros fenômenos, sendo imprudência negar aqueles que não eram compreendidos ou que não tinham tido comprovação, principalmente quando apoiados na autoridade de homens honrados, cujas luzes e probidade não poderiam ser postas em dúvida.

"[...] São palavras sensatas" — escreveu Kardec — "que agradecemos ao Sr. Duplanty; contrastam singularmente com as de certos adeptos do magnetismo que, de forma desrespeitosa, cobrem de ridículo uma doutrina que confessam não conhecer, esquecendo eles mesmos que outrora foram alvo dos sarcasmos; que também foram enviados aos hospitais de alineados e perseguidos pelos céticos como inimigos do bom senso e da religião[...]".

Kardec lamentava, então, que certa classe de magnetizadores procurasse levar ao ridículo o Espiritismo, usando até de represálias "contra essa ciência irmã da sua, que não lhes poderia prestar senão um salutar apoio [...]".

"[...] Em nossa opinião" — comentou ele —, "a ciência magnética, que professamos há trinta e cinco anos, deveria ser inseparável da seriedade. Parece-nos que, à sua verve satírica, não falta combustível neste mundo, não tomando como alvo as coisas sérias [...]".

Eram extensos os conhecimentos do Codificador quanto ao Magnetismo, e ele mesmo disse possuir, igualmente, grande número de livros contra o Magnetismo, escritos por homens em evidência (*Revista Espírita*, out. 1858, Emprego oficial do magnetismo animal).

"O Espiritismo liga-se ao magnetismo por laços íntimos, considerando-se que essas duas ciências são solidárias entre si [...]" — reconhecia ele. Lamenta, entretanto, que entre os adversários encarniçados do Espiritismo estavam certos magnetizadores.

Paul Broca (1824–1880)

Apesar disso, "[...] Os Espíritos sempre preconizaram o magnetismo, seja como meio curativo, seja como causa primeira de uma porção de coisas; defendem sua causa e vêm prestar-lhe apoio contra os seus inimigos [...]".

Após diferenciar sonâmbulo de médium, Allan Kardec escreve (*Revista Espírita*, maio 1859, Refutação de um artigo do *Univers*):

> Para mim, que durante trinta e cinco anos fiz um estudo especial do sonambulismo; que nele vi uma variedade não menos profunda de quantas modalidades existem de médiuns, asseguro, como todos aqueles que não julgam à vista de uma só face do problema, que o médium é dotado de uma faculdade particular, que não se pode confundir com o sonâmbulo [...].

A.-L.-A.-M. Velpeau (1795–1867)

Em janeiro de 1860, comunicaria que o Magnetismo, após vinte anos de paciência, entrava na Academia das Ciências com o nome de Hipnotismo, a ela conduzido por uma sumidade, o Dr. Paul Broca, e apresentado aos ilustres membros pelo Dr. Velpeau. Fora experimentado por uma plêiade de conceituados cirurgiões de hospitais franceses, no que diz respeito à insensibilidade à dor pelo paciente hipnotizado. O hipnotismo, descoberto, havia vinte anos, pelo Dr. Braid, médico escocês, penetrava enfim os portais da Academia, com grande repercussão na França.

7. Mediunidade curadora. – Curar, sem diplomas. – A lei e os médicos; quando estes não conseguem curar, embora diplomados. – O "doutor Acaso". – A Medicina oficial diante dos médiuns curadores. – Não se pensa em destronar a Medicina e os médicos. – Médiuns-médicos. – Estudos acerca das relações entre Espírito e organismo físico. – Ação do elemento espiritual sobre o organismo material: médico do corpo e da alma. – Ensaio teórico das curas instantâneas. – Onde a ciência para, avança o Espiritismo. – Grupos curadores. – Qualificação impropriamente aplicada de taumaturgo. – Os desenganados pela Medicina

No artigo "A lei e os médiuns curadores" (*Revista Espírita*, jul. 1867), Allan Kardec focaliza pela primeira vez a questão, em virtude de um processo movido contra um ex-cozinheiro de Paris, que diziam ter feito curas extraordinárias, por meio da prece e da imposição das mãos. Os jornais noticiaram o fato e tacharam de louco o curador, muito embora o inquérito levado a efeito revelasse que ele curara mais de 40 pessoas afetadas de graves enfermidades.

Loucos foram então o cura d'Ars e tantos outros que curaram por processos idênticos — argumentou Kardec, acrescentando:

> [...] O Cristo que curava sem diploma e não empregava medicamentos, era louco e teria pago muitas das multas em nossos dias. Loucos ou não, quando há cura, muitas pessoas preferem ser curadas por um louco a ser enterradas por um homem de bom senso.

"Com um diploma, todas as excentricidades médicas são permitidas [...]" — comentou Kardec — que passa a ilustrar essa afirmação com um exemplo, findo o qual declara:

> [...] Mas ele é médico; não importa se seu processo é bom, mau ou insignificante; tudo lhe é permitido, mesmo ser charlatão: está autorizado pela Faculdade. Se um indivíduo não diplomado desejar imitá-lo, será perseguido por vigarice. [...] Se os médicos curassem mais frequência e segurança, não se iria alhures; acontece mesmo quase sempre que não se recorre a meios excepcionais senão depois de haver esgotado inutilmente os recursos oficiais. Ora, o doente que quer ser curado a qualquer preço, pouco se inquieta de o ser segundo a regra, ou contra a regra.
> Não repetiremos aqui o que está claramente demonstrado quanto às causas de certas curas, inexplicáveis somente para os que não querem dar-se ao trabalho de remontar à fonte do fenômeno. Se se deu a cura, isto é um fato, e esse fato tem uma causa. Será mais racional negá-lo do que procurá-lo? — Dirão que é o acaso; o doente curou-se sozinho. — Seja; mas, então, o médico que o declarou incurável dava prova de grande ignorância. E, depois, se há vinte, quarenta, cem curas semelhantes, será sempre o acaso? É preciso convir que seria um acaso singularmente perseverante e inteligente, ao qual poderia dar-se o nome de *doutor Acaso*.

A seguir, Kardec examina a questão sob um ângulo mais sério:

> [...] As pessoas não diplomadas que tratam os doentes pelo magnetismo; pela água magnetizada, que não é senão uma dissolução do fluido magnético; pela imposição das mãos, que é uma magnetização instantânea e poderosa; pela prece, que é uma magnetização mental; com o concurso dos Espíritos, o que é ainda uma variedade de magnetização, são passíveis da lei contra o exercício ilegal da Medicina?
> Os termos da lei certamente são muito elásticos, porque ela não especifica os meios. Rigorosamente e logicamente não se pode considerar como exercendo da arte de curar, senão os que dela fazem profissão, isto é, que dela tiram proveito. Entretanto, viram-se ser pronunciadas condenações contra indivíduos que se ocupam desses cuidados por

> puro devotamento, sem qualquer interesse ostensivo ou dissimulado. O delito está, pois, sobretudo na prescrição de remédios. Contudo, o desinteresse *notório* geralmente é levado em consideração como circunstância atenuante.
>
> Até agora, não se tinha pensado que uma cura pudesse ser operada sem o emprego de medicamentos; portanto, a lei não previu o caso dos tratamentos curativos sem remédios, e apenas por extensão é que seria aplicada aos magnetizadores e aos médiuns curadores. Não reconhecendo a Medicina oficial nenhuma eficácia no magnetismo e seus anexos, e ainda menos na intervenção dos Espíritos, não se poderia legalmente condenar, por exercício ilegal da Medicina, os magnetizadores e os médiuns curadores, que nada prescrevem além de água magnetizada, porque, então, seria reconhecer oficialmente uma virtude no agente magnético e o colocar na classe dos meios curativos; seria incluir o magnetismo e a mediunidade curadora na arte de curar, e dar um desmentido à Faculdade. [...]

Kardec esclarece que em tais casos condena-se, às vezes, por "*delito de vigarice*" (*délit d'escroquerie*) e abuso de confiança, quando o curador tira proveito direto ou indireto, ou mesmo dissimulado, sob forma de retribuição facultativa.

Acha, entretanto, que aquele que nada prescreve e nada recebe, e cujo desinteresse é absoluto, não pode ser atingido pela lei. Do contrário, adianta Kardec, seria preciso dar à lei uma extensão que nem o espírito nem a letra comportam. "[...] Onde não há a ganhar, não pode haver charlatanismo. Não há nenhum poder do mundo que possa opor-se ao exercício da mediunidade ou da magnetização curadoras, na verdadeira acepção da palavra" (*Revista Espírita*, jul. 1867, A lei e os médiuns curadores).

> Dissemos e repetimos: seria erro crer que a mediunidade curadora venha destruir a Medicina e os médicos. Ela vem lhes abrir novo caminho, mostrar-lhes, na Natureza, recursos e forças que ignoravam e com os quais podem beneficiar a Ciência e seus doentes; numa palavra, provar-lhes que não sabem tudo, já que há pessoas que, fora da ciência oficial, conseguem o que eles mesmos não conseguem. Assim, não temos nenhuma dúvida de que um dia haja *médicos-médiuns*, como há *médiuns-médicos*, que à ciência adquirida, juntarão o dom de faculdades mediúnicas especiais.
> [...]

> Pelo fato de um médico ter-se tornado médium e ser assistido pelos Espíritos no tratamento de seus doentes, não se segue que deva renunciar a toda remuneração, o que o obrigaria a procurar os meios de subsistência fora da Medicina e, assim renunciar à sua profissão. Mas se for animado do sentimento das obrigações que lhe impõe o favor que lhe é concedido, saberá conciliar seus interesses com os deveres de humanitários.
> [...]
> Dissemos que a mediunidade curadora não matará a Medicina nem os médicos, mas não pode deixar de modificar profundamente a ciência médica. Sem dúvida haverá sempre médiuns curadores, porque sempre os houve, e esta faculdade está na Natureza; mas serão menos numerosos e menos procurados à medida que o número de *médicos-médiuns* aumentar, e quando a ciência e a mediunidade se prestarem mútuo apoio. Ter-se-á mais confiança nos médicos quando forem médiuns, e mais confiança nos médiuns quando forem médicos. (*Revista Espírita*, out. 1867, Os médicos-médiuns).

Na *Revista Espírita* de março de 1869, Kardec realiza importante estudo acerca das íntimas relações entre o Espírito e o organismo físico, no artigo "A carne é fraca – Estudo psicológico e moral":

> Se a atividade do Espírito reage sobre o cérebro, deve reagir igualmente sobre as outras partes do organismo. Assim, o Espírito é o artífice de seu próprio corpo, que, a bem dizer, modela, a fim de apropriá-lo às suas necessidades e à manifestação de suas tendências [...].
> [...]
> [...] A ação do Espírito sobre o físico é de tal modo evidente que, muitas vezes, se veem graves desordens orgânicas produzidas por efeito de violentas comoções morais. [...]
> [...]
> [...] *A carne só é fraca porque o Espírito é fraco*, o que derruba a questão e deixa ao Espírito a responsabilidade de todos os seus atos. A carne, que não é nem pensamento nem vontade, jamais prevalece sobre o Espírito, que é o ser *pensante* e de *voluntárioso*. É o Espírito que dá à carne as qualidades correspondentes a seus instintos, como um artista imprime à sua obra material o cunho de seu gênio. Liberto dos instintos da bestialidade, o Espírito modela um corpo, que não é mais um tirano para suas aspirações à espiritualidade de seu ser: é então que o homem come para viver, porque viver é uma necessidade, mas não vive mais para comer.

Allan Kardec salienta a ação do elemento espiritual sobre o organismo físico e considera que o médico do corpo deve fazer-se médico da alma, no instante em que vê no estado da alma um obstáculo ao restabelecimento da saúde do corpo.

"[...] O essencial é aplicar o remédio moral com tato, prudência e a propósito, conforme as circunstâncias [...]." E como que prevendo o nascimento da Medicina Psiquiátrica, escrevia: "[...] Participação incessantemente ativa do elemento espiritual nos fenômenos da vida, tal é a chave da maior parte dos problemas contra os quais se choca a Ciência. Quando esta levar em consideração a ação desse princípio, verá se abrirem à sua frente horizontes totalmente novos [....]".

Allan Kardec realiza na *Revista Espírita* de março de 1868, inteligente Ensaio teórico das curas instantâneas, "De todos os fenômenos espíritas, um dos mais extraordinários [...]". Tenta, baseado em considerações fisiológicas, lançar nova luz sobre a questão, e o faz a título de hipótese e como tema de estudo, declarando haver muita coisa ainda para aprender, principalmente no que diz respeito aos fluidos e sua ação na cura das doenças.

> [...] O Espiritismo marcha sobre o mesmo terreno que a Ciência, até os limites da matéria tangível; mas, enquanto a Ciência se detém nesse ponto, o Espiritismo continua seu caminho e prossegue suas investigações nos fenômenos da Natureza, com o auxílio dos elementos que colhe no mundo extramaterial; apenas aí está a solução das dificuldades contra as quais se choca a Ciência.

O mestre toma conhecimento do grupo curador de Marmande, onde, por meio de passes, e com ajuda dos próprios parentes do enfermo ou do obsidiado, se obtinham curas maravilhosas. Acredita que a vulgarização da mediunidade curadora é outro meio engenhoso que os Espíritos usam para levar a Doutrina Espírita às massas, mas que "os resultados estarão na razão da boa direção dada à coisa pelos chefes dos grupos curadores, e do impulso que souberem imprimir por sua energia, seu devotamento e seu próprio exemplo" (*Revista Espírita*, jun. 1867, Grupo curador de Marmande).

O jornal *l'Exposition Populaire Illustrée*, número 24, escreve sob o título *Correspondência sobre os taumaturgos* interessante nota sobre as curas obtidas pelo padre Jean-Joseph Gassner (1727–1779), nascido na Suábia. Como Allan Kardec protesta contra a qualificação de *taumaturgo* dada aos curadores (*Revista Espírita*, nov. 1867, nº 24 – cura Gassner – Médium curador), o referido jornal, em seu número 34, entra em polêmica com Kardec, pretendendo contestar-lhe o protesto e outras considerações expendidas. O protestante respondeu-lhe às dúvidas e asserções e não se estende demasiadamente porque, diz ele, suas obras espíritas e bem assim a *Revista Espírita* já desenvolveram todos os pontos que interessam à elucidação.

Kardec recebe do Dr. Morhéry, de Plessis-Bloudet, perto de Loudéac (Côtes-du-Nord), cartas em que esse membro da SPEE comunicava notáveis curas realizadas pela Srta. Désirée Godu, então colocada sob a sua observação direta. Elogiando a imparcialidade do esclarecido médico no controle das curas obtidas em doentes desenganados pela Medicina terrena, sobre a médium escreve: "[…] Pode-se dizer que essa jovem é para a arte de curar o que Joana d'Arc foi para a arte militar." (*Revista Espírita*, abr. 1860, Cartas do Dr. Morhéry sobre a Srta. Désirée Godu; Correspondência). O curioso é que a médium usava, na maioria dos casos, medicamentos revulsivos, além de medicação interna.

8. Ação da Homeopatia sobre o perispírito. – As disposições morais e a Homeopatia. – A Homeopatia na loucura patológica. – Frenologia e Fisiognomonia. – Considerações em torno da Numerologia. – Quiromancia

Allan Kardec refere-se ao papel importante da Homeopatia, relacionando sua ação sobre o perispírito, fonte primária de certas afecções que atingem o organismo carnal. Daí a razão, diz ele, por que a Homeopatia triunfa numa porção de casos em que falha a medicina galênica. "[…] mais que esta, ela leva em conta o elemento espiritual, tão preponderante na economia, o que explica a facilidade com a qual os médicos homeopatas aceitam o Espiritismo e por que a maioria dos médicos espíritas pertencem à escola de Hahnemann. […]" (*Revista Espírita* ago. 1863, Jean Reynaud e os precursores do Espiritismo).

Sob o título "A homeopatia nas doenças morais", ele realiza profundo estudo em torno da afirmação de certos médicos homeopatas, de que a homeopatia pode modificar as disposições morais do indivíduo (*Revista Espírita*, mar. 1867).

Após várias considerações de ordem fisiológica e filosófica, conclui que "[...] Não podendo um medicamento qualquer agir sobre o Espírito, não lhe poderia dar o que não tem, nem lhe tirar o que tem; mas agindo sobre o órgão de transmissão do pensamento, pode facilitar essa transmissão sem que, por isso, nada seja mudado no estado do Espírito [...]".

Volta à questão na *Revista Espírita* de junho de 1867, "A homeopatia no tratamento das doenças morais" – 2º artigo, para confirmar sua opinião a respeito, declarando que em certos casos, como a *loucura patológica*, em que a desordem moral é consequência da desordem física, a homeopatia pode ser aplicada com êxito. O Espírito não é louco; apenas lhe faltam os meios para se manifestar livremente. A homeopatia teria, ainda, possibilidade de agir sobre o perispírito, que desempenha preponderante papel nessa afecção.

Kardec mostra-se profundo conhecedor da Frenologia e da Fisiognomonia, e dessas ciências faz consciencioso estudo em torno de suas consequências psicológicas.

A Frenologia, fundada pelo Dr. Gall, trata das funções atribuídas a cada parte do cérebro, ou seja, da localização das faculdades. "[...] Se certos detalhes são ainda hipotéticos" — escreveu Kardec —, "nem por isso deixa de repousar sobre um princípio incontestável, o das funções gerais do cérebro, e sobre as relações existentes entre o desenvolvimento ou a atrofia desse órgão e as manifestações intelectuais. [...]" (*Revista Espírita*, jul. 1860, Frenologia e fisiognomonia).

A Fisiognomonia baseia-se no princípio de que é o pensamento que põe em jogo os órgãos, que imprime aos músculos certos movimentos, daí se seguindo que, estudando-se as relações entre os movimentos aparentes e o pensamento, daqueles se pode deduzir o pensamento que não vemos. Lavater teve a glória, diz Kardec, se não de tê-la descoberto, pelo menos de a haver desenvolvido e formulado em corpo de doutrina.

O Codificador procura conciliar os princípios dessas ciências com o espiritualismo e com a Doutrina Espírita, criticando os exageros em que ambas caíram, por um excesso de generalização de suas consequências.

Satisfazendo a constantes pedidos, Kardec faz na *Revista Espírita* de julho de 1868, longo e minucioso estudo sobre "A Ciências da concordância dos números e a fatalidade":

> Várias vezes já nos perguntaram o que pensamos da concordância dos números, e se cremos no valor dessa ciência. Nossa resposta é bem simples: até o momento nada pensamos a respeito, porque com ela jamais nos ocupamos. Bem que temos visto alguns casos de concordâncias singulares entre as datas de certos acontecimentos, mas em pequeníssimo número para delas tirar uma conclusão, mesmo aproximada. A bem dizer, não vemos a razão de tal coincidência; mas, porque não se compreende uma coisa, isto não é motivo para que ela não exista. A Natureza não disse a sua última palavra, e o que hoje é utopia, amanhã pode ser verdade. É possível que, entre os fatos, exista certa correlação, que não suspeitamos, e que poderia traduzir-se por números. Em todo o caso, não se poderia dar o nome de *ciência* a um cálculo tão hipotético quanto o das relações numéricas, no que concerne à sucessão dos acontecimentos [...]

E logo adiante:

> Há fatos sobre os quais temos uma opinião pessoal; no caso de que se trata, não temos nenhuma, e se nos inclinássemos para um lado, seria antes uma negativa, até prova em contrário.

Kardec aproveita essa oportunidade para trazer novos esclarecimentos à questão da fatalidade e do livre-arbítrio, tão bem tratada nas obras da Codificação.

9. Alucinação e vidência mediúnica. – Alucinação e aparições. – Loucura espírita? – Suicídios: não é o Espiritismo responsável por suas ocorrências. – Materialismo: mal de uma época de transição

Aquilo a que se convencionou chamar alucinação, quase sempre consequência de um estado patológico, foi muito usado pelos negativistas e incrédulos contra a vidência mediúnica. O Codificador comenta que essa faculdade anormal foi por ele estudada, tendo-a observado diariamente em seus mais minuciosos detalhes, para concluir pela sua realidade. E aduz:

> [...] Para nós ela [a alucinação] não é objeto de nenhuma dúvida e, como veremos, auxiliou-nos o escalpelo da investigação na vida extracorpórea; é um archote na escuridão. [...] (*Revista Espírita*, jan. 1859, Sr. Adrien, médium vidente).

Ele prova haver fatos de vidência que desmentem categoricamente a alucinação, "palavra sacramental com que se pretende explicar o que não se compreende".

O vocábulo "alucinação" já estava muito em voga ao tempo de Kardec. Este não a desconhecia, e na *Revista Espírita* de julho de 1861, apresenta longo estudo intitulado *Ensaio sobre a teoria da alucinação* (*Essai sur la théorie de l'hallucination*), no qual chega a articular explicação plausível para o erro, para a ilusão da pessoa que crê ter percepções realmente inexistentes. Após expor suas ideias, pondera:

> Nossa explicação é boa? Nós a damos pelo que ela pode valer, à falta de outras e, se quiserem, a título de hipótese, esperando outra melhor; pelo menos ela tem a vantagem de dar à alucinação uma base, um corpo, uma razão de ser; ao passo que, quando os fisiologistas pronunciaram suas palavras sacramentais de superexcitação, de exaltação, de efeitos da imaginação, nada disseram, ou não disseram tudo, porque não observaram todas as fases do fenômeno.

Kardec passa, em seguida, a diferenciar a alucinação da verdadeira aparição, determinando os caracteres que distinguem uma da outra e provando, por fatos, a ocorrência das aparições reais, parte das quais os parapsicólogos de hoje denominam de "percepções extrassensoriais, e a Medicina, de alucinações verídicas.

A alucinação em si e suas causas são até hoje objeto de divergências entre os estudiosos, até mesmo quanto à sua definição.

Em 16 de abril de 1866, o jornal *Moniteur* transcreveu o relatório dirigido ao imperador pelo ministro da Agricultura, Comércio e Trabalhos Públicos, a respeito da alienação mental na França. A *Revista Espírita* de julho de 1866, "Estatística da loucura", reproduz quase todo o extenso relatório, mediante minuciosas estatísticas, a fim de fornecer o desmentido formal e autêntico às acusações de que o Espiritismo enchia de loucos os hospícios.

Desses documentos ressalta que o aumento da loucura, na França, seguiu, ano a ano, marcha ascendente, de 1835 a 1846. De 1847 a 1861, ela foi declinando de ano para ano, e a diminuição mais acentuada se deu de 1856 a 1861, precisamente no período em que o Espiritismo tomou seu desenvolvimento. Por essa época é que os adversários, em brochuras e jornais, começaram a repetir que as casas de alienados estavam cheias de loucos espíritas, somando a mais de 40 mil(!). Ora, pelo relatório apresentado em 1866, o número de alienados era, em 1861, de 30.239, estando alinhadas inúmeras causas predominantes da loucura, nelas não figurando o Espiritismo, nem nominalmente nem por alusão. "Em suma" — conclui Kardec —, "esse relatório é a resposta mais peremptória que se pode dar aos que acusam o Espiritismo de ser uma causa preponderante de loucura. Aqui não estão hipóteses nem raciocínios, mas cifras fantásticas, fatos materiais contrpostos a alegações mentirosas de seus detratores, interessados em o desacreditar, na opinião pública".

O *Moniteur* de 6 de agosto de 1864 e *Le Siècle* do dia seguinte, ambos de Paris, noticiaram o suicídio de um jovem, não deixando de dizer que "com ou sem razão, o estudo do Espiritismo, a que se entregava com ardor, não tinha sido estranho à fatal resolução".

Mais uma vez tentavam, pela calúnia, indispor as autoridades públicas com o Espiritismo. Acontece que o diretor do jornal *L'Avenir*, Sr. d'Ambel, procurou saber realmente a causa do suicídio, e a publicou em 11 de agosto: o rapaz, que fracassara em várias tentativas nos exames de bacharelato, teve viva discussão com o pai na véspera de novo exame e, temendo ser reprovado mais uma vez, tomara a fatal decisão (*Revista Espírita*, set. 1864, Variedades – Suicídio falsamente atribuído ao Espiritismo).

Ante o suicídio de um industrial, que abusava de bebidas fortes e que não estava bem nos negócios, vários jornais, como a *Gazette de Midi* e o *Sémaphore*, de Marselha, de 29 de setembro de 1864, atribuíram o suicídio à prática do Espiritismo pelo morto, "esse flagelo moderno que já fez tão numerosas vítimas nas grandes cidades".

De Marselha, o Sr. Chavaux, doutor em Medicina, escreve ao Codificador, dizendo-se amigo do suicida e afirmando categoricamente que "ele jamais se ocupou de Espiritismo, não tendo lido nenhuma obra nem alguma publicação acerca dessa matéria". O Dr. Chavaux autorizava a usar seu nome e, se necessário, estaria pronto a provar a verdade do que afirmara, ele, seus irmãos e os melhores amigos do finado.

Como se vê, a campanha caluniosa contra o Espiritismo continuava a sua marcha, servindo-se de todos os meios (*Revista Espírita*, nov. 1864, Variedades – Suicídio falsamente atribuído ao Espiritismo).

Allan Kardec escreve, na *Revista Espírita* de agosto de 1868, ponderado artigo, "O Materialismo e o Direito", em torno do materialismo, reproduzindo, por inteiro, longo trabalho contra as tendências materialistas da época, publicado pelo jornal *Le Droit*, de 14 de maio de 1868, trabalho que ele elogia, pela sua notável profundeza e perfeita lógica, no duplo aspecto da ordem social e da jurisprudência.

"Há, neste momento" — escreveu Kardec —, "da parte de certo partido, uma oposição furibunda contra as ideias espiritualistas em geral, nas quais o Espiritismo se encontra naturalmente englobado. O que ele busca não é um Deus melhor e mais justo, é o Deus-matéria, menos constrangedor, porque não tem que lhe dar contas. Ninguém contesta a este partido o direito de ter a sua opinião, de discutir as opiniões contrárias, mas o que não se lhe poderia conceber é a pretensão, no mínimo singular para homens que se apresentam como apóstolos da liberdade, de impedir que os outros creiam à sua maneira e de discutir as doutrinas que não partilham. Intolerância por intolerância, uma não vale mais que a outra".

> O materialismo é uma consequência da época de transição em que estamos; não é um progresso, longe disso, mas um instrumento do progresso. Desaparecerá, provando a sua insuficiência para a manutenção da ordem social e para a satisfação dos espíritos sérios, que procuram o porquê de cada coisa; para isto era necessário que o vissem em ação. A Humanidade, que precisa crer no futuro, jamais se contentará com o vazio que ele deixa atrás de si, e procurará algo melhor para o compensar. (*Revista Espírita*, ago. 1868, Profissão de fé materialista).

10. Análise crítica das faculdades e do comportamento de vários médiuns diante da respectiva fenomenologia. – Jean Hillaire, vidente. – "O vidente da floresta de Zimmerwald". – O Espiritismo não é estacionário nem imutável. – Ruídos noturnos em Poitiers. – "Epidemia de Morzine": obsessão coletiva? – O zuavo Jacob. – Daniel D. Dome, o médium. – Mercantilização da mediunidade nos EUA – Os irmãos Davenport.

Em agosto saía em Bordeaux a obra *Les Miracles de nos jours*, na qual o Sr. Auguste Bez faz um relato das manifestações mediúnicas de Jean Hillaire, simples cultivador de Charente-Inférieure, pouco letrado e vivendo do seu trabalho na aldeia de Sonnac.

"[...] médium extraordinário, cujas faculdades lembram" — segundo Kardec —, "sob muitos aspectos, as do Sr. Home, chegando mesmo a ultrapassá-las [...].

[...]médium vidente de primeira ordem, audiente, falante, extático, e, além disso, escrevente. Obteve escrita direta e transportes notáveis. Várias vezes foi levantado e transpôs o espaço sem tocar o solo, o que não é mais sobrenatural do que erguer-se uma mesa. Todas as comunicações e todas as manifestações que obtém atestam a assistência dos Espíritos bons e sempre se dão em plena luz [...]" (*Revista Espírita*, ago. 1864, Notas bibliográficas – *Os milagres de nossos dias*).

Kardec escreve longamente sobre a referida obra, seu autor e o médium, a quem felicita pelo devotamento e previne contra as ciladas do orgulho, "que já perdeu tantos médiuns".

Tal como previra, o médium quase iletrado (Hillaire), de notável e diversificada mediunidade, cujos detalhes podem ser lidos na obra do Sr. Bez: *Les Miracles de nos jours* (ver fl. 395), faliu em sua missão, "Por muita presunção de um lado e muita fraqueza do outro [...]." (*Revista Espírita*, mar. 1865, O processo Hillaire), e acabou sendo notícia de um processo que o condenava a um ano de prisão e nas custas.

Allan Kardec lamentou tudo isso, mas declarou, baseado nos relatórios referentes ao processo, e publicados em alguns jornais, que o Tribunal tratou o Espiritismo e seus adeptos com grande respeito, tendo o seu presidente elogiado a bela moral contida numa carta que ele, Kardec, escrevera ao Sr. Vitet, o principal lesado pelo médium, carta que passara ser uma das peças do processo.

Vinte testemunhas confirmaram os fenômenos mediúnicos de Hillaire e receberam elogios do próprio promotor, pela coragem, sinceridade e boa-fé que demonstraram, sem se deterem nem pelo receio dos sarcasmos e da zombaria, nem por seus interesses materiais, que podiam ser prejudicados.

A essas corajosas e devotadas testemunhas o mestre se dirige, pela *Revista Espírita*, numa mensagem enaltecedora, e, no final, ao referir-se ao infeliz médium, escreve:

> [...] Não podemos condená-lo, nem absolvê-lo; só a Deus cabe julgá-lo por não haver cumprido sua missão até o fim. Possa a expiação que sofre e uma guinada séria sobre si mesmo merecer a sua clemência.

Antes desse final, Kardec transmite a seguinte lição:

> [...] Se nem sempre o Espiritismo triunfa sobre os maus arrastamentos de maneira completa, um resultado parcial não deixa de ser um progresso, que deve ser levado em conta; e como cada um de nós tem o seu lado fraco, isto nos deve tornar indulgentes. O tempo e as novas existências acabarão o que foi começado; felizes os que se pouparem novas provações!

Na *Revista Espírita* de outubro de 1865, Allan Kardec fala sobre o vidente da floresta de Zimmerwald, camponês do cantão de Berna, na Suíça, o qual já fora estudado por ele, anteriormente.

Aproveitando as férias da Sociedade Espírita de Paris (de 1º de agosto a 1º de outubro), Kardec fizera novas visitas àquele vidente, cuja clarividência se aplicava principalmente às fontes e aos cursos d'água subterrâneos. O tal camponês, de uma ignorância absoluta quanto aos princípios, mesmo os mais elementares das ciências, logo de saída se ocupou da saúde do Codificador, descrevendo com facilidade e perfeita exatidão a sede, a causa e a natureza do mal que o minava, e indicando-lhe, inclusive, os remédios necessários. Sem ser provocado por nenhuma pergunta, o vidente falou dos trabalhos do missionário, objetivo e resultados, entrando em detalhes sobre a marcha atual e futura da causa, com longas e desenvolvidas instruções que não podiam deixar dúvidas quanto à clarividência dele.

Kardec procura retificar a teoria explicativa que dera quando tratou do mesmo assunto na *Revista Espírita* de outubro de 1864, acrescentando:

> [...] Como antes de tudo buscamos a verdade e não temos a pretensão de ser infalível, quando acontece nos enganarmos não hesitamos em reconhecê-lo. Nada conhecemos nada mais ridículo do que se aferrar a uma opinião errônea. (*Revista Espírita*, out. 1865, Novos estudos sobre os espelhos mágicos ou psíquicos – O vidente da floresta de Zimmerwald).

"[...] Desde que o Espiritismo não se declara nem estacionário nem imutável" —são, ainda, palavras de Kardec —, "assimilará todas as verdades que forem demonstradas, venham de onde vierem, ainda que de seus antagonistas, e jamais ficará na retaguarda do progresso real. Assimilará essas verdades, dizemos, mas apenas quando forem claramente demonstradas, e não porque agradaria a alguém dá-las como tais, quer por seus desejos pessoais, quer como produtos de sua imaginação. [...]" (*Revista Espírita*, jan. 1866, Considerações sobre a prece no Espiritismo).

* * *

Allan Kardec acompanha, em vários números da *Revista Espírita* de 1864, fevereiro, março e maio, artigo "Manifestações de Poitiers", as manifestações de fortes ruídos noturnos (pancadas, estrondos, disparos semelhantes aos de artilharia etc.) na rua Neuve-Saint-Paul, em casa da senhorita de O..., irmã do conde de O..., na cidade de Poitiers. Vários jornais noticiaram os fatos, entre eles o *Journal de la Vienne*, de 21 de janeiro e 17 e 18 de fevereiro de 1864, dizendo que a própria polícia não conseguira descobrir os autores e que nem os exorcismos adiantaram. Mal acabaram de cessar ali, os fenômenos reapareceram na localidade de Bois-de-Dœuil, na casa de um Sr. Perroche, segundo o jornal *Courrier de la Vienne*, de 24 de fevereiro.

Kardec demonstra que os fatos em questão são puramente espíritas, sendo insuficiente qualquer outra explicação.

Na *Revista Espírita* de novembro de 1862, "Viagem espírita em 1862", o Codificador noticia a sua viagem de mais de seis semanas (na *Revista Espírita*, maio 1863, Algumas palavras sérias a propósito de bordoadas, diz que partira de Paris em fins de agosto e voltara em 20 de outubro), num percurso total de 693 léguas.

Em sua rota, foi visitar os possessos de Morzine (também está escrito Morzines), na Haute-Savoie (Alta Saboia). As observações que fez, os dados que recolheu sobre a obsessão coletiva ou epidêmica que desde 1857 abatia sobre a comuna de Morzine, não lhe deixaram dúvidas quanto à causa, apoiando sua opinião em casos idênticos, isolados ou também epidêmicos, vistos em outras localidades, e nos quais se reconhecia a participação e a ação de maus Espíritos.

Num artigo na *Revista Espírita*, intitulado "Estudo sobre os possessos de Morzine" (dez. 1862), Kardec realizou longa e profunda análise das causas da obsessão e dos meios de combater esse mal, aduzindo algumas considerações novas que facilitavam ainda mais o entendimento do assunto, que já havia sido tratado em vários artigos da *Revista* e em *O livro dos médiuns*.

O referido "Estudo" continua na *Revista Espírita* de janeiro de 1863, Segundo artigo, com múltiplos e variados esclarecimentos e citação de fatos que permitem enquadrar a epidemia de Morzine entre as obsessões coletivas. "[...] Aquilo que um Espírito pode fazer a um indivíduo, vários Espíritos o podem sobre diversos, simultaneamente, e dar à obsessão um caráter epidêmico. [...]"

Em fevereiro, abril e maio, Kardec realiza, afinal, o estudo circunstanciado da singular "afecção" que atingira muitos habitantes de Morzine. Analisa demoradamente os relatórios dos médicos que a observaram, entre outros o Dr. Constant, enviado pelo governo francês, o Dr. Chiara, o Dr. Arthaud, médico-chefe do Hospital de Alienados de Lyon, bem assim os meios curativos empregados quer pela Medicina, quer pelos exorcismos. Após longo estudo comparativo e detalhado exame dos fatos, Kardec estabeleceu o caráter essencialmente obsessivo dos doentes de Morzine.

Tanto o assunto lhe interessou, que escreveu cinco artigos, com um de 41 páginas em formato grande.

Na *Revista Espírita* de agosto de 1864, "Novos detalhes sobre os possessos de Morzine", volta a dar novos detalhes quanto à "epidemia demoníaca" de Morzine, que reapareceu em 1864 com nova intensidade. Conforme escreveu Ch. Lafontaine no seu jornal *Magnétiseur*, de Genebra, baldos todos os meios para conjurar "a terrível doença", ali esteve monsenhor Maguin, bispo de Annecy, em 30 de abril e 1º de maio. À chegada do bispo, a epidemia tomou proporções assustadoras, e o prelado, após horroroso escândalo na igreja local, confessou não ser bastante forte para debelar a praga que tinha vindo curar.

Novamente se falou no envio de "médicos especialistas" para estudar a enfermidade, e do êxito deles se duvidava, à vista do fracasso daqueles que anteriormente tinham sido ali encaminhados. Lembra Kardec que um estudo atento dos sintomas demonstra com toda a evidência que a verdadeira causa está na ação do mundo invisível, "[...] ação que é a fonte de mais afecções do que se pensa, e contra as quais a Ciência falha pela razão de que combate o efeito, e não a causa. Numa palavra, é o que o Espiritismo designa pelo nome de *obsessão*, levada ao mais alto grau, isto é, de *subjugação* e de *possessão*. As crises são efeitos consecutivos; a causa é o ser obsessor. É, pois, sobre este ser obsessor que se deve agir, como se age sobre os vermes nas convulsões por eles ocasionadas". A seguir, aponta as várias razões por que os espíritas não foram a Morzine tentar a cura daqueles obsidiados, com isso se antecipando aos críticos que porventura poderiam levantar a pergunta, muito natural, aliás.

Em dois artigos (*Revista Espírita*, out. e nov. 1867) intitulados "O zuavo Jacob", Kardec tece longas considerações explicativas acerca da mediunidade curadora desse jovem, seu conhecido, agora morando em Paris, à rua de la Roquette. Posto os acontecimentos do campo de Châlons, onde realizara curas extraordinárias, tinham sido esquecidos, mal ele recomeçara suas sessões na capital francesa, uma multidão de doentes encheu a referida rua, obrigando-o a suspender suas atividades, por causa da interferência da saúde pública.

A imprensa não poupou o Sr. Jacob. Piadas, injúrias grosseiras foram lançadas contra ele. Solicitaram até mesmo a sua prisão como impostor, embora ele nada prometesse, nada recebesse, e, quanto aos doentes, neles nem tocava. Kardec saiu em sua defesa, por meio de sólida argumentação, respondendo ponto por ponto a todas as questões levantadas contra o médium. Quiseram os médicos explicar as curas espantosas, dizendo que o Sr. Jacob agia sobre a imaginação dos doentes, ao que Kardec respondeu: "[…] Seja. Mas, então, se reconheceis à influência da imaginação um tal poder sobre as paralisias, as epilepsias, os membros anquilosados, por que não empregais esse meio, em vez de deixar que os inditosos enfermos sofram tanto, ou lhes dar drogas que sabeis inúteis?"

O Codificador considera que a presença de Daniel Dunglas Home em Paris, em outubro de 1855, foi de certa forma providencial, constituindo-se em poderoso auxiliar na propagação das ideias espíritas. Abalou Home, por suas notáveis faculdades mediúnicas, as convicções de muita gente, mesmo entre as pessoas que não puderam ser testemunhas oculares.

Kardec elogia o caráter de Home, a sua modéstia, seus sentimentos nobres e elevação de alma e passa a relatar os fatos por ele próprio (Kardec) constatados ou pelas testemunhas oculares mais dignas de fé.

Home, médium sob cuja influência se produziam principalmente fenômenos físicos, sem excluir, por isso, as manifestações inteligentes, foi defendido por Allan Kardec contra os detratores e maledicentes. O mestre declara que alguns fenômenos foram observados, na França, por testemunhas sérias, muito esclarecidas e altamente colocadas. Entre esses fenômenos relata a suspensão de Home no ar, fato comprovado não só em Paris e Florença, como, principalmente, em Bordeaux. Não apenas ele (Home) mas também a mesa se elevava no espaço sem nenhum contato.

Esse fenômeno não se produzia por ato da vontade do médium. Kardec escreve que o próprio Home lhe disse não se aperceber do que se passava, julgando estar sempre no chão, salvo quando olhava para baixo.

Allan Kardec considerava a produção de aparições a manifestação mais extraordinária devida a Home, e relata vários casos de formação de mãos fluídicas, em tudo semelhantes a mãos vivas, sólidas e resistentes, que apareciam e repentinamente se evaporavam ao tentarem agarrá-las. A seguir, fala de pianos e harmônicas que tocavam sozinhos, com o auxílio de mãos ora visíveis, ora invisíveis (*Revista Espírita*, mai. 1858, Teoria das manifestações físicas).

Daniel Dunglas Home (cópia de um quadro existente na London Spiriualist Alliance).

Ao que parece, ele se correspondeu com Home, quando este esteve, em 1858, nas cidades italianas de Pisa, Roma e Nápoles. Às calúnias assacadas contra o médium, que diziam estar preso em Mazas, Kardec respondeu: "[...] Sob nossos olhos, temos várias cartas do Sr. Home, datadas de Pisa, Roma e Nápoles, onde se encontra nesse momento [...]." (*Revista Espírita*, abr. 1858, Variedades).

Daniel Dunglas Home era casado com a irmã da condessa Kouchelew--Bezborodko. Era católico romano, e sua mulher, antes de falecer, em 1862, abjurou a religião grega diante do bispo de Périgueux, fato que se passou no castelo de Laroche, residência do conde Kouchelew (*Revista Espírita*, ago. 1862, Necrologia – Morte da Sra. Home).

Na *Revista Espírita* de março de 1863 o missionário de Lyon informa que o médium D. D. Home veio a Paris, onde ficou apenas alguns dias. Fenômenos extraordinários se produziram diante de augustas personalidades, tendo os jornais falado vagamente do assunto. Mais uma vez defende Home das calúnias assacadas contra ele, pretendendo-se, com narrativas absurdas, lançar o ridículo sobre o Espiritismo.

> [...] Acrescentaremos que a permanência do Sr. Home em Paris, bem como a qualidade das casas onde foi recebido, é um formal desmentido às infames calúnias, segundo as quais teria sido expulso de Paris, como, outrora, durante uma ausência sua, fizeram correr o boato de que estava preso em Mazas, por fatos graves, quando estava tranquilamente em Nápoles, por razões de saúde. Calúnia! Sempre a calúnia! [...]. (RS, mar. 1863, Variedades).

Em "Notícias bibliográficas – *Revelações sobre minha vida sobrenatural*" de setembro de 1863, Kardec faz extenso comentário crítico à obra, traduzida do inglês, *Révélations sur ma vie surnaturelle*, escrita por Daniel Dunglas Home. "Esta obra" — diz ele — "é um relato puro e simples, sem comentários nem explicações, dos fenômenos medianímicos produzidos pelo Sr. Home [...]". Lamenta que na tradução haja frequentes incorreções de estilo, e que em certas passagens ela se afasta bastante do gênio da língua francesa. Aí se revela o antigo prof. Rivail. Lamenta, ainda, na obra a monotonia e a ausência de conclusões, ou de deduções filosóficas e morais.

Faz (como sempre o fez) a defesa do médium contra a malevolência e o ridículo com que tentaram denegrir-lhe a reputação:

> [...] Por certo, se alguém fosse capaz de vencer a incredulidade por efeitos materiais, este seria o sr. Home. Nenhum médium produziu um conjunto de fenômenos mais surpreendentes, nem em condições mais honestas, e, contudo, hoje, bom número dos que o viram ainda o tratam como hábil prestidigitador. Para muitos ele faz coisas muito curiosas, mais curiosas que as realizadas por Robert Houdin; e eis tudo [...].

Para Allan Kardec, o médium Home está acima de qualquer suspeita de charlatanismo: o que faltou aos que viram e não se convenceram foi a chave que lhes permitisse compreender as manifestações produzidas pelo médium.

Ainda para ele, a vinda de Home à França contribuiu para ali acelerar o desenvolvimento do Espiritismo, quer pelo maravilhoso dos fenômenos, quer pela repercussão destes no mundo social que frequentou.

Na *Revista Espírita* de fevereiro de 1864, volta a defender o médium Daniel Dunglas Home das injúrias e aleivosias que certos jornais lançavam sobre ele. Agora, o médium estava em Roma, onde o chefe de polícia, após interrogá-lo, como se estivessem num tribunal da Santa Inquisição, determinara a sua saída da cidade, em três dias. Durante o longo interrogatório a que o submeteram, batidas e levantamento da mesa foram testemunhados pelos próprios policiais, o que fez ainda mais supor que Home tinha consigo o diabo (*Revista Espírita*, mar. 1864, Variedades – O Sr. Home em Roma). Contudo, *démarches* feitas junto ao cônsul da Inglaterra permitiram que aquela ordem fosse revogada, constando que ele fora obrigado a contrair o compromisso de se abster de qualquer comunicação com o Mundo Espiritual. As forças contrárias, porém, tanto trabalharam, que o Sr. Home teve que partir rapidamente de Roma, sob a acusação de feitiçaria.

Allan Kardec diz que esse pavor do governo pontifical de Pio IX prova que ele temia as manifestações ostensivas do Sr. Home, no qual via algo de sério e não charlatanarias. Elogiou o comportamento do médium, que nunca explorou suas faculdades e sempre recusou ofertas vantajosas para dar sessões. Home, por mais de uma vez, declarara que o seu poder era "um dom de Deus", poder que ele frisava não depender de sua vontade para se manifesta r.

Após várias digressões sobre Home, Kardec perguntava:

> [...] Onde, pois, as infrações e os crimes do Sr. Home? É uma injúria gratuita, não só a ele, mas a todas as pessoas respeitáveis e altamente colocadas, que o recebem e, assim, parecem patrocinar um homem de má fama. (Revista Espírita, fev. 1864, O Sr. Home em Roma).

"O Sr. Home é um homem do mundo, de maneiras afáveis e cheias de urbanidade, que só se revelou à mais alta aristocracia. [...]" — declara ainda Kardec, acrescentando:

> A crítica e a calúnia odiosa não pouparam o Sr. Home. Sem consideração às altas personagens que o honraram com sua estima, que o receberam e ainda o recebem em sua intimidade, a título de comensal e amigo, a incredulidade zombeteira, que nada respeita, se deleitou em

ridicularizá-lo, em apresentá-lo como vil charlatão e hábil prestidigitador, numa palavra, como saltimbanco de fina educação. Não se detêve nem mesmo ante a ideia de que tais ataques atingiam a honorabilidade das mais respeitáveis pessoas, acusadas, por isso mesmo, de conivência com um suposto ilusionista. Dissemos, a seu respeito que basta tê-lo visto para julgar que seria o mais desastrado charlatão, porque não tem atitudes audaciosas nem loquacidade, que se coadunariam com a sua timidez habitual. Aliás, quem poderia dizer que alguma vez ele tivesse fixado preço às suas manifestações? O motivo que ultimamente o conduzia a Roma, de onde foi expulso, para ali se aperfeiçoar em escultura e desta tirar seus recursos, é o mais formal desmentido aos seus detratores. Mas que importa? Eles disseram que é um charlatão, e não querem dar o braço a torcer. (*Revista Espírita*, ago. 1864, *Os milagres de nossos dias*).

Kardec lastima (*Revista Espírita*, jul. 1861, Expliração do Espiritismo) que se os Estados Unidos tiveram a honra de ser os primeiros, naqueles tempos, a revelar as manifestações de Além-Túmulo, foram eles também os primeiros a mercantilizar a mediunidade. Passa a transcrever de jornais americanos vários anúncios de "médiuns mercenários" e informa que estes também ganharam a Inglaterra. "[...] Não contestamos as faculdades, até mesmo poderosas, de certos médiuns mercenários" — declarou —, "mas dizemos que o atrativo do ganho é uma tentação de fraude que deve inspirar desconfiança tanto mais legítima quanto não se pode ver nessa exploração um excesso de zelo apenas pelo bem da causa. Ainda que não houvesse fraude, nem por isso a censura deixaria de atingir aquele que especula com uma coisa tão sagrada como as almas dos mortos".

Na *Revista Espírita* de outubro de 1865, "Os irmãos Davenport", Allan Kardec fala da presença dos irmãos Davenport, dois jovens médiuns norte-americanos, em Paris. Deram sua primeira sessão pública, em 12 de setembro de 1865, na sala Hertz. O desfecho dessa sessão foi deplorável, com a acusação de charlatanaria. Mas, apesar de tudo, já tinha sido observada extensa fenomenologia de efeitos físicos produzidos por seu intermédio, nos Estados Unidos, na Inglaterra e outras várias partes da Europa, muitos relatados pelo Dr. Nichols numa biografia dos citados médiuns.

Conta Kardec que, algum tempo antes da chegada dos irmãos Davenport a Paris, "[...] uma pessoa veio ver-nos, da parte deles, para nos pedir os apoiássemos em nossa *Revista*. Mas sabe-se que não nos entusiasmamos facilmente, mesmo pelas coisas que conhecemos e, com mais forte razão, pelas que não conhecemos. Assim, não pudemos prometer um concurso antecipado, já que temos por hábito só falar com conhecimento de causa. Na França, onde só eram conhecidos pelos relatos contraditórios dos jornais, a opinião, como na Inglaterra, estava dividida a seu respeito. Não podíamos, pois, formular prematuramente, nem uma censura, que poderia ter sido injusta, nem uma aprovação, da qual se teriam podido prevalecer. Por isto nos abstivemos".

Procedeu bem o mestre, ainda mais que os médiuns recebiam pagamento por suas apresentações, em dias e horas fixados. Daí talvez o fracasso da apresentação na sala Hertz, que serviu de fértil pasto a vários jornais contrários ao Espiritismo, que desencadearam violenta campanha antiespírita, ultrapassando a tudo o que até então havia sido feito. Sobre os irmãos Davenport e os adeptos em geral despejaram sarcasmo, injúria e calúnia, e, se não fora a conduta prudente e reservada de Kardec, seu nome seria escandalosamente envolvido no caso. Aliás, quando essas coisas aconteceram, ele estava longe, na Suíça.

Na *Revista Espírita* de setembro de 1866, "Os irmãos Davenport em Bruxelas", o Codificador comunica que os irmãos Davenport estiveram na Bélgica, onde deram representações muito concorridas, na presença de pessoas altamente colocadas, sem que ali se repetissem as cenas lamentáveis ocorridas em Paris.

O *Office de Publicité*, jornal de Bruxelas, publicou dois artigos, em 8 e 22 de julho, sobre os irmãos Davenport, assinados pelo cronista Bertram, pseudônimo de Eugène Landois. Os artigos não contestam várias e notáveis artes produzidas pelos irmãos Davenport, mas o autor, que as viu de perto, declara não saber como explicá-las, e, na verdade, nem isso lhe interessava. Como o Sr. Bertram passa a tratar de Espiritismo e a dizer uma série de incongruências, dois espíritas belgas lhe respondem pelo mesmo jornal, e Kardec o faz, igualmente, pela *Revista Espírita*, com aquele saber que caracteriza seus sólidos conhecimentos.

11. Allan Kardec e a reencarnação. – Ante essa doutrina, Kardec revela-se surpreso e contrariado; a final aceitação dela pelo Codificador. – Notícia de um negociante de Nova Iorque. – Novas considerações sobre a reencarnação. – Distinção que faz, quanto à Doutrina Espírita, entre o que é aceito nos EUA e na Europa. – Preferíveis as consoladoras comunicações aos prodígios dos médiuns americanos. – A moral consola, melhora; os fenômenos maravilham. – O progresso moral aproxima dos desígnios de Deus

"Não é novo, dizem alguns" — escreve Kardec —, "o dogma da reencarnação; ressuscitaram-no de Pitágoras. Nunca dissemos ser invenção moderna da Doutrina Espírita. Constituindo uma Lei da Natureza, o Espiritismo há de ter existido desde a origem dos tempos e sempre nos esforçamos por demonstar que dele se descobram sinais na antiguidade mais remota. Pitágoras, como se sabe, não foi o autor do sistema da metempsicose; ele o colheu dos filósofos indianos e dos egípcios, que o tinham desde tempos imemoriais. [...]" (*Revista Espírita*, nov. 1858, Pluralidade das existências corpóreas).

> Sem dúvida, dizem alguns contraditores, estáveis imbuído dessas ideias, razão por que os Espíritos se apegaram à vossa maneira de ver. Eis aí um erro que prova, uma vez mais, o perigo dos julgamentos precipitados e sem exame. Se, antes de julgar, tivessem tais pessoas se dado ao trabalho de ler o que escrevemos sobre o Espiritismo, ter-se-iam poupado de levantarem objeções com tanta leviandade. Repetiremos, pois, o que a esse respeito já dissemos.
>
> Quando a doutrina da reencarnação nos foi ensinada pelos Espíritos, estava tão longe do nosso pensamento que, sobre os antecedentes da alma, havíamos construído um sistema completamente diferente, partilhado, aliás, por muitas pessoas. Sob esse aspecto, portanto, a Doutrina dos Espíritos nos surpreendeu profundamente; diremos mais: contrariounos, porquanto derrubou as nossas próprias ideias. Como se pode ver, estava longe de refleti-las. Mas isso não é tudo: nós não cedemos ao primeiro choque; combatemos, defendemos nossa opinião, levantamos objeções e

só nos rendemos à evidência quando percebemos a insuficiência de nosso sistema para resolver todas as dificuldades levantadas por essa questão.

Kardec volta a refutar a ideia de que essa doutrina não passa de uma tradução do seu pensamento, e afirma que ela, antes mesmo da publicação de *O livro dos espíritos*, fora ensinada em muitos outros lugares, tanto na França, quanto na Alemanha, Holanda, Rússia etc.

Afinal, após apresentar as inúmeras razões que o fizeram *aceitar* a doutrina reencarnacionista, escreveu:

> [...] Não é somente porque veio dos Espíritos que nós e tantos outros nos fizemos adeptos da pluralidade das existências. É porque essa doutrina nos pareceu a mais lógica e porque só ela resolve questões até então insolúveis.
> Ainda quando fosse da autoria de um simples mortal, tê-la-íamos adotado igualmente e não houvéramos hesitado um segundo mais em renunciar às ideias que esposávamos. Sendo demonstrado o erro, muito mais que perder do que ganhar tem o amor-próprio, com o que se obstinar na sustentação de uma ideia falsa. Assim, também, a teríamos repelido, mesmo que provindo dos Espíritos, se nos parecera contrária à razão, como repelimos muitas outras, pois sabemos, por experiência, que não se deve aceitar cegamente tudo o que venha deles, da mesma forma que se não deve adotar às cegas tudo o que proceda dos homens. [...] (*Revista Espírita*, nov. 1858, Pluralidade das existências corpóreas).

Um negociante de Nova Iorque, presente à sessão particular de 4 de janeiro de 1861, relata o que naquela cidade se passava com o Espiritismo. Com a palavra Allan Kardec, que assinala o progresso feito nos EUA pelos princípios formulados em *O livro dos espíritos*, obra que fora traduzida em inglês, em fragmentos, destacando que a doutrina da reencarnação ali contava numerosos partidários (*Revista Espírita*, fev. 1861, Boletim da Sociedade Parisiense de Estudos Espíritas).

Kardec torna a tratar da reencarnação nos Estados Unidos, de que os incrédulos se aproveitam para acusar os Espíritos de contradição, visto não ser essa doutrina ensinada ali pelos Espíritos. Explica, de novo, que, diante dos fortes preconceitos da escravidão e da cor, os Espíritos preferiram momentaneamente sacrificar o acessório ao principal, aguardando para mais tarde a unidade sobre este, como sobre outros pontos.

Volta a reiterar que ele apenas *aceitou* essa doutrina, essa "Lei Natural"; não a *inventou*, como muitos antagonistas escreveram e escrevem. Diz, ainda, que o princípio da reencarnação tinha sido exposto claramente em várias outras obras anteriores a *O livro dos espíritos*, e cita a de Louis Jourdan, redator de *Le Siècle*, em *Les Prières de Ludovic*, publicada em 1849, a de Jean Reynaud, em *Terre et ciel*, acrescentando a de Charles Fourier e a que era professada pelos druidas. Quando os Espíritos lhe revelaram o princípio da reencarnação, diz Kardec: "[...] ficamos surpresos e o acolhemos com reserva e desconfiança; chegamos mesmo a combatê-lo durante algum tempo, até que sua evidência nos fosse demonstrada [...]" (*Revista Espírita*, fev. 1862, A reencarnação na América).

Allan Kardec procura explicar as diferenças da Doutrina Espírita nos Estados Unidos e na Europa, dando os motivos que conduziram a isto.

> O que particularmente distingue a escola espírita dita americana da escola europeia é a predominância, na primeira, da parte fenomênica, à qual se ligam mais especialmente e, na segunda, a parte filosófica. [...]
> De todos os princípios da Doutrina, o que encontrou mais oposição na América — e por América deve entender-se exclusivamente os Estados Unidos — foi o da reencarnação. Pode mesmo dizer-se que é a única divergência capital, prendendo-se as outras mais à forma do que no fundo [...]. Nos Estados Unidos o dogma da reencarnação teria vindo chocar-se contra os preconceitos de cor, tão profundamente arraigados naquele país; o essencial era fazer aceitar o princípio fundamental da comunicação do mundo visível com o mundo invisível; as questões de detalhe viriam a seu tempo. [...] (RS, mai. 1864, A Escola Espírita Americana).

O *Herald of Progress*, de Nova Iorque, jornal *espiritualista* sob a direção de Andrew Jackson Davis, narra a obtenção de curiosos desenhos mediúnicos por intermédio da Sra. French, na 4ª Avenida, n. 8, diante de 19 testemunhas, entre as quais o Sr. Gurney, o prof. Brittan e os Drs. Warner e Hallock. Tais fatos se verificaram em 22 de novembro de 1860. Kardec os traduz para a *Revista Espírita* de julho de 1861, "Desenhos misteriosos – Novo gênero de mediunidade", dizendo que a origem dos desenhos não lhe parece provada de maneira autêntica, e, a seguir, faz este judicioso comentário:

> Decididamente os médiuns americanos têm uma especialidade para a produção de fenômenos extraordinários, pois os jornais do país estão cheios de uma porção de fatos do gênero, de que nossos médiuns europeus estão longe de se aproximarem. Assim, do outro lado do

Atlântico, dizem que ainda estamos muito atrasados em *Espiritismo*. Quando perguntamos aos Espíritos a razão dessa diferença, eles nos responderam: "A cada um o seu papel; o vosso não é o mesmo, e Deus não vos reservou a menor parte na obra de regeneração [...]".

E Kardec prossegue:

> A considerar o mérito dos médiuns epelo ponto de vista da rapidez da execução, pela energia e pelo poder dos efeitos, os nossos são apagados ao lado daqueles; entretanto, conhecemos muitos que não trocariam as simples e consoladoras comunicações que recebem, pelos prodígios dos médiuns americanos. Elas bastam para lhes dar a fé, e eles preferem o que toca a alma ao que lhes fere os olhos; a moral que consola e torna melhor, aos fenômenos que impressionam. Por um instante, na Europa, preocuparam-se com os fatos materiais; mas logo o deixaram de lado pela Filosofia, que abre um campo mais vasto ao pensamento e tende para o objetivo final e providencial do Espiritismo: a regeneração social. Cada povo tem seu gênio particular e suas tendências especiais e cada um, nos limites que lhe são assinalados, concorre para os planos da Providência. O mais adiantado será aquele que marchar mais depressa na via do progresso moral, porquanto é este que mais se aproximará dos desígnios de Deus.

12. O fim do Espiritismo. – Instrução dada pelo Espírito São Luís. – "Que entre vós se compreenda, se ame". – Não permanecer no a-bê-cê das mesas girantes. – Comentários de Allan Kardec. – A Doutrina Espírita demonstra os princípios fundamentais da religião. – Estabilidade do Espiritismo: fatos e teoria. – A imutabilidade do princípio. – O futuro cabe aos espíritas

"[…] A finalidade do Espiritismo" — diz Kardec — "é tornar melhores os que o compreendem. Esforcemo-nos por dar o exemplo e mostremos que, para nós, a Doutrina não é uma letra morta. Numa palavra, sejamos dignos dos Espíritos bons, se quisermos que eles nos assistam. O bem é uma couraça contra a qual virão sempre quebrar as armas da malevolência" (*Revista Espírita*, jul. 1859, Sociedade Parisiense de Estudos Espíritas – Discurso de encerramento do ano social 1858–1859).

Na sessão geral de 9 de novembro de 1860, o Codificador lembra a instrução dada por São Luís, em novembro de 1858, quanto aos objetivos dos trabalhos da Sociedade. Eis a instrução:

> "Zombaram das mesas girantes; jamais zombarão da filosofia, da sabedoria e da caridade que brilham nas comunicações sérias. Elas foram o limiar da ciência; é nela que, entrando, devem ser deixados os preconceitos, como se deixa um casaco. Não posso senão vos estimular a fazer de vossas reuniões um centro sério. Que alhures façam demonstrações físicas, vejam, ouçam, mas *que entre vós haja compreensão e amor*. Que pensais ser aos olhos dos Espíritos Superiores quando fazeis girar ou levantar uma mesa? Escolares. Passará o sábio seu tempo a recordar o *á-bê-cê* da Ciência? Ao passo que, vendo que investigais as comunicações sérias, considerar-vos-ão como homens em busca da verdade." — São Luís (*Revista Espírita*, dez. 1860, Boletim da Sociedade Parisiense de Estudos Espíritas).

O Codificador acrescentou a essa mensagem este comentário:

> Não está aqui, senhores [...], um admirável programa, traçado com essa precisão, essa simplicidade de palavra que caracterizam os Espíritos verdadeiramente Superiores? *Que entre vós haja compreensão*, isto é, que devamos aprofundar tudo, para nos darmos conta de tudo; *que entre vós haja amor*, isto é, que a caridade e uma mútua benevolência sejam o objetivo de nossos esforços, o laço que nos deve unir, a fim de mostrar pelo nosso exemplo o verdadeiro objetivo do Espiritismo. Enganar-nos-íamos singularmente quanto aos sentimentos da Sociedade se julgássemos que ela despreza o que se faz noutros lugares. Nada é inútil e as experiências físicas também têm sua vantagem, que ninguém contesta. Se não nos ocupamos com elas, não é porque tenhamos outra bandeira. Temos nossa especialidade de estudos, como outros têm a sua, mas tudo isto se confunde num objetivo comum: o progresso e a propagação da Ciência.

Do longo discurso que Allan Kardec pronunciou em 5 de abril de 1861, a respeito dos trabalhos da SPEE, por ocasião da renovação do ano social, extraímos este trecho:

> Tal qual é hoje professada, a Doutrina Espírita tem uma amplidão que lhe permite abarcar todas as questões de ordem moral; satisfaz a todas

as aspirações e, pode-se dizer, ao mais exigente raciocínio, para quem quer que se dê ao trabalho de estudá-la e não esteja dominado pelos preconceitos. Ela não tem as mesquinhas restrições de certas filosofias; alarga ao infinito o círculo das ideias e ninguém é capaz de elevar mais alto o pensamento e tirar o homem da estreita esfera do egoísmo, na qual intentaram confiná-lo. Enfim, ela se apoia nos imutáveis princípios fundamentais da religião, dos quais é a demonstração patente. [...] (*Revista Espírita*, mai. 1861, Sociedade Parisiense de Estudos Espíritas – Discurso do Sr. Allan Kardec).

Se o Espiritismo fosse uma simples teoria, uma escola filosófica baseada numa opinião pessoal, nada lhe garantiria a estabilidade, porque poderia agradar hoje e não agradar amanhã; num dado tempo poderia não estar mais em harmonia com os costumes e o desenvolvimento intelectual, caindo, então, como todas as coisas fora de moda, que ficam a reboque do movimento; enfim, poderia ser substituído por algo melhor. Dá-se o mesmo com todas as concepções humanas, todas as legislações, todas as doutrinas puramente especulativas.
O Espiritismo apresenta-se em condições inteiramente diversas, como tantas vezes temos feito observar. Repousa sobre um fato, o da comunicação entre o mundo visível e o invisível. Ora, um fato não pode ser anulado pelo tempo, como uma opinião. [...]
[...]
Entretanto, dirão, ao lado dos fatos tendes uma teoria, uma doutrina; quem vos diz que essa teoria não sofrerá variações? Que em alguns anos a de hoje será a mesma?
Sem dúvida ela pode sofrer modificações em seus detalhes, em consequência de novas observações, mas, uma vez adquirido, o princípio não pode variar e, menos ainda, ser anulado; eis o essencial. Desde Copérnico e Galileu tem-se calculado melhor o movimento da Terra e dos astros, mas o fato do movimento permaneceu com o princípio. [...]
O Espiritismo não se apartará da verdade e nada terá a temer das opiniões contraditórias, enquanto sua teoria científica e sua doutrina moral forem uma dedução dos fatos escrupulosa e conscienciosamente observados, sem preconceitos nem sistemas preconcebidos. [...] As lacunas que a teoria atual pode ainda conter encher-se-ão da mesma maneira. O Espiritismo está longe de haver dito a última palavra, quanto às suas consequências, mas é inquebrantável em sua base, porque esta base está assentada em fatos.

Que os espíritas, pois, nada receiem: o futuro lhes pertence; que deixem os adversários se debaterem sob a opressão da verdade, que os ofusca, porque toda denegação é impotente contra a evidência que, inegavelmente, triunfa pela própria força das coisas. É uma questão de tempo, e neste século o tempo marcha a passos de gigante, sob o impulso do progresso. (*Revista Espírita*, fev. 1865, Perpetuidade do Espiritismo).

ADENDO ESCLARECEDOR

(Novos detalhes históricos)

O que vai abaixo é um apanhado de algumas das pesquisas realizadas pela Sra. Teresinha Rey, de Genebra, Suíça: são dados biográficos que alteram o que na época (1973) foi baseado quase que exclusivamente em Henri Sausse, então o único biógrafo de Kardec mundialmente conhecido.

No *tête-à-tête*, por carta e pela internet, que Zêus manteve com aquela confreira e graças principalmente aos redobrados esforços dela, que viajou de ceca em meca pela Europa, em bibliotecas e arquivos, descobriram-se muitos fatos relacionados com Rivail-Kardec, os quais serão por ela brevemente dados a conhecer em um volume bilíngue (francês-português).

Razão tinha Washington Luiz Nogueira Fernandes ao declarar, no seu artigo *Allan Kardec e o seu nome civil* (*Reformador* de março de 2000), que as suas conclusões "ensejam, na verdade, novas pesquisas sobre os aspectos histórico-documentais da vida de Rivail".

No propósito de, desde agora, atualizar certos dados biográficos relacionados com Rivail e acrescentar outros desconhecidos do público em geral e só recentemente descobertos pela Sra. Teresinha, passamos a alinhá-los:

1. O nome oficialmente registrado de RIVAIL é, segundo a certidão de nascimento (*acte de naissance*) aqui estampada (figura 1): DENISARD HYPOLITE LÉON RIVAIL. Nesse documento, enviado de Lyon à Sra. Teresinha Rey, em 16 de janeiro de 2001, por Florence Beaume (*Conservateur*) dos Archives Départementales-Modernes (Conseil Général du Rhône), está escrito que ele, Rivail, nasceu em Lyon, à rua Sala, n. 76, provavelmente, juntamos nós, na casa de algum parente ou amigo, já que o pai dele era natural de Lyon.

Na França, após 1793, fazia-se a certidão de nascimento em duas vias: uma ficava na Prefeitura da cidade, e a outra era encaminhada aos Arquivos Departamentais (ou do Estado). É nesta última via que nos baseamos, por não conter rasuras, nem emendas, e por ser mais completa.

2. Entre os documentos achados em Paris, com relação ao nome completo como o próprio Rivail escrevia, foram localizados dois:

>a) um deles é referente a uma declaração (ver figura 2) de que Rivail não pertencia a nenhuma congregação religiosa não legalmente autorizada na França, conforme dispunha o artigo II da *ordonnance* de 16 de junho de 1828. Nessa declaração consta: Rivail (Hypolite Léon Denizard), tendo sido assinada em 29 de setembro de 1828, por HLD Rivail. Declarações análogas foram assinadas, segundo informações de Sandrine Bula (*Conservateur*) do Centre Historique des Archives Nationales, de Paris em carta de 23 de novembro de 2000, pelos professores do pensionato de Rivail: Gilbert Vallet, Héraudet, Jacques Vignerte, H. Latarpe (?). Esta última assinatura não está muito legível.
>b) outro documento é sobre um testamento de Rivail (ver Parte Quarta, it. 2 – *A desencarnação*, fac-símile do Testamento de Allan Kardec – Do arquivo espírita de Canuto Abreu) redigido por ele em 24 de abril de 1846, e no qual consta: Hypolite, Léon Denizard Rivail, com a assinatura HLD Rivail.

3. Sobre os ascendentes de Rivail e sobre o seu avô materno, em particular, foram conseguidas em 2 de novembro de 2000 as informações abaixo, enviadas pelo Diretor dos Archives Départementales do Conseil Général de L'Ain, por meio de correspondência assinada por Jérôme Dupasquier, a saber:

>a) quanto aos ascendentes de H. L. D. Rivail:

Son père était Jean-Baptiste Antoine Rivail, né à Lyon le 6 février 1759, lui-même fils d'Antoine, négociant lyonnais et de Reine Richard. Il devient homme de loi, et plus précisément Juge de Paix militaire du second arrondissement de l'armée des Alpes le 7 octobre 1793. Mais quelques mois plus tard, il est suspecté par Albitte, représentant du peuple en mission dans l'Ain, qui prend un arrêté le 3 ventôse an II ordonnant son incarcération. Jean-Baptiste Antoine Rivail sera libéré le 10 floréal an II. Le 5 février 1793, il avait épousé Jeanne-Louise Duhamel, née à Marboz le 15 avril 1773, fille de Benoît Marie Duhamel, homme de loi et Procureur Général, syndic de l'Ain, et de Charlotte Marie Bochard.

b) quanto ao avô materno de Rivail:

Benoît Marie Duhamel surtout, qui fut un piètre Révolutionnaire. Il révéra le Roi en 1791, s'affirma Républicain l'année suivante, puis fédéraliste en 1793. Il réussit néanmoins à se faire élire Président de la Société Révolutionnaire des Sans-Culottes de Bourg. Mais sous le régime de la terreur, les plus fanatiques réclament la tête de Duhamel et l'obtiennent, puisque le grand-père de H. L. D. est guillotiné à Lyon le 26 ventôse an II (16 mars 1794). Et parmi ces fanatiques... un certain Joseph Duhamel, frère de Benoît Marie, qui n'a pas levé le petit doigt pour sauver son frere.

Como bem escreveu Washington L. N. Fernandes, e nós o apoiamos, "devemos entender que estas informações biográficas, sobre Allan Kardec, em nada alteram sua elevada missão de Embaixador da Nova Revelação. São apenas detalhes históricos".

(figura 1)

(figura 2)

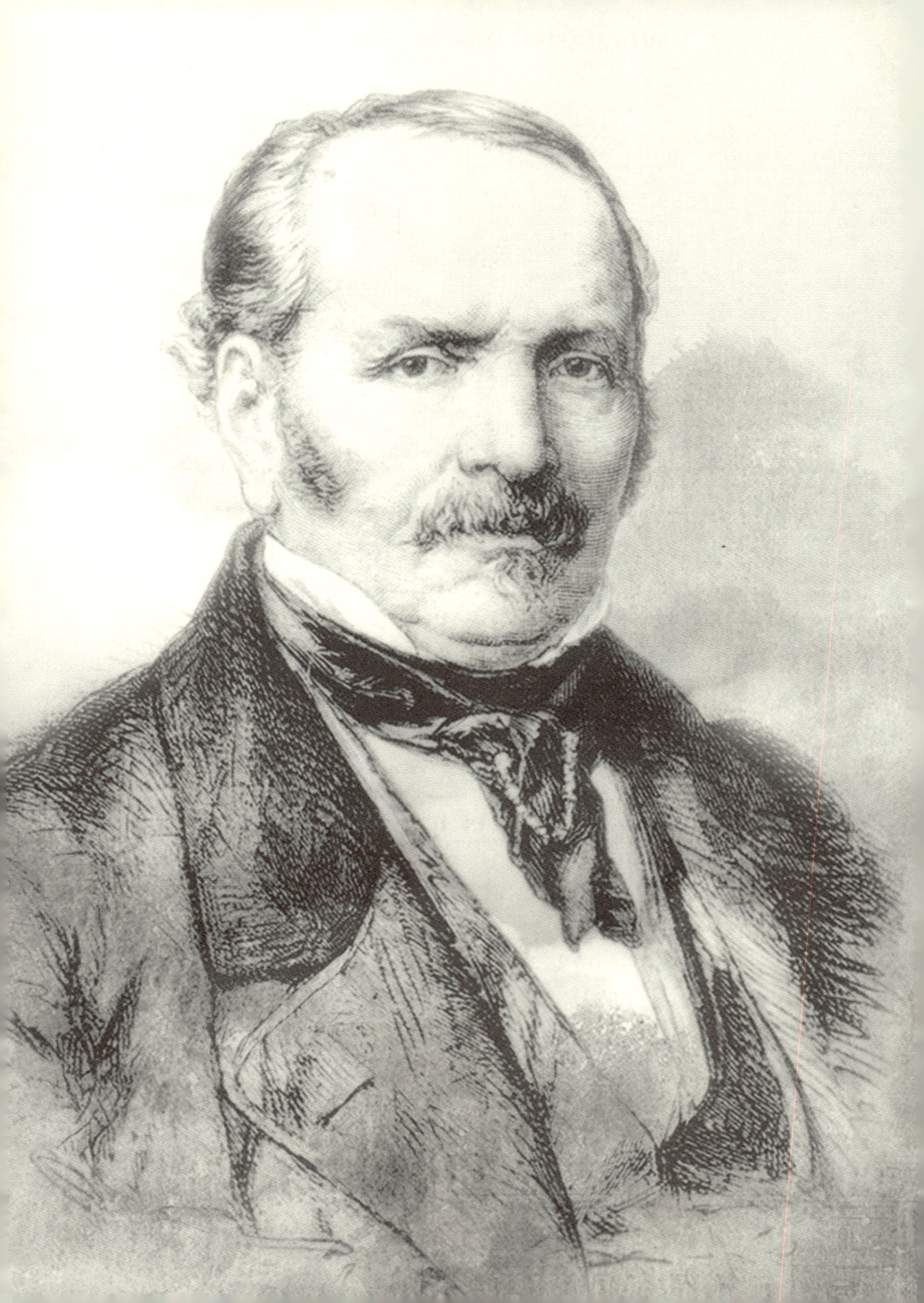

PARTE TERCEIRA

1

Nos Primórdios do Movimento

1. Alguns traços do caráter do mestre da Codificação

Preferimos, num capítulo como este, que esflora problemáticas do Movimento, em seus primórdios, com lições adequadamente aproveitáveis na atualidade da prática do Espiritismo, em todo o mundo, começar lembrando particularidades do caráter daquele que foi, no dizer de Henry Joly, de Lyon, "o primeiro teórico do Espiritismo", não obstante tal aspecto da personalidade de Kardec ser objeto de tratamento à parte, noutro capítulo do volume.

O grande missionário da Doutrina era muito polido, de fina educação, sério, mas não sisudo, circunspecto e moralista por excelência. Serviu-se poucas vezes da ironia em seus escritos. "[...] Tenho consciência" — disse-nos, em 1859 (*Revista Espírita*, set., Processos para afastar os Espíritos maus) — "de jamais ter feito, voluntariamente, mal a quem quer que seja. O mesmo não poderão dizer aqueles que me fizeram mal e, entre nós, Deus será juiz [...]".

Embora houvesse, em 1858 (*Revista Espírita*, ago., Contradições na linguagem dos Espíritos), declarado que "[...] As mesas girantes são como a maçã de Newton que, na sua queda, encerra o sistema do mundo", o fato de ele ter sido o sistematizador não lhe subiu jamais à cabeça, pois declinou da honra de ter fundado o Espiritismo. Em 1861, aspirava apenas ao "modesto título de propagador" (*Revista Espírita*, jan. 1861, *O livro dos médiuns*).

Kardec considerava, por exemplo, que as cartas anônimas tornam suspeita a sua origem, razão por que nem mesmo delas tomava conhecimento, destinando-as à cesta de papéis velhos, ainda que mencionassem: "[...] *Um dos vossos assinantes, um espírita* etc. [...]" (*Revista Espírita*, fev. 1864, Notas bibliográficas – *A lenda do homem eterno*).

Ao alegarem, gratuitamente, os opositores de Kardec que a Doutrina estaria decadente e indiferentes os seus adeptos, o Diretor da *Revista Espírita* inicia o primeiro número de 1865, dizendo: "[...] Um jornal especial que chega ao seu oitavo ano de existência e que, a cada ano, vê aumentar o número de seus assinantes em notável proporção; que, desde a sua fundação, viu três vezes esgotadas as coleções dos anos anteriores [...]." (Vista de olhos sobre o Espiritismo em 1864), não prova essa decadência ou essa indiferença.

No mesmo fascículo, encontramos mais o seguinte, suficientemente ilustrativo e comprobatório do que escrevemos no início:

> [...] não bajulamos ninguém para obter sua adesão à nossa causa; deixamos que as coisas sigam o seu curso natural, dizendo-nos que se nossa maneira de ver e fazer não for boa, nada poderia fazê-la prevalecer. Sabemos perfeitamente que, por não havermos incensado certos indivíduos, os afastamos de nós e eles se voltaram para o lado donde vinha o incenso. [...] Temos consciência de que, em toda a nossa vida, jamais devemos algo à adulação ou à intriga. Por isso não fizemos fortuna, e não é com o Espiritismo que iríamos começá-lar.
> Louvamos com felicidade os fatos realizados, os serviços prestados, mas jamais, por antecipação, os serviços que podem ser prestados, ou mesmo que se prometem prestar prestar [...] Quando deixamos de aprovar, não censuramos; guardamos silêncio, a menos que o interesse da causa nos force a rompê-lo.

2. Polêmicas. – Controvérsias e discussões. – Antagonistas de má-fé. – Polêmica útil

É bem certo que não são de hoje os problemas suscitados no âmbito do Espiritismo, na sua difusão entre os homens, pois nos primórdios já existiam, e em grande número. Vale a pena extrair da *Revista Espírita* (nov. 1858, Polêmica espírita) estas palavras de Kardec:

> Entretanto, há polêmica e polêmica; uma há, diante da qual jamais recuaremos: é a discussão séria dos princípios que professamos. Todavia, mesmo aqui, há uma importante uma distinção a fazer: se se trata apenas de ataques gerais, dirigidos contra a Doutrina, sem um fim determinado, além do de criticar, e se partem de pessoas que rejeitam de antemão tudo quanto não compreendem, não merecem maior atenção; o terreno ganho diariamente pelo Espiritismo é uma resposta suficientemente peremptória e que lhes deve provar que seus sarcasmos não têm produzido grande efeito [...].

O mestre aconselha os espíritas a não discutirem com antagonistas de má-fé ou que sejam possuídos de *parti pris*. "[...] Com estes toda polêmica é inútil, porque não tem objetivo nem pode resultar em mudança de opinião [...]". Tal conduta, ele, Kardec, sempre seguiu, abstendo-se de ceder às provocações que o teriam feito descer à arena da controvérsia.

"[...] Se, por vezes," — explica — "contesto certos ataques e afirmações errôneas, é para mostrar que não é a possibilidade de responder que falta e dar aos espíritas meios de refutação, caso necessário. [...] Até aqui não há nenhuma objeção séria que não se ache refutada em meus escritos. [...]"

Digo, pois, a todos os espíritas: continuai a semear a ideia; espalhai-a pela doçura e pela persuasão e deixai aos nossos antagonistas o monopólio da violência e da acrimônia a que só se recorre quando não se é bastante forte pelo raciocínio" (*Revista Espírita*, mai. 1863, Algumas palavras sérias a propósito de bordoadas).

"Notemos ainda" — escrevera anos antes —, "que, entre os críticos, há muitas pessoas que falam sem conhecimento de causa, sem se darem ao trabalho de a aprofundar. Para lhes responder seria necessário recomeçar, incessantemente, as mais elementares explicações e repetir aquilo que já escrevemos, providência que julgamos inútil. Já o mesmo não acontece com os que estudaram, mas nem tudo compreenderam, comos que querem seriamente esclarecer-se e com os que levantam objeções de boa-fé e com conhecimento de causa; nesse terreno aceitamos a controvérsia, sem nos gabarmos de resolver todas as dificuldades, o que seria muita presunção [...] Confessamos, pois, sem nos envergonharmos, nossa insuficiência sobre todos os pontos que ainda não nos é possível explicar. Assim, longe de repelir as objeções e os questionamentos, nós os solicitamos, contanto que não sejam ociosos, nem nos façam perder o tempo com futilidades, pois que representam um meio de nos esclarecermos.

É a isso que chamamos polêmica útil, e o será sempre quando ocorrer entre pessoas sérias que se respeitam bastante para não se afastarem das conveniências. [...]" (*Revista Espírita*, nov. 1858, Polêmica espírita).

3. "O silêncio é a melhor resposta". – Céticos endurecidos. – Resposta ao padre Marouzeau. – "Quereis matar-nos polidamente". – "Tenho coisas mais importantes a fazer". – Apartar do mal, pela persuasão. – "Jamais me constituí chefe de coisa alguma". – Autoridade moral. – Felicidade que ninguém lhe arrebataria. – Caridade, fraternidade, sinceridade. – O Espiritismo independe de certas personalidades. – Deus saberá prover a continuação da obra

Evoquemos seus pensamentos, insertos nos escritos que confiou à *Revista Espírita*, de 1858 a 1864, em torno da política que seguia de não dar resposta à maioria das publicações de autoria de opositores, adversários inconsequentes e sistemáticos, cultores do narcisismo intelectual, personalistas e obstinados em injuriar e insinuarem-se como individualidades que devessem merecer acatamento e às quais fosse o Codificador submeter as suas altas decisões, qual se ainda vingassem os promotores de censuras à orientação e à liberdade do pensamento em matéria científica, filosófica, religiosa ou artística.

Eis, a seguir, para início de meditação e estudo, dois pronunciamentos da maior relevância:

> Várias vezes já nos perguntaram, em nosso jornal, aos ataques de certas folhas, dirigidos contra o Espiritismo em geral, contra seus partidários e, por vezes, contra nós. Acreditamos que o silêncio, em certos casos, é a melhor resposta. Aliás, há um gênero de polêmica do qual

> tomamos por norma nos abstermos: é aquela que pode degenerar em personalismos; não somente ela nos repugna, como nos tomaria um tempo que podemos empregar mais utilmente, o que seria muito pouco interessante para os nossos leitores, que assinam a revista para se instruírem, e não para ouvirem diatribes mais ou menos espirituosas. Ora, uma vez engajado nesse caminho, difícil seria dele sair; razão por que preferimos nele não entrar, com o que o Espiritismo só tem a ganhar em dignidade. [...] (*Revista Espírita*, nov. 1858, Polêmica espírita).

> [...] Há céticos que negam até à evidência, e os próprios milagres não os convenceriam. Há mesmo os que ficariam bem aborrecidos de serem forçados a crer, pois o seu amor-próprio sofreria ao reconhecerem que se enganaram. O que responder a certas pessoas que, em toda parte, não enxergam senão charlatanismo e ilusão? Nada. É preciso deixá-las em paz para que digam, enquanto queiram, que nada viram e, até mesmo, que nada lhes pudemos fazer ver. A par desses céticos endurecidos, há os que querem ver a seu modo; aqueles que, formada uma opinião, a ela tudo querem submeter, por não compreenderem a existência de fenômenos que não lhes obedecem à vontade. Ou não sabem, ou não querem dobrar-se às condições necessárias. [...] (*Revista Espírita*, jun. 1859, Intervenção da Ciência no Espiritismo).

Em 1863, Allan Kardec escreve duas cartas ao padre Marouzeau, referentes à brochura *Réfutation complète de la doctrine spirite au point de vue religieux*, publicada dois anos atrás. As cartas foram estampadas nos meses de julho e setembro de 1863, e delas traduzimos os trechos a seguir:

> Antes de mais, dir-vos-ei que se não respondi diretamente à vossa brochura, foi porque me havíeis anunciado que ela deveria enterrar-nos vivos. Quis eu, então, aguardar o acontecimento e constato com prazer que não estamos mortos; que até o Espiritismo está um pouco mais vivaz que antes; que o número das sociedades se multiplica em todos os países; que por toda parte onde pregaram contra ele cresceu o número de adeptos; que tal crescimento está na razão da violência dos ataques. [...]
> Sabeis, senhor vigário, que a vossa brochura foi seguida de grande número de outras. A vossa tem, sobre muitas, um mérito: o da perfeita urbanidade. Quereis matar-nos polidamente e vos sou grato por isso. Mas em toda parte os argumentos são os mesmos, enunciados mais ou menos polidamente e num francês mais ou menos correto. Para

as refutar todas, artigo por artigo, teria sido preciso que me repetisse sem cessar, e, francamente, tenho coisas mais importantes a fazer. [...] Sou um homem positivo, sem entusiasmo, que tudo julga friamente. Raciocino de acordo com os fatos e digo: já que os espíritas são mais numerosos do que nunca, apesar da brochura do Sr. Marouzeau e de todas as outras, e malgrado todos os sermões e pastorais, é que os argumentos invocados não convenceram as massas, provocando efeito contrário. Ora, julgar do valor da causa por seus efeitos, creio que é lógica elementar. Desde então, para que os refutar? [...] Vejo as coisas de um ponto de vista diverso do vosso, senhor vigário. Como um general que observa o movimento da batalha, julgo a força dos golpes, não o ruído que fazem, mas o efeito que produzem; é o conjunto que vejo. Ora, o conjunto é satisfatório; eis tudo o que é preciso. Assim, as respostas individuais não teriam utilidade. Quando trato de uma maneira geral das questões levantadas por algum adversário, não é para o convencer, coisa com que não me preocupo absolutamente, e ainda menos para o fazer renunciar à sua crença, que respeito quando sincera: é unicamente para a instrução dos espíritas e porque encontro um ponto a desenvolver ou a esclarecer. Refuto os princípios e não os indivíduos; os primeiros ficam e os indivíduos desaparecem, razão por que pouco me inquieto com personalidades que amanhã talvez não mais existam e das quais não mais se fale, seja qual for a importância que procurem dar-se. Vejo muito mais o futuro que o presente, o conjunto e as coisas importantes mais que os fatos isolados e secundários. Aos nossos olhos, reconduzir ao bem é a verdadeira conversão. Um homem arrancado às suas más inclinações e reconduzido a Deus e à caridade *para com todos* pelo Espiritismo é, para nós, a mais útil vitória; é a que nos causa a maior alegria e agradecemos a Deus por no-la dar tantas vezes. Para nós a mais honrosa vitória não consiste em afastar um indivíduo de tal ou qual culto, desta ou daquela crença, pela violência ou pelo medo, mas de o subtrair do mal pela persuasão. [...] (*Revista Espírita*, jul. 1863, Primeira carta ao padre Marouzeau).

Da brochura do padre Marouzeau, Allan Kardec transcreve a seguinte passagem, talvez a mais interessante de todas:

[...] "Concluamos de tudo isto que o Espiritismo deve limitar-se a combater o materialismo, e a dar ao homem provas palpáveis de sua imortalidade, por meio de manifestações de Além-Túmulo bem constatadas; que, fora deste caso, tudo nele não passa de incerteza, trevas espessas, ilusões, um verdadeiro caos; que, como doutrina filosófico-religiosa, é apenas uma utopia, como tantas outras consignadas na História e da qual o tempo fará boa justiça, a despeito do exército espiritual, de que vos constituístes comandante em chefe." (*Revista Espírita*, set. 1863, Segunda carta ao padre Marouzeau).

Com relação ao trecho inicial do citado parágrafo, Kardec di-lo estar em contradição com a doutrina da Igreja e tece excelente comentário, que assim começa:

> [...] Então o Espiritismo serve para alguma coisa! Se as manifestações de Além-Túmulo são úteis para destruir o materialismo e provar a imortalidade da alma, não é o diabo que se manifesta. [...]

Quanto ao final do parágrafo de Marouzeau, o Codificador não o deixa passar em brancas nuvens, pondo as coisas no seu devido lugar:

> [...] Antes de mais, perguntarei o que entendeis por *exército espiritual*. É o exército dos Espíritos ou o dos espíritas? A primeira interpretação vos levaria a dizer um absurdo; a segunda, uma falsidade, pois é notório que jamais me *constituí* chefe, seja o que for. Se os espíritas dão-me esse título, é por um sentimento espontâneo de sua parte, em razão da confiança que se dignaram de me conceder, ao passo que dais a entender que me impus e tomei essa iniciativa, coisa que nego formalmente. Aliás, se o sucesso da Doutrina que professo me dá certa autoridade sobre os adeptos, é uma autoridade puramente moral, que não uso senão para lhes recomendar calma, moderação e abstenção de qualquer represália contra os que os tratam mais indignamente, para lhes lembrar, numa palavra, a prática da caridade mesmo para com seus inimigos.

O padre Marouzeau esperava que Kardec reconhecesse seus erros, ao que este responde:

> [...] Não o creio e, francamente, não são os argumentos de vossa brochura que me farão mudar de opinião, nem desertar do posto em que me colocou a Providência, no qual tenho todas as alegrias morais a que um homem pode aspirar neste mundo, vendo frutificar o que semeou. É uma felicidade muito grande e muito doce, eu vos asseguro, à vista do que tornou felizes, de tantos homens arrancados ao desespero, ao suicídio, à brutalidade das paixões e reconduzidos ao bem. Uma só de suas bênçãos me paga largamente todas as fadigas e de todos os insultos. Não está no poder de ninguém me arrancar esta felicidade;

não a conheceis, visto que me quereis tirar. Eu vo-la desejo de toda a minha alma; tentai e vereis.

"[...] A caridade e a fraternidade" — enfatiza o mestre — "se reconhecem por suas obras e não por palavras; [...] é a pedra de toque, pela qual se reconhece a sinceridade de sentimentos. E em Espiritismo, quando se fala de caridade, sabe-se que não se trata apenas daquela que dá, mas também, e sobretudo, da que esquece e perdoa, que é benevolente e indulgente, que repudia todo sentimento de ciúme e de rancor. Toda reunião espírita que se fundasse sobre o princípio da verdadeira caridade seria mais prejudicial que útil à causa, porque tenderá a dividir, em vez de unir [...]." (*Revista Espírita*, jan. 1864, Inauguração de vários Grupos e Sociedades Espíritas).

"É um grave erro acreditar" — escreve convictamente o Codificador — "que a sorte do Espiritismo depende da adesão desta ou daquela individualidade; ele se apoia em base mais sólida: o assentimento das massas, nas quais a opinião dos menores pesa tanto quanto a dos maiores. Não é uma pedra única que faz a solidez de um edifício, pois uma pedra pode ser derrubada, mas o conjunto de todas as pedras que lhe servem de fundação. Numa questão de tão vasto interesse, a importância das individualidades, considerada em si mesma, de certo modo se apaga; cada uma traz o seu contingente de ação, mas, se algumas faltam ao chamado, nem por isso sofre o conjunto" (*Revista Espírita*, dez. 1863, O Espiritismo na Argélia).

Em "Aos nossos correspondentes", na *Revista Espírita* de janeiro de 1867, Kardec diz, entre outras coisas:

> Aos que têm a bondade de fazer votos pelo prolongamento de nossa permanência na Terra, no interesse do Espiritismo, diremos que ninguém é indispensável para a execução dos desígnios de Deus; o que fizemos, outros o poderiam ter feito e o que não pudermos fazer, outros o farão; assim, quando lhe aprouver chamar-nos, ele saberá prover à continuação de sua obra. Aquele que for chamado a lhe tomar as rédeas cresce na sombra e se revelará quando for o tempo, não por sua pretensão a uma supremacia qualquer, mas por seus atos, que o assinalarão à atenção de todos. Neste momento, ele próprio o ignora e é útil, por enquanto, que se mantenha à margem.

Na *Revista Espírita* de janeiro de 1868, ao fazer breve retrospecto do Movimento Espírita de 1867, finaliza assim:

[...] Aos que nos dizem: coragem! diremos que jamais recuaremos diante de qualquer das necessidades de nossa posição, por mais duras que sejam. Que contem conosco, como neles contamos encontrar, no dia da vitória, soldados da véspera, e não soldados do dia seguinte. (Golpe de vista retrospectivo).

4. Resposta aos espíritas lioneses. – Tarefas gigantescas. – Aflições e fadigas; parcos recursos; planos a serem executados ou legados. – Expectativas ultrapassadas. – Táticas principais dos inimigos do Espiritismo. – "Afastai cuidadosamente de vossas reuniões tudo quanto disser respeito à política e às questões irritantes". – Arvorai bem alto a divisa: "Fora da Caridade...". – Uma quarta parte das tarefas: a correspondência. – Sozinho para fazer tudo. – Alocução de 6 de outubro de 1865 na Sociedade de Paris. – A humildade de Kardec. – Recomendava: "Coragem e Perseverança!"

Por ocasião da passagem do Ano-Novo de 1862, os espíritas de Lyon dirigiram a Allan Kardec mensagem subscrita por cerca de 200 assinaturas, mensagem a que ele responde com longa carta, da qual extraímos os trechos a seguir:

[...] Considero um grande favor do Céu poder testemunhar o bem que ela [a Doutrina Espírita] já fez. Essa certeza, da qual diariamente recebo os mais tocantes testemunhos, paga-me com juros todas as penas e fadigas. Não peço a Deus senão uma graça: a de me dar a força física suficiente para ir até o fim de minha tarefa, que está longe de terminar. Mas, haja o que houver, terei sempre a consolação da certeza de que a semente das ideias novas, agora espalhada por toda parte, é imperecível. [...]Só lamento que a exiguidade de meus recursos pessoais não me tenha permitido pôr em execução os planos que tracei, a fim de que o avanço ocorresse de maneira ainda mais rápida. No entanto, se, em sua sabedoria, Deus o quis de outro modo, legarei esses planos aos meus sucessores que, sem dúvida,

> haverão de ser mais felizes. Apesar da penúria dos recursos materiais, o movimento que se opera na opinião pública ultrapassou toda a expectativa. [...] (*Revista Espírita*, fev. 1862, Votos de boas-festas – Resposta dirigida aos espíritas lioneses por ocasião do Ano-Novo).

Satisfazendo ao pedido dos amigos de Lyon, o mestre lhes dá vários conselhos, prevenindo-os das principais táticas que os inimigos do Espiritismo usariam com maior intensidade, quais a de tentar dividir os espíritas "[...] criando sistemas divergentes e suscitando entre eles a desconfiança e a inveja [...]"; a de "[...] procurar comprometer os espíritas, induzindo-os a se afastarem do verdadeiro objetivo da Doutrina, que é o da moral, para abordarem questões que não são de sua competência e que poderiam, com toda razão, despertar suscetibilidades [...] afastai cuidadosamente de vossas reuniões tudo quanto disser a respeito à política e às questões irritantes [...]."

"[...] Ficai avisados de que a luta não terminou. Estou prevenido de que tentarão um supremo esforço, mas não temais: a garantia do sucesso está nesta divisa, que é a de todos os verdadeiros espíritas: *Fora da caridade não há salvação*. Empunhai-a bem alto, porque ela é a cabeça de medusa para os egoístas."

Bem grande era a correspondência enviada a Kardec, vendo-se ele, por vezes, na impossibilidade material de responder, como desejava, às cartas a ele endereçadas.

Com respeito às perguntas que lhe eram dirigidas acerca de diferentes pontos de Doutrina, frequentemente repetidas por muitos consulentes, ele procurava responder a todos, ao mesmo tempo, pelas páginas da *Revista Espírita*.

É curioso registrar as múltiplas tarefas que em março de 1862 tomavam todo o tempo de Allan Kardec. Deixemos que este mesmo nos faça o relatório que se segue:

> [...] Há seis meses, a despeito da melhor vontade do mundo, tem-me sido materialmente impossível pôr em dia a correspondência, que se acumula além de todas as previsões. Encontro-me, assim, na condição de um devedor, que busca acordo com os credores sob pena de suspender o pagamento. À medida que algumas dívidas são pagas, chegam novas e mais numerosas obrigações, de sorte que o débito, ao invés de diminuir, aumenta sem cessar. Neste momento já me encontro em presença de um passivo de mais de duzentas cartas. Ora, sendo a média diária de dez, não vislumbro nenhum meio de me liberar, a não ser obtendo de vossa parte um *sursis* ilimitado.

> Longe de mim lamentar-me pelo número de cartas que recebo, pois isto é uma prova irrecusável do progresso da Doutrina, e em sua maioria exprimem sentimentos que me sensibilizam profundamente, constituindo-se para mim arquivos de preço inestimável [...].
> Só a correspondência seria suficiente para absorver todo o meu tempo, contudo ela apenas constitui a quarta parte das ocupações necessárias à tarefa que empreendi, tarefa cujo desenvolvimento, no início de minha carreira espírita, eu estava longe de prever. Assim, várias publicações importantes se acham paradas por falta do tempo necessário para trabalhá-las, e acabo de receber, dos meus guias espirituais, um convite *premente* para delas me ocupar sem tardança, *pondo tudo de lado* em favor das causas urgentes. Vejo-me forçado, pois, a menos que falhe na realização da obra tão felizmente iniciada, a operar uma espécie de liquidação epistolar para o passado e limitar-me, quanto ao futuro, às respostas estritamente necessárias, além de pedir, coletivamente, aos meus distintos correspondentes que aceitem a expressão da minha viva e sincera gratidão pelos testemunhos de simpatia que hão por bem me dar.
> [...]
> À medida que a Doutrina cresce, minhas relações se multiplicam e aumentam os deveres de minha posição, o que me obriga a negligenciar um pouco os detalhes, em benefício dos interesses gerais, porque o tempo e as forças do homem têm limites e eu confesso que as minhas, de algum tempo a esta parte, têm-me faltado e não posso ter o repouso que, por vezes, me seria tanto mais necessário quanto não conto senão comigo para dedicar-me às minhas ocupações. (Aos nossos correspondentes).

Em novembro de 1862, volta a falar da volumosa correspondência que lhe chegava diariamente e pede indulgência pela falta de pontualidade nas respostas. Acrescenta que só esse trabalho absorveria o tempo de duas pessoas, e "nós somos só", frisava ele, considerando ainda que tinha outras obrigações inadiáveis. Longe de se lastimar pelo número de cartas que lhe escreviam, apenas "Esperamos" — segundo os Espíritos lhe prometeram — "que dia virá em que teremos uma colaboração permanente e assídua, a fim de que tudo possa marchar satisfatoriamente [...]." (*Revista Espírita*, 1862, Aos nossos correspondentes).

Na reabertura das sessões da Sociedade de Paris, a 6 de outubro de 1865, Kardec pronunciou uma alocução, em que se refere ao desagradável caso dos irmãos Davenport, entrando em várias considerações de ordem doutrinária.

Eis dois trechos relacionados com as tarefas do Codificador:

Desde nossa separação soube muitas coisas, senhores. Porque não penseis que durante esta interrupção de nossos trabalhos eu tenha ido gozar as doçuras do *far niente*. É verdade que não fui visitar centros espíritas, mas nem por isto vi menos ou deixei de observar. Assim, trabalhei muito.
[...]
Deus me guarde da presunção de me julgar o único capaz, ou mais capaz do que outros, ou o único encarregado de realizar os desígnios da Providência. Não; longe de mim tal pensamento. Nesse grande movimento renovador, tenho minha parte de ação. Assim, só falo do que me diz respeito; mas o que posso afirmar sem jactância é que, no papel que me incumbe, não me faltam coragem nem perseverança. Jamais falhei; mas hoje, que vejo a rota iluminar-se com uma claridade maravilhosa, sinto que as forças cresceram. Jamais duvidei; mas hoje, graças às novas luzes que a Deus aprouve dar-me, estou certo, e digo a todos os nossos irmãos, com mais segurança do que nunca: coragem e perseverança, porque um retumbante coroará nossos esforços. (*Revista Espírita*, nov. 1865, Alocução – Na reabertura das sessões da Sociedade de Paris).

5. A correspondência de Allan Kardec. – Vasto campo experimental (como era a *Revista Espírita*). – Histórico de uma divulgação (Paul Bodier). – Estratégia na ação de Kardec. – Inscreveu voluntários para futuras jornadas. – O progresso é um parto laborioso. – Vasto repositório da História do Espiritismo moderno.

Em 1913, a Federação Espírita Brasileira (FEB) foi instada por confrades franceses a secundar *La Revue Spirite*[244] na divulgação da "Correspondência Póstuma de Allan Kardec", abrangendo o período de 1857 a 1869. "O Sr. Paul Leymarie,[245] diretor da *Revista Espírita*, fundada pelo mestre em 1858, julgou de utilidade inserir na dita revista

---

[244] O artigo "La" só foi preposto ao nome da *Revue Spirite* a partir de 1913. Mas, os franceses custaram muito a se habituar com a inovação; por isso, no início, ainda usaram várias vezes a grafia antiga na própria *La Revue Spirite*.

[245] Não confundir com o pai, Pierre-Gaëtan Leymarie, companheiro e amigo de Kardec, e também administrador e redator responsável da *Revista* durante longo tempo.

alguns extratos dessa correspondência, cuja publicação parece impor-se, muito particularmente na época atual". "Escritores, pensadores, políticos, eclesiásticos, sábios, homens de todas as condições e de todos os países corresponderam-se com Allan Kardec". "Com incansável paciência e a fé esclarecida de um apóstolo seguro de sua missão, com toda a sua energia e talento de escritor, o grande Iniciador esforçou-se por consolar, satisfazer e instruir, abrindo às almas aflitas e torturadas as ridentes e doces perspectivas da vida supraterrestre. *Minha correspondência* — escreve em uma de suas cartas, a primeira que vai aparecer no número de dezembro de 1913 da *Revista Espírita* — será um dia, quando eu tiver desaparecido, uma coisa bem curiosa: será o mais vasto repertório da história do Espiritismo moderno".

As palavras de Paul Bodier,[246] que reproduzimos entre aspas, são parte das que ele escreveu no *Prefácio* à publicação referida e que estamos recolhendo de *Reformador*, janeiro de1914, páginas 4 a 7. O nosso órgão não se limitou a anuir ao convite que lhe vinha de Paris, acolhendo, desde logo, em suas páginas a importante correspondência do Codificador, pois teve, também, a primazia de estampar algumas cartas, às vezes seguidas de ligeiros comentários do apresentador aludido, já que a guerra europeia de 1914–1918 causou problemas à *Revista*, obrigando-a a atrasos e interrupções, enquanto o *Reformador*, inobstante as dificuldades de outra ordem, peculiares à época e ao meio, conseguia manter-se à tona, propagando as questões e os ensinos, os fatos e as notícias pertinentes à Doutrina e ao Movimento do Espiritismo.

"Mais tarde" — dizia Paul Bodier —, "a reunião de todas essas cartas,[247] classificadas cronologicamente, será suscetível de formar muitos volumes; mas, antes dessa exibição definitiva, achamos que devíamos dar

---

246 Os nossos leitores já o conhecem: é o autor do livro *A granja do silêncio* (Documentos póstumos de um doutor em Medicina relativos a um caso de reencarnação), prefaciado por Gabriel Delanne, na qualidade de presidente da União Espírita da França, e traduzido por Guilon Ribeiro para a FEB.

247 Como é do conhecimento público, o Dr. Canuto Abreu é possuidor de volumosa correspondência original (rascunhos manuscritos) de Kardec. Em junho de 1974, esse nosso confrade gentilmente nos exibiu algumas peças de sua vasta coleção, uma delas pertinente à oferta de um exemplar de *O livros dos espíritos*, em abril de 1857, pelo Codificador, ao Sr. Pâtier, responsável em pt. pela iniciação de Allan Kardec no Espiritismo, segundo se depreende da referida carta. Quase todos os manuscritos são inéditos.

Em virtude de as cartas publicadas na *Revista*, dentro do esquema traçado pela sua direção e sob a orientação de Paul Bodier, não terem atingido grande número de originais, como se esperava, entendemos que isso já foi decorrência da destruição de documentos por motivo de guerra 1914–1918 (fenômeno que se repetiu, com importantes papéis do Espiritismo, em 1939–1945).

Não excluímos a possibilidade, entretanto, de que muitos documentos tenham sido salvos, daqueles que constituiriam os muitos volumes do Sr. Paul Bodier, e estejam integrando o rico e bem catalogado acervo do nosso amigo de São Paulo, Dr. Canuto Abreu.

importantes extratos, persuadidos de antemão de que serão favoravelmente acolhidos pelos admiradores do mestre".

* * *

Veremos, a seguir, que as epístolas de Kardec, ainda aquelas redigidas por secretário, longe de se ligarem a razões de mera formalidade convencional, obedeciam a ditames de invariável essencialidade, revelando na figura cativante do missionário de Lyon a clareza, a precisão e a lógica rigorosas que ressaltam dos seus trabalhos publicados, ao mesmo tempo que da sua superioridade moral, emergente das palavras, conceitos e atitudes, sobressaía aquela imensa humildade que fora a sua fortaleza de todas as horas, humildade que o conservara sereno e tranquilo na luta até o fim da jornada.

* * *

Em 1865, com carta de 24 de setembro, o Sr. J. P. Sanson remeteu de Madri a Allan Kardec uma coletânea de poesias que escreveu com o fim de popularizar na Espanha as ideias espíritas. O mestre respondeu àquela missiva nestes termos:

> Senhor. Só muito tardiamente recebi vossa carta de 24 de setembro de 1865, assim como o volume de poesias que a acompanhava. *Não agradeci mais cedo porque, não compreendendo a linguagem espanhola, não podia apreciá-las por mim mesmo*, a meu pesar. *Tive de confiá-las a pessoa mais capaz* e só há pouco tempo foi-me restituído o volume com uma análise que me prova quanto a nossa bela doutrina felizmente vos inspirou. É uma mina fecunda para a literatura e as belas-artes, que um dia nela se avigorarão largamente. [...] (Grifo nosso).

Depois dessas demonstrações de modéstia e humildade, e da previsão do desenvolvimento da literatura espírita — em plena realização no século XX — e da arte inspirada nos ensinos da revelação nova, vejamos uns parágrafos da carta de 30 de dezembro, do mesmo ano, endereçada ao Sr. Villou:

> [...] mas estais enganado pensando que estou impaciente por deixar a Terra. Certamente, não é ela uma mansão agradável, mas, como minha tarefa não está ainda cumprida, peço a Deus que me dê forças e tempo para terminá-la. Entregue ao dever que ela me impõe, encaro,

graças a Deus, as coisas de um ponto assaz elevado para suportar com indiferença as coisas da vida. Deus, em sua bondade, concede-me além disso tão doces e numerosas compensações que eu seria muito ingrato se me queixasse. Se aqueles que se ligam ostensivamente com meus inimigos pudessem ver o fundo de meu coração compreenderiam que perdem o tempo. O resultado que obtêm é fazer-me estremar os amigos duvidosos dos amigos sinceros e devotados. Lastimo aqueles que esperam, por pequenas intrigas, impedir a marcha das coisas. Não é contra mim que eles se ligam, mas contra a vontade de Deus, que lhes pedirá contas do moral de todas as suas ações. Não é a mim que pertence julgá-los; não posso senão implorar para eles a misericórdia do soberano Mestre. Recebei etc.

A fé raciocinada era, na vida de Kardec, autêntica, experimental, como no-lo revelam suas palavras cheias de conformação às asperezas da existência e de confiança na Providência Divina, mas conformação e confiança ativas no ininterrupto trabalho a que se impunha, no esforço de cumprir plenamente o seu dever — a sistematização dos ensinos do Espiritismo. Tudo isso mais se configura nas linhas abaixo, de 13 de janeiro de 1865, à Sra. Bouillant, de Lyon, além da polida e franca abordagem de delicadíssimo assunto contido na carta sob resposta:

> Quando vejo os benefícios da doutrina, as consolações que ela oferece, considero-me largamente pago de todas as minhas fadigas e pergunto o que são a par disso as diatribes de alguns detratores invejosos e ciumentos que não pensariam em mim se não estivessem aterrorizados pelos progressos da doutrina. Desejais tanto estar comigo em minha próxima volta à Terra que me recomendais incessantemente não me esquecer de vos inscrever. Não sabeis a quanto vos comprometeis; a tarefa será, talvez, mais rude do que supondes. Ser-me-ão necessários companheiros firmes que não recuem diante de nada; eu os manterei na vanguarda. Tanto pior para vós se vos arrependerdes mais tarde; estais arregimentados, vós e o Sr. Bouillant, e não podeis mais recuar, a menos de ser desertor [sic]. Cumprimentos ao Sr. Bouillant e acreditai no devotamento de Allan Kardec.

Quando escreveu, em 5 de janeiro de 1863, ao Sr. Normand, advogado, secretário da Sociedade Espírita de Tours, o mestre revelou-se atilado psicólogo e não menor estrategista no trato de problemas de alta relevância no âmbito do Movimento Espiritista:

> [...] em presença de semelhante resultado (pertinente ao futuro da Humanidade), as questões de pessoas devem desaparecer, como quando se trata de uma grande batalha que deve decidir da sorte de um império. Considerar-me-ia feliz se pudesse inscrever a Sociedade Espírita de Tours no número dos melhores trabalhadores e aqueles que a dirigem no número dos melhores generais da grande falange espírita; mas, não se deve perder de vista que o melhor general é aquele que sabe aliar a prudência à coragem. Se virdes o inimigo extraviar-se, não vos apresseis em atacá-lo; deixai-o, ao contrário, embaraçar-se na sua própria rede e então não tereis grande trabalho para vencê-lo, porque ele se enfraquece e se desacredita e mata-se a si mesmo por seus próprios excessos.

O trabalho de implantação do Espiritismo no mundo realmente não se consolidou sem lutas, e estas Kardec teve de vencê-las por fora e por dentro da área do edifício da Codificação, envolto em considerável andaimaria. É o que observaremos mais pormenorizadamente, a seguir, principiando por tópicos da carta ao Sr. T. Jaubert, em resposta à que este lhe endereçara em fins de 1865 e lida na Sociedade de Paris:

> Há tantas pessoas que não apanham senão a superfície das melhores coisas! E, demais, é preciso considerar que alguns veem no Espiritismo muito menos assunto de convicção do que uma nova mina a explorar... Finalmente, devemos fazer entrar em linha de conta os falsos irmãos, dóceis agentes de seitas tenebrosas, que tomam todas as máscaras para se insinuarem por toda parte; lobos que se vestem com pele de ovelhas para se introduzirem no redil; hipócritas de devotamento factício que, com o auxílio de falências verdadeiras ou simuladas, esperam lançar a desordem e o desânimo nas fileiras... Sim, caro Sr., é preciso que a Humanidade crie pele nova para se purgar de todas as suas chagas! Os inimigos mais poderosos do Espiritismo não são seus adversários abertamente declarados, mas aqueles que lhe tomam a máscara. Fiscalizar todas as suas intrigas e frustrá-las com prudência não é a parte menos rude e menos penosa da minha tarefa. Felizmente, tenho por mim a coragem e a perseverança que dão a certeza de conseguir o fim. Conheço os homens e de nada me admiro; sei que as grandes ideias não se estabelecem sem luta; sei que terei ainda grandes obstáculos a vencer, mas não os temo porque sei que a vontade dos homens nada pode contra a vontade de Deus. O progresso é um parto laborioso que encontra resistência tenaz nos abusos que ele tem de arrancar e que lhe disputam o terreno, palmo a palmo. Digamos ainda outra coisa — evito falar de mim —, é que se o êxito de minhas obras é

causa de alegria para os adeptos sinceros, o é para alguns uma dor de coração: o crédito que esse sucesso me dá os ofusca. Não são verdadeiros espíritas, direis; de acordo; mas querem ter-lhes a aparência. Têm ciúmes da minha posição! Desejaria vê-los em meu lugar, trabalhando sem tréguas nem descanso, acabrunhado pela fadiga e pelas vigílias, com o espírito sempre tenso, o olhar constantemente sobre todos os pontos do horizonte para vigiar a minha barca à feição e conduzi-la mais seguramente ao porto e isso sem poder tomar o repouso que seria necessário à minha saúde. Ao menos o marinheiro, uma vez no porto, descansa; para mim, o porto é no outro mundo.

As respostas dirigidas por meio de secretário não eram, como chamamos a atenção linhas atrás, formais, superficiais. Eis parte da que foi dada a um professor que anteriormente merecera uma carta do mestre a propósito de comunicação de Voltaire, publicada na *Revista* em 1862:

O Sr. Allan Kardec, como outro qualquer, não tem a pretensão de satisfazer a todos; se achais o Espiritismo muito católico, outros supõem que não o é bastante. Entre estas duas apreciações, encontra-se uma massa, crescente dia a dia, que o considera como a filosofia mais racional". "Deixemos, pois, ao tempo o cuidado de esclarecer os pontos ainda obscuros, porque cada dia se alarga o círculo dos mistérios que ele revela. O Sr. Allan Kardec, que acompanha esse progresso, sabe também que não se deve, por uma impaciência inconsiderada, ultrapassar a ordem das coisas, e que, antes de colher, é necessário deixar que o grão amadureça". "Além de muitas questões secundárias que encontrarão solução ulteriormente, há uma que domina todas, é a prova da existência da alma e da vida futura, baseada em fatos e apresentada sob aspecto mais racional do que até hoje se fizera; somente dessa prova decorrem consequências de incalculável alcance para o futuro da Humanidade". "Termino dizendo-vos que o Sr. Allan Kardec tomou muito em consideração as vossas observações, que encontrarão lugar, em tempo útil, em seus escritos ulteriores. Recebei etc.

A correspondência e a *Revista Espírita* constituíam para Kardec — e é importante lembrarmo-nos disso — vasto campo experimental, no qual ensaiava junto à opinião pública — àquela parte consciente e ativa da coletividade que se não confunde com a massa inconsciente e passiva —, o desenvolvimento das ideias e a gradação dos ensinamentos, pois não ignorava que tudo vem, no mecanismo sensível da evolução, no tempo próprio. É por isso que, às vezes, e não poucas, identificamos em suas cartas, como anteriormente constatáramos em artigos e mensagens mediúnicas na *Revista*, estudos pelo mestre incorporados às páginas dos livros da Codificação e aos escritos que deixou entre seus papéis, e que P.-G. Leymarie reuniu e fez publicar sob o título de *Obras póstumas*, em 1890 — vinte e um anos após a desencarnação do missionário de Lyon.

Na carta abaixo, dirigida à Sra. M... (*Reformador*, 1914, p. 369 e 370), encontraremos Allan Kardec, em sua bondade e humildade habituais, analisando a situação da sua pessoa, da tarefa que lhe fora confiada, dos companheiros de lutas em face dos deveres comuns, das dificuldades que encontrava, da posição de firmeza por ele assumida e do rumo a ser seguido — tudo objetivando, sem equívocos nem ambiguidades, o fiel e integral cumprimento daquilo de que lhe incumbira o Espírito de Verdade: a implantação na Terra do Consolador prometido por Jesus Cristo. O caráter sem jaça do valoroso Codificador do Espiritismo pode ser avaliado por este documento transcrito integralmente, e que se constitui, como tantos outros, em *termômetro imparcial*, no dizer do Dr. Demeure, e parte importante do *mais vasto repertório da história do Espiritismo moderno*, na apreciação do próprio Kardec.

> Cara Senhora. Embora tenha tido o prazer de ver o Sr. M... na sexta-feira última, não me julgo dispensado de agradecer-vos pessoalmente a boa e afetuosa carta que tivestes a bondade de escrever-me e os testemunhos de simpatia que ela encerra.
> Minha pessoa é questão secundária: eu sei que a verdade será um dia conhecida e que isso não se dará para a maior glória de certas pessoas; mas, cada coisa deve vir a seu tempo e esta é desse número.
> Certamente, minha tarefa não é toda de rosas, e o que aumenta a dificuldade é que a maior parte cai sobre mim; é que muitas vezes aqueles que deveriam secundar-me trazem-me peias e suscitam embaraços. Mas, que é que isso me faz, desde que sei que hei de chegar ao fim? Sinto um pouco mais de peso e eis tudo. Isso não traz prejuízo nem a mim nem à Doutrina, mas àqueles que não tiverem querido partilhar as fadigas e os perigos da campanha, colherão o que semearam.
> Não me lamenteis, porque eu próprio não me queixo; tenho a pele de um elefante para as mordidelas; ela é à prova de bala. Tenho além disso tantos bálsamos para acalmá-las, quando não fossem cartas da natureza da vossa. Tudo isso é necessário e tem sua utilidade. Jesus não teve seu Judas? Ora, eu, que estou longe de ser Jesus, devo admirar-me de os ter, às dúzias? Isso me está anunciado há muito tempo, e tudo que me acontece não me impede de seguir meu caminho reto e de

marchar a meu fim. Dia virá, tenho a certeza, em que o Espiritismo terá campeões devotados, que saberão falar alto e fazer calar as más línguas e em que eu próprio serei secundado por homens de coração na minha tarefa pessoal, que crescerá em lugar de diminuir.

Não creais, minha cara senhora, que minhas respostas e explicações sejam de natureza a acalmar a malevolência; longe disso, quanto mais irrefutáveis forem elas, mais irritação causarão a certos indivíduos, como é lógico, porque eles não procuram convencer-se da verdade: ora, quanto mais clara é a verdade, mais os ofusca. Aqueles, sobretudo, que se escondem sob falsas máscaras ficarão furiosos por se verem adivinhados. Não querendo confessar-se vencidos, forjam novas armas, inventam novos estratagemas, e é querendo salvar-se que se perdem, porque se desmascaram.

Há pessoas que nunca me perdoarão o ter sido bem-sucedido e que prefeririam ver perecer o Espiritismo, ao verem-no prosperar em outras mãos que não as suas. Mas, se fui bem-sucedido, não é ao meu mérito pessoal que o devo — porque não tenho a tola pretensão de ser o único homem no mundo capaz de levar esse negócio a bom fim: é ao apoio dos bons Espíritos, que quiseram servir-se de mim; é, pois, dos Espíritos que eles se devem queixar de não terem sido escolhidos. Os Espíritos têm muita razão de dizer que o Espiritismo levanta a vasa do mundo encarnado e desencarnado e dele faz sair uma multidão de animais venenosos. Nunca doutrina alguma causou tanta inquietação nem cólera e é o que prova a sua importância. Parece-me ver bandos de pássaros que se agitam, se inquietam e gritam à aproximação da tempestade.

Mas, embora rindo-me desse rebuliço, vejo que devo agir com extrema prudência para governar meu barco por meio dos escolhos; avançar ou parar a propósito, interrogando os quatro ventos do horizonte. É um combate perpétuo com o inimigo, que está em face, ocupado em barrar a passagem, e o que está por trás, procurando nos morder as pernas e para o qual é muitas vezes de alta política fingir-se morto. É preciso que eu esteja sempre alerta, sempre trabalhando na construção do edifício. Semelhante aos colonos do deserto, é preciso que eu tenha a enxada numa mão e a espada na outra.

Mas, através da bruma, tenho uma bússola segura que me mostra a estrela polar e o ponto a que devo chegar; e se sucumbisse antes de alcançá-lo, Deus providenciaria, porque, falhe eu cedo ou tarde, Ele não deixará sua obra inacabada: as obras divinas não repousam sobre a cabeça frágil de um homem: se um instrumento se quebra, é imediatamente substituído. Deus tem-nos sempre de sobressalente; é para pô-las em prova que Ele permite que certas pessoas se façam conhecer desde já pelo seu justo valor. Tenho sido, e sou ainda agora, ao mesmo tempo, o capitão e o tenente, mas o alferes virá e, por sua vez, tornar-se-á capitão; somente é preciso ganhar suas esporas.

Perdão, senhora, de toda esta verbiagem, à qual me levou, sem que eu percebesse, não sei que Espírito tagarela. Se eu não o fizesse parar, ele diria muito mais.

A Sra. Allan Kardec incumbe-me de vos apresentar e a vossas senhoritas os mais afetuosos cumprimentos e eu vos ofereço, assim como a toda a família, a expressão de meu inteiro devotamento.

ALLAN KARDEC

(Este nosso trabalho foi publicado em *Reformador* de setembro de 1974, p. 262 a 264 e 284 a 286. Embora, adiante, ainda façamos referência à correspondência do mestre, nem por isso estão esgotados todos os pontos nela abordados. Para outras consultas, podem ser lidas as coleções de *Reformador* de 1914, p. 4 a 9; 97 a 100; 178 a 181; 226 a 229; 287 a 289; 321 a 323; 361 a 363; 369 a 372; de 1917, p. 268 a 271; 285 a 286; 316 a 319; 331 a 334 (e p. 226, sobre *La Revue* (Nota), cf. *Revista Espírita* de 1916, p. 128); de 1918, p. 58 a 60; 91 a 94; 281 a 283; e de 1920, p. 133 a 135. As páginas 361 a 363, de 1914, indicadas, são de estudo sobre o perispírito, por Allan Kardec, e não de correspondência póstuma.)

6. As viagens espíritas de Allan Kardec: anos de 1860, 1861, 1862, 1864, 1866 e 1867. – Amplos esclarecimentos doutrinários e práticos do Espiritismo, em reuniões na França e países limítrofes. – O largo e profundo alcance de suas palavras. – O caráter do missionário

É provável que outras viagens, além das arroladas adiante, hajam sido objeto da programação que cumpriu, na visitação ao Movimento, com vistas à orientação e à constatação do andamento da difusão da Doutrina Espírita, em solo francês ou estrangeiro, como o fazia por meio dos livros, da *Revista Espírita*, de companheiros domiciliados em vários pontos do mundo, de emissários de sua confiança, com os quais mantinha contatos em Paris, e de intenso e permanente intercâmbio epistolar.

Não faltava principalmente nessas reuniões efetuadas fora dos limites da cidade de Paris, o alto sentido confraternizador, que, mais que as palavras e os escritos, prova à saciedade a força da fé racional, do espírito de caridade, da vivência da fraternidade verdadeira, da união e da paz nos corações, testificando plenamente que a presença do Consolador, no mundo, não era utópica, mas real.

Allan Kardec escreveu que as coisas ficariam concentradas num só homem, na fase inicial da sistematização doutrinária do Espiritismo, mas que, no futuro, outra seria a maneira ideal para o prosseguimento da obra. Aliás, o que figura na *Constituição do Espiritismo* (texto aumentado, modificado e redigido definitivamente no primeiro trimestre de 1869), nesse sentido, seguramente invalidaria os preparativos ditados pela ideia contida na comunicação de 17 de janeiro de 1857, e em outras posteriores, sobre uma nova encarnação de Kardec, ligada a uma retomada do trabalho que seria interrompido pela desencarnação dele, no ano de 1869 (ele calculara, aproximadamente, 1870). Mas, sobre isso falaremos em outro capítulo.

Realmente, a concentração de encargos foi surpreendente. A rigor, não se compreende como podia aquele grande homem, não obstante todas as qualidades que reunia vinculadas a poderosíssima força de vontade e persistência, manter-se todo o tempo firme e atuante, lúcido e compenetrado, sem esmorecer e sem atrasar etapa alguma da *obra de sua vida* — o Espiritismo. Consideremos, por outro lado, a época, a novidade do assunto, os pouquíssimos recursos, os meios de comunicação, a mentalidade e os costumes, os regimes vigentes no campo das ideias, do pensamento religioso, os interesses terra a terra dos dominadores nas esferas da política, do clero reacionário, da intolerância até mesmo da Imprensa, do ceticismo, do materialismo.

Ele conseguiu, no entanto, tempo, energias e recursos para tudo quanto lhe competia promover. E assim foi que as viagens passaram, a partir de 1860, a integrar sua vasta agenda de obrigações.

1860

Tendo a SPEE entrado em férias no mês de setembro, Allan Kardec aproveitou a oportunidade para, "no interesse do Espiritismo", visitar os espíritas de várias cidades francesas. Em todas recebeu cordial acolhimento, notadamente em Sens, Mâcon, Lyon e Saint-Étienne. Por toda parte verificou, satisfeito, que se ocupavam da Doutrina Espírita de modo sério, compreendendo-lhe o alcance e as consequências futuras. Nas proximidades de Saint-Étienne, ele testemunhou o fenômeno da transfiguração, com uma mocinha que tomava, em certos momentos, a aparência completa de seu irmão, morto havia alguns anos.

Mas é principalmente em Lyon, com espíritas numerosos em todas as classes, contando-se por centenas na classe operária, que o missionário se sentiu duplamente feliz, por ver ali instalado, de modo irreversível, o Espiritismo, e, também, pela alta compreensão que tinham dos verdadeiros objetivos da Doutrina.

Num banquete que os amigos de Lyon ofereceram a Kardec, em 19 de setembro de 1860, o Sr. Guillaume expressa os sentimentos dos espíritas lioneses ao "zeloso propagador da Doutrina Espírita". Kardec publica, a contragosto, essa alocução na *Revista*, rogando aos leitores só verem nas palavras do Sr. Guillaume uma homenagem prestada à Doutrina.

A resposta do Codificador aos correligionários de sua cidade natal ocupa pouco mais de sete páginas da *Revista Espírita* (out., Banquete oferecido pelos espíritas lioneses ao Sr. Allan Kardec). Declara haver encontrado em Lyon apenas espíritas sinceros, que aceitam a Doutrina sob o seu verdadeiro ponto de vista, e isto despertara nele certa surpresa, ao que os Espíritos lhe disseram: *"Por que te admirar? Lyon foi a cidade dos mártires. A fé aqui é viva; ela fornecerá apóstolos ao Espiritismo. Se Paris é o cérebro, Lyon será o coração"*.

A seguir, relaciona três categorias de adeptos, e o interesse geral nos move a transcrevê-las aqui:

> Há, senhores, três categorias de adeptos: os que se limitam a acreditar na realidade das manifestações e que, antes de mais, buscam os fenômenos. Para eles o Espiritismo é uma série de fatos mais ou menos interessantes.
> Os segundos veem algo mais do que fatos, compreendem o seu alcance filosófico; admiram a moral que dele resulta, mas não a praticam. Para eles, a caridade moral é uma bela máxima, e eis tudo.
> Os terceiros, enfim, não se contentam em admirar a moral: praticam-na e aceitam todas as consequências. Bem convencidos de que a existência terrena é uma prova passageira, tratam de aproveitar esses curtos instantes para marchar na senda do progresso que lhes traçam os Espíritos, esforçando-se por fazer o bem e reprimir suas inclinações más. Suas

relações são sempre seguras, porque suas convicções os afastam de todo pensamento do mal. Em tudo a caridade lhes é regra de conduta. São esses os *verdadeiros espíritas*, ou melhor, os *espíritas cristãos*.

O visitante dá aos confrades lioneses alguns conselhos quanto à formação de grupos, às divergências que possam surgir e ao critério para solucioná-las, quanto à ação dos Espíritos embusteiros, e bem assim à influência futura do Espiritismo na estrutura social, a qual já se delineava salutarmente junto às classes laboriosas, a inculcar-lhes, "[...] pela *convicção*, inculca ideias de ordem e de respeito à propriedade, fazendo compreender o nada das utopias. [...]".

O discurso de Allan Kardec abrange outros aspectos da Doutrina, e nele se destaca o talento de conferencista. Não é, em trecho algum, vazio de ideias e falto de elevados objetivos.

1861

Cientes, pela *Revista Espírita* de agosto de 1861, que a SPEE entraria em férias de 15 de agosto a 1º de outubro, os espíritas de Lyon (mediante carta do Sr. C. Rey) e os de Bordeaux (mediante carta de A. Sabò) se apressaram em convidar o mestre para honrar, com a sua presença, os confrades dessas cidades.

Kardec vai, em setembro, a Lyon, visitando de passagem as cidades de Sens e Mâcon, onde recebeu simpática acolhida.

Chegando a Lyon, constata ali o grande progresso do Espiritismo, principalmente na classe operária. Um ano antes existia apenas um centro de reunião: o de Brotteaux, dirigido pelo Sr. Dijoud e sua esposa. Agora havia em diferentes pontos da cidade (Guillotière, Perrache, Croix-Rousse, Vaise, Saint-Just etc.) vários grupos formados, não se contando as reuniões particulares.

Ele declara, alto e bom som, que em parte algum vira reuniões espíritas mais edificantes que as dos operários de Lyon, no que respeita à ordem, ao recolhimento e à atenção que davam às instruções de seus guias espirituais, confirmando, ainda, o interesse deles pelo lado sério da Doutrina, apesar de serem, na maioria, homens iletrados e endurecidos nos mais rudes trabalhos.

Quando de sua visita ao humilde grupo de Saint-Just, dirigiram-lhe, ali, uma alocução de agradecimentos, transbordante de alegria espiritual, após o que lhe ofereceram modesta ceia, que aos olhos do convidado "tinha cem vezes mais valor que os mais esplêndidos repastos".

A 19 de setembro de 1861, os grupos espíritas lioneses proporcionaram a Kardec um banquete de confraternização, contando-se 160 convivas. Vários discursos se fizeram ouvir: dos Srs. Renaud, Dijoud, Courtet, do prof. Bouillant, seguindo-se, afinal, o discurso do Codificador, que ocupa quase sete páginas da *Revista Espírita* de outubro de 1861, Banquete oferecido ao Sr. Allan Kardec.

O convidado exprime sua grande felicidade em estar entre a família lionesa, lamentando a insuficiência de sua linguagem para dizer dos seus sentimentos de profunda e sincera gratidão pelos tocantes testemunhos de simpatia que recebia de todos, e pela espontânea cordialidade do acolhimento, muito rara nas recepções aparatosas. Alegrava-se por ver o Espiritismo propagar-se rapidamente nas classes operárias, junto às quais eram patentes os efeitos moralizadores e consoladores da nova Doutrina.

Como sempre o fazia, Allan Kardec aproveita a oportunidade para dar várias instruções, concernentes a diferentes aspectos doutrinários do Espiritismo, aconselhando e prevenindo, aqui e ali.

> É boa ou má a moral que ensina? [...] Eis toda a questão. Que o estudem e saberão em que ela se baseia. Ora, desde que é a moral do Evangelho desenvolvida e aplicada, condená-la seria condenar o Evangelho.
> O Espiritismo tem feito o bem ou mal? Estudai-o ainda, e vereis. Que tem feito? Tem impedido inumeráveis suicídios, restaurou a paz e a concórdia num grande número de famílias, tornou mansos e pacientes homens violentos e coléricos, deu resignação aos que não a tinham e consolações aos aflitos; reconduziu a Deus os que não o conheciam, destruindo-lhes as ideias materialistas, verdadeira chaga social que aniquila a responsabilidade moral do homem. Eis o que ele tem feito e faz todos os dias, o que fará cada vez mais, à medida que se espalhar [...].

Quase ao fim do seu instrutivo discurso, declara que das carinhosas palavras a ele dirigidas só aceitava o dever que elas lhe impunham quanto ao que lhe restava fazer, e não os elogios.

Terminando, passa a ler uma longa epístola do Espírito Erasto aos espíritas lioneses, recebida espontaneamente antes de sua partida de Paris.

Na *Revista Espírita* de novembro de 1861, Kardec faz completo relatório de tudo quanto sucedeu na sua visita à cidade de Bordeaux, atendendo a um apelo dos espíritas da mesma.

Ali, como em Lyon, e em muitas outras cidades que visitou, viu a Doutrina encarada com o mais sério ponto de vista e em suas aplicações morais, podendo verificar, entre os operários, grande número de fervorosos adeptos. Observou, com alegria, a franca cordialidade entre espíritas de diferentes classes sociais, numa real compreensão do verdadeiro espírito de fraternidade. Encontrou numerosos e devotados médiuns. Testemunhos de simpatia, atenções e cortesias envolveram a pessoa do visitante, mas todas as homenagens ele as transferia à Doutrina. À chegada dele ao seio da família do Sr. Sabò, o filho deste, de 5 anos e meio, recitou pequena saudação que emocionou o mestre.

Na reunião geral dos espíritas bordeleses, em 14 de outubro de 1861, para a instalação da Sociedade Espírita de Bordeaux, o Sr. A. Sabò pronunciou o discurso de abertura, cujo final é um hino de vivo reconhecimento ao Codificador. O Dr. Bouché de Vitray, em longo discurso, faz várias considerações acerca do Espiritismo e sua rápida divulgação em todos os lugares, enaltece o missionarismo de Allan Kardec, "digno intérprete dos ministros do Senhor", descreve alguns curiosos fatos mediúnicos por ele testemunhados e conta a sua própria evolução, do semimaterialismo ao Espiritismo, acrescentando:

> Hoje, o reconhecimento me obriga a inscrever nesta página o nome de um dos meus bons amigos, que me abriu os olhos à luz, o do Sr. Roustaing, advogado distinto e, sobretudo, consciencioso, destinado a representar um papel marcante nos fastos do Espiritismo [...]. (*Revista Espírita*, nov. 1861, Reunião geral dos espíritas bordeleses – Algumas considerações sobre o Espiritismo).

Seguiu-se o discurso de Kardec, reproduzido em mais de oito páginas da *Revista* de novembro de 1861. Faz ver que o acolhimento cordial que lhe prestam é muito mais uma homenagem à Doutrina e aos bons Espíritos que a ele pessoalmente, "mero instrumento nas mãos da Providência". Dizendo, como já o havia feito várias vezes antes, que jamais se apresentou como criador do Espiritismo, honra que concede inteiramente aos Espíritos, a estes é que — no seu entender — se deveriam transferir os testemunhos de gratidão dos espíritas bordelenses. "[...] não aceito os elogios que me dirigis senão como um estímulo para continuar minha tarefa com perseverança (Discurso do Sr. Allan Kardec).

Allan Kardec aponta as causas da força do Espiritismo; o contrassenso em que os adversários caem ao julgar a Doutrina Espírita contrária à religião; as duas ordens de inimigos externos do Espiritismo; a destruição do materialismo, "verdadeira chaga social", pelas provas espíritas. Satisfazendo ao pedido dos companheiros bordelenses, dá vários conselhos quanto à organização da Sociedade.

> [...] Se — que Deus não o permita! — surgissem dissidências entre vós, digo-o com pesar, eu me separaria abertamente dos que desertassem da bandeira da fraternidade, porque, aos meus olhos, eles não poderiam ser encarados como verdadeiros espíritas.

Deste discurso destacamos, ainda, o trecho a seguir:

> Se os inimigos externos nada podem contra o Espiritismo, o mesmo não acontece com os de dentro. Refiro-me aos que são mais espíritas de nome que de fato, sem falar dos que do Espiritismo apenas têm a máscara. O mais belo lado do Espiritismo é o lado moral. É por suas consequências morais que triunfará, pois aí está a sua força, por aí é invulnerável. Está inscrito em sua bandeira: *Amor e caridade*; e diante desse paládio, mais poderoso que o de Minerva, porque vem do Cristo, a própria incredulidade se inclina. Que se pode opor a uma Doutrina que leva os homens a se amarem como irmãos? Se não se admitir a causa, pelo menos respeitará o efeito. Ora, o melhor meio de provar a realidade do efeito é fazer sua aplicação a si mesmo; é mostrar aos inimigos da Doutrina, pelo próprio exemplo, que ela realmente torna melhor [...].

Terminado o seu discurso, Kardec lê instrutiva mensagem que o Espírito Erasto, "humilde servo de Deus", dedicou aos espíritas de Bordeaux, mensagem recebida pelo médium Sr. d'Ambel, antes de o viageiro deixar Paris.

No dia seguinte, 15 de outubro, banqueteiam o visitante. Discursos e brindes dos Srs. Lacoste, Sabò, Desqueyroux (este, mecânico, em nome dos operários espíritas). Afinal, com a palavra, Allan Kardec, que considera sua primeira visita a Bordeaux entre os mais felizes momentos de sua vida:

> [...] não esquecerei, senhores, que esta acolhida me impõe uma grande responsabilidade — a de justificá-la — o que espero fazer com a ajuda de Deus e dos Espíritos bons. Além disso, ele me impõe grandes obrigações, não só para convosco, mas ainda para com os espíritas de todos os países, dos quais sois representantes como membros da

> grande família; para com o Espiritismo em geral, que acabais de aclamar nestas duas reuniões solenes e que, não tenhais dúvida, colherá no entusiasmo de vossa importante cidade uma força nova para lutar contra os obstáculos que quererão lançar em vosso caminho (*Revista Espírita*, nov. 1861, Discurso e brinde do Sr. Allan Kardec).

Kardec, no seu discurso, refere-se a espirituoso artigo contra o Espiritismo, publicado em *Courrier de la Gironde*, e propõe um brinde ao seu autor pela propaganda que fez da causa, sem o querer.

> Como Lyon, Bordeaux vem, pois, plantar orgulhosamente a bandeira do Espiritismo, e o que vejo me garante que não será arrancada. Bordeaux e Lyon! Duas das maiores cidades da França: focos de luzes! [...]

1862

Ao se aproximarem as férias da SPEE, em 1862, os espíritas de Lyon e Bordeaux tornaram a convidar Kardec a visitá-los, ao que ele agradeceu, bastante sensibilizado.

O convite de Lyon, subscrito por 500 assinaturas, foi aceito com prazer. Todavia, o mestre solicitou que não houvesse banquete, e isso por várias razões:

> [...] Não quero que minha visita seja ocasião para despesas que poderiam impedir a presença de alguns e privar-me do prazer de ver todos reunidos. Os tempos são difíceis; importa, pois, não fazer despesas inúteis. O dinheiro que isto custaria será mais bem empregado em auxílio aos que, mais tarde, dele necessitarão. Eu vo-lo digo com toda sinceridade: o pensamento naquilo que fizerdes por mim em tal circunstância poderia ser uma causa de privação para muitos e me tiraria todo o prazer da reunião. Não vou a Lyon para me exibir, nem para receber homenagens, mas para conversar convosco, consolar os aflitos, encorajar os fracos, ajudar-vos com meus conselhos naquilo que estiver ao meu poder fazê-lo. E o que de mais agradável me podeis oferecer é o espetáculo de uma união boa, franca e sólida. [...] (*Revista Espírita*, set. 1862, Resposta ao convite dos espíritas de Lyon e Bordeaux).

Tal pedido foi igualmente endereçado aos espíritas de Bordeaux, aos quais frisou em certo trecho:

> [...] Crede que me sinto mais honrado com uma franca e cordial acolhida, a mais simples possível, do que com uma recepção cerimoniosa que nem convém ao meu caráter, nem aos meus hábitos, nem aos meus princípios [...].

Afora essas duas cidades, Kardec recebeu idênticos convites de outras, inclusive de Vienne (Dep. de Isère), lamentando, porém, não haver tempo para satisfazer a este último testemunho de simpatia.

Afora Morzine, ele também esteve, por ocasião de sua extensa viagem de 1862, no Departamento de Aube, onde se avistou com o jovem que em 1858, obsidiado, fora o pivô de fenômenos tiptológicos e que atraíra a atenção da imprensa. Kardec ouviu do pai e de testemunhas oculares a confirmação dos fatos que ele narrara na *Revista Espírita* de janeiro de 1861. Quanto aos fenômenos materiais ou físicos, praticamente tinham cessado e só de raro em raro se manifestavam.

Vê-se, só aí, o cuidado que o mestre punha no estudo dos fatos, investigando-os até no local de origem.

> Várias pessoas, sobretudo na província, haviam pensado que os gastos dessas viagens corriam por conta da Sociedade de Paris. Vimo-nos forçado a refutar esse erro quando a ocasião se apresentou. Aos que pudessem ainda partilhar dessa opinião, lembramos o que foi dito em outra circunstância (número de junho de 1862), que a Sociedade se limita a prover as despesas correntes e não possui reservas. Para que pudesse formar um capital, teria de visar o número [de membros]; é o que não faz, nem quer fazer, pois o seu objetivo não é a especulação e o número [de membros] nada acrescenta à importância dos seus trabalhos. [...] Assim, não poderia ela custear semelhante despesa. Os gastos de viagem, como todos os necessários às nossas relações com o Espiritismo, são cobertos por nossos recursos pessoais e por nossas economias, acrescidos do produto de nossas obras, sem o que nos seria impossível acudir a todas as despesas consequentes à obra que empreendemos. Dizemos isso sem vaidade, unicamente em homenagem à verdade e para edificação dos que imaginam que entesouramos. (*Revista Espírita*, nov. 1862, Viagem espírita em 1862).

Na sua longa viagem de 1862, Kardec passou por Rochefort, cidade do Departamento de Charente-Inférieure, onde ia ver algumas pessoas amigas, não esperando demorar senão poucas horas. Acontece que ele foi descoberto pelos espíritas e com eles passou a noite num bate-papo edificante. Nesta reunião recebeu novo e insistente pedido de alto funcionário, o Sr. La Maison, e de várias notabilidades da cidade, exprimindo o desejo de novo encontro na noite seguinte. Kardec adiou a sua partida e compareceu a vasto salão na noite aprazada, onde pronunciou discurso que satisfizesse a todos os presentes, na suposição de que ali se achariam iniciados no Espiritismo e até mesmo pessoas hostis.

> Explica, de princípio, que não veio saciar a curiosidade de ninguém, pois jamais convocou o público para assistir a experiências ou demonstrações, menos ainda para fazer exibições de Espíritos. "[...] há entre vós quem me conheça bastante para saber que jamais representei esse papel [...]" (*Revista Espírita*, dez. 1862, O Espiritismo em Rochefort – Episódio de viagem do Sr. Allan Kardec).

A alocução não agradou àqueles que esperavam uma sessão das do gênero do médium Dunglas Home. Entre eles estava um jornalista que, sob o pseudônimo Tony, escreveu no hebdomadário de teatros, *Spectateur*, em seu número de 12 de outubro, uma reportagem criticando o conferencista por ele não ter fornecido explicações claras para "facilitar a experimentação pelos profanos", ao passo que se estendera a falar de uma moral que nada tinha de novidade.

O tal jornalista apenas escondia a sua feroz hostilidade, que se patentearia nos artigos que se seguiram ao primeiro. Para ele, o Espiritismo é, agora, uma doença, uma coisa malsã, que enlouquece e até *mata* as criaturas, quando não é assunto chistoso (*drôlatique*).

Kardec faz alguns comentários na *Revista Espírita* de dezembro de 1862, que rebatem todos os argumentos do jornalista, mas declara não pretender polemicar: "[...] Não tenho tempo para isto e, por outro lado, vossa folha é muito pequena para admitir a crítica e a refutação [...]".

VIAGEM ESPÍRITA EM 1862
(Complemento, segundo a obra *Viagem espírita em 1862*, trad. Evandro Noleto Bezerra, FEB)

Nessa obra, Kardec informa, no capítulo das impressões gerais, que na excursão de 1862 visitou mais de uma vintena de localidades, aí incluídas as cidades de Lyon e Bordeaux, num percurso de 693 léguas, com uma duração de sete semanas. Assistiu a mais de 50 reuniões, nas quais recolheu uma série de episódios de interesse para o Espiritismo, fazendo observações acerca do que pôde ver e ouvir. Confirmou pessoalmente o grande progresso da Doutrina em todos os lugares por onde passou. Deu conselhos, instruções e orientações aos organizadores dos grupos espíritas, e seus discursos eram verdadeiros cursos de Espiritismo, em linguagem por assim dizer didática.

A acolhida que recebera fora tão simpática, tão benévola que, "por si só" — escreveu o viajor — "suficiente para nos recompensar de todas as fadigas".

Para não incorrer no risco de passar por ingrato, ele expressa particular agradecimento aos espíritas de Provins, Troyes, Sens, Lyon, Avignon, Montpellier, Cette (antigo nome da cidade Sète), Toulouse, Marmande, Albi, SainteGemme, Bordeaux, Royan, Meschers-sur-Gironde, Marennes, Rochefort, Saint-Pierre-d'Oléron, Saint-Jean-d'Angély, Angoulême, Tours e Orléans, bem assim a quantos se sacrificaram em viagens de 10 e até 20 léguas para se reunirem a ele nas cidades onde se demorava.

Allan Kardec ficou estupefato ao verificar a explosão demográfica de espíritas em cidades como Lyon e Bordeaux, em apenas um ano após sua passagem por elas. Pôde igualmente verificar que em muitas localidades o Espiritismo penetrara graças às pregações que o atacavam, e cita, como exemplo, uma pequenina cidade no Departamento do Indre-et-Loire, na qual um pregador católico, na tentativa de fulminar o Espiritismo, despertou a curiosidade do povo para o conhecimento dessa tão falada Doutrina, e seis meses mais tarde ali se organizava um grupo espírita.

O que ele considerou mais importante, em suas viagens, foi a seriedade com que se encarava o Espiritismo, buscando-se-lhe, em toda parte, "*o lado filosófico, moral e instrutivo*". Em Cette, soube que os espíritas dali nunca tinham visto qualquer manifestação mediúnica, devido à inexistência de médiuns. Não obstante só se aterem à filosofia, escreveu Kardec que era difícil "encontrar-se mais fé e mais fervor" à causa espírita que ali.

Tendo estado em casas de diferentes famílias, notou que as crianças educadas nos princípios espíritas eram dóceis, ternas e responsáveis nos estudos, o que, entretanto, não as privava da natural alegria e da jovialidade.

Em nenhuma das localidades visitadas as reuniões espíritas sofreram a mais leve restrição por parte das autoridades civis, e ele chega mesmo a agradecer-lhes pela cortesia de que fora objeto em mais de uma circunstância.

A reunião geral mais importante deu-se em Lyon. "[...] composta", escreveu Kardec, "de mais de seiscentos delegados de diferentes grupos, tudo ali se passando de maneira admirável".

Um fato não menos característico foi registrado: os adeptos confessavam abertamente suas convicções, e tinham coragem de opinião, enfrentando, principalmente em certas regiões, ameaças e perseguições.

Em Saint-Jean-d'Angély, deparou com excepcional médium mecânico. Era uma senhora que redigia longas e preciosas comunicações, enquanto lia ou conversava com os presentes, e isto sem nunca olhar para a sua própria mão. Às vezes sucedia que, distraída, não se apercebia de que a comunicação chegara ao fim.

Sob diversos aspectos, a longa viagem de Allan Kardec foi assaz satisfatória e, sobretudo, muito instrutiva, levando-o a pronunciar-se desta maneira:

> Em resumo, nossa viagem tinha um duplo objetivo: dar instruções onde estas fossem necessárias e, ao mesmo tempo, nos instruirmos. Queríamos ver as coisas com os nossos próprios olhos, para julgar do estado real da Doutrina e *da maneira pela qual ela é compreendida*; estudar as causas locais favoráveis ou desfavoráveis ao seu progresso, sondar as opiniões, apreciar os efeitos da oposição e da crítica e conhecer o julgamento que se faz de certas obras. Estávamos desejosos, sobretudo, de apertar a mão de nossos irmãos espíritas e de lhes exprimir pessoalmente a nossa mui sincera e viva simpatia, retribuindo as tocantes provas de amizade que nos dão em suas cartas; de dar, em nome da Sociedade de Paris, e em nosso próprio nome, em particular, um testemunho especial de gratidão e de admiração a esses pioneiros da obra que, por sua iniciativa, seu zelo desinteressado e seu devotamento, constituem os seus primeiros e mais firmes sustentáculos, marchando sempre para frente, sem se inquietarem com as pedras que lhes atiram e pondo o interesse da causa acima do interesse pessoal. [...] (*Impressões Gerais*).

Entre os muitos discursos que o mestre pronunciou nas 20 e tantas cidades que visitou, ele apenas deu a público, na obra aqui mencionada, um que fez nas reuniões gerais dos espíritas de Lyon, Bordeaux e de algumas outras localidades. Tão longo foi esse discurso, que se tornou impossível estampá-lo na *Revista Espírita*; daí tê-lo incluído no seu livro *Viagem espírita em 1862*. Constitui preciosa peça de variado matiz doutrinário, em que, por vezes, são focados assuntos pessoais de interesse geral.

(Consultada a edição em língua francesa publicada na Bélgica – Farciennes, Rue Le Campinaire, 34 – pela *Union Spirite kardeciste Belge*, s.d.)

1864

Cedendo a insistentes solicitações, Allan Kardec visitou em setembro de 1864, durante as férias da Sociedade Espírita de Paris, os espíritas de Bruxelas e Antuérpia, na Bélgica, trazendo, segundo ele, "a mais favorável impressão do desenvolvimento da Doutrina nesse país".

Comemorando a viagem de Kardec à Bélgica, a Sociedade Espírita de Bruxelas fundou um leito de criança na creche de Saint Josse-ten-Noode. O mestre declara sentir-se mais honrado com essa obra de beneficência, criada em memória de sua visita, do que com as mais brilhantes recepções que não aproveitam a ninguém e não deixam nenhuma lembrança útil (*Revista Espírita*, out. 1864, O Espiritismo na Bélgica).

Durante sua estada em Antuérpia, visitou uma exposição de pintura nacional, onde figuravam, com muita honra, dois quadros do Sr. Wintz, membro da Sociedade Espírita de Paris, bem assim um quadro de gênero, intitulado *Cena de interior de camponeses espíritas*. Três pessoas, em costume flamengo, estão sentadas em torno de enorme cepo, sobre o qual põem as mãos, na atitude daqueles que fazem mover as mesas. Outras personagens, homens, mulheres e crianças, estão diversamente grupados, uns atentos, outros com sorriso cético. Allan Kardec escreve:

> [...] Essa pintura, cuja execução tem o seu mérito, é original e verdadeira. Se exceturarmos o quadro *mediúnico* que, como tal, figurava na exposição de Artes de Constantinopla (*Vide* a *Revista* de julho de 1863), é a primeira vez que o Espiritismo figura tão claramente confessado nas obras de arte. É um começo (*Revista Espírita*, out. 1864, Um quadro espírita na exposição de Antuérpia).

Visitou, ainda, de passagem, o grupo espírita de Douai, um grupo familiar, "onde a doutrina espírita evangélica é praticada em toda a sua pureza". "Em síntese" — escreveu ele —, "nossa viagem à Bélgica foi fértil em ensinamentos no interesse do Espiritismo, pelos documentos que recolhemos e que serão, oportunamente, postos em proveito de todos" (*Revista Espírita*, out. 1864, O Espiritismo na Bélgica).

Em Antuérpia, o Codificador pronunciou uma alocução a que deu o título: "O Espiritismo é uma ciência positiva". Como sempre o fez, torna a frisar que se aceita os testemunhos de simpatia é porque os considera dirigidos muito menos ao homem do que à Doutrina, da qual, diz ele, "sou apenas humilde representante". "Aliás" — prossegue —, "se as viagens que faço de vez em quando aos centros espíritas só devessem ter como resultado a satisfação pessoal, eu as consideraria inúteis e delas me absteria. Mas, além de contribuírem para estreitar os laços de fraternidade entre os adeptos, também têm a vantagem de fornecer-me elementos de observação e de estudo, jamais perdidos para a Doutrina. [...]" (*Revista Espírita*, nov. 1864, Alocução do Sr. Allan Kardec aos espíritas de Bruxelas e Antuérpia, em 1864).

Mais adiante, esclarece de novo:

> [...] Como é sério o fim dessas visitas, e exclusivamente no interesse da Doutrina, não busco ovações, que nem são do meu gosto, nem do meu caráter. [...]
> Nessas excursões não vou pregar aos incrédulos; jamais convoco o público para catequizá-lo; numa palavra, não vou fazer propaganda; só compareço a reuniões de adeptos nas quais meus conselhos são desejados e possam ser úteis; eu os dou de bom grado aos que julgam bastante deles necessitar; abstenho-me de dá-los aos que se julgam bastante esclarecidos para dispensá-los. Numa palavra, só me dirijo aos homens de boa vontade.

Na sua alocução, estende-se acerca do caráter do Espiritismo e seus reais objetivos e, quase ao término de sua exposição, reafirma a sua verdadeira posição no Espiritismo:

> Tal é, em resumo, senhores, o ponto de vista sob o qual se deve encarar o Espiritismo. Nesta circunstância, qual foi o meu papel? Nem o de inventor, nem o de criador. Vi, observei, estudei os fatos com cuidado e perseverança; coordenei-os e lhes deduzi as consequências: eis toda a parte que me cabe. Aquilo que fiz, outro poderia ter feito em meu lugar. Em tudo isso fui simples instrumento dos pontos de vista da Providência, e dou graças a Deus e aos Espíritos bons por se terem dignado servir-se de mim. É uma tarefa que aceitei com alegria,

e da qual me esforcei por tornar-me digno, pedindo a Deus me desse as forças necessárias para realizá-la segundo sua santa vontade. No entanto, a tarefa é pesada, mais pesada do que possam imaginá-la; e se tem para mim algum mérito, é que tenho a consciência de não haver recuado perante nenhum obstáculo e nenhum sacrifício. Será a obra da minha vida até meu último dia, porque, na presença de um objetivo tão importante, todos os interesses materiais e pessoais se apagam como pontos diante do infinito.

Ainda em 1864, nas férias (ago./set.), visitou também o cantão de Berna, na Suíça, tendo passado alguns dias na propriedade do Sr. de W..., membro da Sociedade Espírita de Paris. Ali conheceu um camponês das cercanias que gozava da faculdade de descobrir fontes de água e de ver no fundo de um copo as respostas às perguntas que se lhe faziam, inclusive imagens de pessoas e de lugares. Kardec experimentou com ele e obteve coisas notáveis, tendo arrolado o fenômeno entre os chamados de segunda vista, dupla vista, ou sonambulismo desperto (*Revista Espírita*, out. 1864, O sexto sentido e a visão espiritual).

Segundo Henri Sausse, Kardec iniciou a viagem à Suíça em 20 de agosto de 1864. Diz esse biógrafo, à página 53 de sua *Biographie d'Allan Kardec*,[248] edição de 1910, que o mestre visitou, no cantão de Berna, as cidades de Berna, Neuchatel, Zimmerwald, Interlaken (entre os lagos de Thun e de Brienz), os vales de Grinndelwald e de Lauterbrun, e a região de Berner Oberland. Diz, ainda, Sausse que Kardec foi a Friburgo, no cantão do mesmo nome, e depois, pelo lago Léman, às cidades de Lausanne, Vevey e Genebra, da qual retornou, em 4 de setembro, a Paris, para daí partir imediatamente, rumo à Bélgica.

1866

Quando o Codificador, por ocasião das férias da Sociedade de Paris, realizava uma viagem, foi-lhe remetida uma comunicação recebida em Paris, a 1º de setembro, e assinada pela viúva F..., um de seus protetores invisíveis. Entre outras coisas, o Espírito lhe deu os seguintes conselhos:

"Meu amigo, enquanto puderdes, repousai espírito e cérebro fatigados pelo trabalho; reuni forças materiais, pois em breve muito

---

[248] N.E.: Ver na edição da FEB, trad. Evandro Noleto Bezerra, o cap. *Biografia de Allan Kardec*, it. Imitação do Evangelho. Viagem Espírita em 1864.

terei que gastar. Os acontecimentos, que de agora em diante vão suceder-se com rapidez, vos chamarão à liça. Sede firme de corpo e espírito, a fim de estardes em condições de lutar com vantagem. Então será preciso trabalhar sem descanso. Mas, como já vos disseram, não estareis só para levar o fardo; auxiliares sérios aparecerão, quando for tempo. Escutai, pois, os conselhos do bom doutor Demeure e evitai toda fadiga inútil ou prematura. Aliás, lá estaremos para vos aconselhar e advertir.

Desconfiai dos dois partidos extremos que agitam o Espiritismo, quer para o prender ao passado, quer para precipitar a corrida para frente. Temperai os ardores prejudiciais e não vos deixeis sofrear pelas tergiversações dos timoratos, ou, o que é mais perigoso, mas que infelizmente muito verdadeiro, pelas sugestões dos emissários inimigos.

Marchai com passo firme e seguro, como tendes feito até agora, sem vos inquietar com o que digam à direita ou à esquerda; seguindo a inspiração de vossos guias e da vossa razão, e não vos arriscareis fazer sair dos trilhos o carro do Espiritismo. [...] (*Revista Espírita*, out. 1866, Os tempos são chegados – Instrução dos Espíritos sobre a regeneração da Humanidade).

1867

Por ocasião do Pentecostes de 1867, Kardec esteve no banquete realizado pela Sociedade Espírita de Bordeaux, para o qual havia sido insistentemente convidado. Mais um ágape de confraternização do que propriamente banquete, ali estavam espíritas de Toulouse, Marmande, Villeneuve, Libourne, Niort, Blaye e até Carcassonne. Todas as classes sociais se confundiam num mesmo amplexo de sentimentos.

A autoridade local portou-se com benevolência e cortesia, relativamente a essa reunião, e tudo transcorreu em ordem e em paz.

Kardec assistiu a duas sessões na referida Sociedade: uma consagrada ao tratamento de doentes, e outra aos estudos filosóficos, ficando muito satisfeito com os bons resultados obtidos.

> Sendo limitado o tempo de nossa ausência de Paris, pela obrigação de aí estar de volta em dia fixo, não pudemos, para nosso grande pesar, comparecer aos diversos centros para os quais fomos convidados. Não pudemos parar senão alguns instantes em Tours e Orléans, que estavam em nosso caminho. [...] (*Revista Espírita*, jul, 1867, Breve excursão espírita).

Embora Kardec faça referência a uma visita a Tours, em 1867, de rápida duração, o biógrafo de Léon Denis, Gaston Luce (*Léon Denis, l'apôtre du spiritisme*, Éditions Jean Meyer – B.P.S. –, Paris, 1928, p. 27 e 28), registra o seguinte:

> Encontrava-se ele — Léon Denis — em seus trabalhos de experimentações, quando importante acontecimento se verificou em sua vida. Allan Kardec viera passar alguns dias na pacata cidade de Tours, com seus amigos; todos os espíritas turenses foram convidados a recebê-lo e saudá-lo!
> Vejamos como Denis nos relata essa visita:
> — Alugáramos para recebê-lo e ouvi-lo, uma sala à rua Paul Louis Courrier, e pedíramos a necessária autorização à Prefeitura, pois, no Império, severa lei proibia qualquer reunião de mais de 20 pessoas. Acontece que no momento fixado, para essa assembleia, fomos informados de que o nosso pedido fora indeferido. Encarregaram-me, então, de permanecer no local, a fim de avisar os convidados de que deveriam dirigir-se a Spirito-Villa, casa do Sr. Rebodin, rua Santier, onde a reunião se realizaria, no jardim. Éramos, aproximadamente, 300[249] ouvintes em pé, apertados de encontro às árvores. Sob a claridade das estrelas, a voz doce e grave de Allan Kardec se fazia ouvir; podia-se ver a sua fisionomia, iluminada que estava por pequena lâmpada colocada sobre uma mesa, ao centro do jardim, assumindo aspecto impressionante. Falava-nos sobre a obsessão, quando várias perguntas lhe foram feitas, às quais respondia sempre bondosamente. Terminada a reunião, todos levaram inefável recordação desse memorável encontro.
> No dia seguinte, voltei a Spirito-Villa, a fim de visitar o mestre; encontrei-o trepado em uma escada, ao pé de grande cerejeira, colhendo frutos que jogava à Madame Allan Kardec, cena bucólica que o distraía de suas graves preocupações.

Observou, nessa curta excursão, a diminuição gradual e quase geral das prevenções contra as ideias espíritas e seus adeptos, acrescentando: "[...] As localidades como Illiers, no Departamento de Eure-et-Loire, em que se estimulam os garotos para persegui-los a pedradas,

---

249 Segundo o relatório de viagem de Kardec (*Revista Espírita*, jul. 1867), a reunião de Tours contaria com cerca de 150 pessoas, da cidade e cercanias; mas, devido à precipitação com que foi organizado, apenas dois terços puderam comparecer. Quanto à limitação do número de pessoas, em reunião não autorizada, tratava-se, como é óbvio, de restrição aplicável só nos casos de recintos fechados.

são exceções cada vez mais raras" (*Revista Espírita*, jul. 1867, Breve excursão espírita).

Ao que parece, Kardec não mais viajou, talvez por falta de oportunidade ou de tempo, sendo por nós desconhecido qualquer registro nesse sentido, nos anos que ainda lhe restaram de vida terrena.

7. "Projeto de Comunidade Espírita por Allan Kardec" (fragmento de escrito póstumo remontando a 1862)

Lemos há pouco que Kardec dispunha de planos a serem executados ou — em não havendo recursos nem tempo — legados à posteridade. Já nos reportamos, também, à "Organização do Espiritismo", trabalho de sua lavra e publicado na *Revista Espírita* de dezembro de 1861, do qual extraímos vários parágrafos, recomendando fosse oportunamente relido integralmente, pela sua importância.

Entre o que pensou fazer, está consignado na *Revista* um documento elucidativo, publicado há menos de cem anos, que nos serviu de epígrafe a este item. Enquadrado em matéria elaborada por Francisco Thiesen, com pesquisa ligada a Port-Royal, devidamente ilustrada, foi estampado em *Reformador* de 1978, de cujas páginas tudo extraímos:

O escrito subordinado ao título acima e adiante transcrito, encontrado entre os papéis do Codificador após a sua desencarnação em 1869, foi dado à publicidade no ano de 1907, quando a *Revista Espírita*, desde o mês de janeiro, cuidava de comemorar o cinquentenário de fundação do referido "Jornal de Estudos Psicológicos" (subtítulo da citada *Revista*), lançado por Allan Kardec em 1858, o qual só em dezembro daquele ano somaria meio século de circulação ininterrupta.

O projeto em questão é bem pouco conhecido.

Em 1868, ampliada a sua antevisão da organização do Espiritismo, no futuro, daria Allan Kardec ao seu pensamento uma nova dimensão, como se vê na *Revista Espírita* desse ano, ao divulgar o extenso trabalho que denominou de Constituição Transitória do Espiritismo, inserido no volume *Obras póstumas*, em 1890, por P.-G. Leymarie, sem a palavra transitória e enriquecido com os comentários do Codificador, até então inéditos. Outras considerações kardequianas figuram no "Projeto – 1868", integrante do mesmo livro de *Obras póstumas*, preliminarmente ensaiadas no fragmento do manuscrito agora reeditado em *Reformador*.

O documento tem valor histórico muito grande, não devendo, portanto, continuar ignorado pela maioria dos espíritas. Para melhor compreender-se o sentido do "Projeto de Comunidade Espírita", consultamos enciclopédias e dicionários bastante acreditados (quais *Larousse du XX siècle*; *Dictionnaire encyclopédique Quillet*; *Enciclopédia e dicionário internacional*, da W. M. Jackson, Inc., e a *Grande enciclopédia portuguesa-brasileira*), extraindo os elementos elucidativos essenciais dos verbetes que tratam de Port-Royal,[250] colocando-os como nota, no final, nota, aliás, suficientemente ampla para evidenciar que, se a formação humanística de Allan Kardec se impregnara das ideias progressistas e generosas de Pestalozzi, o qual, por sua vez, se familiarizara com o pensamento de J.-J. Rousseau, não se deve afastar *in totum* a hipótese de uma proveitosa incursão sua pelos ricos domínios da pedagogia de que foram expoentes os célebres mestres de Port-Royal.

Entretanto, o que de mais importante revela o documento é a disposição de Allan Kardec sempre confirmada a partir do instante em que num cântico aceita incondicionalmente a missão para a qual foi escolhido — de doar-se por inteiro "à obra de sua vida", a esta transferindo até mesmo os seus bens terrenos, de modo irrestrito, a fim de dotar o Movimento dos meios mínimos indispensáveis à difusão incessante e universal da Doutrina dos Espíritos.

O responsável pela sistematização do Espiritismo, considerando a reunião de pessoas, por ele idealizada, como "uma grande família, unida pelos laços da verdadeira fraternidade e pela comunhão de crenças e princípios", imaginou a formação de um lar, edificado sobre bases firmes e capaz de irradiar, perpetuando-se depois dele, as luzes espirituais do Consolador prometido por Jesus.

Mas os desígnios do Alto, se confirmavam o plano, em parte, porque antevisto sem uma completa nitidez de contornos, só mais tarde e noutro

---

250 PORT-ROYAL, abadia fundada no século XIII, próximo de Chevreuse (Sena e Oise), a 25 km de Paris. A grande celebridade lhe sobreveio sobretudo como centro principal do Jansenismo, influenciando no século XVII, de maneira acentuada, a vida político-religiosa e literário-científica da nação francesa. Em 1637 foram abertas as chamadas pequenas escolas, regidas pelos solitários, os quais se opunham ao sistema pedagógico dos jesuítas. A história de Port-Royal registra muitas lutas, contendas entre jansenistas e

lugar o concretizariam. Não seria criada uma obra com as características de um Port-Royal amonástico, um tipo de fundação constituída por meio de doação particular de patrimônios e rendas específicos para o fim alvitrado, mas uma organização que, realizando o seu sonho de Espírito iluminado, zelasse pela pureza doutrinária, pela observância integral dos princípios do Espiritismo e das diretrizes da sua prática, à luz do Evangelho do Cristo.

Seria o bastante, para tal efeito, que servidores corajosos, levando em consideração os interesses da Causa, se entregassem, intensivamente, a expensas próprias, às árduas tarefas de impulsionar os empreendimentos do Espiritismo. Seguindo esta orientação, muito fizeram outrora, na França, homens como Leymarie e Léon Denis, Gabriel Delanne e Jean Meyer, enquanto a Casa-Máter do Espiritismo, na Pátria do Evangelho, contou com a abnegação de Bezerra de Menezes

---

jesuítas, com intervenções de papas e reis. Tudo por causa das escolazinhas, edificadas em torno da abadia e comportando, cada uma, 50 alunos, no máximo. Grandes mestres e quase todos os escritores franceses da época foram influenciados ou participaram do movimento orientados por Port-Royal, desaparecido no final do século XVIII mediante um decreto do rei, determinando a completa destruição daquele "centro de rebeldia".

"O grande mérito dos solitários de Port-Royal consistiu em saberem dar às questões dialéticas uma ductilidade até então desconhecida e que permitiu fossem do domínio comum as regras e processos do pensamento lógico. Os solitários Arnauld e Nicole publicaram, em 1662, em Paris, *A lógica ou a arte de pensar*, daí chamada *Lógica de Port-Royal*, em face da obra que trata, nas suas quatro pt.s, respectivamente das ideias, do juízo, do raciocínio e do método".

Os jansenistas teriam adquirido "direito à imortalidade pela forma por que compreenderam e ministraram a educação. Testemunharam viva solicitude e cuidadosa dedicação pela educação da juventude". "Deram às suas classes o nome de escolazinhas, não por serem escolas elementares, mas porque, sob esse título modesto, esperavam não fazer sombra aos colégios da Universidade. Os alunos faziam nelas estudos completos, desde os primeiros elementos da leitura até à filosofia. Arrasado Port-Royal, dispersos, expulsos ou encarcerados os seus mestres, os processos didáticos, os métodos dos solitários, não morreram". "Nada há de mais estimável que o bom senso e a justeza de espírito no discernimento do verdadeiro e do falso, diz Nicole, um dos mais fervorosos discípulos. É preciso, acrescenta, tornar o entendimento delicado para reconhecer os raciocínios um tanto ocultos ou obscuros, a não se satisfazer jamais enquanto não penetrar até ao fundo de uma coisa..."

A "*Grande enciclopédia portuguesa-brasileira*" (v. XXIII) diz, outrossim: "Para se fazer ideia da assombrosa atividade pedagógica dos solitários, devem mencionar-se ainda as numerosas traduções de Guyot, as *Regras para a educação das crianças*, de Constel etc. Os mestres de Port-Royal possuíam, sem contestação, as grandes qualidades precisas ao educador: o alor, a sinceridade das convicções, a caridade, o respeito pela pessoa humana, a devoção profunda e infatigável. Foram admiráveis humanistas, não os humanistas da forma como os jesuítas primitivos, mas os humanistas da razão, do juízo. Juízo são e consciência reta, tal parece ter sido o seu ideal pedagógico. Luiz Burnier traduz assim a sua opinião sobre esses pedagogos e pedagogistas. "A partir de Port-Royal, os métodos receberam vários aperfeiçoamentos, mas a base estava lá. Port-Royal simplifica o estudo, sem lhe tirar, no entanto, as suas salutares dificuldades; esforça-se por o tornar mais interessante, sem o haver reduzido a um jogo pueril; não entende que deva confiar-se à memória o que pode primeiro ser adquirido pela inteligência; não admite senão ideias claras e distintas; poucos preceitos e muitos exercícios; o conhecimento das coisas e não somente o das palavras; logo, o desenvolvimento das faculdades da alma por meio do estudo... Lançou no mundo ideias que não mais feneceram, princípios fecundos de que só é preciso tirar as consequências".

e Leopoldo Cirne, Guillon Ribeiro e Wantuil de Freitas, todos inspirados no comportamento do próprio Codificador.

"PROJETO DE COMUNIDADE ESPÍRITA POR ALLAN KARDEC"
(Fragmento de escrito póstumo remontando a 1862)

As bases do Espiritismo estão sem dúvida pousadas, mas ele precisa ser completado por numerosos trabalhos que não podem ser tarefa de um homem só. Para evitar de futuro falsas interpretações, aplicações errôneas, dissidências em suma, mister se faz que todos os princípios sejam elucidados de modo que não deixem qualquer equívoco, que — tanto quanto possível — não deem margem a controvérsias, necessário se tornando que as obras complementares sejam feitas com critério uniforme visando um único fim.

Suponhamos, pois, para realizar essa tarefa, uma reunião de homens capazes, laboriosos e animados pelo zelo de uma fé viva, trabalhando em comum, cada qual em sua especialidade, submetendo seus trabalhos à sanção de todos e os discutindo em conjunto, chegando assim, incontestavelmente, à cumeeira do edifício que se está elevando e cujos alicerces estão fundamentados. A autoridade dos princípios ficaria, assim, fortalecida pela própria autoridade do grande número deles, homens, pela seriedade do caráter de cada um e pela consideração que a harmonia entre todos imporia.

Para atingir esse resultado uma condição é essencial, qual seja, independência e libertação das preocupações da vida material. Tal condição pode ser encontrada em uma espécie de comunidade que proporcionaria a cada membro os lazeres indispensáveis a permitir uma ocupação proveitosa nos trabalhos essenciais, ao abrigo de importunos e curiosos. É a uma reunião desse gênero que tenciono consagrar ulteriormente a minha propriedade, que se tornaria assim o Port-Royal do Espiritismo, mas sem caráter monástico. Tratar-se-ia de uma grande família, unida pelos laços da verdadeira fraternidade e comunhão de crenças e princípios, sendo as relações mútuas determinadas em regulamento com preceitos calcados sobre a prática rigorosa da abnegação, da caridade e da moral espírita.

Sem entrar nos pormenores da organização, eu direi que o número dos membros da comunidade seria limitado a doze, sem contar o chefe. Sendo minha propriedade consagrada à obra, todos nela residiriam gratuitamente. Aí se encontrariam reunidos todos os elementos necessários aos estudos: biblioteca, documentos de toda a sorte, sala de conferências etc.; cada qual teria aí as suas atribuições e o trabalho seria repartido segundo as especialidades.

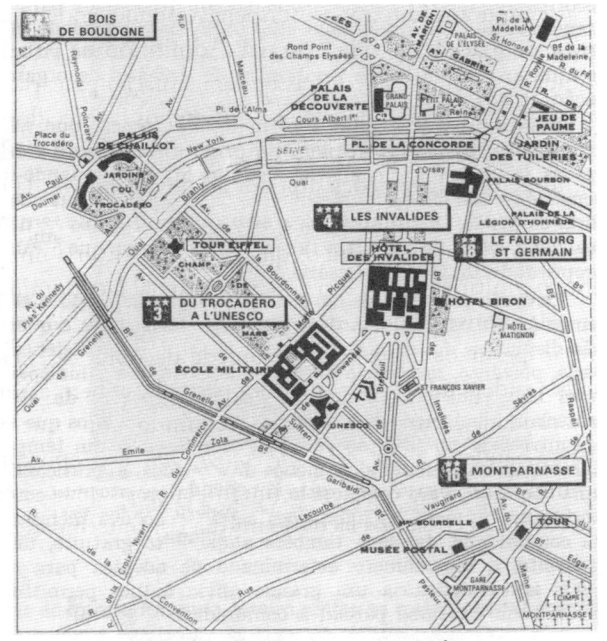

PRINCIPALES CURIOSITÉS
L'index alphabétique p. 237 donne le numéro de page de leur description
A Villa Ségur está assinalada com um X, nas proximidades da UNESCO.

A *Revista Espírita*, hoje de minha propriedade pessoal, tornar-se-ia propriedade e obra de uma coletividade e poderia ter grande desenvolvimento. Formar-se-iam oradores encarregados de propagar externamente o ensinamento espírita ou de visitar outros centros. Alguns teriam por missão levar socorros aos infelizes. Certos dias seriam reservados para o atendimento a estranhos que chegassem à comunidade em busca de instrução. A esses proveitos muitos outros viriam se juntar, não menores, resultantes de detalhes de organização, já aliás previstos e elaborados.

Esse simples apanhado mostra a importância que não deixaria de adquirir um Centro dessa natureza e permite antever as luzes que se irradiariam de tal lar, perpetuando-se depois de mim, em razão mesmo das bases sobre as quais estaria edificado. Penso, pois, que, se algum dia ele se tornar realidade, os Espíritos teriam tido razão ao dizerem que minha propriedade lhes era necessária.

Devendo os membros da comunidade dedicar todo o seu tempo à obra comum, a morada gratuita não bastaria a quem não dispusesse de meios com que prover à própria existência. Seria, portanto, necessário assegurar aos obreiros a indispensável independência, livrando-os das preocupações da vida material. Admitindo de preferência na comunidade os que se encontrassem em situação precária, estar-se-ia, a um tempo, aproveitando as luzes dos menos favorecidos e praticando uma boa ação. Para completá-la, podendo a propriedade comportar um número de habitações superior ao dos membros da comunidade, dar-se-ia também alojamento gratuito, tão somente, a um número determinado de adeptos para os quais isso constituiria um grande alívio e lhes permitiria prestar um concurso parcial à comunidade.

Uma das consequências desse projeto seria a de dar ao Espiritismo direção permanente pela perpetuidade da obra, assentada em bases sólidas, independentes de questões pessoais, e, bem assim, de assegurar a unidade futura da Doutrina, reunindo, consequentemente, sob uma só bandeira e em *sociedade espírita universal*, por profissão de fé comum, os adeptos do mundo inteiro, entre os quais se estabelecerão, pela força das coisas, os laços de mútua confraternidade.

Caravana da FEB, em Paris, junto ao n. 39 da Av. Ségur, onde começa a Villa em que Allan Kardec iria residir a 31/3/1869 e onde, em 1862, pensava situar a Comunidade Espírita.

A execução desse projeto está subordinada a uma condição essencial: a de dispor de recursos suficientes, porque, para assegurar a perpetuidade da obra, não bastariam recursos eventuais e temporários, mas rendimentos fixos que seriam tornados inalienáveis e pertenceriam à sociedade.

Para se fazer a coisa de maneira completa, esses rendimentos teriam de ser de certo vulto. Poder-se-ia, por uma disposição transitória, obter parte desses proventos, com recursos mais restritos. Conforme fosse a cotidade dos rendimentos, poderíamos limitar-nos a constituir uma sociedade simples, composta por um número de membros proporcional aos recursos, morando cada um deles em seu próprio lar, sem morada comunitária, mas aos quais seria assegurado um tratamento que lhes permitisse dedicar regularmente, todos os dias, parte de seu tempo aos diferentes afazeres da comunidade.

ALLAN KARDEC

(Tradução de Ivo de Magalhães, do artigo publicado na *Revista Espírita* de 1º de janeiro de 1907, n. 1, às p. 9 a 11.)

É na *Revista Espírita* de dezembro de 1868, que o Codificador escreve seu trabalho sobre a "Constituição Transitória do Espiritismo", trabalho que está quase todo no final de *Obras póstumas*.

Ao relacionar as atribuições da comissão central, ele especifica, logo após, o pessoal administrativo, e conclui:

> Até agora tivemos de nos bastar mais ou menos sozinhos a este programa. Por isso mesmo, algumas de suas partes foram negligenciadas ou apenas puderam ser esboçadas, e as que são mais especialmente da nossa alçada, tiveram que sofrer inevitáveis atrasos, pela necessidade de nos ocupar de tantas coisas, quando o tempo e as forças têm limites e uma só delas absorveria o tempo de um homem. (§ VII – Atribuições da comissão).

Não satisfeito absolutamente com esse trabalho de dezembro de 1868, Kardec reformularia-o em 1869, calcado em anotações e experiências, para melhor complementar o apresentado poucos meses antes. Terá sido sua derradeira obra, na qual não se acham ausentes os sinais de poderosas intuições ou mesmo de clarividência, tal a antecipação com que estabeleceu as linhas de reais edificações futuras, que superaram, estas últimas, a sua própria e melhor expectativa, ao menos em vários pontos do magnífico conjunto.

8. "O Espiritismo Independente"

Em seu tempo, Allan Kardec não foi poupado um momento sequer, fosse pelos adversários da Doutrina Espírita, fosse pelos que viam nele o operário do progresso, vitorioso em todas as batalhas da guerra contra a ignorância e o obscurantismo, a maldade e as falsas religiões, tanto quanto pelos que se diziam espíritas e intentavam armar-lhe ciladas, fomentando controvérsias, dissidências e polêmicas improdutivas. Quantos não quiseram arvorar-se em arautos da separatividade e do caos doutrinário, no Movimento nascente?

Todavia, o atento missionário não negligenciara as responsabilidades do posto; não se permitira o repouso, que não fosse forçado pelo esgotamento extremo de suas energias físicas; não vacilara nos pronunciamentos oportunos e cheios de grandeza d'alma. Não consentiria que no Espiritismo se erigissem — como nos movimentos da Reforma aconteceu —, por falta de vigilância ou por imprudência ou omissão, as grandes divisões debilitadoras que pudessem fracionar a Doutrina do Consolador prometido por Jesus. No que lhe competia fazer, mantê-lo-ia em toda a sua grandiosa compleição e integridade.

É o que se conclui da lúcida e irrespondível peça a seguir reproduzida:

> Uma carta que nos foi escrita há tempos falava do projeto de dar a uma publicação periódica o título de *Jornal do Espiritismo Independente*. Sendo essa o corolário da do *Espiritismo sem os Espíritos*, vamos, evidentemente, tentar colocar a questão no verdadeiro terreno.
> Antes de mais, o que é o Espiritismo independente? Independente de quê? Uma outra carta o diz claramente: é o Espiritismo liberto, não só da tutela dos Espíritos, mas de toda direção ou supremacia pessoal, de toda subordinação às instruções de um chefe, cuja opinião não pode fazer lei, desde que não é infalível.

Allan Kardec, óleo existente na FEERJ (SC)

Isso é a coisa mais fácil do mundo: existe de fato, uma vez que o Espiritismo, proclamando a absoluta liberdade de consciência, não admite nenhum constrangimento em matéria de crença, nem jamais contestou a alguém o direito de crer à sua maneira em matéria de Espiritismo, como em qualquer outra coisa. Deste ponto de vista nós mesmos nos achamos perfeitamente independentes e queremos aproveitar esta independência. Se há subordinação, ela é, pois, inteiramente voluntária; mais ainda, não é subordinação a um homem, mas a uma ideia, que se adota porque convém, que sobrevive ao homem se é justa, que cai com ele, ou antes dele, se é falsa.
Para nos libertarmos das ideias alheias é preciso, necessariamente, que tenhamos as nossas próprias ideias; naturalmente a gente procura fazer que estas prevaleçam, sem o que as guradaríamos para nós; proclamamo-las, sustentamo-las, defendemo-las, porque cremos sejam a expressão da verdade, porque admitimos a boa-fé, e não o único desejo de derrubar o que existe. O objetivo é congregar maior número possível de partidários; e aquele que não admite chefe se faz, ele mesmo, chefe de seita, buscando subordinar os outros às suas próprias

ideias. Aquele que diz, por exemplo: "Não devemos mais receber instruções dos Espíritos", não emite um princípio absoluto? Não exerce uma pressão sobre os que as querem, desviando-os de as receber? Se funda uma reunião nesta base, deve excluir os partidários das comunicações, porque, se estes últimos constituíssem maioria, a tornariam em lei. Se os admite e recusa obtemperar-se aos seus desejos, atenta contra a liberdade que têm de a reclamar. Que inscreva em seu programa: "Aqui não se dá a palavra aos Espíritos" e, então, os que desejam ouvi-los se conformarão à ordem e não se apresentarão.

Sempre dissemos que uma condição essencial de toda reunião espírita é a homogeneidade, sem o que haverá dissensão. Quem fundasse uma na base da rejeição das comunicações estaria no seu direito; se aí só admitir os que pensam com ele, faz bem, mas não tem o direito de dizer que, porque não o quer, ninguém o deve querer. Certamente é livre para agir como o entender; mas, se quer a liberdade para si, deve querê-la para os outros; já que defende suas ideias e critica as dos outros, se for consequente consigo mesmo, não deve achar ruim que os outros defendam as suas e critiquem as dele.

Geralmente muitos esquecem que, acima da autoridade do homem, outra há, à qual quem quer que se faça representante de uma ideia não pode subtrair-se: é a de todo o mundo. A opinião geral é a suprema jurisdição, que sanciona ou derruba o edifício dos sistemas; ninguém pode livrar-se da subordinação que ela impõe. Esta lei não é menos onipotente no Espiritismo. Quem quer que fira o sentimento da maioria e a abandone deve esperar ser por ela abandonado. Aí está a causa do insucesso de certas teorias e de certas publicações, abstração feita do mérito intrínseco destas últimas, sobre o qual por vezes não se tem ilusão.

Não se deve perder de vista que o Espiritismo não está submetido a um indivíduo, nem a alguns indivíduos, nem a um círculo, nem mesmo a uma cidade, mas que seus representantes estão no mundo inteiro e que entre eles há uma opinião dominante e profundamente acreditada; julgar-se forte contra todos, porque se tem o apoio de seu grupo, é expor-se a grandes decepções.

Há duas partes no Espiritismo: a dos fatos materiais e a de suas consequências morais. A primeira é necessária como prova da existência dos Espíritos; de modo que foi por ela que os Espíritos começaram; a segunda, dela decorrente, é a única que pode levar à transformação da Humanidade pelo melhoramento individual. O melhoramento é, pois, o objetivo essencial do Espiritismo. É para ele que deve tender todo espírita sério. Tendo deduzido essas consequências das instruções dos Espíritos, definimos os deveres que impõe esta crença; o primeiro deles inscrevemos na bandeira do Espiritismo: *Fora da caridade não há salvação*, máxima aclamada, em seu aparecimento, como a luz do futuro, e que logo deu a volta ao mundo, tornando-se a palavra de ligação de todos quantos veem no Espiritismo algo mais que um fato material. Por toda parte foi acolhida como o símbolo da fraternidade universal, como uma garantia de segurança nas relações sociais, como a aurora de uma Nova Era, onde devem extinguir-se os ódios e as dissensões. Compreende-se tão bem a sua importância, que já se colhem seus frutos; entre os que a tornaram como regra de conduta, reinam a simpatia e a confiança, que fazem o encanto da vida social. Em todo espírita de coração vê-se um irmão com o qual a gente se sente feliz de encontrar, porque se sabe que aquele que pratica a caridade não pode fazer nem querer o mal.

Foi, pois, por nossa autoridade privada que promulgamos esta máxima? E ainda que o tivéssemos feito, quem poderia encontrá-la má? Não; ela decorre do ensino dos Espíritos, e eles mesmos a colheram-nos do Cristo, onde está escrita com todas as letras, como pedra angular do edifício cristão, mas onde ficou enterrada durante dezoito séculos. O egoísmo dos homens não se dispunha a fazê-la sair do esquecimento e torná-la explícita, porque teria sido pronunciar sua própria condenação; preferiram buscar sua própria salvação em práticas mais cômodas e menos desagradáveis. E, contudo, todo o mundo havia lido e relido o Evangelho e, com pouquíssimas exceções, ninguém tinha visto esta grande verdade, relegada a segundo plano. Ora, eis que, pelo ensino dos Espíritos, ela foi subitamente conhecida e compreendida por todos. Quantas outras verdades encerra o Evangelho e que surgirão a seu tempo! (*O evangelho segundo o espiritismo*, cap. 15). Inscrevendo no frontispício do Espiritismo a suprema lei do Cristo, nós abrimos o caminho para o *Espiritismo cristão*; temos, pois, motivos para desenvolver os seus princípios, bem como os caracteres do verdadeiro espírita sob esse ponto de vista.

Que outros possam fazer melhor que nós; não iremos contra, porque jamais dissemos: "Fora de nós não há verdade". Nossas instruções, pois, são para os que as acham boas; são aceitas livremente e sem constrangimento; traçamos uma rota e a segue quem quer; damos conselhos aos que no-los pedem e não aos que julgam deles não precisar; não damos ordens a ninguém, pois não temos qualidade para tanto.

Quanto à supremacia, ela é toda moral e está na adesão dos que partilham de nossa maneira de ver; não estamos investidos, mesmo por aqueles, de nenhum poder oficial, não solicitamos nem reivindicamos nenhum privilégio; não nos conferimos nenhum título, e o único que tomaríamos com os partidários de nossas ideias é o de irmão em crença. Se nos consideram como seu chefe, é devido à posição que nos dão nossos trabalhos, e não em virtude de uma decisão qualquer. Nossa posição é a que qualquer um de nós poderia tomar antes de nós; nosso direito, o que tem todo o mundo de trabalhar como entende e de correr o risco do julgamento do público.

De que autoridade incômoda entendem libertar-se os que querem o Espiritismo independente, uma vez que nem há poder constituído nem hierarquia vedando a porta a quem quer que seja, e levando-se em conta que não temos sobre eles nenhuma jurisdição e que, se lhes agrada afastar-se de nossa rota, ninguém poderá constrangê-los a nela entrar? Alguma vez já nos fizemos passar por profeta ou messias? Levariam eles a sério os títulos de sumo sacerdote, de soberano pontífice, mesmo de papa, com que a crítica se deleitou em nos gratificar? Não só jamais os tomamos, como os espíritas jamais no-los deram. — É do ascendente em nossos escritos? O campo lhes está aberto, como a nós, para cativarem a simpatia do público. Se há pressão, ela não vem de nós, mas da opinião geral que põe o seu veto naquilo que lhe não convém e porque ela própria sofre o ascendente do ensino geral dos Espíritos. É, pois, a estes últimos que, em última análise, se deve atribuir o estado de coisas, e é talvez o que faz que não mais os queiram escutar. — É das instruções que damos? Mas ninguém é forçado a se submeter a elas. — Devem lamentar-se de nossa censura? Jamais citamos pessoas, a não ser quando devemos elogiar, e nossas instruções são dadas sob forma geral, como desenvolvimento de nossos princípios, para uso de todos. Se, aliás, são más, se nossas teorias são falsas, em que isto os pode ofuscar? O ridículo, se ridículo há, será para nós. Levam tão a sério os interesses do Espiritismo, que temem vê-los periclitar em nossas mãos? — Somos absolutos demais em nossas ideias? Somos um cabeça dura com quem nada se pode fazer? Ah! meu Deus! cada um tem os seus pequenos defeitos; temos o de não pensar ora branco, ora preto; temos uma linha traçada e dela não nos desviaremos para agradar a quem quer que seja. É provável que sejamos assim até o fim.

É nossa fortuna que invejem? Onde os nossos castelos, as nossas equipagens e os nossos lacaios? Certamente, se tivéssemos a fortuna que nos atribuem, não seria dormindo que ela teria vindo e muitas pessoas amontoam milhões, num labor menos rude. — Que fazemos, então, do dinheiro que ganhamos? Como não pedimos contas a ninguém, a ninguém temos que as dar; o que é certo é que não serve para os nossos prazeres. Quanto a empregar para pagar agentes e espiões, devolvemos a calúnia à sua origem. Temos que nos ocupar com coisas mais importantes do que saber o que faz este ou aquele. Se fazem bem, não devem temer nenhuma investigação; se fazem mal, é lá com eles. Se há os que ambicionam a nossa posição, é no interesse do Espiritismo ou no deles? Que a tomem, pois, com *todos os seus encargos*, e provavelmente não acharão que seja uma sinecura tão agradável quanto supõem. Se acham que conduzimos mal o barco, quem os impedia de tomar o leme antes de nós? E quem os impede ainda hoje? — Lamentam-se de nossas intrigas para fazermos partidários? Nós esperamos que venham a nós, pois não vamos procurar ninguém; nem corremos atrás dos que nos deixam, porque sabemos que não podem entravar a marcha das coisas; sua personalidade se apaga diante do conjunto. Por outro lado, não somos bastante presunçosos para crer que seja por nossa pessoa que se ligam a nós; evidentemente, é pela ideia de que somos o representante. É, pois, a esta ideia que reportamos os testemunhos de simpatia que hão por bem nos dar.

Em suma, o Espiritismo independente seria aos nossos olhos uma insensatez, porque a independência existe de fato e de direito e não há disciplina imposta a ninguém. O campo de exploração está aberto a todos; o juiz supremo do torneio é o público; a palma é para quem sabe conquistá-la. Tanto pior para os que caem antes de atingir a meta. Falar dessas opiniões divergentes que, em última análise, se reduzem a algumas individualidades, e em parte alguma formam corpo, não será, talvez digam algumas pessoas, ligar a isto muita importância, assustar os adeptos, fazendo-os crer em cisões mais profundas do que realmente o são? Não é, também, fornecer armas aos inimigos do Espiritismo? É precisamente para prevenir esses inconvenientes que disto falamos. Uma explicação clara e categórica, que reduz a questão ao seu justo valor, é mais adequada a assegurar do que para amedrontar os adeptos; eles sabem como proceder e aí encontram argumentos para a réplica. Quanto aos adversários, já exploraram o fato muitas vezes, e foi por terem exagerado o seu alcance que é útil mostrar como a coisa funciona. Para mais ampla resposta, remetemos o leitor ao artigo da *Revista* de outubro de 1865. (*Revista Espírita*, abr. 1866).

2
INTOLERÂNCIA E PERSEGUIÇÕES

"[...] a negativa não constitui uma prova [...] sendo real o fato, pouco importa contrarie ele todas as leis conhecidas, circunstância que só provaria uma coisa: que ele decorre de uma lei desconhecida e os negadores não podem alimentar a pretensão de conhecerem todas as Leis da Natureza. (*O livro dos médiuns*. Pt. 2, cap. 4 – *Da teoria das manifestações físicas*, it. 78).

É útil, entretanto, que mais tarde se saiba de que armas se serviram para combater o Espiritismo. (*Revista Espírita*, set. 1863, Segunda carta ao padre Marouzeau).

1. Críticas gerais às ideias novas. – Falam do que ignoram. – Dar tempo às ideias, como aos frutos, para amadurecerem. – Os adversários revelam o grau de importância do Espiritismo. – Sua influência sobre a ordem social. – Adesão do juiz Bonnamy. – Duas espécies de crítica. – Acreditar em alguma coisa ou a incredulidade? – "Julgar Rossini, censurar Rafael" – Quem é o crítico sério? – Privilégio das injúrias e controvérsias sem objetivo. – Os que virão por si mesmos. – Livre-pensamento e livre-consciência: "machine à croire". – A ponta da corda. – Uma nova fé cega substituindo outra fé cega? – "O poder do ridículo"

Em todos os campos do conhecimento, desde que o mundo é mundo, as ideias novas sempre foram reprimidas, ou odiosamente contestadas, como se o progresso fosse um crime.

Geralmente, os religiosos, filósofos e cientistas ditavam as leis e as "verdades" que deviam ser tidas como definitivas, reveladas ou anunciadas por eles, em suas épocas, e em função de seus rígidos postulados não poderiam ser suplantadas por maior saber.

Não devia ser diferente — e não foi — com relação ao Espiritismo. Só que, desta vez, lançavam-se à arena gladiadores dotados de armamento moderno, conseguido justamente por força das condições liberais e progressistas, por força das grandes conquistas da inteligência e da cultura do século XIX, na Europa, mormente na França.

Em certas regiões francesas, mais diretamente influenciadas pelo obscurantismo do clero espanhol, e na Espanha, com mais forte razão, as aguerridas hordas do Romanismo impunham pelejas desabridas, contínuas e maciças contra o nascente Movimento do Consolador. As forças da treva faziam soprar forte o vento da adversidade na crosta planetária — como ainda hoje sucede, em obediência a diferentes métodos —, quase impedindo o Codificador e os adeptos mais acreditados do Espiritismo ao direito mesmo de respirar livremente.

Entretanto, havia uma Vanguarda de Luz, no Plano Invisível, incentivando os trabalhadores terrestres, em plena carne; havia, também, um punhado de obreiros decididos, quais sentinelas avançadas do Movimento, abrindo picadas nos cipoais e clareiras no solo impedido pela massa de interesses inconfessáveis, ou armando tendas nos desertos morais e espirituais dos corações. Não faltavam, por outro lado, os que cuidavam dos flancos ou protegiam as retaguardas. Se havia invigilantes, que consentiam infiltrações, não escasseavam os grupos de atendimento e manutenção da disciplina e da ordem no empreendimento.

Mas, em tudo, Kardec era quase sempre "o capitão e o alferes", como ele próprio o diria, uma vez, num desabafo. Fora bem entregue a responsabilidade do cometimento grandioso pelo Alto, quando elegeu o "Apóstolo da Fé Raciocinada"!

"[...] o Espiritismo não é da alçada da Ciência", advertira o Codificador, em *O livro dos espíritos, Introdução*, it. VII. Ela não ditaria regra alguma. A metodologia levaria em conta a vontade independente e livre dos seres, estivessem eles encarnados ou não, mas sem desprezar a contribuição verdadeiramente científica que os homens de ciência e o dos conhecimentos podiam oferecer ao Espiritismo. Nada de tutelas e comandos acadêmicos:

> [...] A Ciência, propriamente dita, é [...] como ciência, incompetente para se pronunciar na questão do Espiritismo: não tem que se ocupar com isso e qualquer que seja o seu julgamento, favorável ou não, nenhum peso poderá ter. O Espiritismo é o resultado de uma convicção pessoal, que os sábios, como indivíduos, podem adquirir, abstração feita da qualidade de sábios.

Às religiões e escolas filosóficas, que se arvorassem em orientadoras ou definidoras da Doutrina dos Espíritos, Kardec respondia à altura em que planava seu descortino e luminoso pensamento, firme e resoluto, de par com uma enorme bondade e não menor paciência e mansidão. Um mestre-escola, como chegaram a reconhecer só por ironia e menosprezo alguns de seus opositores, mas que sabia dar lições de sabedoria e de amor aos doutos das Academias, e aos sacerdotes da Igreja Romana e dos templos de todas as confissões religiosas. Os exemplos dele, diante de provas duríssimas, foram o sustentáculo da obra entre os homens e a segurança maior de sua rápida divulgação pelo mundo, sob o amparo de uma plêiade de luminares que o acompanhavam em ambos os planos ou dimensões da Vida.

Com estas palavras, simplesmente levamos os leitores ao *Portal* que conduz a acontecimentos inesquecíveis. Recordemo-los, pois.

* * *

Em carta a Allan Kardec, datada de Bruxelas, 15 de junho de 1858, o Sr. Jobard, diretor do Museu Real da Indústria, da capital belga, homem muito ilustrado e adepto novo das teorias espíritas, assim se referiu ao autor de *O livro dos espíritos*: "bem que seríeis alçado ao nível de Sócrates e Platão pela moral e pela filosofia estética". Jobard havia antes publicado suas ideias a respeito dos fenômenos que em meados do século XIX invadiram a Europa. Diz ele que, apoiado em Babinet, sábio membro da Academia das Ciências de Paris, acreditava então existirem ali apenas fenômenos físicos ou charlatanices indignas da atenção dos sábios. Foram as explicações lidas na obra de Kardec, profundas, lógicas e exatas, que levaram Jobard a abjurar publicamente suas antigas concepções.

"[...] pela linguagem dos adversários, vê-se facilmente que falam do Espiritismo como os cegos falariam das cores [...]" — são de Kardec as palavras —, "sem conhecimento de causa, sem exame sério e aprofundado, e unicamente baseados numa primeira impressão; dessa forma, seus argumentos se limitam à negação pura e simples, já que não podemos promover à categoria de argumentos as expressões chistosas que empregam. Por mais espirituosos que sejam, os gracejos não representam razões. [...]" (*Revista Espírita*, set. 1858, Propagação do Espiritismo).

E aditava:

> [...] Por mais bela e justa que seja, nenhuma ideia nova se implanta instantaneamente no espírito das massas, e aquela que não encontrasse oposição seria um fenômeno absolutamente insólito. Por que faria o Espiritismo exceção à regra comum? Às ideias, como aos frutos, é preciso tempo para amadurecerem, mas a leviandade humana faz com que sejam julgadas antes da maturidade, ou semque tenhamos o trabalho de sondar-lhes as qualidades íntimas. [...]

Em diferentes ocasiões, ante fatos novos e oposições a ideias, esclarecia e dava perfeita colocação às questões (*Revista Espírita*, jun. 1859, O músculo estalante):

> [...] Quando um fato se apresenta, não nos contentamos com uma única observação; queremos vê-lo sob todos os ângulos, sob todas as faces e, antes de aceitar uma teoria, imaginamos se ela corresponde a todas as circunstâncias, se nenhum fato desconhecido virá contradizê-la; numa palavra, se resolvem todas as questões. A verdade tem seu preço. [...].
> A oposição feita a uma ideia está sempre na razão de sua importância. Se o Espiritismo fosse uma utopia, dele não se teriam ocupado, como de tantas outras teorias. A obstinação da luta é indício certo de que o levam a sério. Mas se há luta entre o Espiritismo e o clero, a História dirá quais foram os agressores. Os ataques e as calúnias de que foi objeto o forçaram a devolver as armas que lhe atiravam e a mostrar o lado vulnerável de seus adversários. [...] (*Revista Espírita*, jul. 1864, Reclamação do abade Barricand).

Desde 1858 ele lembrava que a influência mais alta do Espiritismo seria sobre a ordem social, abrindo para a Humanidade uma era de felicidade geral.

Em 1865, transcreve carta de adesão à nova Doutrina, espontaneamente escrita em 21 de novembro pelo Sr. Bonnamy, juiz de instrução. É bela peça, em que seu autor começa falando de sua iniciação na Doutrina pela leitura atenta de *O livro dos espíritos*, obra que o levou à convicção:

> [...] Com efeito, a doutrina que dele decorre dá a mais lógica solução, a mais satisfatória para a razão, de todas as questões que tão seriamente preocuparam os pensadores de todos os tempos, para definir as condições da existência do homem nesta Terra e determinar seus fins últimos. Esta admirável doutrina é, incontestavelmente, a sanção da mais pura e da mais fecunda moral, a exaltação demonstrada da justiça, da bondade de Deus e da obra sublime da criação, assim como *a base mais segura e mais firme da ordem social*. (*Revista Espírita*, mar. 1866, O Espiritismo e a Magistratura).

"Senhores, pessoalmente eu desfrutaria" — reconhecia Kardec — "de um privilégio inconcebível se tivesse ficado ao abrigo da crítica. Não nos pomos em evidência sem nos expormos aos dados daqueles que não pensam como nós. Mas há duas espécies de crítica: uma que é malévola, acerba, envenenada, em que a inveja se trai a cada palavra; a outra, que visa à sincera da verdade, tem características completamente diversas. A primeira não merece senão o desdém; jamais com ela me incomodei. Somente a segunda é discutível" (*Revista Espírita*, jul. 1859, Sociedade Parisiense de Estudos Espíritas).

Por volta de 1859, um sacerdote (cujo nome não foi citado por Allan Kardec), a quem lhe pediram a opinião sobre o Espiritismo, assim respondeu:

> [...] *O Espiritismo conduz à crença em alguma coisa. Ora, eu prefiro aqueles que acreditam em alguma coisa aos que em nada creem, pois estes não acreditam nem mesmo na necessidade do bem.*
> [...]
> [...] É prudente não nos pronunciarmos com muita leviandade sobre aquilo que não conhecemos; imitemos a sábia reserva do sábio Arago, a propósito do magnetismo animal: "Eu não poderia aprovar o mistério com que se envolvem os cientistas sérios que hoje vão assistir a experiências de sonambulismo. A *dúvida* é prova de modéstia e raramente prejudica o progresso das ciências. Já não diríamos o mesmo da *incredulidade. Aquele que, fora das matemáticas puras, pronuncia a palavra IMPOSSÍVEL, falta com a prudência.* A reserva é um dever, sobretudo quando se trata do organismo animal." (Notícia sobre Bailly). (*Revista Espírita*, dez. 1859, Resposta ao Sr. Orcar Comettant).
> "Em lógica elementar" — escrevia um ano depois —, "para se discutir uma coisa é preciso conhecê-la, porquanto a opinião de um crítico só tem valor quando ele fala com perfeito conhecimento de causa. Só e então a sua opinião, ainda que errônea, poderá ser tomada em consideração. Mas que peso terá quando ele tratar de matéria que não conhece? A verdadeira crítica deve dar provas não só de erudição, mas também de *profundo conhecimento* do objeto tratado, de isenção no julgamento e de imparcialidade a toda prova. A não ser assim, qualquer músico de feira poderá arrogar-se o direito de julgar Rossini, e um aprendiz de pintor o de censurar Rafael" (*Revista Espírita*, set. 1860, O maravilhoso e o sobrenatural, 8ª proposição).
> [...] o Espiritismo só pode considerar como crítico sério quem tudo tenha visto, estudado e aprofundado com a paciência e a perseverança de um observador consciencioso; que tenha tanto conhecimento do assunto quanto o adepto mais esclarecido; que haja, por

conseguinte, haurido seus conhecimentos fora dos romances da ciência; aquele a quem não se possa opor *fato algum*, que lhe seja desconhecido, nenhum argumento de que já não tenha cogitado e que sua refutação se faça, não por simples negação, mas por meio de outros argumentos mais categóricos; aquele, finalmente, que possa indicar, para os fatos averiguados, causa mais lógica do que a que lhes aponta o Espiritismo. Tal crítico ainda está por aparecer.

Ao abrir o primeiro número da *Revista Espírita* de janeiro de 1860, o Codificador escreveu:

> [...] Deixando aos nossos contraditores o triste privilégio das injúrias e do personalismo, não os seguiremos no terreno de uma controvérsia sem objetivo. Dizemos sem objetivo, porque jamais os levaria à convicção; ademais, seria pura perda de tempo discutir com pessoas que não têm a menor noção daquilo de que falam. Só temos uma coisa a dizer-lhes: estudai primeiro, e depois veremos. Temos mais que fazer do que falar a quem não quer ouvir. Afinal de contas, o que importa a opinião contrária deste ou daquele? Terá essa opinião de tão grande importância que possa deter a marcha natural das coisas? As maiores descobertas encontraram os mais rudes adversários, sem que por isso fossem prejudicadas. Assim, deixando a incredulidade zunir à nossa volta, jamais nos desviaremos do caminho que nos é traçado pela própria gravidade do assunto que nos ocupa. (O Espiritismo em 1860).

"Não impomos nossas ideias a ninguém" — não deixava jamais de repetir. "Os que as adotam é porque as consideram justas. Os que vêm a nós é porque pensam aqui encontrar [na Sociedade Parisiense de Estudos Espíritas] oportunidade de aprender, mas não se trata de uma *filiação*, pois não formamos *nem seita nem partido*. Reunimo-nos para estudar o Espiritismo, como outros se reúnem para estudar a frenologia, a história ou outras ciências. E como nossas reuniões não se baseiam em nenhum interesse material, pouco nos importa se outras se formam ao nosso lado. Na verdade, seria atribuir-nos ideias bem mesquinhas, bem estreitas e bem pueris crer que a veríamos com olhos ciumentos; os que pensassem em nos criar *rivalidades*, mostrariam, por isso mesmo, quão pouco compreendem o verdadeiro espírito da Doutrina. Só lamentamos uma coisa: que nos conhecerem tão mal, a ponto de nos suporem acessíveis ao ignóbil sentimento do ciúme" (*Revista Espírita*, abr. 1860, Boletim da Sociedade Parisiense de Estudos Espíritas).

[...] *O Espiritismo*" — sublinhava o Codificador — "*não deve ser imposto; vem-se a ele porque dele necessita*, e porque dá o que não dão as outras filosofias. Convém mesmo não entrar em nenhuma explicação com os incrédulos obstinados: seria dar-lhes muita importância e levá-los a pensar que dependemos deles. Os esforços feitos para os atrair os afastam e, por amor-próprio, obstinam-se na sua posição. Eis por que é inútil perder tempo com eles; quando a necessidade se fizer sentir, virão por si mesmos. Enquanto esperamos, é deixá-los tranquilos, satisfeitos no seu ceticismo que, acreditai, muitas vezes lhes pesa mais do que dão a parecer; porque, por mais que digam, a ideia do nada após a morte tem algo de mais assustador, de mais doloroso que a própria morte" *(Revista Espírita*, dez. 1861, Organização do Espiritismo).

Allan Kardec escreve longo e esclarecedor trabalho na *Revista Espírita* de fevereiro de 1867, sobre "livre-pensamento" e "livre-consciência", assunto que dera origem, em outubro de 1866, a dois jornais distintos, cada qual com um dos títulos acima.

Transcrevamos apenas alguns trechos:

> [...] Toda opinião racional, que não é nem imposta nem subjugada cegamente à de outrem, mas que é voluntariamente adotada em virtude do exercício do raciocínio pessoal, é um pensamento livre, quer seja religioso, político ou filosófico.
> Em sua acepção mais vasta, o livre-pensamento significa: livre-exame, liberdade de consciência, fé raciocinada; simboliza a emancipação intelectual, a independência moral, complemento da independência física; não quer mais escravos do pensamento, pois o que caracteriza o livre-pensador é que este pensa por si mesmo, e não pelos outros; em outros termos, sua opinião lhe é própria. Assim, pode haver livres-pensadores em todas as opiniões e em todas as crenças. Nesse sentido, o livre-pensamento eleva a dignidade do homem, dele fazendo um ser ativo, inteligente, em vez de uma *máquina de crer* [*machine à croire*].
> No sentido exclusivo que alguns lhe dão, em vez de emancipar o Espírito, restringe a sua atividade, fazendo-o escravo da matéria. Os fanáticos da incredulidade fazem num sentido o que os fanáticos da fé cega fazem em outro. Estes então dizem: para ser segundo Deus, é preciso crer em tudo o que cremos; fora de nossa fé não há salvação.

Os outros dizem: para ser segundo a razão, é preciso pensar como nós, não crer senão no que cremos; fora dos limites que traçamos à crença, não há liberdade nem bom senso, doutrina que se formula por este paradoxo: vosso espírito só é livre com a condição de não crer no que quer, o que siginifica para o indivíduo: tu és o mais livre de todos os homens, desde que não vás mais longe do que a ponta da corda à qual te amarramos.
[...]
O Espiritismo é, como pensam alguns, uma nova fé cega, que substituiu outra fé cega? Em outras palavras, uma nova escravidão do pensamento sob nova forma? Para crê-lo, é preciso ignorar os seus primeiros elementos. Com efeito, o Espiritismo estabelece como princípio que antes de crer necessário é preciso compreender. Ora, para compreender é necessário que se faça uso do raciocínio; eis por que ele procura dar-se conta de tudo antes de admitir alguma coisa, a saber, o porquê e o como de cada coisa. É por isso que os espíritas são mais céticos do que muitos outros, em relação aos fenômenos que escapam do círculo das observações habituais. Não se baseia em nenhuma teoria preconcebida ou hipotética, mas na experiência e na observação dos fatos [...]. (Livre-pensamento e livre-consciência).

Sob o título — "O poder do ridículo", Allan Kardec tece uma série de considerações a respeito desta frase que leu num jornal: "Na França o ridículo sempre mata", para chegar à conclusão de que ela só seria totalmente completa, se assim enunciada: "[...] 'Na França, o ridículo sempre mata *o que é ridículo*' [...]".

"Isto explica" — diz ele — "por que o ridículo, lançado em profusão sobre o Espiritismo, não o matou. [...]" (*Revista Espírita*, fev. 1869).

2. Intrigas, provocações e desafios. – Homem sem ambições. – O triunfo da Verdade, venha de onde vier. – Elevação do homem com o esquecimento das ofensas. – Emprego de fundos. – "Caixa do Espiritismo". – "Os milhões do Sr. Allan Kardec". – Desceu a escada da riqueza, quando podia muito bem tê-la subido. – "Orçamento do Espiritismo". – Jamais viveu a expensas de quem quer que fosse. – "O Espiritismo foi a obra de minha vida". – Os recursos de Kardec na divulgação do Espiritismo. – "Partirei quando Deus chamar-me!" – Os verdadeiros fins da Sociedade de Paris. – Não sabem o que dizem...

Com a matéria apresentada no item anterior, pareceria esgotado o assunto das críticas contumazes, virulentas. Mas, não foi assim. Importava que Kardec não fosse poupado, sequer, nos assuntos de sua vida pessoal, privada. Um escândalo que envolvesse dinheiro, riquezas, bem que serviria para ferir fundo os propósitos que o animavam, da implantação por tantos indesejada de uma Doutrina como a do Consolador Prometido por Jesus.

Portanto, as acusações partiram de toda parte, de sacerdotes e de vários indivíduos e organizações contrariados, sem faltarem os chamados "espíritas" de contrabando, que mais prejudicavam quando parecia que serviriam à Causa. Houve verdadeiros traidores, criaturas perturbadas e de intenções as mais sórdidas e torpes no Movimento nascente, na própria Sociedade de Paris (SPEE), ombreando com Kardec. Os "Judas do Espiritismo", como ele os denominou certa vez; os "desertores".

Todavia, tais coisas foram o sinete da grandiosidade do que estava sendo realizado para os séculos e milênios do porvir. Os inconsequentes, os apressados, os indolentes, os inconformados com o êxito constante de Allan Kardec, que, por isso, era invejado e maltratado, não desviavam olhos cúpidos do posto do grande seareiro, sem suspeitarem o que de sacrifícios, canseiras, renúncias e abnegações ele permanentemente devia testemunhar na sua abençoada missão.

A Igreja de Roma, que se omitira, que historicamente se excluíra e cuja pretensa autoridade papalina rejeitara as oportunidades de regeneração que o Senhor bastas vezes lhe oferecera, que faliria completamente ao sancionar as decisões do Concílio de 1869–1870, inconformada, desesperada, sabia no Espiritismo a solução grandiloquente de toda a problemática do gênero humano, sempre sonhada, buscada, tentada, por muitos, sem resultados satisfatórios. Os Espíritos do Senhor haviam interferido no processo evolutivo dos povos e fizeram que fossem fincados os alicerces inamovíveis de uma nova Revelação, com base na qual o desenvolvimento do homem e do orbe tomaria novos rumos e dimensões, em demanda de outra e dignificante civilização. Era a morte da *Era da Matéria*, que já se pressentia, entrevendo-se o surgimento da *Era do Espírito*, de um *mundo novo*, à luz do Evangelho do Cristo.

* * *

Cristalinos são estes conceitos do Codificador, recolhidos de seus escritos de 1859:

> [...] se aqueles que nos atacam, quer de maneira ostensiva, quer disfarçada, imaginam que nos perturbam, perdem seu tempo; se pensam em nos barrar o caminho, enganam-se do mesmo modo, pois nada pedimos e apenas aspiramos a nos tornar úteis, no limite das forças que Deus nos concedeu. Por mais modesta que seja a nossa posição, contentamo-nos com aquilo que para muitos seria a mediocridade; não ambicionamos posição, nem honras, nem fortunas; não procuramos o mundo nem os seus prazeres; o que não podemos ter não nos causa nenhum desgosto e o vemos com a mais completa indiferença. Visto não fazerem parte de nossos gostos, não invejamos aqueles que possuem tais vantagens, se vantagens há, o que aos nossos olhos é um problema, porquanto os prazeres efêmeros deste mundo não asseguram melhor lugar no outro; pelo contrário. Nossa vida é toda de labor e de estudo e consagramos ao trabalho até o momento de repouso. Aí não há que cause inveja. Como tantos outros, trazemos a nossa pedra ao edifício que se levanta, entretanto, coraríamos se disso fizéssemos um degrau para alcançar o que quer que fosse. Que outros tragam mais pedras que nós, que outros trabalhem tanto e melhor que nós e

os veremos com sincera alegria. O que queremos, antes de tudo, é o triunfo da verdade, venha de onde vier, pois não temos a pretensão de ver sozinho a luz [...]

Sabíamos muito bem que, empunhando abertamente o estandarte das ideias de que nos fizemos propagadores e afrontando preconceitos, atrairíamos inimigos, sempre prontos a desferir dardos envenenados contra quem quer que levante a cabeça e se ponha em evidência. Há, entretanto, uma diferença capital entre eles e nós: não lhes desejamos o mal que nos procuram fazer, porque compreendemos a fragilidade humana e é somente nisso que a eles nos julgamos superior; nós nos rebaixamos pela inveja, pelo ódio, pelo ciúme e por todas as paixões mesquinhas, mas nos elevamos pelo esquecimento das ofensas: eis a moral espírita. [...] (*Revista Espírita*, mar. 1859, Diatribes)

Por ocasião da renovação do ano social, em 1º de abril de 1862, Allan Kardec faz o seu habitual discurso. Dele extraímos (*Revista Espírita*, jun. 1862, Sociedade Parisiense de Estudos Espíritas) precioso esclarecimento, que destrói insinuações maldosas de certos críticos. Tentemos resumi-lo:

Kardec havia recebido em 1860 um donativo de 10 mil francos, a ser empregado, de qualquer forma, no interesse do Espiritismo. Podendo agir como quisesse, julgou conveniente aplicar essa quantia no desenvolvimento da SPEE, que ainda nem tinha sede própria. Novecentos francos foram gastos na compra de móveis e em despesas de instalação e outras, na nova sede, rua Sainte-Anne, 59 (passagem Sainte-Anne). O restante do mobiliário, cujo valor era três ou quatro vezes mais, fora doado pelo próprio Kardec, retirado de sua casa.

Ele dá ciência disso aos membros da SPEE e o faz também publicamente, destacando que, a não ser o aluguel, todas as demais despesas, como as de viagens e uma porção de gastos necessários ao Espiritismo, e que não ficavam por menos de 2.000 francos anuais, estavam a seu cargo pessoal, e essa "[...] soma que não deixa de ser importante num orçamento restrito, que só se salda à custa de ordem, economia e mesmo de privações".

Diz mais: "[...] sei que sirvo a uma causa, junto à qual a vida material nada é e pela qual estou pronto a sacrificar a minha. [...] Só lamento uma coisa: a exiguidade de meus recursos não me permitem fazer mais. Com suficientes meios de execução, bem empregados, com ordem e em coisas verdadeiramente úteis, avançaríamos meio século no estabelecimento definitivo da Doutrina".

O donativo acima referido fora enviado por uma senhora, que de antemão recusava tomar conhecimento do emprego que a ele, donativo, se daria. Kardec, na ocasião, pela *Revista Espírita* de março de 1860, respondera:

> [...] "Se a doadora não reclama, no que lhe concerne, nenhuma conta dos fundos, não devo, para minha própria satisfação, permitir que seu emprego não seja submetido a um controle. Essa soma formará o primeiro fundo de uma *Caixa Especial*, que nada terá de comum com meus negócios pessoais, e que será objeto de uma contabilidade distinta, sob o nome de *Caixa do Espiritismo*.
> Essa caixa será aumentada posteiromente pelos fundos que poderão chegar de outras fontes e destinada exclusivamente às necessidades da Doutrina e ao desenvolvimento das ideias espíritas.
> Um dos meus primeiros cuidados será a criação de uma *biblioteca especial*, e, como já disse, prover a Sociedade daquilo que lhe falta materialmente, para regularidade de seus trabalhos.
> Pedi a vários colegas que aceitassem o controle dessa caixa e constatassem, em datas que serão ulteriormente determinadas, o emprego útil dos fundos.
> Esta comissão está composta pelos Srs. Solichon, Thiry, Levent, Mialhe, Krafzoff e Sra. Parisse." (Boletim da Sociedade Parisiense de Estudos Espíritas).

Na *Revista Espírita* de junho de 1862, num artigo intitulado *Assim se escreve a História! (Voilà comment on écrit l'Histoire!)*, e subintitulado — "Os milhões do Sr. Allan Kardec" (Les millions M. Allan Kardec), o mestre responde a um eclesiástico de grande cidade comercial (Lyon, provavelmente), o qual propalava existir uma fabulosa fortuna amealhada por Allan Kardec, mediante o Espiritismo. Chegava o padre V... ao disparate de dizer que aquele pisava, em sua casa, os mais belos tapetes de Aubusson, tinha carruagem puxada por quatro cavalos e gastava principescamente em Paris. Assoalhava o padre que toda a fortuna de Kardec lhe vinha da Inglaterra (?) e que ele vendia caro os manuscritos de suas obras, cobrando ainda, sobre elas, uma percentagem. E outras coisas mais, absurdas, verdadeiras sandices, eram zurradas pelo padre, o que levou Kardec a responder-lhe, mais em atenção aos que, não sendo espíritas, poderiam ser ludibriados pela história ultraleviana dos "milhões".

Ele começa fazendo blague com essa "revelação", declarando que ele mesmo estava longe de suspeitar da existência de tão bela fortuna.

Infelizmente, diante do relatório que apresentara à SPEE, pouco antes de receber a comunicação sobre os "milhões", tudo ficava reduzido a uma realidade bem menos dourada.

Como o padre disse havê-lo conhecido pobre em Lyon, o Codificador afirma jamais ter morado em Lyon, e, portanto, ninguém ali o poderia ter conhecido pobre.

Quanto à carruagem de quatro cavalos, ele apenas tomava um fiacre puxado por sendeiros, cinco ou seis vezes por ano, a fim de economizar. Suas viagens se faziam por trem.

Com a vida principesca que o padre lhe presenteou, Kardec teria mesa regalada. "[...] Que diria, pois, o Sr. abade se visse minhas mais suntuosas refeições, nas quais recebo os amigos? Achá-las-ia muito frugais, ao lado das sóbrias refeições de certos dignitários da Igreja, que talvez as recusassem até mesmo nas mais austeras quaresmas. [...]".

Referindo-se à venda de seus manuscritos, o mestre escreve que isto entra no domínio privado, onde não reconhece a quem quer que seja o direito de se imiscuir. "[...] Sempre honrei os meus negócios, não importa a que preço de sacrifícios e de privações; nada devo a quem quer que seja, enquanto muitos me devem sem o que teria mais do dobro do que me resta; assim, *ao invés de subir, desci na escala da fortuna.* [...]" (Grifo nosso).

A fim de contentar os curiosos, diz que se tivesse vendido seus manuscritos nada mais faria que usar do direito que todo trabalhador tem de vender o produto do seu trabalho; "[...] mas não vendi nenhum; alguns até doei, pura e simplesmente, no interesse da causa, e que são vendidos à vontade, sem que me venha um centavo [...]". Mais adiante, para dar uma ideia de seus "grandes lucros", revela que a primeira edição de *O livro dos espíritos* foi feita por sua conta e risco total, pois não encontrara editor que dela quisesse encarregar-se. Esgotada a edição e feitas as contas, ela lhe rendeu apenas cerca de 500 francos. Por causa das despesas de todas as publicações posteriores e livrar-se dos problemas relativos à venda, ele então cedeu por algum tempo às editoras o direito de publicação, mediante direito autoral calculado a tantos cêntimos por exemplar vendido, ficando ainda obrigado a abrir uma conta com os editores para a compra de livros sob desconto.

Kardec acrescenta que não tem de dar conta da quantia que ganhou na venda de suas obras, nem do seu emprego, assistindo-lhe o direito de dispor dela como bem lhe parecesse. Que ficassem, porém, tranquilos quanto à boa destinação desse dinheiro.

Assim, para menosprezar o Codificador e desacreditar o Espiritismo, o padre V... lançara mão de ridículos expedientes e, o que é mais grave, de calúnias sem nome. Kardec faz-lhe então saber que "[...] o Espiritismo não é e nem pode ser um meio de enriquecer; que repudia toda especulação de que pudesse ser objeto; que ensina a fazer pouco caso do temporal, a contentar-se com o necessário e a não procurar as alegrias do supérfluo, que não são o caminho do céu [...].

[...] Se possuísse a [fortuna] que me atribuem e, sobretudo, se a devesse ao Espiritismo, eu seria perjuro aos meus princípios de empregá-la na satisfação do orgulho e na posse de prazeres mundanos, em lugar de fazê-la servir à causa cuja defesa abracei".

Sob o título "Orçamento do Espiritismo, ou exploração da credulidade humana", o Sr. Leblanc de Prébois, antigo oficial reformado, ex-representante do povo na Assembleia Constituinte de 1848, publicou em Argel uma brochura de calúnias, injúrias, invenções e ofensas pessoais, na qual, procurando provar que o fim do Espiritismo é uma gigantesca especulação, alinhava uma série de cálculos absurdos, de que resultaram, para Kardec, rendimentos fabulosos que deixavam bem para trás os "milhões" com que certo padre de Lyon (conforme já demos a conhecer) generosamente o gratificara.

Kardec fez questão de reproduzir textualmente, na *Revista Espírita* de junho de 1863, o irrisório inventário, com as conclusões do seu autor. Os cálculos deste se baseiam em dados inteiramente falsos ou irreais que davam para "[...]um lucro anual líquido de 250 mil francos, sem contar o da venda de *O livro dos espíritos* e de *O livro dos médiuns*". A seguir, o ex-membro da Assembleia Constituinte leva a imaginação a altos voos e afirma que em breve a renda do "Sr. Allan Kardec, proprietário da *Revista* e soberano pontífice", seria de 38 milhões! "[...] e se a Europa se deixar infestar, não será mais por milhões, mas por bilhões que deve ser contada".

Chamando a atenção das autoridades para o perigo que a pregação do Espiritismo representa para a própria estabilidade do Governo, provando, à sua maneira, que, "para fazer triunfar a especulação do Espiritismo ou das mesas girantes, prega o Sr. Allan Kardec uma Doutrina cuja tendência é a *destruição da fé, da esperança e da caridade*", o autor da brochura assim terminava:

Que, há, pois, no Espiritismo? Nada mais que especuladores e papalvos. E no dia em que a autoridade temporal compreender sua solidariedade com a autoridade moral e apenas se limitar a proibir as publicações espíritas, essa especulação imoral cairá para não mais se levantar.

Allan Kardec mostra que essa brochura ultrapassou de muito todas as diatribes publicadas até aquele dia, "[...] Certamente não nos daremos ao trabalho de combater cálculos que se refutam pelo seu próprio exagero, mas que provam uma coisa: o pavor que causa aos adversários a rápida propagação do Espiritismo, a ponto de os levar a dizer as maiores inconsequências".

Aos leitores em geral, informa que a Sociedade Espírita de Paris "[...] não retribui nenhum de seus funcionários, nem presidentes, vice-presidentes ou secretários; que não emprega nenhum médium pago e sempre se levantou contra a exploração da faculdade mediúnica; que jamais recebeu um centavo dos poucos visitantes que admite e nunca abriu suas portas ao público; que, fora dos sócios *contribuintes*, nenhum espírita lhe é tributário; que os membros honorários não pagam qualquer cota; que entre ela e as outras sociedades espíritas não existe nenhuma filiação ou solidariedade material; que o produto das cotas jamais passa pelas mãos do presidente; que toda despesa, por menor que seja, não pode ser feita sem a deliberação do comitê; enfim, que *seu orçamento de 1862 foi fechado graças a uma reserva de 429 fr. 40c.*" (Grifo nosso).

Mais adiante, declara:

> [...] Nossos adversários não poderiam fazer de melhor para seu próprio descrédito, mostrando a que tristes expedientes se reduziram para nos atacar e a que ponto o sucesso das ideias novas os apavora. E, poderíamos dizer, os faz perder a cabeça.

É pena que o espaço não nos permita transcrever todos os magníficos comentários de Kardec, publicados na *Revista Espírita* de junho de 1863, e nos quais se patenteia a calma e a superioridade moral do missionário.

Na *Revista Espírita* de junho de 1865, é publicado o Relatório que Allan Kardec apresentou à Sociedade Espírita de Paris, a propósito da Caixa do Espiritismo, em 5 de maio do mesmo ano.

Lamenta, de início, que as circunstâncias o obriguem a falar dele mesmo, o que não é do seu feitio.

Após relembrar fatos passados, inclusive os "milhões" que cálculos hiperbólicos graciosamente lhe deram, afirma:

> [...] jamais pedi qualquer coisa a alguém, ninguém jamais me deu algo para mim pessoalmente; nenhuma coleta de um centavo qualquer veio prover às minhas necessidades; numa palavra, não vivo a *expensas de ninguém*, porquanto, das somas que me foram voluntariamente confiadas no interesse do Espiritismo, nenhuma parcela foi desviada em meu proveito [...].

Quanto à venda de suas obras espíritas, diz que não é com livros filosóficos que se juntam milhões em cinco ou seis anos, ainda mais que sobre as vendas só recebia os direitos de autor, não excedendo alguns cêntimos por exemplar. Não sendo suas obras de sua propriedade exclusiva, obrigava-se a comprá-las da editora e a pagá-las como livreiro. Só sobre a *Revista Espírita* tinha plenos direitos. O lucro obtido com essas publicações, excluindo vários gastos normais, falta de pagamento das obras que revendia, distribuições gratuitas no interesse da Doutrina, não chegava a grande coisa. Esse pequeno lucro, fruto do trabalho do autor, era multiplicado um sem número de vezes por adversários. Kardec, para eles, nadava em milhões, gozando uma vida de príncipe. E a isso respondeu:

> Quem quer que outrora tenha visto o nosso interior e o veja hoje, pode atestar que nada mudou em nossa maneira de viver, desde que me ocupo do Espiritismo; é tão simples agora como o era antigamente, porque uma vida suntuosa não está nos nossos gostos. Então é certo que os meus lucros, por maiores que sejam, não servem para nos dar os prazeres do luxo. Não temos filhos, portanto, não é para eles que economizamos; nossos herdeiros indiretos são, em sua maioria, mais ricos do que nós: seria ingenuidade que me esgotasse no trabalho para deles. Então teria eu a mania de entesourar para ter o prazer de contemplar dinheiro? Creio que meu caráter e meus hábitos jamais permitiriam que se fizesse tal suposição. Os que me atribuem semelhantes ideias conhecem muito pouco meus princípios em matéria de Espiritismo, já que me julgam tão apegado aos bens da Terra [...]".

Mais adiante:

> Sempre tivemos do que viver, muito modestamente é verdade, mas o que teria sido pouco para certa gente nos bastava, graças a nossos gostos e hábitos de ordem e economia. À nossa pequena renda vinha

juntar-se, como suplemento, o produto das obras que publiquei antes do Espiritismo e o de um modesto emprego, que me vi forçado a deixar quando os trabalhos da Doutrina absorveram todo o meu tempo.

Conta, ainda, que, se não fora o Espiritismo tê-lo lançado a novos rumos, ele poderia viver tranquilamente na propriedade que possuía. A obra espírita o chamava a postos, muito embora seu desejo era não se pôr em evidência, mas ficar desconhecido. Teve, então, que renunciar aos seus gostos de insulamento e tomar as rédeas do Movimento.

> [...] Sentia que não tinha tempo a perder e não o perdi nem em visitas inúteis, nem em cerimônias ociosas; [o Espiritismo] foi a obra de minha vida; a ela dei-lhe todo o meu tempo, sacrifiquei meu repouso, minha saúde, porque o futuro estava escrito diante de mim em caracteres irrecusáveis. Fi-lo por meu próprio impulso, e minha mulher, que nem é mais ambiciosa, nem mais interesseira do que eu, concordou plenamente com meus pontos de vista e me secundou em minha tarefa laboriosa, como o faz ainda, por um trabalho muitas vezes acima de suas forças, sacrificando, sem pesar os prazeres e as distrações do mundo, aos quais sua posição de família havia habituado.

Allan Kardec explica que sua nova posição criou-lhe múltiplas despesas que seus recursos normais não podiam prover. A necessidade de morar em dois lugares diferentes, com mobiliário em dobro, sem contar uma porção de despesas miúdas e indispensáveis; as perdas resultantes de interesses materiais deixados de lado, por falta absoluta de tempo; os inúmeros gastos especiais motivados pela sua posição, entre os quais se incluía o porte de cartas, que então ascendia a mais de 800 francos anuais, as despesas com viagens, com empregados, e outras menores, tudo isso o fazia desembolsar em 1865, mais do triplo que despendia antes do Espiritismo.

> [...] Não é uma queixa que articulo, visto que minhas ocupações atuais são voluntárias, mas um fato que contasto em resposta aos que afirmam que tudo é lucro para mim no Espiritismo [...].

Se não fora o suprimento de recursos que o produto de suas obras lhe proporcionava, bem pouco poderia ter feito para o êxito da Doutrina. "[...] digo com satisfação, pois foi com o meu próprio trabalho, com o fruto de minhas vigílias que provi, pelo menos em maior parte, às necessidades materiais do estabelecimento da Doutrina. Assim, eu trouxe uma larga cota-parte à Caixa do Espiritismo [...]".

Com o pensamento no futuro e visando a facilitar a tarefa do seu sucessor, Kardec começa a organizar uma fundação em sua propriedade particular, na Vila Ségur. Dizendo ser ainda cedo para maiores detalhes, informa que já vem aplicando uma parte de sua renda em melhorar a propriedade, mas, a despeito de suas economias, achava que os recursos pessoais não lhe permitiriam dar a essa fundação o complemento que, ainda em vida, desejara ver.

"Foi preciso a perseverança de certas diatribes, para me engajar, embora a contragosto, para romper o silêncio sobre alguns fatos que me dizem respeito. [...]"

E acrescentava, pouco mais adiante:

> [...] A única coisa que me importava no momento era que fôsseis esclarecidos sobre o destino dos fundos que a Providência fez passar às minhas mãos, seja qual for a sua origem. Não me considero senão como depositário, mesmo daqueles que ganho e, com mais forte razão, do que me são confiados e dos quais prestarei contas rigorosas. Resumo, dizendo: para mim não necessito; significa dizer que deles não tiro proveito.

A seguir, fala acerca da caixa de beneficência, que se formou sem nenhuma premeditação, e dos auxílios já por ela prestados.

Ante o alargamento dos horizontes do Espiritismo, faz sentir a falta de certas providências, inclusive para atender às necessidades correntes do Espiritismo, sem os riscos de auxílios eventuais, como ele, Kardec, era obrigado a fazê-lo. De fato, na época, a maior parte dos recursos postos na divulgação do Espiritismo decorriam do seu trabalho.

Não tendo os "milhões" que os adversários malevolamente lhe deram, e que lhe permitiriam realizar muita coisa em prol do futuro da Doutrina, escrevia, entre resignado e confiante:

> Aliás, de um modo ou de outro, sei que os Espíritos que dirigem o movimento proverão a todas as necessidades em tempo hábil; eis por que absolutamente não me inquieto com isso e me ocupo com o que, para mim, é essencial: a conclusão dos trabalhos que me restam por terminar. Feito isto, partirei quando a Deus aprouver chamar-me.

* * *

Explicando que a SPEE deseja esclarecer-se a si mesma, não pretendendo de modo algum erigir-se em árbitro absoluto das doutrinas que professa, Kardec submete aos diversos grupos espíritas, que com ela se correspondiam, questões e problemas duvidosos ou que ainda não tivessem sido resolvidos. Ele o faria por meio de correspondência particular ou da *Revista Espírita*. Já no número de janeiro de 1862 são apresentadas, de maneira simples, seis proposições, seguidas, cada uma, de perguntas por ele formuladas.

Está visto que o ensejo oferecido por Allan Kardec não foi aproveitado pelos habituais murmuradores, de resto, pouco afeitos ao trabalho que lhes não valha as "gratificantes" evidências pessoais.

Pelo menos, o Codificador tentou uma *abertura*, que, decididamente, no nosso fraco entender, não tinha o menor fundamento útil, pois ele próprio deveria decidir, à luz das intuições que lhe povoavam o espírito, quaisquer "questões ou problemas", a exclusivo risco seu, uma vez exercitados os ensaios de sempre e acautelando-se no excelente critério que se traçou.

No discurso de abertura do sétimo ano social da Sociedade Espírita de Paris, em 1º de abril de 1864, Kardec volta a repetir que a Sociedade não visa a entesourar, daí por que lhe é indiferente o número de membros. O sinal de sua prosperidade não está no sentido material, está "[...] inteiramente na progressão de seus estudos, na consideração que conquistou, no ascendente moral que exerce lá fora, enfim, no número de adeptos que aderem aos princípios que ela professa, sem que, por isso, dela participem [...]". (*Revista Espírita*, maio 1864, Sociedade Espírita de Paris – Discurso de abertura do sétimo ano social).

> A posição da Sociedade de Paris é, pois, exclusivamente moral, e ela jamais ambicionou outra. Alguns dos nossos antagonistas que pretendem que todos os espíritas são tributários; que ela se enriquece à sua custa, extorquindo-lhes dinheiro em seu proveito; que calculam seu lucro pelo número de adeptos, ou dão provas de má-fé ou da mais absoluta ignorância daquilo que falam. [...]

3. Ataques ao Espiritismo: perseguições à Doutrina e seus adeptos. "Une religion nouvelle à Paris", do Pe. François Chesnel. – Ação de Jobert de Lamballe na Academia das Ciências de Paris. – Oscar Comettant e seu folhetim. – As críticas ignorantes. – O Sr. L. Figuier e a "História do Maravilhoso". – Comentários de Kardec. – "Seria preciso atacar o Espiritismo pelas raízes, não pelos galhos". – "Vossas palavras não são apenas levianas, mas imprudentes". – Kardec dá uma aula de Espiritismo, de moral e de ética ao Sr. C. M., da *Gazeta de Lyon.* – Georges Gandy, em *La Bibliographie catholique*, em 1860. – Injúrias à parte moral do Espiritismo. – Críticas pueris de Émile Deschanel, no *Journal des Débats.* – Falsos membros da SPEE. – A "estupidez" do Espiritismo, na conferência do Sr. Trousseau. – O Pe. Lapeyre, jesuíta, e seus virulentos sermões, em Bordeaux. – Ataques generalizados por pregadores católicos. – Opiniões que se contradizem. – De novo o argumento loucura. – Cruzada contra o Espiritismo. – A calúnia quase epidêmica. – O bispo de Argel. – Suicídio incriminado ao Espiritismo. – Enquadrar os espíritas como infratores e falsários. – *Du Spiritisme*, a brochura do Rev. P. Nampon: Kardec manda lê-la e compará-la com os textos verdadeiros das obras dele. – A arte cênica é convocada a atacar o Espiritismo. – As imitações

nada provam. – "Os religiosos são os que mais injuriam". – Pressões em Argel. – A data de 18 de agosto de 1863. – A vez de Estrasburgo: o "demônio" na obra de sedução. – "O Espiritismo não se impõe: aceita-se". – Moderação nas palavras. – Padres A. Barricaud, de Lyon, e Delaporte, de Bordeaux, em seus cursos de Espiritismo. – O bispo de Langres; o monsenhor Pantaleón Navarro, de Barcelona. – O acontecimento importante com o capelão do rei da Holanda. – Espiões de São Petersburgo. – Manobras surdas: nova tática dos inimigos. – Os judas do Espiritismo. – "Novo e definitivo enterro do Espiritismo". – *Toujours les Spirites!*, de Jules Claretie. – Refutação do aspecto religioso, pelo Pe. Poussin, de Nice. – "O Espiritismo não teme a luz". – Os adversários e a marcha do Espiritismo. – Livros espíritas de Kardec no Index (1º de maio de 1864, data histórica nos Anais do Espiritismo). – O que é (ou era) o Índex. – Perseguições e violências aos adeptos, em Constantina (África) e outras localidades. – Perseguições nos quartéis. – Denúncias falsas. – O Senado francês, a imprensa e o "partido espírita". – *El Criterio Espiritista*, de Madrid, é proibido. – O auto de fé, de Barcelona (9 de outubro de 1861)

Aos procedimentos dos que adversaram a Doutrina dos Espíritos somam-se os acontecimentos que, em seguimento, são expostos, vários deles — aí, sim! — de autêntica loucura ou irracionalidade. Altíssimo era o preço a ser pago pela conquista do direito à liberdade religiosa, da prática do amor ao próximo e do culto a Deus no *Altar da Consciência*. Servir os semelhantes, como fez o Cristo na Palestina, pareceu aos endurecidos de coração um insulto ou agressão inqualificável. Internalizar o conhecimento e a Religião, levando a Humanidade a prescindir dos templos de pedra e do sacerdócio organizado e profissional, equivaleria a reconhecer, com o próprio Senhor, que *Deus é Espírito*, como está no Evangelho, na sublime lição à Samaritana.

A luta foi cruenta e sem quartel; e ainda não terminou, a despeito das aparências das águas mansas, no mar humano. Outros planos vibratórios existem, como sabemos, em que pululam os "aborrecidos da luz", ainda renitentes, revoltados, endurecidos, rebeldes ao Sublime Pastor, que não cessaram até as perseguições tão antigas e tão tenebrosas. Os confrontos se fazem em todos os momentos, e não são poucas as praças de batalha em que ainda encenam e trombeteiam desesperados conflitos, dirigidos por inteligentes forças negativas, extremamente nocivas e venenosas, dando conta dos últimos estertores dos que não querem *morrer para renascer e progredir continuamente*.

Leiamos e meditemos, maduramente, sobre as páginas seguintes, enviando aos espiritistas que outrora participaram diretamente das refregas o nosso pensamento agradecido e as nossas preces de louvor a Deus e ao Cristo.

* * *

Em 13 de abril de 1859, *L'Univers*, jornal de caráter católico, publicou com o título — "Une religion nouvelle à Paris" um artigo do padre François Chesnel sobre o Espiritismo. Allan Kardec responde ao padre, por se tratar de uma diatribe em linguagem moderada e conveniente, e o faz magistralmente num escrito bem mais extenso que o do sacerdote. A resposta saiu na *Revue Spirite* de maio e no *L'Univers* de 28 de maio, número que também publicou a réplica do padre. Este reedita os argumentos do primeiro artigo, "menos a urbanidade da forma". O mestre dá-lhe breve resposta, não o fazendo mais porque seria repetir o quanto já tinha dito, o que lhe parecia perfeitamente inútil.

Na sessão de 18 de abril de 1859, o Dr. Jobert de Lamballe comunica à Academia das Ciências de Paris o caso de uma mocinha que deslocava o tendão do curto perônio lateral direito, com a produção de ruídos, ao retomar ele à goteira óssea de onde tinha saído. Exatamente como já haviam dito os Drs. Shiff e Rayer, o Dr. Jobert procurou explicar, por esse meio, as batidas dos Espíritos, afirmando que os charlatães é que usavam esse processo "para explorar a credulidade pública". Concordaram com ele os colegas Velpeau e Jules Cloquet.

Essas explicações ridículas e burlescas, como as classificou A. Escande, inteligente jornalista da época, tidas até mesmo como "infantis" pelo sábio prof. Charles Richet, foram amplamente comentadas por Allan Kardec, que demonstrou, por meio de cerrada e sólida argumentação, a fragilidade da tese fisiológica aplicada aos fenômenos tiptológicos do Espiritismo. É curioso observar que ele, embora respeitoso, por várias vezes usou da graça e da ironia em sua refutação, o que não era do seu hábito. É que aquelas tolices "científicas" conduziam naturalmente a um tratamento menos sério e pouco cerimonioso, a que o próprio mestre não pôde fugir (*Revista Espírita*, jun. 1859, O músculo estalante).

No *Le Siècle* de 27 de outubro de 1859, o Sr. Oscar Comettant escrevia, em folhetim, longo artigo com o objetivo de ridicularizar o Espiritismo. Foi, segundo alguns espíritas da época, "a primeira vez que se publicara artigo tão importante sobre o Espiritismo, num grande jornal". Como não foi escrito em termos grosseiros, Kardec deu-lhe pronta resposta na *Revista Espírita* de janeiro de 1860:

> Para criticar é necessário poder opor raciocínio a raciocínio, prova a prova. Será isto possível sem o conhecimento aprofundado do assunto de que se trata? Que pensaríeis de quem pretendesse criticar um quadro, sem possuir, pelo menos em teoria, as regras do desenho e da pintura? Discutir o mérito de uma ópera, sem saber música? Sabeis a consequência de uma crítica ignorante? É ser ridícula e revelar falta de juízo. Quanto mais elevada a posição do crítico, quanto mais ele se põe em evidência, tanto mais seu interesse lhe exige circunspeção, a fim de não vir a receber desmentidos, sempre fáceis de dar a quem quer que fale daquilo que não conhece. É por isso que os ataques contra o Espiritismo têm tão pouco alcance e favorecem o seu desenvolvimento, em vez de detê-lo. Esses ataques são propaganda; provocam exame, e o exame só nos pode ser favorável, porque nos dirigimos à razão. Não há um só artigo publicado contra a Doutrina que não nos tenha proporcionado um aumento de assinantes e de vendas de obras. [...] (O Espiritismo em 1860).

Em 1860, o Codificador faz com notável senso crítico uma apreciação sumária da obra *Histoire du merveilleux dans les temps modernes*, em quatro volumes, de autoria do conhecido escritor e vulgarizador de Ciências e de História, Louis Figuier (1819–1894), doutor em Medicina e professor da Escola de Farmácia de Montpellier e depois da de Paris. Como é sabido, L. Figuier meteu-se, anteriormente (1856), a contrariar as ideias de Claude Bernard sobre a função glicogênica do fígado, entrando em ruidosa polêmica que terminou com o triunfo do imortal fisiologista. No ano seguinte, Figuier abandonou para sempre o ensino e a experimentação, consagrando-se a extensa obra de vulgarização científica, que atingiu a não menos de 80 volumes. Talvez porque abandonara a experimentação, ele não a aplicou no estudo do Espiritismo: "[...] nada aprofundou, *de visu*, com a sagacidade, a paciência e a independência de ideias do observador consciencioso [...]", contentando-se, continua Kardec "[...] com relatos mais ou menos fantásticos, encontrados em certas obras que não primam pela imparcialidade. [...]" (*Revista Espírita*, dez. 1860, História do maravilhoso).

Guillaume-Louis Figuier
(1819–1894)

Em 17 páginas e meia da *Revista Espírita* o mestre analisa com elevado descortino de vistas a obra que os adversários do Espiritismo aplaudiram efusivamente e que, segundo eles, lhe daria o xeque-mate. No princípio, supôs que estaria diante de um adversário realmente sério, portador de argumentos peremptórios, que comportassem uma refutação séria. Mas logo se lhe desfez no espírito essa impressão, embora reconhecesse em Figuier um escritor que "[...] não se arrasta na lama das injúrias grosseiras e do personalismo, únicos argumentos dos críticos de baixo nível. [...]" (set. 1860, História do maravilhoso e do sobrenatural).

Nos primeiros volumes, consagrados a fatos não propriamente espíritas, o autor procura provar, com testemunhos autênticos, que a intriga, as paixões humanas e o charlatanismo desempenharam ali grande papel. Kardec declara que ninguém contesta essa evidência, máxime os espíritas. O que ele contesta é a crítica eivada de preconceitos e levada a ver o erro ou o mal onde muitas vezes não existe, por deficiência de um exame atento e imparcial.

Quanto à crença nas mesas girantes e falantes, Figuier a tem como um "desvario" do século XIX, tudo saindo da mesma fonte: a superstição, a crença no maravilhoso.

Porque Figuier assistiu a uma sessão apenas, ele se julgou no direito de falar com conhecimento de causa. Kardec comenta:

> [...] Considerar-se-á suficientemente esclarecido, porque assistiu a uma sessão? Por certo não duvidamos da sua perspicácia, mas, por maior que seja, não podemos admitir que ele possa conhecer e, sobretudo, compreender o Espiritismo numa sessão, como não aprendeu a Física numa única lição. Se o Sr. Figuier pudesse fazê-lo, tomaríamos o fato como um dos mais maravilhosos. Quando ele tiver estudado o Espiritismo com o mesmo cuidado que se dispensa no estudo de uma ciência, quando lhe tiver consagrado um tempo moral necessário, quando tiver assistido a *milhares* de experiências, quando se tiver dado conta de todos os fatos, sem exceção, quando tiver comparado todas as teorias, só então poderá expender uma crítica judiciosa. Até lá o seu julgamento é uma opinião pessoal, cujo peso, pró ou contra, não terá nenhum valor. (*Revista Espírita*, set. 1860, História do maravilhoso e do sobrenatural).

"[...] O maravilhoso" — prossegue, adiante, Kardec — "é a ideia fixa do Sr. Figuier; é o seu pesadelo; ele o vê por toda parte onde haja algo que não compreende. Mas apenas ele, sábio, poderá dizer como germina e se reproduz o menor grão? Qual a força que faz a flor voltar-se para a luz? Quem, na terra, atrai as raízes para um terreno propício, mesmo por meio dos mais rudes obstáculos? Estranha aberração do espírito humano, que pensa tudo saber e nada sabe, que despreza maravilhas incontáveis e nega um poder sobre-humano!" (*Revista Espírita*, set. 1860, História do maravilhoso e do sobrenatural).

Do relato crítico que faz de inúmeros fatos que parecem fugir à lei comum, Figuier chega "[...] a perfeita convicção da *não-existência de agentes sobrenaturais* e a certeza de que todos os prodígios, que em diversas épocas têm excitado a surpresa ou a admiração dos homens, se explicam *apenas pelo conhecimento de nossa organização fisiológica*. A *negação* do maravilhoso, eis a conclusão a tirar deste livro, que poderia chamar-se *o maravilhoso explicado* [...]". Estas palavras são de Allan Kardec, que lamenta não ter o escritor sabido ou querido separar o princípio e o abuso do princípio, o fato real do fato fraudulento, e comenta: "[...] é querer cortar a boa árvore, porque deu fruto estragado. [...]" (*Revista Espírita*, set. 1860, História do maravilhoso e do sobrenatural).

Logo que saiu o quarto volume de *Histoire du merveilleux*, em 1860, consagrado às mesas girantes e aos médiuns, Kardec leu-o atentamente e diz ele — "o que ressaltou para nós com mais clareza foi o fato de o autor haver tratado de um assunto que absolutamente não conhece. [...]" (*Revista Espírita*, dez. 1860, História do maravilhoso).

Três quartos desse volume contêm histórias que não dizem respeito aos temas preestabelecidos, o que faz, di-lo Kardec, "que o principal ali se torna o acessório". Ainda assim, o mestre aconselha os espíritas a lerem essa parte da obra, escrita com "verdadeiro luxo de detalhes e de erudição". Figuier esforça-se em provar que o absurdo impera, nascido do amor do homem pelo maravilhoso. Longe de rejeitar todos os fatos, admite perfeitamente as mesas girantes e os médiuns, mas arrola grande parte à conta de trapaçaria e prestidigitação. Alguns fenômenos espíritas testemunhados e comprovados por pessoas idôneas, ele os procura explicar com as hipóteses antiespíritas então em voga, tudo querendo submeter às leis da Física e da Fisiologia. Quanto à teoria explicativa de Figuier para os movimentos das mesas girantes, a qual resume, no fundo, a que ele dá para quase todos os outros fenômenos mediúnicos, assim se externou Allan Kardec: "[...] Sua teoria, como a lanterna mágica da fábula, peca por um ponto capital: perde-se num labirinto de explicações que demandariam outras explicações para serem compreendidas. [...] Em nossa opinião, por mais sábio seja o Sr. Figuier, falta-lhe a primeira qualidade que se exige de um crítico: a de conhecer *a fundo* aquilo de que fala, condição ainda mais necessária quando se quer explicá-lo" (*Revista Espírita*, dez. 1860, História do maravilhoso).

Kardec não vê como a teoria fisiológica de Figuier se aplicaria a uma série de fenômenos espíritas, e acrescenta: "[...] Mas há muitas outras coisas que ele não explica [...]".

"[...] Para combatê-la [Doutrina Espírita] com eficácia" — comentou —, "ele só tem um meio, que lhe indicamos com prazer. Não se destrói uma árvore cortando-lhe os galhos, mas a raiz. É necessário, pois, atacar o Espiritismo pela raiz e não nos ramos, que renascem à medida que são cortados. Ora, as raízes do Espiritismo, desta *alucinação* do século XIX, para nos servirmos de sua expressão, são a alma e seus atributos. Que, pois, ele prove que a alma não existe e não pode existir, porquanto sem *almas* não há mais *Espíritos*. Quando tiver provado isto, o Espiritismo não terá mais razão de ser e nos confessaremos vencidos. [...]" (*Revista Espírita*, set. 1860, História do maravilhoso e do sobrenatural).

Sem temer a menor influência da obra de Figuier sobre os espíritas, o mestre voltou a indicar-lhes a leitura dela, certo de que seriam por eles imediatamente reconhecidos os pontos vulneráveis. E quanto aos demais leitores, "terá o efeito de todas as críticas: o de provocar a curiosidade".

Este livro não comporta a transcrição de toda a extraordinária argumentação de Kardec. Vale a pena, entretanto, estampar-lhe o parágrafo final da extensa resposta:

> O Sr. Figuier termina o seu *Tratado do maravilhoso* por uma breve notícia sobre *O livro dos espíritos*. Naturalmente, ele o julga do seu ponto de vista: "A filosofia" — diz ele — "é antiquada e a moral efadonha.". Certamente ele teria preferido uma moral galhofeira e excitante. Mas que fazer? É moral para uso da alma; aliás, ela teria sempre uma vantagem: a de fazer dormir. É, para ele, uma receita em caso de insônia... (*Revista Espírita*, dez. 1860, História do maravilhoso e do sobrenatural).

Em 2 de agosto de 1860, a *Gazette de Lyon* publicou o artigo "Uma sessão com os Espíritos", assinado por C. M. Este começa a denominar os espíritas de alucinados, não tendo o Espiritismo outro resultado que o de produzir a loucura naqueles que dele se ocupam. Menospreza a *Revista Espírita*, dizendo que tanto as perguntas aos Espíritos, quanto as suas respostas, são ineptas. Em seguida, passa a descrever uma sessão espírita a que assistiu numa humilde oficina de tecelões lioneses, utilizando-se de epítetos incivis, descorteses, bem assim de puras invencionices, verdadeiras calúnias tendentes a falsear a opinião pública sobre o princípio e as consequências das crenças espíritas.

Durante a sua estada em Lyon, Kardec dirigiu ao redator da *Gazette de Lyon* esmagadora resposta ao dito artigo, pedindo fosse ali publicada, o que o referido jornal negou. "Não tenho por hábito responder às diatribes. Se só se tratasse de mim, eu nada teria dito, mas, a propósito de uma crença de que me orgulho de professar, porque é uma crença eminentemente cristã, ridicularizais pessoas honestas e laboriosas, porque são iletradas, esquecendo que o próprio Jesus era operário [...]" assim escreveu Kardec, que toma a defesa dos humildes operários lioneses contra a investida injuriosa do tal C. M.: "[...] Vossas palavras, senhor, não são apenas levianas — emprego esta palavra por consideração —, elas são imprudentes. [...]" e lhe dá uma aula de Espiritismo, de moral e de ética (*Revista Espírita*, out. 1860, Resposta do Sr. Allan Kardec à *Gazette de Lyon*).

Em *La Bibliographie catholique*, de setembro de 1860, o Sr. Georges Gandy, redator católico, ataca o Espiritismo com raiva e fúria, em nome da religião ameaçada. "E vejam só!" — exclama Kardec — "a religião ameaçada por aquilo a que chamais utopia! Tendes, pois, pouca fé em sua força; acreditais, assim, na sua vulnerabilidade, desde que temeis que as ideias de alguns sonhadores possam abalar os seus fundamentos [...]" (*Revista Espírita*, jan. 1861, A *Bibliographie catholique* contra o Espiritismo).

Pela primeira vez, conforme acentua o Codificador, a parte moral do Espiritismo é alvo de um rosário de injúrias. O escritor católico tenta levar ao ridículo as máximas admitidas pelo mais elementar bom senso. Cita grande número de passagens de *O livro dos espíritos*, truncando-as, desnaturando-as no sentido, aqui e ali, a fim de poder servir aos seus propósitos. "[...] Com tal sistema" — comenta Kardec —, "seria fácil tornar ridículas as mais belas páginas dos nossos melhores escritores [...]".

Como bom católico, o Sr. Gandy põe aos cuidados dos demônios essas "manifestações ímpias", permitidas por Deus junto àqueles que lhe violam a lei. A Doutrina Espírita é para ele "obra de Satã", ao que responde o Codificador: "[...] como dizem, se é obra de Satã, não poderá prevalecer contra a obra de Deus, a menos que se suponha seja Deus menos poderoso que Satã, o que seria um tanto ímpio?".

E.-A.-E.-M. Deschanel (1819–1904)

A refutação ao Sr. Gandy, que pode ser lida na *Revista Espírita* de 1861, é uma peça que não perdeu, até hoje, a atualidade de seus vigorosos argumentos.

Émile Deschanel (1819–1904), literato, crítico e, mais tarde, político francês, foi professor de conferências de literatura grega na Escola Normal, de Paris, e de Retórica em três liceus parisienses, sendo destituído de suas funções em 1850. Desde então colaborou ativamente em diversos jornais e escreveu várias obras. Em 1859, foi redator do *Journal des Débats* e do *National*. Seu filho Paul Deschanel foi presidente da República Francesa.

É no importante *Journal des Débats* que Émile publicou virulenta crítica contra o Espiritismo, exposta em 24 colunas do folhetim, nos números de 15 e 29 de novembro de 1860.

Allan Kardec não se apressa em responder ao artigo que ele considerou como o "de mais malevolente, de menos científico, de mais longo, sobretudo, e o faz somente em 25 de fevereiro de 1861, por uma carta endereçada ao Sr. Deschanel, e, em março, por um escrito de nove páginas estampado na *Revista Espírita*. Kardec pedira a inserção de sua carta no *Journal des Débats*, o que era estritamente legal, mas não foi atendido: "[...] Não lhe pedíamos uma retratação, à qual seu amor-próprio se teria recusado, mas apenas que inserisse o nosso protesto; por certo não estaríamos abusando do direito de resposta, considerando-se em troca de 24 colunas, não lhe pedíamos mais que 30 a 40 linhas [...]." (Mais uma palavra sobre o Sr. Deschanel).

Ele mostra que as objeções do Sr. Deschanel são pueris, que sua ignorância ou má-fé é tal que chega a colocar a Doutrina Espírita "como baseada no mais grosseiro materialismo [...]" (!). Entre os muitos erros, este era o mais grave, e recebeu pronta resposta. Longe de prejudicar a causa do Espiritismo, afirma Allan Kardec que o redator do *Journal des Débats* prestou, mesmo, belo serviço, pois atraiu a atenção de pessoas que nunca ouviram falar dessa doutrina e o desejo de conhecê-la. Ele acha supérfluo estender-se na discussão, uma a uma, das asserções do Sr. Deschanel, que não passavam de variantes do mesmo tema já por ele tratadas em refutações anteriores, mas isto não o impediu de articular umas tantas verdades esclarecedoras em torno de diferentes opiniões pessoais do escritor.

Já em 1862, mesmo antes, começaram a surgir em várias partes da Europa, como na Rússia, por exemplo, prestidigitadores dizendo-se membros da SPEE e anunciando saraus fantásticos nos teatros. Outros, para melhor impressionarem o público, diziam-se médiuns americanos, embora não fossem nem médiuns nem americanos, mas tão somente hábeis escamoteadores que tinham como intuito principal desacreditar o Espiritismo.

Numa conferência do Dr. Armand Trousseau, professor da Faculdade de Medicina de Paris, realizada na "Associação Politécnica para o Ensino Gratuito dos Operários", em 18 e 25 de maio de 1862, o ilustre acadêmico, que não acreditava nos Espíritos nem no diabo, admira-se que gente de posição confirme os fatos espíritas, e procura provar que "les gens d'esprit sont bêtes". Referindo-se aos fenômenos espíritas, deblaterou: "[...] Esta estupidez tem nome; esta estupidez que o homem mais grosseiro teria vergonha de aceitar foi aceita por gente esclarecida, e, pior ainda, pelas classes elevadas da sociedade de Paris" (*Revista Espírita*, ago. 1862, Conferências do Sr. Trousseau, professor da Faculdade de Medicina).

Em outubro de 1862, o padre Lapeyre, da Companhia de Jesus, pronuncia dois virulentos sermões contra o Espiritismo, na capela Margaux, em Bordeaux.

Segundo o pregador, os Espíritos podem comunicar-se com os homens, mas os bons só o fazem na Igreja. Todos quantos se manifestam fora da Igreja são maus. Para ele, *O livro dos espíritos* prega o comunismo, a divisão dos bens, a igualdade entre todos os homens e sobretudo entre o homem e a mulher, a igualdade entre o homem e seu Deus; arrasta o homem ao materialismo e aos prazeres sensuais etc. Em tiradas oratórias de grande efeito, mas em estilo camelô, chama infames aos livros espíritas, que na opinião dele foram ditados pelo hábil e astuto príncipe das trevas, e pede aos fiéis lhe tragam esses livros para queimá-los em praça pública.

Armand Trousseau (1801–1867)

Em 2 de dezembro de 1862, o bispo do Texas (EUA) pregou na igreja de Saint-Nizier, em Lyon, contra o Espiritismo. Além de negar os fenômenos, considerou a Doutrina atentatória aos laços de família, à propriedade, à constituição da sociedade e, como tal, a denunciava às autoridades competentes.

No dia 14, na mesma cidade de Lyon, renovavam-se os ataques, por outro pregador, agora na igreja de Saint-Jean, com um auditório de cerca de três mil pessoas. Este novo orador não negou a realidade dos fenômenos, apenas os imputou aos Espíritos maus. "O Espiritismo" disse ele — "vem destruir a família, aviltar a mulher, pregar o suicídio, o adultério e o aborto, preconizar o comunismo, dissolver a sociedade". E convidou os paroquianos a entregar os livros espíritas a determinadas senhoras, a fim de serem queimados.

Allan Kardec aprecia todos esses sermões na *Revista Espírita* de fevereiro de 1863, e diz fazê-lo "[...] para mostrar a que argumentos estão reduzidos os adversários do Espiritismo para o atacar". "Com efeito" — continua —, "é preciso estar muito privado de boas razões para recorrer a uma calúnia, como a que o representa pregando a desunião das famílias, o adultério, o aborto, o comunismo, a subversão da ordem social. Temos necessidade de refutar semelhantes asserções? Não; basta remeter ao estudo da Doutrina, à leitura do que ela ensina, que é o que se faz em toda parte. [...]" (Sermões contra o Espiritismo).

Adiante, Kardec considera que as opiniões acima, de alguns membros do clero, são pessoais, não esposadas por muitos padres, sendo do seu conhecimento a existência daqueles que até deploram tais desvios. Como essas opiniões individuais se contradizem entre si, não podem fazer lei.

> [...] Assim, enquanto um declara que todos os Espíritos que se manifestam são necessariamente maus, pois desobedecem a Deus comunicando-se, outro reconhece que há bons e maus, mas que só os bons vão à igreja, e os maus, ao vulgo. Um acusa o Espiritismo de aviltar a mulher, outro o censura por elevá-la ao nível dos direitos do homem. Um pretende que "arrasta os homens ao materialismo e aos prazeres sensuais", e um outro, o Sr. cura Marouzeau, reconhece que ele destrói o materialismo".

Kardec acha, afinal, que tudo isso serve à causa do Espiritismo, pois o que se vê é o aumento de adeptos, para desespero dos adversários.

Em 8 de janeiro de 1863, o folhetim da *Presse* publicou o artigo intitulado *Ciências*, extraído do *Salut Public de Lyon*, e também reproduzido por *Gironde*, de Bordeaux.

O artigo se refere a um trabalho que o Sr. Philibert Burlet, interno dos hospitais de Lyon, lera recentemente na Sociedade de Ciências Médicas dessa cidade, descrevendo seis casos de loucura, dita aguda, por ele mesmo observados no hospital de Antiquaille, casos esses que relacionou às práticas espíritas. E o Sr. Burlet, sem mais nem menos, concluiu, do alto de sua autoridade de interno, que "o Espiritismo pode tomar lugar na linha das causas mais fecundas de alienação mental".

Ponto por ponto, Kardec (*Revista Espírita*, fev. 1863, A loucura espírita) responde ao artigo que procurava levantar as autoridades e a opinião pública contra o Espiritismo. Demonstra que a Doutrina Espírita, longe de constituir-se em causa de aumento dos casos de loucura, é, antes, causa atenuante, que contribui para diminuir o número de casos devidos às causas ordinárias mais comuns. Resta saber, diz ele, se todo alienado que fala de Espíritos deve sua loucura ao Espiritismo, pois houve vários casos em que ficou provado que ou os doentes haviam tido pouco ou nenhum conhecimento de Espiritismo, ou que já tinham tido, muito antes, acessos de loucura, não se falando dos casos de obsessão ou subjugação, que se confundem com a loucura.

Revista Espírita de março de 1863, A luta entre o passado e o futuro:

> Como já nos havia sido anunciado, neste momento acontece uma verdadeira cruzada contra o Espiritismo. De vários pontos assinalam-se escritos, discursos e até atos de violência e de intolerância. Todos os espíritas devem regozijar-se, porque é a prova evidente de que o Espiritismo não é uma quimera. Fariam tanto barulho por causa de uma mosca que voa?
> [...]
> [...] Sem dúvida, a calúnia é uma arma perigosa e pérfida, mas tem dois gumes e fere sempre a quem dela se serve. Recorrer à mentira para se defender é a prova mais forte de que não têm boas razões para dar, porquanto, se as tivessem, não deixariam de as fazer valer. Dizei que uma coisa é má, se tal for a vossa opinião; gritai-o de cima dos telhados, se for do vosso agrado: ao público cabe julgar se estais certos ou errados. Mas deturpá-la para apoiar o vosso sentimento, desnaturá-la é indigno de todo homem que se respeita. Na crítica das obras dramáticas e literárias, muitas vezes se veem apreciações opostas. Um crítico elogia sem reservas o que outro expõe ao ridículo; é direito seu. Mas o que pensar daquele que, para sustentar a censura, fizesse o autor dizer o que não diz e lhe atribuísse maus versos para provar que sua poesia é detestável?
> Assim é com os detratores do Espiritismo. Pelas calúnias revelam a fraqueza de sua própria causa e a desacreditam, mostrando a que lamentáveis extremos são obrigados a recorrer para a sustentar. Que peso pode ter uma opinião fundada em erros manifestos? De duas, uma: ou os erros são voluntários e, pois, há má-fé, ou são involuntários e o autor prova a sua inconsequência, falando do que não sabe. Num e noutro caso ele perde todo o direito à confiança.

Em 1863, pela primeira vez o clero da África se manifestou sobre o Espiritismo. Deve-se ao monsenhor bispo de Argel uma instrução pastoral, para a quaresma de 1863, na qual o Espiritismo é tratado como obra do demônio e como a renovação do paganismo anterior a Moisés (!). Alguns excertos dessa pastoral foram estampados no *Akhbar*, jornal de Argel, de 10 de fevereiro de 1863 (*Revista Espírita*, mar. 1863, Variedades).

Em Tours suicidou-se um casal de velhos, e logo vários jornais incriminaram o Espiritismo como causa do lamentável fato, pois descobriram que o casal excêntrico se entregava ultimamente a evocações de Espíritos. Depois do rebuliço, ficou confirmado, inclusive por uma carta da mulher suicida, que o casal fora levado ao ato extremo pelo desespero na expectativa ante a miséria, ficando esclarecido que por três vezes, e antes que tratassem de Espiritismo, já tinham tentado o suicídio.

Diante de tudo isso, Kardec comenta: "O ardor dos adversários em recolher e, sobretudo, desnaturar os fatos que julgam comprometer o Espiritismo é realmente incrível, a tal ponto que logo não haverá mais nenhum acidente pelo qual ele não seja o responsável" (*Revista Espírita*, abr. 1863, Suicídio falsamente atribuído ao Espiritismo).

Novas prédicas contra o Espiritismo voltaram a cair dos púlpitos das igrejas, com frases iguais a tantas outras, variantes do mesmo pensamento. Apelava-se agora para os magistrados, para a polícia correcional da Corte imperial, para o Supremo Tribunal em matéria criminal (Cour d'assises), de molde a enquadrar os espíritas como infratores e falsários. A coisa chegava a tal ponto, que raiava pelo ridículo. Assim é que deram até a ideia de postar um agente de polícia à entrada de cada grupo, a fim de interditar as reuniões espíritas (!).

Allan Kardec responde a todas essas investidas com aquela sua lógica e sabedoria de sempre, mas nem de leve se impressiona com essas ameaças, certo de que elas só resultariam numa coisa: o aumento do número de espíritas (*Revista Espírita*, mai. 1863, Estudo sobre os possessos de Morzine, Algumas refutações).

Em 1863 saiu à luz, em Lyon, a brochura *Du Spiritisme*, sermão que o Rev. P. Nampon, da Companhia de Jesus, pregara na igreja primaz de Saint-Jean-Baptiste, na presença de Sua Eminência o cardeal-arcebispo de Lyon, nos dias 14 e 21 de dezembro de 1862. O padre lançou uma série de injúrias aos espíritas, e ao analisar *O livro dos espíritos*, contra o qual concentrou toda a sua cólera, procurou, em cada citação dessa obra, truncar e desnaturar as frases com o propósito malsão de realçar "o horror que deve inspirar essa abominável doutrina". Além disso, usou do processo, bastante comum, de citar pequenos trechos, isolados e incompletos, com os quais formava falsa interpretação. Quanto a isto, Kardec escreveu: "É assim que, apanhando-se retalhos de frase de um autor, se poderia 'enforcá-lo'; os mais sagrados autores não escapariam a essa dissecação".

Na conclusão de sua brochura, o Rev. P. Nampon escreve: "Em geral, nada é mais abjeto, mais degradante, mais vazio de fundo e de atrativo na forma que essas tais publicações, cujo êxito fabuloso é um dos sintomas mais alarmantes de nossa época. Destruí-as pois; nada tereis a perder".

Kardec lamenta o furor com que o atacam, ao qual — diz eles "só faltam as grandes execuções da Idade Média". Após responder a várias diatribes do orador da igreja de Saint-Jean-Baptiste, apõe uma nota em que recomenda a todos a leitura da brochura do Rev. P. Nampon, fornecendo até os endereços dos locais em que era vendida, tanto em Lyon, quanto em Paris, mas pede que também leiam em *O livro dos espíritos* e em *O livro dos médiuns* os textos completos, citados abreviadamente ou alterados na referida brochura (*Revista Espírita*, jun. 1863, Algumas refutações (Segundo artigo)).

Em 1863, o "Théâtre du Châtelet" e a Sala Robin, no Boulevard du Temple, ambos em Paris, levavam à cena peças fantásticas, fazendo aparecer no palco espectros e fantasmas impalpáveis, com o objetivo declarado de combater o Espiritismo. O Sr. Robin pretendia demolir também a *Bíblia*, afirmando que a aparição de Samuel a Saul se deu pelo mesmo processo que o seu (*Revista Espírita*, ago. 1863, Ainda uma palavra sobre os espectros artificiais e ao Sr. Oscar Comettant), ao que Kardec aduz: "[...] Sendo assim, foi sem dúvida também por meio de algum *truque* que Jesus apareceu a seus discípulos".

O Codificador lembra que o casal Girroodd, prestidigitadores americanos (do Canadá), simulara no palco certas manifestações espíritas, com a pretensão de matar os médiuns, e que, por isso, receberam adesões, estampadas em seus prospectos de propaganda, de vários padres e bispos espiritófobos.

"[...] A arte cênica" — escreveu Kardec — "é a arte de imitação por excelência, desde o frango de papelão [*poulet de carton*] até às mais sublimes virtudes, o que não significa que não se deva crer nos frangos verdadeiros nem nas virtudes. Esse novo gênero de espetáculo, por sua singularidade, vai aguçar a curiosidade pública e se repetido em todos os teatros, porque redundará em dinheiro; fará falar do Espiritismo talvez mais ainda que os sermões, precisamente por causa da analogia que os jornais se empenharão em estabelecer [...]".

"[...] pelo fato de se poder imitar uma coisa, não se segue que a coisa inexista; os falsos diamantes em nada tiram o valor dos diamantes finos; as flores artificiais não impedem que haja flores naturais. Pretender provar que certos fenômenos não existem porque não podem ser imitados seria exatamente como se alguém que fabrica champagne com o pó da água de Seltz por isso pretendesse provar que o champanhe e a *preguiça* só existem na imaginação. Jamais a imaginação foi mais engenhosa, mais hábil e mais espirituosa que a da dupla vista pelo Robert Houdin, e, contudo, isto de modo algum desacreditou o sonambulismo; ao contrário, porque, depois de terem visto a pintura, quiseram ver o original" (*Revista Espírita*, jul. 1863, Aparições simuladas no teatro).

Allan Kardec deixa bem demonstrado que todas as imitações, por meio de truques cênicos, por mais perfeitas que sejam, não podem trazer nenhum prejuízo ao Espiritismo. São-lhe, ao revés, até úteis.

> Examinando os diversos ataques dirigidos contra o Espiritismo, ressalta um ensinamento, ao mesmo tempo grave e triste; os que vêm do partido cético e materialista são caracterizados pela negação, pela zombaria mais ou menos espirituosa, por brincadeiras geralmente tolas e vulgares, ao passo que — é lamentável dizer — é nos do partido religioso que se encontram as mais grosseiras injúrias, os ultrajes pessoais, as calúnias; é da cátedra que caem as palavras mais ofensivas; é em nome da Igreja que foi publicado o ignóbil e mentiroso panfleto sobre o pretenso orçamento do Espiritismo. Dei algumas amostras na *Revista*, e não disse tudo, por deferência e porque sei que nem todos os membros do clero aprovam semelhantes coisas. É útil, entretanto, que mais tarde se saiba de que armas se serviram para combater o Espiritismo. [...] (*Revista Espírita*, set. 1863, Segunda carta ao padre Marouzeau).

O bispo de Argel publicou, em 1863, uma brochura destinada aos senhores padres de sua diocese, sob este título: *Lettre circulaire et ordonnance sur la superstition dite spiritisme*.

Allan Kardec cita várias passagens na *Revista Espírita* desse mesmo ano, acompanhando-as de refutações serenas e racionais, embora o bispo dissesse que o Espiritismo reduz a nada a responsabilidade moral e abra "[...] caminho a todas as desordens, a todas as imoralidades" (nov., Pastoral do Sr. bispo de Argel contra o Espiritismo).

Como tantos outros, também o Sr. bispo apresentou como aceitas pelo Espiritismo certas doutrinas que na verdade nunca o foram. Isto fez que o Codificador se manifestasse assim: "[...] Quando, pois, cessarão de fazer o Espiritismo dizer o contrário do que diz? [...]"

A carta pastoral, analisada, termina com três artigos, no primeiro dos quais o bispo ordena: "A prática do Espiritismo ou a invocação dos mortos é proibida a todos e a cada um na diocese de Argel".

Allan Kardec inicia sua crítica, dizendo:

> É a primeira ordenação lançada com vistas a interditar oficialmente o Espiritismo numa localidade. É de 18 de agosto de 1863. Esta data marcará nos anais do Espiritismo, como a de 9 de outubro de 1861, dia para sempre memorável do auto de fé de Barcelona, ordenado pelo bispo dessa cidade. Como os ataques, as críticas, os sermões nada produziram de satisfatório, quiseram dar um golpe pela excomunhão oficial [...].

A pastoral do prelado produziu efeito contrário. Cresceu em Argel o número de espíritas, e formaram-se novos grupos, conforme várias cartas escritas a Kardec.

De uma pastoral do bispo de Estrasburgo, o mestre cita na *Revista Espírita* (mar. 1864, Resumo da pastoral do Sr. bispo de Estrasburgo) uma passagem concernente ao Espiritismo, em que o demônio — assinala o bispo —, "para eternizar sua conspiração contra Deus e os homens", prossegue na sua obra de sedução por meio das manifestações espíritas.

Allan Kardec diz já haver discutido essa teoria clerical, achando supérfluo repetir-se. Lembra aos seus correligionários que se abstenham de recriminações aos antagonistas que ficarem no terreno da discussão teológica, "porque a liberdade de opinião deve haver tanto para eles quanto para nós". E continua:

> [...] O Espiritismo não se impõe: aceita-se; dá as suas razões e não acha mau que as combatam, desde que seja com armas leais, confiando no bom senso do público para decidir. Se repousar na verdade, triunfará a despeito de tudo; se seus argumentos forem falsos, a violência não os tornará melhores. O Espiritismo não quer ser acreditado sob palavra; quer o livre exame; sua propaganda se faz dizendo: vede os prós e os contras; julgai o que melhor satisfaz o vosso julgamento, o que corresponde melhor às vossas esperanças e aspirações, o que mais vos toca o coração, e decidi-vos com conhecimento de causa.

O mestre aconselha, ainda, os espíritas a serem moderados na palavra, a fim de não incorrerem na inconveniência das palavras, tão do gosto dos adversários. Declara-se, em nome dos princípios do Espiritismo e no interesse da causa, inimigo de toda polêmica agressiva e inconveniente, venha de onde vier (*Revista Espírita*, mai. 1864).

Na *Revista Espírita* de maio de 1864, Cursos públicos de Espiritismo em Lyon e em Bordeaux, Allan Kardec notícia que o clero tinha agora novo processo de ataque ao Espiritismo, sob a forma de cursos públicos. Cita o padre A. Barricand, deão da Faculdade de Teologia de Lyon, que começara no *Petit-Collège* uma série de lições públicas sobre, ou melhor, contra o Magnetismo e o Espiritismo; o padre Delaporte, professor da Faculdade de Teologia de Bordeaux, igualmente com um curso de Espiritismo, isto é, contra o Espiritismo.

Kardec declara que eles estão no seu direito de discutir os princípios da Doutrina Espírita. "[...] O que está fora do direito de discussão são os ataques pessoais e, sobretudo, os personalismos malévolos; é quando, pelas necessidades de sua causa, um adversário desnatura os fatos e os princípios que quer combater, as palavras e os atos daqueles que os defendem. Semelhantes meios são sempre provas de fraqueza e testemunham a pouca confiança nos argumentos tirados da própria coisa. [...]".

O bispo de Langres, cidade do Departamento de Haute-Marne, numa carta pastoral aos fiéis, alinha uma série de conspirações das mais odiosas, perigosas e "[...] organizada de modo mais infernal contra a fé católica [...]": o protestantismo, as sociedades secretas, os filósofos racionalistas e anticristãos, o materialismo, as sociedades espíritas etc. (*Revista Espírita*, jun. 1864, Algumas refutações – Conspirações contra a fé).

Por ocasião dessa pastoral, foi incluído num catecismo da diocese de Langres uma instrução acerca do Espiritismo, como assunto a ser tratado pelos alunos. A instrução começava assim: "O Espiritismo é obra do diabo, que o inventou. Entregar-se a isto é pôr-se em relação direto com o demônio. Superstição diabólica! *Muitas vezes Deus permite essas coisas para reavivar a fé dos fiéis*. O demônio faz-se bom, faz-se santo; cita palavras das escrituras sagradas" (Uma instrução de catecismo). E por aí vai, nesse diapasão, enxertando erros, mentiras, histórias engendradas, calúnias, em tudo fazendo sobressair a figura quase onipotente de Satã.

Kardec refuta a instrução acima, achando que tudo isso serve para divulgar ainda mais o Espiritismo. "[...] Os sermões" — conclui ele — "atuam sobre a geração que se vai; as instruções predispõem a geração que chega. Assim, laboraríamos em erro se as encarássemos com desagrado".

Allan Kardec (*Revista Espírita*, jul. 1864, O Espiritismo em Constantinopla) comunica aos seus leitores acerca da campanha que certo jornal de Constantinopla empreendera contra o Espiritismo e seus adeptos nessa cidade. Toma conhecimento das respostas dignas e moderadas que os espíritas dali deram ao jornal, salientando o devotamento do Sr. B. Repos Filho, presidente da Sociedade Espírita de Constantinopla.

Na *Revista Espírita* de setembro de 1864, O novo bispo de Barcelona, Kardec reproduz, por extenso, em tradução para o francês, toda uma pastoral de S. Em.ª monsenhor Pantaleón Monserra y Navarro, bispo de Barcelona, cavaleiro grã-cruz da Ordem Americana de Isabel, a Católica, do Conselho de Sua Majestade etc.

Datada de Mataro, a 27 de julho de 1864, ela se bate contra o Espiritismo, contra Kardec e *O livro dos espíritos*, então traduzido na língua castelhana.

O mestre responde, ponto por ponto, a todas as argumentações do bispo de Barcelona, que, de boa ou má-fé, alinha uma série de inverdades sob a capa de Espiritismo. Tudo para ele são superstições anticristãs, são fábulas vãs, e só a Igreja, "legítima e infalível", está de posse de toda a verdade.

É pena não nos podermos alongar em transcrições da pastoral, mas eis aqui uma amostra: "Foi assim que se chegou a criar uma religião que, reproduzindo os desvios e as aberrações do paganismo, ameaça conduzir à loucura e ao mais imundo cinismo (*y al cinismo mas inmundo*) a sociedade ávida do maravilhoso".

Kardec dá-lhe esta resposta:

> Eis mais um príncipe da Igreja que proclama, num ato oficial, que o Espiritismo é uma religião que se cria. É o caso de repetir aqui o que já dissemos a esse respeito: se algum dia o Espiritismo se tornar uma religião, a Igreja terá sido a primeira a dar tal ideia. Em todo o caso, essa religião nova, caso venha a sê-lo, afastar-se-ia do paganismo pelo fato capital de que não admite um inferno localizado, com penas materiais, enquanto o inferno da Igreja, com suas labaredas, seus tridentes, suas caldeiras, suas lâminas de navalhas, seus pregos pontiagudos, que estraçalham os danados, e seus diabos que atiçam o fogo, é uma cópia ampliada do Tártaro. (Obervação).

Ao término de sua pastoral, o bispo Pantaleón condena *O livro dos espíritos*, cuja leitura proíbe a todos os diocesanos, sem exceção, e ordena que os fiéis entreguem aos padres os exemplares que lhes caírem nas mãos, a fim de que sejam a ele, bispo, remetidos "com a máxima segurança possível".

O missionário da Terceira Revelação duvida do êxito dessa proibição, ainda que na Espanha, e admira-se de que "pessoas instruídas ainda não compreendam a natureza e a força da ideia, crendo que podem barrar-lhe o caminho, como se barra um pacote de mercadorias na fronteira".

De Montauban comunicaram a Kardec que o pregador protestante, Sr. Rewile, capelão do rei da Holanda, num discurso perante duas mil pessoas, se afirmara claramente partidário das ideias novas, o que levou os fanáticos a tachá-lo de *anticristo*. Sem mencionar a palavra Espiritismo, o pregador disse em certo trecho: "[...] *Por que, pois, resistir por mais tempo a esses nobres impulsos da alma e atribuir ao demônio esses novos sinais dos tempos modernos? Por que, antes, não ver aí as inspirações dos mensageiros celestes de um Deus de amor e de caridade, anunciando-nos a renovação da Humanidade?*" (*Revista Espírita*, abr. 1865, Um sermão sobre o progresso).

O Sr. Rewile teria posteriormente abordado, com êxito, em duas conferências ante os alunos da Faculdade, a questão das manifestações, respondendo vitoriosamente a todas as objeções.

O Codificador observa que, conforme tinham dito os Espíritos, o Espiritismo iria ter defensores nas próprias fileiras dos adversários. "[...] Tal discurso na boca de um ministro da religião, e pronunciado do alto do púlpito, é um acontecimento grave. [...]". E ele prevê que as ideias espíritas não tardariam a arrebanhar campeões confessos na alta ciência, na literatura, na imprensa. "Está dito que tudo se cumprirá" concluía Kardec. E, de fato, tudo se cumpriu!

Sob o título "Os dois espiões", Kardec dá conta a que ponto chegam os adversários no combate ao Espiritismo (*Revista Espírita*, jun. 1865).

Em São Petersburgo, o jornal religioso *Doukhownaïa Beceda* estampa o relato que dois jovens de Moscou (mais tarde identificados como filhos de alto funcionário eclesiástico russo) fizeram de sua visita à Sociedade Espírita de Paris. Allan Kardec explica que eles se apresentaram ali, em novembro de 1864, "[...] se apresentaram em nossa casa, aparentando fazer parte da melhor sociedade, dizendo-se muito simpáticos ao Espiritismo, tendo sido recebidos com atenções consideração devida à sua qualidade de estrangeiros. Nada absolutamente em suas palavras e maneiras traía a intenção que os realizarem a missão de que estavam encarregados. [...]". Nunca se levou tão longe a calúnia, declarou Kardec, nem mesmo entre os adversários na França, cujos relatos, em matéria de Espiritismo, não primam pela exatidão.

Abusando da confiança que tinham procurado inspirar, introduzindo-se sob falsas aparências, chegaram a participar de uma das sessões particulares, com a presença do Codificador. O relatório por eles apresentado "desfigurado e ultrajante", com cínicas e grosseiras injúrias, situa-os "abaixo dos espiões, porquanto estes, pelo menos, conta exata do que viram".

Kardec transcreveu vários trechos das cartas dos dois emissários do clero ortodoxo russo, atendo-se mais aos "erros materiais", o bastante para evidenciar a nenhuma fé que, sobre o resto, merecia o relatório deles.

Com inteligência e maldade, deixaram supor que se cobra a entrada nas sessões da Sociedade Espírita de Paris: "[...] dizem que tomam cem francos por cada sessão". Ao que Kardec responde:

> "[...] mais de seis mil ouvintes, que foram admitidos às sessões da Sociedade Espírita de Paris, desde a sua fundação em 1º de abril de 1858, podem dizer se alguma vez um só deles pagou qualquer coisa como retribuição obrigatória ou *facultativa*; mesmo se foi imposto a quem quer que seja, como condição de admissão, a compra de um livro ou a assinatura da *Revista*. [...]

Allan Kardec expõe a nova tática a que recorrem os inimigos do Espiritismo: a das manobras surdas.

> Já tentaram muitas vezes, e o farão ainda, comprometer a Doutrina, impelindo-a por uma via perigosa ou ridícula, para acreditá-lo. Hoje é semeando a divisão de modo sub-reptício, lançando o pomo da discórdia, na expectativa de fazer germinar a dúvida e a incerteza nos espíritos, provocar o desânimo, verdadeiro ou *simulado*, e levar a perturbação moral entre os adeptos. Mas não são adversários confessos que assim agiriam. O Espiritismo, cujos princípios têm tantos pontos de semelhança com os do Cristianismo, também deve ter os seus Judas, para que ele tenha a glória de sair triunfante dessa nova prova. [...] (*Revista Espírita*, jun. 1865, Nova tática dos adversários do Espiritismo).

Ao contrário dos adversários, ele não ocultava ao público os fatos que escritores e jornalistas opunham contra o Espiritismo, todos estes se gabando de lhe darem o golpe de misericórdia. Em seu artigo — "Novo e definitivo enterro do Espiritismo" (*Revista Espírita*, abr. 1866), dá a conhecer aos seus leitores toda a fanfarronada do célebre ator inglês Sothem, que dizia obter, "[...] sem que os Espíritos do outro mundo nelas tomassem qualquer parte", todo e qualquer fenômeno espírita, desafiando os Home e os espíritas do mundo inteiro a fazer alguma manifestação que ele não pudesse superar. Com isto, diziam, fora dado "o último golpe no Espiritismo".

Kardec não se impressionou. Fez várias considerações inteligentes e concluiu assim:

> O Espiritismo teve como adversários homens de real valor, em saber e em inteligência, que contra ele empregaram, sem sucesso, todo um arsenal de argumentação. Vejamos se o ator Sothem terá mais êxito que os outros para o enterrar. Ele o estaria há muito tempo se tivesse repousado nos absurdos que lhe atribuem. Se, pois, depois de haver matado o charlatanismo e desacreditado as práticas ridículas, ele existe sempre, é que há nele algo de mais sério, que não foi possível atingir.

Jules Claretie, famoso cronista, romancista e autor dramático, escreve no *Événement*, de 26 de agosto de 1866, longo artigo intitulado *Toujours les Spirites!* [*Sempre os espíritas!*], no qual tenta pôr a ridículo as manifestações espíritas. Kardec faz apreciação do artigo e pouco se estende, porque, diz ele, "seria trabalho inútil refutar coisas que se refutam por si mesmas" (*Revista Espírita*, jan. 1867, Variedades – Retrato físico dos espíritas).

A.-A. Claretie (dit Jules) (1840–1913)

Em pouco mais de 13 páginas da *Revista Espírita* de janeiro de 1868, Allan Kardec faz a crítica da obra do padre Poussin, professor no Seminário de Nice: *Le Spiritisme devant l'histoire et devant l'Église, son origine, sa nature, sa certitude, ses dangers.*

Com sua lealdade costumeira, Kardec assim inicia:

> Esta obra é uma refutação do Espiritismo do ponto de vista religioso. É, sem contradita, uma das mais completas e mais bem-feitas que conhecemos. É escrita com moderação e conveniência, e não se denigre pelos epítetos a que nos habituaram a maior parte dos controversistas do mesmo partido. Aí, nada de declarações furibundas, nada de personalismos ultrajantes: é o princípio mesmo que é discutido. Pode-se não estar de acordo com o autor, achar que as conclusões que ele tira de suas premissas são de uma lógica contestável; dizer que depois de haver demonstrado, por exemplo, com as peças nas mãos, que o Sol brilha ao meio-dia, erra ao concluir que deve ser noite, mas não se lhe reprochará a falta de urbanidade na forma.
> [...]
> O abade Poussin não contesta nenhum dos fenômenos espíritas; virtualmente prova a sua existência pelos fatos autênticos que cita, e que colhe indiferentemente na história sagrada e na história pagã. [...] Entretanto, o Sr. Poussin conclui que os mesmos fatos são miraculosos, de fonte divina em certos casos, e diabólica, em outros.
> [...]
> O Sr. abade Poussin reconhece duas coisas: 1º) que o Espiritismo envolve, como numa imensa rede, a sociedade inteira; 2º) que prestou à Igreja o serviço de derrubar as teorias materialistas do século XVIII.
> [...]
> [...]
> O abade Poussin escreveu o seu livro, diz ele, tendo em vista premunir os fiéis contra os perigos que pode correr sua fé, pelo estudo do Espiritismo. É testemunhar pouca confiança na solidez das bases sobre as quais está assentada esta fé, já que pode ser abalada tão facilmente. [...]

Após vários comentários à obra, Kardec declara:

> O Espiritismo não teme a luz; ele a chama sobre suas doutrinas, porque quer ser aceito livremente e pela razão. Longe de temer para a fé dos espíritas a leitura das obras que o combatem, ele lhes diz: lede tudo, os prós e os contras, e escolhei com conhecimento de causa. É por isto que assinalamos à sua atenção a obra do abade Poussin. (O Espiritismo diante da História e da Igreja).

Quando uma coisa está certa e é chegado o tempo de sua eclosão ela marcha a despeito de tudo. A força de ação do Espiritismo é atestada por sua persistente expansão, malgrado os poucos esforços que faz para se expandir. Há um fato constante: *os adversários do Espiritismo consumiram mil vezes mais forças para o abater, sem o conseguir, do que seus partidários para o propagar.* Ele avança, por assim dizer, só, semelhante a um curso d'água que se infiltra pelas terras, abre uma paisagem à direita, se o barram à esquerda, e pouco a pouco mina as pedras mais duras, acabando por fazer desabarem montanhas.

Um fato notório é que, *em seu conjunto*, a marcha do Espiritismo não sofreu nenhuma interrupção; ela pôde ser entravada, reprimida, retardada em algumas localidades por influências contrárias; mas, como dissemos, a corrente, barrada num ponto, aparece em cem outros; em vez de correr em abundância, divide-se numa porção de filetes. (*Revista Espírita*, jan. 1867, Olhar retrospectivo sobre o Movimento Espírita).

"A data de 1º de maio de 1864" — escrevia o Codificador — "será marcada nos anais do Espiritismo, como a de 9 de outubro de 1861. Ela lembrará a decisão da sagrada congregação do Índex, concernente às nossas obras sobre o Espiritismo. Se uma coisa surpreendeu os espíritas, é que tal decisão não tenha sido tomada mais cedo. [...]" (*Revista Espírita*, jun. 1864, Variedades – O Índex da cura romana).

Kardec diz que essa medida da Igreja, uma das que já esperava, só traria bons efeitos, e, segundo notícias por ele recebidas, a maioria das livrarias se apressaram em dar maior evidência às obras proibidas.

Informa, ainda, que, segundo o jornal *Le Monde*, de Paris, de 22 de junho de 1866, a obra *La Pluralité des existences de l'âme* [Pluraridade das existências da alma], de Pezzani, acabava de ser colocada no Índex pelas autoridades eclesiásticas de Roma. "[...] esta medida" — comentou — "terá por efeito provocar seu exame" (*Revista Espírita*, jul. 1866, Morte de Joseph Méry).

Para aqueles que não sabem, damos a seguir um histórico muito resumido do a que chamam *Index Librorum Prohibitorum* (índice dos livros proibidos) pela Igreja Católica Romana. A *Grande enciclopédia Delta Larousse* (v. 6) e o *Dictionnaire universel des noms propres — Petit Robert* (v. 2) divergem em alguns pontos.

Mas, o essencial é que posteriormente a um primeiro catálogo geral publicado por ordem de Paulo IV em 1559, mais tarde suspenso por excessivamente severo, uma comissão designada pelo Concílio Tridentino (1562), formada por 18 bispos, cuidou de sua preparação. Em 1564, Pio IV fazia publicar o Index do Concílio de Trento. A Sagrada Congregação do Índice foi criada por Pio V, em 1571, e reformada por Gregório XIII em 1572. Segundo a *Delta Larousse* (Rio, 1970), "constava de um prefeito e vários cardeais, cujo número dependia da vontade do papa. Até 1908 só se julgavam os livros denunciados. Como o Santo Ofício também tinha direito de censurar livros, por ser este um dos meios de defender a fé, Bento XV aboliu, em 1917, a Congregação, passando as atividades desta para o Santo Ofício. A última edição do Índice foi publicada em 1930, sob a autoridade de Pio XI". No entanto, o mencionado *Petit Robert* (edição de 1975) declara que ele teve 32 edições oficiais de 1564 a 1948, sendo em 1966 decidido pela Congregação para a doutrina da fé que ele não mais seria reeditado. Segundo escreve a *Enciclopédia luso-brasileira de cultura* (VERBO), volume 10, "abolida a inquisição em 1821, as referências no *Index Librorum Prohibitorum* passaram a constar, oficialmente, só do Índice Romano da Congregação do Santo Ofício e de raros documentos episcopais". O *Petit Robert* esclarece que "são proibidos, de maneira geral, as versões não autorizadas das Escrituras, os livros condenados anteriormente à criação do Índice, os livros dos heréticos que tratam de religião, as obras que expõem doutrinas opostas ao catolicismo (racionalistas, materialistas, deístas, ateístas, marxistas), as publicações imorais ou obscenas etc. Acham-se entre os autores, dos quais uma ou mais obras foram postas no Índice, os seguintes (só reproduzimos alguns nomes da amostragem do dicionário *Petit Robert*): Abélard, d'Alembert, A. Arnauld, Bacon, Bayle, Boccace, G. Bruno, Calvin, Cardan, Condillac, Condorcet, B. Constant, Dante, Descartes, Diderot, Erasmo, Fénelon, Fourier, Galileu, Heine, Helvetius, Hobbes, V. Hugo, Hume, Hus, Jansenius, Kant, La Fontaine, Lamartine, Lamennais, Locke, Lutero, Melanchthon, Mercator, Milton, Montaigne, Montesquieu, Pascal, Quesnel, Quinet, Rabelais, Rousseau, Saint-Cyran, Sainte-Beuve, Spinoza, Voltaire, Wyclif, Zwingli.

Decididamente não poderia faltar num elenco destes o nome fulgurante de Allan Kardec e os de outros espiritistas notáveis.

Formou-se, em 1862, em Constantina (Argélia) a "Sociedade Africana de Estudos Espíritas", sob os auspícios da SPEE. Ali os adeptos foram tristemente perseguidos pelo clero católico, pelos sacerdotes muçulmanos e pelos materialistas e céticos. Allan Kardec e o Espírito Santo Agostinho os animam e os orientam por entre os espinhos.

"Como a zombaria se enfraqueceu contra a couraça do Espiritismo, mais servindo para propagá-lo do que para desacreditá-lo, seus inimigos ensaiam outro meio que, dizemo-lo com antecedência, não dará melhor resultado e provavelmente ainda fará mais prosélitos. Esse meio é a perseguição". Assim escrevia o Codificador em setembro de 1862, e passava a relacionar algumas violências sofridas pelos espíritas: criaturas que foram ameaçadas de terem cortados seus meios de trabalho; adeptos marcados pela animadversão pública, que lançava sobre eles os moleques de rua; professores demitidos e reduzidos à miséria; reuniões impedidas sob o falso pretexto de que a lei proibia agrupamentos de mais de cinco pessoas; acusação de que se reuniam para conspirar contra o Governo, como sucedeu em várias localidades do departamento de Tarn-et-Garonne; utilização de toda influência — inclusive a calúnia — para arruinar os negócios administrados por espíritas; injúrias assacadas aos lares espíritas, atirando filhos contra pais etc. Tal era o novo panorama antiespírita da época, tudo previsto pelos Espíritos. Contudo, como de outras inúmeras vezes, esses processos escusos resultaram em maior propaganda e, sem o querer, serviram à causa do Espiritismo. O tiro saíra pela culatra!

> Na *Revista Espírita* de junho de 1864, Variedades – Perseguições militares, Kardec denuncia, com grande destemor, que sempre o caracterizou em seus pronunciamentos, a perseguição que oficiais superiores faziam, em certos regimentos, a subordinados espíritas, chegando a ponto de formalmente proibirem que se ocupassem de Espiritismo. "[...] Conhecemos um oficial que foi riscado do quadro de propostas para a Legião de Honra e outros que foram confinados por causa do Espiritismo [...]" — assim declarou Kardec, aconselhando a esses perseguidos submissão à disciplina hierárquica e até mesmo abstenção de qualquer manifestação espírita exterior, se o fosse absolutamente necessário. Que ficassem pacientemente à espera de melhores dias, que não tardariam — completava ele.

Le Journal de Chartres, de 26 de maio de 1867, faz o relato de revoltante perseguição movida ao pedreiro espírita Grezelle, médium escrevente como seus dois filhos, na cidade de Illiers (*Revista Espírita*, jul. 1867, Illiers e os espíritas).

O Sr. Grezelle era de La Certellerie e ia a Illiers trabalhar na construção de um edifício. Quando entrava nesta última cidade, era maltratado por dezenas de garotos, seguidos de numerosa multidão que gritava impropérios ofensivos à própria dignidade humana. Muitas calúnias eram levantadas contra ele. Numa carta dirigida à redação do referido jornal, Grezelle declarou: "Para agradar, eu não poderia dizer preto quando vejo branco. Tenho convicções. Para mim o Espiritismo é a mais bela das verdades. Que quereis? Querem forçar-me dizer o contrário do que penso, de tudo o que vejo, e quando se fala tanto de liberdade, é preciso que a suprimam na prática?"

Allan Kardec investiga o caso com profundidade, para concluir pela perfeita honorabilidade do Sr. Grezelle, espírita cônscio de todos os seus deveres doutrinários. "Como dissemos" — finalizava seus comentários —, "as perseguições são o quinhão inevitável de todas as grandes ideias novas, que todas têm tido os seus mártires. Os que as suportam um dia serão felizes, por terem sofrido pelo triunfo da verdade. [...]".

Em 1868 ocorreu no Senado da França um debate provocado por duas petições: uma, de 1867, contra a Biblioteca de Saint-Étienne; outra, de 1868, contra a Biblioteca de Oullins (Rhône), assinadas por alguns habitantes daquelas cidades, e que reclamavam contra a introdução, naquelas bibliotecas, de certas obras, em cujo número figuravam obras espíritas.

Acontece que, de propósito ou não, a coisa tomou outro rumo, e o Sr. Genteur, conselheiro de Estado, denunciou em pleno Senado a existência de um partido espírita, e os jornais parisienses *Moniteur*, *La Liberté*, *Revue Politique Hebdomadaire*, *Le Siècle*, noticiaram em junho o fato desenrolado no Senado, alguns deles assinalando a ameaça desse novo partido para a sociedade francesa e sua possibilidade de "abalar as instituições do império".

Os membros do Senado pronunciaram-se contra as petições daquelas duas cidades, mas tal confusão houve, que todos concordaram que o tal partido espírita seria vencido.

Kardec (*Revista Espírita*, jul. 1868, O Partido Espírita) faz vários e interessantes comentários, dos quais respigamos estes:

> [...] Não tendo podido abafá-lo [o Espiritismo] sob o ridículo, tentam apresentá-lo como um perigo para a tranquilidade pública. [...]
> É de admirar que homens que fazem profissão de liberalismo, que reclamam com insistência a liberdade, que a querem absoluta para as

suas ideias, seus escritos, suas reuniões, que estigmatizam todos os atos de intolerância, queiram proscrevê-la para o Espiritismo.

Na *Revista Espírita* de dezembro de 1868, Bibliografia, há um relato sobre o que sucedeu à revista *El Criterio Espiritista*, de Madri. Logo que saiu o primeiro número, o governo espanhol, pela seção de imprensa, informou à Sociedade Espírita Espanhola que a revista devia ser examinada e aprovada pela censura eclesiástica. Como era natural, a censura foi desfavorável e o governo proibiu a publicação da revista.

Como o nó da proibição era o título, a referida Sociedade substituiu-o na revista, e ela foi então publicada com o nome: *El Criterio, Revista Quincenal Científica*. Só um ano depois, com o novo governo espanhol, é que foi possível repor o nome antigo: *El Criterio Espiritista*. Vencera o Espiritismo!

O AUTO DE FÉ, DE BARCELONA

Desde o começo do século XIX, o Absolutismo e o Liberalismo viviam, na Espanha, em constantes lutas entre si. A Igreja ora ganhava, ora perdia privilégios. A negra Inquisição, ali existente desde 1481, era abolida e restabelecida, até que o Movimento Revolucionário de 1820, contra o qual se opunha o clero, a suprimisse definitivamente. Dirigido pela Junta Apostólica, o partido dos tonsurados suscitava várias insurreições a favor de D. Carlos, o representante do absolutismo extremo e do clericalismo escravizante.

O grande povo de Barcelona, capital do antigo Principado de Catalunha, participava ativamente do movimento nacional contra a cegueira ultramontana. As revoluções se sucediam, sempre com a classe clerical mancomunada com as forças absolutistas. Por volta de 1834, o povo oprimido praticava uma série de autos de fé. Turbas de homens ensandecidos, com machado em uma das mãos e tocha incendiária na outra, assaltavam, furiosos, mosteiros e templos, matando padres e freiras. Pouco mais tarde, em nome da Concordata de 1851, impunha-se a intolerância religiosa às Constituintes. E os anos corriam...

Em 1861, justamente no ano em que saía a lume, na França, *O livro dos médiuns*, era posta à venda, na Espanha, notável síntese da doutrina kardequiana na célebre *Carta de un espiritista a don Francisco de Paula Canalejas*, ilustre escritor espanhol, futuro membro da Academia de Letras.

Alberico Perón (Enrique Pastor), conhecidíssimo nos círculos filosóficos e literários como ardoroso discípulo de Allan Kardec, foi o autor da citada Carta, que produziu grande sensação. Mas, mesmo que Alberico Perón houvesse escrito centenas de cartas semelhantes e as distribuísse a torto e a direito, talvez não conseguisse a retumbância que teve o "auto de fé".

O famoso escritor e editor francês Maurice Lachâtre, a quem se deve a autoria da *História dos papas* (10 volumes) e da *História da inquisição*, achava-se refugiado em Barcelona, "*albergue de los extranjeros*", condenado que fora a cinco anos de prisão pelo regime absolutista de Napoleão III, por ter editado o célebre *Dicionário universal ilustrado*. Naquela cidade, onde permaneceria até 1870, ele fundou uma livraria. Profundo admirador de Allan Kardec, cujo nome e obra enalteceria no primeiro volume do seu "*Novo dicionário universal!*" (1865) e a cujos ideais se unira, solicitara dele uma certa quantidade de obras espíritas, para expô-las à venda e propagar, assim, a Nova Revelação. "A Doutrina Espírita, tal como ressalta das obras de Allan Kardec" — declarava Lachâtre —, "encerra em si os elementos de uma transformação geral das ideias, e a transformação nas ideias conduz forçosamente à da sociedade. Assim considerando, ela merece a atenção de todos os homens progressistas. Já se estendendo a sua influência a todos os países civilizados, ela dá à personalidade do seu fundador uma importância considerável, e tudo faz prever que, em futuro talvez próximo, ele será consagrado como um dos reformadores do século XIX".

Maurice Lachâtre (1814–1900)

As obras remetidas a Lachâtre, em número de 300, foram expedidas em duas caixas, com todos os requisitos legais indispensáveis. Na Alfândega de Barcelona, cidade que Cervantes qualificou de "*archivo de la cortesia*", as caixas de livros foram inspecionadas, cobrando-se do destinatário os direitos alfandegários de praxe. A liberação estava prestes a ser dada, quando uma ordem superior a suspendeu, com a declaração de que se fazia necessário o consentimento expresso do bispo de Barcelona, Antonio Palau y Termens. Este se achava ausente da cidade. À sua volta, foi-lhe apresentado um exemplar de cada obra. Não precisou muito tempo para que ele concluísse pela perniciosidade de tais livros, logo ordenando que fossem lançados ao fogo, por serem "imorais e contrários à fé católica".

Reclamou-se contra esta sentença, em frontal desacordo com as leis do país, as quais poderiam, no máximo, proibir a circulação daquelas obras, não havendo, porém, nenhum artigo que justificasse a sua destruição pelo fogo. Na ocasião, Kardec achou que o caso, a seu ver, "levantava grave questão de direito internacional", pois havia uma permissão legalmente solicitada. E perguntava "se a destruição dessa propriedade, em tais circunstâncias, não era um ato arbitrário e contra o direito comum". Pediu-se ao Governo que, em vista de não se permitir a entrada desses livros na Espanha, pelo menos consentisse na sua reexpedição ao país de origem. Por absurdo que pareça, isso foi recusado, apresentando o bispo — homem de ampla cultura, doutor em Teologia, catedrático do Seminário de Barcelona, cônego magistral de Tarragona, e autor de várias obras religiosas — esta alegação medieval: "A Igreja Católica é universal; e sendo esses livros contrários à fé católica, o governo não pode consentir que venham perverter a moral e a religião dos outros países" (*Biografia de Allan Kardec*, trad. Evandro Noleto Bezerra, Auto de fé de Barcelona. FEB).

Os livros foram confiscados pelo Santo Ofício, que tomou a si o poder absoluto de juiz e carrasco, sem sequer reembolsar o proprietário no que dizia respeito aos direitos aduaneiros.

Allan Kardec — declarou Henri Sausse — teria podido agir por via diplomática, levando o Governo espanhol a devolver as obras. Mas os Espíritos dissuadiram-no disso, aconselhando que seria preferível, para a propaganda do Espiritismo, deixar essa ignomínia seguir o seu curso.

9 de outubro de 1861! À esplanada da Cidadela de Barcelona, de triste memória, verdadeira cópia da Bastilha de Paris, erguida no mais florescente

bairro da cidade, o de La Ribera, já pela manhã o povo afluía para assistir ao auto de fé das publicações espíritas incriminadas pela Igreja. Essa odiosa Cidadela espanhola, de forma pentagonal, com cinco baluartes e rodeada de fossos sobre os quais se lançavam pontes levadiças, fora mandada construir pelo rei Filipe V, em 1716, no terreno ocupado por 1.262 casas, cuja demolição ele ordenara, após a sua entrada triunfal na cidade semidestruída.

Na imensa fortaleza, que pelos tempos afora sufocara nas prisões de sua famigerada Torre de Santa Clara, ou suprimira pelo cutelo e pela forca, os gritos de liberdade de milhares de barcelonenses, ia ser coroada a obra nefasta de Filipe V.

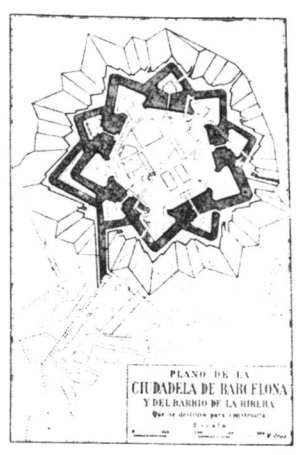

Verbete biográfico *Palau y Termens (Antonio)* e *Plano de la Ciudadela de Barcelona*, segundo a *Enciclopédia universal ilustrada espasa*, tomos XLI, p. 135 e XIII, p. 571.

O efeito que tal acontecimento produzia nos assistentes era de estupefação em uns, de riso em outros e de indignação entre o maior número. Às palavras de aversão àquele ato arbitrário, partidas de mais de uma boca, misturavam-se as zombarias e os ditos chistosos e mordazes dos que apenas queriam divertir-se.

De acordo com a descrição que Allan Kardec recebeu de Barcelona, a inquisitorial cerimônia se efetuou com toda a solenidade do ritual do Santo Ofício, às 10h30min, justamente no local onde eram executados os criminosos condenados à pena de morte.

Trezentos volumes espíritas substituíam os "hereges" que a Igreja já agora não podia queimar vivos, "hereges" que, no passado, "perfumavam a atmosfera com os aromas dos ossos torrados". Empilhavam-se, silenciosas e impassíveis, as seguintes publicações francesas: *O livro dos espíritos, O livro dos médiuns, O que é o espiritismo*, todas de Allan Kardec; coleções da *Revista Espírita*, dirigida e editada por Allan Kardec, e da *Revue Spiritualiste*, redigida por Piérart; *Fragmento de sonata*, ditado pelo Espírito Mozart ao médium Sr. BryonDorgeval; *Carta de um católico sobre o espiritismo*, pelo Dr. Grand, antigo vice-cônsul de França; *História de Joana d'Arc*, ditada por ela mesma à Srta. Ermance Dufaux, de 14 anos; e, por fim, *A realidade dos espíritos demonstrada pela escrita direta*, do barão de Guldenstubbé.

Presidiu àquele espetáculo de fanatismo um padre revestido dos trajes sacerdotais próprios para o ato, tendo numa das mãos uma cruz, e na outra uma tocha. Acompanhavam-no um notário, encarregado de redigir a ata do auto de é; o ajudante do notário; um funcionário superior da administração aduaneira; três serventes (mozos) da Alfândega, incumbidos de atiçar o fogo; e um agente da Alfândega representando o proprietário das publicações que o bispo condenara ao batismo do fogo.

Gravura da época, mostrando a queima de livros e periódicos espíritas.

A grande multidão, que atravancava os passeios e enchia a vasta esplanada onde se levantara a pira ardente, assistia, espantada, àquele ridículo processo que o século não mais comportava, e, quando o fogo acabara de consumir os 300 volumes, e o padre, com seus auxiliares, se ia retirando, essa mesma multidão cobriu-os com assuadas e imprecações, aos gritos de — "Abaixo a Inquisição"!

Um certo capitão Lagier, comandante do grande vapor "El Monarca", teve a oportunidade de presenciar aquele auto de fé, e conta ele que, ao ver muitas pessoas se acercarem da fogueira extinta e recolherem parte das cinzas e algumas folhas não inteiramente destruídas, com o objetivo de conservá-las como testemunho da violência clerical, não pôde conter-se e exclamou em alta voz: "Eu vos trarei, na próxima viagem de Marselha, todos os livros que quiserdes". E dessa forma, por meio dos navios que frequentemente aportavam em Marselha, muitos exemplares das obras de Kardec entraram na Espanha, vendidos ou distribuídos gratuitamente pelos comandantes e subordinados.

Kardec disse ter recebido um punhado daquelas cinzas históricas, nas quais ainda se via um fragmento de *O livro dos espíritos*, havendo sido ainda presenteado com uma aquarela, feita *in loco* por um distinto artista, representando a cena do auto de fé. As cinzas e os restos de folhas queimadas, ele as conservou numa urna de cristal, que foi destruída pelos nazistas na Segunda Grande Guerra.

Bernardo Ramón Ferrer, quando jovem, assistiu ao último auto de fé.

Com a gravidade, a clareza e a concisão que lhe eram peculiares, o insigne Codificador do Espiritismo escreveu, na *Revista Espírita*, de novembro de 1861, admirável artigo a propósito desse auto de fé, muito sensatamente ponderando:

> Examinando o casdo do ponto de vista de suas consequências, diremos, inicialmente, não haver dúvida de que nada poderia ter sido mais benéfico ao Espiritismo. A perseguição sempre foi proveitosa à ideia que quiseram proscrever; exalta a sua importância, chama a sua atenção e a torna

conhecida por quantos a ignoravam. Graças a esse zelo imprudente, todo mundo na Espanha vai ouvir falar do Espiritismo e quererá saber o que é ele; é tudo quanto desejamos. Podem queimar-se livros, mas não se queimam ideias; as chamas das fogueiras as superexcitam, em vez de abafar. Aliás, as ideias estão no ar, e não há Pireneus bastante altos para as deter. Quando uma ideia é grande e generosa encontra milhares de pulmões prestes a aspirá-las. Façam o que quiserem, o Espiritismo já tem numerosas e profundas raízes na Espanha; as cinzas da fogueira vão fazê-la frutificar. Mas não é somente na Espanha que se produzirá tal resultado: o mundo inteiro sentirá o contragolpe.

Concluindo, o mestre lionês proclamou:

> Espíritas de todos os países! Não esqueçais esta data: 9 de outubro de 1861; será marcada nos fastos do Espiritismo. Que ela seja para vós um dia de festa, e não de luto, porque é garantia do vosso próximo triunfo! (Resquícios da Idade Média – Auto de fé das obras espíritas em Barcelona).

Na França, o auto de fé das obras espíritas pareceu aos olhos de muitos tão inconcebível naquela época, que certos jornais, às primeiras notícias vindas da Espanha, chegaram, a princípio, a pô-lo em dúvida. Outros, entretanto, como *Le Siècle* de 14 de outubro, levaram o caso, sério e lamentável sob qualquer aspecto, para o gracejo e a comicidade, havendo ainda os que dele se desinteressaram inteiramente, ou que apenas se limitaram a registrar o fato.

Na Espanha, contudo, a imprensa em geral profligou aquele bárbaro ato de cego fanatismo religioso, e apenas um que outro periódico o aplaudiu, como *El Diario* de Barcelona. Esta folha ultramontana, a primeira que noticiou a celebração do auto de fé, enodoou as suas colunas, ao dizer:

> Os títulos dos livros queimados bastavam para justificar a sua condenação; que é direito e dever da Igreja fazer respeitar a sua autoridade, tanto mais quanto se dá carta branca à liberdade de imprensa, principalmente nos países que *desfrutam* da terrível chaga da liberdade de cultos. (*Revista Espírita*, dez. 1861, Auto de fé de Barcelona).

La Coruña, periódico também barcelonense, dissentindo de *El Diario*, sai a campo em defesa do livre-pensamento e fornece ao público extenso relato dos sucessos, afirmando que os partidários do Governo estavam mais desgostosos com o auto de fé do que aqueles que lhe faziam oposição.

Os dois trechos a seguir, extraídos do mencionado jornal, interpretam o desagrado da maioria do povo barcelonês, ante aquela reminiscência dos "quemaderos" da Santa Inquisição:

> [...] Os partidários sinceros da paz, do princípio de autoridade e da religião se afligem com essas demonstrações reacionárias, porque compreendem que às reações se sucedem as revoluções, e porque sabem que os que *semeiam vento só podem colher tempestades*. Os liberais sinceros se indignam de semelhantes espetáculos dados ao mundo por homens que não compreendem a religião sem intolerância, querendo impô-la como Maomé impunha o seu *Alcorão*.
>
> [...] Não vamos emitir nenhuma opinião sobre o valor das obras queimadas; o que visamos é o fato, suas tendências, o espírito que ele revela. Doravante, em que diocese deixariam de usar, se não de abusar, de uma faculdade que em nossa opinião o próprio governo não tem, se em Barcelona, na liberal Barcelona, o fazem? O absolutismo é muito sagaz; ensaia se pode dar um golpe de autoridade em alguma parte; se vencer, ousa mais. Esperamos, todavia, que os esforços do absolutismo sejam inúteis e que todas as concessões que lhe façam não tenham outro resultado senão desmascarar o partido que, repetindo cenas como as de quinta-feira última, se precipite cada vez mais no abismo para onde corre obstinadamente. É o que nos leva a esperar o efeito produzido pelo auto de fé em Barcelona. (*Revista Espírita*, dez. 1861, Auto de fé de Barcelona).

Um dos grandes jornais de Madri, em seu número de 19 de outubro de 1861, expressava-se dessa maneira, em longo artigo:

Cidade de Barcelona, há 40 anos, vendo-se, ao fundo e à esquerda, os jardins no local da antiga *Ciudadela*.

O auto de fé celebrado há alguns meses na cidade de La Coruña, em que foi queimado grande número de livros à porta de uma Igreja, tinha produzido no nosso e no espírito de todos os homens de ideias liberais uma impressão muito triste. Mas é com indignação ainda bem maior que foi recebida em toda a Espanha a notícia do segundo auto de fé em Barcelona, nesta capital civilizada da Catalunha, em meio a uma população essencialmente liberal, à qual sem dúvida fizeram este bárbaro insulto, porque nela reconhecem grandes qualidades. (*Revista Espírita*, dez. 1861, Auto de fé de Barcelona).

Não só entre as criaturas encarnadas o auto de fé alcançou repercussão. Da Espiritualidade igualmente vieram vários comentários sobre o acontecimento, dados espontaneamente na Sociedade Parisiense de Estudos Espíritas (*Revista Espírita*, nov. 1861, Resquícios da Idade Média – Auto de fé das obras espíritas em Barcelona), a que Allan Kardec presidia. Um deles, assinado por um certo Dollet, que disse ter sido livreiro, afirmava, em certo ponto: "[...] Quanto mais perseguições houver, tanto mais depressa esta sublime Doutrina alcançará o apogeu [...]", terminando com estas palavras: "Ficai certos: as fogueiras apagar-se-ão por si mesmas; e se os livros são lançados ao fogo, o pensamento imortal lhes sobrevive".

São Domingos (Saint Dominique), cuja comunicação, dada espontaneamente, em Paris, a 19/10/1861, está em *Obras póstumas* e na *Revue Spirite* de novembro de 1861, p. 324.

Outro Espírito, que se manifestou com o nome de São Domingos, provavelmente o fundador da Ordem dos Dominicanos, explicava a importância daquela ocorrência para a propaganda do Espiritismo: "Era necessário que algo ferisse violentamente certos Espíritos encarnados, a fim de que se decidissem a ocupar-se desta grande Doutrina que vai regenerar o mundo. [...]".

De ambos os lados da vida as inteligências mais perspicazes prenunciavam, como consequência do auto de fé, um impulso inesperado das ideias espíritas na Espanha e mesmo no mundo todo. Isso realmente sucedeu. A atenção de muita gente, que nunca ouvira falar de Espiritismo, convergiu para o "fruto proibido", sobretudo pela importância mesma que a Igreja lhe dispensava. "Que podiam, pois, conter esses livros, dignos das solenidades da fogueira?" E a curiosidade abriu, assim, para inúmeras mentes, um novo mundo até então delas desconhecido.

Como bem destacava Allan Kardec, ao se referir a essas perseguições, "sem os ataques, sérios ou ridículos, de que é alvo o Espiritismo, contaria este com um número dez vezes menor de adeptos". A Espanha não desmentiu essa observação do Codificador, e mais de um adversário reconheceu isso, deplorando o ato em que a religião católica nada teve a ganhar.

Precisamente nove meses após o auto de fé de Barcelona, que fora seguido por um outro, na cidade de Alicante, desencarnou, a 9 de julho de 1862, Dom Antonio Palau y Termens, o bispo que tentara consumir pelo fogo o ideal espiritista.

Esse príncipe da Igreja dias depois se manifestava inesperada e espontaneamente a um dos médiuns da Sociedade Parisiense de Estudos Espíritas, respondendo com antecedência a todas as perguntas que desejavam fazer-lhe, e antes que fossem enunciadas.

Entre outras, a comunicação contém esta bela passagem:

> Auxiliado por vosso chefe espiritual pude vir ensinar-vos com o meu exemplo e vos dizer: Não repilais nenhuma das ideias anunciadas, porque um dia, um dia que durará e pesará como um século, essas ideias amontoadas clamarão como a voz do anjo: Caim, que fizeste de teu irmão? Que fizeste de nosso poder, que devia consolar e elevar a Humanidade? O homem que voluntariamente vive cego e surdo de espírito, como outros o são do corpo, sofrerá, expiará e renascerá para recomeçar o labor intelectual que sua preguiça e seu orgulho o levaram a evitar; e essa voz terrível me disse: Queimaste as ideias, e as ideias te queimarão.
> Orai por mim. Orai, porque é agradável a Deus a prece que lhe é dirigida pelo perseguido em benefício do perseguidor.
> Aquele que foi bispo e que não passa de um penitente.

Sabendo que os desconhecedores da Doutrina Espírita e os adversários católicos achariam incrível essa transformação nas ideias do bispo, após seu ingresso na vida de Além-Túmulo, Kardec deixou-lhes esta resposta esclarecedora:

> Este contraste entre as palavras do Espírito e as do homem nada tem que deva surpreender. Todos os dias vemos criaturas que, depois da morte, pensam de modo diferente do que pensavam durante a vida, uma vez caída a venda das ilusões, o que é uma prova incontestável de superioridade; somente os Espíritos inferiores e vulgares persistem nos erros e nos preconceitos da vida terrestre. (*Revista Espírita*, ago. 1862, Necrologia – Morte do bispo de Barcelona).

Allan Kardec remeteu a mensagem completa a José Maria Fernández Colavida — a quem se deve a primeira tradução para o castelhano das obras fundamentais do Codificador e o estabelecimento da primeira livraria espírita de Barcelona —, avisando-o de que o Espírito do bispo, D. Palau, estaria presente quando ela fosse lida no Centro, o que de fato sucedeu, segundo a declaração dos médiuns videntes, muito especialmente a de um jovenzinho, que tinha excelente clarividência.

O bispo manifestou-se ali e, depois de incentivar a todos, profetizou que na Cidadela cedo se cultivariam jardins, os quais de certo modo apagariam as tristes recordações do lugar onde tantos crimes se perpetraram.

Anos mais tarde, em 1869, atendendo a instâncias do povo de Barcelona, o Governo decretava a demolição da velha fortaleza, em cujos terrenos foram construídos os belos jardins do Parque da Cidadela, ou Parque Municipal, que chegou a ocupar uma área de 307.667m². Sobre ele escreveu um cronista do século XIX:

> *Cruzado por frondosos paseos, anchurosas glorietas, bosques de encantadora perspectiva, fuentes, lagos, cascadas, grutas etc., es un maravilloso sitio de recreo, donde la magnolia y el álamo, el tilo y el geranio y el pino y el naranjo y mil variedades de flores y arbustos y gigantes árboles crecen y se desarrollan maravillosamente y con increíble profusión. En este Parque, donde todo es espléndido, donde todo es grandioso...*

Cumprira-se a profecia do Espírito do bispo! Do antigo conjunto de edifícios bélicos surgira belíssimo Parque, muito frequentado pelas crianças e pelos velhos, e que foi em 1888, pacífico recinto para célebre Exposição Universal.

Embora a Espanha continuasse oprimida pela mão forte do romanismo, que, inimigo declarado da liberdade e do progresso, não se cansava de granjear a animadversão pública para os espíritas, assoalhando pela imprensa, pregando de seus púlpitos que o Espiritismo não passava de uma doutrina malsã, inspirada pelo diabo, apesar de tudo isso, cresceu ali o número de adeptos, de todas as classes sociais, ampliando-se, de maneira bastante significativa, a propaganda, tanto que a Espanha chegou a ser, ainda no século XIX, a nação europeia com maior abundância de periódicos espíritas e com a mais vasta bagagem de obras publicadas.

Vista atual dos jardins do *Parque de la Ciudadela*.

Aos infatigáveis e gloriosos pioneiros como Fernández Colavida, Manuel González Soriano, Manuel Sanz y Benito, Joaquín Bassols y Marañon, César Bassols, José Amigó y Pellicer, Joaquín Huelbes Temprado, Fernando Primo de Rivera, Salvador Sellés Gosálvez, Antonio Torres-Solanot y Casas, Manuel Ansó y Monzó, Amalia Domingo Soler, Francisco Loperena, Miguel Vives e tantos e tantos outros venerandos discípulos de Kardec, se juntaram com o correr dos tempos os nomes não menos gloriosos de Antonio Hurtado y Valhondo, José de Navarrete y Vela-Hidalgo, Dámaso Calvet de Budallés, Facundo Usich, Quintin Lopez Gómez, Juan Torras Serra, Jacinto Esteva Marata, Jacinto Esteva Grau, López Sanromán, José Maria Seseras y de Battle e muitos mais, que com desassombro lutaram e sofreram para manter vivos os sublimes ideais da Terceira Revelação.

Em 1888, quis o destino que justamente a Barcelona, "cabeça e coração da Catalunha", onde se consumara o primeiro auto de fé contra obras espíritas, coubesse a honra de celebrar o Primeiro Congresso Espírita Internacional, cuja alma principal foi o visconde de Torres-Solanot, a figura apostolar do Espiritismo na Espanha.

Por ocasião do quarto centenário do descobrimento da América, em 1892, realizou-se, agora em Madrid, o Terceiro Congresso Espírita Internacional, que, por ter sido organizado um tanto tardiamente, não pôde apresentar o brilho dos anteriores.

No domingo, 8 de outubro de 1899, os espíritas de Barcelona comemoraram o 38º aniversário do Auto de fé dos livros espíritas, dando, então, maior ênfase aos fatos consumados em 9 de outubro de 1861. Um banquete de 380 pessoas, com 100 mendigos convidados, foi realizado nos belos jardins do Teatro Lírico, graciosamente cedidos pelo proprietário. Em seguida, houve um sarau literário e musical, a que assistiram 6 ou 7 mil pessoas. Eloquentes discursos foram pronunciados por ilustres espiritistas espanhóis, entre outros as Sras. Carmen Pujol e Amalia Domingo Soler, os Srs. Quintin Lopez, Miguel Vives e outros. Ainda nesse mesmo dia, o jornal *La Union Espiritista*, de Barcelona, distribuiu 6 mil exemplares de um suplemento em que relatava o inominável abuso de poder, digno dos melhores tempos de Torquemada, cometido na mais liberal cidade da Espanha, e justamente na mesma praça onde tinham sido incinerados *Os miseráveis*, de Victor Hugo (*Revue Spirite*, dez. 1899, p. 727).

Em setembro de 1932, a Federación Espírita Española dirigiu ao povo barcelonês longa mensagem de esclarecimento e, ao referir-se ao auto de fé de 1861, salientou:

> A Federação Espírita Espanhola diz hoje ao público de Barcelona, e ao de todo o mundo, que aquela fogueira histórica, em vez de prejudicar o Espiritismo, lhe fez um bem, qual o de lhe impulsionar, como que por um passe de mágica, o desenvolvimento, fato que podemos demonstrar, dando a conhecer que, se então apenas existiam nesta cidade dois ou três pequenos grupos espíritas, atualmente, em Barcelona e na província de que é ela a capital, se contam mais de vinte sociedades, devida e legalmente constituídas, e cerca de uma centena no resto do país.

A prova maior do progresso do Espiritismo na Espanha foi dada em 1934. Nesse ano, celebrou-se em Barcelona, no grandioso salão do *Palacio de Proyecciones*, o 14º Congresso Espírita Internacional, o segundo verificado naquela cidade.

Grande repercussão junto aos meios católicos teve esse conclave, do qual participaram representantes espíritas de todas as partes do mundo, inclusive representações do Governo da Catalunha e da Municipalidade de Barcelona.

Amadeo Colldeforns, deputado do Parlamento catalão, falando em nome do presidente da Generalidade de Catalunha, enalteceu o belo movimento de amor e fraternidade dos espiritistas, declarando, ainda, que à Humanidade se oferecia, por meio daqueles estudos, a demonstração clara e convincente da sobrevivência humana. Suas palavras finais, dirigidas a todos os congressistas, foram estas:

> Deus permita que possais conseguir grandes vitórias dentro desse campo de estudo e experimentação vastíssimo, e que estes triunfos vos facilitem o trabalho de emancipação espiritual da Humanidade. Eu vos auguro estes triunfos, porque caminhais acompanhados da ciência que vos faculta o controle e a demonstração desses fenômenos espíritas, demonstração científica essa com que podereis alcançar a vitória completa dos vossos ideais e das vossas humanitárias aspirações, contra a indiferença dos homens.

Triunfos foram realmente conseguidos em várias nações, especialmente no Brasil, onde o Espiritismo tomou um alento deveras surpreendente. Na Espanha, porém, aglutinaram-se as forças das Trevas para uma investida destruidora contra os alevantados ideais de paz e fraternidade, de liberdade e igualdade, pregados e exemplificados pelos espiritistas.

Aquela parte da Península Ibérica pouco depois do referido Congresso entrava num terrível período de lutas intestinas. Duas facções contrárias, respectivamente constituídas pela Frente Popular, de fundo socialista-comunista, e pela Falange Espanhola, de fundo fascista, dividiam a nação em 1936. Entrechocavam-se as forças da direita com as da esquerda. Irrompia uma nova "época do terror". Excessos de toda a sorte eram cometidos, tendo sido incendiadas e saqueadas dezenas de igrejas e centros religiosos, com o cruel assassínio de milhares de sacerdotes.

A guerra civil progride com inominável violência. Põe-se à frente da Falange Espanhola o "caudillo" Francisco Franco, com o apoio de todo o clero católico.

Barcelona, *"pátria de los valientes"*, é duramente bombardeada, sendo afinal invadida pelas tropas falangistas. A sangrenta luta fratricida, que em várias ocasiões assume aspectos verdadeiramente trágicos, vai dando vitórias ao "Generalíssimo" Franco, que, em discurso pronunciado em 1938, já evidenciava claramente o caminho que o seu governo iria tomar:

> É preciso reafirmar o fundo sentido e a fé religiosa que acompanhou, desde as suas origens, o povo espanhol e que, capítulo por capítulo, ficou impressa em sua História. Com rapidez e energia se fará, pois, a revisão de toda a legislação laica que pretendia inutilmente apagar de nossa Pátria o seu profundo e robusto sentido católico e espiritual.

Passo a passo, ainda durante a guerra, à Igreja Católica de Espanha foram sendo concedidos inúmeros dispositivos de franca regalia. Privilégios, vantagens, poder e imunidades vieram entronizar o clero, resultando no cerceamento total aos direitos das demais religiões.

Terminada, em 1939, a dolorosa guerra civil, o "Generalíssimo" Franco se torna o senhor absoluto e vitalício da Espanha, chefe único da Falange, enaltecido e abençoado pelos papas Pio XI e Pio XII.

Apoiada a César, a Igreja Católica passa a ser a senhora absoluta da veneranda Pátria de Fernández Colavida (*o Kardec espanhol*), com a abolição da liberdade e crença e de outras liberdades tão caras ao homem livre. Aos espíritos divergentes, ela exigia a adesão, ou o silêncio.

Em 27 de agosto de 1953, mediante a Concordata assinada entre a Santa Sé e o Governo, ficou reafirmado que a Religião Católica, Apostólica, Romana continuaria a ser a única da nação espanhola, reconhecendolhe o Estado o caráter de sociedade perfeita e a personalidade jurídica internacional da Santa Sé e do Estado da Cidade do Vaticano.

Esta Concordata, que, como todas as demais, é "um pacto leonino em que a Igreja empresta ao despotismo o seu prestígio, e o despotismo vende à Igreja a soberania civil", acabou, afinal, por meio de uma série de artigos monopolizadores da liberdade de consciência, por entregar a Espanha às mãos do clericalismo. Hoje, é ela, em verdade, um vasto convento...

Há mais de vinte anos que o Espiritismo ali se acha sacrificado às forças intolerantes e opressoras, impedido de vir à luz, eclipsado nas sombras do ultramontanismo. Sendo, porém, "um livro imenso aberto nas alturas", conforme a feliz expressão do grande poeta alicantino, Salvador Sellés, o

Espiritismo só aparentemente se detém ante o obscurantismo dos homens. Temos fé que chegará, mais cedo do que se espera, a sua hora de libertação, pois, como disse com sabedoria o nosso grande Rui Barbosa, "de todas as liberdades sociais, nenhuma é tão congenial ao homem, e tão nobre, e tão frutificativa, e tão civilizadora, e tão pacífica, e tão filha do Evangelho, como a liberdade religiosa".

Artigo de Roman de Lacunza no jornal barcelonês *La Corona*, de 15/10/1861, acerca do Auto de fé das obras kardequianas.

O Espiritismo, na Espanha bela e nobre, está curtindo os amargos transes de um prolongado auto de fé. Quando nos horizontes ibéricos raiar a aurora da liberdade, qual Fénix renascida dentre as cinzas, o Espiritismo ressuscitará na valorosa terra de Cervantes, para novos voos de gloriosa jornada emancipadora do espírito humano.

* * *

Este escrito foi publicado, pela primeira vez, em *Reformador* de outubro de 1961. Hoje, e após a morte do caudilho Francisco Franco e o restabelecimento das liberdades públicas na Espanha, cumpre-se a predição inscrita no final deste trabalho: o Espiritismo renasce na Pátria de Colavida, a espraiar-se pouco a pouco, bafejado do alento de Mais Alto, para as sublimes realizações do espírito eterno.

E para terminar este capítulo, ninguém melhor do que Allan Kardec o faria. Atentemos, pois, na sua palavra:

> [...] As chamas da fogueira de Barcelona não subiram bastante. Se se repetir em algum lugar, guardai-vos de a extinguir, porquanto, quanto mais se elevar, mais será vista de longe, como um farol, e ficará na lembrança das idades. Não intervenhais, pois, nem oponhais violência em parte alguma; lembrai-vos de que o Cristo disse a Pedro que embainhasse a espada. Não imiteis as seitas que se entredilaceram em nome de um Deus de paz, a que cada um evoca em auxílio de seus furores. A verdade não se prova com perseguições, mas pelo raciocínio; em todos os tempos as perseguições foram as armas das causas más e dos que tomam o triunfo da força bruta pela razão. A perseguição não é um bom meio de persuasão; pode momentaneamente abater o mais fraco, jamais convencê-lo, convencê-lo, jamais. Porque, mesmo no infortúnio em que tiver sido mergulhado exclamará, como Galileu na prisão: *e pur si muove!* Recorrer à perseguição é provar que se conta pouco com a força da lógica. Jamais useis de represálias: à violência oponde a doçura e uma inalterável tranquilidade; aos vossos inimigos retribui o mal com o bem. Por aí dareis um desmentido às suas calúnias e os forçareis a reconhecer que vossas crenças são melhores do que eles dizem. (*Revista Espírita*, mar. 1863, A luta entre o passado e o futuro).

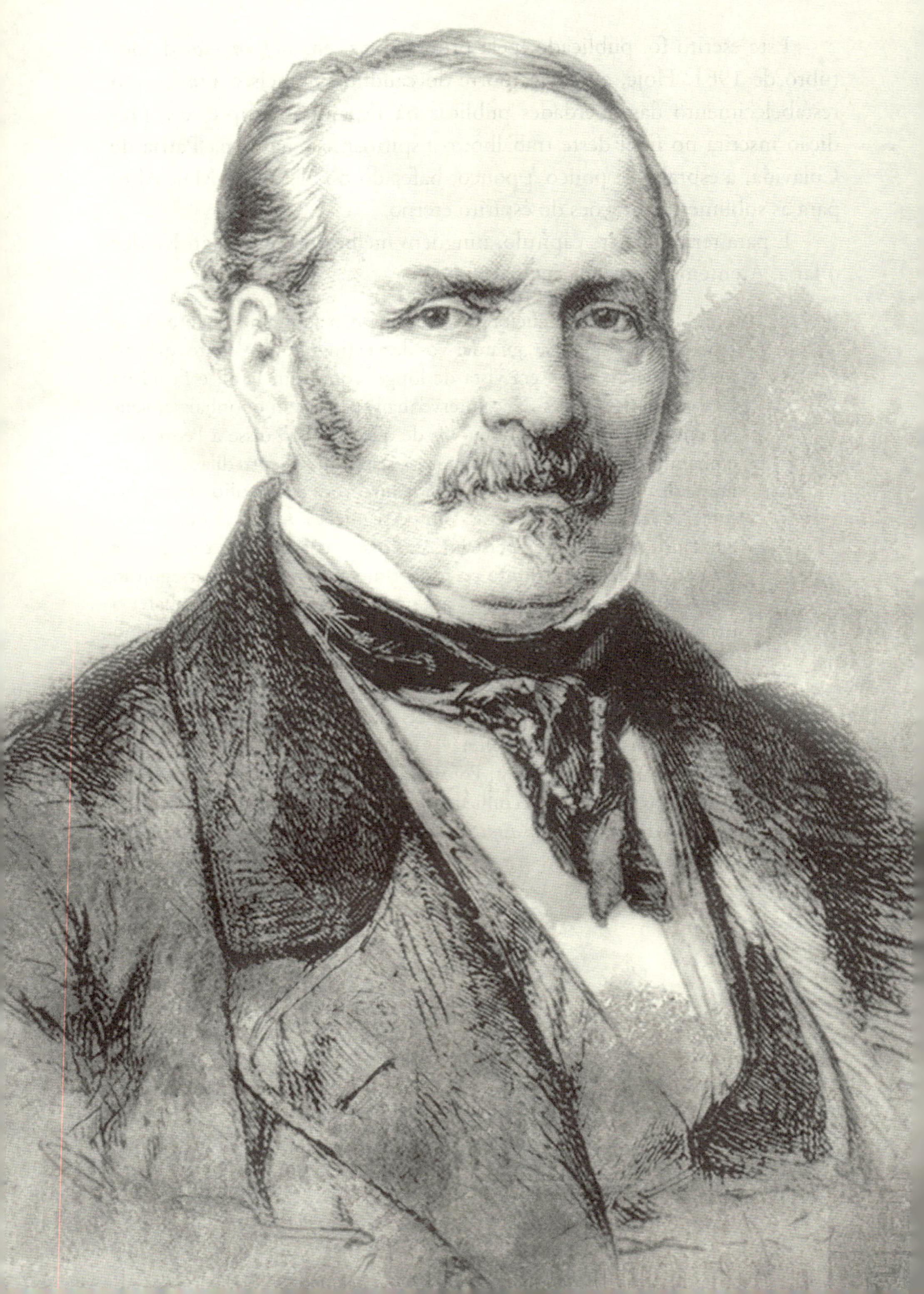

PARTE QUARTA

1

A DOUTRINA ESPÍRITA OU ESPIRITISMO NA OBRA DO CODIFICADOR – O PENTATEUCO; OUTROS LIVROS

A Codificação Kardequiana propriamente dita está encerrada no novo pentateuco escriturístico, ou, mais exatamente, "Pentateuco Kardequiano", como ficou consagrado mundialmente. Obedecendo à ordem seguida no arrolamento dos títulos da produção lítero--doutrinária de Allan Kardec, que mais à frente inseriremos neste trabalho, compõe-se dos livros 1, 5, 10, 12 e 16, respectivamente, *O livro dos espíritos*, *O livro dos médiuns*, *O evangelho segundo o espiritismo*, *O céu e o inferno* e *A gênese*.

Os demais, ou foram substituídos pelos definitivos, supramencionados, ou constituem separatas dos que integram o Pentateuco, ou consistiram em opúsculos de popularização mais rápida de alguns princípios. Salvo, obviamente, *O que é o espiritismo* e *Obras póstumas*, que temos na conta de escritos auxiliares, complementares ou históricos, ligados à vida e à obra de Allan Kardec, previsões e predições quanto ao desenvolvimento da Doutrina e do Movimento.

No entanto, todas as publicações de Kardec, com a *Revista Espírita* dos anos 1858 a 1869, documentos e páginas póstumas, editados ou não até o presente, às quais somaríamos os livros substituídos e as edições primitivas, posteriormente modificadas e ampliadas, representam valioso documentário de estudo e da historiologia do Espiritismo.

Em 1869, a *Revista Espírita* foi de responsabilidade de Kardec até o mês de abril, inclusive, pois estão os seus fascículos assinados por ele. Como se sabe, a matéria dos mensários como *Revista Espírita* e *Reformador*, selecionada e revista com bastante antecedência por equipes administrativas compostas de não profissionais da imprensa, é, no respeitante ao assunto que nos interessa mais de perto, extensíssima e dispersada aqui e alhures.

Temos a certeza de que, no porvir, alguns pesquisadores debruçar-se-ão sobre todo esse material coletado e dele apresentarão relatórios ilustrativos, em teses as mais instrutivas e consoladoras. Daí ser importante tudo reunir numa só obra, como cuidamos de fazer hoje, concentrando o máximo possível de dados esparsos, para que seja dispensável compulsar, amanhã, considerável quantidade de livros, periódicos e papéis, difusos por centenas de pontos diferentes. Sem com isso, entretanto, deixar de diligenciar sobre a conservação dos acervos culturais que nos são acessíveis à guarda e ao controle, os quais, como é lógico, enquanto perdurarem, hão de servir à perquirição dos futuros historiógrafos do Espiritismo.

1. As obras espíritas de Allan Kardec

Foi *O livro dos espíritos* qual um farol que rompesse as trevas que pesavam sobre a Humanidade, atraindo multidões de sedentos da Luz e da Verdade. Foi o preâmbulo que determinou o aparecimento de uma série de outras obras de caráter espírita, do mesmo autor, quase todas elas com muitas reedições (refundidas e geralmente ampliadas) e que passamos a enumerar, dando ao livro primogênito o número l, livro este cujo aparecimento, em 1857, foi minuciosamente historiado por nós no volume I; 2) *Instrução prática sobre as manifestações espíritas*, com a exposição completa das condições necessárias para comunicar com os Espíritos, e os meios de desenvolver a faculdade mediadora com os médiuns. Paris, bureau de la *Revue Spirite*. — Dentu, Ledoyen, 1858, in-18, de 152 p.; 3) *O que é o espiritismo*. Introdução ao conhecimento do mundo invisível ou dos Espíritos, com os princípios fundamentais da Doutrina Espírita e respostas a algumas objeções desfavoráveis. Paris, Ledoyen, 1859, in-18, de 100 p.; 4) *Carta sobre o espiritismo*, por Allan Kardec, em resposta a um artigo publicado pela *Gazette de Lyon*, em 2 de agosto de 1860 (16 de setembro de 1860.) — Lyon, impr. de Chanoine, s. d., broch., in-8º; 5) Espiritismo experimental. *O livro dos médiuns*, ou guia dos médiuns e dos evocadores, com o ensino geral dos Espíritos sobre a teoria de todos os gêneros de manifestações, os meios de comunicar com o mundo invisível, o desenvolvimento da mediunidade, as dificuldades e os escolhos que se podem deparar na prática do Espiritismo. Para fazer sequência a *O livro dos espíritos*. Paris, Didier et Cie., Ledoyen, 1861, gr. in-18 anglais, de IV-498 p. (2. ed. revista e corrigida com o concurso dos Espíritos, e acrescida de grande número de instruções novas. Paris, idem, 1861, in-18, de VIII- 510 p.); 6) *O espiritismo na sua expressão mais simples*. Exposição sumária do ensino dos Espíritos e suas manifestações. Paris, Ledoyen, fevereiro de 1862, gr. in18, de 36 p. Reimpresso em março do mesmo ano (traduzido em português por Alexandre Canu, professor em Paris. Paris, Aillaud, Monlon et Cie., 1862, in-18, de 36 p.); 7) *Viagem espírita em 1862*, contendo: 1. As observações sobre o estado do Espiritismo; 2. As instruções dadas por Allan Kardec nos diferentes grupos; 3. As instruções sobre a formação dos grupos e das sociedades, e um modelo de regulamento para uso deles e delas. Paris, Ledoyen: 1862, gr. in-8º, de 64 p.; 8) *Resposta à mensagem dos espíritas lioneses por ocasião do Ano-Novo* (Ass.: Allan Kardec) — Lyon, impr. de Chanoine, 1862, in-8º; 9) *Resumo da lei dos fenômenos espíritas*, ou primeira iniciação, para uso das pessoas estranhas ao conhecimento do Espiritismo. Paris, bureau de la *Revue Spirite*, 1864, in-8º, de 8 p. (Nova edição ampliada, 1865, in-12, Paris, Didier et Cie.); 10) *Imitação do evangelho segundo o espiritismo*, com a explicação das máximas morais do Cristo, sua concordância com o Espiritismo e sua aplicação às diversas posições da vida. Paris, os editores de *O livro dos espíritos*; Ledoyen, Dentu, Fréd. Henri, libraires et le bureau de la *Revue Spirite*, impr. de P.-A. Bourdier et

C.ᵉ, 1864, in-12, de XXXVI-444 p. (da 2. ed. — 1865 — em diante essa obra tomou novo título: *O evangelho segundo o espiritismo*); 11) *Coleção de composições* (pièces) *inéditas*, extraídas de *O evangelho segundo o espiritismo*. Paris, 1865, in-12. (citada por J.-M. Quérard em *Les Supercheries littéraires*.); 12) *O céu e o inferno*, ou a justiça divina segundo o espiritismo. Contendo: o exame comparado das doutrinas sobre a passagem da vida corporal à vida espiritual, as penalidades e recompensas futuras, os anjos e demônios, as penas eternas etc.; seguido de numerosos exemplos acerca da situação real da alma durante e depois da morte. Paris, os editores de *O livro dos espíritos*, Librairie Spirite, 1865, in-18; 13) *Coleção de preces espíritas*, extraídas de *O evangelho segundo o espiritismo*. Paris, chez l'auteur, 1865, in-12, de 107 p. (citada por Otto Lorenz em seu *Catalogue général de la librairie française*, tomo I, 1867, p. 27.); 14) *Estudo acerca da poesia medianímica*, por Allan Kardec. In *Ecos poéticos de além-túmulo* — Poesias medianímicas obtidas por Louis Vavasseur, precedidas de um... Paris, Librairie Centrale, 1867, in-12, de XVI-127 p. (veja-se *Revue Spirite*, 1867, p. 30 e 64); 15) *Caracteres da revelação espírita*. Paris, escritórios da *Revue Spirite*, 1868, in-18, de 36 p.; 16) *A gênese*, os milagres e as predições segundo o espiritismo. Paris, Librairie Internationale, 1868, in-12; 17) *Obras póstumas*. Paris, Société de Librairie Spirite, in-16, de 450 p., s. d. (averiguamos ter sido editada em 1890). A 2. ed., publicada pela mesma "Société", saiu também em 1890, segundo consta no *Catálogo da Biblioteca Nacional* (autores) de Paris, tomo II, col. 324; 18) *Revista Espírita* (*Revue Spirite*), *Jornal de Estudos Psicológicos*. Paris, in-8º. Embora seja uma publicação periódica, fundada em 1º de janeiro de 1858 por Allan Kardec, pode aqui figurar, nessa relação de obras, não só porque esteve sob a direção de Kardec até 1869, como também porque as suas páginas expressam o pensamento e a ação do Codificador do Espiritismo.

問 238　精霊は無限の知覚と知識を持っているでしょうか。云いかえればなんでも知っているのでしょうか。

「完成に近づけば近づくほど多く知るわけです。上級霊は多くを知っておりますが、下級霊はあらゆることに関しいくらかの真理を多少は知っていると云った程度です」

問 239　精霊は生存の本義を知っておりますか。

「精霊自身の地位と清浄の程度に応じて知っております。下級霊の知識は現界人より低いものです」

問 240　精霊はわれわれ人間のように時間の連続を理解していますか。

「いいえ。だからこそ、日付けや時代を明確にする場合、あなた方にはわれわれの云うことが解らない場合があるのです」

問 241　精霊は現在にたいしわれわれ以上に精密、正確な観念を抱くものでしょうか。

「目明きが盲より正確に物を観るのにおおよそ似ています。精霊はあなた方に見えないものを観、あなた方とはちがった方法で判断します。繰り返して申しますが、これは霊界の秩序によるものです」

問 242　精霊は自分の過去をどうして知りますか。過去の認識は無制限でしょうか。

「過去は、われわれの心がそれにとらわれている限り、現在です。これは丁度あなた方が流刑中に煩悶したある事件を記憶しているのと同じことです。この場合現界と異なることは、われわれは、知性をくもらせる肉体をもはや持っておりませんから、あなた方の記憶できない事柄を記憶していること

157

Página 157 de *O livro dos espíritos*", de Allan Kardec, em japonês, com os itens 238 a 242, publicado em 1971 pela Editora Tenseisha K. K. de Kameoka, Kyoto-hu, Japão. A tradução, em dois volumes, foi feita pelo prof. Yoshimi Umeda, calcada na edição em Esperanto da Federação Espírita Brasileira.

George Sand(1804–1876)

Carta de Allan Kardec à célebre escritora francesa George Sand, "la bonne clame de Nohant", carta extraída do artigo de Suzanne Misset--Hopes – "George Sand, spiritualiste", publicado em *La Tribune Psychique*, de Paris, 4º trimestre 1976:

Madame,
J'ai l'honneur de vous adresser un exemplaire du "Livre des Esprits" dont je vous prie de vouloir bien accepter l'hommage.
Si j'en juge par certaines idées émises dans plusieurs de vos écrits, la question de rapports de l'homme avec les êtres incorporels ne vous est pas étrangère; sans préjuger votre opinion sur un pareil sujet, je suppose qu'un esprit d'élite comme le vôtre, Madame, ne saurait être dominé par les préjugés et doit vouloir l'examen.
Si vos occupations vous permettent de consacrer quelques instants à cette lecture, peut-être verrez-vous, par l'exposé de cette doctrine, le Spiritisme sortir du cercle étroit des manifestations matérielles pour embrasser toutes les lois qui régissent l'Humanité. Les Esprits, d'ailleurs, Madame, m'ont plusieurs fois parlé de vous et, en vous adressant cet ouvrage, qui est bien plus leur œuvre que la mienne, je ne fais qu'accomplir le désir qu'ils m'ont inspiré.
Recevez, je vous prie, Madame, avec le tribut de l'admiration que je partage avec tant d'autres, l'hommage de mes sentiments les plus distingués.

(a) Allan Kardec
Paris, le 20 mai 1857

Trabalhando com desprendimento e desinteresse, sacrificando saúde e repouso, donde hauria ele as forças para levantar tão gigantesca obra? Certamente responderia ele, como Pestalozzi a seu amigo Stapfer: "Foi o amor que tornou possível a minha obra. Há em nós um poder divino quando procuramos a verdade, sem temer a luz".

É interessante observar que o aparecimento do Espiritismo no planeta só se deu após a grande revolução dos transportes e das comunicações na primeira metade do século XIX. O trem, o telégrafo elétrico, o cabo submarino, o aperfeiçoamento contínuo das máquinas impressoras, todos esses progressos vieram concorrer para a circulação mais rápida e econômica das ideias, propiciando um intercâmbio cultural de maior envergadura. Em razão disso, a extraordinária obra de Allan Kardec conquistou, em poucos anos, aderentes em todas as camadas sociais e em todos os países, levando o Codificador a entrar definitivamente para a História.

"O Espiritismo" — escreveu ele — "não é uma concepção pessoal, nem o resultado de um sistema preconcebido. É a resultante de milhares de observações feitas em todos os pontos do globo e que convergiram para um centro que as coligiu e coordenou. Todos os seus princípios constitutivos, sem exceção de nenhum, são deduzidos da experiência. Esta precedeu sempre a teoria".

Reconhecendo que se deve admirar, sem restrição, a energia intelectual de Allan Kardec, o sábio prof. Charles Richet, membro do Instituto, Prêmio Nobel de Medicina e Fisiologia (1913), acrescentou em seu célebre e volumoso *Traité de métapsychique* (1. ed., 1922): "É sempre na experimentação que ele se apoia, de forma que sua obra, sobre ser uma teoria grandiosa e homogênea, é também imponente feixe de fatos".

2. A *Revista Espírita* (Jornal de Estudos Psicológicos)

O êxito de *O livro dos espíritos* ultrapassara todas as expectativas. Allan Kardec recebia de todos os lados relatórios de extraordinários fatos espíritas, cartas interrogando sobre esse e aquele ponto de Doutrina, visitas inesperadas de pessoas que ansiavam por esclarecimentos maiores, do mesmo passo que recortes de jornais, injuriosos ao Espiritismo.

Nessa época, existia no Velho Continente apenas uma folha dedicada aos interesses espíritas e à sua divulgação. Era o *Journal de l'Âme*, editado em Genebra (Suíça) sob a direção do Dr. Boessinger. Na América, o único jornal em francês era *Le Spiritualiste de la Nouvelle Orléans*, publicado pelo Sr. Barthès.

Enquanto os Estados Unidos possuíam 17 jornais, em língua inglesa, consagrados a esses assuntos, a França, que então já apresentava forte contingente de adeptos da Doutrina dos Espíritos, carecia de um porta-voz dos novos ideais.

Tudo isso fez que Kardec se apercebesse da necessidade urgente de criar uma folha que periodicamente pusesse os estudiosos espíritas a par do que se passava no mundo e que metodicamente os instruísse sobre as mais variadas questões doutrinárias. Em vez de responder a uma só pessoa, ele o faria a muitas ao mesmo tempo, se se servisse de uma publicação periódica.

Apesar de faltar a Kardec o tempo necessário para semelhante empreendimento, preso que estava a dois empregos a ele indispensáveis, assim mesmo pôs mãos à obra. Começou por solicitar a colaboração financeira do Sr. Tiedeman-Marthese, sobre quem já fizemos referências no volume I, mas este se mostrou indeciso em tomar parte numa empresa de futuro incerto.

Em 15 de novembro de 1857, Kardec consulta seus guias sobre a viabilidade do plano, fazendo-lhes várias perguntas. Por intermédio da Srta. Ermance Dufaux foi-lhe aconselhado que perseverasse no seu propósito, que não se intimidasse ante as dificuldades e que tempo teria para tudo. Relativamente à apresentação do periódico, o Espírito comunicante transmitiu estas oportunas instruções:

> Será preciso que lhe dispenses muito cuidado, a fim de assentares as bases de um bom êxito durável. Apresentá-lo defeituoso, melhor será nada fazer, porquanto a primeira impressão pode decidir do seu futuro. De começo, deves cuidar de satisfazer à curiosidade; reunir o sério ao agradável: o sério para atrair os homens de Ciência, o agradável para deleitar o vulgo. Esta parte é essencial, porém a outra é mais importante, visto que sem ela o jornal careceria de fundamento sólido. Em suma, é preciso evitar a monotonia por meio da variedade, congregar a instrução sólida ao interesse que, para os trabalhos ulteriores, será poderoso auxiliar. (*Obras póstumas*, A *Revista Espírita*).

Allan Kardec sentiu novas forças a lhe revigorarem o espírito e, desde então, estimulado indiretamente pelos Espíritos, e diretamente por sua dedicada esposa, cuja elevada compreensão lhe fora precioso refúgio nos momentos mais críticos, ele se apressou em redigir o primeiro número da *Revista Espírita*, sem nada ter informado a seus amigos.

A impressão foi realizada na "Tipografia de BEAU", em Saint--Germain-en-Laye, a mesma que imprimira a edição príncipe de *O livro dos espíritos*.

Finalmente, em 1º de janeiro de 1858, saía à rua o primeiro número da *Revista Espírita*. Não tinha ela um único assinante e nem a ajuda de algum capitalista. Tudo se fizera com os recursos pecuniários do próprio fundador Allan Kardec. "[...] Publiquei-o" — declarou ele mais tarde — "correndo eu, exclusivamente, todos os riscos e não tive de que me arrepender, porquanto o resultado ultrapassou a minha expectativa. A partir daquela data [1º de janeiro], os números se sucederam sem interrupção e, como previra o Espírito, esse jornal se me tornou poderoso auxiliar meu. [...]" (*Obras póstumas*, A *Revista Espírita*, Nota).

Ao título principal — REVUE SPIRITE — Kardec houve por bem juntar o subtítulo — *Journal d'Études Psychologiques*, considerando que o Espiritismo igualmente estuda a alma humana, suas faculdades e sentimentos, seu modo de vida e de relação.

Esse periódico, cujo número inaugural apareceu com 36 páginas úteis, teve seus escritórios instalados na residência de Kardec, então à rua dos Mártires (rue des Martyrs), n. 8. Aí, bem assim nas Livrarias Ledoyen e E. Dentu, podiam ser angariadas assinaturas.

Na *Introdução* ao primeiro número, Kardec não só esclareceu os objetivos de sua revista, como também traçou as diretrizes por que ela se guiaria, mantendo o público a par de todos os progressos e acontecimentos dentro da nova Doutrina e precatando-o tanto contra os exageros da credulidade, quanto contra os do ceticismo.

A revista seria, segundo as próprias palavras do fundador, uma tribuna livre, "na qual, porém, a discussão não deverá nunca sair das regras da mais estrita conveniência". E acrescentava: "Em suma, discutiremos, mas não disputaremos".

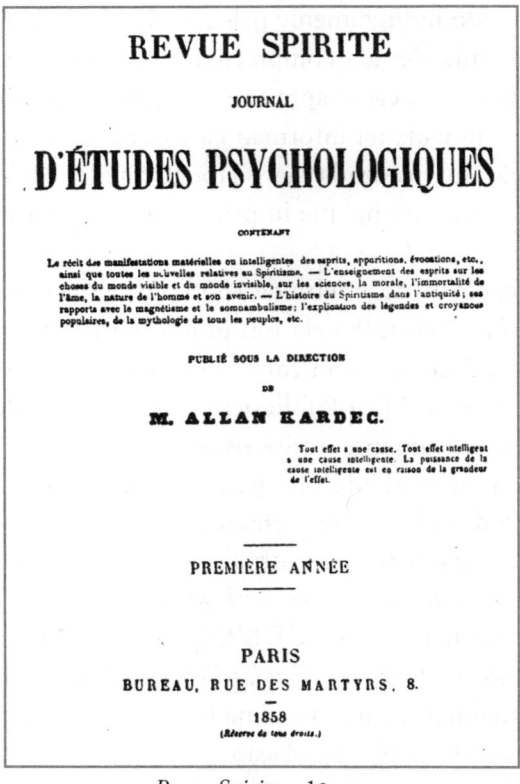

Revue Spirite – 1º ano

    Com a criação da *Revista Espírita*, diz o biógrafo André Moreil que o autor de *O livro dos espíritos*, ao contrário dos filósofos inacessíveis, não se encerraria numa glória esfíngica, afastado do mundo. Em diálogo com adeptos e adversários, "permanece um educador, amigo dos homens, combatente ativo da nova luz".[251]

    Em menos de um ano, a *Revista Espírita* estava espalhada por todos os continentes do globo. Kardec destaca, então, que se um jornal recém-fundado e tão especializado era pedido das mais distantes regiões, com assinantes "nas mais elevadas camadas da sociedade e até nos tronos" (*Revista Espírita*, dez. 1859, Resposta ao Sr. Comettant), é porque o assunto despertara vivo interesse. "[...] É, pois, o assunto que interessa, e não o seu obscuro redator [...]" ponderava Kardec (*Revista Espírita*, set. 1858, Propagação do Espiritismo).

---

251 MOREIL, André. *La Vie et l'œuvre d'Allan Kardec*. Paris: Éditions Sperar, 1961. p. 114.

Quando findou o primeiro ano da *Revista Espírita*, cuja publicação se fazia mensalmente, Kardec se congratulou com seus leitores, anunciando estar assegurada, por um número crescente de assinantes, a continuidade da publicação.

Ampliando rapidamente o círculo de simpatia e admiração entre todos os espiritistas, a *Revista Espírita* cedo se firmou definitivamente como o líder jornalístico da Nova Revelação.

De tal maneira aumentou o número de assinantes, que Kardec, a pedido destes, reimprimiu duas vezes as coleções de 1858, 1859 e 1860, a fim de que elas não lhes faltassem (*Revista Espírita*, dez. 1861, Aviso).

Fatos e mais fatos, recentes ou antigos, transcritos na *Revista* levavam Kardec a apreciá-los, analisá-los, comentá-los, "submetê-los ao escalpelo da observação", tendo por objetivo tecer reflexões, estabelecer conceitos, extrair ilações, deduzir consequências, descobrir causas e chegar a conclusões racionais.

Mostrando as aplicações do Espiritismo aos casos mais vulgares, Kardec fazia compreender toda a sublimidade da nova Doutrina.

Não era raro fazer comentários, às vezes bem extensos, de fragmentos esparsos de livros, folhetins, artigos e documentos literários, filosóficos, científicos e religiosos, de épocas diversas, e que contivessem referências a manifestações dos Espíritos ou princípios, ideias e pensamentos espíritas. É verdade que nesses escritos ele só se atinha aos pontos que interessavam ao Espiritismo, mas essa busca lhe exigia, pelo menos, a leitura de todo o conteúdo. Eleva-se a dezenas o número de autores, com suas respectivas obras pesquisadas por Allan Kardec. Citaremos os nomes do Rev. P. Bresciani, da Companhia de Jesus, Benjamim Franklin, Géraldy Saintine, Filóstrato, Lamartine, Dr. Gelpke, Rev. Pe. Bonaventure de Saint-Amable, Émile Deschamps, Joseph Méry, Maximilien Perty, professor nas Universidades de Berna, Leipzig e Heidelberg, Eugène Nus, George Sand, Dr. Chauvet, Dr. Charpignon, Elie Berthet, Xavier B. Saintine, Taxile Delord, Jules Barbier, Daniel de Foë, François Ponsard, Eugène Bonnemère, C. Tschokke, Ponson du Terrail, Beecher Stowe, Étienne de Jouy, Isabel Rowe, Victor Hugo, Victorien Sardou e muitos outros escritores, franceses ou não, a maior parte dos quais jamais aceitou o Espiritismo.

Kardec frequentemente aproveitava as notícias da imprensa diária, mesmo as que não tivessem relação alguma com o Espiritismo, para comentá-las sob o ângulo espírita, e, quando necessário, realizava a evocação de Espíritos que lançassem luz sobre diferentes aspectos dos fatos apresentados. "Os jornais"

— dizia ele — "estão cheios de casos de todos os gêneros, louváveis ou censuráveis, que [...] podem oferecer assuntos para estudos morais sérios; para os espíritas é uma mina inesgotável de observações e instruções [...]" (*Revista Espírita*, fev. 1864, Um drama íntimo – Apreciação moral).

Inúmeras manifestações físicas espontâneas — ruídos, pancadas, arremesso de projetis de natureza diversa, deslocamento e quebra de objetos, estrondos etc., tudo devidamente comprovado, sem que ninguém descobrisse o autor ou os autores visíveis, nem mesmo com a vigilância ativa da polícia —, narradas pela imprensa francesa e de outros países, foram transcritas por Allan Kardec na *Revista Espírita*, dele recebendo explicações e esclarecimentos que lhes tiravam todo o caráter de sobrenaturais.

Notáveis casos de aparições, de bicorporeidade, de premonições, de vidência, de cura mediúnica, de obsessão, extraídos da crônica diária dos mais importantes jornais franceses da época, eram por Allan Kardec estudados na *Revista* à luz da Doutrina Espírita, como servem de exemplo os seguintes:

Os fenômenos inexplicáveis ocorridos na casa de um padeiro de Grandes-Ventes, perto de Dieppe; as manifestações na biblioteca Astor Library, de Nova Iorque, onde era então bibliotecário-chefe o Dr. Cogswell; o lançamento de diferentes projetis na casa do Sr. Lesage, ecônomo do Palácio da Justiça e morador à rua des Noyers; o interessante caso verificado num navio que tinha por imediato o Sr. Robert Bruce, narrado pelo *Oxford Chronicle* de 1º de junho de 1861 e que se processara em 1828; o caso do soldado que falava de si mesmo na terceira pessoa, registrado no *Le Siècle* de 4 de julho de 1861; a epidemia "demoníaca" observada, em 1861, na comuna de Morzine (Alta Saboia), ali falhando todos os recursos da Religião e da Medicina; as fortes detonações, com forte cheiro de pólvora, na casa n. 80 do Boulevard Chave, em Marselha, casa que estremecia toda, sem que a polícia descobrisse a causa, sendo esses fatos confirmados nos meses de fevereiro e março de 1865; os notabilíssimos fenômenos espíritas ocorridos com o prof. N. G. Bach, ilustre músico, bisneto do grande Sebastian Bach, contados por Albéric Second no *Grand Journal* de 4 de junho de 1865. As circunstâncias que envolveram o desenrolar desse caso, referente à "espineta de Henrique III", foram de tal modo extraordinários, no que diz respeito à sua origem extra-humana, que o próprio prof. N. G. Bach começou a estudar o Espiritismo, tendo honrado com sua visita o mestre Allan Kardec, para o qual retificou, nalguns pontos, o relato do jornal. O Sr. Bach veio a ser notável médium escrevente, completamente mecânico, e por seu intermédio, e na presença do próprio Kardec, que lhe frequentava a casa, um conjunto de fatos maravilhosos, relacionados entre si, foi observado (*Revista Espírita*, fev. 1866, A espineta de Henrique III)); as manifestações na rua du Prieuré, em Fives, perto de Lille (Norte), narradas pelo *Independant de Douai*, de 6 e 8 de julho de 1865, destacando-se a chuva de projetis diversos nos pátios de duas casas, a caída de *sous* e de moedas de dois cêntimos belgas, a queda e o levantamento de móveis e outros pertences caseiros etc., sem que ninguém descobrisse o autor ou os autores, nem mesmo a vigilância ativa da polícia; a estranha mediunidade, principalmente com fenômenos de "dupla vista", surgida na mocinha Louise B..., originária da Suábia (*Revista Espírita*, jan. 1866, A jovem cataléptica da Suábia – Estudo psicológico) e que então estava em Paris. Ela vivia em estado cataléptico parcial, segundo os jornais *La Patrie*, de 26 de novembro de 1865, e *L'Événement*, de 28, e os fatos se passaram após o falecimento de sua irmã; a visão que o czar Paulo I teve do seu avô, Pedro, o Grande, quando era apenas o grão-duque Paulo. O fato se passou em São Petersburgo e foi narrado pelo *Grand Journal*, de 3 de março de 1866, extraído da obra *O culto de Satã*", de autoria de Hortensius de Saint Aubin (*Revista Espírita*, abr. 1866, Uma visão de Paulo I); a monomania incendiária de uma criança, narrada pelo *Salut Public*, de Lyon, em 23 de fevereiro de 1866 (*Revista Espírita*, jun. 1866, Monimania incendiária precoce – Estudo moral); a tentativa de assassínio do imperador da Rússia, Alexandre em 1866, relatada pela *Indépendence Belge* de 30 de abril, e da qual Kardec fez um estudo psicológico. O curioso é que três semanas antes do atentado, o jornal *Die Gartenlaube* publicava o relato de uma sessão espírita feita em Heidelberg, e na qual o Espírito Catarina II anunciava que o imperador Alexandre estava ameaçado de um grande perigo (*Revista Espírita*, jun. 1866, Tentativa de assassinato do imperador da Rússia); o maravilhoso instinto musical demonstrado por um jovem negro, Tom, de 17 anos. Segundo o jornal ilustrado *Harpers Weekly*, de Nova Iorque, em 1866 70 professores de música, de Filadélfia, consideraram o caso entre os mais admiráveis na história da música, impossível de explicar por qualquer das hipóteses que as leis da arte ou da ciência possam fornecer (*Revista Espírita*, set. 1866, Fenômenos apócrifos); as curas mediúnicas obtidas pelo zuavo Jacob, no campo de Châlons, segundo os jornais *Écho de l'Aisne*, de 4 de agosto de 1866, *Presse Illustrée*, de 6 de agosto, *Petit Journal*, de 17 de agosto. As sessões de cura no Hotel de la Meuse foram suspensas por uma ordem do marechal, logo que a palavra Espiritismo foi pronunciada. Kardec havia conhecido o jovem zuavo e dá a resposta precisa àqueles que começavam a dizer que o médium só curava doentes do sistema nervoso (*Revista Espírita*, out. 1866, O zuavo curador do Campo de Châlons); o caso de um menino de três anos, de notável inteligência precoce, narrado pela *Sentinelle Toulounnaise*, de 19 de novembro de 1867, e comentado por Allan Kardec à luz do Espiritismo (Revista Espírita, fev. 1867, Variedades – Engénie Colombe, precocidade fenomenal); o Espírito brincalhão do moinho do Sr. François Garnier, de Vicq-sur-Nahon, segundo narração do *Moniteur de l'Indre*, de fevereiro e março de 1867 (*Revista Espírita*, abr. 1867, Manifestações espontâneas – O moinha de Vicq-sur-Nahon); o *Figaro* de 12 de abril de 1868 descreve, como lhe contou o vice-presidente do Corpo legislativo (o barão Jérôme David), um sonho de morte tido por um seu amigo e que se concretizaria dez anos depois com todas as suas minúcias (*Revista Espíri*ta, mai. 1868, O Espiritismo em toda parte – Um sonho); o *Journal de Rouen*, de 22 de dezembro de 1868, reproduz um fato relatado por certo jornal de Medicina, de Londres, a respeito da aparição de um filho (ainda vivo) à sua mãe. O fato é deveras interessante, e o Codificador se estende em diversos comentários, inclusive explicando como o Espírito do filho, que estava num leito de enfermaria, se apresentou à mãe com as mesmas roupas que então vestia (*Revista Espírita*, mar. 1869, Variedades – Aparição de um filho vivo à sua mãe); e muitos outros casos...

Produções mediúnicas em prosa e algumas em verso, recebidas em várias partes do mundo, vinham às mãos de Kardec, que as joeirava antes de publicá-las na *Revista*. Entre as centenas de comunicações obtidas na presença dele, havia um bom número do mais subido valor, focalizando temas históricos, literários, artísticos, científicos, filosóficos, religiosos, mas a maioria primava pelas elucidações de natureza exclusivamente doutrinária e moral, lançando luz sobre diversas questões obscuras. Kardec selecionava as melhores para a *Revista Espírita*, e, às vezes, a título condicional, dava a público boas comunicações que não tinham, porém, caráter de autenticidade absoluta.

Os diálogos mantidos com Espíritos de todas as categorias e diferentes graus de evolução, nas sessões da Sociedade Parisiense de Estudos Espíritas, eram geralmente reproduzidos na *Revista*, a fim de servirem de ensino e orientação aos espíritas de todo o mundo. Dizia Kardec da necessidade de "[...] respostas mais explícitas [dos Espíritos], assimilando nas respostas nuanças que, muitas vezes, constituem traços característicos e revelações importantes que escapam ao observador superficial, inexperiente ou ocasional [...]" (*Revista*

Espírita, jul, 1859, Sociedade Parisiense de Estudos Espíritas – Discurso de encerramento do ano social 1858–1859).

Com o propósito de demonstrar a difusão das ideias e dos fatos espíritas em todos os lugares e em todos os tempos, Allan Kardec leu e anotou grande quantidade de obras literárias e teatrais, além de diversos outros escritos, alguns de caráter científico ou filosófico.

Conforme a relação abaixo, que só inclui as produções que interessaram ao mestre sob o ponto de vista espírita, cai por terra o que Jean Vartier escreveu a propósito. Destacara ele a predileção de Kardec para as matérias essencialmente científicas, tendo logo a seguir acrescentado:[252] "Numa época de intensa efervescência literária, eles [Kardec e sua esposa] tomam resolutamente distância com a literatura".

Mesmo que Allan Kardec houvesse tomado distância com a literatura, ele teria forte razão para isso: o tempo lhe era extremamente escasso, conforme frisou o próprio Vartier, na página 171 do seu referido livro.

Citadas e comentadas pelo Codificador na *Revista Espírita*, aparecem, então, estas produções do espírito humano:

Condessa Mathilde de Canossa, do Rev. P. Bresciani, da Companhia de Jesus, em tradução do italiano, romance legendário publicado em Roma, 1858 (fev. 1860, Bibliografia); —*Siamora, a druidesa ou espiritualismo no século XV*, romance semi-histórico de Clément de la Chave, Paris, 1860 (mar. 1860, Bibliografia); —*Três anos na Judeia*, sábia e notável obra de Géraldy Saintine, 1860 (jun. 1860, Tradição muçulmana); — *Carta de um católico sobre o espiritismo*, pelo Dr. Grand, antigo vice-cônsul de França, 1860 (nov. 1860, Bibliografia); — *Apolônio de Tiana*: sua vida, suas viagens, seus prodígios, por Filostrato; nova tradução feita sobre o texto grego, pelo Sr. Chassang, mestre de conferências na Escola Normal, 1862 (out. 1862, Apolônio de Tiana); — *O espiritismo racional*, pelo Sr. G.-H. Love, engenheiro, 1863 (out. 1863, Bibliografia); — *Exposição da grandeza da criação universal*, pelo Dr. Gelpke, publicado em Leipzig, 1817 (nov. 1863, Pluralidade das existências e dos mundos habitados); — *Histoire de saint Martial*, pelo Rev. Pe. Bonaventure de Saint-Amable, carmelita descalço (jan. 1864, Um Espírito batedor do século XVI); — Carta do abade de Saint-Ponc, cônego apresentador, datada de 10 de abril de l741, sobre o Espírito sofredor que se manifestava na cela da irmã Marie, na cidade de Viviers (jun. 1864, O Espírito batedor da irmã Marie);

---

252 VARTIER, Jean. *Allan Kardec, la naissance du spiritisme*. Paris: Librairie Hachette, 1971. p. 32.

— artigo do poeta Émile Deschamps, publicado na *Presse Littéraire* de 15 de março de 1854, contando como, desde 1846, lia o pensamento de certa moça qual se fora um livro aberto (out. 1864, Transmissão do pensamento – Meu fantástico); — artigo de Pierre Dangeau no *Journal Littéraire* de 25 de setembro de 1864, contando as razões por que o poeta e romancista francês Joseph Méry, autor da *Guerre du Nizam*, cria firmemente ter tido várias vidas na Terra (nov. 1864, Uma lembrança de existências passadas); descrição do perispírito, em 1805, pelo Dr. Woetzel, em obra de sua autoria em que relata a aparição de sua mulher após a morte desta, segundo a obra alemã *Os fenômenos místicos da vida humana*, por Maximilien Perty, professor na Universidade de Berna, Leipzig e Heidelberg, 1861 (jan. 1865, Variedades – O períspirito descrito em 1805); —*Mês de Maria*, pelo padre Défossés, obra em que Dégenettes, antigo cura da Igreja de Notre-Dame des Victoires, em Paris, relata um fato passado com ele, em 1836, de evidente mediunidade auditiva (ago. 1865, Abade Dégenettes, médium); —*Os dogmas novos*, de Eugène Nus, na qual se destacam pensamentos espíritas expressos em encantadoras estrofes (abr. 1866, Pensamentos espíritas – Poesia do Sr. Eugène Nus); —*Mademoiselle de la Quintinie* de George Sand, obra que encerra pensamentos eminentemente espíritas (dez. 1866, Variedades – Revista da Imprensa relativa ao Espiritismo; — *Novos princípios de filosofia médica*, pelo Dr. Chauvet, de Tours, 1866, uma das primeiras aplicações à ciência positiva das leis reveladas pelo Espiritismo (dez. 1866, Notas bibliográficas); — *Physiologie, médecine et métaphysique du magnétisme* [Fisiologia, medicina e metapsíquica do magnetismo], por Charpignon, 1842 (jan. 1867, Pensamentos espíritas que correm o mundo); — *La Double vue*, romance de Elie Berthet, publicado em folhetins, em setembro e outubro de 1865, pelo jornal *Le Siècle* (jan. 1867, Romance espírita); — *La Seconde vie*, de X.-B. Saintine, publicado em folhetins pelo grande *Le Moniteur*, em fevereiro de 1864, e é uma série de histórias que mostram cenas íntimas entre os habitantes deste mundo e do outro. O autor (1798–1865), romancista e dramaturgo, que escreveu o célebre romance *Picciola*, era simpático ao Espiritismo, e Kardec o conhecia pessoalmente (jan. 1867, Romance espírita); — em *Consuelo* e *La Comtesse de Rudolfstadt*, da Sra. George Sand, o princípio da reencarnação desempenha papel capital; — o *Drag*, da mesma autora, comédia representada no *Vaudeville*, tem sua ideia fundamental inteiramente espírita (jan. 1867, Romance espírita); no romance *l'Assassinat du Pont-Rouge*, de Charles Barbara, as ideias espíritas aparecem com grande clareza, embora o autor jamais tenha sido espírita (jan. 1867, Romance espírita); pensamentos e Doutrina Espírita são encontrados no romance-folhetim *Mon Village*, publicado no *Moniteur* da tarde (janeiro de 1867) (mar. 1867, Exploração das ideias espíritas); — igualmente no *Conte de Noël*, estampado no *Avenir National* de 26 de dezembro de 1866, escrito de Taxile Delord; — idem, no comovente drama *Maxwel*, de Jules Barbier, levado à cena, em 1867, no "Théâtre de l'Ambigu"; *Robinson Crusoé*, de Daniel de Föe, na edição ilustrada por Granville, apresenta, em várias passagens, princípios espíritas (mar. 1867, Exploração das ideias espíritas); — o drama em versos, *Galileu*, de Ponsard, representado em 1867, embora não trate de Espiritismo, como ressaltou Kardec, divulga e populariza a pluralidade dos mundos habitados, um dos princípios da Doutrina Espírita (abr. 1867, Galileu – A propósito do drama do Sr. Ponsard); —*Le Roman de l'avenir*, de E. Bonnemère, obra constituída de palestras sobre os mais altos pensamentos da filosofia moral, social e religiosa, não cita uma vez sequer a palavra Espiritismo, mas, segundo Kardec, as ideias ali, em sua maioria, "parecem colhidas textualmente na Doutrina". "[...] essa obra pode ser posta na classe dos livros mais sérios, destinados a vulgarizar os princípios filosóficos da Doutrina no mundo literário, no qual o autor tem uma posição notável." (jul. 1867; Nota bibliográfica) — *Fernande*, novela espírita publicada em folhetim pelo *Moniteur du Cantal*, em maio e junho de 1866, por Jules Doinel (d'Aurillac). Boa moral, doutrina essencialmente espírita, falha, entretanto, em alguns pontos (ago. 1867); — *Espoirs et souvenirs*, obra poética de Amédée Marteau, muito elogiada em *Le Phare de la Manche*, jornal de Cherbourg, em 18 de agosto de 1867. A obra revela um crente entusiasta e devotado da pluralidade das existências em outros mundos, e nela tudo respira o amor do homem e o amor de Deus (out. 1867, O Espiritismo em toda parte); — no romance-folhetim *A condessa de Monte-Cristo*, escrito Sr. du Boys, e publicado pela *Petite Presse*, Kardec vê em passagens dos capítulos 30 e 31 a inspiração na Doutrina Espírita (mai. 1868, O Espiritismo em toda parte); — no artigo *Boletim do movimento filosófico e religioso*, do jornal *La Solidarité*, de Paris, em seu número de 1º de maio de 1868, o Espiritismo é tratado com a devida consideração (jun. 1868, O Espiritismo em toda parte); —*Le Siècle* publica, sob o título *Toda Paris*, uma série de folhetins interessantíssimos, escritos por vários autores. Nos folhetins de 24 e 25 de abril de 1868, sai *Paris sonâmbula*, por Eugène Bonnemère, que trata das diferentes variedades de sonambulismo, fazendo intervir incidentemente o Espiritismo, de maneira altamente favorável (jul. 1868, O Espiritismo em toda parte); — *Le Siècle*, de 11 de fevereiro de 1868, resume a opereta *O elixir de Cornélius*, então encenada no teatro das "FantaisiesParisiennes", peça em que a reencarnação era o núcleo da intriga (jul. 1868, Teatro – Cornélio – *O galo de Mycille*; ocupando--se do Espiritismo de maneira séria, há o artigo *Pesquisas psicológicas a propósito de Espiritismo*, publicado em *La Solidarité* de 1º de julho de 1868 (ago. 1868); — *Memórias de um marido*, de Fernand Duplessis, editado em 1849, com várias passagens de fundo claramente espírita (set. 1868); —*O regimento fantástico*, por Victor Dazur, pseudônimo provavelmente, editado em 1868, espécie de romance filosófico, em que as ideias espíritas e até o nome, Espiritismo, aparecem em diferentes trechos (set. 1868, Bibliografia); — *Conferências sobre a alma*, por Alexandre Chaseray, 1868, obra em que a doutrina da pluralidade das existências é francamente apoiada em numerosas citações de autores célebres, embora, em outras, o autor se afasta completamente de Doutrina Espírita (set. 1868); — *Stunden der andacht* (*Horas de piedade*), por C. Tschokke, obra publicada em 1815 e com mais de 40 edições, que encerra ideias espíritas em algumas meditações (out. 1868, Meditações); — em carta publicada pela *Petite Presse*, de 20 de setembro de 1868, o célebre romancista francês Ponson du Terrail expressa a sua firme convicção de ter vivido ao tempo de Henrique III e Henrique IV, ele que lançara o ridículo sobre o Espiritismo (out. 1868, Profissão de fé semi-espírita); — *A amizade após a morte, contendo as cartas dos mortos aos vivos*, por Madame Rowe, trad. da 5ª edição inglesa, e publicada em Amsterdã, em 1753, obra em que os princípios espíritas estão formulados com espantosa precisão (nov. 1868, O Espiritismo em toda parte); — em *A cabana do pai Tomás*, da Sra. Beecher-Stowe, publicado nos EUA, em 1850, está claramente expressa a ideia da reencarnação, assim como outros princípios espíritas (nov. 1868); — *Destinos da alma*, por A. d'Orient, publicada em 1845, reeditada em 1868, obra em que o autor se apoia na pluralidade das existências, no progresso indefinido da alma, pelo trabalho realizado nas existências sucessivas, aceitando os princípios que formam a base do Espiritismo, inclusive o da não eternidade das penas (nov. 1868); — em *Misturas*, tomo XVI das obras completas de Étienne de Jouy, da Academia Francesa, Kardec colheu interessantes passagens espíritas, como o diálogo entre Madame de Staël, morta, e o duque de Broglie, vivo, bem assim diálogos com vários personagens históricos, cada qual revelando sua existência e o papel que representaram em vidas anteriores (jan. 1869, O Espiritismo em toda parte); — o romance

Espírita, de Théophile Gautier, no qual, segundo Kardec, a ideia espírita está decididamente afirmada (jan. 1869, O Espiritismo do ponto de vista católico) etc.

Embora lhe fosse pesada a tarefa, Allan Kardec dirigiu a *Revista Espírita* durante onze anos e pouco, por ela se responsabilizando sozinho, sem entrave de nenhuma vontade estranha. Enfrentou incessantemente as mais ásperas lutas, as mais violentas tempestades, a fim de deixar aos continuadores de sua querida revista um campo de trabalho menos árduo e de horizontes mais bem definidos.

De certa forma, pode-se dizer, com o próprio Kardec, que a *Revista Espírita* é, nos seus primeiros dez anos, "o complemento e o desenvolvimento" (nov. 1864, Periodicidade da *Revista Espírita* – Suas relações com outros jornais especiais) da obra doutrinária por ele encetada em 1857, e tanto isso é verdade que nos livros da Codificação se deparam trechos inteiros e até mesmo capítulos anteriormente publicados na revista, que a partir de 1913 tomaria o nome de *La Revue Spirite*.

Centenas de colaboradores, de várias nações, entre encarnados e desencarnados, entre sábios e eruditos, entre criaturas do povo e de elevada posição social, entre cientistas, filósofos e literatos, entre espíritas e não espírita, levantaram, com Kardec e após Kardec, a admirável pirâmide de mais de cem volumes da *Revista Espírita*, pirâmide que encerra a força e a beleza indestrutíveis do Espiritismo, nos seus três aspectos: Ciência, Filosofia e Religião.

3. "Société Parisienne des Études Spirites"[253]

No dia 1º de abril de 1858, Allan Kardec fundava em Paris a "Société Parisienne des Études Spirites", que representou importante papel na marcha do Espiritismo.

Havia seis meses que reuniões de estudo se faziam na casa de Kardec, então sita na rua dos Mártires, n. 8, nos fundos do pátio (*au fond de la cour*). "Eram saraus íntimos de oito a dez pessoas", iguais a muitos outros que então já se realizavam em Paris. Mas a exiguidade de espaço na residência de Kardec, impossibilitando comportar o crescente número de

---

[253] Sociedade Parisiense de Estudos Espíritas. Kardec costumava abreviar-lhe o nome: Sociedade de Estudos Espíritas, Sociedade Espírita de Paris, Sociedade de Paris (especialmente a última forma). Neste volume, inúmeras vezes registramos as iniciais: SPES ou SPEE, em francês ou português, indistintamente.

estudiosos que ali compareciam, fez que alguns dos assistentes levantassem a ideia de se fundar uma sociedade espírita, em local mais amplo. Para cobrir as despesas primeiras, todos se cotizariam. O Sr. Dufaux, cuja filha, Srta. Ermance Dufaux, era o médium principal naquelas reuniões, conhecia pessoalmente o Prefeito da Polícia e deu garantia do caráter apolítico da Sociedade. Um certo general, simpático ao Espiritismo, conseguiu, junto ao então Ministro do Interior e da Segurança Geral, que a autorização para o funcionamento da Sociedade fosse concedida em tempo recorde. O que levava três meses demorou menos que quinze dias. Uma portaria do Prefeito da Polícia, datada de 13 de abril de 1858, e exarada de acordo com o parecer do Ministro do Interior, permitiu, afinal, a reunião dos espíritas em sociedade legalmente constituída, com regulamento e diretoria.

Rua dos Mártires nº 8, em Paris

Allan Kardec foi elevado à presidência da novel Sociedade, aos trabalhos da qual imprimiu uniforme e metódica direção, dentro da mais severa vigilância.

A princípio, e durante um ano, a Sociedade realizou suas sessões na galeria de Valois, n. 35 (Palais-Royal). Alugaram, em seguida, um dos salões do restaurante Douix, na galeria Montpensier, n. 12, no mesmo PalaisRoyal, e ali se reuniam às sextas-feiras, até que a partir de 20 de abril de 1860 (*Revista Espírita*, mai. 1860, Boletim da Sociedade Parisiense de Estudos Espíritas), a Sociedade ficou definitivamente instalada na rua

Sainte-Anne, n. 59, passagem Sainte-Anne,[254] para onde seria transferido, em 15 de julho de 1860, o escritório da *Revista Espírita* e o domicílio particular de Allan Kardec.

Residência de Allan Kardec na rue e passage Sainte-Anne, n. 59, em Paris, onde ele centralizava as suas atividades espíritas.

A este último respeito, expliquemos o que então se passara. Na sessão particular da Sociedade, em 3 de fevereiro de 1860, Allan Kardec comunicou ter recebido de uma senhora provinciana a quantia de 10 mil francos para ser utilizada, qualquer que fosse a maneira, no interesse do Espiritismo: "Empregai-a como entenderdes; não quero nem recibo nem controle".

Achou, então, Kardec que a melhor forma de aplicar esse donativo seria destiná-lo ao que fosse necessário para a instalação da Sociedade em condições mais favoráveis aos seus trabalhos. Novecentos e oitenta francos foram gastos na compra de móveis e em despesas de instalação e outras, na nova sede, rua de Sainte-Anne, n. 59 (passagem Sainte-Anne). O restante do mobiliário, cujo valor era três ou quatro vezes mais, fora doado por Allan Kardec, retirado de sua própria casa.

Quanto ao aluguel do imóvel, a contribuição dos sócios só dava para pagar pouco menos da metade, sendo a diferença coberta pelo referido

---

[254] A passagem Sainte-Anne, caminho privado, aberto através do terreno do convento das Nouvelles Catholiques, deve seu nome à vizinhança da rua Sainte-Anne. A "passagem" começa justamente no n. 59 da rua Sainte-Anne, "Passsagem" (passage): nome que se dá em Paris e em outras cidades a uma espécie de ruas cobertas, ou galerias, por onde só passavam pedestres.

donativo. Se este fosse totalmente consumido pelo aluguel, a Sociedade poderia ficar, segundo os cálculos de Kardec, cerca de seis anos naquele local.

O Espiritismo progredira rapidamente. Crescente número de visitantes, franceses e estrangeiros, iam a sua casa, número que por volta de 1862 ascendia de 1.200 a 1.500 anualmente.

Considerando preferível recebê-los na sede da Sociedade, local desejável por sua situação central e mais adequado para tratar dos assuntos relativos ao Espiritismo; considerando que sua vida estava inteiramente consagrada à Doutrina e, portanto, não podia perder um minuto sequer — tornava-se necessário que ele alugasse um apartamento na vizinhança, ou ali instalasse seu domicílio ou, pelo menos, uma pousada, muito embora, como frisou, tivesse em sua casa, na avenida Ségur, um apartamento (*appartement*) em melhores condições e que nada lhe custava.

Devidamente esclarecido o problema ante os membros da Sociedade, a partir de 15 de julho de 1860 Allan Kardec passou a morar em sua sede, o que não o impedia de viver em sua própria casa, quando as obrigações lho permitiam. Essa dupla moradia era bem uma agravação de encargos e gastos. "Assim, sem o Espiritismo" — explicava ele —, "eu estaria tranquilamente em casa, na avenida Ségur, e não aqui, obrigado a trabalhar da manhã à noite e, muitas vezes, da noite à manhã, sem mesmo poder repousar um pouco, o que me seria bastante necessário. Sabeis que sou sozinho para dar conta de uma tarefa cuja extensão dificilmente as pessoas imaginam, e que necessariamente aumenta com o desenvolvimento da Doutrina" (*Revista Espírita*, jun. 1862, Sociedade Parisiense de Estudos Espíritas – Discurso do Sr. Allan Kardec na abertura do ano social, 1º de abril de 1862).

No seu longo "Discurso de encerramento do ano social 1858–1859", Kardec comunicava aos presentes a resolução de renunciar, para o futuro, a qualquer função na Sociedade, inclusive a de diretor de estudos, explicando que seus múltiplos afazeres aumentavam dia a dia, em virtude da extensão de suas relações, e que ele estava preocupado com outros trabalhos mais consideráveis, a exigirem laboriosos estudos, que absorveriam não menos que dez anos.[255] "[...] Não ambiciono senão um título: o de simples membro titular, com o qual me sentirei sempre honrado e feliz [...]" (jul. 1859, Sociedade Parisiense de Estudos Espíritas).

---

[255] Em 1869, cerca de dez anos depois, Kardec desencarnava, deixando acabada, como previra, a Codificação do Espiritismo.

Aliás, desde o meado de 1858, desejava demitir-se de suas funções, tendo expressado isto em várias circunstâncias. Não o fizera porque poderia parecer defecção de sua parte e porque daria prazer aos adversários.

Agora, porém, ele achava chegada a hora de abrir mão da presidência da Sociedade, considerando justo que todos tivessem a sua parte nos cargos e nas honras.

Todavia, nenhum dos membros aceitou as razões ou ponderações de Kardec, e o reelegeram, por unanimidade, no cargo de presidente. Ante testemunho de apreço e confiança tão lisonjeiro, ele achou que seria indelicadeza persistir na recusa. Aceitou, porém, condicionalmente a sua reeleição e sob a reserva expressa de resignar às suas funções logo que a Sociedade encontrasse um outro nome. Tal não aconteceria pelos anos afora. Kardec revelou-se insubstituível e, sempre reeleito, acabou presidindo a Sociedade até a sua desencarnação.

Ao que parece, por volta de 1859–1860 surgira uma crise na Sociedade, que ele relembrou no seu relatório de 1º de abril de 1862. Esclareceu, então, que a Sociedade havia tido em seu seio elementos de dissolução, os quais ali entraram com certa facilidade. Sua existência chegara a ficar comprometida. Fatigado com os estremecimentos, Kardec duvidara da utilidade real da Sociedade, não como simples reunião, mas como sociedade constituída. Estava resolvido a retirar-se, a fim de que melhor pudesse trabalhar na grande obra encetada, quando foi dissuadido por muitos companheiros e por várias comunicações espontâneas. Uma destas dizia-lhe:

> A Sociedade formada por nós com o teu concurso é necessária; queremos que ela subsista e subsistirá, não obstante a má vontade de alguns, como tu o reconhecerás mais tarde. Quando existe um mal, não se cura sem crise. Assim é do pequeno ao grande: no indivíduo como nas sociedades; nas sociedades como nos povos; nos povos como o será na Humanidade. Dizemos que nossa Sociedade é necessária. Quando deixar de o ser sob a forma atual, transformar-se-á, como todas as coisas. Quanto a ti, não podes não deves te retirar. Contudo, não pretendemos, subjugar o teu livre-arbítrio; apenas dizemos que a tua retirada seria um erro que um dia lamentarias, porque entravaria os nossos desígnios... (*Revista Espírita*, jun. 1862, Sociedade Parisiense de Estudos Espíritas).

De acordo com o seu regulamento, anexado a *O livro dos médiuns*, no capítulo 30 (Art. 1º), a Sociedade Parisiense de Estudos Espíritas (SPEE) tinha por objeto "[...] o estudo de todos os fenômenos relativos às manifestações espíritas e suas aplicações às ciências morais, físicas, históricas e psicológicas [...]". Na verdade, seus estudos eram mais de caráter teórico ou filosófico que experimental. Quando havia experiências, estas jamais visavam a excitar a curiosidade, objetivando apenas a observação, o estudo e a confirmação de princípios admitidos.

A SPEE não era absolutamente uma sociedade de propaganda, como muitos pensavam. Instruir — era o seu programa. "[...] não formamos" — frisava Kardec — "nem uma seita nem uma sociedade de propaganda, nem uma corporação com interesse comum [...]" (*Revista Espírita*, abr. 1860, Boletim da Sociedade Parisiense de Estudos Espíritas).

Compunha-se de sócios titulares, associados livres, sócios correspondentes e honorários, todas pessoas sérias e dignas, entre magistrados, médicos, engenheiros, cientistas, literatos, artistas, funcionários civis, oficiais do Exército e da Marinha, negociantes etc., afora simples operários e alguns membros da nobreza. "O grão senhor e o artesão aí se dão as mãos fraternalmente" escrevia o presidente da SPEE.

Somente o sócio titular tinha o direito de voto deliberativo, no que diz respeito aos negócios da Sociedade. Os sócios honorários, residentes na França ou no estrangeiro, eram anualmente submetidos a reeleição.

A diretoria constituía-se de presidente, vice-presidente, secretário-geral, secretários adjuntos e tesoureiro. Um ou mais presidentes honorários podiam ser nomeados, e o primeiro a ocupar esse cargo foi o Sr. Jobard, muito ilustrado e fervoroso adepto do Espiritismo, diretor do Museu Real da Indústria, na capital belga, oficial da Legião de Honra, membro da Academia de Dijon e da Sociedade de Incentivo de Paris.

A SPEE era administrada pelo presidente-diretor, assistido pelos membros da diretoria e de uma comissão composta de diretores e sócios titulares. A comissão era igualmente presidida, de direito, pelo presidente-diretor.

A fim de prover às despesas, os associados titulares e livres pagavam uma cota anual, e os primeiros ainda contribuíam com uma joia de admissão.

No mês de abril de 1862, a SPEE contava com 87 membros pagantes, sem incluir os membros honorários e correspondentes. "Ter-lhe-ia sido fácil" — comentava Kardec — "dobrar, e mesmo triplicar esse número, se ela visasse receita; bastava cercar as admissões de menos dificuldades. Ora, longe de diminuir essas dificuldades, ela as aumentou, porque, sendo uma

Sociedade de estudos, não quis afastar-se dos princípios de sua instituição e porque jamais fez questão de interesses materiais. Não procurando entesourar, era-lhe indiferente ser um pouco mais, ou um pouco menos numerosa. [...]" (*Revista Espírita*, jun. 1862, Sociedade Parisiense de Estudos Espíritas).

Em discurso que pronunciou em Lyon e Bordeaux, Kardec declarou ser necessário, para que uma sociedade enfrente as despesas de sua manutenção, a cotização entre seus associados. "[...] A especulação consiste em se fazer uma indústria da coisa, em convocar o primeiro que chegar, curioso ou indiferente, para arrancar seu dinheiro [...]". Mais adiante, asseverava o seguinte:

> [...] uma sociedade acuda a todas as suas despesas, não as deixando sobre os ombros de um só; outra, porém seria a situação, se o primeiro que chegasse pudesse comprar, o direito de entrada, mediante pagamento, porque seria desnaturar o objetivo essencialmente moral e instrutiva das reuniões desse gênero, para delas fazer um espetáculo de curiosidade. [...] (Discursos pronunciados nas Reuniões Gerais dos Espíritas de Lyon e Bordeaux).[256]

Ainda acerca da SPEE, Kardec observava que esta não tinha sobre as demais sociedades outra autoridade que a da experiência. Não se imiscuía em seus afazeres, limitando-se a pareceres oficiais, quando solicitados. O laço que as unia era puramente moral, não existindo entre elas e a SPEE nenhuma filiação, nenhuma solidariedade material.

Havia dois tipos de sessões: gerais e particulares, e nunca foram públicas, pelo menos ao tempo de Kardec. Reuniam-se às sextas-feiras, às 20 horas, intercaladamente. Às gerais admitiam-se, temporariamente, assistentes convidados ou ouvintes recomendados.

Muito ordeiro no andamento dos trabalhos da SPEE, é diante de certos acontecimentos que Kardec se vê obrigado, na sessão geral de 24 de agosto de 1860 (*Revista Espírita*, set. 1860, Boletim da Sociedade Parisiense de Estudos Espíritas), a relembrar às pessoas estranhas à Sociedade os reais objetivos dela. Nem experiências, nem assunto para distrações. Coisas sérias para estudos sérios. Se acaso — frisava ele — estivessem presentes pessoas apenas curiosas, ou que não partilhassem das ideias espíritas, que se mantivessem em silêncio e que, por um princípio de decoro, respeitassem as convicções alheias. E Allan Kardec, de maneira incisiva e direta, diz que ele

---

[256] *Viagem espírita em 1862*. Trad. Evandro Noleto Bezerra, FEB.

não convidara tais assistentes às sessões da Sociedade, pois, por experiência, sabia que a convicção não nasce nem se forma em apenas algumas sessões.

As sessões particulares eram reservadas exclusivamente aos membros da SPEE e, entre outros assuntos, tratavam de todas as questões relativas aos negócios administrativos. Só muito excepcionalmente, e com autorização expressa do presidente, é que pessoas estranhas poderiam delas participar.

O mestre fazia cumprir à risca o regulamento da SPEE, um dos motivos que a levou a progredir rapidamente em importância aos olhos do mundo. Jamais cedeu a nenhum incitamento tendente a fazê-la desviar-se do caminho da prudência. "Reunimo-nos" — escrevia ele — "para o estudo e a observação e não para transformar nossas reuniões em arena de controvérsias". Isto ele dizia a propósito da rigorosa escolha que se procedia na admissão de novos membros.

Por meio de um "Boletim", normalmente publicado na *Revista Espírita*, Kardec dava a conhecer a súmula dos trabalhos de cada sessão geral ou particular. Mais tarde, talvez por falta de espaço na *Revista*, ele aí deixou de registrá-los.

Quando certas manifestações mediúnicas apresentavam aspectos deveras interessantes e curiosos, Kardec as levava a debate nas sessões da SPEE, com o propósito de ampliar conhecimentos, estabelecer conceitos novos e confirmar princípios doutrinários.

Foram muitos os médiuns que ao tempo de Kardec serviram na SPEE, quase todos psicógrafos. Não era raro reunirem-se ao mesmo tempo, à volta da mesa, cerca de 10 a 12 médiuns. Entre os mais citados por Allan Kardec há os nomes dos Srs. Roze, Alfred Didier, Didier Filho, Forbes, Collin, Pécheur, Darcol, d'Ambel, Leymarie, E. Vézy, Flammarion, Albert, Delanne, Bertrand, Nivard, Vavasseur, Desliens, Cazemajour, Morin; das Sras. Parisse, De Boyer, Costel, Schmidt, Patet, Delanne, Breul; e das Srtas. Eugénie, Huet, Stéphanie, A. C., Lateltin.

Em julho de 1861, houve nas sessões mediúnicas da SPEE acontecimento dos mais curiosos, suscitado por uma dissertação espontânea do Espírito Lamennais sobre o aforismo de Buffon: *O estilo é o homem*, recebida em 19 de julho. Estabeleceu-se verdadeira polêmica entre vários Espíritos, em altos termos, transformada em notável torneio literário e filosófico, "tão curiosa quanto instrutiva" — escreveu Kardec (*Revista Espírita*, set. 1861).

Por três médiuns, Srs. A. Didier, d'Ambel e Sra. Costel, manifestaram-se espontaneamente, com réplicas e tréplicas, os Espíritos Lamennais, Buffon, visconde de Launay, Bernardin de Saint-Pierre e até mesmo, por meio de uma alegoria filosófica, Gérard de Nerval.

No final, o Espírito Erasto, um dos guias da SPEE, disse do proveito a extrair, sob o ponto de vista da instrução espírita, do interessante debate e, entre outras coisas, escreveu:

> Buffon, Gérard de Nerval, o visconde de Launay, Bernardin de Saint--Pierre conservam, como Lamennais, os gostos e a forma literária que observáveis neles, quando vivos. Creio útil chamar vossa atenção para essa condição de ser do nosso mundo de Além-Túmulo, para que não venhais a crer que abandonamos instantaneamente nossas inclinações, costumes e paixões quando despimos as vestes humanas. [...]. (*Revista Espírita*, set. 1861, Conclusão de Erasto).

O "presidente espiritual" da Sociedade Parisiense de Estudos Espíritas era o Espírito São Luís (*Revista Espírita*, dez. 1859, Boletim da Sociedade Parisiense de Estudos Espíritas), que foi, na França, o rei Luís IX. Os sábios conselhos desse Espírito preservaram a Sociedade de vários perigos, e sua proteção pode ser comprovada por diversas vezes. Apesar disso, Allan Kardec debatia com ele certas respostas e até mesmo discordava de outras não muito claras ou precisas, o que levava o Espírito a reescrevê-las. Essa discordância igualmente se manifestava, às vezes, com outros Espíritos não menos elevados. Era comum São Luís fornecer explicações acerca de vários assuntos, solicitadas pelo Codificador. Este, em muitos casos, já tinha a sua opinião mais ou menos formada, mas o Espírito São Luís, ao ser consultado, apresentava outra, mais simples e racional, que a tornava preferível. Isto vem provar, como o próprio Kardec assinalou mais de uma vez, "[...] que os médiuns não são o reflexo do pensamento de quem interroga [...]" (*Revista Espírita*, mai. 1861, O anjo da cólera).

A começar de 1860 é que ficara estabelecido que certas comunicações dos Espíritos, recebidas na SPEE, aí seriam submetidas a exame crítico, a fim de que os Espíritos esclarecessem e desenvolvessem os pontos meio obscuros. O Espírito São Luís concordara com essa medida, considerando-a útil para que os Espíritos mistificadores não tivessem facilidade de penetração. Em diversas oportunidades, o presidente martelou os Espíritos comunicantes com perguntas baseadas no texto da dissertação.

Acontece que, em discutindo o teor das comunicações recebidas, Kardec desagradou, algumas vezes, certos médiuns que se consideravam intérpretes infalíveis dos Espíritos. Contrariados e inconformados com essa análise das mensagens mediúnicas, deixavam a Sociedade. "Aos seus olhos" — escrevia ele —, "os obsidiados são aqueles que não se inclinam ante suas comunicações".

A partir de 1861, o nome da Sociedade Parisiense de Estudos Espíritas foi simplificado, não estatutariamente, porém, para "Sociedade Espírita de Paris", e o próprio Kardec passou a usá-lo com frequência, mais ainda de 1862 em diante, havendo ocasiões em que simplesmente a denominava: "Sociedade de Paris".

Em 1862, Kardec propôs, em nome da SPEE, um projeto de regulamento para uso nos grupos e pequenas sociedades espíritas, com vista a manter a unidade de princípios e de ação.

Tal projeto, de 18 artigos apenas, estampado em sua obra *Viagem espírita em 1862*, comportava, sobretudo, medidas de disciplina interior e, segundo ele, poderia ser modificado de acordo com as circunstâncias e as necessidades locais. Foi muito útil, não só na França, como no Exterior, facilitando a formação de numerosos centros em que era reduzido o número de membros.

A Sociedade Parisiense de Estudos Espíritas se viu sujeita a muitas vicissitudes, não sendo "dos menores percalços" na multifária tarefa de Allan Kardec. Sobrepôs-se às calúnias e maledicências de toda a sorte, firmou-se, cresceu e veio a ser modelo para numerosas associações de estudo e propaganda da Nova Revelação, posteriormente criadas na França e em várias outras partes do mundo, inclusive no Brasil.

4. Sociedades e periódicos espíritas no tempo de Allan Kardec, indicadores do desenvolvimento do Movimento nascente

Em carta da capital mexicana, datada de 18 de abril de 1861, o Codificador era informado da existência da Sociedade Espírita do México, cujo presidente, Sr. Ch. Gourgues, relatava o desenvolvimento do Espiritismo naquelas regiões.

Em 28 de maio, o Sr. Repos, advogado, dava a Kardec ciência das manifestações espíritas que ele e amigos obtinham em Constantinopla, inclusive comunicações morais de ordem elevada. Essas cartas foram estampadas na *Revista Espírita*, por serem de interesse geral e como prova da divulgação do Espiritismo em todos os recantos do mundo. "Se publicássemos" — diz Allan Kardec — "todas as cartas de adesão que recebemos, precisaríamos consagrar-lhes volumes e mais volumes. Ver-se-ia repetida, milhares de vezes, uma tocante expressão de reconhecimento à Doutrina Espírita [...]" (*Revista Espírita*, jul. 1861, Correpondência).

Ao entrar no seu terceiro ano de existência, 18 de maio de 1862, a Sociedade Espírita (dita da Caridade) de Viena, na Áustria, por seu presidente C. Delhez, concedeu ao mestre o título de "Presidente de Honra", como sinal de alta e respeitosa estima.

Em 12 de novembro de 1862 é inaugurado, com um discurso do presidente Sr. Chavet, doutor em Medicina, o "Cercle Spirite de Tours".

Saiu em 1863 o jornal espírita *La Vérité*, publicado em Lyon sob a direção do Sr. E. Edoux, tendo estreado com vários e excelentes artigos assinados por *Philoléthès*. Kardec elogia sobremaneira o elevado alcance com que foram ali tratadas diferentes questões de Espiritismo (*Revista Espírita*, mai. 1863, Nota bibliográfica).

Posteriormente, anuncia que a partir de 1º de junho de 1863 surgiria, bimensalmente, em Bordeaux, a revista espírita *La Ruche Spirite Bordelaise* (*A Colmeia Espírita Bordelesa*); assinala, com satisfação, o aparecimento, em Palermo, Sicília, do periódico *O Espiritismo, ou Jornal de Psicologia Experimental*, órgão da "Società Spiritista di Palermo", presidida pelo cavaleiro Joseph Vassallo Paleologo. Faz-lhe a comunicação do fato o Sr. Paolo Morello, professor de História e Filosofia na Universidade de Palermo; registra, com alegria, a publicação da *Revue Spirite d'Anvers*, na cidade de Antuérpia (Bélgica), a 1º de janeiro de 1864 (*Revista Espírita*, fev. 1864, Notas bibliográficas – *Revista Espírita da Antuérpia*); menciona em março o lançamento do mensário *Annali dello Spiritismo in Italia*, órgão da Sociedade Espírita de Turim, dizendo-se satisfeito por ele ter arvorado ali a bandeira da Sociedade Espírita de Paris; anota o aparecimento, em março, do semanário *Le Sauveur des Peuples, Journal du Spiritisme Propagateur de l'Unité Fraternelle*, em Bordeaux (*Revista Espírita*, mar. 1864, Notas bibliográficas).

Allan Kardec elogia esses periódicos (entre eles, também, *La Lumière*, de Bordeaux), sob diversos ângulos, e apresenta o novo lutador pela causa do Espiritismo: *L'Avenir, Moniteur du Spiritisme*, cujo redator-chefe era o Sr. d'Ambel, médium da Sociedade Espírita de Paris, a quem transmitia suas simpatias pessoais (*Revista Espírita*, ago. 1864, Notas bibliográficas).

Funda-se em fevereiro de 1864 o "Circle Spirite Amour et Charité", em Antuérpia (Bélgica); em março, a "Société Marseillaise des Études Spirites", em Marselha (França). Ambos se colocaram sob o patrocínio da SPEE, seguindo-eles e outros o mesmo regulamento.

Um quarto periódico espírita é lançado em Bordeaux: *La Voix d'outre-tombe*, sob a direção de Auguste Bez. Kardec se parabeniza com o Sr. Bez, "um dos firmes sustentáculos da causa" (*Revista Espírita*, set. 1864, A voz de além-túmulo). Surge, em 1º de outubro de 1864, *Le Monde Musical*, jornal popular e internacional das belas-artes e da literatura, publicado aos domingos em Bruxelas, sob a direção dos Srs. Malibran e Roselli. É com satisfação que vê esse jornal abrir suas colunas à discussão do Espiritismo, recebendo opiniões favoráveis ou contrárias (*Revista Espírita*, dez. 1864).

Desde 15 de dezembro de 1864 apareceu em Toulouse a folha espírita *Le Médium Évangélique*, semanal. Kardec dá-lhe as boas-vindas (*Revista Espírita*, jan. 1865, Vista de olhos sobre o Espiritismo em 1864), e igualmente o faz ao novo órgão na Itália, *La Luce*, jornal do Espiritismo em Bolonha, mensal, que se apoiaria principalmente nas obras kardequianas (*Revista Espírita*, fev. 1865, Notas bibliográficas).

Sob o título *Alfabeto espírita*, saiu em Viena (Áustria) o opúsculo, em língua alemã, de autoria do Sr. Delhez, que foi também o tradutor de *O livro dos espíritos* em alemão. Eram comunicações recebidas na Sociedade Espírita de Viena, acerca de diferentes temas de moral, postos em ordem alfabética (*Revista Espírita*, jan. 1865).

O Codificador diz que sua previsão começa a realizar-se: o *Journal de Saint--Jean-d'Angély*, órgão não espírita, publica, a partir de 5 de março de 1865, artigo sobre o Espiritismo e suas consequências, no qual os princípios da Doutrina são expostos com muito saber e clareza. Assinava-o o Dr. A. Chaigneau. E Kardec, embora satisfeito, lamentava: "Sabemos de mais de um jornal que não teria repugnância em falar favoravelmente do Espiritismo, que dele falaria mesmo de bom grado, não fosse o temor de desagradar a certos leitores e comprometer seus próprios interesses. [...]" (*Revista Espírita*, abr. 1865).

Kardec dá novas notícias: da fundação de um periódico italiano, mensal, publicado pela Sociedade Espírita de Scordia (Sicília), com o nome *La Voce di Dio* (*Revista Espírita*, jun. 1866); de que, a partir de 10 de março de 1867, o jornal lionês *La Vérité* tomou novo título: *La Tribune Universelle, Journal de la Libre Conscience et de La Libre Pensée*, sem, entretanto, mudar de orientação (*Revista Espírita*, abr. 1867, Bibliografia); do aparecimento, em 1º de março de 1868, do jornal *Psiché, Giornale di Studii Psicologici*, em Nápoles, sob a direção de Pietro Casella (*Revista Espírita*, fev. 1868, Bibliografia).

Em "Bibliografia" da Revista Espírita de agosto de 1868, fala do lançamento, em 15 de fevereiro, do jornal bimensal *Le Spiritisme à Lyon* e informa que, o senador, prefeito do Ródano, autorizara a sua venda na via pública.

Criado em Toulouse o "Círculo da Moral Espírita", Allan Kardec felicita seus fundadores e explica que "A palavra *círculo*, adotada pela sociedade de Toulouse, indica que não se limita a sessões ordinárias, mas que é, além disso, um local de reuniões, onde os membros podem vir entreter-se com o objetivo especial de seus estudos" (*Revista Espírita*, set. 1868).

Comunica a existência de duas novas sociedades espíritas, uma em Sevilha, na Espanha, outra em Florença, na Itália, bem assim dois periódicos: *El Espiritismo* (O Espiritismo) e *Il Veggente* (O Vidente), respectivamente das cidades citadas (*Revista Espírita*, 1869, Sociedades e Jornais Espíritas no estrangeiro).

5. Notícias bibliográficas

Allan Kardec faz elogios à primeira publicação feita pela Sociedade Espírita de Metz, intitulada *O Espiritismo ou Espiritualismo em Metz*, a qual trazia comunicações mediúnicas de uma moralidade irreprochável (*Revista Espírita*, nov. 1861).

Em 1861, saiu em Paris a brochura *O espiritismo na América*, constituída de fragmentos traduzidos do inglês, de autoria do juiz Edmonds e do Dr. Robert Hare. O Codificador diz ter a honra de conhecer pessoalmente a tradutora, Srta. Clémence Guérin, espírita sincera que residiu muito tempo nos EUA, onde viu produzirem-se as primeiras manifestações dos Espíritos. Reconhece naqueles eminentes espíritas americanos e em seus escritos clara compreensão acerca das consequências e dos objetivos do Espiritismo, antes mesmo de 1854 (*Revista Espírita*, nov. 1861).

No ano seguinte, chama a atenção dos leitores para a interessante brochura da Srta. Guérin: *Essai biographique sur Andrew Jackson Davis*, "um dos principais escritores espiritualistas dos Estados Unidos", acrescentava o próprio Kardec.

Em 1861 surgiu nova obra de François Guizot, notável historiador e estadista francês, intitulada *L'Église et la société chrétienne en 1861*. Kardec reproduz na *Revista Espírita* dezembro de 1861, o capítulo *O sobrenatural*, que não faz referências ao Espiritismo. "[...] Há nesse trabalho" — escreve o Codificador — "observações de incontestável acerto, mas, em nossa opinião, também há grandes erros, devidos aos pontos de vista em que se coloca o autor [...]" sobre os quais ele faria exame aprofundado. De fato, na *Revista Espírita* de janeiro de 1862, "O sobrenatural pelo Sr. Guizot", apresenta suas observações críticas, "[...] que em nada diminuem nossa admiração pelo ilustre e sábio escritor". Pensando bem, só um homem como Allan Kardec teria coragem de discordar do grande vulto francês que era Guizot e de opor-lhe argumentos mais racionais.

E.-P.-G. Guizot (1787–1874)

Na *Revista Espírita* de janeiro de 1863, Bibliografia, faz extensos comentários à obra recém-lançada — *Pluralidade dos mundos habitados*, por Camille Flammarion, calculador no Observatório Imperial de Paris, associado ao "Bureau des Longitudes" etc.

Embora na obra não se fale de Espiritismo, Kardec declara que o assunto entra no quadro das observações e dos princípios da Doutrina, achando-se ali "confirmada pela ciência uma das revelações capitais feitas pelos Espíritos".

Assinala ainda que Flammarion era membro da SPEE, aí também figurando como um dos seus médiuns. Admirava-se do saber do jovem astrônomo, que com 20 anos já demonstrava possuir largo cabedal de ideias, apresentadas com profundez de raciocínio.

Em agosto e setembro de 1864, Kardec fala da nova edição, ampliada, de *Pluralidade dos mundos habitados*, de Camille Flammarion, esclarecendo que o autor agora tratou, em outra mais completa, de todos os desenvolvimentos que o assunto comporta, do ponto de vista da Astronomia, da Fisiologia e da Filosofia natural. Como a teoria da pluralidade dos mundos habitados tem íntima relação com a Doutrina Espírita, a obra de Flammarion tem assim, conforme escreve Kardec, "seu lugar marcado na biblioteca dos espíritas" (*Revista Espírita*, set. 1864, Notas bibliográficas).

Na *Revista Espírita* de setembro de 1863, o mestre elogia a justeza do raciocínio aliada à correção e elegância do estilo postas numa obra intitulada *Sermões sobre o espiritismo*, que contém a refutação, por um espírita de Metz, aos sermões pregados na Catedral de Metz nos dias 28 e 29 de maio de 1863, pelo Rev. Pe. Letierce, da Companhia de Jesus. Precedem-nos considerações quanto à decantada loucura espírita.

Em "Notas bibliográficas" de maio de 1864, faz ligeiros comentários a duas novas obras: *A guerra ao diabo e ao inferno, a inabilidade do diabo, o diabo convertido*, por Jean de la Veuze, de Bordeaux; *Cartas aos ignorantes, filosofia do bom senso*, por V. Tournier.

A primeira é uma crítica espirituosa quanto ao papel que o diabo vem desempenhando nos últimos tempos, principalmente no Espiritismo, onde salva as almas perdidas e perde as que já eram dele (diabo). Allan Kardec diz que no meio dos gracejos ressaem pensamentos sérios, profundos e de perfeita exatidão. A segunda é a transcrição, em versos, dos princípios fundamentais da Doutrina Espírita, segundo *O livro dos espíritos*.

Kardec faz boas referências à brochura *Cartas sobre o espiritismo*, de autoria da Sra. J. B., membro da Sociedade Espírita de Paris e excelente médium. A obra se dirige principalmente aos eclesiásticos e ele a recomenda, dizendo ser "[...] É impossível refutar com mais talento, elegância na forma, moderação e lógica, os argumentos que uma fé exclusiva e cega opõe às ideias novas. [...]" (*Revista Espírita*, ago. 1864).

Em "Notas bibliográficas" da *Revista Espírita* de dezembro de 1864, analisa a obra de J.-B. Borreau, da cidade de Niort, intitulada *Como e por que me tornei espírita*. O autor, que também é magnetizador e amigo de Kardec, "[...] conta como foi levado a crer na existência dos Espíritos, em suas manifestações e em sua intervenção nas coisas deste mundo, e isto muito tempo antes que se cogitasse do Espiritismo. Foi conduzido por uma série de acontecimentos, quando de maneira alguma pensava neles [...]".

Em janeiro de 1865, Kardec fala sobre a obra recém-saída, *Pluralidade das existências da alma*, de André Pezzani, advogado na Corte Imperial de Lyon, que não escreveu sob o ponto de vista do Espiritismo, mas com objetivos filosóficos. Demonstrou o autor que o princípio reencarnacionista é encontrado em todas as religiões, clara ou veladamente enunciado, desde os tempos mais remotos. A obra é rica em citações de livros sagrados dos hindus, dos persas, dos judeus, dos cristãos, de filósofos gregos, de neoplatônicos, de doutrinas druídicas, de escritores modernos. O Codificador fez uma análise geral dos assuntos tratados e afirmou: "[...] A obra do Sr. Pezzani vem, pois, muito a propósito, projetar a luz da História sobre essa importante questão [...]." (*Revista Espírita*, Notas bibliográficas).

Em "Notas bibliográficas" de abril de 1865, refere-se à obra *Confusão no império de Satã*, por L.-A.-G. Salgues, de Angers, em resposta ao jesuíta padre Xavier Pailloux, que tinha os Espíritos como demônios; ao hebdomadário espírita *L'Écho d'Outre-Tombe*, publicado em Marselha pelo Sr. Gilet e que era encimado pela divisa: *Fora da caridade não há salvação*; à brochura *Concordância da fé e da razão*, pela Sra. J.-B., de Paris, a mesma autora das *Cartas sobre o espiritismo, escritas aos eclesiásticos*. Aí é tratada mais especialmente a questão religiosa, e Kardec diz que a autora o fez com notável poder de lógica.

Na *Revista Espírita* de dezembro de 1865, Romances espíritas, o mestre discorre longamente sobre os romances em geral, demonstrando possuir vasto conhecimento da técnica e da expressão novelística.

Diz que Théophile Gautier publica em folhetim, no *Moniteur Universel*, sob o título *Espírita*, um romance. Informa não conhecer pessoalmente o autor, assim como suas convicções ou conhecimentos no tocante ao Espiritismo. Como sua obra está no começo, deixa para mais tarde a sua apreciação sob o ponto de vista espírita.

Quanto ao romance *La Double vue*, por Élie Berthet (1815–1891), que foi publicado por *Le Siècle*, Kardec faz extensos comentários, e, à exceção de pequenos deslizes observados no romance, elogia o talento do escritor e a exatidão na descrição da faculdade mediúnica.

Allan Kardec fala do aparecimento, por fascículos semanais, desde 1865, de uma obra "que interessa à Doutrina Espírita no mais alto grau". Trata-se do *Nouveau dictionnaire universer*", panthéon littéraire et encyclopédie illustrée, par Maurice Lachâtre, avec le concours de savants, d'artistes et d'hommes de lettres etc., Paris, Docks de la librairie, 38, boulevard Sébastopol. Fariam dois volumes in-4º grand, de três colunas, ilustradas com 20 mil figuras, gravadas em madeira.

De acordo com o prospecto, a obra, o mais gigantesco empreendimento literário da época, "[...] contém a análise de mais de 400 mil obras, e pode ser considerada, com justiça, como o mais vasto repertório dos conhecimentos humanos [...]." (*Revista Espírita*, jan. 1866, O Espiritismo tem lugar reservado na Filosofia e nos conhecimentos usuais).

O que levou Kardec a se pronunciar entusiasticamente é que "Todos os termos especiais do vocabulário espírita se acham nesse vasto repertório, não como uma simples definição, mas com todos os desenvolvimentos que comportam, de sorte que seu conjunto formará um verdadeiro tratado de Espiritismo [...]". Realmente, a obra, quando ficou completa, não desmentiu o plano inicial, no que diz respeito ao Espiritismo.

Théophile Gautier (1811–1872)

Por volta de fevereiro de 1866, é dada à luz, em volume, a obra *Espírita*, de Théophile Gautier, notável romancista, poeta e crítico. Kardec, na *Revista Espírita* de março de 1866, Notas bibliográficas, tece longas considerações, dizendo que o fundo das ideias e dos pensamentos é essencialmente espírita, mas que a possibilidade dos fatos apresentados é, às vezes, contestável. Assinala que em algumas passagens as ideias são incontestavelmente bebidas na fonte mesma do Espiritismo. "[...] Embora romance, esta obra não deixa de ter grande importância, primeiro pelo nome do autor, e porque é a primeira obra capital saída de escritores da imprensa, onde a ideia espírita está afirmada sem rodeios [...]".

Nesta página de *La Revue Spirite*, de 1954, a carta autógrafa de Allan Kardec a Théophile Gautier.

Theóphile Gautier era, então, um dos autores favoritos da imprensa. Apesar disso, a imprensa foi, segundo Kardec, "[...] de uma sobriedade parcimoniosa a respeito desta última obra. Não sabia se devia louvá-lo ou censurá-lo [...]". Falaram pouco, arrolando-a entre as obras de imaginação, mas confessaram a viva sensação que ela produziu na Europa inteira, muito embora as livrarias chegassem a boicotar-lhe a propaganda. Émile Zola, no *Événement* de 16 de fevereiro, acompanha o resumo da obra de singulares reflexões, achando que Gautier não acreditava em nada daquilo que contara.

O Codificador faz comentários à obra *Forças naturais desconhecidas*, surgida em 1865, declarando que "[...] É uma refutação, do ponto de vista da Ciência, das críticas dirigidas contra os fenômenos espíritas, a propósito dos irmãos Davenport, e da assimilação que pretendem estabelecer entre esses fenômenos e as artimanhas da prestidigitação".

O autor da obra, que usou o pseudônimo Hermès, fala com a autoridade de um cientista e profliga as excentricidades da linguagem usada por uma parte da imprensa, mostrando até que ponto ela se afastou da discussão leal. "[...] Podemos não partilhar o sentimento do autor em todos os pontos" — escreveu Kardec —, "mas não deixamos de dizer que o seu livro é uma refutação difícil de contestar [...]." (*Revista Espírita*, mar. 1866).

Talvez o mestre não soubesse que Hermès era pseudônimo de Camille Flammarion. Em 1907, satisfazendo a pedidos para a reedição dessa obra, Flammarion refez toda ela, ou melhor, redigiu uma obra inteiramente nova, bastante volumosa, e publicou-a ligeiramente alterada no título: *Les Forces naturelles inconnues*, agora com o seu próprio nome de batismo.

Em "Notas bibliográficas" da *Revista Espírita* de abril de 1866, Kardec fala sobre a obra *Sou espírita?*, por Sylvain Alquié, de Toulouse. O autor só conhecia o Espiritismo por meio de diatribes contra ele, até que, levado por um artigo publicado por *La Discussion*, se pôs a estudar a nova Doutrina. É, diz Kardec, "uma profissão de fé sabiamente raciocinada".

Uma série de cartas publicadas pela *Union Spirite Bordelaise*, datadas de Sétif (Argélia), expõem os princípios da Doutrina, em resposta às diatribes de certos jornalistas. Elas foram reunidas pelo autor, Sr. Grelez, oficial de administração aposentado, na brochura: *Carta aos Srs. diretores e redadores dos jornais antiespíritas*.

Sob o título *Philosophie spirite*, o Sr. Augustin Babin, de Cognac, publica uma brochura extraída de *O livro dos espíritos*.

Ambas as brochuras acima receberam inteligentes comentários do Codificador.

Kardec faz a crítica da obra *Os dogmas da igreja do Cristo explicados pelo espiritismo*, por Apolon de Boltinn, obra escrita em russo, traduzida, em 1866, para o francês, e publicada em Paris: "É escrito com prudência, moderação, método e clareza. Vê-se que o autor fez um estudo aprofundado das Santas Escrituras e dos teólogos das Igrejas Latina e Grega, cujas palavras comenta e explica como um homem que conhece o terreno onde pisa. Seus argumentos têm a força dos fatos, da lógica e da concisão [...]" (*Revista Espírita*, dez. 1866).

Em "Notas bibliográficas" (*Revista Espírita*, fev. 1867), Allan Kardec faz extensa crítica à obra *Mirette*, romance espírita por Élie Sauvage, membro da "Sociedade dos Homens de Letras". Diz que é o primeiro romance realmente espírita, "onde nada se afasta do possível e da qual o Espiritismo tudo pode aceitar". Considera que em *Espírita*, de Theóphile Gaultier, anterior àquele, "o fantástico supera de muito o real e o possível, do ponto de vista da Doutrina", embora tenha sido a primeira obra desse gênero de real importância, na qual a ideia era tomada a sério. Na mesma seção da *Revista Espírita* de março de 1867, fala de *Lumen*, de Camille Flammarion, professor de astronomia, adido ao Observatório de Paris. A obra, publicada primeiro na *Revue du XIX Siècle*, é obra espírita, sem falar em Espiritismo. Kardec assinala que "[...] É a primeira vez que o Espiritismo verdadeiro e sério, embora anônimo, é associado à ciência positiva, isto por um homem capaz de apreciar um e outra [...]".

O Codificador recebe a obra *Carta de un Espiritista* (ao Dr. Francisco de Paula Canalejas), publicada em Madri, que encerra os princípios fundamentais da Doutrina Espírita, extraídos de *O que é o espiritismo* (Revista Espírita, abr. 1867). E em "Notas bibliográficas" de setembro do mesmo ano, faz a crítica do novo livro de Camille Flammarion —*Deus na natureza*. "[...] o Sr. Flammarion hoje aborda a demonstração de uma outra verdade, incontestavelmente a mais capital, porque é a pedra angular do edifício social, aquela sem a qual o Espiritismo não teria sua razão de ser: *A existência de Deus* [...]".

Ainda na referida seção, de novembro de 1867, anuncia o aparecimento da obra *A razão do espiritismo*, de Michel Bonnamy, juiz de instrução em Villeneuve-surLot, membro dos congressos científicos da França, antigo membro do Conselho Geral de Tarn-et-Garonne.

"O autor" — escreve Kardec — "não se limita a emitir sua opinião: ele a motiva e dá a razão de ser de cada coisa. É por isso que, com toda justiça, intitulou seu livro: *A razão do espiritismo*".

Elogiando sobremaneira essa obra, com transcrição na *Revista Espírita* do seu prefácio e de trechos dos capítulos, conclui: "A obra do Sr. Bonnamy marcará nos anais do Espiritismo, não só como a primeira em data no seu gênero, mas, sobretudo, por sua importância filosófica [...]".

Em 1867 saía à luz *Síntese da doutrina espírita*, por Florent Loth, de Amiens (*Revista Espírita*, fev. 1868, Bibliografia). O mestre diz que se trata de um resumo dos princípios mais essenciais da Doutrina Espírita, composto, em sua maior parte, de citações textuais de obras fundamentais, inclusive de *O céu e o inferno*.

O *Journal d'Amiens*, de 29 de dezembro de 1867, pela pena do Sr. A. Gabriel Rembault, elogia as "boas noções de moral, de tolerância e de amor ao próximo" existentes na obra, frisando, entretanto, que não acredita no Espiritismo, nem nos fenômenos, nem em Espíritos que voltam depois da morte.

A obra foi interdita pelo clero do interior, o que serviu para propagá-la, "tão poderosa é a sedução do fruto proibido", comentou Kardec.

A Biblioteca Imperial de São Petersburgo publicou em 1858, em reduzido número de exemplares, uma coletânea de cartas inéditas do célebre fisionomista e filósofo Johann Caspar Lavater, editada em alemão. Essas cartas, datadas de 1798, foram dirigidas de Zurique à imperatriz Maria Feodorowna, esposa do imperador Paulo I, da Rússia. Kardec recebeu de um espírita de São Petersburgo o documento em questão, que, além das seis cartas com ideias positivamente espíritas, continha também cartas de um defunto a seu amigo na Terra, igualmente de fundo espírita.

Ele as transcreve em tradução francesa, com alguns comentários, na *Revista Espírita* de março, abril e maio de 1868. Lembramos que toda essa correspondência inédita de Lavater foi incluída na obra *O porquê da vida*, de Léon Denis.

Johann Caspard Lavater (1741–1801)

 É feita por Allan Kardec a crítica da obra *Os pensamentos do zuavo Jacob*, que encerra comunicações recebidas pelo médium curador e escrevente Henri Jacob, em diferentes grupos e reuniões espíritas. O Codificador diz que, embora as comunicações sejam excelentes pelo lado moral, é de lamentar que a uniformidade dos assuntos tratados crie monotonia na leitura (*Revista Espírita*, mar. 1868, Notas bibliográficas).

 Em "Bibliografia" da *Revista Espírita* de julho de 1868, examina a obra *A alma* (demonstração de sua realidade, deduzida dos efeitos do clorofórmio e do curare sobre a economia animal), pelo Sr. Ramon de la Sagra, membro correspondente do Instituto de França (Academia das Ciências Morais e Políticas), da Academia Real das Ciências dos Países-Baixos etc.

 A obra, baseada em observações próprias e nas dos mais acreditados autores médicos, quanto aos efeitos das substâncias anestésicas no organismo animal, conduz à demonstração da realidade da existência de uma essência distinta da matéria, à qual se ligam as funções intelectuais que a matéria em si jamais poderia preencher.

 Aplaude Kardec essa obra, pelo seu caráter científico e experimental no tratamento da importante questão, embora ali se tenha feito abstração do Espiritismo.

 O Codificador comunica o aparecimento da brochura *Correspondência inédita de Lavater com a imperatriz Maria da Rússia*", editada pelos Srs. Lacroix et Cie., da Librairie Internationale, de Paris (*Revista Espírita*, out. 1868, Bibliografia). E em "Bibliografia" da *Revista Espírita* de novembro de 1868, faz a crítica da obra *O espiritismo na bíblia*, ensaio sobre a psicologia dos antigos hebreus, por Henri Stecki. O autor traz à luz muitas citações, que recebem comentários inteligentes, reveladores de um espírita esclarecido, não fanático de ideias, que só visse Espiritismo em tudo.

Surgida em fevereiro de 1869 a obra *História dos calvinistas das Cevenas*, por Eugène Bonnemère, o Codificador dela fala na *Revista Espírita*, Bibliografia. Trata-se da guerra que, no reinado de Luís XIV, foi empreendida contra os Camisardos ou "Trembleurs" de Cevenas, um dos episódios, escreve Kardec, mais tristes e mais comovedores da História da França. O autor procura, com o Magnetismo e o Espiritismo, fazer luz sobre os fenômenos de diversa natureza, sobrenaturais para uns, diabólicos para outros, que se produziram durante a cruenta perseguição aos calvinistas nas montanhas de Cevenas.

Na *Revista Espírita* de abril de 1869, Bibliografia, comenta duas obras recém aparecidas: *Há uma vida futura?*, opiniões diversas sobre esse assunto, colhidas e postas em ordem por *um Fantasma*, pseudônimo que usou ilustre engenheiro e autor de obras filosóficas, conhecido de Allan Kardec. O livro "Não é simples profissão de fé, mas uma demonstração digna de um matemático, por sua lógica cerrada e irresistível [...]".

A outra obra, intitulada *A alma, sua existência e suas manifestações*, escrita pelo Sr. Dyonis, recebe vários comentários elogiosos de Kardec, que diz ser ela "[...] a demonstração da alma, da vida futura, da pluralidade das existências, mas sob uma forma mais didática, mais científica, posto que sempre clara e inteligível para todo o mundo. A refutação do materialismo, e em particular das doutrinas de Buchner e de Moleschott, aí ocupa largo espaço, não sendo a parte menos interessante nem a menos instrutiva, pela irresistível lógica dos argumentos".

Allan Kardec reproduz na *Revista Espírita* de fevereiro de 1865 a oração fúnebre que Victor Hugo pronunciou no "cemitério dos independentes, em Guernesey", junto ao túmulo da jovem Emily de Putron, "a quem um dos filhos do grande poeta, Sr. François Hugo, havia dedicado o 14º volume de sua tradução de Shakespeare [...]".

Victor Hugo (1802–1885)

Publicado em vários jornais franceses, o discurso de Victor Hugo é bela e emocionante página de fundo espírita, à qual, diz o próprio Codificador, só falta a palavra Espiritismo (Discurso de Victor Hugo junto ao túmulo de uma jovem).

6. Indicação por Allan Kardec de obras espíritas suas. – Um caso no qual fez referência a uma gramática de sua coautoria

É interessante lembrar que se Allan Kardec indicava as suas obras, delas não fazia recomendação expressa. "[...] Aqueles aos quais elas não convierem, estão perfeitamente livres para pô-las de lado. Longe de nós a pretensão de imaginar que os outros não possam fazer tão boas ou melhores [...]".

Além de interessante, é bastante curioso haver ele recomendado aos espíritas a leitura e o estudo das mais importantes obras com interpretações antiespíritas, como fez com a do marquês de Mirville e a de Louis Figuier, nas quais, segundo ele, os adeptos do Espiritismo colheriam fatos do mais alto interesse e fortaleceriam suas convicções vendo a pobreza das explicações não espíritas. "[...] Proibir um livro" — sentenciou o Codificador — "é provar que o tememos [...]." (*Revista Espírita*, fev. 1861, Escassez de médiuns).

Em meados de 1861, um crítico, que não se identificou, resolveu, com mordaz superioridade, apontar um erro de gramática por ele descoberto em *O livro dos espíritos*. Kardec escreve na *Revista Espírita* de julho de 1861, Os Espíritos e a Gramática, que o tal crítico deveria primeiro saber, antes de criticar, e passa a demonstrar, com frases dos escritores Regnard e Vaugelas, o acerto da gramática usada pelos Espíritos, nada mais, nada menos que um caso de silepse. E leva o crítico a ler a regra que se encontra na gramática de Boniface e na *Grammaire normale des examens*, de autoria de Lévi-Alvarès e Rivail.[257]

Concluindo, comenta:

> É um verdadeiro prazer ver o trabalho que se dão os adversários do Espiritismo para atacá-lo com todas as armas que lhes caem às mãos. Mas o que há de singular é que, malgrado a quantidade das setas que lhe arremessam, apesar das pedras semeadasem seu caminho, *não obstante as armadilhas que lhes estendem para fazê-lo desviar-se de seu objetivo*, nenhum meio foi ainda encontrado para o deter em sua marcha e ele ganha um terreno desesperador para os que julgam abatê-lo com piparotes. Depois dos piparotes os atletas de folhetim experimentaram as bordoadas, mas ele nem se abalou; em vez disso avançou mais rápido.

---

257 Pela primeira e única vez Allan Kardec faz brevíssima referência escrita, em obra espírita, a um livro escolar de sua autoria.

2

Preparativos finais; continuidade da obra; *Canto do cisne*, de Allan Kardec

1. Período religioso. O Espiritismo como religião

Na *Revista Espírita* de dezembro de 1863, Período de luta, Allan Kardec tece considerações a respeito dos períodos vividos ou a serem vividos pelo Espiritismo, e os nomeia nessa ordem: o da *curiosidade*, o *filosófico*, o da *luta*, o *religioso*, o *intermediário* (que na época própria ganharia nome) e, finalmente, o da *regeneração social*.

Eis o que ele escreveu quanto à passagem do 3º até o 6º período:

> A luta determinará uma nova fase do Espiritismo e levará ao quarto período, que será o *período religioso*; depois virá o quinto, *período intermediário*, consequência natural do precedente, e que mais tarde receberá sua denominação característica. O sexto e último período será o da *regeneração social*, que abrirá a era do século XX [...].

Na colocação dessas fases do Movimento Espírita, não deixa dúvida que o missionário foi altamente inspirado pelo *Espírito da Verdade*, mas cremos que ele, Kardec, apressou-se, por conta própria, em fixar o tempo para cada um dos períodos. Aliás, quando Jesus anunciou a vinda do Consolador, também julgaram que tal acontecimento se daria num tempo bem próximo àquela época, achando alguns que a promessa se cumprira no dia de Pentecostes. No entanto, só no século XIX o Consolador Prometido, desceria até nós, para restabelecer e explicar-nos todas as coisas.

Na verdade, estamos agora vivendo o *período religioso* do Espiritismo, máxime no Brasil, onde, faz mais de cem anos, "os verdadeiros espíritas, ou melhor, os espíritas cristãos", o têm apresentado *qual ele é*, na sua mensagem cristã e renovadora do espírito humano.

Talvez se avizinhe o *período intermediário*, que será, como esclarece o Codificador, "consequência natural do precedente", e, a nosso ver, deverá levar o homem a um novo passo no conhecimento de si mesmo e do chamado mundo invisível, a evidenciar para materialistas e negativistas empedernidos o princípio fundamental em torno do qual gira o nosso destino: Deus e a imortalidade da alma.

Em "Ligeira resposta aos detratores do Espiritismo", inserto em *Obras póstumas*, o Codificador houve por bem deixar para a nossa meditação esse trecho bastante significativo:

> O Espiritismo é uma Doutrina filosófica de efeitos religiosos, como qualquer filosofia espiritualista, pelo que forçosamente vai ter às bases fundamentais de todas as religiões: Deus, a alma e a vida futura. Mas, não é uma religião constituída, visto que não tem culto, nem rito, nem templos e que, entre seus adeptos, nenhum tomou, nem recebeu o título de sacerdote ou de sumo sacerdote [...].

Na *Revista Espírita* de 1864, Reclamação do abade Barricand, escreveu Allan Kardec:

> [...] Quem primeiro proclamou que o Espiritismo era uma religião nova, com seu culto e seus sacerdotes, senão o clero? Onde se viu, até agora, o culto e os sacerdotes do Espiritismo? Se algum dia ele tornar-se uma religião, é o clero que o terá provocado.

2. "O credo, a Religião do Espiritismo"

Apresentamos vários excertos de livros e da *Revista Espírita*, de Allan Kardec, dos anos de 1861, 1862, 1863, 1864, 1866 e 1868 (janeiro e novembro), todos de meridiana clareza. Neles se observa que o pensamento do Codificador e dos Espíritos Superiores foi sempre o mesmo quanto à Mensagem do Cristo contida no Espiritismo e à posição deste como a *Religião*.

Ei-los:

> 1) [...] *os incrédulos por escrúpulos religiosos*, aos quais um estudo esclarecido ensinará que o Espiritismo repousa sobre as bases fundamentais da Religião e respeita todas as crenças [...]. (*O livro dos médiuns*, Pt. 1, cap. 3 – *Do método*, it. 24).
> 2) Os [espíritas] que não se contentam com admirar a moral espírita, que a praticam e lhe aceitam todas as consequências. [...] A caridade é, em tudo, a regra de proceder a que obedecem. São os *verdadeiros espíritas*, ou melhor, os *espíritas cristãos* [ce sont là les *vrais spirites* ou mieux *les spirites chrétiens*] [...]. (Op. cit., it. 28, 3º subit.; os grifos são de Allan Kardec).
> 3) Não ofusqueis esse brilho por sentimentos e atos indignos de verdadeiros espíritas, de espíritas cristãos [n'en ternissez pas l'éclat par des sentiments et des actes indignes de vrais spirites, de spirites chrétiens] [...] (*Viagem espírita em 1862*, Discursos pronunciados nas Reuniões Gerais dos Espíritas de Lyon e Bordeaux, it. III).
> 4) Aproxima-se a hora em que te será necessário apresentar o Espiritismo qual ele é, mostrando a todos onde se encontra a verdadeira Doutrina ensinada pelo Cristo. Aproxima-se a hora em que, à face do céu e da Terra, terás de proclamar que o Espiritismo é a única tradição verdadeiramente cristã e a única instituição verdadeiramente divina e humana [...]. (*Obras póstumas*, Pt. 2, "Livro das previsões concernentes ao Espiritismo",[258] comunicação obtida em Ségur, aos 9 de agosto de 1863, a propósito da elaboração de *O evangelho segundo o espiritismo*).
> 5) Pois que a doutrina que professam [os adeptos do Espiritismo] mais não é do que o desenvolvimento e a aplicação da do Evangelho, também a eles se dirigem as palavras do Cristo [...]. (*O evangelho segundo o espiritismo*, cap. 24, it. 16).

---

[258] O título original do "manuscrito composto com especial cuidado por Allan Kardec e do qual nenhum capítulo fora ainda publicado" era mais completo: *Livre des prévisions et révélations concernant le spiritisme*.

6) [...] Os espíritas poderão aí [nos fenômenos de sonambulismo mediúnico espontâneo] colher grandes ensinamentos, próprios a esclarecer e a fortificar a sua fé, mas, repetimos, seriam sem proveito para os incrédulos. Os fenômenos destinados a convencer estes últimos, e que se podem produzir em plena luz, são de uma outra ordem e, no número, alguns terão lugar e já se produzem, pelo menos em aparência, *fora do Espiritismo*; a palavra *Espiritismo* os horroriza. Não sendo pronunciada, será uma razão a mais para dele se ocuparem. Os Espíritos são, pois, prudentes, quando, por vezes, trocam a etiqueta" (*Revista Espírita*, nov. 1866, Sonambulismo mediúnico espontâneo; grifos de Allan Kardec).

7) [...] Que Espírito, ao demais, ousaria insuflar-lhe [ao Cristo] seus próprios pensamentos e encarregá-lo de os transmitir? Se algum influxo estranho recebia, esse só de Deus lhe poderia vir. Segundo definição dada por um Espírito,[259] ele era *médium de Deus* (*A gênese*, cap. 15, it. 2).

8) Ser expulso da sinagoga equivalia a ser posto fora da Igreja. Era uma espécie de excomunhão. Os espíritas, *cuja doutrina é a do Cristo*, de acordo com o progresso das luzes atuais, são tratados como os judeus que reconheciam em Jesus o Messias.

[...]Aliás, fomos avisados de que tudo hoje tem que se passar como ao tempo do Cristo. (Op. cit., it. 25; grifo nosso).

9) O laço estabelecido por uma religião, seja qual for o seu objetivo, é, pois, essencialmente moral, que liga os corações, que identifica os pensamentos, as aspirações, e não somente o fato de compromissos materiais, que se rompem à vontade, ou da realização de fórmulas que falam mais aos olhos do que ao espírito. O efeito desse laço moral é o de estabelecer entre os que ele une, como consequência da comunhão de vistas e de sentimentos, *a fraternidade e a solidariedade*, a indulgência e a benevolência mútuas. É nesse sentido que também se diz: a religião da amizade, a religião da família.

Se é assim, perguntarão, então o Espiritismo é uma religião? Ora, sim, sem dúvida, senhores! No sentido filosófico, o Espiritismo é uma religião, e nós nos vangloriamos por isto, porque é a Doutrina que funda os vínculos da fraternidade e da comunhão de pensamentos, não sobre uma simples convenção, mas sobre bases mais sólidas: as próprias Leis da Natureza.

Por que, então, temos declarado que o Espiritismo não é uma religião? Em razão de não haver senão uma palavra para exprimir duas ideias

---

[259] A definição está na obra *Espírita e cristão* de Alexandre Bellemare, cujo trabalho foi compulsado por Allan Kardec, antes de editado na França. O Codificador foi autorizado a fazer a citação constante em *A gênese*.

diferentes, e que, na opinião geral, a palavra religião é inseparável da de culto; porque desperta exclusivamente uma ideia de forma, que o Espiritismo não tem. Se o Espiritismo se dissesse uma religião, o público não veria aí mais que uma nova edição, uma variante,se se quiser, dos princípios absolutos em matéria de fé; uma casta sacerdotal com seu cortejo de hierarquias, de cerimônias e de privilégios; não o separaria das ideias de misticismo e dos abusos, contra os quais tantas vezes a opinião se levantou.

Não tendo o Espiritismo nenhum dos caracteres de uma religião, na acepção usual da palavra, não podia nem devia enfeitar-se com um título sobre cujo valor inevitavelmente se teria equivocado. Eis por que simplesmente se diz: doutrina filosófica e moral.

As reuniões espíritas podem, pois, ser feitas religiosamente, isto é, com o recolhimento e o respeito que comporta a natureza austera dos assuntos de que se ocupa; pode-se mesmo, na ocasião, aí fazer preces que, em vez de serem ditas em particular, são ditas em comum, sem que, por isto, sejam tomadas por *assembleias* religiosas. Não se pense que isto seja um jogo de palavras; a nuança é perfeitamente clara, e a aparente confusão não provém senão da falta de uma palavra para cada ideia.

[...]

Crer em um Deus Todo-Poderoso, soberanamente justo e bom; crer na alma e na sua imortalidade; na preexistência da alma como única justificação do presente; na pluralidade das existências como meio de expiação, reparação e adiantamento intelectual e moral; na perfectibilidade dos seres mais imperfeitos; na felicidade crescente com a perfeição; na equitativa remuneração do bem e do mal, segundo o princípio: a cada um segundo suas obras; na igualdade da justiça para todos, sem exceções, favores nem privilégios para nenhuma criatura; na duração da expiação limitada à da imperfeição; no livre-arbítrio do homem, que lhe deixa sempre a escolha entre o bem e o mal; crer na continuidade das relações entre o mundo visível e o mundo invisível; na solidariedade que religa todos os seres passados, presentes e futuros, encarnados e desencarnados; considerar a vida terrestre como transitória e uma das fases da vida do Espírito, que é eterno; aceitar corajosamente as provações, em vista de um futuro mais invejável que o presente; praticar a caridade por pensamentos, em palavras e obras na mais ampla acepção do termo; esforçar-se cada dia por ser melhor do que na véspera, extirpando toda imperfeição de sua alma; submeter todas as crenças ao controle do livre-exame e da razão, e nada aceitar por uma fé cega; respeitar todas as crenças sinceras, por mais irracionais que nos pareçam, e não violentar a consciência de ninguém; ver, enfim, nas descobertas da Ciência, a revelação das Leis da Natureza, que são as Leis de Deus: eis *o Credo, a religião do Espiritismo*, religião que pode conciliar-se com todos os cultos, isto é, com todas as maneiras de adorar a Deus. É o laço que deve unir todos os espíritas numa santa comunhão de pensamentos, esperando que se ligue todos os homens sob a bandeira da fraternidade universal. (*É o Espiritismo uma religião?*, extratos do discurso de Allan Kardec, em 1º de novembro de 1868, na Sociedade Parisiense de Estudos Espíritas, estampado na *Revista Espírita* de dezembro de 1868,. Publicado em *Reformador* de março de 1976, p. 78 a 82).

Para se designarem coisas novas são precisos termos novos. [...] Diremos, pois, que a Doutrina *Espírita* ou o *Espiritismo* tem por princípio as relações do mundo material com os Espíritos ou seres do mundo invisível. Os adeptos do Espiritismo serão os *espíritas*, ou, se quiserem, os *espiritistas*. – ALLAN KARDEC (*O livro dos espíritos*, Introdução ao estudo da Doutrina Espírita, it. I).

3. A "Constituição do Espiritismo", derradeira obra de Kardec

O documento referido, de reflexões e inspirações do Codificador, resultou de plano concebido pelo menos oito ou nove anos antes de 1869, mas seria nos meses iniciais do ano de sua desencarnação que o autor lhe daria os retoques finais, cortes e acréscimos, redistribuindo as matérias objeto de vários itens, conhecidos desde dezembro de 1868, e deixando-o inacabado.

Allan Kardec preocupou-se, sempre, com o *futuro do Espiritismo*. Não deixou ele de chamar a atenção para o que podia ter passado despercebido: em poucas ocasiões *fizera só pressentir* aquela sua preocupação, "[...] mas o bastante para mostrar que não é esta, hoje, uma concepção nova e que, *trabalhando na parte teórica* da obra, não nos descuidávamos do *lado prático*" (*Obras póstumas*, Constituição do Espiritismo – Exposição de motivos, § I – Considerações preliminares).

As modificações, de dezembro de 1868 para princípios de 1869, podem ser resumidas do seguinte modo: matérias foram deslocadas, quais as do § II, mas, neste caso, por Leymarie, que no § X (para o qual nada chegou a ser redigido, que se saiba, pois foi aí que Kardec interrompeu o manuscrito) colocou todo um Relatório da Caixa do Espiritismo, apresentado, aos 5 de maio de 1865, à Sociedade de Paris; assim, sob o § II, passou a figurar o assunto do primitivo § III; o § VI recebeu nova intitulação, abordando a "Amplitude de ação da Comissão Central", em lugar das "Obras fundamentais da Doutrina"; o § VIII, "Vias e meios", trouxe matéria nova: "Do programa das crenças"; o § IX, "Conclusão" (de 1868), é o que, no Documento de 1869, tratou das "Vias e meios", encerrando-o. Não houve depois a parte final, "Conclusão" (que teria constado, no *Documento de 1869*, sob o § X se não houvera o respectivo manuscrito sofrido definitiva interrupção), e a palavra *provisória* foi suprimida do título principal.

Determinados pontos de ambos os documentos (de 1868 e 1869) foram examinados antes, na *Revista Espírita* de dezembro de 1861. Sob a epígrafe "Organização do Espiritismo", encontra-se até um amplo estudo dividido em 25 itens, contendo recomendações muito elucidativas, do mesmo passo que, na de 1866, acha-se, em seguimento a uma comunicação mediúnica, demorada dissertação de Allan Kardec: "Projeto de Caixa Geral de Socorro e outras instituições para os espíritas", com cerca de uma dezena de páginas (abrindo o número de julho da *Revista Espírita* daquele ano).

Louvar-nos-emos, pois, no documento derradeiro, por se nos deparar nele o pensamento último do Codificador, mais experiente e amadurecido nas lutas e meditações, isto é, o que consubstanciou, nos últimos dias de sua vida física, a longa e brilhante vivência como missionário-chefe da Codificação da Doutrina dos Espíritos. São dele estas palavras:

> Essa *falta de precisão, inevitável* no começo e durante o período de elaboração, há frequentemente causado equívocos lamentáveis, fazendo se atribuísse à Doutrina *o que não passava de abuso ou transviamento*".
> "[...]
> [...]
> [...] a qualidade de espírita pode ter um caráter definido, de que antes carecia. (§ VIII – Do programa das crenças; grifo nosso).

A Constituição, reformada, reordenada, acrescida de novos materiais, recebeu desenvolvimentos e nova filosofia interpretativa da prática do Espiritismo. Kardec deu lhe novas condições, definindo ou redefinindo enunciados, suprimindo ou aditando textos, de sorte a transformá-la em *Documento* marcante para os movimentos espíritas, no mundo, depois de publicado em 1890, presumivelmente em obediência a instruções deixadas em papéis que não chegaram ao conhecimento senão dos íntimos.

Concluída a obra de sua vida, Kardec só pôde terminar o § IX da Constituição. Nada mais devia, em 1869, ser acrescido à Codificação Espírita: *estava a rigor concluída*! Não redigiria o § X; não poderia, portanto, prosseguir, como pretendia, aditando à importante peça endereçada ao futuro algo capaz de tornar mais rico ainda o seu substancioso legado de apóstolo da Terceira Revelação. Porque aí, certamente, o *Espírito da Verdade*, que autorizara os Espíritos a promoverem mundialmente uma fenomenologia de despertamento das consciências, traçara diretrizes que Kardec talvez desconhecesse, mas que envolveriam questões gerais e especiais com pertinência a oportuno aproveitamento, sob diferente balizamento, em pontos essenciais daquela Constituição cuidadosamente trabalhada. Não conferiria aos homens a *decisão*, em termos taxativos, de incorporar à Doutrina *princípios novos* decorrentes de suas próprias conclusões (§ IV – Comissão Central, inciso 2º). Dessa parte incumbir-se-iam *mesmo* os Espíritos Reveladores e Orientadores, pelos canais da mediunidade, deixando à consciência dos indivíduos e ao consenso da comunidade espírita, em paulatina e progressiva maturação, o assimilar princípios e ensinos daí em diante reveláveis ou intuitivamente alcançáveis, nos estritos limites do livre-arbítrio e da responsabilidade que dele decorre.

3

MISSÃO CUMPRIDA; SOLENES DESPEDIDAS; DEPOIS DE ALLAN KARDEC

1. Doença de Kardec. – Assistência do Dr. Demeure

Antoine Demeure,[260] desencarnado em Albi (Tarn), França, a 25 de janeiro de 1865, aos 71 anos, fora, segundo o próprio Kardec, o Cura d'Ars da Medicina: médico homeopata, humanitário, sempre disposto a socorrer sofredores e necessitados, encontrou, um dia, na Doutrina do Espiritismo, ao tempo do Codificador, "[...] a chave de problemas cuja solução debalde pedira à Ciência como a todas as filosofias [...]". Abraçando o Espiritismo com ardor, tornou-se um de seus mais perseverantes divulgadores, pois, graças à "[...] profundeza do seu espírito investigador" — é ainda Kardec quem observa —, "compreendeu-lhe

---

[260] Os escassos dados biográficos de Demeure foram colhidos nas obras de Allan Kardec —*O céu e o inferno*, citada, e *Obras póstumas*, pt. 2, Instrução relativa à saúde do Sr. Allan Kardec —, bem assim em *Les Pionniers du spiritisme em France*, Première Partie — "Les Ainés", III — Docteur Antoine Demeure, p. 28 e 29, editada por J. Malgras, 1906, e em *La Revue Spirite*, nov./dez. 1969, p. 238 a 240, *Um protecteur d'Allan Kardec*: le docteur Antoine Demeure, por Hubert Forestier. (Cf. *Reformador*, set. 1974, p. 261 e seguintes: *O Dr. Demeure e a Correspondência de Allan Kardec*, de Francisco Thiesen.)

subitamente todo o alcance [...]" (*O céu e o inferno*, Pt. 2, cap. 2, it. O doutor Demeure).

Antoine Demeure (1794?–1865)

Demeure e Kardec não se conheciam pessoalmente, mas correspondiam-se. Estabeleceu-se, assim, "mútua e viva simpatia" entre ambos, que a morte não só não fez cessar como tornou mais intensa e profunda, pois cinco dias após, a 30 de janeiro, escrevia o bondoso médico:

> "Aqui estou. Ainda vivo, assumi o compromisso de manifestar-me desde que me fosse possível, apertando a mão do meu caro mestre e amigo Allan Kardec.
> A morte emprestara à minha alma esse pesado sono a que se chama letargia, porém, o meu pensamento velava. Sacudi o torpor funesto da perturbação consequente à morte, levantei-me e de um salto fiz a viagem. Como sou feliz! Não mais velho nem enfermo. O corpo, esse, era apenas um disfarce. Jovem e belo, dessa beleza eternamente juvenil dos Espíritos, cujos cabelos não encanecem sob a ação do tempo.
> Ágil como o pássaro que cruza célere os horizontes do vosso céu nebuloso, admiro, contemplo, bendigo, amo e curvo-me, átomo que sou, ante a grandeza e sabedoria do Criador, sintetizadas nas maravilhas que me cercam. Feliz! feliz na glória! Oh! quem poderá jamais traduzir a esplêndida beleza da mansão dos eleitos; os céus, os mundos, os sóis e seu concurso na harmonia do Universo? Pois bem: eu ensaiarei fazê-lo, ó meu mestre; vou estudar, e virei trazer-vos o resultado dos meus trabalhos de Espírito e que de antemão, como homenagem, eu vos dedico. Até breve." – DEMEURE (*O céu e o inferno*, Pt. 2, cap. 2, it. O doutor Demeure).

Crise cardiovascular

A comunicação que vimos de reproduzir, revelando a jovialidade e toda a ternura de uma alma deslumbrada e sonhadora, amiga e agradecida, não sufocara, porém, a positividade científica e a acuidade filosófica do grande médico. Decorridos somente dois dias — sete após o próprio desenlace —, a 1º de fevereiro, Demeure retorna para socorrer Allan Kardec num acidente por este sofrido:[261]

> "[...] tende coragem e confiança em nós, porquanto essa crise, apesar de ser fatigante e dolorosa, não será longa, e, com os conselhos prescritos, podereis, conforme desejais, completar a obra que vos propusestes como fito da vossa existência. [...]" – Vosso amigo, DEMEURE.
>
> "Sou eu, Demeure, o amigo do Sr. Kardec [esta mensagem é a do dia seguinte, 2 de fevereiro de 1865]. Venho dizer-lhe que o acompanhava quando lhe sobreveio o acidente. Este seria certamente funesto sem a intervenção eficaz para a qual me ufano de haver concorrido. De acordo com as minhas observações e com os informes colhidos em boa fonte, é evidente para mim que, quanto mais cedo se der a sua desencarnação, tanto mais breve reencarnará para completar a sua obra. É preciso, contudo, antes departir, dar a última demão às obras complementares da teoria doutrinal de que é o iniciador. Se, portanto, por excesso de trabalho, não atendendo à imperfeição do seu organismo, antecipar a partida para cá, será passível da pena de homicídio voluntário.[262] É mister dizer-lhe toda a verdade, para que se previna e siga estritamente as nossas prescrições." – DEMEURE (*O céu e o inferno*, Pt. 2, cap. 2, it. O doutor Demeure).

Solução para a correspondência

A questão da correspondência de Allan Kardec, cada dia mais volumosa, e a sua saúde, suscitando contínuos cuidados, trazem-lhe novos conselhos de Demeure, visando à restauração das energias físicas do missionário, aos seus afazeres doutrinários e, especificamente, à solução

---

261 A natureza do acidente ou crise não ficou esclarecida. Mas, sabendo-se que o mestre Kardec tinha problemas circulatórios, vindo a desencarnar ao rompimento de um aneurisma da aorta, é bem possível que um distúrbio cardiovascular o tenha atingido. A mensagem do dia 1º terminava com estas palavras: "[...] Está muito quente aquieste carvão é fatigante. Enquanto estiverdes doente, convém não o queimes mais, a fim de não aumentar o vosso sufocamento. Os gases que aí se desprendem são deletérios. – Vosso amigo, DEMEURE".

262 "...coupable d'homicide volontaire...", *Le Ciel et enfer*, quatrième édition, Paris, 1869, p. 234 (À La Librairie Spirite, rue de Lille, 7); *Revista Espírita*, mar. 1865, O doutor Demeure.

para o problema epistolar. Veja-se "Instrução relativa à saúde do Sr. Allan Kardec", comunicação mediúnica de 23 de abril de 1866 (*Obras póstumas*):

> "[...] as forças humanas têm limites que o desejo de que o ensino progrida te leva muitas vezes a ultrapassar. Estás errado, porquanto, procedendo assim, não apressarás a marcha da Doutrina, mas arruinarás a tua saúde e te colocarás na impossibilidade material de acabar a tarefa que vieste desempenhar neste mundo [...]
> [...] — Ouve-me: deixa para mais tarde as grandes obras destinadas a completar a que está esboçada nas tuas primeiras publicações [...]
> [...] sou aqui o delegado de todos os Espíritos que tão poderosamente têm contribuído para a propagação do ensino, mediante suas sábias instruções. Eles te dizem, por meu intermédio, que esse atraso, que consideras prejudicial ao futuro da Doutrina, é uma medida necessária, de mais de um ponto de vista, quer porque certas questões ainda não se acham completamente elucidadas, quer para preparar os Espíritos a melhor assimilá-las. É necessário que outros tenham limpado o terreno, que se ache provada a insustentabilidade de certas teorias e que maior vácuo se haja produzido. Numa palavra: o momento não é oportuno; poupa-te, portanto; quando for tempo, indispensável te será todo o vigor de corpo e de espírito [...]
> [...] Farei aqui o que não ousarias fazer por ti próprio: dirigindo-me à generalidade dos espíritas, pedir-lhes-ei, no interesse mesmo do Espiritismo, que te evitem toda sobrecarga de trabalho [...] Se a tua correspondência algo sofrer com isso, em compensação o ensino ganhará. Às vezes, necessário se torna sacrificar as satisfações individuais ao interesse geral. [...]"

Secretário; Lucros e perdas

A correspondência comum, Kardec passou a responder a ela por intermédio de um substituto, com o que as cartas a serem por ele mesmo preparadas, por abordarem assuntos relevantes, demandariam menores atrasos e em breve estariam em dia. Mas, como resolver o problema das cartas acumuladas, mais de quinhentas? "É preciso" — responde Demeure — "como se diz em linguagem comercial, passá-las em bloco à conta de lucros e perdas. Anunciando esta medida na *Revista*, vossos correspondentes saberão como proceder; compreenderão a necessidade e a considerarão justificada, sobretudo pelos conselhos que precedem. Repito: seria impossível que as coisas continuassem assim por mais tempo; tudo sofreria com isto, e a vossa saúde e a Doutrina. Em caso de necessidade, é preciso saber fazer os sacrifícios indispensáveis [...]" (*Revista Espírita*, mai. 1866, Dissertações espíritas – Instruções para o Sr. Allan Kardec).

Finalidade e alcance daquelas epístolas

Demeure sabia muito bem a significação daquelas epistolas que saíam das mãos do Codificador, o seu poder de penetração nos Espíritos e o alcance amplíssimo que elas tinham na época e teriam ainda no futuro:

> A imensa correspondência que recebeis é para vós uma fonte de documentos e informações; ela vos esclarece quanto à verdadeira marcha e sobre os progressos reais da Doutrina; é um termômetro imparcial; aí colheis, além disso, satisfações morais que, por mais de uma vez, sustentou vossa coragem, vendo a adesão que vossas ideias encontram em todos os pontos do globo. Neste ponto, a superabundância é um bem e não um inconveniente, mas com a condição de secundar os vossos trabalhos, e não de os entravar, vos criando um acréscimo de ocupações. (*Revista Espírita*, mai. 1866, Dissertações espíritas – Instruções para o Sr. Allan Kardec).

Antiga lesão: Carta de Kardec a um amigo

O Dr. Canuto Abreu, em 17 de outubro de 1974, referindo-se ao trabalho acima e, em especial, à nota 11, mandou-nos, em atenciosa missiva, as elucidações adicionais de que precisávamos:

> Após a partida de Zêus (Wantuil), desci ao arquivo à busca duma prova sobre o "acidente" ocorrido com Kardec e referido na comunicação de Demeure de 1º de fevereiro de 1865. E você opinou bem. Eis o que Kardec escreveu no rascunho da carta de 28 de fevereiro de 1865 ao amigo belga:

> "*A Monsieur Judermuhle. Depuis le 31 janvier (1865), j'ai été tres sérieusement malade par suite de la fatigue causée par exces de travail. J'ai eu un rhumatisme interne qui s'est porté au cœur et aux poumons, et qui a nécessité beaucoup de soins. Je n'aipas encore mis les pieds hors de la chambre, mais à présent je vais mieux et suis hors d'affaire, à condition d'être plus prudent à l'avenir. Je pense d'ici à peu de temps pouvoir reprendre le cours de mes travaux forcement interrompus. Etc.*"

"Em face disso, você [Francisco Thiesen] não se enganou no diagnóstico. E tem apoio nos salutares conselhos de Demeure a Kardec. Sobretudo compreenderá que esse homeopata, como o próprio Espírito Hahnemann, fazia, no Espaço, parte da falange protetora de Kardec."

(A tradução do texto francês, supratranscrito, pode ser esta:

"*Ao Senhor Judermuhle. Desde o dia 31 de janeiro (1865) que tenho estado seriamente doente, em razão da fadiga que me trouxe o excesso de trabalho. Fui acometido de um reumatismo interno que se estendeu ao coração e aos pulmões, exigindo muitos cuidados. Sequer pus os pés fora do quarto, embora esteja presentemente melhor, mas afastado do trabalho, condicionado a maior prudência a partir daqui. Cogito dentro em breve, estar apto a retomar o ritmo de minhas atividades, interrompidas por força das circunstâncias. Etc.*"

Sonho-visão durante a doença

Allan Kardec conta que no correr do mês de abril de 1866 caíra doente, tendo ficado sob o império de uma sonolência e um esgotamento quase contínuos. Eis que na noite de 24 de abril ele teve um sonho-visão, que relata na *Revista Espírita* de junho de 1866, um sonho instrutivo:

Num lugar que nada lembrava à nossa memória e que se parecia com uma rua, havia um grupo de indivíduos que conversavam; nesse número só alguns nos eram conhecidos em sonho, mas sem que os pudéssemos designar pelo nome. Considerávamos a multidão e procurávamos captar o assunto da conversa quando, de repente, apareceu no canto de uma muralha, uma inscrição em letras pequenas, brilhantes como fogo, e que nos esforçamos em decifrar. Estava assim concebida: "*Descobrimos que a borracha enrolada sob a roda faz uma légua em dez minutos, desde que a estrada...*" [*Nous avons découvert que le caoutchouc roulé sous la roue fait une lieue en dix minutes, pourvu que la route...*] Enquanto procurávamos o fim da frase, a inscrição apagou-se pouco a pouco e nós acordamos. Temendo esquecer estas palavras singulares, apressamo-nos em as transcrever.

E Kardec prossegue:

Qual podia ser o sentido dessa visão, que nada, absolutamente, em nossos pensamentos e em nossas preocupações, podia haver provocado? Não nos ocupando nem de invenções, nem de pesquisas industriais, isto não podia ser um reflexo de nossas ideias. Depois, que podia significar essa *borracha* [*caoutchouc*] que, enrolada sob a roda, faz uma légua em dez minutos? Era a revelação de alguma nova propriedade dessa substância? Seria ela chamada a representar um papel na locomoção? Queriam pôr-nos no caminho de nova descoberta? Mas, então, por que se dirigir a nós, e não a homens especiais, em condições de fazer os estudos e as experiências necessárias? Contudo, o sonho era muito característico, muito especial, para ser arrolado entre os sonhos de fantasia; devia ter um objetivo; qual? É o que procurávamos inutilmente.

Jean Vartier, que biografou Kardec à sua maneira,[263] foi, entretanto, leal ao dizer que Kardec, "com alguns anos de antecedência, tivera uma inspiração onírica que lhe pôs entre as mãos o princípio da circulação sobre o pneumático, isto é, borracha cheia de ar [...]". E prossegue: "A utilização da borracha na locomoção velocipédica não se processou senão após a sua morte e a página em que ele descreve seu sonho não pode ser considerada como apócrifa. Este sonho encerra então uma das mais curiosas premonições tecnológicas".

Realmente, o Codificador jamais poderia imaginar que quatorze anos mais tarde Dunlop inventaria o pneumático, dentro do qual haveria a câmara de ar, cuja descrição muito superficial ele vira em sonho. Sabe-se do imenso progresso nos transportes, devido a esse invento, e das suas extraordinárias consequências econômicas e sociais em todo o mundo.

Visão de uma equipe de inventores

O Espírito do Dr. Demeure explica a Kardec que o referido sonho não era dessas imagens fantásticas, nem alguma manifestação de Espíritos *desencarnados*, mas sim de Espíritos *encarnados*.

"[...] O que vistes" — esclareceu o Dr. Demeure — "são *encarnados* que, de forma isolada e sem se conhecerem, ocupam-se de invenções tendentes a aperfeiçoar os meios de locomoção, anulando, tanto quanto possível, o excesso de despesa causado pelo desgaste dos materiais hoje em uso. Uns pensaram na borracha, outros em outros materias; mas o que há de particular é que *quiseram chamar a vossa atenção*, como assunto de estudo psicológico, sobre a reunião, num mesmo local, de Espíritos de diversos homens, perseguindo o mesmo objetivo. A descoberta não tem relação com o Espiritismo; é apenas o conciliábulo dos inventores que vos quiseram mostrar, e a inscrição não tinha outra

---

263 VARTIER, Jean. *Allan Kardec, la naissance du spiritisme*. Paris: Librairie Hachette, 1971. p. 174 e 175.

finalidade senão especificar, aos vossos olhos, o objetivo principal de sua preocupação, pois que há alguns que procuram outras aplicações para a borracha. Ficai persuadido de que assim o é muitas vezes, e que quando vários homens descobrem ao mesmo tempo, quer uma nova lei, quer um novo corpo, em diferentes pontos do globo, seus Espíritos estudaram a questão em conjunto, durante o sono e, ao despertar, cada um trabalha por seu lado, tirando proveito do fruto de suas observações" (*Revista Espírita* de junho de 1866, Um sonho instrutivo).

Apoplexia nos olhos; amaurose

Na Primeira Parte, capítulo 27 – *Rivail e a liberdade de ensino*, foi reproduzido o que Kardec escreveu na *Revista Espírita* de agosto de 1862, em Conferências do Sr. Trousseau, professor da Faculdade de Medicina, sobre uma cegueira quase total que experimentara uma dezena de anos atrás, diagnosticada como amaurose por eminente especialista, professor de clínica para moléstias dos olhos. Aconselhado a resignar-se, procurou uma sonâmbula, que lhe falou de simples "apoplexia nos olhos", que, no entanto, poderia degenerar em amaurose. Cuidado convenientemente, tudo sucedeu exatamente como lhe fora dito pela referida sonâmbula, a qual, como escreveu Allan Kardec, responsabilizou-se pela cura e, efetivamente, o curou no prazo estipulado.

A respeito daquela doença, consultamos uma obra especializada, recente, que diz o seguinte:

> AMAUROSE (du gr. *amauroô*, j'obscurcis). — Affaiblissement ou perte totale de la vision, sans altération des milieux transparents de l'oeil, dus à une affection de la rétine, du nerf optique, du cerveau et des méninges. Cet état est produit en général par l'albuminurie, le diabète, la syphilis tertiaire (gommes), l'ataxie locomotrice, la paralysie générale, la méningite, les intoxications (belladone, plomb, tabac). Il peut être la manifestation réflexe d'accidents anciens de l'oeil.[264]

Queríamos, no entanto, um parecer médico sobre o assunto, de profissional conhecedor do Espiritismo e, ao mesmo tempo, informado quanto à matéria pertinente à doença de Kardec, surgida em diferentes ocasiões (como 1865 e 1866). Recorremos ao Dr. Sérgio Thiesen, médico residente do Hospital Universitário da Universidade Federal do Rio de Janeiro (RJ), que assim se pronunciou:

---

264 *Larousse médical illustré*, édition entièrement refondue et augmentée d'un supplément. Paris, Librairie Larousse, 1975.

"Amaurose é a perda parcial ou completa da visão decorrente de afecções retinianas, do nervo óptico, do cérebro (regiões occipitais) ou das meninges. Pode ser decorrente de doenças vasculares, inflamatórias, degenerativas, tumorais ou de intoxicações por determinadas substâncias.

Amaurose fugaz, como o próprio nome salienta, é a afecção, mas de caráter transitório, portanto geralmente reversível (85% dos casos) em semanas ou meses, habitualmente unilateral e decorrente de acidente vascular encefálico, isquêmico, por embolia da artéria retiniana ou de seus ramos. A origem mais frequente desses êmbolos é o sistema carotídeo, geralmente secundário à ateromatose (doença degenerativa das artérias) das carótidas.

Tendo em vista que a causa provável de desencarnação de Allan Kardec teria sido ruptura de aneurisma de aorta e sabendo que esta patologia é frequentemente acompanhada de arteriosclerose da própria aorta e das principais artérias (inclusive das carótidas), podemos supor, como hipótese, que sua perda visual, transitória, teria sido, pois, amaurose fugaz."

Consequência de emoções fortes?

Henri Sausse[265] faz referências aos grandes e variados encargos de Allan Kardec, aos esforços físicos e intelectuais, que já lhe vinham prejudicando a saúde, e às recomendações dos Espíritos no sentido de moderar-se nas atividades a fim de poder concluir a obra pela qual era responsável. Não deixou de mencionar, ainda, que ele dispunha de constituição física para viver cem anos, mas que possuía coração sensível, sendo de admitir-se que a origem do aneurisma, que o vitimara, se devesse, entre outras causas, às traições, insultos e calúnias sistemáticas assacadas contra ele — causadoras de emoções fortes. Kardec, porém, gênio benfeitor e benfazejo, de conduta irrepreensível, mais sofria diante das injustiças partidas de espíritas fúteis e levianos.[266]

Para chegar às conclusões acima, H. Sausse louvou-se em documentos manuscritos por Pierre-Gaëtan Leymarie, encontrados entre sua antiga correspondência, logo após a desencarnação dele, em 1901. Como se sabe, Leymarie fora íntimo de Kardec, amigo, discípulo e continuador do mestre da Codificação do Espiritismo.

---

265 *Biographie d'Allan Kardec* — nouvelle édition (1910) — p. 55, 64 e 65. (Sem indicação de editor, com prefácio de Gabriel Delanne.)
266 N.E.: Ver o cap. *Bibliografia de Allan Kardec*, it. Na intimidade de Allan Kardec, trad. Evandro Noleto Bezerra. FEB.

2. A desencarnação

Como já vimos na Parte Terceira, capítulo I, it. 7. "Projeto de Comunidade Espírita por Allan Kardec" (fragmento de escrito póstumo remontado a 1862), deste volume, Allan Kardec havia publicado na *Revista Espírita* de dezembro de 1868 importante trabalho relativo à "Constituição Transitória do Espiritismo". Preocupado com o futuro do Espiritismo, elaborara um plano de organização em bases firmes, mas progressivas, em que sua pessoa se apagaria para dar maior elasticidade e impessoalidade ao Espiritismo. Esperava imprimir maior vigor e mais ação à filosofia de que se fizera apóstolo, objetivando desenvolver o lado prático e social da Doutrina.

Destinada a "fortalecer os laços da grande família pela unidade da crença" (*Obras póstumas*, Constituição do Espiritismo – Exposição de motivos, § VIII – Do programa das crenças) a referida Constituição, fiel ao princípio de liberdade de consciência, não nutria a pretensão de impor-se a quem quer que fosse.

Pretendia, ainda, Kardec publicar, depois que saíra a sua obra *A gênese*, vários trabalhos, já dispondo de todos os elementos para executá-los, inclusive a programação de cada um até o último capítulo (*Obras póstumas*, A minha primeira iniciação no Espiritismo, it. Duração dos meus trabalhos). Lamentava, porém, não poder dispensar-lhes mais acurada atenção, por falta absoluta de tempo.

Em "Aviso muito importante", na *Revista Espírita* de abril de 1869, Kardec comunicava que a partir de 1º de abril o escritório para assinaturas e expedição da *Revista* seria transferido para a sede da Livraria Espírita, à rua de Lille, n. 7, onde também a Sociedade Espírita de Paris teria, provisoriamente, suas sessões. Comunicava, outrossim, que daquela data em diante os escritórios da redação e o domicílio pessoal de Allan Kardec se transfeririam para a Avenue et Villa Ségur, n. 39, local, aliás, onde Kardec tinha casa de sua propriedade, pelo menos desde 1860.

Segundo informa Henri Sausse,[267] "Desde os primeiros anos de Espiritismo, Allan Kardec havia comprado, com o produto das suas obras pedagógicas, 2.666 metros quadrados de terreno, na avenida Ségur, atrás dos Inválidos. Tendo essa compra esgotado os seus recursos, ele contraiu com o Crédito Imobiliário [*Crédit Foncier*] um empréstimo de 50 mil francos para

---

267 SAUSSE. Henri. *Biografia de Allan Kardec*. Trad. Evandro Noleto Bezerra. FEB. *Biografia de Allan Kardec*, it. Viagem Espírita em 1867. *A gênese*.

fazer construir nesse terreno seis pequenas casas, com jardim; alimentava a doce esperança de recolher-se a uma delas, na Vila Ségur, vila que seria transformada em asilo depois de sua morte, de modo a recolher na velhice os defensores indigentes do Espiritismo".

O excesso de celebração continuada, que o esgotamento de sua constituição física lhe vedava, veio-lhe cortar em meio o fio da existência. Interromperam-se-lhe os planos que tinha em mente, e ele nem chegou a formular os *Princípios fundamentais da Doutrina Espírita reconhecidos como verdades definitivas*, tendo parado no título.

Desencarnou Allan Kardec aos 31 de março de 1869, em Paris, com 65 anos incompletos. Domiciliado à rua Sainte-Anne, n. 59, passagem Sainte-Anne (*IIe arrondissement et mairie de la Banque*), estava ele ultimando os preparativos de mudança, conforme havia declarado pela *Revista Espírita*, quando, entre onze e doze horas, ao atender um caixeiro de livraria, caiu pesadamente ao solo, fulminado pela ruptura de um aneurisma.

Imediatamente após tomar conhecimento do fato, o Sr. E. Muller, grande amigo de Kardec e de sua esposa, mandou o seguinte telegrama aos espíritas lioneses: "*Monsieur Allan Kardec est mort, on l'enterre vendredi*", ou seja, em português: "Morreu o Sr. Allan Kardec, será enterrado sexta-feira".

No mesmo dia, o Sr. Muller assim se expressava em carta ao Sr. Finet,[268] de Lyon:

> Paris, 31 de março de 1869
>
> Agora, que já estou um pouco mais calmo, eu vos escrevo. Enviando-vos meu telegrama, talvez tenha agido um tanto brutalmente, mas me parecia que devíeis tomar conhecimento imediato desse falecimento.
> Eis alguns pormenores:
> Ele morreu esta manhã, entre onze horas e meio-dia, subitamente, ao entregar um número da *Revista* a um caixeiro de livraria que acabava de comprá-lo; ele se curvou sobre si mesmo, sem proferir uma única palavra: estava morto.
> Sozinho em sua casa (rua de Sainte Anna), Kardec punha em ordem livros e papéis para a mudança que se vinha processando e que deveria terminar amanhã. O porteiro, aos gritos da criada e do caixeiro, acorreu ao local, ergueu-o... nada, nada mais. Delanne acudiu com toda presteza, friccionou-o, magnetizou-o, mas em vão. Tudo estava consumado.

---

268 SAUSSE. Henri. *Biografia de Allan Kardec*. Trad. Evandro Noleto Bezerra. FEB. *Biografia de Allan Kardec*, it. A desencarnação de Kardec.

Acabo de vê-lo. Penetrando a casa, com móveis e utensílios diversos atravancando a entrada, pude ver, pela porta aberta da grande sala de sessões, a desordem que acompanha os preparativos para uma mudança de domicílio; introduzido numa pequena sala de visitas, que conheceis bem, com o seu tapete encarnado e seus móveis antigos, encontrei a Sra. Kardec assentada no canapé, de frente para a lareira; ao seu lado, o Sr. Delanne; diante deles, sobre dois colchões colocados no chão, junto à porta da pequena sala de jantar, jazia o corpo, restos inanimados daquele que todos amamos. Sua cabeça, envolta em parte por um lenço branco atado sob o queixo, deixava ver toda a face, que parecia repousar docemente e experimentar a suave e serena satisfação do dever cumprido.

Allan Kardec
(Clichê de *Mémoires biographiques et philosophiques d'un astronome*, de Camille Flammarion, 1ª edição, Paris, 1911)

Nada de tétrico marcara a passagem de sua morte; se não fosse a parada da respiração, dir-se-ia que ele estava dormindo.
Cobria-lhe o corpo uma coberta de lã branca, que, junto aos ombros dele, deixava perceber a gola do roupão que ele vestia quando foi fulminado; a seus pés, como que abandonadas, suas chinelas e meias pareciam possuir ainda o calor do corpo dele.

Tudo isto era triste, e, contudo, um sentimento de doce quietude penetrava-nos a alma. Embora tudo na casa fosse desânimo, caos, morte, tudo ali parecia calmo, risonho e doce, forçando-nos, diante daqueles restos, a meditarmos no futuro.

Eu já vos disse que é na sexta-feira que o enterraríamos, mas ainda não sabemos a que horas; esta noite seu corpo está sendo velado por Desliens e Tailleur; amanhã o será por Delanne e Morin.

Procuram-se, entre os seus papéis, suas últimas vontades, se é que ele as escreveu; de qualquer forma, o enterro será puramente civil. Mais tarde escreverei, dando os detalhes da cerimônia.

Amanhã, creio eu, cuidaremos em nomear uma comissão de espíritas mais ligados à Causa, aqueles que melhor conhecem suas necessidades, a fim de aguardar e saber o que se irá fazer.

De todo o coração, vosso amigo,

MULLER

Testamento de Allan Kardec
(Do arquivo espírita de Canuto Abreu, São Paulo-SP)

Itinerário do féretro a Montmartre

Precisamente ao meio-dia de 2 de abril de 1869, modesto coche funerário, seguido pelos confrades mais íntimos de Kardec, por todos os membros e médiuns da Sociedade Parisiense de Estudos Espíritas, e por uma multidão de amigos e simpatizantes, ao todo mil a 1.200 pessoas, punha-se em marcha, rumo ao Cemitério Montmartre, o mais antigo de Paris, onde nova massa de povo estava concentrada.

Em nova carta ao seu amigo Finet, datada de 4 de abril, o Sr. Muller[269] informava que o préstito fúnebre seguiu a rua de Grammont, atravessou os grandes bulevares, a rua Laffitte, Notre-Dame-de-Lorette, a rua Fontaine, os bulevares exteriores (Clichy) e entrou finalmente no Cemitério Montmartre, onde, bem ao fundo, uma simples fossa recebeu o caixão que encerrava os despojos de Kardec.

Cemitério Montmartre

O discurso do vice-presidente da SPEE

Em nome da Sociedade Parisiense de Estudos Espíritas, que fora fundada e dirigida por Allan Kardec, discursou, junto à cova ainda aberta, seu vice-presidente, Sr. Levent. Achava desnecessário recordar a fisionomia ao mesmo tempo benevolente e austera, o tato perfeito, a justeza de apreciação, a lógica superior e incomparável do mestre.

Refere-se, a seguir, aos labores contínuos do infatigável pensador, que sempre madrugava no gabinete de trabalho, e diz da sua vasta correspondência com as quatro partes do mundo.

Lastimando a partida de Kardec, o orador logo em seguida se consola com este pensamento tantas vezes lembrado pelo extinto Presidente: "[...]

---

269 SAUSSE. Henri. *Biografia de Allan Kardec*. Trad. Evandro Noleto Bezerra. FEB. *Biografia de Allan Kardec*, it. Discursos proferidos junto ao túmulo.

Nada é inútil na Natureza; tudo tem sua razão de ser, e o que Deus faz é sempre bem-feito".

A fala de Camille Flammarion

Depois que o Sr. Levent fez a prece junto à tumba de Kardec, tomou a palavra o sábio astrônomo Camille Flammarion (*Obras póstumas*, Discurso pronunciado junto ao túmulo de Allan Kardec), numa oratória brilhantíssima que magnetizou, por cerca de meia hora, todas as pessoas presentes ao sepultamento, das mais altas classes sociais às mais humildes.[270]

Lembrando o "eminente serviço" que Allan Kardec "prestou à filosofia, *chamando a atenção e provocando discussões* sobre fatos que até então pertenciam ao domínio mórbido e funesto das superstições religiosas", o celebrado autor da *Astronomia popular* acrescentava:

> Seria, com efeito, um ato importante firmar aqui, junto deste túmulo eloquente, que o metódico exame dos fenômenos erroneamente qualificados de supranormais, longe de renovar o espírito de superstição e de enfraquecer a energia da razão, ao contrário, afsta os erros e as ilusões da ignorância e *serve melhor ao progresso*, do que as negações ilegítimas dos que não querem dar-se ao trabalho de ver.

Rendendo sua homenagem à memória do "pensador laborioso", Flammarion traça-lhe as fases principais da vida terrena, *"tão útil e tão dignamente preenchida"* — acentuava ele.

Mais adiante, ainda exaltando a figura do querido extinto, o orador consignava para a posteridade:

> Ele [...] era o que eu denominarei simplesmente "o bom senso encarnado". Razão reta e judiciosa, aplicava sem cessar à sua obra permanente as indicações íntimas do senso comum. Não era essa uma qualidade somenos, na ordem das coisas com que nos ocupamos. Era, ao contrário, pode-se afirmá-lo, a primeira de todas e a mais preciosa, sem a qual a obra não teria podido tornar-se popular, nem lançar pelo mundo suas raízes imensas [...].

---

270 Parcialmente impresso na *Revista Espírita*, o discurso foi publicado completo, em separata de 24 páginas, dada à luz em maio de 1869. Sua reprodução integral foi igualmente feita em *Obras póstumas*. E em 1979 reeditado, na íntegra, em francês, pela Federação Espírita Brasileira, mediante encarte no fim do volume [Apêndice], igualmente reeditado pela FEB, de *Imitation de l'évangile selon le spiritisme*, de 1864 (1. ed. do original francês).

Flammarion faz, a seguir, inteligente exposição científico-filosófica que corrobora as doutrinas reveladas pelo Espiritismo, apresentando o quadro das metamorfoses em a Natureza, dentro do qual resulta que a existência e a imortalidade da alma se revelam pelas mesmas leis da vida.

Após recordar as conversações que ele amiúde mantinha com Allan Kardec, quanto à Vida Espiritual e à pluralidade dos mundos habitados, o ilustre astrônomo francês assim terminava seu eloquente discurso:

> [...] Aos nossos pés dorme o teu envoltório, extinguiu-se o teu cérebro, fecharam-se-te os olhos para não mais se abrirem, não mais ouvida será a tua palavra... Sabemos que todos havemos de mergulhar nesse último sono, de volver a essa mesma inércia, a esse mesmo pó. Mas, não é nesse envoltório que pomos a nossa glória e a nossa esperança. Tomba o corpo, a alma permanece e retorna ao Espaço. Encontrar-nos-emos num mundo melhor e no céu imenso onde usaremos das nossas mais preciosas faculdades, onde continuaremos os estudos para cujo desenvolvimento a Terra é teatro por demais acanhado.
> É-nos mais grato saber esta verdade, do que acreditar que jazes todo inteiro nesse cadáver e que tua alma se haja aniquilado com a cessação do funcionamento de um órgão. A imortalidade é a luz da vida, como este refulgente Sol é a luz da Natureza.
> Até à vista, meu caro Allan Kardec, até à vista!

Outros oradores se sucederam ante a tumba da grande figura do século XIX, nenhum deles, porém, se extravasando em acentos fúnebres ou desesperados, pois a morte, para os espíritas, é libertação, continuidade, vida nova.

Alexandre Delanne e E. Muller

Falou, assim, após Flammarion, o Sr. Alexandre Delanne, que, em nome das sociedades espíritas da França e do estrangeiro, agradeceu ao "pioneiro emérito" a felicidade que morava em todos os corações bafejados pela obra que ele assentara nas bases inabaláveis da fé raciocinada. Em breves palavras, disse das lágrimas que Kardec enxugou, dos desesperos que acalmou, da esperança que fez nascer nas almas abatidas e desencorajadas.

> Discursa, a seguir, para os adeuses finais, o quarto e último orador, o Sr. E. Muller (*Revista Espírita*, mai 1869, Discursos pronunciados junto ao túmulo – Em nome da família e dos amigos):

Falo em nome de sua viúva, daquela que foi sua companheira fiel e ditosa, durante trinta e sete anos de uma felicidade sem nuvens e sem mesclas, daquela que compartilhou de suas crenças e de seus trabalhos, bem como de suas vicissitudes e alegrias; que, hoje só, se orgulha da pureza de costumes, da honestidade absoluta e do sublime desinteresse de seu esposo. É ela que nos dá a todos o exemplo de coragem, de tolerância, de perdão das injúrias e do dever cumprido escrupulosamente.

Falo também em nome de todos os amigos, presentes ou ausentes, que seguiram, passo a passo, a estrada laboriosa que Allan Kardec sempre percorreu honradamente; daqueles que querem honrar a sua memória, recordando-lhe alguns traços de sua vida.

Do elogio fúnebre do Sr. Muller, que evoca as atividades do extinto, dentro e fora do Espiritismo, destacamos, ainda, duas significativas passagens:

> A tolerância absoluta era a regra de Allan Kardec. Seus amigos, seus discípulos pertenciam a todas as religiões: israelitas, maometanos, católicos e protestantes de todas as seitas; de todas as classes: ricos, pobres, sábios, livres-pensadores, artistas e operários etc. [...]
>
> [...] Ele tinha horror à preguiça e à ociosidade; e este grande trabalhador morreu de pé, após um labor imenso, que acabou ultrapassando as forças de seus órgãos, mas não as do seu espírito e do seu coração.

Registros e comentários dos jornais

A maioria dos jornais parisienses, e vários de outras cidades da França e do estrangeiro, noticiaram a desencarnação de Allan Kardec. Alguns deles acrescentaram, ao simples relato dos fatos, parcos comentários acerca do caráter e da obra do extinto. Se houve aqueles, pouquíssimos aliás, que, despeitados talvez, tentaram deslustrar o nome do Codificador e ridicularizar a Doutrina Espírita, outros houve que lhe enalteceram a memória.

O célebre hebdomadário ilustrado parisiense *L'Illustration*, fundado em 1843, estampou em seu número de 10 de abril de 1869, a páginas 237 e 238, um ensaio biográfico sobre Allan Kardec, salpicado de ironia, com laivos de malícia. Escrito por René du Merzer, a única coisa realmente interessante que apresenta é o retrato de Allan Kardec, segundo fotografia fornecida por Leymarie. O original para *L'Illustration* foi desenhado em madeira por Achille-Isidore Gilbert (1828–1899), e habilmente gravado por Charles-Jules Robert (1843–1898), dois talentosos artistas parisienses, saídos da Escola de Belas-Artes, várias vezes premiados com medalhas nos famosos Salões de Artes, de Paris, de cujos júris foram membros em diferentes ocasiões. Com centenas de trabalhos estampados em jornais, revistas e livros, seus nomes estão inscritos nas enciclopédias e nas obras especializadas, como, por exemplo, em *Les Graveurs du XIX siècle* (v. VII e XI), de Henri Beraldi, e no *Dictionnaire critique et documentaire des peintres, sculpteurs, dessinateurs & graveurs*, de E. Bénézit.

No jornal *Paris*, de 3 de abril de 1869, Pagès de Noyez, brilhante jornalista simpático ao Espiritismo, mas não espírita, escreveu, entre outras coisas:

> Vimo-lo deitado num simples colchão, no meio daquela sala de sessões que ele presidia há tantos anos; vimo-lo com o semblante calmo, como se extinguem os que a morte não surpreende, e que, tranquilos quanto ao resultado de uma vida honesta e laboriosamente preenchida, deixam como que um reflexo da pureza de sua alma no corpo que abandonam à matéria.
>
> [...]
>
> A morte de Allan Kardec é notável por uma estranha coincidência. A Sociedade formada por esse grande vulgarizador do Espiritismo acabava de chegar ao fim. O local abandonado, os móveis desaparecidos, nada mais restava de um passado que devia renascer em bases novas. Ao fim da última sessão, o presidente tinha feito suas despedidas; cumprida a sua missão, ele se retirava da luta cotidiana para se consagrar inteiramente ao estudo da filosofia espiritualista. Outros, mais jovens – valentes! – deviam continuar a obra e, fortes de sua virilidade, impor a verdade pela convicção.
>
> [...] Com ele fechou-se o prólogo de uma religião vivaz que, irradiando cada dia, logo terá iluminado a Humanidade. Ninguém melhor que Allan Kardec poderia levar a bom termo esta obra de propaganda, à qual fora preciso sacrificar as longas vigílias que nutrem o espírito, a paciência que educa com o tempo, a abnegação que afronta a estultícia do presente, para só ver a radiação do futuro.
>
> [...] Seu nome, estimado como o de um homem de bem, desde muito tempo é divulgado pelos que creem e pelos que temem. É difícil praticar o bem sem chocar os interesses estabelecidos.

Allan Kardec
(Clichê de *L'Illustration* de 10/4/1869)

E o escrito de Pagès de Noyez assim terminava:

> Esta morte, que o vulgo deixará passar indiferente, não deixa de ser, por isso, um grande fato para a Humanidade. Não é mais o sepulcro de um homem, é a pedra tumular enchendo o vazio imenso que o materialismo havia cavado aos nossos pés e sobre o qual o Espiritismo esparge as flores da esperança. (*Revista Espírita*, maio 1869).

L'Union Magnétique de 10 de abril, pela pena de A. Bauche, salientando às relações estreitas entre os fenômenos espíritas e magnéticos, destacou a grande perda sofrida pelo Espiritismo, de um "[...] homem que soube fazer-se um nome e sobressair-se entre as celebridades contemporâneas" (*Revista Espírita*, mai. 1869).

Outras homenagens e depoimentos

Na reunião da Sociedade Espírita de Paris, em 9 de abril de 1869, o Sr. Levent, vice-presidente da antiga Comissão diretora, discursou quanto à nova constituição da Sociedade, e, ao referir-se a Kardec, acentuou:

> [...] paguemos ao nosso venerável mestre um justo tributo de reconhecimento pelo zelo infatigável que dedicava a estes trabalhos, pelo

desinteresse absoluto, pela completa abnegação de si mesmo, pela perseverança de que deu exemplo na direção desta Sociedade, por ele presidida desde a sua fundação. (*Revista Espírita*, mai. 1869, Nova Constituição da Sociedade de Paris).

Em seus números de 20 e 27 de maio de 1869, o jornal *Sétifien* publicava um artigo de Armand Greslez sobre a vida de Allan Kardec, do qual extraímos apenas os trechos abaixo:

> Se fosse preciso, diz ele, procurar um emblema, uma personificação da falsidade e da mentira, não se agiria mal tomando a Musa da História; porque se o homem, em geral, tem o amor e o sentimento do verdadeiro, também é arrastado pelos preconceitos, pelas inclinações e pelos interesses que quase sempre o fazem afastar-se da senda da verdade, quer se trate das coisas ou dos homens.
> [...]
> Não nos surpreendamos, pois, que Allan Kardec não tenha podido escapar desta lei comum. Este destino, mais que outro, ele o experimentou ainda em vida, vítima que foi de odiosas calúnias e de extravagantes e impudentes difamações. Entretanto, há demonstrações reais de respeito de seus contemporâneos e da posteridade, que não poderiam ser contestadas sem que se cometesse injustiça.
> [...]
> Lutou contra os adversários, mas sempre com sucesso, porque tinha o bom senso, a lógica, o conhecimento da verdade, aliados à sabedoria, à prudência, à habilidade e ao talento. (*Revista Espírita*, jul. 1869, O Espiritismo em toda parte – Biografia de Allan Kardec).

Como Anna Blackwell e um adversário viram Kardec

Anna Blackwell, que conheceu de perto Allan Kardec, algumas obras do qual traduziu para a língua inglesa, deixou para a posteridade essa página referente ao Codificador:[271]

> Allan Kardec tinha a estatura pouco abaixo da média. De compleição forte, cabeça grande, redonda e maciça, feições bem delineadas e olhos cinza-claros, parecia mais alemão que francês; enérgico, determinado, de temperamento calmo, cauteloso, não imaginativo quase até a frieza, era incrédulo, por natureza e educação; pensador rigoroso e lógico,

---

271 DOYLE, Arthur Conan. *A história do espiritualismo*: de Swedenborg ao início do século XX. Trad. José Carlos da Silva Silveira. FEB. cap. 21 – *Espiritualismo francês, alemão e italiano*.

eminentemente prático de pensamentos e atos, mantinha-se livre de misticismos e arrebatamentos; grave, vagaroso no falar, simples de maneiras, deixava transparecer a dignidade serena, resultante da determinação e da franqueza — traços distintivos de seu caráter. Não provocava nem evitava a discussão: voluntariamente não tocava no assunto a que dedicara sua vida, mas recebia, com afabilidade, inúmeros visitantes de todas as partes do mundo, os quais vinham com ele conversar a respeito das ideias de que era reconhecido expoente. Respondia-lhes, então, às perguntas e objeções, aplainando dificuldades, dando informações a todos os investigadores sérios, com os quais falava com liberdade e entusiasmo. Seu rosto, por vezes, iluminava-se com um sorriso franco e amável; contudo, ninguém o surpreendia rindo, haja vista sua habitual sobriedade. Entre milhares de pessoas que o visitavam havia muitas de alta posição social, literária, artística e científica. O imperador Napoleão III, cujo interesse pelos fenômenos espíritas não era mistério, mandou chamá-lo várias vezes às Tulherias, travando com ele longas conversações sobre a doutrina de *O livro dos espíritos*.

Um adversário de Kardec fez-lhe a seguinte descrição física, após estarem frente a frente (*Revista Espírita*, jun. 1865, Os dois espiões):

> [...] então vimos diante de nós um senhor bem corpulento, idoso, de fisionomia bastante amável, olhos singulares que, à primeira vista, pareciam trespassar o indivíduo, para, logo depois, mostrarem certo ar sonhador. Por muito tempo fitei seus olhos, notáveis no mais alto grau, em seu semblante comum.

Revelações feitas por P.-G. Leymarie

Pierre-Gaëtan Leymarie, um dos comensais do Codificador, confessou na ocasião[272] que "As cartas anônimas, as traições, os insultos e a difamação sistemática sempre acompanharam esse laborioso gênio benfeitor, abrindo nele, moralmente, feridas incuráveis [...]". E dizia, a seguir, que o mestre se levantava às 4h30 da manhã, em qualquer estação, "a fim de poder dar conta dos seus muitos e variados trabalhos" diários. Frequentemente o mestre vinha vê-lo e, na casa de Leymarie, se distraía a contar anedotas de alto nível, às quais não faltavam ditos gauleses.

---

[272] SAUSSE. Henri. *Biografia de Allan Kardec*. Trad. Evandro Noleto Bezerra. FEB. *Biografia de Allan Kardec*, it. Na intimidade de Allan Kardec.

"Todos os domingos" — escrevia ainda Leymarie —, "sobretudo nos últimos dias da sua vida, convidava amigos para jantar em sua Vila Ségur. Então, esse grave filósofo, depois de haver debatido os pontos mais difíceis e mais controvertidos da Doutrina, empenhava-se em distrair, qual se fora uma criança, a fim de proporcionar doce satisfação aos convivas. Mostrava-se expansivo, espalhando bom humor em todas as oportunidades. Tinha aptidão especial para fazê-lo de modo digno e com sobriedade, aí misturando uma dose particular de afetuosa bonomia".

E o Sr. Leymarie, mais adiante, revelava para os discípulos que o ignoravam: "Quantas vezes soubemos de pessoas em provação que encontraram junto dele o socorro moral e, não raro, o socorro material. A respeito dessas coisas ele não dizia uma palavra, ocultando no esquecimento suas boas obras [...]".

Comunicações de Kardec; instruções

O repentino desaparecimento de Kardec deixou os discípulos desconsolados e um tanto quanto desorientados. Importava que o Espírito Kardec, pelo menos durante algum tempo, voltasse a confabular com eles, animando-os, aconselhando-os e instruindo-os. E assim, de fato, aconteceu.

Na *Revista Espírita* de maio de 1869, Dissertações espíritas, foram reunidos numa única comunicação os ensinamentos de interesse geral, transmitidos pelo Espírito Allan Kardec a vários médiuns da Sociedade Espírita de Paris, no decorrer do mês de abril.

Na sessão de 30 de abril, nova mensagem de Kardec dava vários conselhos sobre o caminho a seguir e lembrava que o exemplo é o mais poderoso agente de propagação do Espiritismo (*Revista Espírita*, jun. 1869, Dissertações espíritas – O exemplo é o mais poderoso agente de propagação).

Seguiu-se outra, de 20 de junho de 1869, a respeito da "Marcha do progresso" (*Revista Espírita*, jul. 1869); outra, em 17 de agosto de 1869, a propósito do 500º aniversário de nascimento de Jan Hus (*Revista Espírita*, set. 1869, Precursores do Espiritismo); outra, em 14 de setembro de 1869, em torno de "O Espiritismo e a literatura contemporânea" (*Revista Espírita*, out. 1869)); outra, em 4 de outubro de 1869, em Paris, por meio da médium inglesa *Miss* Anna Blackwell, num círculo privado, do qual participava o "espiritualista" Sr. Peebles, redator do *Banner of Light*, jornal *espiritualista* de Boston (EUA), tendo o Espírito Kardec dado uma bela e mui ponderada comunicação quanto às relações presentes e futuras do Espiritismo com o Espiritualismo Moderno (*Revista Espírita*, nov. 1869, O Espiritismo e o Espiritualismo). Em certo trecho, Kardec pede fossem traduzidas as suas obras nos Estados Unidos, onde só se conheciam os argumentos contra a reencarnação. *Miss* Blackwell atendeu a esse pedido, e publicou em inglês as traduções de algumas obras kardequianas.

Aos 21 de setembro de 1869, o mestre faz uma dissertação acerca da comemoração de datas aniversárias (*Revista Espírita*, nov. 1869, Dissertações espíritas — Os aniversários); em novembro de 1869, fala sobre "Os desertores", em expressiva mensagem (*Revista Espírita*, dez. 1869), também publicada em *Obras póstumas*.

Muitas outras instruções foram posteriormente ditadas pelo Espírito Allan Kardec, e os que o conheceram na existência terrena tiveram assim mais uma indubitável confirmação de que a vida continua...

O dólmen de Kardec

Na primeira reunião da Sociedade Espírita de Paris, após as exéquias de Allan Kardec, os membros presentes emitiram a ideia de se levantar um monumento que fosse testemunha da simpatia e do reconhecimento dos espíritas em geral à memória do inolvidável mestre. Essa aspiração, humana, mas sincera, ganhou vulto e em pouco tempo a ela aderiu grande número de correligionários da França e de outros países europeus.

Ficou estabelecido, de comum acordo com Madame Allan Kardec, que a maneira mais racional de simbolizar o homem que foi a simplicidade encarnada seria levantar-lhe um monumento por excelência simples, e que lhe recordasse também o pseudônimo gaulês — Allan Kardec. Foram então buscar no passado, entre os monumentos sepulcrais célticos ou druídicos, simples como os povos primitivos que os elevaram aos seus mortos, a representação ideal do túmulo de Kardec.

Tais construções funerárias cobrem, até hoje, o solo da antiga Bretanha e se acham espalhadas em toda a Europa ocidental, no norte da Europa, na bacia do Mediterrâneo, na Líbia, na Índia, no Extremo Oriente (especialmente o Japão), na Ásia etc., permitindo crer que o uso desses monumentos megalíticos era quase universal. E como, de todas as crenças mais remotas, é o druidismo, praticado pelos antigos iniciados gauleses, uma das que mais se identificam com alguns princípios fundamentais da filosofia espírita, especialmente a reencarnação, muito felizes foram, pois, os discípulos do eminente fundador do Espiritismo na escolha do monumento druídico para perpetuar-lhe, na pedra, o nome e a obra.

Projetada a construção de um dólmen, que, no fundo, figurava simplicidade, universalidade e eternidade, Madame Allan Kardec confiou a uma comissão a direção dos trabalhos.

Escolheu-se no Cemitério do Père-Lachaise (administrativamente conhecido por Cemitério do Leste) um terreno na 44ª divisão, esquina da Avenue de la Nouvelle Entrée com a aleia denominada Chemin du Quinconce, a uma altitude de onde se domina todo o campo de repouso.

Dólmen de Allan Kardec

Feita a compra do referido terreno e, logo depois, das pedras necessárias à construção do túmulo, as quais totalizavam peso superior a 30 toneladas, a comissão, obediente a um desenho do Sr. Sebille, encarregou o Sr. Capellaro de executar meio-busto de Kardec, em bronze. O talentoso escultor francês Charles-Romain Capellaro (1826–1899), biografado em

La Grande encyclopédie, tomo 9, s. d., página 166, bastante conhecido no mundo das artes daquela época, expositor premiado nos Salões de Paris desde 1860, aceitava os princípios fundamentais do Espiritismo.

Já quase terminados os trabalhos da construção, procedeu-se, em 29 de março, à exumação dos despojos mortais de Allan Kardec e sua transferência para a nova morada.

No dia 31 de março de 1870, pelas duas horas da tarde, os espíritas inauguravam o monumento dolmênico levantado em memória de Allan Kardec. De imponente simplicidade, aquele túmulo "fala aos olhos e à alma a linguagem dos séculos desaparecidos, evocando a lembrança das antigas gerações que consagraram por seu culto e por suas sepulturas as crenças reencontradas no Espiritismo moderno". Com a frente para o Chemin du Quinconce, o dólmen tem, defronte, o túmulo da família Robillard, à esquerda a Avenue de la Nouvelle Entrée, à direita uma concessão desocupada, e atrás o jazigo do marquês de Casariera.

Na inauguração, com a presença de grande número de espíritas de Paris e da província, fizeram uso da palavra, em eloquentes expressões de reconhecimento e gratidão, as respeitáveis figuras do Espiritismo na França: Levent, Desliens, Leymarie e Guilbert.

O Sr. Levent discursou "em nome da família e dos amigos", tendo sido estas as suas palavras finais, dirigidas aos manes do querido morto: "[...] e o vosso nome, gravado no panteão da História entre os daqueles benfeitores da Humanidade, transmitir-se-á, de geração em geração, qual o dos antigos profetas".[273]

O Sr. A. Desliens, secretário-gerente da *Revista Espírita*, em longo discurso intitulado "O homem é espírito e matéria", enalteceu a figura missionária de Kardec. Seguiu com a palavra o Sr. P.-G. Leymarie, num emotivo panegírico ao "venerável mestre", e, logo depois, o Sr. Guilbert, presidente da Sociedade Espírita de Rouen, que falou "em nome dos espíritas dos centros afastados".

Impossibilitados de comparecer à inauguração do dólmen, vários espíritas remeteram, a propósito, belíssimas cartas. Duas delas foram publicadas em brochura: a do Sr. H. Vanderyst, de Spa (Bélgica), e a do Sr. Alexandre Delanne, companheiro dedicado de Kardec durante doze anos.

---

273 "Discursos pronunciados pelo aniversário de morte de Allan Kardec". *In: O espiritismo na sua expressão mais simples e outros opúsculos de Kardec*. Trad. Evandro Noleto Bezerra. FEB.

O Sr. Vanderyst, em sua carta datada de 29 de março de 1870, assinalou em certo parágrafo: "A memória de Allan Kardec, como a de todos os grandes reformadores, perpetuar-se-á sobretudo na posteridade [...]".[274]

Alexandre Delanne (pai de Gabriel Delanne) escreveu de Rouvray, aos 30 de março de 1870. Retido ali por longa e dolorosa doença, não pôde assistir à tocante cerimônia em Paris e prestar homenagem, de viva voz, àquele que lhe infundiu a fé esclarecida. De sua extensa missiva extraímos, por julgá-la bastante curiosa, a parte que destaca o caráter e a nobreza d'alma de Kardec:[275]

> Ninguém saberia, melhor que eu, reconhecer as raras qualidades de Allan Kardec e render-lhe justiça. Muitas vezes, em minhas longas viagens, vi o quanto era ele amado, estimado e compreendido por todos os adeptos. Todos desejavam conhecê-lo pessoalmente a fim de lhe agradecerem por eles lhes ter dado a luz por intermédio de suas obras, e lhe testemunharem sua gratidão e seu completo devotamento. Eles ainda o amam, até hoje, como a um verdadeiro pai. Todos lhe proclamam o gênio e o reconhecem como o mais profundo dos filósofos modernos. Contudo, estarão em condições de o apreciar em sua vida privada, isto é, em suas ações? Puderam avaliar a bondade de seu coração, seu caráter tão firme quanto justo, a benevolência de que usava em suas relações, a caridade efetiva que inundava sua alma, sua prudência e sua extrema delicadeza? — Não!
>
> Muito bem! É desse ponto de vista, senhores, que hoje vos quero falar do autor de *O livro dos espíritos*, já que por muitas vezes tive a honra de ser recebido em sua intimidade. Como testemunhei algumas de suas boas ações, creio não ser descabido fazer algumas citações aqui.
>
> Um amigo meu de Joinville, o Sr. P..., veio ver-me certo dia. Fomos juntos à Vila Ségur, a fim de visitar o mestre. No decorrer da conversa, o Sr. P... narrou a vida de privações por que passava um compatriota seu, já avançado em idade e a quem tudo faltava, inclusive agasalhos para se cobrir no inverno, e obrigado a proteger os pés desnudos em toscos tamancos. Este homem de bem, entretanto, longe estava de se lastimar e, sobretudo, de pedir auxílio: era um pobre envergonhado. É que uma brochura espírita lhe caíra sob os olhos, permitindo-lhe haurir na Doutrina a resignação para as suas provas e a esperança de um futuro melhor.

---

[274] "Correspondências", Carta do Sr. Vanderyst, de Spa – Bélgica. *In*: *O espiritismo na sua expressão mais simples e outros opúsculos de Kardec*. Trad. Evandro Noleto Bezerra. FEB.

[275] Id., Carta do Sr. Delanne. *In*: *O espiritismo na sua expressão mais simples e outros opúsculos de Kardec*. Trad. Evandro Noleto Bezerra. FEB.

Vi, então, rolar uma lágrima compassiva dos olhos de Allan Kardec e, confiando ao meu amigo algumas moedas de ouro, disse-lhe: "Tomai--as, para que possais prover às necessidades materiais mais prementes do vosso protegido. E, já que ele é espírita e suas condições não lhe permitem instruir-se tanto quanto ele desejaria, voltai amanhã. Sereis portador de todas as obras de que eu puder dispor, a fim de as entregar a ele". Allan Kardec cumpriu sua promessa e hoje o velhinho bendiz o nome do benfeitor que, não satisfeito em lhe socorrer a sua miséria, ainda lhe dava o pão da vida, a riqueza da inteligência e da moral.

Alguns anos atrás, recomendaram-me uma pessoa reduzida à extrema miséria, expropriada violentamente de sua casa e jogada sem recursos no olho da rua, com mulher e filhos. Fiz-me, de intérprete desses infortunados junto ao mestre. No mesmo instante, sem querer conhecê--los, sem mesmo inquirir de suas crenças (eles não eram espíritas), Allan Kardec forneceu-me os meios de os tirar da miséria, o que lhes evitou o suicídio, pois já haviam decidido libertar-se do fardo da vida, tornado pesado demais às suas almas desalentadas, caso tivessem que renunciar à assistência dos homens.

Enfim, permiti que eu narre ainda o seguinte fato, em que a generosidade de Kardec rivaliza com a sua delicadeza.

Um espírita, residente num lugarejo situado a vinte léguas de Paris, havia pedido a Allan Kardec lhe concedesse a honra de uma visita, a fim de este assistisse às manifestações espíritas que com ele se produziam. Sempre solícito quando se tratava de prestar um obséquio, e atento ao princípio de que o Espiritismo e os espíritas tudo devem aos humildes e os pequenos, logo partiu, acompanhado de alguns amigos e da Sra. Allan Kardec, sua estimada companheira.

Não teve por que se arrepender de sua resolução, porquanto as manifestações que testemunhou foram verdadeiramente notáveis. Mas, durante sua curta permanência ali, seu anfitrião foi cruelmente afligido pela perda súbita de uma parte de seus recursos. Consternados, os pobres coitados dissimulavam o seu pesar tanto quanto lhes era possível. Todavia, a notícia do desastre chegou a Allan Kardec e, no momento de partir, tendo-se informado da cifra aproximada do prejuízo, remeteu ao administrador da cidade uma soma mais que suficiente para restabelecer o equilíbrio financeiro da situação do seu hospedeiro. O lavrador só tomou conhecimento da intervenção de seu benfeitor após a partida deste.

Eu não pararia de falar, senhores, se me fosse dado lembrar os milhares de fatos deste gênero, conhecidos tão somente por aqueles que ele socorreu; porque ele não aliviava apenas a miséria material, mas também

levantava, com palavras confortadoras, o moral abatido, e isto sem que sua mão esquerda jamais soubesse o que dava a direita.
Antes de terminar, impossível resistir ao desejo de vos revelar este último fato. Uma tarde, certa pessoa de minhas relações, que passava por cruéis provações, mas que a todos ocultava sua miséria, encontrou na portaria uma carta lacrada, restrita a estas simples palavras: "Da parte dos bons Espíritos", e contendo recursos suficientes para ajudá-la a sair da crítica situação em que se achava. Do mesmo modo que a bondade do mestre lhe descobrira o infortúnio, meu amigo, guiado por alguns indícios e pela voz do coração, logo reconheceu o seu anônimo benfeitor.
Eis o coração desse filósofo, tão desconhecido durante sua vida! A despeito de tudo, quem mais do que ele, tão bom, tão nobre, tão grande em suas palavras quanto em suas ações, foi mais alvo da injúria e da calúnia? [...]

Precisamente no dia 31 de março de 1870, sensibilizado com os testemunhos de afeição externados pelos ex-companheiros de jornada terrena junto àquela consagração material de sua obra, o Espírito Kardec declara, por intermédio de um dos médiuns da Sociedade de Paris,[276] que o monumento vem eternizar não a memória de Allan Kardec — "ela vive em vossos corações, e este testemunho lhe basta" —, mas a época que viu erigir em corpo de doutrina "os princípios sobre os quais repousam a existência e a legislação natural dos universos".

Descrição do monumento druídico

O dólmen de Kardec, simples e severo em suas linhas, é constituído de três moles de granito bruto em posição vertical (*esteios*), sendo duas pilastras na frente[277] e uma laje atrás, sobre as quais repousa uma quarta pedra tabular (*mesa ou chapéu*) em suave declive para trás, de modo a delimitarem, todas elas, um espaço (*câmara*), de cujo centro se eleva um pedestal quadrangular, em granito liso, no topo do qual está colocada a herma, em bronze, de Allan Kardec, quase em tamanho natural, executada por Capellaro. No pé desta herma foi entalhado, de fora a fora, o nome ALLAN KARDEC; lateralmente, à direita, acha-se a assinatura do escultor e, entre parênteses, o ano 1870.

---

276 "Resposta do Espírito Allan Kardec", Os monumentos na Antiguidade. In: *O espiritismo na sua expressão mais simples e outros opúsculos de Kardec*. Trad. Evandro Noleto Bezerra. FEB.
277 Na face dianteira de cada uma dessas pilastras, e bem junto a elas, há uma espécie de contrapilastra, de pequena altura. Ligando estas últimas, bem assim as partes laterais do dólmen, estende-se uma corrente de grossos elos de bronze.

Na face dianteira do referido pedestal, leem-se as seguintes inscrições:

FONDATEUR
DE LA
PHILOSOPHIE SPIRITE

———

TOUT EFFET A UNE CAUSE
TOUT EFFET INTELLIGENT
A UNE CAUSE
INTELLIGENTE
LA PUISSANCE DE LA
CAUSE EST EN RAISON
DE LA GRANDEUR
DE L'EFFET
3 OCTOBRE 1804
31 MARS 1869

No bordo frontal da pedra que, pesando seis toneladas, serve de teto, acha-se gravado o apotegma que resume a doutrina kardequiana, de justiça e progresso:

NAÎTRE, MOURIR, RENAÎTRE ENCORE
ET PROGRESSER SANS CESSE
TELLE EST LA LOI

Esta inscrição faltava à época da inauguração, tendo sido esculpida ainda em 1870.[278] Jean Vartier, que parcialmente biografou Kardec,[279] escreve que ela fora calcada no capítulo 9 da primeira parte da obra *Die wahlverwandstschaften*", de Johann Wolfgang von Goethe. Vartier baseou-se na tradução francesa de Camille Selden, pseudônimo de Elise Krinitz, publicada em Paris, s. d., com prefácio datado de janeiro de 1872. De fato, na referida tradução — *Les Affinités électives*" —, a página 78, há referência a uma casa cujos fundamentos seriam então lançados. Na solenidade, um pedreiro (*maçon*), com o martelo numa das mãos e a colher na outra, procurou em pequeno discurso dizer que o edifício a ser levantado seria um dia destruído, acrescentando: "Naître pour mourir, mourir pour renaître, telle est la loi universelle. Les hommes y sont soumis, à bien plus forte raison leurs travaux".

Dólmen de Allan Kardec

O Sr. Vartier, com aquele seu apressado e mordente espírito crítico, deveria ter estudado mais a fundo o assunto. Descobriria, então, que no original alemão não há aquela frase, tal como está em francês; que a

---

278 "Inauguração do monumento", Introdução. In: *O espiritismo na sua expressão mais simples e outros opúsculos de Kardec*. Trad. Evandro Noleto Bezerra. FEB. Neste opúsculo foi anexada uma estampa (*vue*) do dólmen de Kardec, "executada (*executée*) com o maior cuidado e a mais rigorosa exatidão pelo Sr. Pégard, gravador, conforme desenho feito pelo Sr. Sebille".
Pégard, gravador em madeira, da Escola francesa, fez as gravuras do *Dictionnaire d'architecture* de Viollet-le--Duc e as da *Histoire populaire, anecdotique et pittoresque de Napoléon*. (Apud BÉNEZIT, E. *Dictionnaire des peintres, sculpteurs, dessinateurs et graveurs*. nouvelle édition, tome sisième. Librairie Grund, 1966. p. 571.)
279 VARTIER, Jean. *Allan Kardec, la naissance du spiritisme*. Paris: Librairie Hachette, 1971. p. 150 e 151.

tradução francesa, feita com certa liberdade por C. Selden, fora publicada posteriormente em janeiro de 1872, mais de um ano após ter sido gravado o apotegma em questão no dólmen de Kardec; que, se houve plágio (como o Sr. Vartier quis insinuar), este partiu do tradutor.

Não acreditamos, porém, em plágio de quem quer que seja. A frase em foco andava no ar, não é de Kardec, como pretendem alguns, e pode ser encontrada, com algumas variantes, em citações bem anteriores à desencarnação de Kardec, como, por exemplo, na obra *Clé de la vie*, de Louis Michel, organizada por C. Sardou e L. Pradel, editores, rue du Hassard, 9, Paris, datada de 1º de agosto de 1857, página 570:

> Saturées de l'aimant divin, de l'amour divin, des provisions divines de toute nature, les âmes solaires, par cet aimant, par cet amour, par tous ces divers agents célestes, font *naître, vivre, circuler, évolutionner; mûrir, se transformer*, manter au chemin ascendant, leurs soleils et leurs planetes, et, parles âmes de ces dernières, font jouir des mêmes avantages la plus obscure image de Dieu elle-même, l'homme, resté, encare, en dehors de l'unité; dês qu'il consent à s'y prêter un peu.

Em discurso pronunciado na presença de Kardec, no dia 14 de outubro de 1861, na Reunião Geral dos Espíritas de Bordeaux, o Sr. Sabò disse textualmente:

"...pour aller à lui, il faut *naître, mourir et renaître* jusqu'à ce qu'on soit arrivé aux limites de la perfection..." (*Revista Espírita*, nov. 1861, Reunião geral dos espíritas bordeleses).

Vejamos também estas duas frases:

"Tout, tout, dans cette grande unité de la création, *existe, naît, vit, fonctionne et meurt et renaît* pour l'harmonie universelle".

"[...] il faut *naître, mourir et renaître* jusqu'à ce que l'on soit parvenu aux limites de la perfecion".

Estão elas em *Les Quatre évangiles*, J.-B. Roustaing, tome premier, Paris, Librairie Centrale, 24, Boulevard des Italiens, 1866, às páginas 191 e 227, respectivamente.

Notemos que a frase é substancialmente a mesma, sob várias formas, sempre, porém, com o mesmo sentido, em 1857, 1861, 1866 e finalmente em 1870, quando foi insculpida no frontispício do dólmen de Kardec, em três linhas:

NAÎTRE, MOURIR, RENAÎTRE ENCORE
ET PROGRESSER SANS CESSE
TELLE EST LA LOI

Terá sido por tudo isso que o Espírito Emmanuel a atribui não a um ser humano em particular, mas sim ao Espiritismo. Com efeito, diz ele, na página intitulada *Problema conosco*, inserta no livro *Justiça divina* (F. C. Xavier, FEB):

"E *o Espiritismo acentua*: 'Nascer, viver, morrer, renascer de novo e progredir continuamente, tal é a lei'." (Grifo nosso).

Herma do dólmen de Allan Kardec
(Da obra de A. Moreil)

A herma do dólmen de Kardec vista lateralmente
(Da obra de A. Moreil)

O mais famoso e visitado do Père-Lachaise

O Cemitério do Père-Lachaise, o mais importante de Paris, "verdadeiro museu" segundo a expressão de certo escritor, encerra maravilhosas sepulturas que ilustres artistas ergueram em homenagem a celebridades da música, das ciências, do teatro, da pintura, da literatura, da política, da filosofia, da guerra etc.

Sendo uma das necrópoles mais visitadas em todo o mundo, e isto desde a sua inauguração, em 1804, ainda hoje atrai a admiração dos turistas que vão à Cidade-luz.

Nesses últimos sessenta anos, o dólmen de Kardec tornou-se como que o ponto obrigatório dos visitantes do Père-Lachaise, sejam eles espíritas ou não.

A imprensa de várias nações tem salientado essa curiosa preferência, explicando-a quer pela forma original do sepulcro, quer pela divulgação sempre crescente do nome Allan Kardec, quer, ainda, pela profusão de flores depositadas junto ao dólmen, a demonstrar, de conformidade com as palavras de Samuel Smiles, que "os homens verdadeiramente grandes e bons nunca morrem, nem mesmo neste mundo".

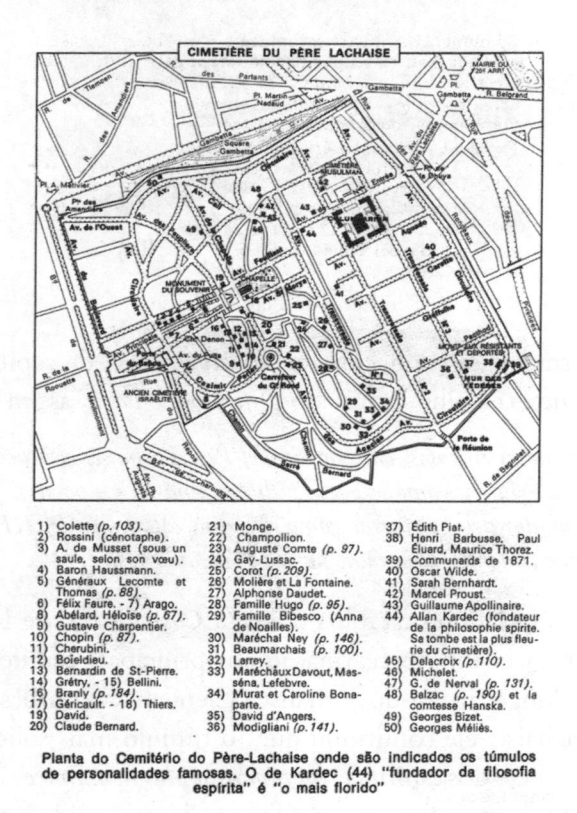

Planta do Cemitério do Père-Lachaise onde são indicados os túmulos de personalidades famosas. O de Kardec (44) "fundador da filosofia espírita" é o "mais florido".

Edmundo Lys, ilustre jornalista e cronista, que por muitos anos abrilhantou as páginas do jornal carioca *O Globo*, disse, certa vez, que o túmulo de Kardec, no Père-Lachaise, bem cuidado e florido, era o único que realmente permanecia vivo no meio de todos aqueles mortos.

Em 1959, a prestigiosa revista norte-americana *Holiday*, editada em Filadélfia, publicava em seu número de janeiro o artigo de J. Bryan

— "Paris: the Bust and the Chain", ilustrado com fotografias, e no qual o jornalista vivamente recomendava, aos turistas em Paris, duas atrações inesquecíveis: o pôr do sol emoldurado pelo Arco do Triunfo e o dólmen de Kardec.

Cemitério do Père-Lachaise

Posteriormente, a conhecida revista *Horizontes*, da capital mexicana, num interessante trabalho intitulado *Difuntos de París*, assim assinalava:

> *Dos notas curiosas, entre otras, del Père Lachaise: el sauce sobre la tumba de Musset, como el poeta pidió en una de sus poesías, y la tumba del fundador del espiritismo como doctrina, Allan Kardec (Hipólito Rivail), perennemente cubierta de flores por sus adeptos.*

Em 1967, os leitores da folha francesa *Coopérateur*, de 11 de novembro, puderam fazer uma peregrinação aos principais cemitérios de Paris por meio de longo artigo do jornalista Clément-Chavardès. Ao percorrer o Père-Lachaise, ele confirmou que "o túmulo mais solicitado é o de Allan Kardec, chefe dos espíritas" (*la tombe la plus demandée est celle d'Allan Kardec, chef des spirites*), fato que não lhe era desconhecido, consoante suas próprias palavras: "Eu sabia que Kardec atraía gente de todas as classes sociais, que vinha de longe, até do estrangeiro, para meditações junto ao seu túmulo cercado de rosas e dálias".

O jornalista e escritor Jean Vartier, a quem já nos referimos algumas vezes atrás, igualmente destacou:[280]

> Ele [o dólmen] conservou-se como uma das curiosidades — para não escrever, a vedeta — do Père-Lachaise. Há cento e três anos Kardec

---
280 VARTIER, Jean. *Allan Kardec, la naissance du spiritisme*. Paris: Librairie Hachette, 1971. p.p. 291 e 292.

está morto. E, entretanto, todas as manhãs, uma profusão de flores frescas, notadamente rosas vermelhas, recobrem seu túmulo. Durante as horas de funcionamento do Père-Lachaise, jamais as proximidades desse túmulo estão desertas.

Desde 1870, espiritistas de várias partes do mundo, inclusive do Brasil, têm-se reunido anualmente, no dia 31 de março, diante do dólmen, em homenagem e reconhecimento a Kardec, numa demonstração patente de que os sacrifícios do missionário francês não foram em vão e que ele permanece tão vivo no passado quanto no presente.

No volume 2 do grande *Dictionnaire historique des rues de Paris*, editado por Les Éditions de Minuit, s/d, de autoria de Jacques Hillairet, ao se fazer o histórico do Cemitério do Père-Lachaise, é estampada, à página 123 uma relação, ano por ano, das personalidades mais famosas ali inumadas desde a sua fundação, figurando entre elas o nome do "escritor espírita Allan Kardec".

Nos últimos quinze anos de sua existência terrena, Allan Kardec se transformou, segundo as palavras de André Moreil,[281] no homem universal, fundador de uma moral e uma filosofia universais. Sua obra, estruturada de acordo com o método científico, penetrou rapidamente em várias partes do mundo, conquistando milhões de seguidores entre as mais diferentes classes sociais.

---

281 MOREIL, André. *La vie et l'œuvre d'Allan Kardec*. Paris: Édition Sperar, 1961, p. 155.

4

Curiosidades

1. Primeiras lições de moral à infância

Num artigo intitulado — "Primeiras lições de moral da infância" (*Revista Espírita*, fev. 1864), o mestre Allan Kardec mostra os vários erros em que os pais incorrem na educação dos filhos, achando que pecam mais por ignorância do que por má vontade. "[...] Ora, para os pais, onde os meios de instruir-se nesta parte tão importante de sua tarefa? [...]" Previu, então, que uma verdadeira ciência, nada mais que um "ramo da educação", com seus princípios e regras, forneceria os conhecimentos úteis aos pais.

A nosso ver, Kardec se referia ao que mais tarde foi denominado: Psicologia infantil, que tantos desenvolvimentos vem recebendo, com vasta e proveitosa aplicação mundial.

O Espiritismo começou com a iniciativa de uma menina, em Hydesville, na família Fox (Kate, 9 anos), que foi a primeira pessoa a concluir que os fenômenos eram produzidos por um ser inteligente, de maneira intencional, querendo comunicar o seu pensamento e escolhendo a forma inusitada dos "raps", para ser percebido, entendido e poder, depois, dialogar, por meio do código *criado* pelo espírito de improvisação da mesma garota. Não havia, ali, a futilidade de que se revestiria a fenomenologia das mesas girantes e dançantes, que fez vibrarem os salões elegantes da Europa. A *juventude americana* precedera, nisso, o próprio Codificador, que vira assunto sério, para estudos profundos, na exótica fenomenologia a que assistira. Ele iria utilizar-se, por sua vez, da *juventude*, um grupo de jovens médiuns femininos prestar-se-ia aos trabalhos do grande inquérito a que submeteu o mundo invisível, propiciando *O livro dos espíritos*, formado graças às respostas a perguntas que eram formuladas, e a instruções da maior importância.

Na *Revista Espírita* de novembro de 1861, diz Allan Kardec em seu pronunciamento sobre "O Espiritismo em Bordeaux":

> Uma vez que nos reportamos a esses diversos discursos, não queremos omitir, como traço característico, a pequena alocução que nos foi recitada com graça encantadora e ingênua solicitude por um menino de 5 anos e meio, filho do Sr. Sabò, quando da nossa chegada ao seio dessa família verdadeiramente patriarcal, e sobre a qual o Espiritismo derramou a mancheias suas benfazejas consolações. Se toda geração que surge estivesse imbuída de tais sentimentos, seria permitido entrever como muito próxima a mudança que deve operar-se nos costumes sociais, mudança que de todos os lados é anunciada pelos Espíritos. Não penseis que aquela criança tenha recitado sua pequena saudação como um papagaio. Não; captou-lhe muito bem o sentido. O Espiritismo, no qual, por assim dizer, foi embalada, já é para a sua jovem inteligência um freio, que compreende perfeitamente e que sua razão, ao se desenvolver, não rechaçará.
>
> Eis o pequeno discurso do nosso jovenzinho Joseph Sabò, que ficaria muito desgostoso se não o publicássemos:
>
> "Sr. Allan Kardec, permiti à mais jovem de vossas crianças espíritas vir hoje, dia para sempre gravado em nossos corações, vos exprimir a alegria causada por vossa estada entre nós. Ainda estou na infância, mas meu pai já me ensinou que são os Espíritos que se manifestam a nós; a docilidade com que devemos seguir seus conselhos; as penas e recompensas que nos estão destinadas. E, em alguns anos, se Deus o julgar conveniente, também quero, sob os vossos auspícios, tornar-me um digno e fervoroso apóstolo do Espiritismo, sempre submisso ao vosso saber e à vossa experiência. Em recompensa por estas breves palavras, ditadas por meu coraçãozinho, conceder-me-íeis um beijo, que não ouso vos pedir?"

Temos na palavra de Allan Kardec o pronunciamento de uma criança, já em 1861! A infância estava presente no Movimento Espírita. Aliás, é bem conhecida a sessão espírita efetuada na ausência de Alexandre Delanne, pelo seu filho de oito anos, Gabriel, o futuro apóstolo da parte científica do Espiritismo e valoroso componente da Equipe da Codificação Kardequiana. Não apenas realizou a sessão, mas explicou o necessário às pessoas que, com ele, dela participaram. Depois disso — passado algum tempo —, Delanne estaria recebendo, sentado aos joelhos de Allan Kardec, o tratamento que um vovô costuma dispensar aos netos. Era a criança, Gabriel, que enveredava para a adolescência.

Como explicaremos mais adiante, Flammarion (Camille), outro apóstolo e igualmente membro da Equipe da Codificação, naquele mesmo 1861 torna-se sócio da SPEE. Estava com 19 anos. *Jovem*, pois, e de excepcional talento, além de médium.

A *Infância e a Juventude* preparavam-se, em 1848 e 1861, para a futura tarefa da Evangelização, que viria mais adiante. Mas possuindo desde então a chave maravilhosa do Espiritismo.

Com o advento de *O evangelho segundo o espiritismo*, em 1864, os pais passariam a dispor de elementos capazes para se instruírem convenientemente, a fim de poderem prestar aos seus filhos, no lar e nos grupos e centros espiritistas, a educação religiosa-evangélica programada pelo Mundo Maior.

Foi assim nos tempos primeiros do Espiritismo, antes e durante o *esforço de síntese* de Allan Kardec.

2. A navegação aérea entrevista por Allan Kardec

Em 1859, o missionário de Lyon como que previa o progresso futuro da aeronáutica, aventando, por meio de perguntas feitas ao Espírito do aeronauta francês Poitevin, falecido em 1858, o problema da dirigibilidade dos balões e sua concretização, bem assim a navegação aérea em grande escala, sobre o mar, por exemplo, para o transporte de grande número de pessoas e de objetos materiais. Kardec observava, ainda, que de futuro haveria, incontestavelmente, engenheiros em aerostática, como havia engenheiros navais, mas isso — acrescentava — só seria possível quando aqueles pudessem ver e sondar, por si mesmos, as profundezas do oceano aéreo.

> [...] se um dia essa ciência tornar-se uma realidade, não só o será senão por seu intermédio. Aos olhos de muita gente isso ainda é uma quimera, razão por que os inventores, que geralmente não são capitalistas, não encontram nem o apoio nem o encorajamento necessários. Quando a aerostação der dividendos, mesmo em esperança, e puder ser admitida

nas transações oficiais da Bolsa, não lhe faltarão capitais. Até lá, é necessário contar apenas com o devotamento daqueles que veem o progresso antes da especulação. [...] O sucesso não será obtido senão a preço de muitos sacrifícios para entrar no caminho da prática, e que significa sacrifício e exclusão de qualquer ideia de benefício. Esperemos que a ideia de dotar o mundo da solução de um grande problema, ainda que fosse do ponto de vista da Ciência, inspire um desinteresse generoso. Mas a primeira coisa a fazer seria fornecer aos teóricos os meios de aquisição de experiência do ar, mesmo por intermédio dos meios imperfeitos que possuímos [...] (*Revista Espírita*, abr. 1859, Conversas familiares de Além-Túmulo – Sr. Poitevin, aeronauta).

É deveras curioso o que Poitevin disse em sessão particular com Allan Kardec. Profetizou que um "meio de comunicações poderoso e dotado de certa presteza" substituiria os balões, e transportaria os passageiros com velocidade superior à dos trens. Acrescentava, mais adiante, que não se deveria esperar muito do sistema então empregado, mas que muito mais se obteria "agindo-se sobre o ar por compressão forte e extensa".

E prosseguia:

> [...] O ponto de apoio que procurais está diante de vós e vos cerca por todos os lados; com ele vos chocais a cada um de vossos movimentos; diariamente ele entrava a vossa rota e influi principalmente no que tocais. Pensai bem nisso e tirai dessa revelação tudo quanto puderdes: suas deduções são enormes [...].

Jacques-Etienne Montgolfier (1745–1799)

Só bem mais tarde o balão pôde realmente ser dirigido, seguindo-se a construção da máquina mais pesada que o ar, a qual, tendo por ponto de apoio o próprio ar, realizaria, em pleno século XX, a travessia dos mares, conduzindo pessoas e objetos em grande número, tal como o Codificador intuitivamente deixara escrito na *Revista Espírita* de 1859.

É interessante saber que não apenas na França a Espiritualidade esteve intimamente entrosada com a navegação aérea por meio de aparelhos mais pesados do que o ar. Nos Estados Unidos da América, os Espíritos já antes de 1856 profetizavam, por intermédio de Andrew Jackson Davis, o aparecimento de veículos aéreos movidos por uma força motora de natureza explosiva. E aqui no Brasil, pelo médium Ernesto Castro, da cidade de Silveiras (SP), era recebida, em 30 de julho de 1876, do Espírito Etienne Montgolfier, uma profética mensagem,[282] extraordinária em todos os seus termos, falando claramente acerca do "portentoso pássaro mecânico" que, mediante "estupendo motor", "percorrerá o espaço, conduzindo em suas soberbas asas os homens de vários continentes". Prognosticava, ainda, a referida mensagem que a navegação aérea não seria um sonho, mas "brilhante realidade" dentro em breve, e que o Brasil estava fadado a "demonstrar a força dessa grandiosa máquina aérea". Santos Dumont tinha, àquela época, 3 anos...

Alberto Santos Dumont (1873–1932)

---

[282] Publicada em *Reformador* de 1º de agosto de 1883.

3. Emancipação da mulher

Allan Kardec, na *Revista Espírita* de janeiro de 1866, é um apologista da emancipação legal da mulher. A lei, diz ele, posto ainda a considerasse em grau menor, pouco a pouco relaxou os laços da tutela. Se na ocasião podia-se considerar a mulher emancipada moralmente, precisava que o fosse legalmente, resultado a que ela chegaria, um dia, pela força das coisas adiantava Kardec. Explicando que Deus criou iguais e semelhantes as almas masculinas e femininas, as desigualdades fundadas pela ignorância e pela força bruta desaparecerão com o progresso e o reino da justiça.

> Com a Doutrina Espírita, a igualdade da mulher não é mais simples teoria especulativa; já não é uma concessão da força à fraqueza, mas um direito fundado nas próprias Leis da Natureza. Dando a conhecer essas leis, o Espiritismo abre a era da emancipação legal da mulher, como abre a da igualdade e da fraternidade. (*Revista Espírita*, jan. 1866, As mulheres têm alma?).

Servindo-se de notícias vindas dos EUA e da Inglaterra, quanto à emancipação da mulher e seus direitos, Kardec escreve na *Revista Espírita* de junho de 1867 outro artigo, em que analisa a fundo a questão, sob diversos ângulos, para concluir que o Espiritismo consagra os direitos da mulher, fundado nas Leis da Natureza. Felicita os EUA pelas iniciativas que ali se tomavam a respeito desse assunto, achando, porém, que esse país deveria igualmente conceder uma posição legal e de direito comum à raça negra. "Mas" — acentuou Kardec —, "da igualdade dos direitos seria abusivo concluir pela igualdade das atribuições. Deus dotou cada ser de um organismo apropriado ao papel que deve desempenhar na Natureza [...]." (Emancipação das mulheres nos Estados Unidos).

O Codificador era, como já dissemos, favorável à emancipação da mulher, dentro de certos limites. É com satisfação que ele reproduzia em sua revista o que, a propósito, se conseguia em algumas partes do mundo, principalmente nos EUA. Assim, na *Revista Espírita* de março de 1869, Variedades – Emancipação das mulheres nos Estados Unidos, noticia a concessão do direito de voto e de elegibilidade às mulheres de Yankton, cidade de Dakota (EUA); o exame a bacharelato em Ciências feito na Faculdade de Ciências de Paris pela Srta. Alexandrine Bris; o caso de duas jovens americanas, conhecidas dele, Kardec, irmãs da Srta. B..., membro da

Sociedade Espírita de Paris, que possuíam diploma de doutoras e exerciam a Medicina junto a mulheres e crianças. O missionário de Lyon aprova esse novo papel da mulher, e lastima que na França ainda não se chegasse a tanto.

4. Nos dicionários e enciclopédias

A primeira obra desse gênero que incluiu o nome Allan Kardec foi a 2ª edição do *Dictionnaire universel des contemporains*, de G. Vapereau, editado provavelmente entre 1861 e 1863, saindo a edição em 1865.

Com amplos dados biográficos sobre Kardec, surgiu, em 1865, o primeiro tomo do *Nouveau dictionnaire universel*, de Maurice Lachâtre, sendo considerado, na época, a maior enciclopédia de conhecimentos humanos.

Em 1873, o tomo 9 do *Grand dictionnaire universel du XIXe siècle*, de Pierre Larousse, "a mais completa enciclopédia que até então aparecera no mundo", registrava a biografia de Kardec, complementando-a no "Suplemento" (1878), tomo 16.

Igualmente no *Nouveau Larousse illustré*, no *Larousse du XXe Siècle*, no *Grand Larousse encyclopédique* e em outros "Larousses" Kardec é biografado. Como escreveu certo cronista, é uma consagração suplementar a entrada no "Larousse", pois, "para que uma palavra seja candidata a ingressar naquele mundo em ordem alfabética, é preciso que ela seja realmente importante, possua um bom lastro popular e já se tenha integrado na vida cotidiana, quer na França, como em outras paragens de além-mar".

Ainda na França, podemos citar, entre os muitos dicionários e enciclopédias que verbetam o nome Allan Kardec, o *Dictionnaire biographique et bibliographique*, de Alfred Dantès; o *Manuel bibliographique des sciences psychiques ou occultes*, de A. L. Caillet; o *Nouveau dictionnaire encyclopédique universel illustré*, de Jules Trousset; *La Grande encyclopédie* por uma *Société de savants et de gens de lettres*; o monumental *Dictionnaire de biographie française*, de J. Balteau, Barroux e Prevost, publicação iniciada em 1932 e ainda inacabada; o *Dictionnaire encyclopédique Quillet*, em 6 volumes, Paris, 1937; o *Dictionnaire usuel le nouveau Quillet-Flammarion*, Paris, 1967 etc.

Não vamos relacionar, de outros países, obras biobibliográficas que incluem o verbete Allan Kardec. Seria alongar demasiado esse registro.

Podemos, isto sim, indicar as enciclopédias brasileiras e luso-brasileiras que dão a Kardec tratamento respeitoso. Entre elas cabe-nos citar: *Enciclopédia e dicionário internacional*, pelos Editores W. M. Jackson; *Lello universal* (*Dicionário enciclopédico luso-brasileiro*), editado por Lello & Irmão; *Enciclopédia brasileira mérito*, pela Editora Mérito S. A.; *Dicionário enciclopédico brasileiro ilustrado*, sob a direção do prof. Álvaro Magalhães; *Grande enciclopédia portuguesa e brasileira*, da Editorial Enciclopédica Ltda., de Lisboa; *Enciclopédia barsa*, pela Encyclopaedia Britannica Editores Ltda.; *Grande Enciclopédia Delta-Larousse*, pela Editora Delta S. A. que chegou a estampar, em cores, o retrato de Kardec; *Dicionário e Enciclopédia Koogan-Larousse, de Seleções*, Lisboa-Rio-Nova Iorque e muitas outras obras publicadas, de igual teor, nos últimos dez anos.

Comprovada a divulgação sempre crescente do nome e da obra de Allan Kardec, que o culto das gerações consagrou, achamos que o Sr. Levent, no discurso que pronunciou há cem anos no túmulo do Codificador do Espiritismo, ao dirigir-se aos manes do querido morto, não errou ao afirmar:

"[...] e vosso nome, gravado no panteão da História, entre daqueles benfeitores da Humanidade, transmitir-se-á, de geração em geração, qual os dos antigos profetas".

5. Os quatro primeiros selos postais espíritas do mundo

O selo da Codificação

O primeiro selo postal espírita emitido no mundo o foi em 1957, no Brasil, graças à iniciativa e ao exaustivo trabalho da Federação Espírita Brasileira, na presidência de Antônio Wantuil de Freitas.

Tratava-se de comemorar o 1º CENTENÁRIO DA CODIFICAÇÃO DO ESPIRITISMO (em justa e merecida homenagem a Allan Kardec) por meio de um selo comemorativo, que, na definição oficial, "se destina a assinalar acontecimento digno de homenagem nacional".

Longo requerimento-memorial, dirigido pela FEB às autoridades competentes, levou, após várias *démarches*, à aprovação do selo em pauta, popularmente conhecido como o "selo da Codificação".

A fim de que fique registrado em livro esse evento, reproduzimos aqui o edital 6/57 (Processo n. 3.523/57):

Características: taxa Cr$2,50, cor marrom, formato retangular horizontal, papel filigranado, filigrana Casa da Moeda do Brasil, impressão talho-doce, desenhista Bernardino da Silva Lancetta, fotógrafo Antônio de Sayão Lobato, foto compositor Walter Lopes Quinteiros, gravadores Gildásio Ferreira de Souza e Neposiano Máximo dos Santos, impressor Mário Dracxler. Dimensões do selo 0,023x0,036mm; da picotagem 0,029x0,041mm; da estampa 0,260x0,310mm. Quantidades de selos por estampa 50, de estampas 100 mil, total da emissão 5 milhões de exemplares. Descrição: no ângulo superior direito, internamente, em caracteres unidos e em três linha horizontais, as palavras "BRASIL" na primeira, e "CORREIO" na segunda e a taxa "Cr$2,50" na terceira; na base do motivo, na metade direita, numa faixa unida interrompida em farpas, em caracteres brancos e em dois lances horizontais, a inscrição: "1957 – 1º CENTENÁRIO DA" no primeiro lance, "CODIFICAÇÃO DO ESPIRITISMO" no segundo lance; em fundo linhado horizontalmente e sombreado com linhas a 45º, como elemento da composição destacam-se: na metade esquerda, o busto de Allan Kardec, pseudônimo do famoso educador francês Hippolyte-Léon Denizard Rivail, médico, poliglota, e cientista com inúmeras obras didáticas publicadas, mais conhecido, entretanto, como o Codificador do Espiritismo; na metade direita, um livro sobre o globo simboliza *O livro dos espíritos*, a primeira obra da Codificação, lançada a 18 de abril de 1857, que, traduzida em diferentes idiomas, difunde o Espiritismo pelo Brasil e por várias outras nações onde há liberdade de culto e pensamento. Junto à base, na metade esquerda, em caracteres unidos, o pseudônimo "ALLAN KARDEC", sob o busto do homenageado.

Malgrado os veementes protestos da intolerância de certos meios católicos, este primeiro selo postal espírita começou a circular em todo o Brasil precisamente no dia 18 de abril de 1957, com o uso de carimbos comemorativos obliteradores, no Rio de Janeiro, inclusive no balcão postal instalado na Avenida Passos, n. 30, sede da Federação Espírita Brasileira.

Vários e importantes órgãos do Espiritismo e da imprensa leiga do Brasil e do Exterior referiram-se ao auspicioso acontecimento, conforme se pode ler na coleção de *Reformador* de 1957. De todos os lados, os meios filatélicos reagiram favoravelmente à emissão, inclusive a revista nova-iorquina *Stamps*, o órgão filatélico de maior tiragem do mundo.

Foi este, na verdade, o selo comemorativo mais "badalado" no Brasil, e sua repercussão foi de tal monta que a *Grande enciclopédia portuguesa e brasileira* registrou o acontecimento no vol. 39 (Apêndice), ao fim do artigo KARDEC (Allan).

O selo do Evangelho

A 14 de junho de 1963, Antônio Wantuil de Freitas, Presidente da Federação Espírita Brasileira, dava entrada nos Correios de um bem justificado requerimento, solicitando a emissão do segundo selo postal espírita, a que mais tarde chamariam simplesmente o "selo do Evangelho".

Pelo edital 18/64 (Processo n. 39.052/63), transcrito em *Reformador* de maio de 1964, página 110, o selo seria lançado em 18 de abril de 1964, comemorativo do centenário de "O EVANGELHO" DA CODIFICAÇÃO ESPÍRITA, ou seja, de *O evangelho segundo o espiritismo*, de Allan Kardec.

Desenhado pelo consagrado artista Bernardino da Silva Lancetta e impresso pelo sistema de rotogravura em papel couché-bobinado-filigranado, filigrana Brasil-estrela-Correio, na tiragem de 5 milhões de exemplares, o "selo do Evangelho" circulou em todo o território nacional no dia aprazado, sendo usados no Rio de Janeiro (RJ) e em São Paulo (SP) carimbos obliteradores comemorativos.

Como o anterior, este segundo selo recebeu geral e simpática acolhida da grande imprensa diária brasileira, bem assim dos filatelistas e dos espíritas de todo o mundo.

O selo do centenário da desencarnação de Kardec

No dia 31 de março de 1969 era lançado no Brasil, na tiragem de 2 milhões de exemplares, o selo postal comemorativo do CENTENÁRIO DE MORTE de Allan Kardec, satisfeita, assim, uma petição ao Departamento de Correios e Telégrafos, assinada pelo Presidente da Federação Espírita Brasileira em 31 de março de 1968.

A. Wantuil de Freitas mostra ao repórter de *O Globo*, em 18 de abril de 1957, uma folha de selos do 1º Centenário da Codificação do Espiritismo.

A venda do selo em pauta e a aplicação de carimbos comemorativos foram realizadas em balcões postais instalados na FEB–Rio, à Avenida Passos, n. 30, térreo, bem assim na Federação Espírita do Estado de São Paulo.

Sobre o êxito total no lançamento do "selo Kardec–69", desenhado por Bernardino da Silva Lancetta, impresso em *offset*, filigrana Correio--estrela-Brasil, *Reformador* de 1969, página 93, trouxe ampla reportagem, na qual se destaca o ato solene do lançamento, com a presença do

Chefe de Gabinete do Ministro das Comunicações e de várias outras autoridades, tendo por ponto alto a leitura da saudação de S. Ex.ª o Sr. Ministro das Comunicações, que assim concluiu a sua mensagem:

Allan Kardec ensina pela prática o amor cristão pregador da solidariedade humana e, assim, a homenagem que hoje a ele é prestada tem o sentido humano e cristão, porque é exaltada a personalidade de quem, nos longos anos de sua vida, demonstrou acentuado amor pelo próximo.

O selo do centenário da Imprensa Espírita no Brasil

À Empresa Brasileira de Correios e Telégrafos foi dirigido, em 18 de abril de 1968, pelo Presidente da Federação Espírita Brasileira, requerimento pedindo a emissão de um selo postal comemorativo do 1º CENTENÁRIO DA IMPRENSA ESPÍRITA NO BRASIL.

Autorizada a emissão, na tiragem de 1 milhão de exemplares, o selo foi lançado no dia 26 de julho de 1969, tendo sido usados carimbos comemorativos obliteradores na Associação Brasileira de Imprensa, no Rio de Janeiro (RJ); na União Espírita Baiana (Salvador, BA); na Federação Espírita do Estado de São Paulo (São Paulo, SP); e na Livraria Espírita, de Porto Alegre (RS).

Alguns carimbos obliteradores comemorativos dos selos espíritas.

O lançamento do referido selo, desenhado por Bernardino da Silva Lancetta, impresso pelo sistema de rotogravura, em papel couché-filigranado, filigrana Brasil-estrela-Correio, foi prestigiado por conceituados órgãos da imprensa falada e escrita, o que redundou numa venda maciça de selos, conforme se pode ler nos meses de agosto e setembro de *Reformador* de 1969.

* * *

Todos esses quatro selos postais foram, realmente, os únicos emitidos em todo o mundo, relacionados com o Espiritismo.

O Espírita Mineiro, órgão da União Espírita Mineira (UEM), soube bem compreender o alcance dessas realizações, deixando à meditação dos espíritas este pronunciamento:

> O selo é um atestado do que podem realizar os espíritas quando integrados de fato na obra de sua unificação.
> Só o esforço dirigido, a obra disciplinada, a convergência das ideias em torno de anseios definidos, poderão construir o edifício concreto da Terceira Revelação.
> A Federação Espírita Brasileira soube plantar, em meio aos inúmeros obstáculos, a afirmação serena do seu valor, exemplo claro de sua destinação como condutora de um movimento religioso que lançará na Terra as sementes de uma nova Civilização.

"Tais vitórias" — assinalou honestamente o *Reformador* — "devemo-las, em verdade, aos próprios espiritistas do Brasil, que trabalham em uníssono com a Federação Espírita Brasileira, a esta possibilitando as realizações que enaltecem e elevam o nome do Espiritismo entre a gente brasileira e os povos de outras nações".

6. "Procès des Spirites"[283]

O eminente Léon Denis, no seu admirável livro *Joana d'Arc, médium*" (*Jeanne d'Arc médium*), traduzido para o português por Guillon Ribeiro (FEB), não pôde ocultar esta expressão (p. 130 e seguintes): "Jamais se viu a natureza humana subir tão alto, de uma parte, e, de outra, cair tão baixo". Referia-se, respectivamente, à conduta de Joana, grandiosa, sublime, e à hipocrisia, perfídia, servilismo de 71 criaturas, "fariseus de corações petrificados" que "fazem da religião uma máscara destinada a dissimular ardentes paixões [...]".

Há muitos pontos de semelhança entre o processo de *Joana d'Arc* e o *des Spirites*. Seria legítima a assertiva de terem os autênticos espíritas subido tão alto, enquanto os seus opositores, os seus algozes, desciam tanto?

Mas, "a Igreja" — é o próprio Léon Denis quem no-lo informa — "procurou desculpar-se da acusação que lhe pesava, havia séculos, e para isso se empenhou na tarefa de lançar o odioso da condenação de Joana exclusivamente sobre Pedro Cauchon, bispo de Beauvais".

A Justiça da França, no "Processo dos Espíritas", iniciado a 16 de junho de 1875, sob patrocínio e inspiração não ostensivos de forças influentes, ao envolver na condenação o honrado pioneiro do Espiritismo, Pierre-Gaëtan Leymarie — depois das inusitadas agressões verbais à viúva Allan Kardec, em pleno Tribunal —, salvo prova em contrário, até hoje não documentada, nem sequer aproveitou a ocasião, que os recursos de apelação de Leymarie lhe propiciaram, para reparar a clamorosa violência perpetrada pela intolerância religiosa que a usou, como quis, para os seus fins.

---

[283] Este trabalho integra o livro *Procés des spirites*, editado pela FEB, 1976, 1. ed. no Brasil (em francês) e 2ª no mundo; bem assim a separata, em português, *Processo dos espíritas*, 1976, 92. ed. em 1977), de Hermínio C. Miranda, que, na *Apresentação* de sua lavra, resume os principais lances do incrível processo.

Léon Denis, na obra citada, ainda enfatiza:

> O temível tribunal do Santo Ofício, que na época [ano 1430] já não era mais do que um fantasma, reaparecia, saía da sombra, para reclamar a maior vítima de quantas lhe compareceram à barra. E a Universidade de Paris, a principal corporação eclesiástica da França, lhe apoiava as reivindicações. Anatole France, bem informado sobre este ponto, diz ["*Vie de Jeanne d'Arc*, tomo II, p. 179): "No caso da Pucela, não era unicamente um bispo quem punha a Santíssima Inquisição em movimento, era a filha dos reis, a mãe dos estudos, o belo e refulgente sol da França e da cristandade, a Universidade de Paris".

No "Procès des Spirites" a história se repete. Apenas com esta diferença: o temível tribunal do Santo Ofício — que, a rigor, só depois de 9 de outubro de 1861, devido ao episódio do Auto de Fé em Barcelona, conheceria o próprio fim —, visível ou invisivelmente considerado, abstém-se de qualquer procedimento ostensivo, aparatoso, na condenação do homem que, quer pela posição ocupada no Movimento Espírita francês, quer pela sua envergadura moral e prestígio nos demais países, bem e fielmente representava o Espiritismo, o alvo realmente visado pela conspiração trevosa. Prefere agir como agiu: orientando, de maneira oculta, a ação da Justiça da "Cidade-luz", a famosa e culta Paris. E sem precisar do apoio da Universidade...

Quanto a Pierre-Gaëtan Leymarie, condenado, cumpriu integralmente a pena de reclusão celular por tempo bem superior a um ano. Além de pesada multa. Não conheceu a fogueira, certamente por causa da diferença de quatro séculos entre o seu e o processo da Médium que libertou Orléans e tornou possível a sagração de Carlos VII rei da França. Em compensação, não mereceu canonizado...

Vão incluídas no bojo deste prefácio duas peças recentemente publicadas em *Reformador*, dada a importância das pesquisas em documentação, antiga e rara, que poucos conhecem: "Primeiro Centenário do *Procès des Spirites*" e "Pierre-Gaëtan Leymarie, 75º ano de Desencarnação".

Dessarte, com a *Apresentação*, escrita em português por Hermínio C. Miranda, enriquecida com ilustrações noutros livros dificilmente encontráveis, a reprodução fotomecânica do inteiro teor do documentário elaborado por Madame Marina P.-G. Leymarie, em 1875, em francês, adquire a característica de obra a mais completa que existe sobre o secular processo.

Seguem-se as aludidas transcrições de *Reformador*:

Primeiro Centenário do "Procès des Spirites"

Cinco anos após a desencarnação de Allan Kardec, a *Revista Espírita* publicou inúmeros artigos sobre *fotografia de Espíritos*, ilustrando-os, bem assim as notas informativas que a respeito estampava, com as fotos das pessoas que posavam para os fotógrafos (Buguet — médium — e Firman), e junto às quais apareciam amigos ou parentes desencarnados. Uma das fotografias, de Madame Allan Kardec, trazia a imagem do Codificador do Espiritismo, ostentando uma mensagem em francês, transcrita também na *Revista Espírita*.

No ano seguinte — 1875 — precisamente no dia 16 de junho, quarta-feira, instaurava-se um processo que ficaria célebre: o *Procès des Spirites* (Processo dos Espíritas), movido em Paris, Ministério Público, contra Buguet, Firman e, também (e especialmente, é óbvio), Pierre-Gaëtan Leymarie. Os jornais da época, habituados que estavam em ridicularizar os fatos espíritas, não pouparam os acusados nem o Espiritismo. Gabriel Delanne (*O espiritismo perante a ciência*, FEB), tratando da *fotografia espírita*, diz, a propósito do caso, o seguinte:

> A despeito das alegações de mais de 140 testemunhas que afirmaram, sob palavra de honra, haver reconhecido personagens mortas de sua família, e obtido suas fotografias, aproveitaram a má-fé do médium Buguet para fazer acreditar ao público que nessas produções só havia, de um lado, velhacaria e, do outro, credulidade estúpida.
>
> [...] Quando se veem pessoas sérias como Royard, químico, Tremeschini, engenheiro, a condessa de Caithness, o conde Pomar, o príncipe de Wittgenstein, o duque de Leuchtemberg, o conde de Bullet, o coronel Devolluet, O. Sullivan, ministro dos Estados Unidos, Turck, cônsul, jurarem que reconheceram Espíritos, por serem a reprodução exata da fisionomia de seus parentes ou amigos mortos, é preciso ser cego para duvidar da realidade das manifestações.
>
> Os juízes, entretanto, não hesitaram em condenar *Leymarie*, gerente da sociedade espírita, a um ano de prisão e 500 francos de

multa, *porque esperavam atingir nele o Espiritismo* [grifos nossos], doutrina que diz respeito ao clero, muito de perto, e por isso não se podia deixar de sentir a sua ação na penalidade infligida àquele que representava o Espiritismo francês.

Delanne faz menção, a seguir, do entendimento de Eugène Nus a respeito dessa espécie de causas, transcrevendo-lhe uma página sobre julgamentos, e prossegue:

> Se tivemos que experimentar uma condenação contra nós, foi porque nos desviamos da rota traçada por Allan Kardec. Este inovador era contrário à retribuição dos médiuns e tinha para isso boas razões. Em sua época, os irmãos Davenport muito fizeram falar de si, mas, como ganhavam dinheiro com suas habilidades, Allan Kardec afastou-se deles, prudentemente.

O "Procès des Spirites" é algo tenebroso, autêntica peça inquisitorial, só concebível de ter existido nos distantes tempos da Idade Média. As próprias autoridades judiciais se permitiram dialogar de forma desrespeitosa com os acusados, avançando conclusões e, mesmo, desvirtuando informações, com o intuito indisfarçado de prejulgar. Nem sequer a viúva Allan Kardec, que prestou declarações como testemunha intimada a comparecer a interrogatório, teve o tratamento devido aos seus cabelos brancos, conforme protesto verbal, na hora, e escrito, que exigiu fosse exarado nos autos respectivos.

Leymarie foi condenado e preso. De todas as partes do mundo espírita recebeu ele manifestações de confiança, solidariedade e integral apoio moral. Sua mulher, identificada com o trabalho do dirigente da *Revista* e da *Société pour la continuation des œuvres spirites d'Allan Kardec*, de difusão do Espiritismo, por meio do livro, no mundo do século XIX, substituiu-o, de imediato. Enquanto tinha curso o "processo", Madame Marina Leymarie reuniu vasta documentação, formando um volume do tamanho da coleção anual da *Revista Espírita*, lançado no mesmo ano de 1875. Seu marido cumpriria, inteiramente, a pena de um ano de prisão, antes de ser absolvido, por decisão de alta instância, das acusações que o levaram à condenação, confirmada, aliás, na primeira apelação .

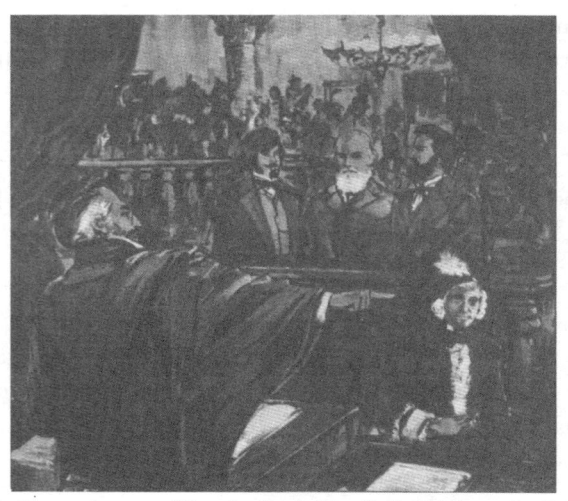

Da capa de Cecconi para o "Procès des Spirites", de Madame P.-G. Leymarie, editado pela Federação Espírita Brasileira.

É ainda Gabriel Delanne, com sua grande autoridade de pesquisador imparcial, quem esclarece:

> Em Bruxelas, um engenheiro químico, Byard, obteve em seu laboratório fotografias de Espíritos; apresenta ele minucioso relatório no livro *Procès des Spirites*, p. 122 a 124. Finalmente, na América se conseguiram fotografias espíritas e o fenômeno não é contestado.
> A despeito dos tribunais, é preciso reconhecer que o fato se pode produzir, e, por estranhável que seja, nada tem de sobrenatural. Desde que se demonstra que os Espíritos existem, que têm um corpo fluídico que se pode condensar, em certas condições, é fácil compreender que possa ser fotografado, pois que se materializa até à tangibilidade, como o provaram as experiências de Crookes.
> Estamos longe de conhecer as leis que dirigem as operações que nos são mais familiares; não há, portanto, que espantar o ver-se produzirem incidentes que parecem, a princípio, inexplicáveis [...].

Após o batismo de fogo a que foi submetido, Leymarie prosseguiu trabalhando e testemunhando por mais um quarto de século, desencarnando em 1901, e sendo, novamente, suprida sua ausência pela esposa Marina, figura exemplar de mulher dedicada aos ideais do Espiritismo.

* * *

Até há bem pouco tempo, o livro *Procès des spirites* era desconhecido dos espíritas da atualidade, mas os grandes adversários da Doutrina Espírita têm-no consultado e analisado nestes cem anos. Faz um decênio, Jean Vartier, no livro *Allan Kardec, la naissance du spiritisme*" (Hachette, Paris, 1971), não hesitou em "interpretá-lo" para seus leitores, numa tentativa ingênua de desmerecer o valor apostolar de Allan Kardec, hoje respeitado até mesmo em áreas que há alguns anos teimavam em ignorar-lhe a presença e a influência históricas, sem favor algum a figura mais exponencial — para nós, hoje, e para todos, no futuro próximo — do seu século.

5

OBSERVATÓRIOS DO MUNDO INVISÍVEL

Em *O livro dos médiuns* — Segunda parte — capítulo 8 (*Do laboratório do mundo invisível*), Kardec apresenta-nos um ensaio de teoria muito plausível, com relação ao mundo dos Espíritos, quanto à formação de vestuário, objetos etc., modificações das propriedades da matéria e processamento da ação magnética curadora. Geralmente coincidente com os conhecimentos mais avançados da atualidade, quer no tocante aos revelados, por exemplo, por André Luiz (via F. C. Xavier), quer no concernente ao avanço conseguido pela tecnologia aliada aos diversos ramos da Ciência e aos rumos da filosofia, da pesquisa e da experimentação no campo da antimatéria.

Aliás, Allan Kardec era homem positivo e de muita familiaridade e gosto pelas coisas da Ciência. Teria sido um grande sábio do seu tempo — no conceito humaníssimo da palavra —, não fora o Espiritismo tê--lo convocado para as gloriosas lidas da sementeira de um mundo novo. Portanto, pelo fato de ele ter inserido na *Introdução* de *O livro dos espíritos* a peremptória afirmativa — por nós tempestivamente reproduzida — de "que o Espiritismo não é da alçada da Ciência", como efetivamente não o é, de maneira alguma quis concordar com o contrário, de que a Ciência não seria da alçada do Espiritismo, no sentido cristalino do pensamento por ele enformado no item 55 do capítulo 1, de *A gênese*:

> [...] *Caminhando de par com o progresso, o Espiritismo jamais será ultrapassado, porque, se novas descobertas lhe demonstrassem estar em erro acerca de um ponto qualquer, ele se modificaria nesse ponto. Se uma verdade nova se revelar, ele a aceitará.*

No mesmo livro e capítulo citados, item 18, havia sido esclarecida a razão disso e da precedência dos conhecimentos científicos ao advento da Doutrina:

> O Espiritismo, tendo por objeto o estudo de um dos elementos constitutivos do Universo, toca forçosamente na maior parte das ciências; *só podia*, portanto, *vir depois da elaboração delas*; nasceu pela força mesma das coisas, pela impossibilidade de tudo se explicar com o auxílio apenas das leis da matéria. (Grifo nosso).
> *O Espiritismo e a Ciência se completam reciprocamente*; a Ciência, sem o Espiritismo, se acha na impossibilidade de explicar certos fenômenos só pelas leis da matéria; ao Espiritismo, sem a Ciência, faltariam apoio e comprovação. [...] Se o Espiritismo tivesse vindo antes das descobertas científicas, teria abortado, como tudo que surge antes do tempo. (Op. cit., it. 16, grifo de Kardec).

Em Espiritismo, "a teoria nasceu da observação", disse o Codificador, no item 15; no item 13, dissera: "[...] *o que caracteriza a revelação espírita é o ser divina a sua origem e da iniciativa dos Espíritos, sendo a sua elaboração fruto do trabalho do homem.*" (Grifos de Kardec).

Vale, aqui, estampar o que, em 1863 (*Revista Espírita*, set., Segunda carta ao padre Marouzeau), disse Allan Kardec a respeito de sua obra, pois confirma o que acima mencionamos e fora editado somente em 1868:

> [...] Em tudo isto não fiz senão recolher e coordenar *metodicamente* o ensino dado pelos Espíritos; sem levar em conta opiniões isoladas, adotei as do maior número, afastando todas as ideias sistemáticas, individuais, excêntricas *ou em contradição com os dados positivos da Ciência*.

Se repetimos algumas ideias que o Codificador expressou por outras formas e em diferentes ocasiões, não é por descuido que assim procedemos, mas para repisar bem coisas de real significação e fazer a introdução lógica do espírito dos leitores ao assunto central deste capítulo. Não quisemos, de outra parte, deixar de consignar o interligamento, sem dependências acadêmicas, do Espiritismo com a Ciência. Há entrosamento natural e necessário entre ambos, sem que sejam tributários um da outra e vice-versa.

Maurice Lachâtre (ou *La Châtre*) termina o verbete ALLAN KARDEC (Hippolyte-Léon-Denizard Rivail), *in Nouveau dictionnaire universel*, tomo I (1865), com estas palavras:

> Sua influência, já se estendendo a todos os países civilizados, dá à personalidade do seu fundador uma importância considerável, e tudo faz prever que, em futuro talvez próximo, ele se notabilizará como um dos reformadores do século XIX.

Jean Vartier, escritor que severamente criticou, e até ironizou Kardec, houve de reconhecer que: "Comme réformateur, il était peut-être en avance d'un siècle sur son temps" (*Allan Kardec, la naissance du spiritisme*, Hachette, Paris, 1971, p. 255).

Na *Revista Espírita* de dezembro de 1868, no § IX – Conclusão, que não integrou o texto definitivo da "Constituição do Espiritismo", reescrita no ano seguinte, uma página existe, que vamos transcrever (por partes), na qual colhemos o título para este capítulo.

O Codificador, anteriormente, comparara a SPEE, relativamente às funções dela e à influência que exerceria sobre as demais, de outros países ou apenas da própria França, como algo semelhante ao que existe em Astronomia. Todos os observatórios são mais ou menos equipados e realizam suas observações, que são comunicadas aos demais, espalhados pelos quatro cantos do mundo. Os resultados das observações são estudados indistintamente por quantos integram o majestoso domínio das pesquisas dos céus, das galáxias, das constelações, dos sistemas, das estrelas, mundos e satélites, adentro dos universos que Flammarion tão sábia e poeticamente descreveu para os olhos atônitos dos leigos nos difíceis quão belos misteres das lunetas e dos telescópios, mesmo antes da Astrofísica, da Astroquímica, do Radar, do Laser e da moderna Astronáutica.

Sociedade iniciadora, revelava o que sabia; distribuía as luzes das revelações e conhecimentos acumulados no curso da metódica sistematização do Espiritismo, mas sem pretensões e hegemonias, preponderâncias, determinações ou imposições a outrem. Não fazia filiações de entidades ou grupos, limitando-se o seu quadro aos sócios individuais que rateavam entre si as despesas do funcionamento dela.

Mas os tempos corriam e perspectivas novas pintavam aos olhos de Kardec com tintas de diferente colorido. Eram quadros da realidade com que se defrontariam, na caminhada em demanda do futuro, em toda parte, a Doutrina e o Movimento do Espiritismo, nas questões interpretativas, da anexação à Codificação de princípios novos — assunto de extrema delicadeza e responsabilidade —, mas profundamente verdadeiro, não só inevitável, mas desejável no contexto evolutivo dos seres (se possível, sem muita tardança), no desenvolvimento e progresso do Movimento de cada país. As revelações suceder-se-iam e os estudos continuariam, sem interrupção, carecendo de diretrizes institucionais capazes de assegurar ao Espiritismo perfeito funcionamento e frutos opimos às expectativas dos adeptos em geral. Não podemos, a esta altura, privar-nos da satisfação de repetir e comentar alguns trechos da página recém-citada:

> O Espiritismo tem princípios que, em razão de se fundarem nas Leis da Natureza, e não sobre abstrações metafísicas, tendem a tornar-se, e certamente tornar-seão um dia, os da universalidade dos homens.

Isto é de uma beleza sem par, porque é a filosofia insofismável da fraternidade e da paz, para todos. É o *Caminho*! Kardec, porém, prossegue:

> [...] Todos os aceitarão, porque serão verdades palpáveis e demonstradas, como aceitaram a teoria do movimento da Terra; mas pretender que o Espiritismo em toda parte seja organizado da mesma maneira; que os espíritas do mundo inteiro estarão sujeitos a um regime uniforme, a uma mesma maneira de proceder; que deverão esperar a luz de um ponto fixo, para o qual deverão fixar o olhar, seria uma utopia tão absurda quanto pretender que todos os povos da Terra um dia não formem senão uma nação, governada por um só chefe, regida pelo mesmo código de leis e sujeita aos mesmos costumes [...].

Este discurso, igualmente belo, exprime o que em outras palavras dissemos, alhures, com respeito à diferença, que é preciso não se deixar de estabelecer, entre *Espiritismo* e *Codificação Espírita*. Somos diferentemente posicionados, por estágios evolutivos, no tempo e no espaço, de sorte que Kardec tem inteira razão no que disse. Não pode haver uniformidade no Espiritismo, em toda parte, quer quanto à Doutrina, quer quanto ao Movimento. É uma *Verdade*! Um mesmo Código? É Kardec quem nos diz, agora, o essencial do seu pensamento, ao concluir:

[...] Se há *leis gerais* que podem ser comuns a todos os povos, essas leis serão sempre, nos detalhes da aplicação e da forma, apropriadas aos hábitos, aos caracteres e aos climas de cada um.
Assim será com o Espiritismo organizado. Os espíritas do mundo inteiro terão princípios comuns, que os ligarão à grande família pelo laço sagrado da fraternidade, mas cuja aplicação poderá variar conforme as regiões, sem que, por isto, seja rompida a *unidade fundamental*, sem formar seitas dissidentes que se atirem a pedra e o anátema, o que seria antiespírita em alto grau [...].

Ninguém melhor o diria. Está nisto a diferença, porque a *Codificação*, o *Código*, é o repositório dos princípios consolidados e sujeito às regras do desenvolvimento, *pela Revelação*. Conhecimentos mais profundos vão sendo estruturados, provados, comprovados e admitidos, por consenso geral da comunidade espírita, a risco seu, segundo a desenvoltura maior da mente e do coração dos indivíduos livres e responsáveis que for contando em seu seio. É da *Vida*!

A grandiosidade da Doutrina dos Espíritos reside precisamente aí: — A Lei da Causalidade e o livre-arbítrio tecendo nas luzes crescentes das provas e das expiações conjugadas com as experimentações, observações e estudos, no fruir das vidas sucessivas, a *unidade na diversidade*! — A conquista da liberdade individual e coletiva em sua plenitude, promovendo o orbe de mundo inferior, que ainda o é, em mundo de regeneração. — Pela decisão espontânea, ordeira e disciplinada dos que sabem entender em espírito o que está exposto em *O evangelho segundo o espiritismo*, na mensagem de Lázaro, capítulo 9, item 8, "Obediência e resignação":

A OBEDIÊNCIA É O CONSENTIMENTO DA RAZÃO; A RESIGNAÇÃO É O CONSENTIMENTO DO CORAÇÃO, forças ativas ambas, porquanto carregam o fardo das provações que a revolta insensata deixa cair. O pusilânime não pode ser resignado, do mesmo modo que *o orgulhoso e o egoísta não podem ser obedientes* [...].

Devemos insistir e trazer para cá as frases finais da Conclusão de Allan Kardec (*Revista Espírita* de dezembro de 1868):

[...] O Espiritismo é uma questão de fundo; prender-se à forma seria uma puerilidade indigna da grandeza do assunto. *Eis por que os diversos centros, que estiverem no verdadeiro espírito do Espiritismo, deverão estender-se a mão fraterna e se unirem no combate aos seus inimigos comuns*: a INCREDULIDADE e o FANATISMO. (Todos os grifos e caixas-altas são nossos).

Os observatórios do mundo invisível cobriam os continentes. Razão havia, pois, como dissera Kardec, em *A gênese*, capítulo 1 – *Caráter da revelação espírita*, "para que o Espiritismo seja considerado a terceira das grandes revelações" (it. 20). "As duas primeiras [personificadas em Moisés e no Cristo] foram individuais; a terceira foi coletiva [...] ninguém pode inculcar-se como seu profeta exclusivo [...]" (it. 45).

"As duas primeiras revelações [...] ficaram forçosamente localizadas, isto é, apareceram num só ponto, em torno do qual a ideia se propagou pouco a pouco [...] A terceira tem isto de particular: não estando personificada em um só indivíduo, surgiu simultaneamente em milhares de pontos diferentes, que se tornaram centros ou *focos de irradiação*. Multiplicando-se esses centros, *seus raios se reúnem pouco a pouco, como os círculos formados por uma multidão de pedras lançadas na água*, de tal sorte que, em dado tempo, acabarão por cobrir toda a superfície do globo.

Essa uma das causas da rápida propagação da Doutrina. [...]" (it. 46).

"Esta circunstância, inaudita na história das doutrinas, lhe dá força excepcional e irresistível poder de ação; de fato, se a perseguirem num ponto, em determinado país, será materialmente impossível que a persigam em toda parte e em todos os países [...]" (it. 47). (Grifos nosso).

Kardec vai avançando, no capítulo 1 de *A gênese*, nessa ordem de explicações. Depois, no item 50, com grifos dele mesmo, registra o seguinte, no respeitante ao desenvolvimento global do homem:

> [...] *Os Espíritos não ensinam senão justamente o que é mister para guiar o homem no caminho da verdade, mas abstêm-se de revelar o que ele homem pode descobrir por si mesmo*, deixando-lhe o cuidado de discutir, verificar e submeter tudo ao cadinho da razão, deixando mesmo, muitas vezes, que adquira experiência à sua custa. Fornecem-lhe o princípio, os materiais; cabe ao homem aproveitá-los e pô-los em prática.

No item 54, lembra o Codificador que "Nenhuma ciência existe que haja saído prontinha do cérebro de um homem [...]". O parágrafo seguinte merece copiado na íntegra:

> Há, todavia, *capital diferença entre a marcha do Espiritismo e a das ciências*; a de que estas não atingiram o ponto que alcançaram, senão após

longos intervalos, ao passo que alguns anos bastaram ao Espiritismo, quando *não a galgar o ponto culminante*, pelo menos a recolher uma soma de observações bem grande para formar uma doutrina. Decorre esse fato de ser inumerável a multidão de Espíritos que, por vontade de Deus, se manifestaram simultaneamente, trazendo cada um o contingente de seus conhecimentos. Resultou daí que todas as partes da Doutrina, em vez de serem elaboradas sucessivamente durante longos anos, o foram quase ao mesmo tempo, em alguns anos apenas, e que bastou reuni-las para que estruturassem um todo. (Grifo nosso).

O missionário-chefe do Espiritismo houve por bem pulverizar virtualmente todas as objeções que se lhe ofereceram, inclusive a do item 57: "[...] *Que autoridade tem a revelação espírita, uma vez que emana de seres de limitadas luzes e não infalíveis?*". Nos itens 15 e 50, no entanto, há esclarecimentos bastantes para que uma questão como essa não precisasse ser formulada.

Índice Antroponímico

A

Abreu, Dr. Canuto: 80, 108, 117, 155, 177, 187, 225, 250, 315, 333, 495, 503
Ackermann: 28, 32
Adrien: 279, 280, 281, 294
Agostinho, Espírito Santo: 417
Aksakof, Alexandre: 241
Alcan, Félix: 245
Alembert, d': 416
Alexandre I, czar da Rússia: 20
Almignana, abade: 239
Alquié, Sylvain: 475
Alric, Frederico: 44
Alvarès, Lévi-: 37, 121, 122, 131, 150, 171, 177, 181, 481
Ambel, d': 296, 346, 464, 465, 468
Ampère, André-Marie: 83, 84, 85
André Luiz, Espírito: 235, 242
Antonio Torres-Solanot y Casas: 430
Appert: 173
Arago: 209, 376
Arc, Joana d': 292, 423, 542
Aristóteles: 129
Arnauld, A.: 416
Arthaud, Dr.: 301
Aubier-Montaigne: 154
Augé, Claude: 189
Aunay, Le Peletier d': 168

Azevedo, Paulo de: 61

B

B..., Louise: 451
B..., Sr.: 279
B..., Srta.: 534
Babin, Augustin: 476
Babinet: 209, 212, 374
Bach, N. G.: 450
Bach, Sebastian: 450
Bachelier: 179, 180
Bacon: 416
Balteau, J.: 190, 244, 535
Barbara, Charles: 454
Barbet: 168
Barbier, Jules: 449, 455
Barbosa, Rui: 90, 434
Barraud, Jean François: 102
Barricand, padre A.: 409
Barrois, Théophile: 179
Barroux, M.: 190, 244
Barthe, padre: 16
Barthès: 446
Bassols, César: 430
Battle, José Maria Seseras y de: 430
Bauche, A.: 509
Baudin, família: 215, 262

Baudin, Sr.: 215, 248
Baudin, Srta.: 249, 250, 264
Baudin, Srtas.: 161, 221, 262
Baudry: 179
Baumann: 52
Baumgartner: 32
Bayle: 416
Beauchatton, Jean-Marie: 44
Beethoven: 21
Bell, Andrew: 50
Bell, casal: 206, 207
Bellemare, Alexandre: 486
Bénézit, E.: 508
Benito, Manuel Sanz y: 430
Beraldi, Henri: 508
Bernard, Claude: 395
Berthet, Elie: 449, 454
Berthollet: 169
Bertram: 307
Bertrand: 464
Besson, J. Cornaz: 122
Bez, Auguste: 297, 468
Bezborodko, condessa Kouchelew-: 303
Biber, Eduard von: 62
Biot: 20
Biran, Maine de: 20, 101, 102
Blackwell, Anna: 15, 44, 69, 72, 96, 132, 173, 214, 510, 512
Blochmann: 21, 32, 60
Bobée: 179
Bodier, aul: 332
Boessinger, Dr.: 446
Bois, Jules: 158
Boltinn, Apolon de: 476
Bonaparte, Luís Napoleão: 138, 141
Bonaparte, Napoleão: 45, 101, 138, 141
Boniface, Alexandre: 37, 38
Bonnamy, Juiz Michel: 372, 375, 477
Bonnemère, Eugène: 449, 455, 479
Borrani: 180, 181, 182

Borreau, J.-B.: 471
Boudet, Amélie-Gabrielle: 104, 107, 108
Bouillant, Sr.: 335
Bouillant, Sra.: 335
Bourdier, P.-A.: 441
Bourdon: 168
Bourquelot, Félix: 170, 178, 199
Boyer, Jacques: 245
Boys, du: 455
Braga, Ismael Gomes: 204
Braid: 95, 287
Bresciani, Rev. P.: 449, 453
Brézé, marquês de Dreux: 20
Bricout: 212
Bridel, Georges: 25, 35, 53, 150
Brittan, prof.: 310
Broca, Paul: 283, 286, 287
Broglie, duque de: 20, 84, 456
Brougham, lord: 20
Broussais, prof. François: 173
Bruce, Robert: 450
Brunet, Gustave: 189
Bruno, G.: 416
Brunszvik, Teresa de: 21
Bryan, J.: 525
Büchner: 479
Budallés, Dámaso Calvet de: 430
Buffon: 464, 465
Buguet: 226, 544
Buisson, F.: 38, 112, 137, 139
Bullet, conde de: 544
Burlet, Philibert: 403
Burnier, Luiz: 359
Bush, George: 233
Buss: 21
Byard: 546

C

Cagliostro: 154
Cahagnet: 232, 236, 237, 238, 239, 240, 241, 242

Caillé, Mme. René: 147
Caillet, Albert L.: 151, 189, 198
Caithness, condessa de: 544
Calígula: 228
Calvin: 416
Camargo: 217
Canalejas, Francisco de Paula: 419, 476
Canu, Alexandre: 441
Capellaro, Charles-Romain: 514
Cardan: 416
Cardone, Sra. de: 263, 264
Carlos IV, rei da Espanha: 20
Carlos VII: 543
Carlotti: 220, 261
Carnot, Lazare-N.-M.: 34
Carnot, Lázaro Hipólito: 167
Carpantier, Marie Pape-: 147
Casariera, marquês de: 515
Casas, Antonio Torres-Solanot y: 430
Casella, Pietro: 469
Cases, Emmanuel de Las: 173
Catarina II, Espírito: 451
Cauchon, Pedro: 542
Cazemajour: 464
Cérenville, Henry de: 44
Cervantes: 421, 434
César: 433
Chaigneau, Dr. A.: 468
Chalard, G. Du: 230
Chapsal: 150
Chaptal: 42, 169
Charpignon, Dr.: 449
Chaseray, Alexandre: 456
Chassang: 453
Chassin: 194
Chastagner: 168
Chauvet, Dr.: 449, 454
Chavannes, Daniel-Alexandre: 33, 91
Chavannes, Mlle.: 60
Chavaux, Dr.: 296
Chave, Clément de la: 453

Chavet: 467
Chesnel, François: 391, 393
Chevreul: 209
Chiara, Dr.: 301
Chopin, Frédéric: 281
Choron: 84
Claretie, A.-A. dit Jules: 392, 413
Cloquet, Jules: 394
Cochin: 29, 133, 134, 143
Cogswell, Dr.: 450
Colavida, José Maria Fernández: 429
Colldeforns, Amadeo: 432
Collin: 464
Colombo, Cristóvão: 183
Comettant, Oscar: 391, 394, 406
Compayré, Gabriel: 60, 116, 133
Comte, Achille: 102
Comte, Auguste: 149
Condillac: 416
Condorcet: 416
Constant, Dr.: 301
Cook, E. Wake: 236
Copérnico: 313
Costa, Sousa: 88
Costel, Sra.: 282, 465
Courtet: 344
Cousin: 141
Crookes, William: 546
Cura d'Ars: 491
Cuvier, F.: 20
Cuvier, Georges: 41

D

Dangeau, Pierre: 454
Dante: 416
Dantès, Alfred: 189, 535
Darcol: 464
Daumier, Honoré: 213
Dauvil, Léopold: 132, 151
Dauzat, Albert: 190

Davenport, irmãos: 297, 306, 307, 331, 475, 545
David, barão Jérôme: 452
Davis, Andrew Jackson: 232, 233, 234, 235, 236, 237, 310, 470, 533
Deburau: 161
Défossés: 454
Dégenettes: 454
Dejung, Emanuel: 42, 43
Delagrasse, Charles: 23, 50, 102, 103
Delanne, Alexandre: 196, 506, 515, 516, 530
Delanne, Gabriel: 151, 237, 239, 241, 333, 359, 499, 516, 544, 546
Delessert: 169
Delord, Taxile: 449, 455
Demeure, Antoine: 491, 492
Demkès, Auguste: 38, 181
Denis, Léon: 188, 194, 356, 359, 477, 542, 543
Dentu: 179, 222, 441, 447
Descartes: 133, 257, 416
Deschanel, E.-A.-E.-M.: 391, 400, 401
Deschanel, Paul: 400
Desliens: 196, 464, 503, 515
Desliens, A.: 515
Desqueyroux: 346
Detmold, princesa de Lippe-: 20
Devolluet, coronel: 544
Diderot: 416
Didier, Alfred: 464
Didier, filho: 464
Didier, Pierre-Paul: 220
Dijoud: 343, 344
Doinel, Jules: 455
Dollet: 427
Domergue, François-Urbain: 37, 166
Domingos, São (Saint Dominique): 427
Dorgeval, Bryon-: 281
Doyle, Arthur Conan: 208, 234
Dracxler, Mário: 537

Drigin: 205
Droz: 181, 182
Ducré: 157
Dufaux, Ermance: 423, 446, 458
Dufaux, Sr.: 458
Duhamel, Jeanne Louise: 15
Dulier, Louis-Henri-Ferdinand: 75
Dulier, Victor: 75
Dumont, Alberto Santos: 533
Dunlop: 497
Dupanloup: 72
Duplanty, Dr.: 285
Duplessis, Fernand: 456
Dupont, Paul: 71
Dupras: 168
Dyonis: 479

E
Edmonds, juiz: 469
Edoux, E.: 467
Egger: 52
Emmanuel: 173, 282, 522
Emmanuel, Espírito: 282, 522
Erasmo: 416
Erasto, Espírito: 344, 346, 465
Escande, A.: 394
Eslon, d': 94, 283
Esterházy, príncipe de: 20
Eugénie, Srtas.: 464

F
Faivre, Antoine: 154
Falloux, F.-A.-P.: 139
Faraday, Michael: 211
Faria, José Custódio: 95
Farias Brito: 217
Favard: 168
Fellenberg: 47
Fénelon: 115, 116, 416

Fénelon, François de Salignac de la Mothe: 116
Feodorowna, Maria: 61, 477
Ferrer, Bernardo Ramón: 424
Fichte, J.-G.: 20
Figuier, Guillaume-Louis: 395, 480
Filipe, Luís: 120, 167, 168, 169
Filipe V, rei: 422
Filóstrato: 449
Finet: 501, 504
Firman: 226, 544
Fishbough, William: 237
Flammarion, Camille: 188, 470, 471, 475, 476, 502, 505
Föe, Daniel de: 455
Fontaine, La: 416
Forbes: 464
Forestier, Hubert: 245, 491
Forestier, René Le: 154
Fortier: 96, 213, 214, 261, 285
Foulquié, Paul: 38, 72
Fourier, Charles: 268, 310
Fourtoul, Hippolyte: 141
Fox, família: 204, 529
Fox, irmãs: 203, 207, 234, 236
Fox, John D.: 204
Fox, Katie ou Kate: 204, 205
France, Anatole: 543
Franco, Divaldo P.: 17
Franco, Francisco: 432, 435
Franklin, Benjamim: 449
Frayssinous, Denis: 99, 103
Freitas, Dr. Antônio Wantuil de: 360, 536, 538, 539
French, Sra.: 310
Freud: 130
Frick: 52
Fröbel, Friedrich: 127
F..., viúva: 354

G

Galeno, Espírito: 232
Galileu: 209, 240, 313, 416, 435, 455
Gall: 53, 173, 174, 293
Gallois, Léonard Joseph Urbain Napoléon: 160
Galvão, Ramiz: 189
Gandy, Georges: 391, 399
Garnay, Hébert de: 238
Garnier, François: 452
Garrett, Almeida: 117
Gasparin, conde de: 209
Gassner, Jean-Joseph: 291
Gaultier: 167, 476
Gautier, Théophile: 457, 472, 473, 474
Gelpke, Dr.: 449, 453
Genteur: 418
Gérando, De: 102, 167, 169
Gilbert, Achille-Isidore: 508
Gilet, Sr.: 472
Girard, Grégoire: 20, 85
Girroodd: 406
Godu, Désirée: 292
Goethe, Johann Wolfgang von: 520
Göldi: 32, 52, 53
Gourgues, Ch.: 466
Grand, Dr.: 423, 453
Granville: 455
Grasset, Dr. Joseph: 158
Grau, Jacinto Esteva: 430
Gréard, prof. Octave: 98
Greaves, J.: 22
Green, W.: 130
Gregório XIII: 416
Greslez, Armand: 510
Grezelle: 417, 418
Guérin, Clémence: 469
Guilbert: 515
Guilherme, Frederico: 20
Guilherme III, Frederico: 20
Guillaume, J.: 46, 49, 52, 55, 60, 62

Guillaume, Sr.: 342
Guimps, Roger de: 25, 26, 27, 44, 54, 57, 60, 61, 115
Guinchard, Jean Josephe: 44
Guizot, Élisabete: 34
Guizot, F.-P.-G.: 120
Guldenstubbé, barão de: 281, 423
Gurney: 310
Guyot: 359

H

Hachette: 38, 49, 56, 62, 69, 71, 76, 84, 98, 99, 128, 139, 154, 179, 184, 214, 453, 497, 520, 526, 547, 551
Hagnauer: 46
Hahnemann, C. F. S.: 292, 496
Hallock, Dr.: 310
Hallwyl, Franziska Romana von: 43
Hare, Robert: 469
Heine: 416
Helvetius: 416
Henri, Fréd.: 441
Henrique III: 450, 451, 456
Henrique IV: 456
Hermès: 475
Hidalgo, José de Navarrete y Vela-: 430
Hillaire, Jean: 297
Hillairet, Jacques: 527
Hipócrates: 240
Hobbes: 416
Hoffmann: 21
Home, Daniel Dunglas: 302, 303, 304, 305
Hopf: 21
Houdin, Robert: 304, 407
Hubert, René: 91, 129, 140
Huet, Srta.: 464
Hugo, François: 479
Hugo, Victor: 131, 138, 431, 449, 479, 480
Humboldt: 20
Hume: 416

Hus, Jan: 512

I

Indermuhle, Srta.: 282

J

Jackson, W. M.: 358, 536
Jacob: 53, 297, 302, 451, 478
Jakob: 93, 94
Jamet: 158
Janet, Pierre: 158
Janin, Jules-Gabriel: 209, 210
Jansenius: 416
Japhet, Srta.: 163, 218, 220, 222, 247, 248
Jaubert, Timoléon: 336
Jaussens, Catherine: 75
Jayet: 60, 61
J. B., Sra.: 471
Jobard: 274, 283, 374, 462
Joly, Henry: 244, 321
Jomard: 84, 102, 167, 169
Jourdan, Louis: 268, 310
Jouy, Étienne de: 449, 456
Jubé: 168
Judermuhle: 495, 496
Jullien, Adolphe: 44, 122
Jullien de Paris: 22, 29, 33, 35, 38, 45, 46, 50, 51, 52, 84, 90, 149
Jullien, Marc-Antoine: 28, 33, 47

K

Kant: 416
Kardec, Allan: 9, 10, 11, 15, 38, 44, 66, 69, 70, 75, 76, 89, 92, 105, 120, 123, 126, 128, 151, 153, 154, 161, 173, 184, 187, 188, 189, 190, 191, 193, 194, 195, 196, 197, 198, 199, 208, 214, 215, 223, 224, 225, 226, 227, 228, 229, 230, 232, 235, 236, 237, 243, 244, 245, 246, 249, 250, 251, 252, 253, 254, 255, 257, 258, 263, 264, 268, 270, 271, 272, 275, 277, 278, 279, 281, 282, 283, 286, 287, 291, 292, 296, 298, 299, 300, 302, 303, 304, 305, 306, 308, 309, 310, 311, 312, 313, 314, 315, 316,

325, 326, 329, 330, 332, 333, 334, 335, 337,
338, 340, 341, 342, 343, 344, 345, 346, 347,
349, 350, 351, 352, 353, 354, 356, 357, 358,
362, 363, 364, 365, 374, 376, 378, 379, 380,
382, 383, 385, 386, 388, 390, 393, 394, 397,
399, 400, 401, 402, 405, 407, 408, 409, 410,
411, 412, 413, 416, 417, 418, 420, 421, 422,
423, 427, 428, 429, 435, 439, 440, 441, 442,
443, 444, 445, 447, 448, 449, 450, 452, 453,
457, 458, 459, 460, 463, 464, 465, 466, 467,
468, 469, 470, 471, 473, 475, 476, 478, 479,
480, 481, 483, 484, 485, 486, 488, 489, 491,
492, 493, 494, 495, 496, 497, 498, 499, 500,
501, 502, 503, 504, 505, 506, 507, 508, 509,
510, 511, 512, 513, 514, 515, 516, 517, 518,
520, 523, 525, 526, 527, 529, 530, 531, 532,
534, 535, 536, 537, 538, 539, 540, 542, 544,
545, 547, 549, 550, 551, 553
Kardec, Dr.: 76
Kardec, Madame Allan: 226, 356, 513, 514, 544
Kardec, Marcel: 75
Knusert: 46, 52, 53
Kouchelew, conde: 304
Krafzoff: 383
Krinitz, Elise: 520
Krusi, Hermann: 21

L

Laborde, Alexandre de: 167
Lacaze: 161, 162
Lachâtre, Maurice: 64, 65, 189, 197, 228, 420, 473, 535, 551
Lacombe, Julie-Louise-Seigneat de: 107
Lacordaire, J.-B.-H.: 136, 268, 269
Lacoste: 346
Lacroix, Silvestre-François: 90
Lafontaine, Ch.: 301
Lagier, capitão: 424
Lajariette: 157
Laloue, Ferdinand: 157
Lamartine: 215, 279, 416, 449
Lamballe, Jobert de: 391, 393
Lamennais, Espírito: 464
Lamennais, F. R. de: 137, 217

Lancaster, Joseph: 50
Lancetta, Bernardino da Silva: 537, 538, 539, 541
Landois, Eugène: 307
Landry: 168
Lange, Savalette de: 154
Lanneau, Pierre: 168
Lapeyre, padre: 401
Larousse, Pierre: 71, 182, 189, 535
Lasteyrie, conde de: 20
Lateltin, Srta.: 464
Lavater, Johann Caspar: 61, 62, 174, 477
L..., Dr.: 142
Leçanu, abade: 230
Lefranc: 150
Legouvé, Ernest: 268
Lehmann: 32
Leibnitz: 257
Leif, J.: 98
Lemaire: 150
Leopoldina, D. (de Áustria): 20
Lermina, Jules: 156
Leroux, Pierre: 268
Lesage: 450
Letierce, Pe.: 471
Leuchtemberg, duque de: 544
Leuenzinger: 32
Levent: 196, 383, 504, 505, 509, 515, 536
Leymarie, Marina: 159, 171, 545
Leymarie, Paul: 332
Leymarie, Pierre-Gaëtan: 95, 159, 226, 332, 499, 511, 542, 543, 544
Littré, Émile: 38
Lobato, Antônio de Sayão: 537
Locke: 416
Lombroso, Cesare: 174
Loperena, Francisco: 430
Lopes, Luciano: 61
Lopez, Quintin: 430, 431
Lorenz, Otto: 178, 182, 189, 442
Loriol: 168

Loth, Florent: 477
Lourmand: 121
Love, G.-H.: 453
Luce, Gaston: 356
Luísa: 20
Luís, Espírito São: 273, 277, 311, 465
Luís IX, rei: 465
Luís XIV: 116, 479
Luís XVIII: 167
Lutero: 416
Lyon, Dr.: 233
Lys, Edmundo: 525

M

Magalhães, Álvaro: 536
Magalhães, Ivo de: 363
Maginot, Adèle: 237, 239
Maguin, monsenhor: 301
Maison, La: 349
Maistre, Joseph de: 154
Malgras, J.: 491
Malibran: 468
Mândelo: 155
Marañon, Joaquín Bassols y: 430
Marata, Jacinto Esteva: 430
Marie, Irmã: 453
Marion, Dr. Henri: 119
Marouzeau, padre: 324, 325, 326, 327, 371, 407, 550
Marteau, Amédée: 455
Marthèse, Tiedeman-: 220
Massin: 168
Masson, Victor: 102, 167, 169, 170, 171
Maury, Alfred: 170
Mayo, Rev.: 22
Melanchthon: 416
Menezes, Dr. Adolfo Bezerra de: 359
Ménorval, De: 137
Mercator: 416
Méry, Joseph: 415, 449, 454
Merzer, René du: 158, 159, 160, 507

Mesmer, F.-A.: 93, 94, 283
Meyer, Jean: 165, 356, 359
Mialaret, Gaston: 91
Mialhe: 383
Michaud, Joseph François: 170
Michelet: 141
Michel, Louis: 521
Mieg: 21, 54
Millet, Juiz: 227
Millet, Sr.: 95, 284
Milton: 416
Minkowsky: 129
Miranda, Dr. Hermínio C.: 70, 159, 226, 542, 543
Mirville, marquês de: 209, 480
Moigno, abade: 209
Moleschott: 479
Montaigne, Michel Eyquem de: 83
Montalembert: 136, 137
Montalivet: 33
Montesquieu: 416
Montgolfier, Joseph: 169
Montmorency: 169
Montrouge: 161
Monzó, Manuel Ansó y: 430
Moreau, César: 169
Moreil, André: 44, 69, 70, 123, 151, 162, 177, 182, 214, 448, 527
Morello, Paolo: 467
Morf, H.: 87
Morhéry, Dr.: 274, 275, 292
Morin, H.: 102
Mozart: 281, 423
M..., Sr.: 338
M..., Sra.: 338
Muller, E.: 51, 196, 197, 501, 506
Mumler, William: 278
Muralt, von: 21
Muron: 168
Musset: 526

N

Näf, Konrad: 21, 101
Nägeli: 22
Nail, Rogatien de: 16
Nampon, reverendo P.: 391, 405, 406
Napoleão I: 41, 138
Napoleão III: 141, 420, 511
Navarro, Pantaleón Monserra y: 410
Nerval, Gérard de: 465
Newton: 321
Nichols, Dr.: 306
Nichol, Srta.: 278
Nicole: 359
Niederer, Johannes: 32, 47, 61
Nivard: 464
Normand: 335
Noyez, Pagès: 508, 509
Nus, Jean Baptiste-Eugène: 449, 454, 545
Nyon, Marie-: 179, 180

O

O..., conde de: 300
Orient, A. d': 456
O..., Srta.: 300
Owen, Robert Dale: 20, 204

P

Pailloux, padre Xavier: 472
Palau, D.: 429
Paleologo, Joseph Vassallo: 467
Parieu: 138
Parisse, Sra.: 383
Paroz, J.: 60
Pascal: 416
Pasqually, Martinès de: 153
Patet, Sra.: 464
Pâtier: 261, 333
Paulo, grão-duque: 451
Paulo I: 61, 451, 477
Paulo IV: 415

Pécheur: 464
Pedro, o Grande: 451
Pégard: 520
Pellicer, José Amigó y: 430
Pellisson, Maurice: 139
Peneau, Edmond: 198
Perdonnet, Auguste: 44
Perón, Alberico (Enrique Pastor): 420
Perrin, Pierre Louis: 16
Perroche: 300
Perty, Maximiliano: 449
Pestalozzi: 19, 20, 21, 22, 23, 25, 26, 27, 28, 29, 31, 32, 33, 35, 38, 41, 42, 43, 44, 45, 46, 47, 48, 49, 50, 51, 52, 53, 54, 55, 57, 59, 60, 61, 62, 63, 64, 66, 67, 69, 73, 75, 76, 77, 79, 80, 81, 85, 87, 88, 90, 91, 92, 93, 94, 102, 103, 104, 107, 109, 111, 112, 113, 116, 122, 123, 125, 126, 127, 128, 131, 133, 141, 143, 147, 149, 150, 162, 167, 177, 178, 179, 181, 182, 184, 219, 358, 445
Pestalozzi, Mme.: 107
Piaget: 113
Piérart: 423
Pillet-aîné: 72, 77, 80, 97, 112, 178, 179, 180
Pio IV: 416
Pio IX: 305
Pio V: 416
Pio XI: 416, 433
Pio XII: 433
Pitágoras: 308
Pitolet, A.: 140
Plainemaison, Sra.: 214, 215, 261
Platão: 128, 129, 153, 244, 257, 374
Plutarco: 126
Poe, Edgar Allan: 233
Poitevin, Espírito: 531, 532
Pomar, conde: 544
Pombo, J. F. da Rocha: 72
Ponsard, François: 449
Potet, barão du: 238, 240
Poussin, padre: 413
Pradel, L.: 521
Prébois, Leblanc de: 385

Prevost, M.: 37, 190, 244
Puget, Louis du: 53
Pujol, Carmen: 431
Pulver, Lucretia: 206
Putron, Emily de: 479
Puységur, marquês de: 94, 95, 283

Q
Quérard, J.-M.: 123, 140, 148, 170, 178, 182, 188, 189, 199, 442
Quesnel: 416
Quidde, Ludwig: 112
Quinet: 141, 416
Quinteiros, Walter Lopes: 537

R
Rabache, Sr.: 282
Rabelais: 416
Rafael: 372, 376
Raimbeau: 157
Ramsauer, Johannes: 21, 48, 52
Raucourt, cel.: 173
Raulica, G. Ventura de: 209
Raumer, Karl von: 22
Rayer: 394
R. C., conde de: 282
Rebodin: 356
Regnard: 481
Rego, Angel do: 27
Rembault, A. Gabriel: 477
Renaud: 344
Repos: 410, 467
Repos Filho, B.: 410
Rewile: 411
Rey, C.: 343
Reynaud, Jean: 267, 268, 292, 310
Rey, Teresinha: 17, 43, 92, 314
Ribeiro, Guillon: 23, 63, 64, 66, 67, 133, 161, 213, 215, 218, 225, 231, 246, 247, 248, 250, 253, 254, 258, 259, 261, 278, 360, 542
Richet: 151, 245, 394, 445

Ritter, Karl: 21
Rivail, Hippolyte Léon Denizard: 9, 15, 80, 92, 108, 183, 190, 207, 216, 220, 228
Rivail, Jean-Baptiste Antoine: 15, 194, 315
Rivail-Kardec: 11, 81, 152, 160, 314
Rivail, León-Hippolyte-Denisart: 189, 190, 551
Rivail, Mme. née Amélie-Gabrielle Boudet: 9, 42, 43, 131
Rivail, Mme. née Jeanne Louise Duhamel: 15
Rivera, Fernando Primo de: 430
Robert, Charles-Jules: 508
Robillard, família: 515
Robin, Sr.: 406
Roret: 179, 180
Roselli: 468
Rossini: 372, 376
Rostaing: 42
Roubaud: 211
Rousseau, Jean-Jacques: 82, 184
Roustaing, J.-B.: 345, 521
Roustan: 163, 218, 222, 247
Rouyer, Louis de: 123
Rowe, Isabel: 449
Royard: 544
Roze: 464
Rustin, G.: 98

S
Sabatier: 102
Sabò, A.: 343, 345
Sabò, Joseph: 530
Sagra, Ramon de la: 478
Saint-Amable, Pe. Bonaventure de: 449, 453
Saint Aubin, Hortensius de: 451
Saint-Cyran: 416
Saint-Cyr, marechal Gouvion: 71
Sainte-Beuve: 416

Sainte-Suzanne, De Boyer de: 71
Saint-Hilaire, Geoffroy: 168
Saintine, Géraldy: 449, 453
Saintine, Xavier B.: 449
Saint-Martin, Louis-Claude de: 153
Saint-Pierre, Bernardin de: 465
Saint-René Taillandier: 220
Saint-Vicent, cel. Bory de: 170
Salgues, L.-A. -G.: 472
Salle, Jean-Baptiste de La: 34
Salvandy, N.-A.: 145, 146
Sand, George: 444, 449, 454
Sanromán, López: 430
Sanson, J. P.: 334
Santos, Neposiano Máximo dos: 537
Saqui, Mme.: 157
Sardou, Antoine Léandre: 220
Sardou, Victorien: 163, 220, 221, 229, 449
Sari, Léon: 158
Sausse, Henri: 15, 19, 39, 49, 53, 54, 69, 70, 72, 131, 161, 183, 188, 194, 195, 197, 198, 314, 354, 421, 499, 500
Sauvage, Élie: 476
Savarin, Brillat: 169
Say, Jean-Baptiste: 167
Schacht: 32
Schmid, Joseph: 21, 52
Schmidt, Sra.: 464
Schönebaum, H.: 43, 92
Schulthess, Anna Pestalozzi: 42, 43, 131
Schurr: 52
Sébastiani, marechal: 20
Sebille: 514, 520
Second, Albéric: 450
Secrétan, Charles: 217
Selden, Camille: 520
Sellés, Salvador: 430, 433
Serra, Juan Torras: 430
Shakespeare: 479
Shiff, Dr.: 394
Sirand, A.: 15

Smiles, Samuel: 525
Smith, Adam: 282
Sócrates: 244, 374
Soler, Amalia Domingo: 430, 431
Solichon: 383
Soriano, Manuel González: 430
Soulié, Frédéric: 215
Souza, Gildásio Ferreira de: 537
Spinoza: 416
Staël, Madame de: 20, 50, 456
Stapfer: 445
Stecki, Henri: 479
Steiner: 21, 52, 53
Steinmann: 52
Stéphanie, Srta.: 464
Stern: 46
Stowe, Beecher: 449
Sullivan, O: 544
Swedenborg, Espírito Emmanuel: 232, 233, 234, 235, 237, 240, 510
Swetchine, Sra.: 268
Sylvestre, Ed.: 102

T

Taigny, Émile: 157
Tailleur: 503
Talleyrand: 101
Taylor, W. G. Langworthy: 204
Teles, Lino: 204
Temprado, Joaquín Huelbes: 430
Termens, Antonio Palau y: 421, 428
Terrail, Ponson du: 449, 456
Thiesen, Dr. Sérgio: 498
Thiesen, Francisco: 10, 11, 250, 357, 491, 496
Thiry: 383
Tobler: 21
Tom: 451
Tony: 349
Touchard, Pierre Aimé: 161
Tournier, Valentin: 471

Tremeschini: 544
Triquery, Edmond: 157
Trousseau, Armand: 401, 402
Trousset, Jules: 190, 535
Tschokke, C.: 449, 456
Turck: 544
Turk, von: 22

U
Usich, Facundo: 430

V
Valhondo, Antonio Hurtado y: 430
Vanderyst, H.: 515
Vapereau, G.: 189, 199, 535
Varèze, Mme. Claude: 153, 154
Vartier, Jean: 69, 76, 132, 153, 154, 184, 453, 497, 520, 526, 547, 551
Vatimesnil: 99, 102, 103
Vaugelas: 481
Vavasseur, Louis: 442
V.B., Srta.: 283
Velpeau, A.-L.-A.-M.: 212, 286, 287, 394
Verdade, Espírito da: 10, 219, 222, 235, 484, 490
Vernier, Suzanne Gabrielle Marie: 16
Vescy, lord: 20
Veuillot, Louis: 160
Veuze, Jean de la: 471
Vézy, E.: 464
Vignal, Dr.: 282
Villemain: 141
Villou, Sr.: 334
Vitet: 298
Vitray, Dr. Bouché de: 345
Vives, Miguel: 430, 431
Volpi, Ernesto: 232, 243
Voltaire: 116, 158, 337, 416
V..., padre: 383, 385

W
Wangenheim, barão de: 20
Wantuil, Zêus: 10, 11, 15, 80, 185, 207, 209
Warner, Dr.: 310
Wartensee, Xaver Schnyder von: 27
Weekmans: 204
Willermoz, Jean-Baptiste: 153, 154
Wintz, Sr.: 352
Wittgenstein, príncipe de: 544
Woetzel, Dr.: 454
W..., Sr.: 354
Wurtemberg, rainha de: 20
Wyclif: 416

X
Xavier, Francisco Cândido: 232, 234, 235

Z
Zähringen, duque de: 19
Z., Espírito Zéfiro: 224, 262
Zola, Émile: 475
Zwingli: 416

O QUE É ESPIRITISMO?

O Espiritismo é um conjunto de princípios e leis revelados por Espíritos Superiores ao educador francês Allan Kardec, que compilou o material em cinco obras que ficariam conhecidas posteriormente como a Codificação: *O livro dos espíritos*, *O livro dos médiuns*, *O evangelho segundo o espiritismo*, *O céu e o inferno* e *A gênese*.

Como uma nova ciência, o Espiritismo veio apresentar à Humanidade, com provas indiscutíveis, a existência e a natureza do Mundo Espiritual, além de suas relações com o mundo físico. A partir dessas evidências, o Mundo Espiritual deixa de ser algo sobrenatural e passa a ser considerado como inesgotável força da Natureza, fonte viva de inúmeros fenômenos até hoje incompreendidos e, por esse motivo, são tidos como fantasiosos e extraordinários.

Jesus Cristo ressaltou a relação entre homem e Espírito por várias vezes durante sua jornada na Terra, e talvez alguns de seus ensinamentos pareçam incompreensíveis ou sejam erroneamente interpretados por não se perceber essa associação. O Espiritismo surge então como uma chave, que esclarece e explica as palavras do Mestre.

A Doutrina Espírita revela novos e profundos conceitos sobre Deus, o Universo, a Humanidade, os Espíritos e as leis que regem a vida. Ela merece ser estudada, analisada e praticada todos os dias de nossa existência, pois o seu valioso conteúdo servirá de grande impulso à nossa evolução.

O LIVRO ESPÍRITA

Cada livro edificante é porta libertadora.

O livro espírita, entretanto, emancipa a alma nos fundamentos da vida.

O livro científico livra da incultura; o livro espírita livra da crueldade, para que os louros intelectuais não se desregrem na delinquência.

O livro filosófico livra do preconceito; o livro espírita livra da divagação delirante, a fim de que a elucidação não se converta em palavras inúteis.

O livro piedoso livra do desespero; o livro espírita livra da superstição, para que a fé não se abastarde em fanatismo.

O livro jurídico livra da injustiça; o livro espírita livra da parcialidade, a fim de que o direito não se faça instrumento da opressão.

O livro técnico livra da insipiência; o livro espírita livra da vaidade, para que a especialização não seja manejada em prejuízo dos outros.

O livro de agricultura livra do primitivismo; o livro espírita livra da ambição desvairada, a fim de que o trabalho da gleba não se envileça.

O livro de regras sociais livra da rudeza de trato; o livro espírita livra da irresponsabilidade que, muitas vezes, transfigura o lar em atormentado reduto de sofrimento.

O livro de consolo livra da aflição; o livro espírita livra do êxtase inerte, para que o reconforto não se acomode em preguiça.

O livro de informações livra do atraso; o livro espírita livra do tempo perdido, a fim de que a hora vazia não nos arraste à queda em dívidas escabrosas.

Amparemos o livro respeitável, que é luz de hoje; no entanto, auxiliemos e divulguemos, quanto nos seja possível, o livro espírita, que é luz de hoje, amanhã e sempre.

O livro nobre livra da ignorância, mas o livro espírita livra da ignorância e livra do mal.

Emmanuel*

---

* Página recebida pelo médium Francisco Cândido Xavier, em reunião pública da Comunhão Espírita Cristã, na noite de 25/2/1963, em Uberaba (MG), e transcrita em *Reformador*, abr. 1963, p. 9.

LITERATURA ESPÍRITA

Em qualquer parte do mundo, é comum encontrar pessoas que se interessem por assuntos como imortalidade, comunicação com Espíritos, vida após a morte e reencarnação. A crescente popularidade desses temas pode ser avaliada com o sucesso de vários filmes, seriados, novelas e peças teatrais que incluem em seus roteiros conceitos ligados à espiritualidade e à alma.

Cada vez mais, a imprensa evidencia a literatura espírita, cujas obras impressionam até mesmo grandes veículos de comunicação devido ao seu grande número de vendas. O principal motivo pela busca dos filmes e livros do gênero é simples: o Espiritismo consegue responder, de forma clara, perguntas que pairam sobre a Humanidade desde o princípio dos tempos. Quem somos nós? De onde viemos? Para onde vamos?

A literatura espírita apresenta argumentos fundamentados na razão, que acabam atraindo leitores de todas as idades. Os textos são trabalhados com afinco, apresentam boas histórias e informações coerentes, pois se baseiam em fatos reais.

Os ensinamentos espíritas trazem a mensagem consoladora de que existe vida após a morte, e essa é uma das melhores notícias que podemos receber quando temos entes queridos que já não habitam mais a Terra. As conquistas e os aprendizados adquiridos em vida sempre farão parte do nosso futuro e prosseguirão de forma ininterrupta por toda a jornada pessoal de cada um.

Divulgar o Espiritismo por meio da literatura é a principal missão da FEB, que, há mais de cem anos, seleciona conteúdos doutrinários de qualidade para espalhar a palavra e o ideal do Cristo por todo o mundo, rumo ao caminho da felicidade e plenitude.

CARIDADE: AMOR EM AÇÃO

Sede bons e caridosos: essa a chave que tendes em vossas mãos. Toda a eterna felicidade se contém nesse preceito: "Amai-vos uns aos outros". KARDEC, Allan. *O evangelho segundo o espiritismo*, cap. 13, it. 12.

A Federação Espírita Brasileira (FEB), em 20 de abril de 1890, iniciou sua *Assistência aos Necessitados* após sugestão de Polidoro Olavo de S. Thiago ao então presidente Francisco Dias da Cruz. Durante 87 anos, esse atendimento representava o trabalho de auxílio espiritual e material às pessoas que o buscavam na instituição. Em 1977, esse serviço passou a chamar-se Departamento de Assistência Social (DAS), cujas atividades assistenciais nunca se interromperam.

Desde então, a FEB, por seu DAS, desenvolve ações socioassistenciais de proteção básica às famílias em situação de vulnerabilidade e risco socioeconômico. Fortalece os vínculos familiares por meio de auxílio material e orientação moral-doutrinária com vistas à promoção social e crescimento espiritual de crianças, jovens, adultos e idosos.

Seu trabalho alcança centenas de famílias. Doa enxovais para recém-nascidos, oferece refeições, cestas de alimentos, cursos para jovens, serviços de convivência e fortalecimento de vínculos para idosos e organiza doações de itens que são recebidos na instituição e repassados a quem necessitar.

Essas atividades são organizadas pelas equipes do DAS e apoiadas com recursos financeiros da instituição, dos frequentadores da casa e por meio de doações recebidas, num grande exemplo de união e solidariedade.

Seja sócio contribuinte da FEB, adquira suas obras e estará colaborando com o seu Departamento de Assistência Social.

Conselho Editorial:
Jorge Godinho Barreto Nery – Presidente
Geraldo Campetti Sobrinho – Coord. Editorial
Edna Maria Fabro
Evandro Noleto Bezerra
Maria de Lourdes Pereira de Oliveira
Marta Antunes de Oliveira de Moura
Miriam Lúcia Herrera Masotti Dusi

Produção Editorial:
Rosiane Dias Rodrigues

Revisão:
Elizabete de Jesus Moreira;
Mônica dos Santos da Silva

Capa e Projeto gráfico:
Ricardo Rodrigues Alves

Diagramação:
Thiago Pereira Campos

Foto de capa:
shutterstock.com/pt/g/marzolino

Normalização Técnica:
Biblioteca de Obras Raras e Documentos Patrimoniais do Livro

Esta edição foi impressa pela Gráfica Santa Marta, São Bernardo do Campo, SP, com uma tiragem de 3,5 mil exemplares, todos em formato fechado de 160x230 mm e com mancha de 120x190 mm. Os papéis utilizados foram o Pólen Soft 70 g/m² para o miolo e o Cartão Couché Brilho 150 g/m² para a capa. O texto principal foi composto em fonte Adobe Garamond 12/15 e os títulos em Minion Pro 28/30. Impresso no Brasil. *Presita en Brazilo.*

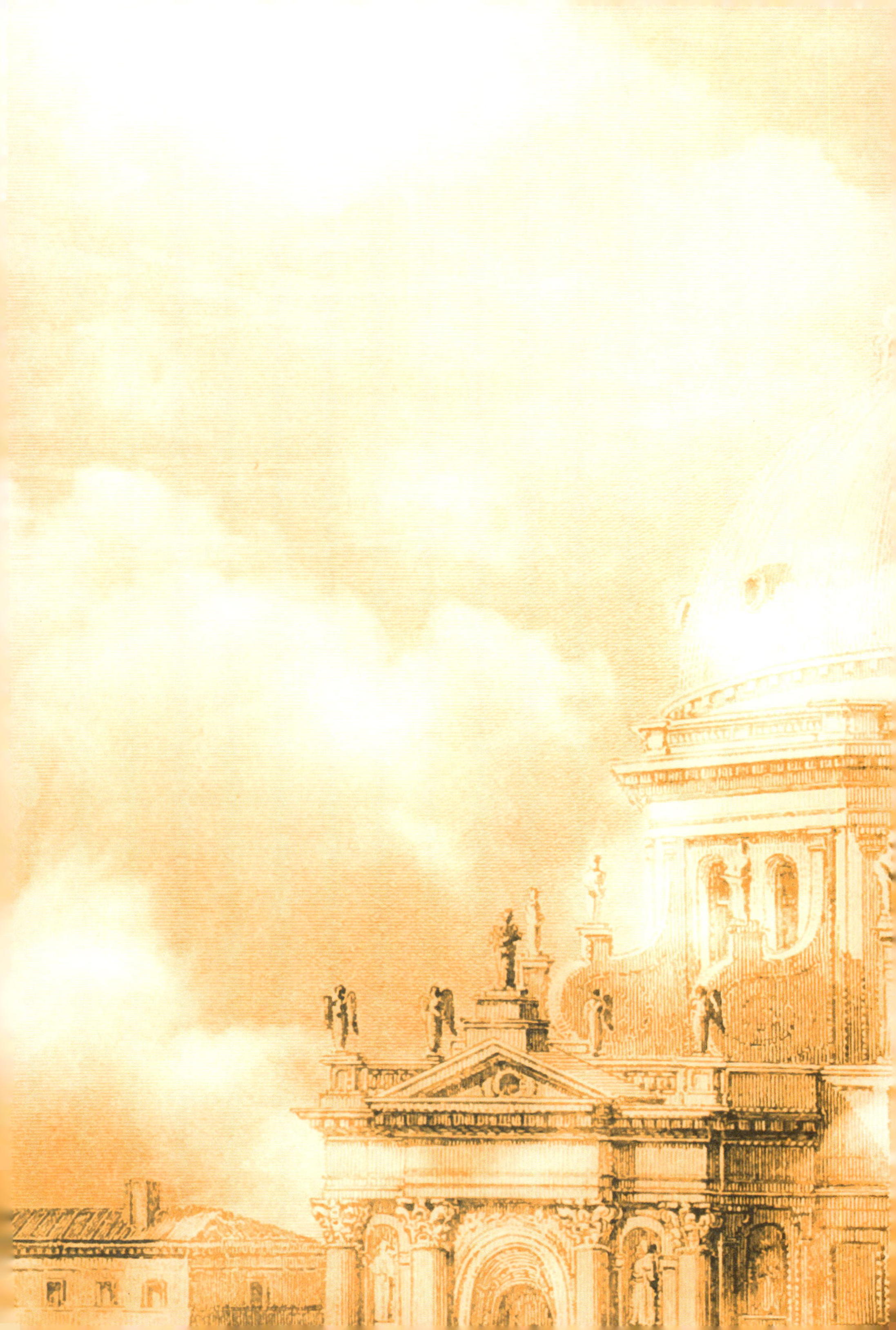

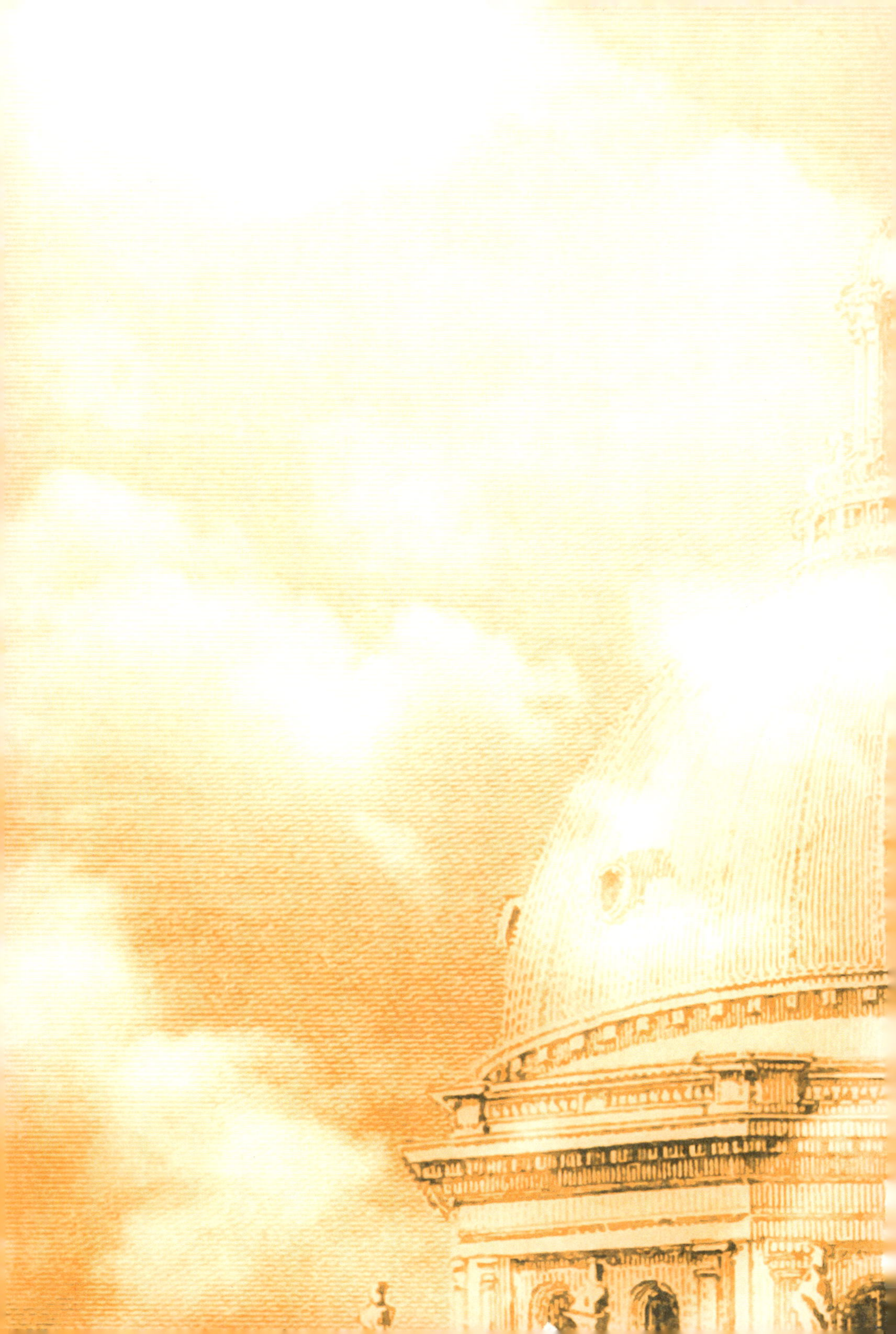